원불교 교무가 전하는
마음공부 定石

마음공부를 디자인하다

최경도 편저

WON BOOK 원불교출판사

四恩의 本源
如來의 佛性

일러두기

1. 이 책은 원불교의 마음공부를 『정전』에 바탕을 두고 『대종경』, 『정산종사법어』, 『대산종사법어』를 종합적이고 체계적으로 정리하였다.
2. 경전의 원문을 밝히려 노력하였으나, 중복되는 부분은 가급적 피하였다.
3. 단행본, 잡지 등 한 권의 책 개념은 겹낫표『 』로 사용하고, 도서안의 독립적인 책은 겹화살괄호《 》로 사용하고, 소제목은 작은따옴표' '로 표기하였다.
4. 책이나 글 제목의 영문, 한자 표기에서는 괄호를 쓰지 않았다.
   ex) 『정전正典』, 지공무사至公無私, 마인드Mind
5. 한자의 경우 발음과 표기가 다르거나 내용 설명을 달 경우 대괄호[ ]를 사용하고 설명은 원문보다 작게 표기하였다.
   ex) 참나[眞我], 박중빈[朴重彬, 원불교 교조]

작가의 말

이 책을 펴내게 된 기연은 순전히 개인적인 차원에서 시작되었다. 어려서부터 어머니를 따라 교당에 다니게 되었고 자연스럽게 광주교당 학생회에 다니면서 교전을 보던 중 『대종경』 요훈품의 법문 가운데 '내 마음을 내 마음대로 하지 못한다'는 데에 걸려 마음의 자유를 얻고자 하는 열망이 생겼다. 그 후 미래 교화의 방향을 마음공부로 잡고 마음공부를 열심히 배우고 가르쳤다. 퇴직 후 '마음공부 1인 방송'을 하면서 나름대로 정리한 원고를 모아서 책으로 엮었다.

이 책은 필자의 새로운 마음공부 이론이나 방법이 아니고 『원불교 교전』 가운데 『정전』과 소태산 대종사, 정산 종사, 대산 종사의 법문 중에서 마음공부 내용을 찾아 디자인하고 요리한 것이다. 다만, 독자에게 한 가지 '죄송한' 점은 2년 동안 1백여 회에 걸쳐 방송한 원고를 정리하다 보니 인거하는 법문이 중복되거나 이야기가 반복되는 부분이 몇 차례씩 있다.

그러나 평생 '원불교 마음공부를 어떻게 정리할 것인가' 하는 고민으로 공부인들이 마음공부를 종합적이고 체계적이고 단계적으로 할 수 있도록 노력하였음을 이해해 주기 바란다. 아무튼 이 책이 마음공부에 관심이 있는 분들에게 작은 보탬이 되었으면 하는 바람이다.

원불교 마음공부

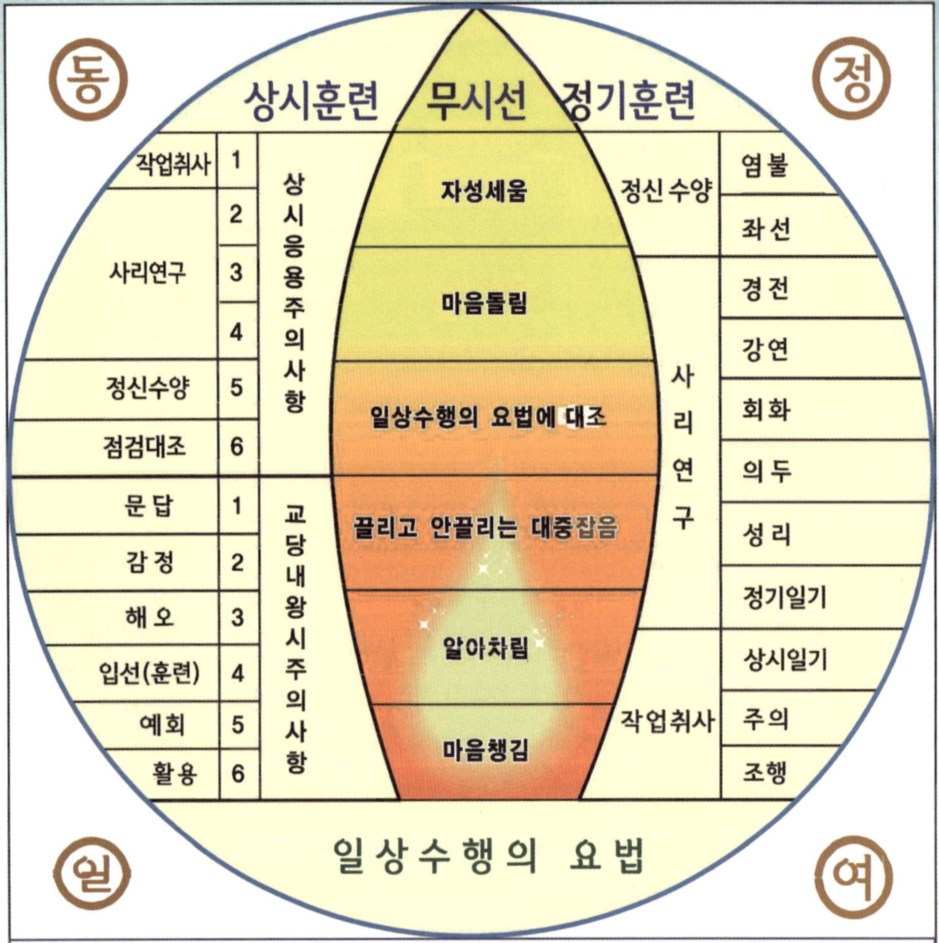

동 정 일 여

상시훈련 | 무시선 | 정기훈련

상시응용주의사항
- 작업취사 1
- 사리연구 2, 3, 4
- 정신수양 5
- 점검대조 6

교당내왕시주의사항
- 문 답 1
- 감 정 2
- 해 오 3
- 입선(훈련) 4
- 예 회 5
- 활 용 6

무시선
- 자성세움
- 마음돌림
- 일상수행의 요법에 대조
- 끌리고 안끌리는 대중잡음
- 알아차림
- 마음챙김

정기훈련
- 정신 수양: 염 불, 좌 선
- 사리연구: 경 전, 강 연, 회 화, 의 두, 성 리, 정기일기
- 작업취사: 상시일기, 주 의, 조 행

일 상 수 행 의 요 법

공부인이 동하고 정하는 두사이에 삼대력 얻는 빠른 방법			
일 기 법			
보 통 급	특 신 급	법 마 상 전 급	보통급-대각여래위
마음소 길들이기	마음병 치료하기	마음난리 평정하기	마음밭 계발하기
유무념 대조	의술과 약재	속깊은 마음공부	삼대력 얻기

원불교 마음공부 개념도

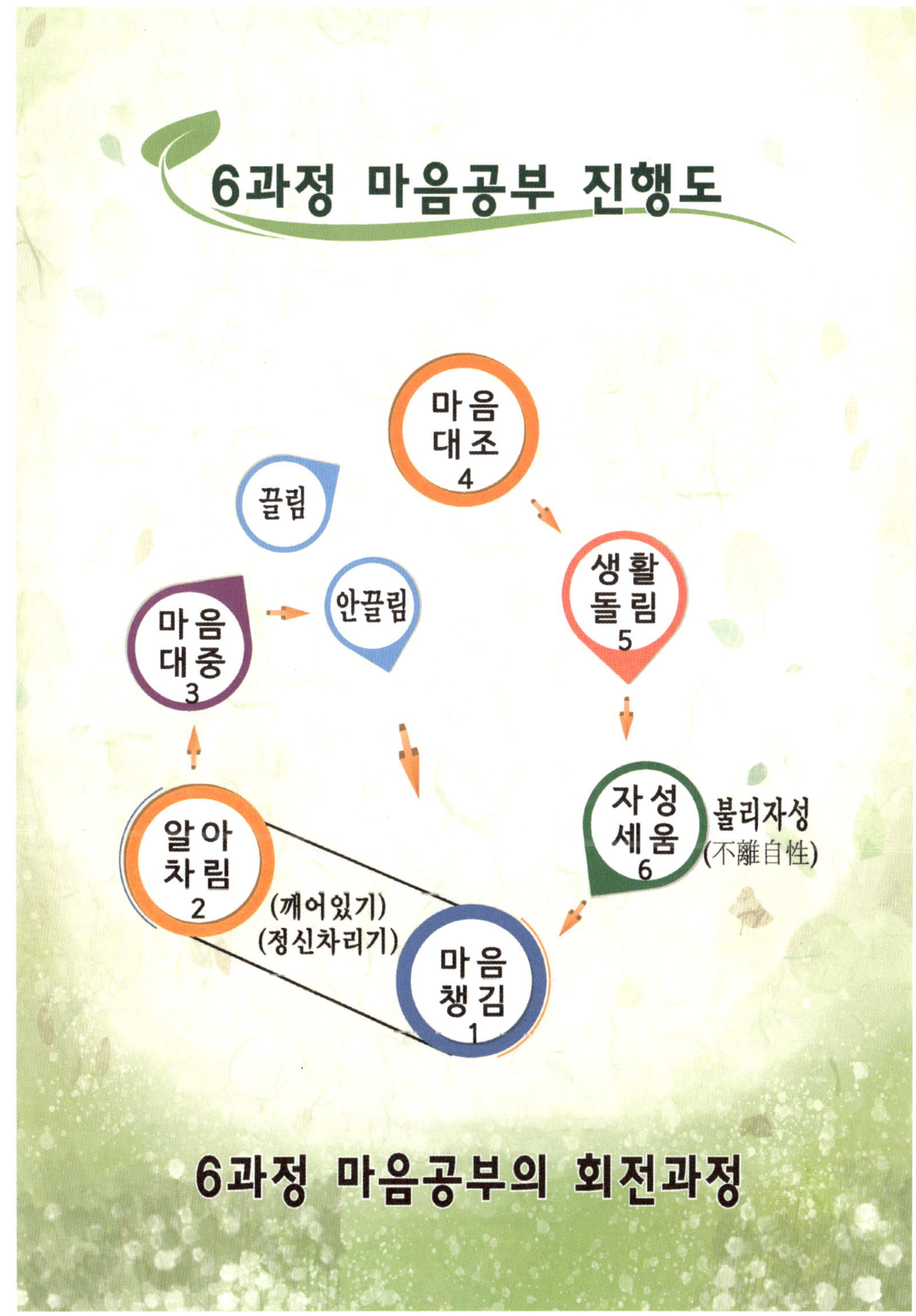
6과정 마음공부 진행도
마음
대조
4
끌림
생활
돌림
5
마음
대중
3
안끌림
알아
차림
2
자성
세움
6
불리자성
(不離自性)
(깨어있기)
(정신차리기)
마음
챙김
1
6과정 마음공부의 회전과정

마음공부 나무
(자주력)
수양력-일심
(열매)
(지혜의 힘)
연구력-알음알이
(열매)
유무념 대조공부
(잎)
상시응용
주의사항
교당내왕시
주의사항
(일있을때)
(가지)
(실천의 힘)
취사력-실행
(열매)
일상수행의 요법
(줄기)
일기법-(밑둥치)
정신수양
사리연구
작업취사
정기훈련 11과목
(뿌리)
(일없을때)

원불교 마음공부 프로그램

<table>
<tr><th>법 위</th><th>프로그램명</th><th>내 용</th></tr>
<tr><td>동시 - 분별 무착(無着)
정시 - 분별 절도(節度)</td><td rowspan="3">마음밭
계발하기</td><td>대각여래위</td></tr>
<tr><td>출가위</td><td>시방일가(十方一家)
사생일신(四生一身)</td></tr>
<tr><td>견성 - 慧 - 연구
양성 - 定 - 수양
솔성 - 戒 - 취사</td><td>법강항마위</td></tr>
<tr><td>법마상전급</td><td>마음난리
평정하기</td><td>법과 마(魔) 분석
사심 제거
무관사 부동</td></tr>
<tr><td>마음 병원 - 교당
마음병 의사 - 교무
의술-공부의 요도 3학8조
약재-인생의 요도 4은4요</td><td>마음병
치료하기</td><td>특신급
교당내왕시 주의사항</td></tr>
<tr><td>보통급</td><td>마음 소
길들이기</td><td>코뚫기 - 유무념 대조
고삐-상시응용주의사항
말뚝 - 스승, 지도인
서원, 신심</td></tr>
</table>

일상수행의 요법
상시응용 주의사항, 교당내왕시 주의사항, 일기법

책머리에

오랜 꿈이 있었습니다. 지금부터 50여 년 전 원불교 광주교당 학생회를 다니던 한 소년이 마음을 마음대로 하지 못하고 마음 아파하였습니다. 그리고 그때부터 '내 마음을 내 마음대로' 하고 싶은 꿈이 생겼던 것입니다.

그 소년은 대학을 가면서 아버지 없이 홀로 키우신 어머니의 승낙을 어렵게 얻어 원불교 교무가 되었습니다. 그리고 교무로 전무출신으로 교단에 근무하면서 항시 마음의 자유를 얻고 싶다는 그 꿈을 떨쳐버리지 못하고 초심에 끌려다녔습니다. 이제는 정년퇴임을 하고 드디어 시간이 자유로워지자 여태껏 마음공부한 내용을 정리해 보자는 다짐을 하고 '마음공부TV'라는 1인 방송을 시작하였습니다. 그 결과 2년 넘게 100여 회에 걸쳐 매주 원고를 쓰고 녹화하고 편집하여 '카카오TV'에 업로드 하였습니다.

또 그 청년은 대학 기숙사인 학림사에서 공부할 때, 선배들이 책을 내면 기숙사 후배들에게 선물해 준 책을 받을 때마다 '나도 꼭 책을 내서 기숙사 후배들에게 선물하여 그 빚을 갚아야겠다'고 생각하였습니다. 그때의 다짐과 마음으로 '마음공부TV' 원고를 모아 다시 손보고 정리하여 이렇게 책을 만들었습니다.

누구나 마음 없는 사람은 없으므로 모든 사람이 마음을 공부합니다. 한 소년이 50년 동안 머리에 이고 몸으로 실천하여 마음의 자유를 얻기 위하여 공부한 내용을 여기에 엮어 놓았습니다. 이제 그 소년은 두 개의 짐을 한 번에 벗어놓게 되었습니다.

원각성존 소태산 대종사는 이 시대의 마음공부를 가장 원만하면서 종합적이고 단계적으로 수행하도록 인도하신 성자입니다. 일체유심조一切唯心造 되는 이치를 깨친 후에는 불생불멸과 인과보응 되는 이치까지 알게 되고 그런 다음에는 마음이 요란하지도 어리석지도 그르지도 않게 한다는 법문을 어려서 접한 소년은 그렇게 공부하고 싶었습니다.

이 책은 『정전』과 『대종경』에 밝혀 주신 대로 마음공부의 원리와 방법 그리고 프로그램을 구성하였고, 여기에 정산 종사와 대산 종사의 법문을 빌려다 설명하려고 노력하였습니다.

마음공부 프로그램을 통하여 부처의 인격을 이루고 개인은 정신 육신 물질의 자유를 얻고, 가정은 안락한 가정 진화하는 가정 행복한 가정을 이루며, 세상은 사회 국가 세계가 평화로운 세상이 되도록 하고 싶습니다. 이를 위하여 교무는 마음나라 여행 가이드로, 마음 소 길들이는 목동으로, 마음병 치료하는 지도자 겸 환자로, 마음 난리 평정하는 도원수로, 마음밭 농사짓는 농부로, 마음공부를 함께 하는 도반으로 공부인들을 광대 무량한 낙원으로 인도하는 안내자가 되겠습니다.

새벽마다 광주교당 종각의 종을 쳤던 소년의 꿈이 이루어져서 기쁩니다. 여기에는 50여 년 동안 지도해 주신 스승님들과 유타원 최승원 교무의 협력과 종타원 소세런 정토의 헌신이 있었기에 이 책 『원불교 교무가 전하는 마음공부 정석定石, 마음공부를 디자인하다』가 빛을 보게 되었습니다. 이분들뿐 아니라 여러분의 도움에 오로지 감사할 뿐입니다. 감사합니다.

원기105년(2020) 늦가을, 익산 심계원에서

보산 최경도 합장

목차

제1부 마음나라 여행 준비

제2부 마음 소 길들이기

제3부 마음병 치료하기

제4부 마음 난리 평정하기

제5부 마음 밭 계발하기

제6부 불퇴전不退轉 하기

첨부 자료

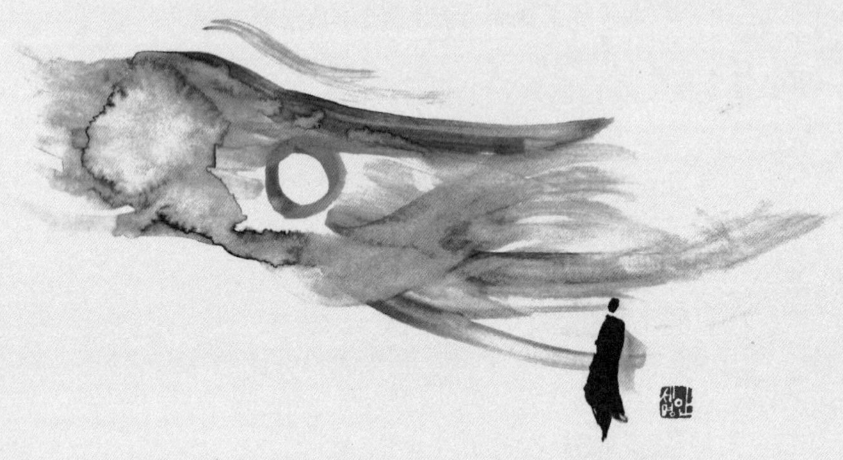

○

본래에 분별과 주착이 없는 우리의 성품性稟에서

선악 간 마음 발하는 것이

마치 저 밭에서 여러 가지 농작물과 잡초가 나오는 것 같다 하여

우리의 마음 바탕을 심전心田이라 하고,

묵은 밭을 잘 개척하여 좋은 밭을 만들 듯이

우리의 마음 바탕을 잘 단련하여 혜복을 갖추어 얻자는 뜻에서

심전계발心田啓發이라는 말이 있게 되었다.

-『대종경』 수행품 59장에서

제1부

-

마음나라 여행 준비

1

마음공부의 네 가지 요소

어떤 일이나 사물에 대한 개념을 파악하기 위하여 일반적으로 그것을 구성하고 있는 성질이나 내용을 이해하여야 한다. 마음공부를 이해하기 위하여 마음공부의 구성 요소에 대하여 생각해 보면 마음공부에 대한 파악이 쉬워질 것이다. 마음공부는 마음과 공부로 나눌 수 있다. 여기서 마음은 핵심주제이면서 중요한 키워드이기에 차차 자세히 들여다보기로 하자. 그렇다면 먼저 공부를 어떻게 이해해야 할까? 공부는 배워서 익히는 것으로 네 가지 요소가 함께 함을 볼 수 있다. 필자는 이것을 공부인·공부심·공부법·공부길이라고 우선 파악해 보고자 한다. 마음공부도 공부이니 이 네 가지 요소가 함께 하여야 할 것이다.

마음공부의 첫째 요소는 공부인工夫人이다. 무슨 일이나 사람이 들어서 하는 데 소태산 대종사가 제자들과 믿고 따르는 신자들에게 '공부인'이라는 표현을 자주 사용하였음을 쉽게 찾아볼 수 있다. 『정전』과 『대종경』을 보면 제자라든지 신자 또는 불제자라는 단어보다는 '공부인'을 가장 많이 사용였다. 이 단어의 뉘앙스를 생각해보면 원불교 교도들은 평생 공부를 놓지 말아야 한다는 의미를 느낀다.

마음공부의 둘째 요소는 공부심工夫心이다. 사람이 공부심 곧 공부하는 마음이 없으면 공부인이 아니다. 그러면 마음공부에서 어떤 것을 공부심이라 하는가? 경전을 많이 읽고 사경을 하고 교당에 다니고 조용한 곳에서 수양하는 것 등이 다 공부가 아닌 것은 아니나 여기에 공통적이고 필수로 들어서는 것이 마음 챙김과 알아차림을 지속하여야 한다는 것이다. 그래서 정신을 차리고 깨어서 취사하는 주의심을 놓지 않는 것이 공부심이지 마음 챙김과 알아차림이 없다면 속 빈 강정이다.

마음공부의 셋째 요소는 공부법工夫法이다. 공부법에는 마음공부하는 방법이 있어야 한다. 마음공부법은 그 방법이 다양하고 그 종류가 많아 설명이 간단하지 않으므로 앞으로 지속적으로 자세하게 설명할 계획이다.

마음공부의 넷째 요소는 공부길이다. 마음공부하는 공부인의 목적지인 불지佛地에 가는 길로 이 길을 따라가면 불보살의 인격을 갖추게 될 것이다. 이 길은 마음공부하는 프로그램이며 이 프로그램은 공부의 단계에 따라서 다르며 공부의 정도가 깊어감에 따라 더욱 발전하게 될 것이다.

마음공부의 네 가지 요소는 공부인·공부심·공부법·공부길로 정리할 수 있는데, 이에 대하여 소태산 대종사는 『정전』과 『대종경』에 모두 밝혀 주고 있고 정산 종사와 대산 종사도 자세하게 설명하고 있다. 그러므로 마음공부하는 우리는 이를 종합적이고 체계적으로 밟아 나가면 불보살의 심법心法을 사용하는 불지에 오르게 될 것이다.

소태산 대종사
(1891~1943)

소태산 대종사는 원불교 교조인 박중빈朴重彬의 호칭으로 소태산少太山은 법호이다. 제자들에 의해 종사주宗師主 종사님 대종사 등으로 존칭하였으며 영모원의 묘위는 '소태산여래위少太山如來位'이다.

1891년 5월 5일 전남 영광군 백수면 길룡리의 궁벽한 산촌에서 태어났다. 어린 시절부터 진리에 의심을 품고 오랜 구도 고행 끝에 원기1년(1916) 4월 28일 진리를 대각하였다. 깨달음을 얻은 후 제자들을 모아 고향에서 활동을 시작하여 원기9년(1924)에 전북 익산에서 불법연구회를 창립하여 최고 지도자인 종법사가 되있다. 소태신은 대각의 심경을 "청풍월상시清風月上時에 만상자연명萬像自然明이라." 하였으며, 시대 상황을 살펴보고 도탄에 빠진 시대 인심을 바로잡기 위해 개교표어를 '물질이 개벽되니 정신을 개벽하자'라 내걸었다. 『금강경』을 구해보고 석가모니불을 성인 중의 성인이라 찬탄하고 연원淵源으로 정한 다음, 불법佛法과 인도상 요법을 주체 삼아 회상會上을 펴고 교화하였다. 53세 되던 원기28년(1943) 5월 16일 예회에서 마지막 법문을 설한 다음 병을 얻어, 6월 1일 열반에 들기까지 개법開法 28년의 제도 사업을 마감하였다. 원기33년(1948)에 제자 정산 송규 종법사 재위 시에 불법연구회를 '원불교'로 개명하였다.

2

마음공부가 무엇인가?

지금 세계는 이제까지 인류가 경험해보지 못한 가장 큰 변화를 겪고 있다. 21세기 들어서 지난 20세기 말과 크게 변한 것은 현재 지구는 3차 산업혁명에 이어 4차 산업혁명의 물결이 밀려오고 있다고 볼 때, 이는 소태산 대종사가 주창한 '물질이 개벽되고 있다.'는 것으로 이해할 수 있을 것이다. 교통 통신 기술의 획기적인 발달과 화학, 물리학, 소재학 등의 발전은 스마트폰, 자동차, 아파트, 컴퓨터, 전기 제품 등 우리의 의식주 생활을 혁신적으로 바꿔 놓고 있다. 이러한 때에 조용한 곳에서 염불 좌선을 하고 경전을 공부하는 것만으로는 세상의 변화와 발전 추세를 따라가지 못한다.

이때 마음공부하는 공부인인 우리가 마음공부가 과연 무엇인가 하는 문제는 매우 중요하다. 이에 대하여 어렵게 생각하지 말고 쉽게 생각하고 누구나 다 할 수 있는 것으로 생각하고 그 '누구나'에 나도 포함된다는 생각을 해야 할 것이다.

이렇듯이 세상이 바뀌어 이제 마음공부하는 법도 "큰 공부는 먼저 자성自性의 원리를 연구하여 원래 착着이 없는 그 자리를 알고 실생활에 나아가서는 착이 없는 행行을 하는 것이니 이 길을 잡은 사람은 가히 날을 기약하고 큰 실력을 얻으리라." 하였고 "경계를 당할 때마다 공부할 때가 돌아온 것을 염두에 두어 잊지 말고 항상 끌리고 안 끌리는 대중만 잡아가라."고 한 것처럼 생활 속에서 실행해야 할 것이다.

또 "우리의 마음은 미묘하여 잡으면 있어지고 놓으면 없어진다."라고 하였고, "우리의 마음은 오래되면 풀어지기 쉽고 경계에 부딪히면 흔들리기 쉽다."라고 한 것처럼 마음의 고삐를 놓지 않는 것이 마음공부의 처음과 끝이다. 그러므로 공부하는 마음을 챙기는 것과 경계 알아차림을 지속하는 것이 공부심이라 할 수 있다. 마음 챙김과 알아차림을 지속하여 정신 차리고 깨어 있으면 공부를 하는 것이다. 우리가 마음공부로 염불과 좌선을 하고 경전을 읽고 사경하고 일기를 기재하는 것 등으로만 생각한다면, 공부하기가 참으로 어려운 일이 된다. 한국 사회에서 지금까지 학교 공부도 지겹고 지루했는데 또 공부하라고 하면 싫어하는 경우가 많다. 이러한 공부가 일 없을 때 하는 공부 중심이라면 마음 챙김과 알아차림은 일이 있을 때나 없을 때나 한결같이 하는 공부이다.

'정신 줄 놓지 않고 나는 공부하는 사람'이라는 마음을 챙기고 경계를 알아차리고 끌리고 안 끌리는 대중만 잡아간다면, 학교에서 그동안 했던 힘든 문자 공부 즉 무엇을 외워야 하고 써야 하고, 책을 읽어야 하는 공부는 뒤로 미루고 생활하는 가운데 마음에 대중을 잘 잡아 그저 마음하고 놀면 되는 것이다. 그래서 마음공부하는 법만 자상히 알고 보면 괭이를 든 농부도, 마치를 잡은 기술자도, 컴퓨터 앞에 앉은 회사원도, 장소를 불문하고 마음공부를 할 수 있다.

마음공부는 그 방법을 자세히 알고 반복하면 참 쉽다. 그런데 자세히 알지 못하고 반복된 훈련을 싫어하여 익숙해지지 않으면 어려운 것이 되어버린다. 그래서 같은 내용이라도 저절로 될 때까지 연습해야 하고, 하고 또 하는 훈련이 필요하다. 군대에 가면 처음 입대하여 훈련소에서 제식훈련이나 사격 등을 기본자세에서부터 같은 내용을 반복 훈련하는 것처럼 마음만 챙기고 바라보는 마음공부는 몸이 힘들지는 않지만, 마군이와 싸워 이겨야 하는 마음이 힘이 쓰이고 어려운 일이다.

이 마음공부가 심히 어려운 것 같지만 공부심으로 공부법과 공부길을 한 계단씩 밟아 올라가며 시간을 들이면 어느덧 우리는 스승의 위치인 법강항마위에 오르게 될 것이다. 마치 높은 산도 한 걸음 한 걸음 올라가야 하는 것처럼 말이다.

마음공부하는 사람과 하지 않는 사람을 구분할 방법은 그 마음에 마음 챙김과 알아차림이라는 마음의 고삐를 챙기고 사는 사람과 그러한 대중없이 생각나는 대로 사는 사람으로 나누어 볼 수 있다. 마음을 챙기고 살면 어딘지 모르게 그의 행동은 다르므로 눈에 띌 것이다.

3

원불교 마음공부

요사이 세상에는 마음공부가 차고도 넘쳐난다. 어디에나 마음공부를 붙여서 사용하는 경우를 볼 수 있다. 명심보감과 마음공부, 미투Metoo 운동과 마음공부, 행복한 마음공부 등 헤아릴 수도 없다. 그렇다면 소태산 마음공부라는 원불교의 마음공부는 어떤 것일까? 그리고 어떻게 할까? 마음공부의 종가宗家라 할 수 있는 원불교 마음공부에 대하여 생각해 보자. 앞에 말한 마음공부는 소극적 마음공부라 한다면, 원불교 마음공부는 적극적 마음공부이다. 적극적 마음공부는 그때 상황이나 문제에 대처하는 것을 포함하여 결국에는 각자의 인격을 양성하는 데 이른다.

원불교 마음공부의 교과서라 할 수 있는 『정전』의 '일원상 수행'에 보면 "일원상의 진리를 신앙하는 동시에 수행의 표본으로 삼아서 일원상과 같이 원만구족하고 지공무사한 각자의 마음을 알자는 것이며, 또는 일원상과 같이 원만구족하고 지공무사한 각자의 마음을 양성하자는 것이며, 또는 일원상과 같이 원만구족하고 지공무사한 각자의 마음을 사용하자는 것이 곧 일원상의 수행이다."라고 하였다.

한마디로 말하면, 모나지도 않고 치우치지도 않아 원만한 가운데 공적인 것이 전부인 각자의 마음을 알고 양성하고 사용하는 것을 뜻한다. 이렇게 각자의 마음을 알고 양성하고 사용하는 공부의 방법은 정신수양·사리연구·작업취사의 삼학이다. 정신을 수양하여 수양력을 얻고, 사리를 연구하여 연구력을 얻고, 작업을 취사하여 취사력을 얻는 것 즉 삼대력三大力을 얻어 혜복을 준비하는 것이 원불교 마음공부의 목표이다. 여기서 세상의 마음공부와 원불교 마음공부는 확연히 다름을 알 수 있다. 큰 공부는 먼저 자성의 원리를 알아서 착着이 없는 그 자리를 알고 실생활에서 착이 없는 행行을 한 것이라 하였다.

원불교의 수행을 다른 말로 하면 '일원상 수행'인데 이 일원상 수행이 원불교 수행이며 원불교 마음공부이다. 이를 원불교 교의教義로 제정한 것이 사은사요 삼학팔조의 교리이다. 삼학팔조 사은사요를 강령적으로 정리하여 생활 가운데 수행하기 쉽도록 제정한 것이 '일상 수행의 요법'이다. 이 중에서 수행법은 삼학팔조이며 이 삼학수행의 도구로써의 방법은 정기 훈련법이며 일상생활하는 가운데 구체적 실행 매뉴얼은 상시 훈련법이다. 이 모든 것을 두루 포함한 전체가 원불교의 수행법이라 할 수 있다. 그렇다면 수행과 마음공부는 어떤 관계일까? 마음공부를 광의廣義와 협의狹義로 나눠 생각해 볼 수 있는데 광의의 마음공부는 원불교 교리 전체를 포함하는 것이며, 협의의 마음공부는 삼학수행으로 삼대력을 얻는 것으로 한정할 수 있을 것이다. 이 책에서는 이 협의의 마음공부를 원불교 마음공부로 한정하고 풀어갈 예정이다.

앞에서 마음 챙김과 알아차림이 마음공부의 시작과 끝이라 할 수 있다 하였는데 이는 마음공부의 네 가지 요소에서 공부심을 가지고 공부법에 따라 공부를 해 갈 때 보이지 않는 미세한 마음의 작용과정에서 처음 시작하는 단계이다. 이러한 모든 수행 과정을 글로 정리하여 놓은 것이 '무시선법'으로 일 있고 없음에 관계없이 하는 공부법이다. 무시선법과 마음공부를 쉽게 이해하는 방법은 무시선법의 원문에 '선禪' 자를 '마음공부'로 바꾸어 보면 이해가 쉽고 의미가 바뀌지 않는 것을 알 수 있다. 원불교 마음공부를 한마디로 정의定義한다면 '일 있을 때나 없을 때나 한결같이 삼학을 병진하는 무시선 공부' 곧 '무시無時

정산 종사
(1900~1962)

소태산 대종사의 뒤를 이어 원불교 종법사를 역임한 송규의 호칭으로 정산鼎山은 법호法號이며 종사宗師는 법위가 출가위 이상에 해당하는 법훈法勳이다.
1900년 8월 4일 경북 성주군 초전면 소성동에서 태어났다. 9세 되던 1908년 『통감通鑑』을 공부하다가 '남아로 세상에 태어나서 한 나라를 바로잡는 큰 인물이 되지 못한다면 어찌 그를 일러 대장부라 할 것인가?' 하는 생각을 품게 되었으며, 장부의 일대사一大事와 경륜을 묻고 배울만한 스승 만나기를 간절히 염원했다. 18세인 원기2년(1917)에 부모에게 평소 가졌던 뜻을 밝히고 초당을 마련하여 반년간 수련하고, 부친의 도움을 받아 스승을 찾아 나섰다. 원기2년(1917) 전라도에 머물고 있을 때, 대각大覺을 이루고 제도濟度 사업에 나선 소태산이 원기3년(1918) 전북 정읍으로 그를 찾아가 만나, 제자로 맞아들여 수위단 중앙단원에 임명했다. 44세 되던 원기28년(1943) 6월 1일 스승인 소태산이 열반에 들자 법통을 계승하여 2대 종법사가 되었다.
일제의 핍박을 받으면서도 교단을 지키고, 해방 후 원기33년(1948) 1월 '재단법인 원불교'의 등록 인가를 받으며, 교명을 '불법연구회'에서 '원불교圓佛教'로 바꿔 세상에 선포했다. 62세 되던 원기46년(1961) 삼동윤리三同倫理를 발표하고, 이듬해인 원기47년(1962) 1월 열반에 들었다.

마음공부'라 할 수 있다. 좀 더 구체적으로 정의한다면 '일원상을 신앙의 대상과 수행의 표본으로 하고 삼대력을 얻어 인격을 양성하기 위하여 삼학을 병진하는 동정일여動靜一如의 무시선 공부'라 할 수 있다.

4

마음의 네 가지 모습

세상일은 마음먹기 달렸다고 하나 그 마음을 볼 수도 없고 잡을 수도 없어 참으로 답답하다. 마음공부를 하는 사람이라면 누구나 마음에 대하여 생각해 본 일이 있을 것이다. 마음이 무엇인가? 마음에 대하여 이해하는 것이 마음공부를 하는 기초가 될 것이다. 마음에 대하여 설명하는 말인 일체유심조一切唯心造 즉 일체 모든 일은 마음이 들어 만든 것이라는 의미로 불교를 설명하는 대표적인 단어로 누구나 들어 본 일이 있을 것이다. 이 말과 함께 마음을 설명하는 대표적인 말로 『화엄경』에 나오는 심여공화사心如工畵士라는 말도 있는데 그 뜻은 '마음은 그림을 그리는 화가와 같다'는 의미이다.

초기불교 경전인 『아비담마』에 보면 마음을 선한 마음, 불선한 마음, 무기의 마음으로 크게 세 가지로 분류하고, 다시 이를 구체적으로 121가지 유형으로 구분하여 아주 자세하게 설명하고 있다. 전문적인 불교학자들은 세밀한 부분까지 다 공부해야 하겠지만 우리는 '삼대력을 얻어 인격을 양성하는 마음공부'를 하는 입장에서 공부를 어느 정도 성취한 후에 참고하면 좋을 것이다.

대산 종사는 정신精神에는 아버지와 아들 그리고 손자가 있다고 하였다. 마음을 기준으로 하면 마음의 할아버지, 아버지, 아들에 비유할 수 있는데 '일체유심조'에서의 마음은 마음의 할아버지일까, 마음의 아버지일까, 마음의 자신일까, 마음의 아들을 의미할까를 한번 생각해 봄직하다.

마음에는 본래 마음, 참 마음, 변하는 마음, 행동하는 마음이 있다고 생각한다. 첫째 본래 마음은 성품을 의미하는 말로써 마음의 출입出入마저 끊어졌으니 무어라 할 수 없는 자리 즉 진리 본연의 자리이다. 둘째 참 마음을 우리는 정신이라 하고 정신은 성품과 거의 같으나 영령한 감이 있어서 마음이 두렷하고 고요하여 분별성과 주착심이 없는 경지에 이른다고 하였다. 셋째 변하는 마음으로 이는 안眼 이耳 비鼻 설舌 신身의 오근五根이 어떤 경계를 만나게 되면 보고 듣고 냄새 맡고 말하고 몸으로 느껴 생각이 일어나고, 이를 우리는 마음이라 한다. 이 마음은 몇 가지 성질이 있어서 이를 이해하면 마음공부에 도움이 되리라 믿는다. 넷째 뜻[意]으로 경계를 만나 나타난 마음이 육근 동작으로 나타나게 하는 감정感情이다. 이는 일반적으로 칠정七情으로 희喜 노怒 애哀 락樂 애愛 오惡 욕慾의 일곱 가지 감정 즉 기쁨 화남 슬픔 즐거움 사랑함 미워함 욕심으로 나타난다고 한다. 정산 종사는 이를 "성품은 본연의 체요, 성품에서 정신이 나타나나니, 정신은 성품과 대동하나 영령한 감이 있는 것이며, 정신에서 분별이 나타날 때가 마음이요, 마음에서 뜻이 나타나나니, 뜻은 곧 마음이 동하여 가는 곳이라."라고 설명하고 있다.

원불교의 마음공부가 삼학을 병진하여 삼대력을 얻어 각자의 인격을 양성하는 공부라

대산 종사
(1914~1998)

정산 종사의 뒤를 이어 원불교의 3대 종법사를 역임한 김대거의 호칭으로 법호는 대산大山이며 종사는 법훈이다. 정산 종사의 뒤를 이어 원기47년(1962)부터 원기79년(1994)까지 종법사를 역임했다.

1914년 음력 3월 16일 전북 진안군 성수면 좌포리에서 출생했다. 11세 되던 원기9년(1924) 진안 만덕산에서 개최된 초선初禪 때 소태산에게 귀의했다. 원기14년(1929) 16세에 출가한 대산은 3년간 총부에서 학원 생활을 하면서 소태산과 은부자恩父子의 의를 맺었다. 원기28년(1943) 소태산이 열반할 때까지 줄곧 총부를 떠나지 않고 측근에 머물면서 법설을 수필 하는 기회를 많이 가졌다.

정산 종사가 원기47년(1962)에 열반하자 법통을 계승하여 49세에 종법사 위에 오르고 33년간 교단의 최고 지도자로서 교화를 주재하고 교단을 발전시켰다. 원기79년(1994) 11월 6일 새로 선출된 좌산 종법사에게 종법사를 물려주고 상사上師로 추대되었으며, 85세 되던 원기83년(1998) 9월에 열반에 들었다.

할 때, 우리의 마음공부는 정신을 수양하여야 하며, 궁극적으로 성품을 알아 견성을 하게 되는 것과 일의 시비이해를 분석하여 판단하며, 경계 따라 일어나는 마음을 잘 알아차리고 뜻으로 나아갈 때 정의와 불의를 구분하여 정의는 행하고 불의는 행하지 않는 것이다.

그러므로 마음공부하는 사람은 먼저 성품과 정신과 마음과 뜻을 구분하여 이해해야 한다. 의두 요목의 공부에 "일체가 다 마음의 짓는 바라 하였으니 이것이 무슨 뜻인가?" 하는 조목과 "마음이 곧 부처라 하였으니 이것이 무슨 뜻인가?" 하는 조목에 대하여 시간 날 때마다 연구하여 고개를 끄덕이며 '아하 이 뜻이구나.'라고 하는 긍정이 있을 때 비로소 속 깊은 마음공부를 시작할 수 있을 것이다. 이 네 가지 마음의 변화된 모습에 대하여 알지 못하고 하는 마음공부는 자칫 장님이 코끼리 다리를 만지고 코끼리 전체를 이야기하는 것과 비슷할 수도 있다.

5

마음의 속성

원효 대사가 짓고 범능 스님이 부른 '마음'이라는 노래가 있는데 그 가사를 보면 마음을 잘 설명하고 있어 소개한다.

마 음

그것은 깊고 고요하고 맑고 평화하여
그 모양을 잡을 수 없네.
크다고 하나 어느 구석진 곳에도
작다고 하나 어느 큰 것도 감싸지 못함이 없네.
있다고 하나 한결같은 모습 텅 비어 있고
없다고 하나 만물이 이로부터 나오는 데
무어라 이름할 수 없으므로 마음이라 불러 보노라!

마음을 깨달은 자 부처라 하고 마음이 어두운 자 중생이라네.

수많은 사람이 마음을 깨달아 도를 얻었는데

너는 너는 무엇 때문에 괴로운 가운데 윤회하는가!

마음에 대하여 공감 가는 노랫말이다. 일체유심조一切唯心造나 심여공화사心如工畵士라는 말이 마음을 노래한 가사와 잘 통함을 알 수 있다. 마음에는 할아버지인 성품과 아버지인 정신과 아들인 뜻이 있다고 하였고 마음의 모습에는 본래 마음, 참 마음, 변하는 마음, 행동하는 마음이 있다고 하였다. 그렇다면 마음의 속성 내지 성질은 어떻게 개념 지을 수 있을까?

마음은 첫째, 비물질이라는 것이다. 세상 만물은 물질과 비물질로 나누어 볼 수 있는데 마음은 물질이 아니라 비물질이므로 형상이 없고 질량도 없어서 보이지도 않고 볼 수도 없으며 냄새도 없고 소리도 들을 수 없다. 둘째, 마음은 대상을 아는 기능을 한다. 우리 앞에 나타난 대상을 눈이나 귀 등 나의 몸이 들어서 보고 아는 것이 아니라 마음이 들어서 안다는 것이다. 사람이 목숨이 끊어지면 육신은 생전과 다름이 없으나 마음이 없어서 알지 못한다. 셋째, 마음은 대상이 없으면 일어나지 않는다. 마음은 대상이 없이 홀로 존재할 수 없다. 마음은 조건에 의하여 일어나는 정신적 현상으로 어떤 대상을 만나느냐에 따라 그 마음을 갖는다. 넷째, 마음은 매 순간 변한다. 몸이 한순간에 한 번 변할 때 마음은 열일곱 번 변한다고 한다. 그래서 오만가지 생각을 한다는 말이 있다. 다섯째, 마음은 한순간에 하나이다. 감각기관이 감각 대상과 접촉했을 때 오직 한 가지 마음이 일어날 뿐 한순간에 두 개의 마음이 동시에 일어날 수 없다. 우리가 두 가지 일을 한다고 하지만 마음이 이 일에 왔나 서 일에 갔다 한다는 의미이다. 여섯째, 마음이 모든 것을 이끈다. 살아있는 모든 생명은 마음이 있어서 생겨난다. 마음이 없으면 몸이 생기지 않는다. 이상으로 마음의 속성을 대략 여섯 가지로 정리를 해 보았는데 이는 상좌불교 '한국명상원'을 이끌고 있는 곽묘원 재가 법사의 강의를 참고하였다.

마음의 속성을 마음공부하는데 활용하여 소태산 대종사는 "사람의 마음은 지극히 미묘하여 잡으면 있어지고 놓으면 없어진다."라고 하였고, 정산 종사는 "마음은 오래되면 풀어지기 쉽고 경계에 부딪히면 흔들리기 쉽다."라고 하였다. 그래서 마음을 지속해서 챙겨야 하고 마음 챙김을 지속하는 것이 공부심이 있다고 하고 공부심이 지속되는 사람을 공부인이라 할 수 있을 것이다.

6

공부인의 마음 작용 프로세스

공부인은 마음 챙김과 알아차림이 지속되어야 한다고 강조하여 왔다. 그렇게 하여 마음 챙기기를 놓지 않고 경계가 왔을 때 '경계다!' 하고 알아차린 후에는 마음 작용을 어떻게 하여야 할 것인가 생각해 보기로 하자. 알아차린 후에는 바로 마음 가운데 내가 일어난 상황에 끌렸는지 안 끌렸는지 대중을 잡아야 한다. 끌렸다는 것은 호불호好不好나 원근친소遠近親疏에 끌렸거나 시비이해是非利害에 끌린 것으로 이는 고정관념固定觀念이나 선입견先入見 편견偏見 등, 일 당하기 전에 가지고 있는 내가 설정해 놓은 기준이 있어서 거기에 맞춰 생각하는 것이다.

여기에서 끌렸는지 안 끌렸는지 마음 대중하는 것이 마음 작용하는 중요한 핵심 포인트가 된다. 끌린 경우와 끌리지 않은 경우로 나누어 보는데 끌리지 않았다면 다시 경계를 당하기 전의 마음 챙김과 알아차림을 그대로 지속하면 된다. 마음 챙김과 알아차림을 한마디로 하면 우리의 정신이 깨어 있는 상태로 정신 차리고 있는 것과 같은 상태이며 이를 깨어 있다고 표현하기도 한다. 이는 온전한 생각으로 취사하기를 주의하는 것이요 응하여도 주住한 바 없이 그 마음을 내는 것이다.

경계를 당하여 내 마음을 대중하여 내가 끌렸다면 마음을 대조對照하여야 한다. 대조할 때는 먼저 스승의 가르침인 '일상 수행의 요법'에 대조하여야 한다. 마음이 요란하지도 않고 어리석지도 않은 본래 마음이나 참 마음에 대조하여야 하며 감사 생활을 하였는가 못 하였는가, 자력 생활을 하였는가 못 하였는가, 잘 배웠는가 못 배웠는가, 잘 가르쳤는가 못 가르쳤는가, 공익심이 있었는가 없었는가, 믿음 분발 의문 정성인 신분의성을 추진하여 성공하는 길로 갔는가 못 갔는가를 대조하여야 한다.

끌린 마음을 '일상 수행의 요법'에 대조한 후에는 실제로 일어난 마음을 일상 수행의 요법처럼 돌려야 한다. 그래서 마음에 그름이 없어야 하고 그렇게 되면 마음에 요란함과 어리석음도 없고 감사 생활과 자력 생활로 돌리고, 잘 배우고, 잘 가르치고, 공익심이 있는 사람이 되어 만사 성공하는 길로 가게 될 것이다. 돌리고 나서는 자성의 정定·혜慧·계戒를 세워야 하는 데 자성의 정·혜·계를 세운다는 것은 마음에 요란함과 어리석음과 그름이 없게 하는 것이며 한마디로 하면 우리의 마음이 성품을 떠나지 않는 일심 상태가 지속되는 것이다. 일심 상태가 지속되는 자성을 세우는 것이 바로 마음 챙김과 알아차림을 함께 하는 것과 같아서 내 마음을 응용하는 데 온전한 생각으로 취사하기를 주의하는 것이며 응하여도 주한 바 없이 그 마음을 내는 것이다.

이를 정리해 보면 일이 있을 때는 모든 경계를 보아 마음 챙김과 알아차림을 놓지 아니하고 끌리고 안 끌리는 마음 대중을 잡고, 끌렸을 때는 '일상 수행의 요법'에 마음을 대조하고, 생활과 사람을 돌리고, 자성의 정·혜·계를 세우는 과정을 거쳐 삼대력을 아울러 얻어 나가는 것이 공부인의 마음작용 프로세스이다. 일이 없는 때에는 정신을 수양하거나 사리연구를 주로 하여 삼대력을 아울러 얻어 나가야 한다. 이때 마음 챙김을 한 가운데 마음이 다른 경계에 끌려나가는 알아차림을 놓지 아니하여야 하며 다른 분별이나 번뇌 망상이 일어나거든 바로 알아차리고 마음 챙김으로 돌아와 삼대력을 아울러 얻어 나가는 마음을 작용하여야 한다.

다시 한 번 더 공부인의 마음작용 프로세스에 관하여 정리해 보면, 먼저 일이 있을 때와 일이 없을 때로 구분하여 모두 공부심 즉 마음 챙김과 알아차림을 놓지 아니하고 "일이 있을 때는 모든 경계를 보아 취사하는 주의심 즉 마음대중 마음대조 마음돌림 자성 세움을 놓지 아니하고 삼대력을 얻어 나가고, 일이 없을 때에는 수양과 연구를 주로 하여 삼대력을 얻어나가라."라고 하였고, 소태산 대종사는 이를 비유하여 "이 길을 알아 행하는 사람은 마음공부에 별 어려움을 느끼지 아니하고 바람 없는 큰 바다의 물과 같아서 한가롭고 넉넉할 것이다."라고 하였다.

7

마음공부의 흐름

마음공부하는 사람과 마음공부하지 않는 사람 곧 공부인과 비공부인의 차이를 무엇으로 구분할 수 있을 것인가 하고 생각해 보면 공부심이 있으면 공부인이고 공부심이 없으면 공부인이 아니라고 할 수 있다. 공부심은 마음을 챙겨 알아차리는 마음이 지속되는 것이므로 누구나 이처럼 마음 챙김과 알아차림이 지속되는 사람은 공부인이다. 그러므로 먼저 마음공부를 하고 있는가? 하고 있지 않은가? 이 차이는 경계를 당할 때 경계를 알아차리는 마음과 그 경계에서 일어나는 본인의 마음을 알아차리고 알아차리지 못하는 데에 있다. 그러므로 마음공부의 첫 갈림길은 나에게 일이 있을 때와 없을 때로 나뉘게 되며 다음은 경계를 당하여 알아차릴 때와 알아차리지 못할 때로 나뉘게 된다. 일단 알아차렸으면 두 번째 갈림길에 서게 되는데 만일 알아차리지 못했다면 그 사람은 마음공부를 하지 않고 있거나 경계를 모르고 지나치는 것이다. 또 마음공부에 대한 말을 한 번도 듣지 못하여 마음공부를 알지 못하는 사람도 마음공부를 하지 않는 것이며 마음공부를 하기로 마음먹은 사람이 알아차리지 못하면 그 사람 역시 마음공부를 하지 않는 것이다.

마음공부 흐름의 첫 번째 갈림길은 나에게 일이 있을 때와 일이 없을 때이다. 일이 없다는 기준은 내 몸인 안·이·비·설·신 5근이 일을 하지 않는 것으로 쉬는 시간이나 빈 시간의 경우인 한가한 때이다. 경계가 없어서 내가 육체적으로 움직일 일이 없을 때의 마음공부는 참마음을 찾아가는 정신수양과 본래 마음을 깨닫는 천조天造의 대소유무의 이치에 대한 연구나 인간의 시비이해에 대한 연구를 주로 하는 사리연구이다. 이때는 마음 챙김과 알아차림이 지속되어 정신수양이나 사리연구를 하는 가운데 분별分別하는 마음과 계교計巧 사량思量하는 마음이 일어나면, 다시 말해서 딴 생각인 망념妄念이 일어나면 그것을 알아차리고 망념을 없애는 것이다.

또 나의 몸에 일이 있으면 앞에서 말한 공부인의 마음 작용 프로세스에 의하여 마음이 경계에 끌리는 때와 안 끌리는 때로 나뉘게 되어 마음공부 흐름의 세 번째 갈림길을 마주하게 된다. 이때 호불호나 원근친소 시비이해 등에 끌리지 않았으면 마음 챙김과 알아차림을 지속하여 정신 차리고 깨어 있으면 끌리지 않은 마음공부를 하는 것이다.

그러나 이때 마음이 경계에 끌렸으면 그 일어난 마음을 '일상 수행의 요법'에 대조對照하고 마음을 돌려 생활과 사람을 돌려야 하며 결국에는 본래 마음인 자성의 정·혜·계를 세워야 한다. 자성의 정·혜·계를 세우는 것은 자성을 여의지 않는 공부와 같아서 마음 챙김과 알아차림이 지속되는 것과 같다.

그러나 여기에서 본래 마음인 성품을 깨친 사람 즉 견성見性을 한 사람과 못한 사람의 수준은 같지 않다. 견성을 하지 못한 사람은 풀을 돌로 눌러 놓은 것과 같아서 겉으로 보기에 풀은 보이지 않으나 완전히 풀을 뽑아 제거하지 못하였으니 다시 인연을 만나면 그 풀이 자라게 되나 견성한 사람은 원래 없는 자리에 돌이켜 비추어보면 그 풀 자체가 없다. 다시 한 번 더 강조하자면 마음공부는 알아차리는 데에서 시작하고 일이 있을 때와 없을 때 그리고 끌렸을 때와 끌려가지 않았을 때 따라 언제 어디서나 한결같이 하는 것이다. 이를 법문에서는 '동정일여의 무시선 공부'라고 일러 주었다.

8

원만한 마음공부법

이제까지 마음공부와 마음 그리고 마음의 작용 과정과 마음공부의 흐름을 살펴보았다. 다음은 마음공부의 방법은 무엇일까에 대하여 생각해 볼 차례이다. 사람이 길을 가는데 목적지가 확고하고 가는 방법과 길을 바르게 안다면 아무리 먼 길이라 할지라도 쉽게 도달할 것이다. 그러나 목적지도 확실하지 않고 가는 방법과 길도 정해져 있지 않다면 그 사람이 목적지에 도달하기 까지 겪을 고생은 가히 짐작할 수 있다. 마음공부하는 것도 이와 같아서 삼대력三大力을 얻어 각자의 인격을 양성하여 개인의 자유와 가정의 행복과 세상의 평화를 이루기 위한 확고한 목표를 세우고 이 목표를 달성하는 원만한 공부법을 찾았다면 그 성공은 예상할 수 있을 것이다.

마음공부가 원만한 인격을 이루어 개인의 자유와 가정의 행복과 세상의 평화를 목적한다면 마음공부하는 방법 또한 원만해야 할 것이다. 그러면 원만하지 못한 공부법은 어떠한 것일까? 첫째, 일상생활에 도움이 되지 않는 것이다. 그 공부를 하면 생활이 더 향상되고 사업도 번창하여야 할 것인데 그렇지 못한 것은 공부법이 원만하지 못하기 때문이다. 둘째, 육신의 건강을 해치는 공부법이다. 그 공부를 하면 건강이 더욱 좋아져야 할 텐데 몸에 병이 든다면 잘못된 공부법이다. 셋째, 한쪽에 치우친 편협한 공부법이다. 육신의 건강을 위해서는 균형 잡힌 식사를 하여야 하듯이 인격 완성을 위하여 수양 연구 취사의 삼학 공부에 균형 잡힌 훈련을 하여야 할 것이다.

물질이 개벽되어 가는 이 시대에 맞는 원만한 마음공부법은 무엇일까? 이 법은 먼저 남녀노소 선악귀천을 막론하고 누구나 실행할 수 있어야 하며 시간과 장소에 구애받지 않고 실행할 수 있어야 하며, 일상생활과 직업에 지장을 주지 않고 실행할 수 있어서 누구나 언제 어디서든지 할 수 있는 공부법이라야 할 것이다. 이러한 원만한 마음공부법은 일 있을 때와 일 없을 때 두 사이에 공부심을 놓지 아니하여 일상생활하는 가운데 공부를 할 수 있다. 일 있을 때는 모든 상황에 따라 취사하는 주의심을 주로 하는 작업취사 공부를 주로 하여 삼대력을 아울러 얻어 나가고, 일 없을 때에는 정신수양과 사리연구 공부를 주로 하여 삼대력을 아울러 얻어 나간다.

또 이러한 공부법은 공부와 일을 둘로 보지 아니하고, 공부를 잘하면 일이 잘되고 일을 잘하면 공부가 잘되어, 일 있을 때나 일 없을 때 계속 수양 연구 취사의 삼대력 얻는 법이 되며, 또한 몸과 마음을 아우르게 되고 일과 공부를 병행하게 되는 원만한 공부법이다. 소태산 대종사는 이 원만한 공부법으로 수양 연구 취사의 삼학을 병진하는 가운데 수양 한 가지에 편벽되어 좌선을 집중적으로 수행하는 제자를 특히 경책하였다. 그러므로 우리는 삼학 공부 가운데 자신이 부족한 점을 스스로 살피기도 하고, 주위의 의견도 들어서 어느 한 과목에 편중하지 아니하고 삼학을 병진하는 원만한 수행을 하여야 할 것이다. 마음공부를 하는 사람이 육신의 건강을 잃어버리는 것은 마음공부를 잘못하는 증거이고 사업에 실패한 사람도 공부심을 놓고 살아온 결과라고 생각할 수 있다.

대표적으로 원만한 마음공부는 "먼저 자성自性의 원리를 연구하여 원래 착着이 없는 그 자리를 알고 실생활에 나아가서는 착이 없는 행行을 하는 것"이라 하였고, "이 길을 잡은 사람은 가히 날을 기약하고 큰 실력을 얻으리라." 하였으며 "공부하는 사람이 처지 처지를 따라 이 일을 할 때 저 일에 끌리지 아니하고, 저 일을 할 때 이 일에 끌리지 아니하면 곧 이것이 일심 공부요, 이 일을 할 때 알음알이를 구하여 순서 있게 하고, 저 일을 할 때 알음알이를 구하여 순서 있게 하면 곧 이것이 연구 공부요, 이 일을 할 때 불의에 끌리는 바가 없고, 저 일을 할 때 불의에 끌리는 바가 없게 되면 곧 이것이 취사 공부며, 한가했을 때에는 염불과 좌선으로 일심에 전공도 하고 경전 연습으로 연구에 전공도 하여, 일이 있는 때나 일이 없는 때를 오직 간단없이 공부로 계속한다면 저절로 정신에는 수양력이 쌓이고 사리에는 연구력이 얻어지고 작업에는 취사력이 생겨난다."라고 하였다.

다시 한번 더 원만한 마음공부법을 정리하자면 원만한 마음공부법은 정상적인 일상생활을 하는 가운데 누구나 언제 어디서든지 할 수 있는 공부법이라야 한다. 또한 삼학을 병진하여 수양력 연구력 취사력을 아울러 얻어나가는 공부법이며, 공부할수록 공부인 각자의 인격이 성장하고 성숙해서 개인은 심신이 건강해지고 가정도 화목해지며 사업도 더욱 번창하게 하는 공부법으로 편협하거나 한편에 치우치지 않고 성공하는 마음공부법이라야 할 것이다.

9

마음공부는 훈련이다

마음공부하는 도반 여러분은 이제까지 살면서 어떤 훈련訓練이든지 훈련을 받아 본 경험이 있을 것이다. 성인 남자로 군대에 다녀온 사람은 군대에서 훈련을 많이 받아 보았을 것이나 요사이는 군대에 다녀오지 않았어도 직장이나 단체에서 실시하는 훈련이 많이 있다. 그렇다면 훈련을 한마디로 무엇이라고 할까? 필자는 훈련을 배우고 연습하여 익히는 것을 반복하는 일이라고 말한다. 세상 많은 일이 처음 당하면 생소하나 여러 번 경험하면 점차 익숙해지는데 그렇게 하고 또 하면 저절로 되는 경지까지 도달하게 된다. 마음공부도 이처럼 처음 듣게 되면 낯설어 이해가 잘 안 되지만 여러 번 반복적으로 듣고 연습하여 익히면 이해가 되고 익숙하게 될 뿐 아니라 훈련을 지속하면 저절로 할 수 있게 된다.

마음공부하는 공부인이 처음 마음공부라는 말을 들었을 때 느낌이 어떠하였을까? 무슨 일이나 처음 당하면 느낌이 잘 오지 않는다. 당시의 환경에 따라 좋다 싫다 하는 생각이 일어나는데 마음공부하는 모임에 나가서 한두 번 들으면 낯선 느낌이 점점 사라지고 나름대로 마음공부에 대한 개념을 형성하게 된다. 그렇게 마음공부에 대한 말을 자주 들으면 친숙한 생각이 들지만 실제로 마음공부를 하기로 하면 그때는 '어떻게 하지?' 하며 아무 생각도 나지 않는다.

어떤 사람은 학교 다니면서도 공부하라는 말이 지겨웠는데 '나이 들어서까지 또 공부야?'라고 할 것이다. 이는 마음공부가 생소하기도 하고 그 방법을 자세히 몰라서 드는 생각이다. 그런데 마음공부하는 원리와 방법을 자세히 배우고 보면 이해는 할 수 있으나 실제 혼자 하려면 잘 되지 않는다. 왜냐하면 대부분의 사람은 형체가 있는 모습을 보아야 이해가 쉬운데 마음은 형상이 없으므로 볼 수도 만질 수도 없기 때문에 어렵다. 그리고 많이 접해 보지 않아 익숙하지 않고 훈련이 되어 있지 않으므로 더 그럴 것이다.

그래도 듣고 듣고 또 듣고, 보고 보고 또 보고, 하고 하고 또 하면 차차 익숙해져서 어려웠던 것이 점차 쉽게 느껴진다. 여기서 듣고 또 듣고, 보고 또 보고, 하고 또 하는 것이 연습이며 같은 내용을 반복적으로 연습하는 것을 우리는 훈련이라 한다. 그러므로 마음공부하는 사람은 마음공부 방법에 대하여 지속적이고 반복적인 연습인 훈련을 해야 한다. 이것이 '마음공부는 훈련이다'라고 말하는 이유이다.

원불교 훈련법에는 정기定期 훈련법과 상시常時 훈련법이 있다. 정기 훈련은 일정한 기간이나 기한을 정해 놓고 정기적으로 하는 훈련으로 마음공부를 전문적으로 배우기 위하여 선원禪院이나 학교에 들어가 배우는 과정이다. 정기적으로 교당에 다니거나 훈련원 등에서 훈련받는 것도 여기에 포함되는데 이 과정에서 배우는 과목은 11가지 과목이 있다. 이를 삼학三學으로 분류하면 정신수양 훈련 과목으로 염불과 좌선이 있고, 사리연구 훈련 과목으로 경전經典 강연講演 회화會話 의두疑頭 성리性理 정기 일기定期日記가 있으며, 작업취사 훈련 과목으로 상시 일기常時日記 주의注意 조행操行이 있다. 상시 훈련은 따로 정해진 시간이 아닌 일상日常 생활 가운데 하는 훈련이다.

일상생활 가운데에서 '어떻게 마음공부를 해야 하는가' 하는 답이 여기 있다. 자비하시고 친절하신 소태산 대종사는 우리에게 삼학팔조 사은사요의 교리를 실생활에서 실천하도록 '일상 수행의 요법' 9조로 강령 잡아 주었고 나아가 일상생활에서 마음공부하는데 주의할 사항 여섯 가지를 정해 주었다. 이름하여 '상시응용 주의사항 6조'이다. 마음공부는 이론 교육에 그치지 않고 반드시 반복하여 연습하는 훈련이 수반되는데 이것은 정해진 시간과 장소에서 행하는 정기 훈련과 일상생활하는 가운데 하는 상시 훈련으로 구성되어 있다. 노는 시간 없이 그 훈련 방법을 정해 두었다. 그것이 바로 일상 수행의 요법 9조와 상시응용 주의사항 6조와 교당내왕 시 주의사항 6조이며 이러한 방법으로 삼학수행을 하여 공부인이 원하는 삼대력을 얻을 수 있게 하였다. 또한 정기와 상시라는 개념 외에 우리의 생활에서 일이 있을 때를 동시動時, 일이 없을 때를 정시靜時라 하여 동정動靜의 개념으로 구분하고 동정 간 한결같이 지속해서 마음공부를 하도록 하였다.

10

상시 훈련법

『정전』 수행편 가운데 '상시 훈련법常時訓練法'에는 "공부인에게 상시常時로 법의 훈련을 시키기 위하여 상시응용 주의사항 6조와 교당내왕 시 주의사항 6조를 둔다."라고 밝히고 있어서 상시 훈련법은 '상시응용 주의사항'과 '교당내왕 시 주의사항'으로 구성되어 있음을 알 수 있다. 이는 마음공부하는 사람은 일상생활 가운데 언제 어디서나 '법의 훈련'을 받기 위하여 상시응용 주의사항과 교당내왕 시 주의사항을 실천하고 지켜야 한다는 의무 내지 책임을 말하고 있다. 법의 훈련에서 '법'의 개념은 원불교 교리 모두를 의미한다고 보아야 하나 『정전』 수행편에는 '일상 수행의 요법'처럼 '~ 법'이라고 제목이 붙은 14가지가 있는데 이렇게 '~ 법'으로 이름 지어진 항목에 한정한다고 이해할 수도 있다. 원불교 교리에 관한 공부는 마음공부 프로그램 두 번째 단계인 '마음병 치료하기' 프로그램을 진행할 때 학습할 계획이다.

상시응용 주의사항 6조는 아래와 같다

1. 응용應用하는 데 온전한 생각으로 취사하기를 주의할 것이요,

2. 응용하기 전에 응용의 형세를 보아 미리 연마하기를 주의할 것이요,
3. 노는 시간이 있고 보면 경전·법규 연습하기를 주의할 것이요,
4. 경전·법규 연습하기를 대강 마친 사람은 의두 연마하기를 주의할 것이요,
5. 석반 후 살림에 대한 일이 있으면 다 마치고 잠자기 전 남은 시간이나 또는 새벽에 정신을 수양하기 위하여 염불과 좌선하기를 주의할 것이요,
6. 모든 일을 처리한 뒤에 그 처리 건을 생각하여 보되, 하자는 조목과 말자는 조목에 실행이 되었는가 못 되었는가 대조하기를 주의할 것이니라.

원불교에 입문入門하여 교리를 배워 본 일이 없는 사람은 단어가 생소할 것이나 이 생소함도 앞으로 지속하여 마음공부를 하면 점차 익숙해지고 그 결과로 생겼던 의문이 '아! 그 뜻이었구나!' 하고 이해하게 될 것이니 염려하지 말고 지속하여 함께 공부하면 좋겠다.

1조에 있는 '응용應用'은 내가 알고 있던 지식을 실생활에서 활용하는 것을 말한다. '일상생활을 하면서 온전한 생각으로 취사하기를 주의하라'는 의미인데 아무 생각 없이 생활하는 것이 아니라 일을 당해서 '마음 챙김과 알아차림'을 놓지 아니하고 시비이해를 판단하여 옳고 이로운 것은 행하고 그르고 해로운 것은 행하지 않기를 주의하라는 것이다. 이 1조는 마음공부의 핵심 개념으로 정신수양 사리연구 작업취사가 함께 다 아울러 포함되어 있다.

2조는 "응용하기 전에 응용의 형세를 보아 미리 연마하기를 주의할 것이요"라고 한다. 이는 '모든 일에 미리 예측하여 준비할 것을 주의하라'는 내용으로 이 2조는 일상생활에 필요한 일과 이치에 대한 연구를 놓지 말고 항시 공부하라는 의미이다.

3조는 "노는 시간이 있고 보면 경전·법규 연습하기를 주의할 것이요"이다. 이는 한가한 시간이 있으면 놀지 말고 경전과 법규를 연습하라는 말이다. 여기에서 처음 공부하는 사람은 경전과 법규를 원불교의 범위로 한정할 수도 있지만, 생활에 필요한 다른 경전이나 법규도 이에 포함하여 학습할 것이다.

4조는 "경전·법규 연습하기를 대강 마친 사람은 의두 연마하기를 주의할 것이요"이다. 원불교의 경전과 법규 연습하기를 대강 마친 사람은 의두 연마하라는 내용으로 원불교의 의두疑頭는 20개 항목을 정하여 『정전』 수행편 제5장에 '의두 요목'으로 정리되어 있다.

5조는 "석반 후 살림에 대한 일이 있으면 다 마치고 잠자기 전 남은 시간이나 또는 새벽에 정신을 수양하기 위하여 염불과 좌선하기를 주의할 것이요"이다. 이는 새벽과 잠자기 전 남은 시간에 정신을 수양하기 위하여 염불과 좌선하기를 주의하라는 것이다.

6조는 "모든 일을 처리한 뒤에 그 처리 건을 생각하여 보되, 하자는 조목과 말자는 조목에 실행이 되었는가 못 되었는가 대조하기를 주의할 것이니라."이다. 모든 일을 아무 생각 없이 지내지 말고 반성하고 평가하여 내가 목적하는 바를 실행하고 있는지 실행하고 있지 않은지를 대조하여 성공하자는 것이다.

이렇게 실생활에서 여섯 가지 주의사항을 실행하는 가운데 마음공부하는 곳인 교당에 오면 교당내왕 시 주의사항 6조로 공부하도록 하였다.

1. 상시응용 주의사항으로 공부하는 중 어느 때든지 교당에 오고 보면 그 지낸 일을 일일이 문답하는 데 주의할 것이요,
2. 어떠한 사항에 감각된 일이 있고 보면 그 감각된 바를 보고하여 지도인의 감정 얻기를 주의할 것이요,
3. 어떠한 사항에 특별히 의심나는 일이 있고 보면 그 의심된 바를 제출하여 지도인에게 해오解悟 얻기를 주의할 것이요,
4. 매년 선기禪期에는 선비禪費를 미리 준비하여 가지고 선원에 입선하여 전문 공부하기를 주의할 것이요,
5. 매 예회例會 날에는 모든 일을 미리 처결하여 놓고 그 날은 교당에 와서 공부에만 전심하기를 주의할 것이요,
6. 교당에 다녀갈 때는 어떠한 감각이 되었는지 어떠한 의심이 밝아졌는지 소득 유무를 반조返照하여 본 후에 반드시 실생활에 활용하기를 주의할 것이니라.

이상 교당내왕 시 주의사항에 어려운 내용은 없으나 '지도인'을 누구로 할 것인가 하는 것이 문제가 된다. 필자 생각에 '지도인'은 교당의 담임교무와 내가 속한 교화단의 단장과 나의 연원 그리고 법위法位가 정사正師 이상에 오른 사람을 총칭하는 것으로 생각한다.

상시 훈련의 구체적인 방법으로 상시응용 주의사항 6조와 교당내왕 시 주의사항 6조를 정하였는데 우선은 이 내용이 잘 이해되지 않더라도 원불교의 마음공부를 시작한 사람이

라면 이를 모두 암송하여야 한다. 소리 내서 반복하여 읽으면 스스로 내용이 이해되기도 하고 자연스럽게 외워질 것이다.

11

정기 훈련법

『정전』 수행편의 '정기 훈련법定期訓練法'에는 "공부인에게 정기定期로 법의 훈련을 받게 하기 위하여 정기 훈련 과목으로 염불念佛·좌선坐禪·경전經典·강연講演·회화會話·의두疑頭·성리性理·정기 일기定期日記·상시 일기常時日記·주의注意·조행操行 등의 과목을 정하였나니, 염불·좌선은 정신수양 훈련 과목이요, 경전·강연·회화·의두·성리·정기 일기는 사리연구 훈련 과목이요, 상시 일기·주의·조행은 작업취사 훈련 과목이라"라고 밝히고 있어 정기 훈련법은 11과목의 훈련으로 구성되어 있음을 알 수 있다.

이는 마음공부하는 사람인 공부인에게 일상생활하는 가운데 정기로 삼학 공부의 필수 과목으로 11과목의 훈련을 받게 하기 위하여 교당내왕 시 주의사항 4조에 "매년 선기禪期에는 선비禪費를 미리 준비하여 가지고 선원에 입선하여 전문 공부하기를 주의할 것이요"라고 규정하고 있다. 여기에서 '선기'는 훈련을 받는 시기인데 이 조목은 훈련원이나 교당에서 11과목에 대하여 전문적으로 훈련을 받으라는 의무와 책임을 밝히고 있다.

정기 훈련 11과목은 어떤 의미가 있을까? 인류는 이동하기 위하여 걷고 달리다가 기구를 만들어 사용하기 시작하였다. 배를 만들어 물을 건넜고 자전거 자동차 기차 비행기 등을 만들어 육지를 편리하고 빠르게 이동하였다. 이러한 기계들이 형체가 있는 육체의 이동을 위하여 개발한 도구라면 형상이 없는 마음의 능력을 향상하고 인격을 양성하기 위한 정신 계발의 도구 즉 정신의 삼강령인 수양 연구 취사의 힘을 계발하는 도구로 자비로운 소태산 대종사는 11과목을 정리하여 우리에게 밝혀 주었다. 이를 정기 훈련을 통하여 전문적으로 공부시켰다. 이렇게 정신의 힘을 기르는 구체적인 도구로서 정기 훈련 11과목은 마음공부의 핵심 방법이며 정신수양은 2과목, 사리연구는 6과목, 작업취사는 3과목이다.

정기 훈련 11과목에 대하여 『정전』 수행편 '정기 훈련법'에서 구체적으로 설명하고 있다.

염불은 우리의 지정한 주문呪文 한 귀를 연하여 부르게 함이니, 이는 천지만엽으로 흩어진 정신을 주문 한 귀에 집주하되 천념 만념을 오직 일념으로 만들기 위함이요,

좌선은 기운을 바르게 하고 마음을 지키기 위하여 마음과 기운을 단전丹田에 주住하되 한 생각이라는 주착도 없이 하여, 오직 원적무별圓寂無別한 진경에 그치도록 함이니, 이는 사람의 순연한 근본정신을 양성하는 방법이요,

경전은 우리의 지정 교서와 참고 경전 등을 이름이니, 이는 공부인으로 하여금 그 공부하는 방향로를 알게 하기 위함이요,

강연은 사리 간에 어떠한 문제를 정하고 그 의지를 해석시킴이니, 이는 공부인으로 하여금 대중의 앞에서 격格을 갖추어 그 지견을 교환하며 혜두慧頭를 단련시키기 위함이요,

회화는 각자의 보고 들은 가운데 스스로 느낀 바를 자유로이 말하게 함이니, 이는 공부인에게 구속 없고 활발하게 의견을 교환하며 혜두를 단련시키기 위함이요,

의두는 대소유무의 이치와 시비이해의 일이며 과거 불조의 화두話頭 중에서 의심나는 제목을 연구하여 감정을 얻게 하는 것이니, 이는 연구의 깊은 경지를 밟는 공부인에게 사리 간 명확한 분석을 얻도록 함이요,

성리는 우주 만유의 본래 이치와 우리의 자성 원리를 해결하여 알자 함이요,

정기 일기는 당일의 작업 시간 수와 수입 지출과 심신 작용의 처리건과 감각感覺 감상感想을 기재시킴이요,

상시 일기는 당일의 유무념 처리와 학습 상황과 계문에 범과 유무를 기재시킴이요,

주의는 사람의 육근을 동작할 때에 하기로 한 일과 안 하기로 한 일을 경우에 따라 잊어버리지 아니하고 실행하는 마음을 이름이요,

조행은 사람으로서 사람다운 행실 가짐을 이름이니,

이는 다 공부인으로 하여금 그 공부를 무시로 대조하여 실행에 옮김으로써 공부의 실효과를 얻게 하기 위함이니라.

정기 훈련법의 내용은 삼학 공부 즉 마음공부의 구체적인 방법으로 11과목인데 여기에서는 자세히 설명하지 못하고 다음 마음공부 프로그램으로 미룰 것이다. 우선, 이 내용이

쉽게 이해되지 않는다 하더라도 마음공부를 시작한 공부인은 누구나 이를 실제로 실천 경험해보면서 몸에 익숙해질 때까지 스스로 훈련하여야 할 것이다. 나보다 더 아는 이는 모두 내 스승으로 삼고 눈 밝은 선지식은 스승으로 삼아 묻고 배우기를 쉼 없이 하여 나날이 실력을 길러간다면 마침내 마음공부의 목적을 이루게 될 것이다.

12

정기 훈련법과 상시 훈련법의 관계

원만한 마음공부법은 정상적인 일상생활을 하는 가운데 누구나 언제 어디서든지 할 수 있는 공부법이다. 아울러 삼학을 병진하여 수양력 연구력 취사력을 얻어나가는 공부법이며, 공부할수록 각자의 인격이 성장하고 성숙해서 개인은 심신 간 건강하고 가정도 화목하며 직업도 더욱 번창하는 공부법이라야 한다.' 여기에서 핵심은 누구나 언제 어디서든지 마음공부를 할 수 있어야 한다는 것으로 언제나 어디서나 마음공부를 하게 하는 훈련으로 정기 훈련과 상시 훈련을 하게 하였다.

이 두 가지 훈련법의 관계를 『정전』 수행편 가운데 '정기 훈련과 상시 훈련'에서는 "정기 훈련법은 정靜할 때 공부로서 수양·연구를 주체 삼아 상시 공부의 자료를 준비하는 공부법이 되며, 상시 훈련법은 동動할 때 공부로서 작업취사를 주체 삼아 정기 공부의 자료를 준비하는 공부법이 되나니, 이 두 훈련법은 서로서로 도움이 되고 바탕이 되어 재세 출세의 공부인에게 일분 일각도 공부를 떠나지 않게 하는 길이 되나니라."라고 밝히고 있다.

사람이 일에 대하여 상호 관계를 알면 이해하기 쉽듯이 마찬가지로 상시응용 주의사항 6조와 교당내왕 시 주의사항 6조로 구성된 '상시 훈련법'과 정신수양 사리연구 작업취사의 11과목으로 이루어진 '정기 훈련법'의 관계를 알면 마음공부의 길을 쉽게 발견하게 될 것이다.

현대사회의 중요한 이슈 중의 하나는 4차 산업혁명이고, 이 가운데에는 빅 데이터가 있다. 누가 더 많은 데이터로 상황을 분석하여 사용하느냐는 문제인데 마음공부하는 데도 데

이터 즉 자료가 중요하다. 내가 공부해온 과정을 데이터에 기록하여 분석하고 활용하면 마음공부하는데 도움이 되기 때문이다.

삼학에 해당하는 11과목을 훈련하는 정기 훈련은 일 없을 때 하는 마음공부로서 정신수양과 사리연구를 주체 삼아 상시 공부의 자료를 준비하는 공부에 치중한다. 상시응용 주의사항 6조와 교당내왕 시 주의사항 6조로 공부하는 상시 훈련은 생활 가운데 하는 마음공부로서 작업취사를 주체 삼아 정기 공부의 자료를 준비하는 데 치중한다. 이 두 훈련법은 서로서로 도움이 되고 바탕이 되어 언제 어디서든지 공부인에게 일분일초도 쉼 없이 마음공부를 하도록 하는 방법이다.

특히 상시응용 주의사항 6조에는 "모든 일을 처리한 뒤에 그 처리 건을 생각하여 보되, 하자는 조목과 말자는 조목에 실행이 되었는가 못 되었는가 대조하기를 주의할 것이니라."라고 하였다. 이는 마음속의 결정 사항에 대한 실천을 강조한 내용이기도 하지만 '대조하기를 주의하라'라는 것은 반성과 평가하는 일을 잊지 말고 꼭 실천하라는 의미이기도 하다. 또한 교당내왕 시 주의사항의 1조 2조 3조의 내용인 문답하고 감정 받고 설명을 듣고 깨달음을 얻는 해오解悟는 정기 훈련 11과목 중 경전, 강연, 회화, 의두, 성리, 정기 일기 6과목 즉 사리연구 과목을 실천하도록 하는 공부 방법이다.

그래서 원불교에 입문하여 마음공부를 시작하면 날마다 '상시 일기'라는 마음공부 일기를 기재하여야 한다. 자세한 방법은 『정전』 수행편 가운데 '일기법'에 밝히고 있다. '일기법' 가운데 하자는 조목과 말자는 조목의 실행 여부는 '유무념 대조'라는 방법으로 기재하도록 하고 있으며 '학습상황'에는 당연히 정신수양과 사리연구에 관한 학습 여부도 기재하도록 하고 있다. 이렇게 기재함으로써 정기 훈련 공부의 자료를 준비하고 지도인과 소통하게 하였다.

또 11과목의 정기 훈련도 마찬가지로 전문적으로 입선하여 훈련 받으면서 상시 훈련한 자료를 분석하여 삼학을 병진하는 공부를 할 수 있을 뿐만 아니라 정기 훈련에서 전문적으로 훈련한 11과목의 체험과 자료를 가지고 상시 훈련하는 일상생활에서 실제로 마음공부를 하게 하는 것이다. 정리하면 정기 훈련법과 상시 훈련법의 관계는 마음공부하는 공부인이 공부한 자료를 활용하여 언제 어디서나 지속적으로 일 있을 때나 일 없을 때 한결같이 마음공부하는 동정일여動靜一如의 무시선 공부를 하게 하는 방법이다.

13

일상 수행의 요법

그동안 마음공부의 기초에 관한 설명을 주로 하였다면 여기에서는 원불교 마음공부의 기준이 되는 일상 수행의 방법에 대하여 이야기하려고 한다. 마음공부와 원불교의 교리는 어떠한 관계가 있을까? 원불교 마음공부는 좁은 의미로 보면 삼학을 병진하여 삼대력을 얻어 각자의 인격을 양성하여 혜복을 갖추는 방법이나 넓은 의미로 보면 원불교 교리를 종합적으로 실천 수행하여 불보살의 경지에 올라 복과 혜를 아울러 닦아나가는 길이라 할 것이다.

원불교 교리는 신앙의 대상과 수행의 표본인 법신불 일원상을 근간으로 하고 사은사요와 삼학팔조를 신앙과 수행의 두 줄기로 삼았으며 '사대 강령'을 모든 교도의 행동 요령으로 하여 활불의 모습으로 열매를 맺도록 하고 있다. 원불교 교리의 줄기인 사은사요와 삼학팔조를 대강 살펴보면 인간의 삶에서 입은 은혜 네 가지로 천지은 부모은 동포은 법률은의 사은과 세상을 고르는 방법인 자력양성·지자본위·타자녀교육·공도자숭배의 사요와 함께 신앙문을 세웠으며, 인격양성의 방법인 정신수양·사리연구·작업취사의 삼학에 이 삼학 공부를 추진하게 하는 신·분·의·성과 버려야 할 항목인 불신·탐욕·나태·우치와 함께 수행문을 세웠다.

그러면 원불교 교리의 기본인 삼학팔조 사은사요를 실생활에서 실천하는 방법이 무엇일까? 교도가 교리를 머리로만 생각하는 관념이나 사상에 그치지 않고 행동으로 옮겨 실천하여 자신의 혜복을 구할 실천 방법으로 '일상 수행의 요법'이 있다. 일상 수행의 요법은 일상생활에서 교리를 수행하는 요긴한 법으로 삼학팔조 사은사요를 '3844'라는 숫자로 표현하기도 한다. 실생활에서 경계를 당할 때마다 대조하고 살펴 실천하여 행동하라는 지침이다. 그래서 일상 수행의 요법은 일상생활의 요법이기도 하다.

그동안 마음공부는 마음 챙김과 알아차림을 지속하는 것이 핵심이라 말하여 왔는데 경계를 당하여 마음이 원근친소나 시비이해와 감정이나 관념 등에 끌렸으면 이 일상 수행의 요법에 대조하여 마음과 생활과 사람을 세우고 돌려서 혜복을 구해야 한다. 사람의 마음은 미묘하여 잡으면 있어지고 놓으면 없어진다고 하였다. 그러므로 초보자의 경우 마음 챙김은 '나는 마음공부하는 사람'이라고 생각하며 '나는 공부인'이라는 생각을 늘 놓지 아니하고 마음을 챙겨야 한다. 마음공부길을 잡은 사람은 성품을 떠나지 않는 불리자성不離自性 곧 일심 상태를 유지하는 공부로 마음 챙김을 지속하여야 할 것이다.

그래서 경계를 당할 때마다 공부할 때가 돌아온 것을 염두念頭에 두고 항상 마음을 잘 살피고 대조하라는 것이 알아차림인 것이다. 곧 "심지心地에 요란함이 있었는가 없었는가, 심지에 어리석음이 있었는가 없었는가, 심지에 그름이 있었는가 없었는가, 신·분·의·성의 추진이 있었는가 없었는가, 감사 생활을 하였는가 못하였는가, 자력 생활을 하였는가 못하였는가, 성심으로 배웠는가 못 배웠는가, 성심으로 가르쳤는가 못 가르쳤는가, 남에게 유익을 주었는가 못 주었는가를 경계를 당하여 대조하고 또 대조하며 챙기고 또 챙기라."는 것이다. 이렇게 일상 수행의 요법 아홉 가지 조목은 원불교의 기본 교리인 삼학팔조와 사은사요를 강령을 잡아 실생활에서 실천하는 기준이다.

처음 마음공부를 시작하면 마음을 챙겨야 하는 공부 즉 잊지 않고 주의하는 공부부터 시작한다. '나는 공부인'이라는 마음 챙김을 지속하며 경계를 당할 때마다 잊지 아니하고 경계를 알아차려야 한다. 필자는 일상 수행의 요법 가운데 특히 '원망 생활을 감사 생활로 돌리자.'는 5조를 마음공부하는 유념有念 조목으로 삼고 마음 챙김과 알아차림을 지속하여 모든 일에 무조건 감사, 절대 감사, 오직 감사할 것을 권하고 있다.

처음에는 교리 가운데 신앙문공부로 시작하여 보은하고 불공하는 공부를 하면 감사 생활하는 사람, 자력 생활하는 사람, 배우는 사람, 가르치는 사람, 공익심 있는 사람으로 발전하게 된다. 그리고 점차 마음공부하는 시간이 오래되어 저절로 되는 경지에 도달하면 나의 본래 마음인 심지心地는 원래 요란함도 없고, 어리석음도 없고, 그름도 없다는 데 바탕을 두어 마음이 요란하지도 어리석지도 그르지도 않게 하는 회광반조廻光返照 공부를 하면서 믿음 분발 의문 정성으로 불신 탐욕 나태 우치를 제거해 가면 점차 부처의 인격을 이루게 될 것이다.

일상 수행의 요법을 바탕으로 상시 훈련법인 상시응용 주의사항과 교당내왕 시 주의사항을 아울러 실천하며 일기법에 따라 날마다 기재하며 점검하고 평가해 간다면 이는 물샐틈없는 공부가 되어 범부를 뛰어넘어 부처의 경지에 들게 될 것이다. 정산 종사는 "일상 수행의 요법만으로도 부처 되기에 부족함이 없다."라고 하였다. 그러므로 원불교 마음공부의 기본은 일상 수행의 요법을 실천하는 것이며 언제나 일상 수행의 요법을 실천하는 것이다. 소태산 대종사 가르침의 특징 가운데 하나는 어린아이에서부터 성인聖人의 경지에 오른 부처까지 함께 일상 수행의 요법을 실천하도록 한 것이다. 어린아이도 마땅히 일상 수행의 요법에 의지하여 마음공부 해야 하며 부처의 인격을 이룬 성인도 마땅히 이 가르침을 실천 활용하여 생활하도록 하였다.

14

동정 간 삼대력 얻는 빠른 방법

이제부터 마음공부 프로그램에 관하여 정리하려고 한다. 좁은 의미의 원불교 마음공부는 삼대력三大力을 얻어 각자의 인격을 양성하는 동정일여의 무시선 공부라고 할 수 있다. 그러므로 처음에 언급하고자 하는 것은 실생활에서 쉽고 간단하게 삼대력을 얻는 방법인 '동정 간 삼대력 얻는 빠른 방법'이다. 『정전』에는 마음공부의 원리와 방법을 자세하게 밝히고 있으나 아주 쉽고 간단하고 확실하게 실행하는 마음공부 항목은 『대종경』 수행품 2장에서 구체적으로 설명하고 있다. '일상 수행의 요법'이 마음공부하는 기본이라면 '동정 간 삼대력 얻는 빠른 방법'은 일상생활 속에서 삼학 공부 항목을 잡아 실행하도록 쉽고 간결하게 설명하고 있다.

삼대력이 정신의 수양력, 사리의 연구력, 작업의 취사력인 것은 이제 공부인이라면 다 알고 있을 것이다. 『대종경』 수행품 2장에 보면 "공부인이 동정動靜 간에 수양력修養力 얻는 빠른 방법은, 첫째는 모든 일을 작용할 때 나의 정신을 시끄럽게 하고 정신을 빼앗아 갈 일을 짓지 말며 또는 그와 같은 경계를 멀리할 것이요, 둘째는 모든 사물을 접응할 때 애착 탐착을 두지 말며 항상 담담한 맛을 길들일 것이요, 셋째는 이 일을 할 때 저 일에 끌리지 말고 저 일을 할 때 이 일에 끌리지 말아서 오직 그일 그 일에 일심만 얻도록 할 것이요, 넷째는 여가 있는 대로 염불과 좌선하기를 주의할 것이니라."라고 하였다.

일상생활하는 가운데 사소한 일처럼 생각되어 무심코 지나쳐 버릴 수 있는 일들이 정신을 수양하는 방법이라는 점은 마음공부가 어려운 문자 공부에만 있지 아니하고 평소 생활하면서 할 수 있는 특징이다. 모든 일을 작용할 때나 모든 사물을 접응할 때 공부가 있음을 명심하여 생각 있게 지내야 할 것이다. 그 가운데 마음 챙김과 알아차림의 끈을 놓지 않고 지내야 한다. 마음은 매 순간 하나뿐이므로 다른 일에 끌리지 아니하면 수양이 된다. 또한 여가 있는 대로 염불과 좌선에 공을 들이는 일이 없을 때 한결같이 정신을 수양하여 정신에 수양력을 쌓아가는 쉬운 방법이다. 그러나 수양력을 얻기 위하여 이렇게 일 있을 때나 일 없을 때 한결같이 실천하기는 쉽지 않으므로 공부심을 놓지 않아야 한다.

또 본문에 "동정 간에 연구력 얻는 빠른 방법은, 첫째는 인간 만사를 작용할 때 그일 그 일에 알음알이를 얻도록 힘쓸 것이요, 둘째는 스승이나 동지와 더불어 의견 교환하기를 힘쓸 것이요, 셋째는 보고 듣고 생각하는 중에 의심나는 곳이 생기면 연구하는 순서를 따라 그 의심을 해결하도록 힘쓸 것이요, 넷째는 우리의 경전 연습하기를 힘쓸 것이요, 다섯째는 우리의 경전 연습을 다 마친 뒤에는 과거 모든 도학가道學家의 경전을 참고하여 지견을 넓힐 것이니라."라고 하였다.

동정 간은 일이 있을 때나 일이 없을 때이므로 이는 시간상으로 항상恒常이며 정해진 시간이 없는 무시無時를 의미한다. 사리를 연구하는 길이 경전을 보고 강의를 듣는 가운데에만 있다고 생각할 수 있으나 인간 만사를 작용할 때에 언제 어디서나 연구한다는 것이다. 인간 만사는 내가 하루를 보내며 만나는 모든 일이다. 그 모든 일 가운데 의문을 내고 토론하고 대화하며, 생활하는 가운데 의심이 나면 순서를 찾아 그 의심을 해결하고 일 없을 때는 경전을 연습하고 경전 연습을 다 마친 뒤에는 모든 도학가의 경전을 참고하여 지견을 넓히는 것이 사리를 연구하여 연구력을 얻어 나가는 방법이다.

또 본문에 "동정 간에 취사력 얻는 빠른 방법은, 첫째는 정의인 줄 알거든 크고 작은 일을 막론하고 죽기로써 실행할 것이요, 둘째는 불의인 줄 알거든 크고 작은 일을 막론하고 죽기로써 하지 않을 것이요, 셋째는 모든 일을 작용할 때 즉시 실행이 되지 않는다고 낙망하지 말고 정성을 계속하여 끊임없는 공을 쌓을 것이니라."라고 하였다.

우리 각자는 생활하면서 정의와 불의를 구분하기도 쉽지 않지만 작은 일이라도 실행하는 것은 더 어려운 것임을 안다. 그런데 죽기로써 실행하라는 것이니 이 얼마나 무서운 말인가? '끝날 때까지 끝난 게 아니다'는 말이 있듯이 한술 밥에 배부르지 않다고 낙망하여 포기하지 말고 끊임없는 정성을 다하여 실천의 공을 쌓아야 한다. 우리의 몸과 마음이 작업을 취사하여 취사력을 얻는 데 왕도가 따로 있는 것이 아니니 사소한 일이라고 대강 넘기지 말고 소소한 일에서부터 시작해야 한다.

마음공부의 목표인 수양력 연구력 취사력 즉 삼대력을 얻는 빠른 법으로 정신수양 항목 네 가지, 사리연구 항목 다섯 가지, 작업취사 항목 세 가지를 합하여 열두 가지 항목을 설파한 것이다. 좌선을 제외하고는 누구에게나 특별하지도 않고 어렵지도 않다. 마음공부하는 사람은 이 열두 가지 항목을 먼저 외워야 하는데 앉아서 머리로 외우기보다는 많이 읽어서 외우기를 권한다. 기억하면 생활하는 가운데 챙기는 마음이 지속할 것이다.

여기서 한 가지 살펴볼 사항은 서두에 '공부인'이라는 표현을 사용하고 있다. 이 '공부인'은 '마음공부인'을 줄인 것이라 보아야 할 것이다. 또한 '빠른'이라는 단어를 사용하였음에도 주목해야 한다. 평범한 일상생활을 표현하는 단어로 '모든 일을 작용할 때, 모든 사물을 접응할 때, 이 일을 할 때, 저 일을 할 때, 인간 만사를 작용할 때'라고 하였다. 우리가 일상생활에서 공부하는 것으로 과거와 같이 주로 일 없을 때 하는 공부가 아니라 일 있을 때나 일 없을 때에 한결같이 하는 공부이니 빠른 방법이 될 것이다.

15

마음공부에도 단계가 있다

소태산 대종사는 불법연구회 교과서를 만들 때부터 공부나 학습이라는 단어를 사용하고 있음을 찾아볼 수 있다. 예를 들자면 '공부인'이나 '학습상황' 또는 '학력고시' 등이 있다. 이를 보면 학교에서 공부하는 것을 연상하게 한다. 우리나라 교육과정에는 유치원, 초등학교, 중학교, 고등학교, 대학교, 대학원으로 6단계가 있는데 원불교 법위등급도 여섯 단계로 보통급, 특신급, 법마상전급, 법강항마위, 출가위, 대각여래위로 서로 흡사하다.

『정전』 '법위등급'에 보면 공부인의 수행 정도를 따라 여섯 가지 등급의 법위를 정하고 있다. 필자는 수행과 마음공부는 같은 의미이나 표현이 다르다고 생각하여 마음공부에도 법위등급처럼 공부의 정도에 따라 단계가 있어야 한다고 생각하였다. 마음공부의 단계를 법위등급처럼 여섯 단계로 하지 않고 마음공부는 초급과정, 중급과정, 고급과정, 상급과정 4단계 정도로 구분하면 좋겠다고 생각해 왔다.

소태산 대종사는 마음공부와 연관 지어 볼 수 있는 프로그램을 언급하였는데 『대종경』 수행품 54장에서부터 60장까지 구체적으로 설명하고 있다. 그 대강을 살펴보면 첫 번째 '마음 소 길들이기', 두 번째 '마음병 치료하기', 세 번째 '마음 난리 평정하기', 네 번째 '마음 밭 계발하기'로 이름 지을 수 있다. 이를 마음공부의 네 과정과 연결하여 생각해 보면 '마음 소 길들이기'는 초급과정, '마음병 치료하기'는 중급과정, 마음 난리 평정하기는 고급과정 그리고 마음 밭 계발하기는 상급과정에 해당할 것이다. 이를 또 '법위등급'과 연결하여 생각해 보면 '마음 소 길들이기'는 보통급, '마음병 치료하기'는 특신급, 마음 난리 평정하기는 법마상전급, 마음 밭 계발하기는 보통급부터 대각여래위까지 해당할 것이다. 이렇게 연결하는 것이 다소 무리한 부분도 있다고 생각할 수 있으나 마음공부를 통합적이고 체계적으로 디자인하는 입장에서 보면 마음공부에 단계를 설정함에 따라 그 이해와 실행이 더욱 용이해짐을 느낄 수 있을 것이다. 앞으로 마음공부 프로그램을 공부하면서 네 가지 단계에 따라서 추진할 예정이므로 실제로 마음공부하는 입장에서 보면 전체적인 밑그림을 그릴 수 있으며 계단을 밟아 올라 인격을 양성하여 불지佛地에 이르는 데 용이할 것이다.

초급과정은 마음 소를 고삐로 만들어 말뚝에다 메어 놓고 길들이는 단계로 그동안 몸에 길든 나쁜 버릇은 고치고 좋은 습관을 새로 정착하는 것이다. 이를 위하여 유무념 대조 공부와 계율을 지키는 공부를 중점적으로 하여 나아갈 것이다. 중급과정은 마음병을 치료하는 단계로 먼저 나의 마음병을 발견하고 그 병증을 치료하기 위하여 의술과 약재가 되는 삼학팔조와 사은사요가 근간인 원불교 기본 교리를 공부할 것이다. 고급과정은 나의 마음에 일어난 난리를 평정하는 단계로 마음의 힘을 기르기 위하여 정신수양과 사리연구를 부지런히 하고 계율을 죽기로써 지켜서 평화의 길로 나아가게 할 것이다. 초, 중, 고급과정을 지나 상급과정인 마음 밭 계발하는 단계에는 내 마음의 원리를 알고 거기에 바탕을 두어 삼학을 병진하는 공부를 함께 하여 삼대력을 쌓아갈 것이다.

지금 세상에서 회자하는 많은 마음공부는 현재의 괴로움이나 불안에서 벗어나서 힐링하거나 치유를 목표로 하는 것이라면 원불교 마음공부는 각자의 인격을 양성하여 결국에는 부처의 인격을 이루자는 점이 서로 다르다고 할 것이다. 그러므로 원불교 마음공부는 마땅히 법위등급과 연관 지어야 하며 여기에 따라 함께 해야 한다고 생각한다. 그래서 마음공부에도 단계가 있어야 한다.

16

마음 소 길들이기

소태산 대종사는 생전에 마음공부의 원리와 방법 그리고 프로그램까지 모두 밝혀 놓았으나 이를 마음공부라고 이름하여 한데 묶어 놓지는 않았다. 이를 찾아보면 마음공부의 원리는 『대종경』 수행품 1장에, 방법은 『정전』 수행편에 그리고 프로그램은 『대종경』 수행품 54장부터 60장까지 정리되어 있다. 그 프로그램 가운데 첫 번째가 '마음 소 길들이기'이다.

마음공부 단계 가운데 초급과정은 마음에 대한 이해와 마음공부의 원리와 방법을 이해하고 마음공부를 실제로 시작하는 단계이다. 마음공부를 실제로 하는 데에 있어 공부인에게 가장 중요한 일은 마음 챙김과 알아차림이 지속하는가 하는 문제이다. 마음공부를 시작하고 첫 번째 나타나는 것이 자기 스스로 변해야 한다는 것이다. 나 스스로 고쳐야 할 나쁜 버릇을 고치고 좋은 습관을 유무념 대조 공부와 계문 수계 등을 통하여 찾아 성질과 성격 등 기질로 바뀌고 습관을 고쳐야 한다. 이렇게 바뀌고 변하지 않으면 마음공부의 효과가 나타나지 않을 뿐 아니라 계속하여 마음공부를 할 수 없게 된다.

『대종경』 수행품 54장과 55장에 보면 공부인으로서 마음공부하는 것을 소 길들이는 것에 비유하여 설명하고 있다. '마음 소 길들이기'의 의미는 마음의 소를 길들인다는 것과 마음이 소를 길들인다는 것으로 나누어 생각해 볼 수 있다. 전자는 마음을 소에 비유하여 마음을 길들인다는 의미라면, 후자는 소를 몸으로 생각하여 마음이 몸을 길들인다는 의미로 생각해 볼 수 있을 것이다. 여기에서는 마음의 소라는 의미로 몸과 마음이 함께한 사람을 길들인다는 의미로 이해하고자 한다. 마음의 소를 길들이기 위하여 소를 찾아 발견하는 일이 우선으로 우리 사람을 소에 비유한 것이다. 소로 비유된 우리는 모두 소를 타고 다닌다고 할 때 소는 몸을 상징하며 소를 타고 다니는 주인공은 마음이다. 그래서 마음 소는 마음과 몸으로 구분하여 생각할 수 있다. 그러나 몸은 마음과 항시 서로 떠나 존재할 수 없어서 소를 길들이게 되면 결국은 마음도 길들이게 된다. 소를 길들이기 위하여 나의 습관을 찾아 나쁜 버릇은 고치고 좋은 습관을 길들이는 것이 마음공부의 초급과정 프로그램이다.

『대종경』 수행품 54장 본문을 보면 소태산 대종사는 제자 김남천에게 "오늘 그대의 오는 것을 본즉 소를 타고 오니 그 소는 어디 있는가?" 하고 묻는다. 김남천은 "그 소의 모양은 키는 한 길이요, 빛은 누른빛이요, 신은 삼으로 만든 신이며, 수염은 혹 검고 혹 희게 났다."라고 대답하니 대종사는 "그대가 소의 모양은 알았거니와 그러면 그대의 소는 그대의 하자는 대로 잘하는가?" 하고 물으니 김남천은 "소가 대체로 저의 하자는 대로 합니다. 만일 정당한 일에 소가 게으름을 부리면 호령하여 아무쪼록 그 일을 하게 하며, 부당한 일에 소가 동하려 하면 또한 호령하여 그 일을 하지 못하도록 합니다."라고 대답한다. 대종사는 끝으로 "그대가 소를 이미 발견하였고, 길들이는 법을 또한 알았으며, 더구나 소가 그대의 말을 대체로 듣게 되었다 하니, 더욱 힘을 써서 백천만사를 다 자유자재하도록 길을 들이라."라고 당부하였다.

또 『대종경』 수행품 55장에 보면, 소를 길들이는 공부를 세 단계로 구분하고 있다. 길들기 전의 모습은 마음공부하기 전의 보통 사람으로 대종사는 "그대들의 입선 공부는 비하긴대 소 길들이는 것과 같나니, 사람이 세상에서 도덕이 훈련이 없이 보는 대로 듣는 대로 생각나는 대로 자행자지하여 인도 정의에 탈선되는 행동을 하는 것은 어미젖 떨어지기 전의 방종한 송아지가 자행자지로 뛰어다닐 때와 같은 것이요."라고 하였다. 따라서 마음공부하기 전 모습을 인격이 갖추어져 있지 않은 자유분방한 모습을 말하고 있다.

『불조요경』의 《목우십도송》 1절에는 '길들이기 전' 소의 모습을 비유적으로 잘 설명하고 있는데 "사납게 생긴 뿔에 소리소리 지르며 산과 들에 달려가니 길이 더욱더 멀구나.

한 조각 검정 구름 골 어귀에 비꼈는데 뛰어가는 저 걸음이 뉘 집 곡식 범하려나."라고 길들지 않은 고삐 풀린 소를 보고 걱정을 하고 있다. 마음공부 초급과정 프로그램은 이렇게 소를 발견하는 데에서 시작하며 그 소는 바로 우리들의 몸과 마음 즉 사람이다.

'마음 소 길들이기'의 첫째 단계는 "사가를 떠나 선원에 입선하여 모든 규칙과 계율을 지켜나갈 때에 과거의 습관이 떨어지지 아니하여 지도인의 머리를 뜨겁게 하며, 각자의 마음에도 사심 잡념이 치성하여 이 공부 이 사업에 안심이 되지 못하는 것은 젖 뗀 송아지가 말뚝에 매달리어 어미 소를 부르고 몸살을 치며 야단을 할 때와 같은 것"이라고 하듯이 마음공부를 시작하였으나 과거 습관에 젖어 있어 습관을 고치려고 애쓰는 초급과정이다.

《목우십도송》 2절 '길들이기 시작하다.'에 보면 "나에게 고삐 있어 달려들어 코를 뚫고 한바탕 달아나면 아픈 매를 더하건만 종래로 익힌 습관 제어하기 어려워서 오히려 저 목동이 힘을 다해 이끌더라."라고 하였다. '마음 소 길들이기'의 둘째 과정은 "매일 모든 과정을 지켜나갈 때 말귀도 차차 알아듣고 사심과 잡념도 조금씩 가라앉으며 사리 간에 모르던 것이 한 가지 두 가지 알게 되는 데에 재미가 붙는 것은 그 소가 완전한 길은 들지 못하였으나 모든 일에 차차 안심을 얻어가는 때와 같은 것이요"라고 하듯이 이제 교리를 알아가고 변화하기 위하여 애쓰는 모습이다.

《목우십도송》 3절 '길들어 가다.'에 보면 "점점 차차 길이 들어 달릴 마음 쉬어지고 물 건너고 구름 뚫어 걸음걸음 따라서 오나 손에 고삐 굳이 잡아 조금도 늦추잖고 목동이 종일토록 피곤함을 잊었어라."라고 하였다. 4절 '머리를 돌이키다.'에 보면 "날 오래고 공이 깊어 머리 처음 돌이키니 전도하고 미친 기운 점점 많이 골라졌다. 그렇건만 저 목동은 방심할 수 전혀 없어 오히려 고삐 잡아 말뚝에다 매어 두네."라고 하듯이 소를 길들이기 위하여 목동이 열심히 노력하는 모습을 설명하고 있다.

'마음 소 길들이기'의 셋째 단계는 "교의의 해석과 수행에 탈선되는 일이 없으며 수양력과 연구력과 취사력이 익어가는 동시에 정신·육신·물질을 희사하여, 가는 곳마다 공중을 이익 주게 되는 것은 길 잘든 소가 무슨 일이나 시키면 잘하여 가는 곳마다 그 주인에게 이익을 주는 것과 같으니라."라고 하고 있어 인격에 변화가 일어나 세상에 도움이 되는 모습이다. 《목우십도송》 5절 '길들다.'에 보면 "푸른 버들 그늘 밑 옛 시내 물가에 놓아 가고 거둬 옴이 자연함을 얻었구나. 날 저물고 구름 낀 방초의 푸른 길에 목동이 돌아갈 제 이끌 필요 없었더라."라고 하듯이 소가 길이 잘 들어 놓아두어도 스스로 알아서 하는 지경에 도달하였음을 노래하고 있다.

이처럼 세 가지 단계로 문제의 마음 소가 길 잘든 마음 소로 변하는 모습이 초급과정 '마음 소 길들이기' 프로그램이다. 우리의 마음공부 시작은 소에게 고삐를 채우듯이 나에게도 '유무념 대조' 공부를 시작하여서 하자는 조목과 말자는 조목을 정하여 지속하는 마음 챙김과 알아차림을 통하여 마음작용 여섯 과정을 계속하는 데에서 출발한다. 유무념 대조 공부는 하자는 조목과 말자는 조목을 무엇으로 정할 것인가부터 시작되고, 일상 수행의 요법과 보통급 십계문을 외워 지키며, 일기법을 배워 보통급 상시 일기를 기재하는 것이 초급과정 프로그램의 구체적인 내용이 될 것이다.

17

마음병 치료하기

마음공부 단계 가운데 중급과정은 초급과정인 '마음 소 길들이기'를 공부하고 난 다음 과정으로 '마음병 치료하기'이다. 마음공부하는 공부인은 자기 자신을 성찰하여야 하며 '마음 소 길들이기'에서는 자기의 습관을 고치고 마음 챙김과 알아차림을 놓치지 않으려는 주의심으로 훈련하고 마음공부하는 습관을 길들여야 한다. 중급과정인 '마음병 치료하기'에서는 나를 신난한 후 습관보다 더 심각한 나의 병증을 찾아내어 치료하여야 한다. 결국에는 마음공부 중급과정을 통하여 마음의 병을 찾아 치유하고 의술과 약재를 배우며 상대력을 갖춘 훌륭한 인격의 기초를 다듬게 된다.

『대종경』 수행품 56장과 57장에 보면 소태산 대종사는 공부인의 마음공부를 마음병 치료하는 것에 비유하여 설명하고 있다. 마음병을 치료하기 위하여 먼저 나의 병증을 찾아 발견하는 일로 자기 자신을 마음에 병이든 환자로 보는 것이다. 그래서 나의 병증을 찾아야 하고 환자로서 치료하는 태도를 배우며 그 병을 치료할 의술과 약재를 구하여 스스로 치료하여야 할 것이다. 마치 몸이 아프면 약을 스스로 먹어야 하듯이 마음병의 치료도 자기 자신이 해야 한다.

『대종경』 수행품 56장 본문을 보면 소태산 대종사는 선원 결제식에서 대중에게 "그대들이 선원에 입선하는 것은 마치 환자가 병원에 입원하는 것과 같다."라고 하였다. 우리는 육신에 병이 생기면 병원에서 의약으로 치료하고, 마음에 병이 생기면 도가에서 도덕으로 치료하여야 한다. 그러므로 부처님을 의왕醫王이라 하고 그 교법을 약재라 하고 그 교당을 병원이라 할 수 있다. 그러나 세상 사람들은 육신의 병만을 병으로 알고 시간과 돈을 들여 치료에 힘쓰지마는 마음의 병은 병인 줄도 모르고 치료해 볼 생각을 내지 않아서 안타깝다. 육신의 병은 아무리 중하다 할지라도 그 고통이 일생에 그칠 것이며, 경증이면 짧은 시일에 치료할 수도 있으나 마음의 병은 치료하지 아니하고 그대로 두면 영원한 장래에 죄고의 종자가 되기 때문이다.

마음에 병이 있으면 마음이 자유를 잃고 외경의 유혹에 끌리게 되어 아니할 말과 아니할 일과 아니할 생각을 하게 되어 자기 스스로 죽을 땅에 들기도 하고, 자기 스스로 천대를 불러들이기도 하고, 자기 스스로 고통을 만들기도 하여, 죄에서 죄로 고에서 고로 빠져서 들어가 다시 회복할 기약이 없게 된다. 그러나 마음에 병이 없으면 시방세계 너른 국토에 능히 고락을 초월하고 거래에 자유로우며 모든 복락을 자기 마음대로 수용할 수 있으므로 우리는 각자의 마음병을 잘 발견하여 그 치료에 정성을 다하여야 할 것이다.

그렇다면 우리에게는 어떠한 마음병의 증상들이 있을까? 『대종경』 교의품 34장에 보면 소태산 대종사는 "지금 세상에 든 병은 첫째는 돈의 병이니, 인생의 온갖 향락과 욕망을 달성함에는 돈이 먼저 필요하다는 것을 알게 된 사람들은 의리나 염치보다 오직 돈이 중하게 되어 이로 인하여 모든 윤기倫氣가 쇠해지고 정의情誼가 상하는 현상이며, 둘째는 원망의 병이니, 개인·가정·사회·국가가 서로 자기의 잘못은 알지 못하고 저편의 잘못만 살피며 남에게 은혜 입은 것은 알지 못하고 나의 은혜 입힌 것만을 생각하여 서로서로 미워하고 원망함으로써 크고 작은 싸움이 그칠 날이 없으며, 셋째는 의뢰의 병이니, 이 병은 이 나라 사람에게 더욱 심한바 부유한 집안 자녀들은 하는 일 없이 놀고먹으려 하며, 자기의 친척이나 벗 가운데라도 혹 넉넉하게 사는 사람이 있으면 거기에 의세하려 하여 한 사람이 벌면 열 사람이 먹으려 하는 현상이며, 넷째는 배울 줄 모르는 병이니, 사람의 인격이 그 대부분은 배우는 것으로 이루어지는지라 마치 벌이 꿀을 모으는 것과 같이 어느 방면 어느 계급의 사람에게라도 나에게 필요한 지식이 있다면 반드시 몸을 굽혀 그것을 배워야 할 것이거늘 세상 사람 중에는 제각기 되지 못한 아만심에 사로잡혀 그 배울 기회를 놓치고 마는 수가 허다하며, 다섯째는 가르칠 줄 모르는 병이니, 아무리 지식이 많은 사람이라도 그 지식을 사물에 활용할 줄 모르거나 그것을 펴서 후진에게 가르칠 줄을 모른다면 그것은 알지 못함과 다름이 없는 것이거늘 세상 사람 중에는 혹 좀 아는 것이 있으면 그것으로 자만自慢하고 자긍自矜하여 모르는 사람과는 상대도 아니 하려는 수가 허다하며, 여섯째는 공익심이 없는 병이니, 과거 수천 년 동안 내려온 개인주의가 은산 철벽같이 굳어져서 남을 위하여 일하려는 사람은 근본적으로 드물 뿐 아니라 일시적 어떠한 명예에 끌려서 공중 일을 표방하고 무엇을 하다가도 다시 사심의 발동으로 그 일을 실패 중지하여 이로 말미암아 모든 공익 기관이 거의 피폐하는 현상이 곧 큰 병이니라."라고 크게 잡아 여섯 가지를 말하고 있다. 이렇게 소태산 대종사는 세상의 병에 대하여 진단하였으나 사회를 구성하고 있는 사람이 바로 우리들이니 개인 개인의 병이라고 보아야 할 것이다.

공부인이 각자의 마음병을 발견하여 그것을 치료하기로 하면 먼저 치료의 방법을 알아야 할 것인데 병을 치료하려면 첫째는 육신병 환자가 의사에게 자기의 병증을 속임 없이 고백하여야 하는 것 같이 우리도 지도인에게 마음병의 증세를 사실로 고백하여야 할 것이다. 둘째는 육신병 환자가 모든 일을 의사의 지도에 순응하여야 하는 것 같이 우리들 지도인의 가르침에 절대 순응하여야 할 것이다. 셋째는 육신병 환자가 그 병이 완치되도록 까지 정성을 놓지 아니하여야 하는 것 같이 우리들도 끝까지 마음병 치료에 정성을 다하여야 할 것이나. 이와 같이 진실히 마음공부를 잘한다면 마침내 마음의 완전한 건강을 회복하는 동시에 마음병에 허덕이는 모든 대중을 치료할 의술까지 얻게 되어, 너른 세상에 길이 제생의세의 큰일을 성취하게 될 것이다.

『정전』에서는 마음병을 치료하는 의술은 공부의 요도인 삼학팔조이고 마음병을 치료하는 약재는 인생의 요도인 사은사요라고 하였다. 그러므로 마음공부 순서의 중급과정인 '마음병 치료하기'에서는 원불교 기본교리인 삼학팔조와 사은사요를 배워야 하는데 이것이 바로 의술과 약재가 되기 때문이다. 기본교리에 대한 설명은 다음 기회에 하기로 하고 마음병을 치료하는 방법은 '정기 훈련법'과 '상시 훈련법'이니 기회 닿는 대로 설명하기로 할 것이다. 이와 같이 열심히 마음공부하면 나의 병을 치료할 뿐만 아니라 다른 사람을 치료할 수도 있으리라 하였으니 먼저 병을 앓은 사람이 의사라는 말과 통한다고 할 것이다.

18

마음 난리 평정하기

『대종경』 수행품 54장부터 60장까지 마음공부 프로그램 네 가지를 언급하고 있는 가운데 세 번째 프로그램은 '마음 난리 평정하기'로 마음공부 단계 중 고급과정이다. 마음공부하는 공부인은 마음의 자유 얻기를 목적하지만, 이는 인생에서 자신의 행복과 평화를 포함한다고 할 것이다. '마음 소 길들이기'에서는 자신의 습관을 고치며 마음 챙김과 알아차림을 놓치지 않으려는 주의심을 연습하고 마음공부하는 습관을 길들였다면, 중급과정인 '마음병 치료하기'에서는 나를 돌아다 본 후 나쁜 습관보다 더 심각한 나의 병증을 진단하여 치료하는 중 원불교의 기본교리에 대하여 학습하고 나아가 마음공부를 통하여 기질을 변화시키며 고급과정인 '마음 난리 평정하기'에 이르게 된다.

『대종경』 수행품 58장에 보면 소태산 대종사는 공부인의 마음공부하는 것을 마음에 일어나는 난리를 평정하는 것에 비유하여 설명하고 있다. 세상에 태어나 살면서 자유와 행복과 평화를 원하지 않는 사람은 아무도 없을 것이다. 그런데 개인이 자유롭지 못하고 행복하지 못하며 세상이 평화하지 못한 이유는 마음나라에서 일어나는 마음 난리 때문이라고 소태산 대종사는 설파하고 있다. 이 마음나라에서 일어나는 마음 난리를 평정하지 못하고는 아무도 행복할 수 없으며 세상의 모든 갈등과 전쟁도 사라지지 않을 것이다.

『대종경』 수행품 58장 본문에 보면 소태산 대종사는 선원 대중에게 말하기를 "우리의 공부법은 난리 세상을 평정할 병법兵法이요, 그대들은 그 병법을 배우는 훈련생과 같다."라고 하였다. 그 난리란 사고나 다툼 등으로 질서가 없이 어지럽고 소란스러운 상태가 흡사 전쟁과 같은 상황이 되어 세상 사람의 마음나라에 끊임없이 일어나고 있다. 마음나라는 원래 온전하고 평안하며 밝고 깨끗한 것이나, 개인의 욕심에서 비롯된 마귀魔鬼의 군대가 나타나서 어둡고 탁해지며 복잡하고 요란해져서 한없는 세상에 길이 평안할 날이 적으므로, 이와 같은 보통 사람들의 생활하는 모양을 마음 난리라 한 것이다.

또한 군사를 지휘하여 전쟁을 수행하는 방법과 군사에 관한 모든 규율인 병법이라 하는 것은 곧 우리의 마음 가운데 모든 마군을 항복 받는 법으로 그 법은 바로 정定과 혜慧와 계戒 즉 정신수양과 사리연구와 작업취사를 닦으며, 법法과 마魔를 구분하는 우리의 수행 길이다. 이것이 곧 더할 수 없는 세상의 병란을 가라앉혀서 평정하는 큰 병법이다. 그러나 세상 사람들은 이 마음 난리는 난리로 생각하지도 아니하고 있으니 어찌 그 근본과 끝을 안다고 하겠는가?

개인·가정과 사회·국가의 크고 작은 모든 전쟁도 그 근본을 추구해 본다면 다 이 인류의 마음 난리로 인하여 발단되는 것이므로 마음 난리는 모든 난리의 근원인 동시에 제일 큰 난리가 되고, 이 마음 난리를 평정하는 가르침이 모든 가르침의 첫 번째인 동시에 제일 큰 병법이 될 것이다. 우리 공부인은 이 뜻을 잘 알아서 정과 혜 즉 정신수양과 사리연구를 부지런히 수행하고 계율을 죽기로써 지켜야 할 것이다. 오래오래 쉬지 아니하고 반복 수행하면 마침내 모든 마군을 항복 받을 것인데 그렇게 된다면 법강항마위의 법위를 얻게 되는 동시에 마음 난리에 편할 날이 없는 이 세상을 평정하는 훌륭한 병권을 맡은 장수처럼 마음의 도원수가 될 것으로 확신한다고 하였다.

앞의 '마음공부에도 단계가 있다.'에서 마음공부의 단계를 법위등급과 연결하여 생각해 봤다. 즉 '마음 소 길들이기'는 보통급, '마음병 치료하기'는 특신급, '마음 난리 평정하기'는 법마상전급, '마음 밭 계발하기'는 보통급부터 대각여래위까지 해당한다고 말한 바 있다. 이 '마음 난리 평정하기'는 정의와 불의가 법과 마가 되어 서로 싸우는 법마상전급에 해당하여 정신을 수양하고 사리를 연구하는 공부를 쉬지 않고 부지런히 하면서, 마음에서 일어나는 '아만심, 시기심, 탐심, 진심, 치심을 내지 말라.'는 등 법마상전급 계율 등 삼십 계문을 죽기로써 지키면 언젠가는 마음 난리를 평정하는 날이 오게 될 것이다.

어찌 보면 우리 공부인은 누구나 마음의 자유를 얻어 개인의 행복을 얻고 나아가 갈등과 반목과 전쟁이 없는 평화로운 세상에서 살기를 바란다. 근래 세상의 새로운 관심인 명상을 공부하다 보면, 행복에 대하여 설명하기를 개인이 심신 간에 만족스러운 상태를 갖추는 행복의 조건에 안주하는 행복에서, 에고ego에서 벗어나 참 나를 찾아 마음이 고요하고 두렷하여 일체의 번뇌 망상과 분별과 착심이 없는 상태의 행복으로 발전하고 있음을 느낄 수 있다. 평화도 '나'라는 이기적인 에고에서 참 나를 찾아 일체 생령이 한 가족으로 모두가 은혜라는 것을 확인하는 방향으로 바뀌고 있음을 볼 수 있다. 이렇게 참 나를 찾는 내면의 행복과 일체 생령이 한 가족임을 발견할 때, 이 세상에서 전쟁이 끝나는 평화가 오리라 생각한다. 소태산 대종사는 진정한 개인의 행복과 세상의 평화는 마음공부를 하여 마음나라에서 일어나는 모든 마음 난리의 평정을 통하여 이루어진다고 하였다.

19

마음 밭 계발하기

마음공부 프로그램 네 가지 가운데 '마음 밭 계발하기'는 마음공부 단계 중 상급과정이다. 초급과정으로 '마음 소 길들이기', 중급과정으로 '마음병 치료하기', 고급과정으로 '마음 난리 평정하기'가 있다. 이 세 과정을 하급과정에 속한다고 할 때 '마음 밭 계발하기'는 상급과정에 속한다. 초급 중급 고급과정 다음이 상급과정이라고 하니 조금 이해가 되지 않는 부분이 있어 '왜 고급과정 다음이 상급과정이지?' 하는 의문이 생길 것이다. 필자의 생각으로 초급 중급 고급과정을 묶어 기본과정이라 할 때 이 기본과정에 상대되는 의미로 상급과정이라 한 것이다. 이는 기본과정인 세 과정과 상급과정은 아주 차이가 심하기 때문에 구분한 것이다.

마음 난리 평정하기를 마치면 법위등급에서 법강항마위에 오르는데 법강항마위에 오르기 위해서는 참 나를 발견하는 견성見性을 해야 하기 때문이다. 진리의 본원 자리 즉 우리 자성의 본래면목을 깨닫는 견성을 하고 하지 못하는 차이는 하늘과 땅 차이, 심 봉사 눈뜨기 전과 눈 뜬 후의 차이처럼 현격하다. 그래서 기본과정과 상급과정은 그 격格이 완전히 달라서 상급과정이라 이름하였다.

『대종경』 수행품 59장에 보면 소태산 대종사는 공부인의 마음공부하는 것을 '심전계발心田啓發'에 비유하여 설명하고 있다. '일상 수행의 요법'에서는 우리의 마음을 심지心地 곧 마음 땅이라 하였다. 이곳에서는 심전心田, 즉 마음 밭이라 하였으나 심지는 우리의 본래 마음자리인 성품의 다른 이름이며 심전 또한 본래에 분별과 주착이 없는 우리의 마음 바탕을 말하므로 심지와 심전은 같은 의미로 보면 된다. 중요한 점은 현대인들에게 마음공부를 하면서 모양이 없고 형체가 없는 마음을 머리에 그려 볼 수 있게 하기 위하여 심지心地 또는 심전心田을 시각적으로 보여 주었다는 것이다.

『대종경』 수행품 59장 본문을 보면 소태산 대종사는 "본래에 분별과 주착이 없는 우리의 성품性稟에서 선악 간 마음 발하는 것이 마치 저 밭에서 여러 가지 농작물과 잡초가 나오는 것 같다 하여 우리의 마음 바탕을 심전心田이라 하고, 묵은 밭을 잘 개척하여 좋은 밭을 만들 듯이 우리의 마음 바탕을 잘 단련하여 혜복을 갖추어 얻자는 뜻에서 심전계발啓發이라는 말이 있게 되었다."라고 법문하고 있다.

이어서 "마음 밭을 잘 계발하는 사람은 저 농사 잘 짓는 사람이 밭에 잡초가 나면 매고 또 매어 잡초는 없애고 농작물만 골라 가꾸어 가을에 많은 수확을 얻는 것같이, 선악 간에 마음 일어나는 것을 잘 조사하고 또 조사하여 나쁜 마음이 나면 제거하고 또 제거해서 나쁜 마음은 없애고 좋은 마음만 키우므로 지혜와 복락이 항상 넉넉할 것이요, 심전계발을 잘 못하는 사람은 저 농사 잘 못 짓는 사람이 밭에 잡초가 나도 내버려 두고 농작물이 나도 그대로 두어서 밭을 다 묵히어 가을에 수확할 것이 없는 것같이, 악한 마음이 나도 그대로 행동하고 선한 마음이 나도 그대로 행하여 자행자지하는지라 당하는 것은 괴로움뿐이요, 행복의 길은 더욱 멀어지므로, 우리의 천만 가지 죄와 복이 다른 데에 있는 것이 아니라 오직 이 심전계발을 잘하고 못하는 데에 있으니, 이 일을 어찌 등한히 하리오."라고 하였다.

이어서 『대종경』 수행품 60장을 요약하면 옛날부터 도가道家에서는 심전을 발견한 것을 견성見性이라 하고 심전을 계발하는 것을 양성養性과 솔성率性이라 하였는데, 이 심전의 공부는 모든 부처와 모든 성인이 다 같이 천직天職으로 삼으신 것이요, 이 세상을 선도善導하는 데에도 또한 그 근본이 되는 것이다. 그러므로 원불교에서는 심전계발의 전문 과목으로 정신수양·사리연구·작업취사의 세 가지 강령을 정하고 그를 실습하기 위하여 일상 수행의 모든 방법을 갖추었다. 정신수양은 심전 농사를 짓기 위하여 밭을 깨끗하게 다스리는 과목이요, 사리연구는 여러 가지 농사짓는 방식을 알리고 농작물과 풀을 구분하는 과목이요, 작업취사는 아는 그대로 실행하여 폐농하지 않고 많은 곡식을 수확하게 하는 과목이다. 이를 종합적으로 말하면 불가佛家에서는 견성見性하는 법을, 선가仙家에서는 양성養性하는 법을, 유가儒家에서는 솔성率性하는 길을 주로 밝히었다고 볼 수 있으며, 심전계발하기는 세 가지 가르침을 강령적으로 하여 원불교의 삼학 공부에 편입하였다고 할 수 있다.

마음공부하는 공부인은 성품과 정신과 마음과 뜻을 잘 구분하여 알아야 한다. 마음공부는 성품을 단련하는 사리연구와 정신을 수양하는 정신수양과 마음을 작용하는 작업취사로 분해하여 이해할 수 있다. 심전계발이 바로 이 세 가지를 통하여 마음 밭을 발견하고 정신을 수양하고 마음이 일어날 때 마음을 살펴 정의는 취하고 불의는 버리는 공부이다.

지금 세상은 과학 문명의 발달을 따라 사람의 욕심이 날로 치성하므로 심전계발의 공부가 아니면 이 욕심을 항복 받을 수 없고 욕심을 항복 받지 못하면 세상의 평화는 보기 어렵다. 앞으로는 천하의 인심이 자연히 심전계발을 원하게 될 것이요, 심전계발을 원할 때는 그 분야의 참다운 전문가인 종교를 찾게 될 것이다. 그중에 수행이 원숙圓熟한 사람은 더욱 한량없는 존대를 받을 것이니, 우리 공부인은 이때 한 번 더 결심하여 이 심전 농사에 크게 성공하는 마음 밭을 계발하는 모범적 농부가 되어야 할 것이다.

필자는 심전계발이라는 단어 대신 '마음 밭 계발하기'라는 말을 사용하고자 한다. 마음 밭 계발하기와 법위등급의 관계는 보통급에서 대각여래위까지 해당한다. 이는 삼학 공부 다시 말하여 마음공부는 누구나 해야 하는 것이므로 처음 시작하는 보통급부터 마지막 대각여래위까지 구분이 없어서 범부凡夫도 하고 성인聖人도 해야 하는 것이다. 마음공부는 곧 삼학 공부이며, 공부인의 수준에 맞는 공부법을 공부길 따라 꾸준하게 계속하면 마침내 삼대력을 얻어 성불하게 될 것이다.

20

동정일여의 무시선 공부

원불교 마음공부의 특징은 무엇이며, 세상의 수많은 마음공부와 차별화된 사항은 무엇일까?

원불교 마음공부는 각자의 인격을 양성하기 위하여 종합적이고 체계적인 방법과 프로그램을 갖추고 있어서 타의 추종을 불허한다고 자부할 수 있다. 또한, 언제 어디서든지 누구나 쉽게 공부할 수 있는 원리와 방법과 프로그램을 구비하고 있다. 한마디로 말하면 최선 최상 최고의 마음공부법이라 할 수 있다. 이 공부를 한 가지로 표준 잡아 공부할 수 있는 단어는 '동정일여의 무시선 공부'라고 할 수 있다.

소태산 대종사는 『정전』 수행편에 마음공부의 방법을 구체적으로 밝혀 주었다. 여기서 필자의 생각으로는 마음공부 단계에서 기본과정을 마치고 상급과정에 이른 공부인에게 마지막 공부 표준을 제시해 준 것이 『정전』 수행편 제7장 '무시선법'이라 생각한다. 무시선법의 모든 문장에서 '~선'이라는 글자를 '마음공부'로 바꾸어 보면 마음공부의 원리와 목표 그리고 방법을 쉽게 설명해 주고 있음을 알 수 있다. 그러므로 '무시선법'은 '무시 마음공부법'이 되는 것이다.

'무시선법'을 보면 "대범, 선禪이라 함은 원래에 분별 주착이 없는 각자의 성품을 오득하여 마음의 자유를 얻게 하는 공부인바, 예로부터 큰 도에 뜻을 둔 사람으로서 선을 닦지 아니한 일이 없나니라. 사람이 만일 참다운 선을 닦고자 할진대 먼저 마땅히 진공眞空으로 체를 삼고 묘유妙有로 용을 삼아 밖으로 천만 경계를 대하되 부동함은 태산과 같이하고, 안으로 마음을 지키되 청정함은 허공과 같이 하여 동하여도 동하는 바가 없고 정하여도 정하는 바가 없이 그 마음을 작용하라. 이같이 한즉, 모든 분별이 항상 정定 혹은 靜을 여의지 아니하여 육근六根을 작용하는 바가 다 공적영지의 자성에 부합이 될 것이니, 이것이 이른바 대승선大乘禪이요 삼학을 병진하는 공부법이니라."라고 하였다.

이는 마음공부 기본 과정인 '마음 소 길들이기' '마음병 치료하기' '마음 난리 평정하기'를 거쳐 '마음 밭 계발하기'에 들어선 견성한 공부인에게 마음공부에 있어서 고수 내지 달인이 되어 성공한 공부인의 경지 또는 표준을 설명하고 있다. 큰 공부는 '착着이 없는 그 자리를 알고 실생활에서 착이 없는 행'을 하는 것이라 하였다. 우리의 성품을 설명하자면 존재론으로 보면 진공묘유眞空妙有이지만 심성론으로 보면 공적영지空寂靈知이다. 그러므로 진공眞空으로 체体를 삼고 묘유妙有로 용用을 삼아 일체의 번뇌 망상과 분별 주착이 없이 어디에 걸리고 막힘이 없는 착 없는 작용을 하는 것이다. 이를 다른 말로 표현하였을 때 『금강경』에서 이르는 "응하여도 주한 바 없이 그 마음을 내라."는 뜻이며, 상시응용 주의사항에서 "응용應用하는 데 온전한 생각으로 취사하기를 주의할 것"이다.

처음 마음공부를 하는 공부인은 마음이 마음대로 잘 되지 아니하여 마치 저 소 길들이기와 흡사하다. 그런즉 잠깐이라도 마음의 고삐를 놓고 보면 곧 도심을 상하게 되므로, 아무리 욕심나는 경계를 대할지라도 끝까지 싸우는 정신을 놓지 아니하고 힘써 행한즉 마음이 차차 조숙調熟되어 마음을 마음대로 하는 지경에 이르게 될 것이다. 그러므로 경계를 대할 때마다 공부할 때가 돌아온 것을 염두에 두고 항상 끌리고 안 끌리는 대중만 잡아갈 것이다. 그렇게 하는 동안 마음을 마음대로 하는 건수가 차차 늘어가는 경향이 있으면 평소심히 좋아하고 싫어하는 경계에 놓아 맡겨 보되 만일 마음이 여전히 끌리면 이는 공부심이 미숙한 것이요, 끌리지 아니하면 이는 공부심이 익어가는 증거인 줄로 알아야 한다. 그러나 마음이 끌려 움직이지 아니한다고 하여 즉시에 방심放心은 하지 말아야 하는데, 이는 마음을 써서 동動하지 아니한 것이요 자연히 동하지 않은 것이 아니니, 챙기지 아니하고 놓아도 움직이지 아니하여야 길이 잘든 것이다.

마음공부를 하는 공부인이 마음공부를 대단히 어렵게 생각하여 가족이 있어도 못할 것이요 직업을 가져도 못할 것이라 하여, 산중에 들어가 조용히 앉아야만 마음공부를 할 수 있다는 주견을 가진 사람이 있다면, 이것은 모든 수행의 원리가 서로 다르지 않은 것을 모르는 까닭으로 만일 일 없이 앉아야만 마음공부를 하는 것일진대 일하는 때는 마음공부를 못 하게 될 것이니, 일 없을 때 앉아서만 하고 일하면서 못하는 마음공부는 병든 마음공부라 어찌 중생을 건지는 큰 방법이 되겠는가? 그뿐만 아니라, 성품의 자체가 한갓 텅 비고 고요한 것에만 그친 것이 아니니, 만일 무정물과 같은 마음공부를 하는 것일진대 이것은 성품을 단련하는 마음공부가 아니요 무용한 병신을 만드는 일일 것이다.

앞에서 마음공부를 한마디로 '동정일여의 무시선 공부'라 정의하였는데 이는 우리의 몸과 마음이 일 있을 때나 일 없을 때나 어디서나 한결같이 하는 마음공부를 일컫고 있다. 마음공부의 마음작용 프로세스인 마음 챙김과 알아차림 마음대중 마음대조 마음돌림 자성세움의 여섯 과정을 거치면 일 있고 없음에 상관없이 마음공부를 진행하게 된다.

다시 한번 이 동정일여의 무시선 공부를 정리하면, 일을 할 때 마음이 움직이지 아니함은 태산과 같이하고 안으로 마음을 지켜서 조촐하고 깨끗하게 함은 허공과 같이하여, 일이 있어도 움직이는 바가 없고 일이 없어도 움직이는 바가 없어서 공적영지의 자성에 부합이 되어 불리자성不離自性의 지경에 머물게 될 것이다. 이것을 '응하여도 주한 바 없이 그 마음을 내라.'고 한 것이며 '응용應用하는 데 온전한 생각으로 취사하기를 주의하라.'는 것이다. 그러므로 동정일여 무시선 공부의 강령을 "육근六根이 일이 없으면 잡념을 제거하고 일심을 양성하며, 육근이 일이 있으면 불의를 제거하고 정의를 양성하라."라고 한 것이다.

21

공부인과 비공부인의 다른 점

세상에는 같은 일을 하면서 프로와 아마추어가 있고 전문가와 비전문가가 있다. 마찬가지로 마음공부하는 데도 마음공부를 꾸준하게 지속해서 하는 사람과 하다 말다 하는 사람과 마음공부가 무엇인지 어떻게 하는지에 대하여 전혀 듣도 보도 못한 사람이 있다. 마음공부를 하든, 하지 않든 또 전혀 몰라도 우리는 세상을 살아갈 수 있다. 잘사는 것이 어떤 것인가 하는 문제는 제쳐놓고 하는 말이지만, 마음공부를 모르고도 잘사는 사람이 있는가 하면 알고도 잘 못사는 사람도 있다.

원불교 마음공부에서는 마음공부를 하는 사람을 공부인이라 하고, 하지 않는 사람을 비공부인이라 한다. 공부인 가운데에도 마음공부를 성실하게 계속하는 사람이 있지만 공부하는 시늉만 내는 사람도 있다. 이 책을 처음 시작하면서 마음공부의 네 가지 요소에는 말머리에 '공부工夫'가 들어가는 공부인 공부심 공부법 공부길이 있다고 하였다. 공부인이 누군가 하면 마음공부하는 마음 즉 공부심으로 공부법에 따라 공부길을 가는 사람이다.

소태산 대종사는 『대종경』 수행품 11장에서 '세 사람에 관하여 이야기'를 하고 있다. "여기에 세 사람이 모여 앉았는데 한 사람은 기계의 연구를 하고 있으며, 한 사람은 좌선을 하고 있으며, 한 사람은 그저 무료히 앉아 있다 하면, 외면으로 보아 그들이 앉아 있는 모양은 별로 다를 것이 없으나 오랜 시일을 계속한 후에는 각각 큰 차이가 나타나게 될 것이니, 기계 연구를 한 사람은 어떠한 발명이 나타날 것이요, 좌선에 힘쓴 사람은 정신에 수양력을 얻을 것이요, 무료 도일無聊度日한 사람은 아무 성과가 없을 것이라. 이와 같이 무엇이나 그 하는 것을 쉬지 않은 결과는 큰 차이가 있다."라고 하였다.

사람이 세상을 살아가며 하는 일이나 직업에 성공하고 성공하지 못하는 데에는 마음에 새겨두고 잊지 않는 마음 즉 존심存心과 마음을 다잡지 않고 놓아버리는 마음 즉 방심放心 두 가지 중 어느 것을 주로 실행하느냐에 달려 있다 할 것이다. 하는 일에 주의심을 가지고 지속하여 잊지 않고 챙기는 것과 주의심을 놓아버리고 잊어버리고 방심하는 것은 성공과 실패의 갈림길이다. 또 일을 당하여 멈추고 연마하여 행동하는 것 즉 삼학을 일에 적용하는 것은 공부인이나 비공부인이나 마찬가지인데 일이 끝나고 나면 공부인은 주의하는 마음을 지속하나 비공부인은 관심을 두지 아니하고 잊어버리게 되는 점이 다르다.

앞에서 이야기한 세 사람도 각자 관심이 서로 달라서 기계에 관심을 가진 사람과 수양에 관심을 가진 사람은 모두 본인이 원하는 일에 대한 주의심을 지속하여 갖게 될 것이므로 마음을 지켜서 성공할 수 있을 것이다. 그러나 아무 일도 하지 않고 그저 놀기만 하는 사람은 아무 일도 이룰 수 없다. 또 다른 소태산 대종사의 친구는 어려서부터 소리 하기를 즐기어 책을 펴 놓고도 그 소리, 길을 가면서도 그 소리이더니 마침내 백발이 성성하도록 그 소리를 놓지 못하고 숨은 명창 노릇을 하였다고 한다.

그러나 소태산 대종사는 어렸을 때부터 우연히 진리 방면에 취미를 가지기 시작하여 독서에는 정성이 적고, 밤낮으로 생각하는 바가 현묘하여 침식을 다 잊고 명상에 잠긴 적이 한두 번이 아니었으며, 그때부터 계속되는 정성이 조금도 쉬지 않은 결과 진리 생활을 지속하게 되었다. 이것을 보면 사람의 일생에 그 방향의 선택이 제일 중요한 것이며, 이미 방향을 정하여 옳은 일에 입각한 이상에는 다른 생각 없이 그 목적하는 바에 노력을 계속하는 것이 바로 성공의 기초가 될 것이다.

필자는 마음공부하는 사람은 생활하는 가운데 마음 챙김과 알아차림을 지속해야 한다고 여러 차례 말하여 왔다. 우리가 어렸을 때부터 초등학교에 다니기 시작하여 초등교육과정과 중등교육과정 그리고 고등교육과정을 밟아 올라가게 되면 자연히 지식이 쌓이고 학문이 깊어져서 나중에는 배우지 아니하여도 연구하는 순서를 따라 더욱 창의적인 발전의 성과가 나타나서 학문이나 직업에 성공할 수 있듯이 마음공부도 처음에는 간단하고 쉬운 것부터 마음 챙김과 알아차림을 배우고 익히며 초급과정 중급과정 고급과정 상급과정을 따라 훈련을 받게 되면 마음공부를 마스터하게 되어 훌륭한 인격을 이룰 수 있게 될 것이다. 문제는 공부하려는 마음 즉 공부심을 지속하느냐 지속하지 못하느냐에 따라 성공과 실패의 길이 갈라지게 될 것인데 한번 공부인이 마음공부하기로 마음을 정하여 방향을 잘 잡았으면 두 마음 없이 계속하여야 성공하는 공부인이 될 것이다. 그렇게 되면 삼대력을 양성하여 주위로부터 믿을 수 있는 인격, 존경받는 인격을 이룰 것이다.

마음공부하는 공부인은 일을 처리하면서 삼학을 대중하는 공부심을 놓지 아니하고 일이 끝난 후에도 마음 챙김을 지속하나, 마음공부하지 않는 비공부인은 일을 당해서는 멈추고 생각하고 실행하는 삼학을 대중하는 마음이 있으나 일이 끝난 후 다 놓아버리고 잊고 지내는 것이 공부인과 다른 점이다. 다 같이 마음공부 즉 삼학 공부를 하여도 공부인이 하는 삼학 공부는 "공부적 삼학과 법도 있는 삼학과 간단없는 삼학 공부라면, 비공부인은 부지중 삼학과 주견 없는 삼학과 임시적 삼학 공부"로 그 확실한 차이가 있다.

22

마음공부의 경계에 대하여

마음공부의 기본이라 할 수 있는 '일상 수행의 요법' 1·2·3조에 보면 "심지는 원래 요란함, 어리석음, 그름이 없건마는 경계를 따라 있어지나니" 하고 있어 '경계'라는 단어가 매우 중요하게 사용되는 것을 볼 수 있다. 마음은 대상이 없으면 일어나지 않아 마음이 없는 자리에 대상이나 일이 나타남으로써 생각 감정 오감이 일어나는데 그 대상은 경계이다. 또 『정전』 '무시선법' 본문의 중간쯤에 "아무리 욕심나는 경계를 대할지라도 끝까지 싸우는 정신을 놓지 아니하고 힘써 행한즉"이라 하고 있어서 '경계'라는 단어가 마음 작용하는 공부의 핵심 단어임을 알 수 있다.

마음공부를 하는 공부인은 '마음 챙김'과 '알아차림'을 지속하여야 한다. 마음공부의 초급과정에서 '마음 챙김'은 '나는 마음공부하는 사람이다.'는 생각을 놓지 아니하는 주의심을 잊어버리지 않는 것이며, '알아차림'은 마음 챙김이 지속하는 가운데 나에게 일이 생겨 새로운 상황이 전개되어 나타나더라도 바로 이를 알아차리는 것이다. 내 앞에 새로 전개되는 상황이 바로 경계이다. 우리의 몸인 육근六根과 알아차리는 육식六識과 육식의 대상이 되는 색 성 향 미 촉 법이라는 육경六境이 있는데 이 육경이 경계이다. '마음 챙김'과 '알아차림'이 지속하지 않으면 경계가 내 앞에 전개되더라도 경계를 놓쳐서 모르고 지나게 된다. 이와 같이 '경계'는 마음 작용하는 공부에 있어서 매우 중요한 위치에 있다.

경계란 무슨 의미인가? 『원불교 대사전』에서는 "인과의 이치에 따라서 일상생활 속에서 부딪치게 되는 모든 일들. 곧 나와 관계되는 일체의 대상을 말한다. 이 경우, 나를 주관主觀이라고 할 때 일체의 객관客觀이 경계가 된다. 인간 생활에서 맞닥뜨리는 되는 모든 일과 환경이 다 경계이다."라고 정의定義하고 있다. 정산 종사는 사람이 살아가면서 부딪치게 되는 경계를 역경逆境과 순경順境 그리고 공경空境으로 구분했는데 순경은 내 마음을 유혹하는 경계요, 역경은 내 마음에 거슬리는 경계요, 공경은 내 마음이 게을러진 경계라고 하였다.

한동안 마음공부하는 사람들 사이에서 '앗, 경계다.' 하는 말이 유행처럼 회자한 때가 있었다. 특히 초등학교 교사로 근무하는 교도 한 분이 초등학생들에게 마음공부를 지도하면서 청소년들의 인성교육에 훌륭한 성과를 이룩하였다. 십수 년 전에 전주 화산초등학교에서 발행한 『선생님, 마음에도 거울이 있어요』 Ⅶ집에 보면 '아이고, 아쉬워라! 경계인 줄 모르고 끌려가 버렸네!'에 나오는 '검도관에서'라는 제목의 글이다.

> "학원에 갔다 왔더니 이모와 이모부가 와 있었다. 그래서 난 검도관을 빨리 갔다 올 생각에 마음이 급했다. 그래서 검도를 할 때도 빨리하다가 다른 아이가 때려서 나도 때리려다가 내 마음속을 들여다보았다. 그래서 '앗, 경계구나!' 하고 느껴서 내가 '다음부터는 그러지 말라'고 하였다. 그래도 그 아이가 자꾸 때려서 나는 그 마음을 못 참고 그 아이를 때렸다. 그래서 난 미안하다고 하였다. 난 이제부터 마음의 거울을 깨끗이 써야겠다."

이 글은 초등학교 4학년이 '마음대조 공부'를 하면서 경계를 알아차리는 내용으로 쓴 일기다. 생활하면서 경계가 왔을 때 알아차리고 내 마음을 보는 데에 마음공부가 있고 마음 작용하는 공부는 거기에서 시작한다. 특히 마음 작용하는 공부는 실생활에서 마음 챙김과 알아차림을 놓치지 않고 '앗, 경계다!' 하고 경계를 알아차려야 한다. 그렇지 못하면 경계가 지나고 나서 '아, 지나갔네!' 하고 알아차리거나 경계가 왔다가 간 줄도 모르고 지나가 버린다. 경계가 왔다 지나간 줄도 모른다면 일도 잘 처리될 수 못할 뿐 아니라 마음공부도 하지 않는 것이다.

『대종경』 수행품 50장에 보면 소태산 대종사는 “수도인이 경계를 피하여 조용한 곳에서만 마음을 길들이려 하는 것은 마치 물고기를 잡으려는 사람이 물을 피함과 같나니 무슨 효과를 얻으리오. 그러므로 참다운 도를 닦고자 할진대 오직 천만 경계 가운데에 마음을 길들여야 할 것이니 그래야만 천만 경계에 마음이 흔들리지 않는 큰 힘을 얻으리라. 만일 경계 없는 곳에서만 마음을 단련한 사람은 경계 중에 나오면 그 마음이 바로 흔들리나니 이는 마치 그늘에서 자란 버섯이 태양을 만나면 바로 시드는 것과 같다. 그러므로 『유마경維摩經』에 이르기를 ‘보살은 시끄러운 데 있으나 마음은 온전하고, 외도外道는 조용한 곳에 있으나 마음은 번잡하다.’ 하였나니, 이는 오직 공부가 마음 대중에 달린 것이요 바깥 경계에 있지 아니함을 이른 것이다.”라고 하였다. 이는 마음공부는 경계가 없는 조용한 곳에서 기도하고 경전을 공부하며 선정禪定을 닦는 데에만 있는 것이 아니라 실생활을 하면서 경계 가운데에서 경계를 알아차리고 끌리고 끌리지 않는 마음 대중을 잡는 것이 더욱 중요하다는 의미일 것이다.

23

마음공부하는 나는 누구인가?

소크라테스는 ‘너 자신을 알라’ 하였으나 현대 인도의 성자인 라하나 마하리쉬는 ‘나는 누구인가?’ 하는 물음으로 모든 질문을 대표하고 있다. ‘나는 누구인가?’와 ‘마음공부하는 나는 누구인가?’는 같은 질문이지만 마음공부하는 나를 의심해 보는 이유는 원불교의 마음공부하는 방법에 대하여 생각해 보고자 하기 때문이다.

나는 누구인가? 나의 실체는 있을까? 아니면 없을까? 『반야바라밀다심경』에 보면 “사리자야 이 모든 법의 공한 상은 생하지도 아니하고 멸하지도 아니하며 더럽지도 아니하고 조촐하지도 아니하며 더 하지도 아니하고 덜하지도 아니하나니, 이런 고로 공 가운데에는 색도 없고 수·상·행·식도 없으며 눈과 귀와 코와 혀와 몸과 뜻도 없으며 색과 소리와 냄새와 맛과 부딪침과 법도 없으며 눈 경계도 없고 내지 의식意識 경계도 없으며"라고 하였다. 이 의미는 나라고 하는 실체는 없다는 것이다. 그래서 불교는 일체유심조一切唯心造라고 하며 나의 실체가 없다는 무아無我라고 한다.

그런데 원불교의 마음공부는 나라고 하는 실체가 있다는 입장에서 출발한다. 마음공부 방법 중 핵심인 '유무념 대조 공부'는 처음에 나의 나쁜 버릇은 고치고 좋은 습관은 들이는 것으로 시작하여 마음 챙김과 알아차림을 지속하여 구경에는 성품을 떠나지 않는 일심 공부에 도달하게 된다. 이렇듯이 유무념 공부를 할 때 나는 있다는 데에서 출발하나 진리의 실상을 보면 이때의 나는 만들어진 나다. 태어나서 익히고 배워온 모든 경험과 학습에 의하여 축적된 지식이라고 하는 관념이 나를 만든 것이다.

앞에서 성품과 정신과 마음과 뜻에 대하여 언급하였는데 이 마음의 네 가지 모습은 상황에 따른 나의 네 가지 모습이다. 정산 종사는 "성품은 본연의 체요, 정신은 성품과 대등하나 영령한 감이 있고 정신에서 마음이 나타나나니 뜻은 마음이 동하여 가는 곳이다."라고 설명해 주었다. 필자는 이것을 '성품은 나의 본래 자리요, 정신이 참 나이며, 마음은 변하는 나요, 뜻은 행동하는 나'라고 설명한다.

'마음의 네 가지 모습'에서 '마음공부하는 나는 누구인가?'라는 주제로 이야기한 이유는 내가 누구인가에 따라 마음공부하는 방법이 달라지기 때문이다. 본래의 나인 성품性品은 말과 문자의 길이 끊어지고 마음 가는 것마저 없는 자리이며 참 나인 정신精神도 마음이 두렷하고 고요하여 분별성과 주착심이 없는 경지를 이르기 때문에 성품이나 정신은 마음의 자취가 없어 무아無我이므로 마음 작용하는 공부는 할 수 없고 성품을 단련하거나 정신을 수양할 수밖에 없다. 변화하는 나인 마음이나 행동하는 나인 뜻은 몸으로 나타나거나 마음의 움직임을 알 수 있기 때문에 이는 마음 작용하는 공부를 할 수 있는 것이다.

우리는 마음공부를 내가 일이 있을 때 하는 공부와 일이 없을 때 하는 공부로 나누어 왔다. 일이 있어 몸을 움직일 때는 변화하는 나로써의 마음과 행동하는 나로써의 뜻을 사용하는데 이때 우리가 하는 것은 마음 작용하는 공부이다. 일이 없어 몸을 움직이지 않는 때는 나의 본래 자리인 성품과 참 나인 정신을 공부하게 된다. 성품을 공부하는 것은 성리 연마 내지 단련하는 사리연구이며, 정신을 공부하는 것은 정신수양으로 표현한다. 이렇게 볼 때 마음공부는 마음 작용하는 공부와 정신수양 공부와 성품 단련이나 연마로 사리연구 공부 세 가지로 구분할 수 있다. 이를 삼학 공부와 연관 지어 보면 마음 작용하는 공부는 작업취사이며, 정신을 수양하는 일은 정신수양이며, 성리를 연마하는 일은 사리연구이다.

또한, 내가 성품 자리를 깨달은 견성見性을 한 나와 견성을 하지 못한 나는 다르다. 이 두 가지 나는 마음공부하는 방법도 달라서 견성하지 못한 나 즉 경험이나 지식의 축적으로 만들어진 나는 관념과 상相으로 이루어져 있으나 견성을 한 나는 관념과 상을 떠나 정해진 실체가 없다. '원만한 공부법'에서 말한 것처럼 견성을 하면 착着이 없는 그 자리를 알았으니 착이 없는 행行을 하는 공부를 할 수 있으나 견성하지 못한 나는 착이 없는 그 자리를 알지 못하므로 기질 변화를 중심으로 작업취사 하는 공부와 정신수양과 사리연구 공부를 한다. 그러나 견성한 나는 성품을 단련하는 성태聖胎 장양長養을 중심으로 한가하고 넉넉한 심경으로 삼대력을 양성하는 공부를 하게 된다.

필자는 원불교 마음공부의 단계에서 보았을 때 법강항마위에 오른 공부인과 오르지 못한 공부인은 마음공부하는 방법이 다르다고 생각한다. 법강항마위에 오르려면 견성은 갖춰야 할 필수조건으로 견성하지 못한 공부인은 법강항마위에 오르지 못한다. 견성하지 못하고 하는 공부를 보조 스님은 『수심결』에서 '오렴수汚染修'라고 하여 오염된 마음공부로 설명하고 있음을 찾아볼 수 있는데 이렇게 견성하지 못한 나와 견성한 나는 마음공부 방법이 다르다.

상산 박장식 종사는 진리에 관한 의문이 잘 걸리지 않는 후진에게 "너 자신이 소우주이니 너 자신을 연구해 봐라."라고 하였다. 이는 '나는 누구인가?' 하는 질문과 같은 맥락이며 견성하는 화두이기도 하다. 필자는 앞의 '마음의 네 가지 모습'과 '마음의 속성'에 대하여 언급한 바 있다. 마음공부하는 공부인은 마음에 대하여 이해하여야 하고 공부인인 내가 견성을 하였는지 못 하였는지 또는 어느 수준에 도달해 있는지 파악한 후에 거기를 기점基點으로 하여 마음 공부길을 잡아야 할 것이다.

24

마음공부에 성공하려면

'구슬이 서 말이라도 꿰어야 보배'라는 말은 과학기술이 매우 발달한 현대에도 틀리지 않다. 마음공부하는 방법이나 원리 등을 배웠지만 배우는 데에서 그치면 내 것이 못 된다. 우리 속담에 작심삼일作心三日이라는 말이 있다. 보통 사람들은 무슨 일을 시작하기로 단단히 먹은 마음이 사흘을 넘기지 못하고 중도에 그만둔다는 뜻이다. 그러면 마음공부를 지속하여 성공하려면 어떻게 해야 할까?

소태산 대종사는 삼학 공부 즉 마음공부를 하는 데 진행하여야 할 네 가지와 버려야 할 네 가지를 언급하였다. 믿음, 분발, 의문, 정성 네 가지는 진행하여야 할 것이요, 불신, 탐욕, 나태, 어리석음 네 가지는 버려야 할 것이라 하였다. 이는 『정전』 교의편 제5장 '팔조'에 보면 진행進行 4조와 사연捨捐 4조로 밝혀 주었다. 삼학 공부를 하는 데 진행 4조 즉 추진해야 할 네 가지에는 만사를 이루려 할 때 마음을 정하는 원동력原動力인 신信으로, 신이라 함은 믿음을 이름한다 하였고, 만사를 이루려 할 때에 권면하고 촉진하는 원동력인 분忿은 용장한 전진심을 이름이라 하였고, 만사를 이루려 할 때 모르는 것을 알아내는 원동력인 의疑는 일과 이치에 모르는 것을 발견하여 알고자 함을 이름이라 하였고, 만사를 이루려 할 때 그 목적을 달하게 하는 원동력인 성誠은 간단없는 마음을 이름이라 하였다.

또 사연 4조 즉 버려야 할 네 가지에는 만사를 이루려 할 때 결정을 얻지 못하게 하는 불신不信은 신信의 반대로 믿지 아니함을 이름이라 하였고, 모든 일을 상도에 벗어나서 과히 취함을 탐욕貪慾이라 하였고, 만사를 이루려 할 때 하기 싫어함을 나懶라 하였고, 대소유무와 시비이해를 전연 알지 못하고 자행자지함을 우愚라고 하여 불신, 탐욕, 나태, 우치 네 가지로 밝혀 주었다.

마음공부 프로그램 중 '마음 밭 계발하기'는 실생활에서 체험하고 또 내 마음을 있는 그대로 보기 위하여 텃밭을 가꿀 것을 권장하고 있다. 텃밭을 가꾸면 밭에 나는 풀을 매야 하는데 특히 장마철이 지나고 억세게 자란 풀을 낫으로 벨 때는 매우 힘이 드나 예초기를 사용하여 작업할 때는 그래도 쉽다. 예초기에는 엔진이 달려있기 때문이다. 이것이 원동력이다.

진행 4조를 설명하는 중에서 눈여겨 볼 부분은 '만사를 이루려 할 때 마음을 정하는 원동력原動力, 만사를 이루려 할 때 권면하고 촉진하는 원동력, 만사를 이루려 할 때 모르는 것을 알아내는 원동력, 만사를 이루려 할 때 그 목적을 달하게 하는 원동력이라' 하였고 모두 함께 들어가는 내용이 '만사를 이루려 할 때 ~하는 원동력'이라는 것이다. 여기에서 원동력은 원동기에서 나오는 힘으로 원동기는 엔진을 일컫는데 바로 진행 4조는 엔진에서 나오는 힘처럼 만사를 쉽게 이루는 원동력에 비유하고 있다.

무슨 일을 할 때 에너지와 열정이 충분하고 넘쳐야 만이 그 일이 잘 추진되어 성공의 결실을 보게 되는 것은 누구나 잘 아는 사실이다. 마음공부하는 데에도 마찬가지로 진행 4조인 믿음, 분발, 의문, 정성이라는 원동력이 성공의 길로 이끌 것이다. 반대로 발목을 잡아 추진력을 떨어뜨리는 네 가지는 불신, 탐욕, 게으름, 어리석음이다. 진행하는 신, 분, 의, 성 네 가지로 불신, 탐욕, 나태, 우치를 물리친다면 성공은 확실히 보장될 것이다. 여기에 한 가지 필수적으로 추가할 사항이 있다. 믿음, 분발, 의문, 정성의 원동력이 나오도록 하는 동기를 부여하는 것이다. 그것은 바로 목표 내지는 서원誓願이다. 서원은 성공을 이루려 하는 목표가 나를 위한 것이 아니라 남을 위한 즉 세상을 위한 것이다. 마음공부를 하여 삼대력을 얻어 인격을 양성하고 혜복을 구하는 것이 나와 가족의 행복 추구에만 그치지 않고 세상의 평화를 위하는 목표가 함께 해야 하는 이유이다.

『정산종사법어』 권도편 6장에는 불교의 '사홍서원'에 대한 법문이 있다. "이 세상 여러 가지 원 가운데 사홍서원四弘誓願이 가장 큰 원이니, 먼저 중생이 가없으나 맹세코 제도하려는 원을 세우고, 그 원을 실현하기 위하여 번뇌를 끊임없이 끊으며, 법문을 성심껏 배우며, 불도를 영생토록 닦고 또 닦으면 결국 성불제중의 큰 원을 성취할 것이다. 아무리 어려운 일이라도 하려고 하면 안 될 일이 없고 안 하려고 하면 될 일이 없나니, 우리는 부처와 내가 둘이 아니라는 큰 각오 아래 이 사홍서원으로 꾸준히 닦아 나아가면 못 이룰 것이 없다."라고 하였다.

『성경』《마태복음》 17장 20절에 "너희가 믿음이 한 겨자씨만큼만 있으면 이 산을 명하여 여기서 저기로 옮기라 하면 옮길 것이요, 또한 못 할 일이 없을 것이라."라고 하였다. 실로 믿음이 모든 성공의 어머니임을 이르는 말이라 생각된다. 개인의 자유와 가정의 행복과 세상의 평화를 위하여 마음공부로 삼대력을 갖추기 위하여 자유와 행복과 평화에 대한 서원誓願을 세우고 여기에 바탕을 둔 믿음이 생겨 굳건해진다면 이는 성공의 기초가 확립된 것이라 할 것이다.

소태산 대종사는 『대종경』 수행품 43장에서 "중·하中下의 근기는 오랜 시일을 두고 공을 쌓고 노력하여야 하는데, 그 순서는 첫째 큰 원이 있은 난 뒤에 큰 신信이 나고, 큰 신이 난 뒤에 큰 분忿이 나고, 큰 분이 난 뒤에 큰 의심이 나고, 큰 의심이 있은 뒤에 큰 정성이 나고, 큰 정성이 난 뒤에 크게 깨달음이 있다."라고 하여 진행 4조의 순서에 대하여 설명하였다. 또한 정산 종사는 『정산종사법어』 권도편 32장에서 "신·분·의·성을 마음공부에 들이대면 삼학 공부에 성공하고 사·농·공·상에 들이대면 직업에 성공한다."라고 하였듯이 마음공부에 성공하려면 신·분·의·성의 추진이 있어야 할 것이며 아울러 불신 탐욕 나태와 우치를 버려야 할 것이다.

25

마음공부는 왜 하는가?

우리는 '마음공부를 왜 해야 하는가?'에 대하여 생각해 보기 위하여 우리 인간은 '왜 사는가?'에서 '어떻게 살아야 하는가?'라는 의문을 풀어야 할 것이다. 철학적인 의문처럼 생각되지만, 이것은 개개인의 삶의 척도를 가늠하는 자문自問이기도 하다. 또 '종교란 무엇이며 목적은 무엇인가?' 하는 주제는 마음공부를 하는 공부인은 당연히 한번쯤 생각해 보고 넘어가야 할 의심이기도 하다.

필자는 평소 이 문제를 생각하다가 불교는 생·노·병·사라고 하는 네 가지 괴로움과 여기에 인간이 살아가면서 만남, 이별, 원망, 욕망 등을 더하여 팔고八苦를 이야기하지만, 불교의 목표는 생사의 고통에서 벗어나 해탈하여 니르바나 곧 열반에 들기를 발원하고 있다고 생각하여 왔다. 마찬가지로 원불교의 목표도 괴로움에서 벗어나는 것이지만 불교와 달리 죽음의 문제가 아니라 물질의 노예 생활하는 괴로움에서 벗어나고자 하는 것이 달랐다. 그러나 종교의 근본 목표가 사바세계의 괴로움에서 벗어나 즐거움에 이르도록 인도하는 것은 다 마찬가지일 것이다.

『정전』 수행편 제14장 '고락에 대한 법문'에는 '고락苦樂에 대한 설명'에 이어 '낙을 버리고 고로 들어가는 원인'을 다음과 같이 자세하게 설명하고 있다. 낙을 버리고 고로 들어가는 원인을 살펴보면 "1. 고락의 근원을 알지 못함이요, 2. 가령 안다 할지라도 실행이 없는 연고요, 3. 보는 대로 듣는 대로 생각나는 대로 자행자지로 육신과 정신을 아무 예산 없이 양성하여 철석같이 굳은 연고요, 4. 육신과 정신을 법으로 질박아서 나쁜 습관을 제거하고 정당한 법으로 단련하여 기질 변화가 분명히 되기까지 공부를 완전히 아니한 연고요, 5. 응용하는 가운데 수고 없이 속히 하고자 함이다."라고 설명하고 있다.

또 『대종경』 불지품 15장에 보면 '인간락과 천상락'에 관한 설명이 있다. 인간락은 형상 있는 세간의 오욕락으로 가족이나 재산으로나 지위로나 무엇으로든지 형상 있는 물건이나 환경에 의하여 나의 만족을 얻는 것이며 천상락은 도로써 즐기는 마음락으로 바른 깨달음을 이룬 후 형상 있는 물건이나 환경을 초월하고 생사고락과 선악 인과에 해탈하여 당하는 대로 마음이 항상 편안한 기쁜 상태를 의미한다. 쉽게 말하자면 인간락은 형상 있는 물질이나 사람과의 관계에서 오는 즐거움이라 한다면, 천상락은 형상 없는 허공법계虛空法界의 주인이 되어 누리는 기쁨이라 할 수 있을 것이다.

인간락을 누리는 것은 건강한 가운데 자기 직업에 충실하여 오복五福을 마련하여 살아가면 되는 행복으로 개인이 행복을 추구하는 것은 누구에게나 다 당연한 기본권이다. 인간락이 상황 따라 변하는 행복이라면 변하지 않는 행복은 진정으로 참 나를 회복하여 마음의 자유를 얻어 천상락을 누리는 것이라 할 수 있다. 소태산 대종사는 천상락을 누리게 되면 인간락은 사연히 따라오게 된다고 하였다.

이어 16장에 보면 "옛 성인의 말씀에 '사흘의 마음공부는 천 년의 보배요, 백 년의 탐낸 물건은 하루아침 티끌이라.' 하였건마는, 범부는 이러한 이치를 알지 못하므로 자기의 몸만 귀히 알고 마음은 한번도 찾지 아니하며, 도를 닦는 사람들은 이러한 이치를 알게 되므로 마음을 찾기 위하여 몸을 잊는다. 그런즉, 그대들은 너무나 무상한 모든 유有에 집착하지 말고 영원한 천상락을 구하기에 힘을 쓰라. 만일 천상락을 오래오래 계속한다면, 결국은 심신의 자유를 얻어서 삼계의 대권을 잡고 만상의 유무와 육도의 윤회를 초월하여 육신을 받지 아니하고 영단靈丹만으로 시방세계에 주유할 수도 있고, 금수 곤충의 세계에도 임의로 출입하여 도무지 생사 거래에 걸림이 없으며, 어느 세계에 들어가 색신을 받는다고 할지라도 거기에 조금도 물들지 아니하고 길이 낙을 누릴 것이니 이것이 곧 극락이다."라고 하였다. '세상의 보통 사람들은 인간락에 취해 이러한 이치 곧 천상락이 있는 이치를 알지 못하므로 자기의 몸만 귀히 알고 마음은 한번도 찾지 아니하며, 도를 닦는 사람들은 이러한 이치를 앎으로 마음을 찾기 위하여 몸을 잊는다.'는 말씀에 여기서 마음을 찾는 것이 바로 마음공부를 의미하므로 우리는 이 법문에 정신 차려서 귀 기울여야 한다.

마음공부를 한마디로 정의하면 무엇이라 할까? 이미 마음공부에 대하여 개념 짓기를 '삼대력을 얻기 위하여 삼학 공부를 병진하는 동정일여의 무시선 공부'라고 하였다. 수양력 연구력 취사력의 삼대력을 얻는 일이 마음의 자유를 얻는 것이요, 허공법계를 이전하는 일이요, 천상락을 누리는 일과 다르지 않다. 우리가 마음공부를 하는 목적은 나 자신이 자유로워지자는 것이며, 나의 가정이 행복하여지자는 것이며, 세상에 평화를 이루자는 것으로 생각한다. 이것은 정신을 개벽하여 일체생령을 광대 무량한 낙원으로 인도하자는 뜻이다.

조동화 시인은 '나 하나 꽃피어'라는 시에서 "나 하나 꽃피어/ 풀밭이 달라지겠느냐고/ 말하지 말아라.// 너도 꽃피고 나도 꽃피면/ 결국 풀밭이 온통/ 꽃밭이 되는 것 아니겠느냐.// 나 하나 물들어/ 산이 달라지겠느냐고도/ 말하지 말아라./ 나도 물들고 너도 물들면/ 결국 온 산이 활활/ 타오르는 것 아니겠느냐"라고 노래하였다.

또 대산 종사는 "이 산하대지에 천화天花가 만건곤하니 평화는 오리, 평화는 오리, 평화는 오리로다."라고 간구懇求하였다. 나 한 사람의 마음공부로 인하여 나와 내 가정의 행복은 물론 세상의 평화는 분명히 올 것이며 이것이 우리가 마음공부를 해야 하는 목표에 도전하여 성취해야 하는 이유이기도 할 것이다.

26

나의 마음공부 공부담

이제까지 마음, 마음공부, 공부인, 공부심, 공부법, 공부길에 대하여 각각 소주제를 정하여 마음나라 여행 준비를 해왔다. 마음공부의 기초에 대한 설명을 마무리하면서 자신을 돌아보는 기회를 가졌다. 원불교 교무가 된 지 40여 년이 지나 정년퇴임을 하고 필자의 공부를 곰곰 생각하니 특별하게 드러내 놓을 것이 없음에 스승님께 송구하고 세상에 부끄럽다. 돌아다보면 초등학교 고학년부터 어머님을 따라 광주경찰서 부근 큰 종각이 있었던 광주교당에 다니기 시작하였다. 학생회를 다니면서 "제 마음도 마음대로 쓰지 못하면서 남의 마음을 제 마음대로 쓰려는 사람"이 세상에 두 가지 어리석은 사람 중 하나라는 『대종경』 요훈품 법문을 접하고 '내 마음도 마음대로 쓰지 못한다'는 내용에 화두가 걸렸다. 그동안 습관을 고치기 위하여 작심作心하였던 일들이 사흘을 넘기지 못하였기 때문이다. 고등학교를 졸업하면서 진로를 고민하다가 '무시선법'으로 '마음의 자유를 얻자'는 철부지 생각이 어머님의 만류에도 불구하고 스스로 교학과에 입학원서를 낼 용기가 생겼다. 전무출신이 무엇인지도 모르면서 전무출신의 길에 들어서고 이때부터 스승님들의 가르침과 훈육으로 교무가 되어 40여 년이 지나 퇴직하였다.

원광대학교 졸업 후 전무출신 서원 인증을 받고 교역자가 되어 교단의 재정에 관심을 두게 되었다. 그 인연으로 중앙총부 몇 개 부처와 산업기관에 근무하다가 40대 후반에 교낭 교무로 발령받았다. 그동안 마음 한구석에 자리 잡고 있었으나 한동안 잊고 지냈던 '마음의 자유를 얻어야 한다'는 처음의 발원이 되살아나 다시 마음공부에 관심을 두게 되었다. 교화 현장에서 '교화를 어떻게 해야 하는가?' 고심하면서 미래 교화는 법 장사를 해야 한다는 생각에 이르렀고, 교화단과 마음공부로 방향을 잡아야 한다는 신념이 자리하였다. 정년퇴임 전 마지막 근무지인 문화교당에 재직하면서 봄과 가을학기마다 15주 내외로 마음공부 대학을 개설하고 10회에 걸쳐 마음공부로 인도하였다. 평소 교화단을 설명하면서 단원마다 단장이 되어 단원을 가르치는 것이 잘 배우는 가장 좋은 방법이 된다고 주장해 온 것처럼, 마음공부를 가르치는 것이 필자에게도 공부를 깊이 하는 아주 좋은 기회가 되었다.

평소 『정전』 '무시선법'과 '참회문' 가운데 '마음의 자유를 얻는 방법'이 서로 다름에 의심이 걸렸으나 풀지 못하고 지내 왔는데 『대종경선외록』을 보다가 해답을 얻고 뛸 듯이 기뻐 공부길이 보이는 것 같았다. 『정전』 '무시선법'에는 "사람이 만일 오래오래 선을 계속하여 모든 번뇌를 끊고 마음의 자유를 얻은즉"이라 하였고, '참회문'에는 "공부인이 성심으로 참회 수도하여 적적성성한 자성불을 깨쳐 마음의 자유를 얻고 보면"이라고 하여 마음의 자유를 얻는 방법이 서로 다른 차이가 있어 보이는 데 '모든 번뇌를 끊는 것'과 '적적성성한 자성불을 깨치는 것'이 어떻게 다르며 왜 두 가지로 말씀하셨는가 하는 것이 늘 의문이었다.

어느 날 『대종경선외록』 불조동사장 4절을 보니 "불가에 대 법기를 이루는 데에는 두 가지 경로가 있으니, 하나는 견성을 하여 성품과 같이 양성을 하는 것이요, 둘은 법과 마를 구분하여 법강항마를 하는 길이다. 십지행록十地行錄을 보면 부처님 같으신 근기로도 다생을 통하여 인욕 정진을 하시어 일체 마군을 항복 받으셨다고 한다. 이와 같이 견성하는 길과 항마하는 길을 알아서 꾸준히 공부하는 사람은 아는 것도 날이 새는 것같이 점진적으로 밝아지다가 해가 중천에 오르면 만상이 자연히 밝아지듯 될 것이며, 마군도 물러가는 줄 모르게 꼬리를 감추게 될 것이다. 밝음이 나면 어둠은 물러가고, 마군이 항복하면 정법이 설 것이니, 이 순서를 아는 사람은 안심하고 꾸준히 정진만 할 것이다."라는 내용이 있었다. 아하! 공부하는 길이 견성의 길과 항마의 길이 있고, '무시선법'과 '참회문'에서는 '모든 번뇌를 끊는 것'과 '적적성성한 자성불을 깨치는 것'으로 두 길을 밝혀 주셨다는 생각에 이르자 기쁨이 샘솟았고 이때부터 공부하는데 자신이 생겼다.

젊어서 공부를 시작한 이후 나이가 들어 자신을 돌아보니 부족했던 인내심도 생기고 일을 추진함에 꾸준함도 생겼으며 일상생활에서도 항상 감사하며 화내지 않고 내 앞에 큰 떡 놓으려는 욕심도 담박해지는 것 같았다. 그러나 제일 진척도 없고 성과도 보이지 않는 과목이 좌선이었다. 타고난 체질이 소양 체질이라 생각해온 필자는 어쩌면 체질적으로 가장 핸디캡이 되는 과목이었다. 이론적으로는 알 것도 같으나 시간이 있으면 다른 일거리가 보여서 앉아있는 시간이 늘어나지 않아 지금도 가장 부족하고 안 되는 부분이다.

지금은 뇌리에 늘 새겨있는 구절이 '정해진 것은 없어.' 그리고 '그럴 수도 있지.' 하는 것이다. 부처님이 『금강경』에서 말씀하신 "무유정법명無有定法名 아뇩다라삼먁삼보리阿耨多羅三藐三菩提"라는 구절처럼 원래 정해진 것은 없는데 사람들이 정해놓고 괴롭고 힘들어한다고 생각되었다. 그리고 평소 관념과 상을 놓고 마음 챙김과 알아차림을 지속하여 깨어 있으려 노력한다. 이렇게 생각하고부터는 마음이 항시 한가하고 넉넉하여 편안하다.

지금까지 마음공부에 대한 많은 말을 나름대로 정리하였지만 이는 모두 소태산 대종사님과 역대 스승님들의 가르침에 바탕 하여 편집하여 짜깁기한 것일 뿐 필자가 계발한 원리나 이론은 아니다. 지금 세상에는 많은 마음공부가 회자하고 있지만, 그중에서도 원불교 『정전』과 『대종경』에 밝혀 주신 공부법이 최선의 최상의 최고의 방법이라 확신한다. 다만 정기와 상시 훈련법으로 잘 정리된 마음공부 프로그램을 개발하여, 이미 가르쳐 주신 공부길을 따라간다면 공부인 모두 개인은 자유로워지고 가정은 행복해지며 소속된 직장이나 단체가 평화로와 질 것이며 세상은 낙원으로 화할 것이라 확신한다.

27

공부인의 근기와 중근병

우리 인간은 마음 없이는 살 수 없고 누구나 내가 마음을 사용한다고 생각한다. 하지만 그것은 오해이며, 사실은 마음이 바로 나인 것이다. 어려서는 몸이 나라고 생각하여 왔지만, 성장하여 사유思惟하기 시작하면서 몸이 나는 아니라고 생각된다. 그러다가 마음이 몸을 움직이는 줄 알게 되면서 나는 몸과 마음이 어울려서 살아가는 것이라 이해하게 되었다. 사람으로 태어난 후 나이가 들어가면서 지각이 생기고 교육과 학습을 통해서 지식이 쌓여간다. 그리고 그 지식이 관념으로 굳어지고 지식이 축적되어 발전한 과학이라는 괴물에 의해 인간은 기술이 발전하고 과학 만능 시대가 시작되었다. 그러나 과학이 발전하면서 두뇌에 대한 연구가 쌓여가고 뇌 과학이 마음의 영역을 연구하게 되지만, 아직 생명의 본원本源인 마음의 비밀을 밝혀내지는 못하였다.

우리는 이러한 마음을 공부하여 품위 있는 인격을 갖추고 나와 가정이 행복하며 나아가 세상이 평화롭게 되기를 서원한다. 이러한 일이 목표를 세우고 마음만 먹는다고 쉽게 되지는 않아서 하다가 보면 잘 될 때도 있고 힘들어 쉬고 싶을 때도 있고 퇴보할 때도 있다. 마음공부를 처음 시작할 때에도 사람마다 수준이 다른데 이를 불교에서는 근기根機라고 하고 상·중·하 세 가지로 나눈다.

소태산 대종사는 『대종경』 신성품 2장에서 "모든 공부인의 근기가 천층만층으로 다르나 대체로 그를 상·중·하 세 근기로 구분하나니, 상근기는 정법을 보고 들을 때 바로 판단과 신심이 생겨나서 모든 공부를 자신하고 행하는 근기요, 중근기는 자세히 아는 것도 없고 혹은 모르지도 아니하여 항상 의심을 풀지 못하고 법과 스승을 저울질하는 근기요, 하근기는 사邪와 정正의 분별도 없으며 계교와 의심도 내지 아니하여 인도하면 인도하는 대로 순응하는 근기"라고 하였다. 또 정산 종사는 "상근기는 천연적으로 선한 근성을 가진 사람이요, 중근기는 배워 안 후에야 선을 행하는 사람이요, 하근기는 배워 알고도 선을 행하지 못하는 사람이다."라고 하였고, "하근기는 식욕 색욕 재욕 등에 얽매어 솟아오르지 못하고, 중근기는 명예욕에 걸리어 솟아오르지 못하고, 좀 더 위의 근기는 상에 걸리어 크게 뛰어나지 못하나니, 오욕五慾과 사상四相을 여의면 상근기"라 하였다.

우리 공부인이 마음공부를 시작할 때 자신을 알기 위하여 나의 성격이나 성향은 외향적인지 내성적인지, 평소 판단이 이성적인지 아니면 감성적인지, 현실에 대한 인식이 직관적인지 사실적인지 또는 삼학 공부의 과목 가운데 수양 연구 취사 중 어느 과목이 부족한지, 세 가지 근기 가운데 어디에 속하는지 등 나에 대한 분석과 평가가 필요하다. 마음공부하면서 지도인이 나를 잘 알고 지도해주기를 바라지만, 내가 나 자신을 더 잘 알 수 있으므로 내가 중근기에 속하지는 않은지 반드시 점검해 봐야 한다.

소태산 대종사 이어 말하기를 "이 세 가지 근기 가운데 도가에서 가장 귀히 알고 요구하는 것은 상근기이니, 이 사람은 자기의 공부도 지체함이 없을 것이요, 도문의 사업도 날로 확장하게 할 것이며, 둘째로 가히 인도할 만한 것은 하근기로서 독실한 신심이 있는 사람이니, 이 사람은 비록 자신은 없다 할지라도, 법을 중히 알고 스승을 돈독히 믿는 데 따라 그 진행하는 정성이 쉬지 않으므로 필경은 성공할 수 있다. 그러나 그중에 가장 가르치기 힘들고 변덕이 많은 것은 중근기니, 이 사람은 법을 가벼이 알고 스승을 업신여기기 쉬우며, 모든 일에 철저한 발원과 독실한 성의가 없으므로 공부나 사업이나 성공을 보기가 대단히 어렵다. 그러므로 중근기 사람들은 그 근기를 뛰어넘는 데에 공을 들여야 할 것이며 하근기로서도 혹 바로 상근기의 경지에 뛰어오르는 사람이 있으나, 만일 그렇지 못하고, 중근기의 과정을 밟아 올라가게 될 때는 그때가 또한 위험하니 주의하여야 한다."라고 하였다.

세 가지 근기 중 중근기에 빠져 헤어나지 못하는 경우를 중근병에 걸렸다고 표현하며 무겁게 경계를 하는 데 이제 다음 단계인 마음공부 프로그램을 시작하려는 즈음에 내 자신이 이러한 어리석음을 범하고 있지는 않은가 돌아보아야 할 것이다. 처음 하근기에서 출발하여 열심히 하다가도 시일이 경과하여 모르지도 않고 그렇다고 똑 떨어지게 잘 알지도 못한 가운데 공부에 대한 성의가 없어지고 나태하여 시간 아까운 줄 모르고 허송세월하며 마음공부하지 않는 세상 사람과 같이 초보적인 계문을 범하게 되면 이는 중근의 병에 걸린 것이라 흡사 이 과정을 뛰어넘지 못하고 나이만 들게 되지 않았는가, 스스로 점검해 보아야 할 것이다.

○

사람의 마음은 지극히 미묘하여
잡으면 있어지고 놓으면 없어진다 하였나니,
챙기지 아니하고 어찌 그 마음을 닦을 수 있으리요.
그러므로, 나는 또한 이 챙기는 마음을 실현하기 위하여
상시응용 주의사항과 교당내왕 시 주의사항을 정하였고
그것을 조사하기 위하여
일기법을 두어 물샐틈없이 그 수행 방법을 지도하였나니
그대들은 이 법대로 부지런히 공부하여
하루 속히 초범超凡 입성入聖의 큰 일을 성취할지어다.

- 『대종경』 수행품 1장에서

제2부

마음 소 길들이기

1

마음공부는 선택이 아닌 필수

지난 연말 크리스마스 무렵에 국회의원 한 분이 김포에서 지방으로 가는 비행기에 탑승 수속을 하다가 공항 직원과 언성을 높이는 다툼이 있었다. 이것이 중앙 일간지에 공항 직원들에게 고함을 치는 등 소위 '갑질'을 했다는 내용으로 보도된 바가 있다. 이 일이 있고 난 뒤 어느 지방 신문에 난 기사 가운데 그 국회의원은 "저의 항의가 아무리 정당해도 거친 감정을 드러낸 것은 마음공부가 부족한 탓임을 반성하지만, 신분증 제시를 거부하거나 욕설은 하지는 않았다."라고 하는 입장문을 발표하였다. 필자는 이 기사를 보고 한편 반갑고 한편으로는 놀라웠다. 이유는 '거친 감정을 드러낸 것은 마음공부가 부족한 탓임을 반성한다'는 내용 때문이었다. 이제 세상 사람들도 마음공부를 해야 한다는 것을 알기 시작한 것처럼 보인다. 돌아오는 세상에 마음공부는 인생 수업에서 선택이 아닌 필수가 될 것이며 안타깝지만 이번 일이 이를 증명하고 있는 것 같다.

'마음공부가 부족한 탓임을 반성한다'는 이분은 마음공부를 하고 있거나 순간적으로 일어나는 감정을 다스리기 위하여 평소 마음공부를 해야 할 필요성을 느끼고 있다. 그러면 왜 마음공부를 해야 하는가? 수많은 인류 가운데 한 명인 나를 비롯한 인간은 누구나 정신과 육신으로 나누어 볼 수 있다. 인간은 정신과 육신 즉 보이지 않는 마음과 형체가 있는 몸으로 나누어 이해할 수 있는데 나를 구성하고 있는 몸과 마음 중에 몸이 주인일까 마음이 주인일까? 사람에 있어서 마음은 뿌리가 되고 육신은 지엽이 되며, 몸은 마음먹은 대로 움직이므로 마음이 더 근본이며 마음이 더 중요하다고 생각한다. 그런데 세상 사람들은 자기의 몸은 귀히 알고 몸을 위하여 건강을 챙기고 육신 생활의 의식주를 구하는 데에는 바쁘나 육신을 조종하는 마음을 찾아 정신의 힘을 기르고 정신을 쉬어 주는 등 정신건강을 위한 일에는 소극적인 것을 보면 안타깝다.

요사이 100세 장수 시대를 예상하고 살다 보니 노년의 행복에 대한 욕구는 더욱 증대하고 있어서 건강에 대한 관심과 투자가 높아가고 있다. 일반적으로 행복의 조건 중에 첫째로 꼽는 것이 건강인데 이는 곧 육체의 건강을 의미하고 있지만, 막상 육체의 주인인 정신의 건강은 소홀히 여긴다. 얼마 전까지만 하여도 암은 사형선고나 다름없었으나 최근에는 어느 정도 극복하는 길이 보인다. 하지만 본인의 어려움보다는 주위 인연들이 더 힘든 치매에 대한 관심이 국가 사회적으로 더 높아가고 있다. 근래에 매스컴에서 방영하는 것을 보면 치매는 노인성 치매와 혈관성 치매, 기타로 나눈다. 이는 모두 두뇌의 신경세포가 손상되어 장애가 생기는 대표적인 신경정신계 질환이라고 설명하고 있다. 그러면 뇌세포 손상으로 인지기능이 떨어지는 것과 마음과는 어떤 관계가 있을까? 마음이 무엇이고 어디에 있는지를 아는 것은 아직 과학적으로 밝혀지지 않은 숙제이다.

과학은 비물질인 마음을 "마음은 정보를 수집·처리·보관하는 뇌의 고등 기능이다."라고 물질적인 정의를 시도하기도 한다. 그러나 불교의 마음에 대한 가르침을 보면 먼저 대상[境界]를 만나면, 감각기관인 오관五官을 통하여 느낌[識]이 작용하고 생각[意]이 일어나서 감정[情]으로 발전하게 된다고 한다. 마음이라고 하면 6식인 의식意識이 일어날 때부터이다. 6식에서 알아차리고 이것이 뜻[志]인 칠정七情으로 구체화되어 발전하게 된다. 치매는 6식에서 뜻[七情]으로 발전하는 과정 중 두뇌의 신경세포인 뉴런과 시냅스의 구조가 원활하게 연결되지 않아서 일어나는 증상으로 밝혀지고 있다.

잠시 마음에서 치매라는 옆길로 새었지만, 다시 원래 주제인 마음으로 돌아오면 이제까지 몸의 주인인 마음이 무엇인지를 불교의 가르침에서 찾아보았다. 필자는 마음은 볼 수도 없고 만질 수도 없지만, 감각기관인 오관을 통하여 얻는 느낌을 6식인 의식意識이 알아차리고 7정인 뜻으로 발전하여 다시 육근六根인 몸으로 행동하게 된다고 생각한다. 이때 작용하는 것이 습관인데 이 습관은 무의식無意識에 숨어 있어서 의식적으로 통제하지 않으면 자기自己 마음대로 하고 싶은 대로 하게 된다. 마음공부의 첫걸음은 이 습관을 고치고 좋은 습관을 들이는 것부터 출발한다.

1부에서 소개하였듯이 마음의 아버지는 정신이며, 마음의 할아버지는 성품이며, 마음의 자식은 뜻으로 성품은 8식, 정신은 7식, 마음은 6식, 뜻은 5식으로 설명하고 있다. 이러한 설명은 세상에는 없으며 여기에 바탕을 두어 마음공부 원리와 방법을 전개하게 되었다. 마음은 영어로 마인드Mind라고 하며, 공부는 스터디study라고 번역한다. 개인적인 의견으로 필자는 반복되는 연습을 의미하여 공부는 프렉티스practice라고 바꾸어 마음공부를 마인드 스터디Mind study보다는 마인드 프렉티스Mind practice로 표현하면 좋겠다고 생각한다.

여기서 도올 김용옥 교수가 설명하고 있는 공부工夫에 대하여 살펴보자. 혁신교육감 시대를 위한 『도올의 교육 입국론』 1의 ② 공부론에서 발췌해 보면 공부의 한자인 '工'은 '功'의 약자이고, '夫'는 '扶'의 약자이므로 '工夫'는 '功扶'를 의미한다. 무엇인가를 열심히 도와서[扶] 공功을 성취한다는 뜻이다. 공부는 몸Mom을 전제로 한다. 몸이란 정신Mind과 육체Body의 이분법적 분할을 거부하는 인격 전체를 말하는 것이다. 공부란 몸, 그 인격 전체를 닦는 것이니, 그것이 곧 '수신修身'이다. 몸의 단련이란 몸의 다양한 기능의 민주적 균형을 말하는 것이며, 또한 어느 부분의 기능도 그 탁월함에 도달했을 때 가치상의 서열을 부여할 수 없다.

공工 - 장인 공, 공功 - 공 공, 부夫 - 지아비 부, 부扶 - 도울 부

어떠한 상황에서도 '몸'이라는 총체적인 우주의 조화로운 관리를 소홀히 해서는 안 될 것이다. 일어나고, 세수하고, 밥 먹고, 걷고, 생활하고, 독서하고, 놀이하고, 쉬고, 잠자는 모든 일상적 행위가 경敬의 대상이 되어야 하며, 그 진지함 속에 개인과 사회와 우주의 도덕성이 내재한다는 것을 교육의 원리로써 자각해야 한다. 경敬은 우리말에서 보통 '진지함earnestness' '공경함reverence'을 뜻한다. 그런데 신유학의 독특한 용어로써는 일차적으로 '주일무적主一無適'의 의미가 된다. 그것은 마음의 상태가 하나에 전념하여 흐트러짐이 없는 것이다. 경은 현대 심리학에서 말하는 '어텐션attention'으로 즉 주의로 바꾸어 말할 수 있는데, 그것은 곧 '집중력'을 의미한다. 집중력이야말로 모든 학습의 효율성을 지배하는 근원적 마음의 상태를 의미한다. 학생이 책상에 앉아 있는 시간의 양이 곧 공부의 양을 말하는 것이 아니다. 집중하는 시간이 얼마나 되느냐는 것이 공부의 핵을 형성한다. 다시 말해서 집중하는 마음의 상태가 경敬이다. 이러한 경의 마음을 유지하는 것이야말로 공부의 핵심이다. 도올 김용옥 교수의 공부에 대한 해설을 접하면서 마음공부와 유사점이 많다고 생각되어 여기에 옮겨 도움을 얻고자 소개하였다.

마음공부가 왜 과학 문명이 발달한 이 시대에 우리에게 더욱 필요할까? 소태산 대종사는 『대종경』 교의품 19장에서 "보통 사람들의 생활은 한갓 의식주를 구하는 데만 힘을 쓰고, 그 의식주를 나오게 하는 원리는 찾지 아니하나니 이것이 실로 답답한 일이라, 육신의

의식주가 필요하다면 육신 생활을 지배하는 정신의 일심과 알음알이와 실행의 힘은 더 필요할 것이 아닌가. 정신에 이 세 가지 힘이 양성되어야 그에 따라 의식주가 잘 얻어질 것이요, 이것으로 그 사람의 원만한 인격도 이루어질 것이며, 각자의 마음 근본을 알고 그 마음을 마음대로 쓰게 되어야 의식주를 얻는 데에도 정당한 도가 실천될 것이며, 생로병사를 해탈하여 영생의 길을 얻고 인과의 이치를 알아 혜복을 구하게 될 것이니, 이것이 또한 참답고 영원한 의식주 해결의 길이다."라고 하였다. 여기에서 일심은 수양, 알음알이는 연구, 실행은 취사의 결과로 얻어지는 것이다. 3차 4차 산업혁명을 완성해 가고 있는 이즈음에 정당하게 의식주를 구하지 않고 일상생활에서 옛날처럼 그래도 되는 줄 알고 함부로 갑질 등 자행자지自行自止 하였다가는 SNS에 영상으로 공개되는 수모를 당하게 될 뿐 아니라 사법당국의 심판을 받게 될 것이다.

인생 수업에서 보통 사람들은 직업을 갖고 수입의 방도를 마련하는 것을 가장 중하게 여긴다. 직업과 관련 있는 전문적인 과목만을 필수과목으로 생각하고 어려서부터 성년이 될 때까지 열심히 지식을 획득하는 데 온 힘을 다한다. 그러나 필자는 마음공부가 3차, 4차 산업혁명이 목전에 있는 이 시대에 누구에게나 우리 인성의 바탕이 되어 인격을 갖추고 행복의 길잡이가 되는 필수과목이 되어야 할 것으로 생각한다. 아울러 혼란한 세상에 평화를 안기고 불행한 가정이 행복해지며 속박 가운데 헤매는 개인에게 자유를 주는 세상의 평화와 가정의 행복과 개인의 자유를 위하여 마음공부는 평생 하여야 하는 필수과목이 되어야 할 것이다. 학문과 기술에 대한 지식을 쌓아가는 것이 급한 것이 아니라 아울러서 마음을 바르게 사용하는 것이 급선무가 될 것이기 때문이다.

2

너 자신을 알아야

세상사람 가운데 똑같은 지문指紋을 가진 사람이 없듯이 우리 인간은 누구나 자기 나름의 고유한 성질性質과 성격性格 그리고 성향性向이 있다. 이것은 마치 그릇이 서로 달라서 거기에 물을 부으면 크기에 따라 가득 차면 넘치기도 하고 재질에 따라 투명하기도 하고 뜨거운 온도에도 잘 견디기도 한다. 사람의 성격도 이와 같아서 대범하기도 하고 세심하기도 하며 지도자적인 기질이 있기도 하고 앞에 나서기를 꺼리기도 하는데 마음공부하는 목표가 원만한 인격, 성숙한 인격을 갖추어 혜복 장만하기를 목적한다면 마음공부하기 위하여 먼저 공부인 자신의 현재 인품을 파악하면 도움이 될 것이다.

소크라테스는 '너 자신을 알라' 하였는데 이 말은 오늘날까지 델포이Delphoe에 있는 아폴론 신전의 기둥에 적혀 있다. 우리 속담에 지피지기知彼知己면 백전백승百戰百勝이라는 말도 있는데, 이는 적과 싸우는데 적을 알고 나를 알면 승률이 100%로 싸울 때마다 다 이긴다는 말이다. 마음공부도 초급과정에서 나 자신의 습관을 고치기도 하고 새로운 습관을 길들이기도 하는데, 이를 쉽게 하기 위해서는 나 자신을 먼저 알아야 할 것이다.

필자가 어렸을 때 할아버지는 새해가 되면 『토정비결』을 펴 놓고 각자의 사주四柱를 넣고 그해의 운수를 뽑아 보았다. 우리나라 사람들은 일찍이 태어난 연월일시의 사주팔자四柱八字에 따라 운명을 점치기도 하였고 그 사람을 이해하기도 하였다. 어떻게든지 자신을 알고자 하였던 것이다. '나는 누구인가'라는 질문은 말로 할 수 없는 근본적이고 근원적인 나의 성품性品을 알고자 하는 것이라면 '너 자신을 알라'는 명언은 말로써 개념 지을 수 있는 성격이나 성질, 신분, 남녀노소, 빈부귀천 등의 현상적 여건을 이해하기 위함이라 생각된다.

평소 필자는 사람을 만나면 상대방을 이제마의 '사상체질론'에 의지하여 이해하려 했다. 이때 일반적으로 사상四象에 의한 분류와 해설을 활용하여 사람의 체형이나 피부, 성격 또는 좋아하는 것과 싫어하는 것, 습관 등을 보고 파악하였다. 사상의학에서는 사람을 태양인, 태음인, 소양인, 소음인으로 구분하고 체질별 특성을 파악한다. 거기에 보면 사업역량은 있으나 겉과 속이 다른, 소 같은 성질을 타고난 엉큼한 태음인과 소심하고 순종파인 사슴 같은 성질을 타고난 소음인과 창의력 있고 외골수인 호랑이 같은 성질의 태양인과 단순 솔직 성급하고 외향적 성격인 말 같은 성질을 타고난 소양인이 있다. 필자는 이를 삼학 수행과 연결하여 태음인은 정신수양 중심, 소양인은 사리연구 중심, 소음인은 작업취사 중심으로 강점이 있다고 생각해 왔으며 태양인은 그 숫자가 많지 않아 관심을 두지 않았다.

또 서양에는 없고 동양 3국에 주로 있다는 일반 혈액형 성격설에서 주장하는 혈액형별 성격을 참고해 볼 수도 있다. 혈액형별 장단점을 정리해 보면 A형의 장점은 세심함, 풍부한 감수성과 참을성이 있지만, 단점으로는 강한 뒤끝과 집착, 과민반응, 비관적 의심과 불신, 치사함, 계산적이라고 한다. B형의 장점은 사교적, 활발함, 낙천적이지만 단점으로 천박함, 변덕스러움, 가벼워 보임이라 하고 O형의 장점은 활동적, 강한 리더십, 온화함, 원만함이지만 단점으로는 고지식함, 생각 없어 보임, 지나친 털털함, 거칠게 보임이라고 한다. 필자 같은 AB형의 장점은 냉철함, 예리함, 합리적이지만 단점은 4차원적 정신이상자로 보이거나 이상한 행동을 하는 변태 같아 보이는 점이다. 혈액형별로 성격을 이해하려는 경향은 다른 나라보다는 우리나라와 일본에서 특히 유행한다고 한다.

나 자신을 이해하는 데 조금 더 전문적인 방법으로 접근하는 '에니어그램Enneagram 성격유형 검사'에 의하여 본인의 성향을 파악하는 방법도 찾아보았다. 에니어그램은 사람을 이해하는 데 도움을 주는 이론으로, 아홉 가지로 이루어진 인간 성격유형과 도형들의 연관성을 표시한 기하학적 도형으로 인간 성격유형을 본능·감정·사고 중심으로 접근한다. 이는 인간 마음에 있는 세 가지 속성인 지성, 감성, 의지 곧 지·정·의 삼방면으로 접근하는 것으로 이해할 수 있다. 이 에니어그램 검사에서 나오는 유형은 총 아홉 가지로 본인의 성향을 파악하기 위하여 문항마다 '예, 아니요'로 답하며 '예'의 답이 가장 많이 나오는 섹터에 본인의 적성이 맞은 것으로 간주한다.

나는 남을 잘 돕는 조력가 성향인지, 선동하고 리드하는 선동가 성향인지, 아니면 완벽을 추구하는 개혁가 성향인지, 도전하는 지도자 성향인지, 개인주의적인 예술가 성향인지, 탐구를 잘하는 사색가 성향인지, 모든 일에 충실한 충성가 성향인지, 열정적인 만능가 성향인지, 평화적인 조정가 성향인지로 구분하는 9가지 중 한 가지로 알아볼 수 있다. 실제로 진단해 보는 것은 인터넷에서 에니어그램 테스트를 검색해 보면 1타입에서 9타입까지 아홉 가지 표제에서 열 가지 혹은 스무 가지 문항에 대하여 '그렇다'와 '그렇지 않다'를 표시하고 합산하여 가장 높은 점수가 나오는 타입이 자신과 가장 관련 있는 유형이 된다. 간단한 체크는 앞으로 진행하는 '마음 소 길들이기'를 연습하는 과정에서 다루어 보고자 한다. 다만, 전문적인 에니어그램 테스트는 에니어그램 교육연구소 등 전문 교육기관에서 체계적인 교육을 받아 진행해야 할 것이다.

그동안 마음공부를 하면서 인접 학문의 도움을 받으면 좋겠다는 생각을 한 적이 자주 있었다. 특히 교육학과 심리학의 프로그램이나 검사 기법을 이용하여 마음공부 프로그램의 계발과 마음공부 시작하기 전 자신을 알기 위한 심리검사 등을 하면 많은 도움이 될 것이다. 마치 병원에서 건강검진으로 검사를 받아 참고하는 것과 같다. 더욱더 전문적으로 알아보고 싶은 경우 우리는 심리검사를 진행할 수 있는데 지금 우리 사회에 널리 보급된 방법의 하나인 MBTI를 마음공부에 도움이 되고 기초적인 이해를 돕기 위하여 간략히 소개하고자 한다.

1962년에 출간된 MBTI는 모녀지간인 마이어스[Isabel Briggs Myers]와 브릭스[Katharine Cook Briggs]가 만들었다고 한다. 놀랍게도 이들은 심리학자나 정신과 의사가 아닌 일반인으로, 딸인 마이어스의 학력은 미국의 정치학 학사이며, 어머니 브릭스는 정규 교육을 받은 적이 없는 사람이지만 이들은 평소 위인이나 역대 대통령의 자서전을 읽으면서 성격을 분석할 정도로 사람에 대하여 관심이 많았다고 한다. 그러던 중 분석심리이론의 성격유형 이론을 접하게 된 이들은 자신들의 성격 분석 결과를 접목해 성격유형을 파악할 수 있는 문항으로 검사를 만들었다.

심리학자 칼 융은 인간의 성격에 세 가지 측면에서 양극성이 있다고 했다. 사람들의 유형을 자아의 태도에 따라 내향형[I; introversion]과 외향형[E; extroversion], 자아의 비합리적 정신 기능에 따라 감각형[S; sensing]과 직관형[N; intuition], 자아의 합리적 정신 기능에 따라 사고형[T; thinking]과 감정형[F; feeling]의 세 차원으로 구분하였다. 여기에 마이어스와 브릭스는 어떠한 생활양식을 가지고 있는가를 묻는 판단형[J; judgment]과 인식형[P; perception]이라는 차원을 추가하여 네 가지로 확장하였다.

차원마다 두 가지 중 하나를 조합하여 열여섯 가지의 성격유형이 존재하도록 한 MBTI는 총 95개의 문항으로 이루어져 있다. 각 문항은 다시 두 가지 중 하나를 선택하는 선택지로 구성되는데, 이 중에서 자신에게 더 적합한 것을 선택해야 하는 방식으로 표시하나 이를 점수로 환산하여 총점을 구하지는 않는다. 그러므로 개인의 상대적인 선호도만을 파악할 수 있을 뿐, 평가 기준의 설정과 개인 상호 간 비교는 불가능하다.

16가지 유형의 MBTI는 검사 후 유형마다 풍부한 정보를 제공할 뿐 아니라 전체 문항수도 많지 않아 검사와 점검이 간편하고 자신의 성격과 성향에 관심이 있는 일반인들에게 적합하다. 검사 결과가 자신을 이해하는 데 도움을 줄 수 있으니 한번쯤 검사를 받아보는 것도 좋을 것이다. 또한 청소년들이 자신에게 맞는 진로를 탐색하기 위하여 쉽게 할 수 있는 검사이지만 이러한 검사는 한국 MBTI 연구소를 통해서만 할 수 있다. 마음공부를 시작하는 공부인이라면 자기 자신을 알아보기 위하여 한번쯤 관심을 가져 보았으면 좋겠다.

이상에서 나 자신을 알아볼 수 있는 몇 가지 방법을 간단하게 알아보았다. 이외에도 자신을 이해할 수 있는 많은 방법이 있겠지만 모두 다룰 수는 없을 것이다. 어떠한 방법으로든지 마음공부하는 나의 성격이나 성질 또는 성향 등을 파악하여 이를 마음공부에 활용하여 사반공배事半功倍의 성취가 있기를 바란다.

『정산종사법어』 근실편 27장에서 사감舍監이 "학생 한 사람이 아무리 지도하여도 말을 듣지 아니하니 어떻게 하면 좋겠습니까?" 하고 여쭈니 "사람을 지도하는 이가 자기의 성질대로 사람을 굽히려 하면 되지 않나니, 먼저 그 사람의 근기나 성질을 살피고 소질과 소원을 잘 알아서 서서히 순리로 지도하여야 교화가 잘 될 것이다."고 하였음을 잊지 않아야 한다. 또 권도편 44장에는 "병자의 맥이 너무 급하면 느리게 하고 너무 미하면 강하게 약을 써서 그 혈맥이 골라져야 병 없는 육신이 되는 것같이, 우리의 마음 쓰는 데에도 과불급과 편착심이 있다면 그것을 불편 불의한 중도에 골라 맞게 하여야 병 없는 성질이 될 것이다."라고 하고 공부인의 성질이나 성향 태도 등에서 부족한 점이나 지나친 점, 한편에 치우쳐 있는 점을 알아서 마음공부 해야 함을 밝혀 주었다.

3

나를 변화시키려면

중학교 다닐 때 생각나는 것 가운데 한 가지는 공부를 하려고 책상에 앉으면 책상 정리하다 피곤하여 잠들기 일쑤였고 새 계획을 수립하여 추진하면 사흘을 넘기지 못하였던 것 같다. 나를 변화시키기가 그만큼 어려웠다. 20세기 말과 함께 찾아온 IMF로 인하여 21세기 초에는 '변해야 산다'는 말이 한국 사회에 회자 되었다. 사는 것이 마치 서바이벌 게임처럼 생존을 위한 인생의 터닝 포인트가 필요했다. 이는 과학의 발달로 교통 통신의 발전이 급격하게 이루어진 사회가 격변하였기 때문이다. 이동통신의 보급이 늘어나고 인터넷과 자동차 비행기 등 교통통신이 발달하여 세계는 지구촌 시대로 실감 나게 되어 하루 24시간 내내 세계의 경제는 잠들지 않고 거래가 이루어졌다. 시간과 공간의 개념이 전 지구적으로 동일시 개념으로 확장되어 과거와 같이 권위적이고 수직적인 사고방식에 안주하면 성공하기 어려워졌다.

내가 변해야 하는데 어떻게 변해야 할 지에 대한 방법을 쉽게 찾지 못하여 수많은 자기계발서가 서점가에 선보이게 되었다. 그 중 공전의 히트를 친 것이 자기 계발 컨설턴트인 스티븐 코비의 '7가지 습관Seven habit'과 '프랭클린 플래너'일 것이다. 그 당시 성공하는 사람들의 일곱 가지 습관과 일일 계획을 세워 날마다 점검하는 포켓 다이어리가 인기가 높았다. 필자는 이 세븐 해비츠와 프랭클린 플래너를 보고 원불교에서 가르치는 상시 일기를 떠올리게 되었는데 그 발상이나 내용이 서로 비슷한 부분이 많았기 때문이다. 내가 변한다는 것은 나의 생활이 바뀐다는 것이며 인생에 있어서 진정한 성공을 꿈꾸며 나의 인격이 완성된다는 의미일 것이다. 이는 나의 기질이 변화되어 사회 환경에 적응하거나 최적화된다는 것을 뜻하는데 올빼미형 인간에서 아침형 인간이 되기도 하고 건강에 해롭다는 담배를 끊는 것부터 체중조절을 하기 위하여 식이요법과 운동을 병행하는 일, 평생교육 시대가 된 현 사회에서 자기 계발을 위하여 피나는 노력을 하는 등 나 자신과의 싸움에서 승리하는 일이었다.

내 안에는 또 다른 내가 있다. 소태산 대종사는 이것을 인심人心과 도심道心이라고 표현해 주었지마는 인심은 욕심慾心으로 도심은 양심良心으로 해석할 수 있다. 인심과 도심의 문제는 과거 『주역周易』에서 언급되었던 주제이기도 하다. 인심에는 게으름이 함께 하고 있어 매사를 뒤로 미루려는 습성이 있고 나와 내 가족이라는 이기적인 울타리도 있다. 욕심은 인류가 지구상에 모습을 나타낸 이후 생존과 종족 보존을 위하여 당연하게 유지되었던 행동 습관이었던 것으로 이해할 수 있으며 이것이 생존을 위하여 과거에는 결코 나쁜 것만은 아니라고 치부되었던 때도 있었을 것이다. 그러나 많은 시간이 흘러 지구상에 인구가 폭발하고 두뇌를 사용할 수 있는 인류가 다른 모든 종을 지배하면서 지구상의 최강자가 되어 인간들끼리의 경쟁이 심화하게 되었고 공생·공영하기 위하여 함께 사는 방식이 강구

되었을 것이다.

사람들은 성공하는 삶을 살기 위하여 또는 경쟁에서 살아남기 위하여 나 자신을 변화시키고 나의 역량을 더욱 계발하는 일은 선택이 아닌 필수요건이 되었다. 또한, 이를 해결할 방법이나 프로그램을 찾게 되었다. 역량을 계발하는 과제는 외부에서 교육을 통하여 성취할 수 있으나 나의 성질이나 성격을 바꾸기 위하여 교육을 하는 연수 프로그램이나 일정 기간의 훈련을 시키는 시설은 그 과정을 지나고 나면 원래대로 돌아가기가 일쑤이다. 나의 인성이 변화되도록 이끌어 주는 곳은 찾기가 쉽지 않다.

변화를 꿈꾸고 자기계발을 생각해본 사람이라면 스티븐 코비의 『성공하는 사람들의 7가지 습관』이라는 책을 읽어본 적이 있을 것이다. 이 책의 소제목을 소개하면 '1. 자신의 삶에 주도적으로 되라. 2. 목표를 확립하고 행동하라. 3. 소중한 것부터 먼저 하라. 4. 상호이익을 추구하라. 5. 경청한 다음에 이해시켜라. 6. 시너지를 활용하라. 7. 심신을 단련하라'는 것이다. 이 책의 시작과 끝에서 내면으로부터 시작하거나 내면으로부터의 변화를 강조하고 있음을 볼 수 있다. 이것은 각자의 내면이 바로 정신이며 마음이기 때문에 인성人性 변화의 시작이자 끝으로 인식하는 결과라고 본다.

미국 화폐인 달러에 그려진 인물 중 대통령이 아닌 사람은 10달러 알렉산더 해밀턴과 100달러 벤저민 프랭클린 두 사람이다. 그 가운데 계몽사상가 중 한 사람으로 평생 정치와 외교, 자연과학, 출판, 저술 등 각 분야에서 다양한 업적을 남긴 벤저민 프랭클린은 오늘날 '프랭클린 플래너'라는 다이어리로도 유명하다. 그의 방대한 활동과 그가 이룬 훌륭한 성과는 1초의 시간도 헛되이 하지 않은 철저함과 성실성 때문이다. '인간은 어떻게 살아야 하는가?'라는 질문에서 프랭클린의 삶을 돌아보면 자신을 철저하게 관리하고, 그와 더불어 인류 사회에 진정한 행복과 평화에 기여하고, 결과적으로 인류의 진보를 실현하고자 하는 성실한 개인의 노력이라는 본질적 주제와 함께 그의 평범한 시민상이 강조되어야 할 것이다. 그 자신은 '절제, 침묵, 질서, 결단, 절약, 근면, 진실, 정의, 중용, 청결, 침착, 순결, 겸손'의 13가지 실천 덕목을 정하고 항목마다 구체적으로 범주를 설정해 놓고 실행 여부를 체크하는 성실한 시민이었다.

필자는 소태산 대종사가 인격 양성을 위하여 제자들과 실천해 보면서 손수 방법을 계발하여 프로그램화한 원불교의 훈련법이야말로 이 시대에 성공하기 위한 변화의 요구에 부응하는 최고의 방법이라고 생각한다. 특히 '일기법'은 여기에 해당하는 것으로 일기법에는 상시 일기법과 정기 일기법이 있다. 우리는 초등학교 다니면서부터 일기 쓰기를 배워 기록한 적이 있으나 그때의 일기는 오늘 하루를 지내며 겪은 일들을 나열하여 기록하는 수준이었다. 그 일기 쓰기마저 지속한다는 것은 쉽지 않은 일이었다. 그런데 소태산 대종사는 각자의 인격을 양성하기 위하여 정해진 항목을 두고 이의 실행 여부와 학습 시간 등을 기재하게 하였다. 마치 벤저민 프랭클린이 13가지의 실천 덕목을 정해 두고 날마다 점검하였던 것처럼 하였는데 소태산 대종사의 일기법이 훨씬 인격 양성하는 데 합리적임을 찾아볼 수 있다.

이는 정신수양 사리연구 작업취사라는 삼학三學공부를 병진하여 수행함으로써 각자의 인격을 양성해 가는 것으로 수양 연구 취사의 과목이 고루 포함되어 있으며 초급, 중급, 고급과정에 따라 다르게 구성하여 발전을 강구하였다. 그뿐만 아니라 일상생활을 하는 상시常時라는 시간과 정해진 시간과 장소에 입소하여 훈련하는 정시定時라는 시간으로 나누어 그 기재하는 과목과 방법을 달리하여 나를 변화시키는 구체적인 방법을 제시하였다.

일기법의 구체적인 방법 중에서 변화를 직접적이고, 성공할 수 있도록 실행하는 것이 '유무념 대조법'이다. 개괄적으로 설명하자면, 자기 자신이 변화하려는 신념이 확실하다면 그것을 실행하기 위하여서 하자는 조목과 말자는 조목을 정하고 이를 취사하는 주의심이 지속하여 실천하였으면 유념有念이 되고 행동으로 옮기지 못하였으면 무념無念이 된다. 이는 자신의 변화를 자기 주도적으로 행하자는 것으로 변화하는 데 일차적으로 시도하여 나쁜 버릇은 고치고 좋은 습관을 들이자는 것이다. 고쳐야 할 나쁜 버릇은 자신이 제일 잘 알고 또한 익혀야 할 좋은 습관도 어떤 것이 필요한지 제일 잘 알기 때문에 여기에 기준하여 하자는 조목과 말자는 조목을 정하는 것부터 변화는 시작하게 된다.

변화하는 데는 시간이 얼마나 걸릴까? 버릇이나 습관은 무의식적으로 행동하게 되는데 그것을 잊어버리거나 소홀하지 않도록 마음속 깊이 간직하여 생각하는 유념有念은 조심操心하고 주의注意하는 것과도 같은 의미이다. 우리 민족은 단군신화에서 호랑이와 곰이 마늘을 먹고 인간이 되기 위하여 백일을 기다리게 하는 등 100이라는 숫자를 매우 중시하였다. 어떤 일을 시작하면 100일 정도는 시행해야 하는 것처럼 생각하게 되는 데 영국 런던대학에서는 행동이 바뀌고 습관이 변하여 유념하지 않아도 저절로 되는 정도가 되는 기일을 66일이라고 연구하여 발표하였다. 개인차가 있기는 하겠지만 평균적으로 66일 동안 매일 같은 행동을 반복하면 그 뒤에는 동일 상황을 주면 자동적인 반응으로 정해진 행동을 하게 된다고 한다.

변화를 위한 최상의 방법인 상시 일기는 상시 훈련법 즉 상시응용 주의사항 6조를 실천한 점검과 반성을 기재하는 내용이다. 상시응용 주의사항 1조를 점검하는 데 해당하는 방법이 유무념 대조법이다. 초보자는 잊어버리지 않고 버릇을 고치고 습관들이기에서 출발하지만, 공부가 깊어 가면 모든 일에서 정신 차리고 깨어있는 대중을 놓지 아니하고 온전한 생각으로 취사하는 공부를 하게 한다. 상시응용 주의사항 2조와 3조 4조는 사리연구 과목의 학습 유무와 학습량을 기재하도록 하였고, 5조는 정신수양 과목을 실행한 시간 수를 기재하게 하였으며, 6조는 상시 일기의 기재와 계문의 범과 유무를 기록하여 반성하도록 하였다.

상시 일기에는 학습상황이라는 항목이 있는데 학습學習은 배워서 익힘을 의미하여 반복의 개념이 포함되어 있다. 지난 1부에서 마음공부는 훈련이라고 말하였다. 이는 같은 내용을 반복하여 학습하는 것이다. 여기서 학습의 내용은 정신수양과 사리연구 과목이다. 또 계문의 범과 유무를 체크하도록 한다. 이는 공부인에게 지켜야 할 기본이 되는 조목을 네거티브 방식으로 강제하고 있다. 이렇게 보면 상시응용 주의사항은 바로 삼학 공부의 실행을 조목별로 구체적으로 실천하도록 주의시켜 인도하고 있으며 이의 실행 여부를 점검하고 반성 평가하게 하는 상시 일기법이 있어서 꼼짝달싹하지 못하게 실천을 강제하고 있다고 볼 수 있다.

『정전』 수행편 14장 '고락의 법문' 가운데 낙을 버리고 고로 들어가는 원인은 "육신과 정신을 법으로 질 박아서 나쁜 습관을 제거하고 정당한 법으로 단련하여 기질 변화가 분명히 되기까지 공부를 완전히 아니한 연고"라고 하였다. 나 스스로 괴로움에서 벗어나 즐겁게 생활하기를 진정 원한다면, 그 변화를 강제하는 상시 일기에 의지하여 우리는 나쁜 습관을 제거하고 정당한 법을 단련하여 좋은 습관을 들이는 것 즉 기질 변화가 분명히 되기까지 인성 변화를 시도할 수 있을 것이다. 변화하기를 바란다면 이 시대 최고의 방법인 상시 일기법을 활용할 것을 강력히 추천한다. 이 변화의 시작이 바로 마음공부이며 이 마음공부는 우리를 자유와 행복 그리고 평화의 세상으로 인도할 것이다.

4

그대는 소를 보았는가

우리 공부인은 마음을 공부해야 하는데 마음은 모양도 소리도 냄새도 없으니 마음을 있는 그대로 볼 수도 없고 들을 수도 없고 잡아매어 둘 수도 없어서 어떻게 하면 좋을지 막막하기만 하다. 그래서 과거 선사들은 마음을 소에 비유하여 공부길을 인도하여 주었다. 소태산 대종사도 한 제자가 오는 것을 보고 "그대가 오는 것을 보니 소를 타고 오는 데 그대는 소를 보았는가?"라고 묻는 대목이 있다. 마음공부의 시작을 소 길들이기에 비유하면 이제 어미 소의 젖을 막 뗀 송아지를 길들여 붙잡아 두기 위하여 먼저 코를 뚫고 고삐를 만들어야 하듯이 마음 고삐를 만들기 위하여 먼저 마음에 대하여 생각해 보자.

불교의 한 종파인 중국 선종禪宗의 초조 달마 대사와 2조 혜가 대사의 대화 내용에서 공부인의 마음을 읽어볼 수 있다.

어느 겨울, 신광이라는 스님이 면벽 수행 중인 달마 대사를 폭설 중에 찾아와서 눈 속에 이틀 밤을 꼬박 새워가며 가르침을 청했다. 달마 대사가 돌아보지도 않자 신광은 자기 팔을 베어 신표信標로 보이니 비로소 달마 대사가 돌아앉았다. 그리고 이름을 '혜가'라고 주었다. 새 이름을 받은 혜가 스님이 달마 대사에게 "스승님, 제 마음이 괴롭습니다. 제 마음을 편안하게 해 주십시오."라고 가르침을 청하니 달마 대사는 "내가 원하는 것은 네 손이 아니라, 네 마음이다. 그대 마음을 가지고 와라. 그러면 내가 너를 편안하게 해 주리라."라고 하였다. 혜가 스님도 40대에 이르도록 출가수행을 계속하였기에 그 물음에 "제 마음을 아무리 찾아보아도 마음 간 곳이 없어 마음의 자취를 찾을 수 없습니다."라고 답하니 달마 대사가 "내가 너를 편안하게 해 주었다."라고 말했다고 한다.

우리 공부인은 이 선문답에서 마음을 이해할 수 있을 것이다. 다시 말하자면 혜가 스님이 '불안한 마음을 편안하게 해 주십시오.' 하고 말하자 달마 대사는 '너의 불안한 마음을 찾아 나에게 보여라.' 하니 혜가 스님은 '스님! 아무리 찾아도 불안한 마음을 찾을 수 없습니다.' 달마 스님이 말하기를 '내가 너를 안심하게 해주었다.'라고 한 것이다. 이것으로 끝이지만 여기에서 '마음은 찾아도 찾을 수 없다'고 한 내용이 마음을 보인 것이다. 또 보조 스님도 "땅으로 인하여 넘어진 사람은 땅을 짚고 일어나듯이 마음 닦는 수행자도 마음으로부터 시작해야 한다."라고 하였다.

찾아도 볼 수 없는 마음을 공부해야 하니 먼저 마음에 대하여 이해하고 알아야 하는 데 우선 장님 코끼리 만지듯이 마음을 설명해 보기로 하자. 일반적으로 '마음은 비물질이며, 대상을 아는 기능을 하며, 대상이 없으면 일어나지 않으며, 매 순간에 변하며, 매 순간 하나이며, 마음이 모든 것을 이끈다.'고 앞서 '마음의 속성'에서 설명한 바 있다. 소태산 대종사는 "마음은 미묘하여 잡으면 있어지고 놓으면 없어진다."라고 하였고, 정산 종사는 "마음은 오래되면 풀어지기 쉽고 경계에 부딪히면 흔들리기 쉬우며, 빈 마음은 만물의 주인이다."라고 마음공부와 연관하여 설명하였다.

다음은 소에 대하여 생각해 보기로 하자. 마음공부 프로그램 가운데 첫 번째인 '마음 소 길들이기'에서 소는 무엇을 의미할까? 소의 의미를 두 가지로 생각해 볼 수 있다. 하나는 마음을 소에 비유하여 소가 곧 마음이므로 '마음을 길들인다'는 의미이고, 또 하나는 자기 자신을 소에 비유하여 '나를 길들인다'는 의미로 생각해 볼 수 있다. 일반적으로 전자의 의미로 마음을 소에 비유하여 마음을 길들인다는 의미로 이해하여 왔다. 소의 의미를 이해하기 위한 '마음 소 길들이기' 법문은 『대종경』 수행품 54장에 수록되어 있는데, 처음 기록은 원기21년(1936) 발행된 『회보』 30호에 실린 법설로 제목은 '우습다 소 탄 자야 소를 찾아 길들여라'이다.

이러한 내용은 자세히 살펴보면 소는 누가 타고 있는가? 몸 소를 마음의 주인이 타고 있다고 해석한다면 후자인 마음이 몸 소를 길들이는 의미로 이해하는 것이 더 본의에 가깝다고 생각할 수 있다. 이는 마음공부를 시작하는 초입자를 위한 설명으로 견성하기 전에는 마음을 길들이기 위하여 먼저 우리의 몸인 소에 배인 나쁜 습관을 찾아 고쳐야 한다는 의미로 이해하고 마음을 깨달아 견성을 한 후에는 마음 소로 이해하여 마음과 소가 둘이 아니라 소가 곧 마음을 의미하는 차원에서 공부해야 할 것이다.

수행품 54장을 보면 대종사 김남천에게 말씀하시기를 "내가 일전에 어떤 사람이 소를 타고 가는 것을 보니, 사람의 권리대로 소를 끌지 못하고 소의 권리에 사람이 끌려가는데, 그 소가 가시밭이나 구렁으로 들어가면 가시밭이나 구렁으로 끌려 들어가고 산이나 들로 가면 산이나 들로 끌려가서 자빠지고 엎어지니 의복은 찢어지고 몸은 상하여 차마 볼 수 없더라. 내가 그 광경을 보다가 그에게 말하기를 그 소를 단단히 잡아서 함부로 가지 못하게 하고 꼭 길로만 몰아가면 그런 봉변이 없을 것이 아닌가 한즉, 그 사람이 말하기를 그리하면 오죽 좋으리오마는 제가 무식하여 이 소를 길들이지 못하고 모든 권리를 소에게 맡겼더니 저는 점점 늙어지고 소는 차차 거칠어져서 이제는 도저히 어거할 능력이 없다 하더라."

여기에서 소와 사람을 분리해서 사람이 소를 끌고 가는 것으로 볼 수도 있고 소와 사람을 하나로 보아 소가 곧 사람으로 볼 수도 있다. 이 문제를 필자는 견성하기 전과 견성한 후로 나누어 이해하고자 한다.

이어서 남천이라는 제자가 오는 것을 보고 "오늘 그대의 오는 것을 본즉 역시 소를 타고 오니 그 소는 어디 있는가?" 남천이 말하기를 "방금 타고 있습니다." 대종사 말하기를 "그 소의 모양은 어떻게 생겼는가?" 남천이 말하기를 "키는 한 길이요, 빛은 누른빛이요, 신은 삼으로 만든 신이며, 수염은 혹 검고 혹 희게 났습니다." 대종사 웃으며 말하기를 "그대가 소의 모양은 알았거니와, 그러면 그대의 소는 그대의 하자는 대로 잘하는가. 그대도 역시 소에게 끌려다니게 되는가?" 남천이 말하기를 "소가 대체로 저의 하자는 대로 합니다. 만일 정당한 일에 소가 게으름을 부리면 호령하여 아무쪼록 그 일을 하게 하며, 부당한 일에 소가 동하려 하면 또한 호령하여 그 일을 하지 못하도록 합니다." 대종사 말하기를 "그대가 소를 이미 발견하였고, 길들이는 법을 또한 알았으며, 더구나 소가 그대의 말을 대체로 듣게 되었다 하니, 더욱 힘을 써서 백천만사를 다 자유 자재하도록 길을 들이라."라고 하였다. 여기에서는 의인법을 써서 소를 사람의 몸으로 이해하고 소와 사람을 하나로 보고 설명함으로써 제자의 수준이 앞의 보통 사람보다 더 수승함을 알 수 있다.

『증일아함경』 화멸품에 나오는 법문에 보면 석가모니 부처님도 수행자를 소에 비유하여 말하였다. "부처님께서 사왓티[사위성] 기원정사에 계실 때의 일입니다. 어느 날 부처님은 까마귀와 돼지, 노새와 소의 비유를 들어 수행자를 가르쳤습니다. "어떤 사람이 까마귀와 같은 수행자인가?" "어떤 사람이 돼지와 같은 수행자인가?" "어떤 사람이 노새와 같은 수행자인가?"에 대하여 차례로 설명한 후 "어떤 사람이 소와 같은 수행자인가?"에 대하여 설명하기를 "그는 수염과 머리를 깎고 가사를 입고 견고한 믿음으로 집을 나와 불법을 배운다. 그는 모든 감관이 안정되어 육경을 대하되 감관을 잘 보호한다. 그래서 그의 행동은 위의와 법도가 있고 걸음걸이와 행동거지가 모두 계율에 어긋나지 않는다. 그래서 사람들은 멀리서도 그가 오는 것을 보면 '잘 오시오 친구여 제때 공양을 받아 모자람은 없었는지요.' 하고 인사를 한다." "그것은 좋은 소가 소 떼 속에 들어가 스스로 일컬어 '나는 소다'라고 하면 다른 소들은 털과 꼬리와 뿔과 소리가 같은 것을 알고 서로 친근하게 다가와서 몸을 비비고 핥아주는 것과 같다."라고 하였다.

선종禪宗에서는 수행자를 소에 비유하여 표현하여 왔는데 일명 '심우도尋牛圖'라고도 하는 '십우도'에는 여러 가지가 있지만 그 중에는 중국 송나라의 곽암 화상이 그린 '십우도十牛圖'가 가장 널리 알려져 있다. 이는 견성성불의 과정을 열 단계로 간명하게 묘사한 그림으로 소를 찾아가는 과정을 동자가 소를 찾아 나서는 심우尋牛에서 비롯하여 소의 도망간 발자취를 발견한 견적見跡, 멀리서 소의 모습을 보는 견우見牛, 소를 붙잡는 득우得牛 등 4단계에서 소를 발견하여 붙잡은 이후 10단계에 이르러 득도得道한 후 성불成佛하는 과정을 그리고 있다. '십우도'의 특징은 소를 찾아 발견한 후 검은 소에서 바로 흰 소로 변화되어버리는, 곧 등을 돌림으로써 보지 못한 청정한 성품을 돌아서서 단박에 보는 돈오頓悟의 과정을 도입부에 설정하고 있다. 또한 명나라의 보명 화상이 노래한 『목우십도송』은 처음부터 검은 소에서 점점 흰 소로 나아가는, 곧 오염된 성품을 점점 닦아 청정한 성품을 회복하여 성불하는 점수漸修의 과정을 설정하고 있다. 소태산 대종사는 『불교정전』을 편찬하면서 〈권3〉에 보명 화상의 목우도송을 『목우십도송』이라 하여 글과 그림을 편입하였다. 이 보명 화상의 『목우십도송』의 공부는 '마음 소 길들이기'에 중요한 길잡이가 된다.

이상에서 소를 발견하고 수행하는 공부에 관한 몇 가지를 소개하였다. 마음공부하는 사람은 먼저 마음을 알고 마음을 보아야 하는데 마음은 형상이 없어서 볼 수 없으며 소리가 없어 들을 수 없으며 냄새도 없이 맡을 수 없다. 이 소식을 안 사람은 일체의 현상과 모든 언행에서 마음을 볼 수 있으나 이 소식을 모르는 사람에게 마음을 보여 줄 수 없어서 마음공부하는 공부인에게 스승의 방편으로 마음을 시각화하여 소에 비유하여 준 것이다. 그래서 마음 소가 되었다. 공부인을 소로 비유하면 그 소를 다시 마음 소와 몸 소로 나누어 볼 수 있는데 이것은 사람은 몸과 마음으로 나누어 볼 수 있기 때문이다. 초입자가 이렇게 나누어 볼 뿐 공부가 어느 정도 익어 가면 몸과 마음은 어울려 하나가 되므로 마음 소와 몸 소를 구분하여 볼 필요가 없다.

『대종경』 수행품 55장에 보면 '마음 소 길들이기'를 세 단계로 구분하고 있다. 길들이기 전의 모습은 방종한 송아지의 자유분방한 모습으로 마음공부하기 전의 보통 사람이다. 대종사는 "그대들의 입선 공부는 비하건대 소 길들이는 것과 같나니 사람이 세상에서 도덕의 훈련이 없이 보는 대로 듣는 대로 생각나는 대로 자행자지하여 인도 정의에 탈선되는 행동을 하는 것은 어미 젖 떨어지기 전의 방종한 송아지가 자행자지로 뛰어다닐 때와 같은 것이요"라고 하고 있다.

'마음 소 길들이기'의 첫째 단계는 '말뚝에 메어 있는 송아지'로 "가정을 떠나 선원에 입선하여 모든 규칙과 계율을 지켜나갈 때에 과거의 습관이 떨어지지 아니하여 지도인의 머리를 뜨겁게 하며, 각자의 마음에도 사심 잡념이 치성하여 이 공부 이 사업에 안심이 되지 못하는 것은 젖 뗀 송아지가 말뚝에 매달리어 어미 소를 부르고 몸살을 치며 야단을 할 때와 같은 것이며" 라고 하여 마음공부를 시작하였으나 과거에 젖어 있어 습관을 고치려는 말뚝에 메인 송아지처럼 애쓰는 단계이다.

둘째 단계는 '길이 들어가는 소'로 "매일 모든 과정을 지켜나갈 때에 말귀도 차차 알아듣고 사심과 잡념도 조금씩 가라앉으며 사리 간에 모르던 것이 한 가지 두 가지 알게 되는 데에 재미가 붙는 것은 그 소가 완전한 길은 들지 못하였으나 모든 일에 차차 안심을 얻어가는 때와 같은 것이요."라고 하고 있어 이제 교리를 알아가고 나쁜 버릇은 고치고 좋은 습관을 들여 변화하기 시작하는 단계이다.

셋째 단계는 '길 잘든 소'로 "교의의 해석과 수행에 탈선되는 일이 없으며 수양력과 연구력과 취사력이 익어가는 동시에 정신·육신·물질을 희사하여, 가는 곳마다 공중을 이익주게 되는 것은 길 잘든 소가 무슨 일이나 시키면 잘하여 가는 곳마다 그 주인에게 이익을 주는 것과 같다."라고 하고 있어 인격이 쌓여 세상에 도움을 주는 단계이다.

5

마음 소 길들이는 열 폭의 그림과 노래

실제 마음공부 훈련을 하는 프로그램으로 이해할 수 있는 소 기르는 열 폭의 그림과 노래인 『목우십도송』은 과거 선승들이 수행하는 것을 '목우牧牛'라고 하여 소 기르는 일에 비유하는 것을 좋아하여 나온 많은 작품 가운데 하나이다. 우리에게 마음 닦는 비결인 『수심결』로 친근한 보조 국사는 젊었을 때 수행 중 보림하던 지리산 상무주암에서 세 번째 깨달음을 확인하고 하산하여 지금의 순천 송광사에 자리하고 수선사를 결사하여 수행공동체를 이끌었다. 그때부터 그의 자호自號를 '목우자牧牛子'라 하였다.

보조 스님은 53세를 일기로 제자들이 보는 앞에서 열반에 들었는데 소태산 대종사도 53세에 열반에 드시어 두 분 큰 스승님께서 53세 같은 연세에 열반에 든 점을 발견할 수 있다. 보조 스님은 자호를 목우자라 사용하였고 대종사도 순우馴牛라고 하여 소 길들이는 것에 대하여 설법하고 있다. 기독교에서는 예수가 길 잃은 양들의 위대한 목자牧者이고 영혼의 목자라고 불리며 교회 지도자들도 목사라는 호칭으로 불리고 있어 종교가에서 기른다는 의미의 목牧 자를 준용하고 있음을 찾아볼 수 있다.

선禪불교에서는 수행자를 소 기르는 것에 비유하여 수행하는 과정을 가르쳐 왔다. 선화禪畵인 '십우도'에는 많은 종류가 있지만, 대표적으로 중국 송나라 때 곽암사원 선사의 '십우도'와 명나라 때 보명 선사의 '목우도'가 널리 알려져 있다. 12세기 곽암廓庵 선사가 지었다고 전하는 '십우도十牛圖'는 임제종 계통의 간화선 수행 입장을 나타냈지만, 보명 선사의 '목우도牧牛圖'는 조동종 계통의 묵조선 수행 입장을 나타냈다고 할 수 있다. 한국과 일본에서는 곽암 선사의 십우도가 더 유행하다. 사찰의 대웅전 외벽이나 법당에서 '십우도' 벽화를 쉽게 볼 수 있다. 중국의 경우에는 '십우도' 대신에 말을 묘사한 '십마도十馬圖'를 그린 경우도 있고, 티베트에서는 코끼리를 묘사한 '십상도十象圖'가 전해져 오고 있다고 하나 한국에서는 찾아볼 수 없다.

소태산 대종사는 보명 선사의 『목우십도송』을 『불교정전』 〈권3〉에 편입하여 공부하도록 하였으나 지금은 먼저 곽암 선사의 '십우도'를 일람하여 소를 발견하는 공부 모습을 살펴보도록 하고 다음에 보명 선사의 『목우십도송』을 자세히 공부할 계획이다.

곽암 선사의 '십우도'는 각 단계별로 둥근 원안에 소를 그리고 있는데 이는 다음과 같다. [1도] 심우尋牛는 소를 찾는 동자가 망과 고삐를 들고 소를 찾아 산속을 헤매는 모습으로 묘사하고 있다. 이것은 처음 발심한 수행자가 아직은 선禪이 무엇이고 본성이 무엇인가를 알지 못하지만 그것을 찾겠다는 열의로써 공부에 임하는 것을 상징한 것으로 이해할 수 있다. [2도] 견적見跡은 소를 찾아 헤매다가 소 발자국을 발견한 것을 묘사한 것으로, 수행에 열의로 꾸준히 공부를 하다 보면 본성의 자취를 어렴풋이나마 느끼게 된다는 것을 소의 발자국을 본 것으로 상징한 것으로 이해할 수 있다. [3도] 견우見牛는 동자가 멀리서 소를 발견하는 모습으로 묘사되었는데 이는 본성을 어렴풋이 본 것이 눈앞에 다다랐음을 묘사하고 있는 것으로 이해할 수 있다. [4도] 득우得牛는 동자가 소를 붙잡아서 막 고삐를 잡은 모습으로 묘사되고 있는 것으로 이해할 수 있다. 이 경지를 선종에서는 견성見性이라고도 하는데, 마치 땅속에서 아직 제련되지 않은 금을 막 찾아낸 것과 같은 형상이라고 설명된다. 실제로 이때까지의 소는 검은색을 띤 사나운 모습으로 묘사되는데, 아직 탐내고 성내고 어리석은 마음인 삼독심三毒心에 물들어 있는 거친 본성이라는 뜻에서 검은색을 소의 빛깔로 표현한 것이라 한다. [5도] 목우牧牛는 거친 소를 자연스럽게 놓아두더라도 저절로 가야 할 길을 갈 수 있게끔 길들이는 모습으로 묘사된 것으로 이해할 수 있다. [6도] 기우귀가騎牛歸家는 동자가 소를 타고 구멍 없는 피리를 불면서 본래의 고향으로 돌아오는 모습으로 묘사된 것으로 이해할 수 있다. [7도] 망우존인忘牛存人은 집에 돌아와 보니 애써 찾은 소는 간데없고 사람만 남아 있는 것으로 묘사된 것으로 이해할 수 있다. [8도] 인우구망人牛俱忘은 소와 사람 둘 다 잊어버린 상태를 묘사한 것으로 텅 빈 원상만을 그린 것으로 이해할 수 있다. [9도] 반본환원返本還源은 이제 주객이 텅 빈 원상 속에 자연의 모습이 있는 그대로 비치는 것으로 이해할 수 있다. [10도] 입전수수入廛垂手는 마지막 단계로 지팡이에 큰 포대를 메고 사람들이 많은 곳인 현실 생활로 가는 모습으로 묘사된 것으로 이해할 수 있다. 이렇게 10장의 그림과 제목을 붙여 사람의 본성을 소에 비유하여 발견하고 깨달은 후 보림과정을 거쳐 세상에 나아가 활용하는 모습으로 선 수행의 과정을 밝히고 있다.

[1도]에서 [4도]까지는 소를 찾는 것을 견성에 이르는 길로 묘사하여 여기에서 더욱더

자세히 소개하고 [5도]에서 [10도]까지는 견성 후 보림과 대기대용을 의미하는 것으로 이해하여 간단히 소개하였다. 곽암 선사의 '십우도'는 소를 찾아 수행하는 것을 열 가지로 묘사했다고 하여 '심우도尋牛圖'라고 하였고 보명 선사의 '십우도'는 소를 길들인다는 뜻에서 '목우도牧牛圖'라고 하고 있는데, 보명 선사의 '목우도'에서는 마지막 열 번째의 그림에만 텅 빈 원상圓相을 묘사하고 있음에 반하여 곽암 선사의 '심우도'는 처음부터 마지막까지 모든 단계를 원상 안에 묘사한 점이 특이하다 하겠다.

임제종의 간화선 입장은 아직 견성을 하지 못하였다는 입장에서 출발하고 조동종의 묵조선 입장은 인간은 본래 자성을 간직하고 있어서 그 성품을 회복하면 된다는 입장에서 출발하고 있는 점이 다르다. 소태산 대종사는 처처불상의 입장이므로 보명 선사의 '목우도'를 택하였다고 이해할 수 있다. 그러므로 보명 선사의 『목우십도송』을 소태산 대종사가 『불교정전』을 편찬할 때 〈권3〉에 수록한 것은 '십우도'보다 '목우도'가 원불교의 수행방법에 부합한다고 생각했기 때문일 것이다. 그러므로 '마음 소 길들이기'에서 보명 선사의 『목우십도송』을 공부하는 것은 그 의미가 크다.

보명 선사의 『목우십도송』은 마음 소 길들이는 열 단계를 시에 그림을 그려 나타낸 법문이다. 이 『목우십도송』은 보명 선사가 지은 것이라 하는 데 보명 선사는 중국 명나라 사람으로, 전하는 바에 따르면 선사가 중국 보명사라는 절에 있으면서 십송을 짓고, 누군가 그 내용에 맞게 그림을 그린 것이라 한다. 그러나 이는 자료에 근거하여 명확하게 밝혀진 것이 아니기 때문에 『목우십도송』의 작자가 불분명하다는 견해도 있다. 『목우십도송』은 원래 한문으로 되어 있으나 소태산 대종사는 한문 지식만을 중히 여기는 제자에게 말하기를 "도덕은 원래 문자 여하에 매인 것이 아니니 그대는 이제 그 생각을 놓고 앞으로는 모든 경전을 일반 대중이 두루 알 수 있는 쉬운 말로 편찬하여야 할 것이며, 우리말로 편찬된 경전을 세계 사람들이 서로 번역하고 배우는 날이 멀지 아니할 것이니, 그대는 어려운 한문만 숭상하지 말라."라고 하였고 한문 경전을 모두 한글로 번역하여 『불교정전』 〈권2〉와 〈권3〉에 수록하였다. 『목우십도송』이 한글로 번역된 글은 다음과 같다. 원래는 한자로 제목이 붙어 있으나 이를 『불교정전』에서는 한글로 자세하게 번역하였으며 그 번역은 의역하여 정리된 느낌이다.

※ 『불조요경』의 소제목(위)과 『불교정전』의 소제목(아래)이 서로 달라 두 가지를 모두 여기에 옮겼다.

[1도] 미목未牧 – 길들기 전(불조요경)
길들기 전(불교정전)

사납게 생긴 뿔에 소리소리 지르며
산과 들에 달려가니 길이 더욱더 멀구나.
한 조각 검정 구름 골 어귀에 비꼈는데
뛰어가는 저 걸음이 뉘 집 곡식 범하려나.

[2도] 초조初調 – 길들이기 시작하다.(불조요경)
겨우 붙들렸으나 도로 달아나려고 떼를 쓴다.(불교정전)

나에게 고삐 있어 달려들어 코를 뚫고
한바탕 달아나면 아픈 매를 더하건만
종래로 익힌 습관 제어하기 어려워서
오히려 저 목동이 힘을 다해 이끌더라.

[3도] 수제受制 – 길들어 가다.(불조요경)
조금 길들어가나 아직도 방심 못 한다.(불교정전)

점점 차차 길이 들어 달릴 마음 쉬어지고
물 건너고 구름 뚫어 걸음걸음 따라서 오나
손에 고삐 굳이 잡아 조금도 늦추잖고
목동이 종일토록 피곤함을 잊었어라.

[4도] 회수回首 – 머리를 돌이키다.(불조요경)

머리를 돌이켰다.(불교정전)

날 오래고 공이 깊어 머리 처음 돌이키니
전도하고 미친 기운 점점 많이 골라졌다.
그렇건만 저 목동은 방심할 수 전혀 없어
오히려 고삐 잡아 말뚝에다 매어 두네.

[5도] 순복馴伏 – 길들다.(불조요경)

길 들어서 고삐를 놓아버렸다.(불교정전)

푸른 버들 그늘 밑 옛 시내 물가에
놓아 가고 거둬 옴이 자연함을 얻었구나.
날 저물고 구름 낀 방초의 푸른 길에
목동이 돌아갈 제 이끌 필요 없었더라.

[6도] 무애無碍 – 걸림 없다.(불조요경)

소는 잠을 자고 목동은 일이 없다.(불교정전)

한데 땅에 드러누워 한가하게 잠을 자니
채찍질을 아니 해도 길이 구애 없을러라.
목동은 일이 없이 청송青松아래 편히 앉아
한 곡조 승평곡에 즐거움이 넘치더라.

[7도] 임운任運 – 헌거롭다.(불조요경)

목동은 잠을 자고 소는 자유대로 풀을 뜯는다.(불교정전)

버들 언덕 봄 물결 석양이 비쳤는데
담연에 싸인 방초 쭝긋쭝긋 푸르렀다.
배고프면 뜯어 먹고 목마르면 물 마시니
돌 위에 저 목동은 잠이 정히 무르녹네.

[8도] 상망相忘 – 서로 잊다.(불조요경)

사람과 소가 서로 잊었다.(불교정전)

흰 소 언제든지 백운중에 들었으니
사람 절로 무심하고 소도 또한 그러하다.
달이 구름 뚫어 가면 구름 자취 하얘지니
흰 구름 밝은 달이 서와 동에 임의로다.

[9도] 독조獨照 – 홀로 비치다.(불조요경)

소는 간데없고 사람만 남았다.(불교정전)

소는 간 곳 없고 목동만이 한가하니
한 조각 외론 구름 저 봉머리 떠 있도다.
밝은 달 바라보고 손뼉 치며 노래하니
그래도 오히려 한 관문이 남아 있네.

[10도] 쌍민雙泯 – 일원상만 나타나다.(불조요경)

사람도 소도 한 가지 없어지고 일원상만 나타났다.(불교정전)

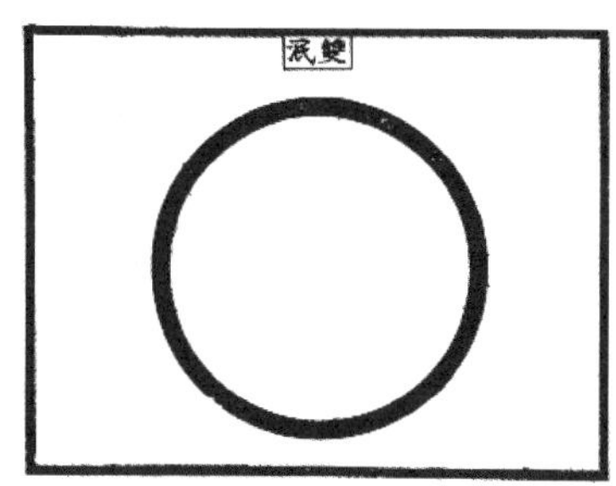

소와 사람 함께 없어 자취가 묘연하니
밝은 달빛이 차서 만상이 공했더라.
누가 만일 그 가운데 적실한 뜻 묻는다면
들꽃과 꽃다운 풀 절로 총총叢叢하다 하리.

소태산 대종사는 『대종경』 수행품 55장에서 '마음 소 길들이기'를 세 단계로 구분하여 설명하고 있다. 우리가 길들이기 전은 '어미 젖 떨어지기 전의 방종한 송아지가 자행자지로 뛰어다닐 때와 같은 모습'으로, 첫째 단계인 초급과정은 '젖 뗀 송아지가 말뚝에 매달려 어미 소를 부르고 몸살을 치며 야단을 할 때와 같은 모습'으로, 둘째 단계인 중급과정은 '소가 완전한 길은 들지 못하였으나 모든 일에 차차 안심을 얻어가는 때와 같은 모습'으로, 셋째 단계인 고급과정은 '길 잘든 소가 무슨 일이나 시키면 잘하여 가는 곳마다 그 주인에게 이익을 주는 모습'으로 이해할 수 있다. 또 정산 종사는 『정산종사법어』 경의편 65장에서 『수심정경修心正經』의 강령을 밝히며 "내수양은 안으로 자기 마음을 닦는 공부인바, 첫째는 집심執心공부로 소 길들이는 이가 고삐를 잡고 놓지 않듯 하는 것이요, 둘째는 관심觀心공부로 소 길들이는 이가 고삐는 놓고 소가 가는 것만 제재하듯 하는 것이요, 셋째는 무심無心공부로 소 길들이는 이가 사람과 소가 둘 아닌 지경에 들어가 동과 정이 한결같이 하는 것이다."라고 하여 안으로 일 없을 때 수양하는 방법을 소 길들이는 것에 비유하여 쉽게 설명하여 주는 것을 볼 수 있다.

『목우십도송』 법문의 '마음 소 길들이기'는 삼학 공부 가운데 주로 정신수양 공부와 관계된다. 옛날에는 농가에서 송아지를 사 오면 어미 소에서 젖 떨어져 이리저리 뛰어다니는 송아지를 길들이기 위하여 코를 뚫고 고삐를 만들며 일을 할 때는 또 멍에를 씌웠다. 이 과정은 그동안 길든 습관을 고치고 새로운 공부인으로 기질을 변화시키기 위하여서 하는 초기 공부 과정을 비유해 놓은 것이라 할 수 있다. 사람이 소를 길들이는 것에 비유하여 마음을 길들이는 과정을 배우니 마음공부를 하는 우리로서 조금 이해가 쉬웠으리라 생각된다. 『목우십도송』을 공부하면서 나는 어느 단계에 있으며 나의 소는 어떻게 키우고 있는가를 다 함께 생각해 보는 기회가 되었으면 좋겠다.

6

목우십도송 노래 부르며 공부하기

마음공부를 즐겁게 하고 『목우십도송』을 쉽게 이해하기 위하여 『불조요경』에 있는 보명 선사의 『목우십도송』을 '한 돌' 님이 작사 작곡하고 가수 서유석이 노래한 '홀로 아리랑'에 맞추어 『목우십도송』을 가사로 붙여 노래를 불러가며 공부해 보기로 하자. 정해진 주제와 내용을 이해하는 좋은 방법 중의 하나는 외우는 것이다. 필자는 외우는 좋은 방법으로 소리 내어 여러 번 읽거나 노래로 만들어 많이 부르는 일이라고 생각한다. 먼저 『목우십도송』의 노랫말과 뜻을 조용히 묵상하면서 노래로 불러보는데 이 가사는 『불교정전』에 실린 『목우십도송』 해설을 대부분 그대로 옮겼다.

1. 미목未牧 – 길들기 전.

맨 처음 '미목'은 '길들기 전'이라는 의미다. 아직 부처님 법을 만나기 이전의 상태를 비유한 것이다. '길들기 전 소'라는 것은 마치 사람이 공부하기 전에 시비와 정의, 불의를 도무지 분석하지 못하고, 욕심 일어나는 대로 마음과 육신을 작용하여, 장차 어떠한 죄과를 지어서 어떤 어려움에 빠지게 될지를 알지 못할 그 정도에 있는 사람에게 비유하였다. 마치 고삐 풀린 소가 송아지처럼 천방지축으로 무슨 일을 저지를지 모르는 경우로 그림을 보면 사람이 있고 검은 소가 있고 검은 구름이 있는데 이는 세상 사람들의 일반적인 모습이다. 그림에서 사람과 소와 주변 환경이 무엇을 이야기 하는지 생각해 보면 좋겠다.

1절 길들기 전

사납게 생긴 뿔-에 소리소리 지르며
산과 들에 달려가니 길이 더욱 멀구나.
한 조각 검정 구름 골 어귀에 비꼈는데
뛰어가는 저 걸음이 뉘 집 곡식 범하려나
(후렴) 아-리랑 아-리랑 마음공부 아-리랑
마음공부 고개를 넘어 가보-자.
가다가 힘들면 쉬어 가-더라도
손잡고 가보자 같이 가보자

※ 후렴은 1절부터 5절까지와 6절부터 10절까지의 내용이 두 가지로 다르다. 위의 후렴은 1절부터 5절까지 사용한다.

2. 초조初調 - 겨우 붙들렸으나 도로 달아나려고 떼를 쓴다.

둘째, '초조'는 '처음으로 조절한다'는 의미다. 처음 부처님 법을 만나 호감을 느끼기 시작한 단계이다. '겨우 붙들렸으나 도로 달아나려고 떼를 쓴다'는 것은 자행자지하던 그 사람을 비로소 정당한 법으로 절제하여서 선도에 들게 하였으나, 때때로 그 미치고 망녕된 생각과 옛 습관이 일어나서 법과 마가 싸움을 하되, 혹은 법이 승하기도 하고 혹은 마가 승하기도 하는 그 정도에 있는 사람을 비유한 것이다. 단, 목우의 목牧 자를 해석하면 밖에서는 지도하는 스승이요, 안에서는 자기의 양심이니, 제자가 스승의 지도를 잘 받고 육신이 양심의 지배를 잘 받아야 길이 잘든 소라 할 것이다.

2절 길들이기 시작하다

나-에게 고삐있-어 달려들어 코를 뚫고
한-바탕 달아나면 아픈 매를 더하건만
종래로 익힌 습관 제어하기 어려워서
오-히려 저 목동이 힘을 다해 이끌더라.
(후렴) 아-리랑 아-리랑 마음공부 아-리랑

마음공부 고개를 넘어가 보–자.
가다가 힘들면 쉬어 가–더라도
손잡고 가보자 같이 가보자

3. 수제受制 – 조금 길들여 가나 아직도 방심 못 한다.

셋째, '수제'는 '제재를 받아들였다'는 의미다. 부처님 법을 기쁜 마음으로 능동적으로 수용하고 마음으로 받아들이는 단계이다. '조금 길들여 가나 아직도 방심 못 한다'라고 함은 몸과 마음이 바른 가르침에 길들기 시작하여 모든 선을 행하고 모든 악을 제거하는 데에 차차 수월하고 편안한 힘을 얻어가나, 아직도 조금만 방심하면 곧 그전의 습관이 도로 나타날 만한 그 정도에 있는 사람을 비유하고 있다.

3절 길들여 가다

점점 차차 길이–들어 달릴 마음 쉬어지고
물 건너고 구름 뚫어 걸음걸음 따라오나
손에 고삐 굳이 잡아 조–금도 늦추 잖고
목–동이 종일토록 피곤함을 잊었어라.
(후렴) 아–리랑 아–리랑 마음공부 아–리랑
마음공부 고개를 넘어 가보–자.
가다가 힘들면 쉬어 가–더라도
손잡고 가보자 같이 가보자

4. 회수回首 – 머리를 돌이켰다.

넷째, 회수는 머리를 돌이켰다는 의미다. 앞장의 수제는 모르고 절제하기 시작했다면 회수는 스스로 알고 고개를 돌리는 때이다. '머리를 돌이켰다'라고 함은 확실히 바른 법[正法]에 회향하여 많은 안심을 얻었으나, 아직도 만일을 염려하여 전혀 마음을 놓지 못하고 법으로 꾸준히 훈련받는 그 정도에 있는 사람을 비유하고 있다.

4절 머리를 돌이키다

날 오래고 공이 깊어-머리 처음 돌이키니
전도하고 미친 기운 점점 많이 골라졌다.
그렇건만 저 목동은 방심할 수 전혀 없어
오-히려 고삐 잡아 말뚝에다 매어 두네.
(후렴) 아-리랑 아-리랑 마음공부 아-리랑
마음공부 고개를 넘어가 보-자.
가다가 힘들면 쉬어 가-더라도
손잡고 가보자 같이 가보자

5. 순복馴伏 - 길들여서 고삐를 놓아버렸다.

다섯째, 순복은 길이 들어 엎드렸다는 의미다. 마음공부를 열심히 하여 소가 목동이 하자는 대로 잘 따라오는 단계이다. '길들여서 고삐를 놓아버렸다'라고 함은 마음공부가 아주 순숙하여 스승이 어느 정도까지 자유를 주고, 그 모든 자유의 행사만 조사하는 정도에 있는 사람을 비유한 것이다.

5절 길들다.

푸른 버들 그늘 밑-- 옛 시내 물-가에
놓아가고 거둬 옴이 자연함을 얻었구나.
날 저물고 구름 끼인 방-초의 푸른 길에
목-동이 돌아갈 제 이끌 필요 없있더라.
(후렴) 아-리랑 아-리랑 마음공부 아-리랑
마음공부 고개를 넘어 가보-자.
가다가 힘들면 쉬어 가-더라도
손잡고 가보자 같이 가보자

6. 무애無碍 – 소는 잠자고 목동은 일이 없다.

여섯째, 무애는 걸림이 없다는 의미다. 그림에서 소의 꼬리만 검고 몸은 하얗게 변한 단계이다. '소는 잠자고 목동은 일이 없다'라고 함은 얼마 동안은 밖으로 일만 인연이 쉬고, 안으로 한마음이 편안하여 조금도 거리끼고 성가신 일이 없는 정도의 사람을 비유한 것이다.

6절 걸림 없다

한데 땅에 드러누워 한가하게 잠을 자니
채찍질을 아니 해도 길이 구애 없을러라.
목동은 일이 없이 청송 아래 편히 앉아
한–곡조 승평곡에 즐거움이 넘치더라.
(후렴) 마음공부 마음공부 속 깊은 마음공부
마음공부 잘 하여 주인 되–보–자.
하다가 힘들면 쉬어 하–더–라도
손잡고 해보자 같이 해보자

※ 여기서부터는 후렴의 가사 내용이 바뀌었는데 이는 공부의 정도가 순숙되었기 때문이다.

7. 임운任運 – 목동은 잠을 자고 소는 자유대로 풀을 뜯는다.

일곱째, 임운은 임의대로 운전한다는 의미로 자기의 육근 동작을 마음대로 하나 법에 저촉되지 않는 단계이다. '목동은 잠을 자고 소는 자유대로 풀을 뜯는다'라고 함은 시시각각으로 스승의 지도가 없이 제자의 자유에 맡겨서, 때를 따르고 인연을 따라 설렁설렁 행하게 하되, 조금도 절도에 어그러짐이 없는 그 정도에 있는 사람을 비유한 것이다.

7절 헌거롭다

버들 언덕 봄–물–결 석양이 비쳤는데
담–연에 싸인 방초 쫑긋쫑긋– 푸르렀다.
배고프면 뜯어 먹고 목마르면 물마시니

돌-위에 저 목동은 잠이 정히 무르녹네.

(후렴) 마음공부 마음공부 속 깊은 마음공부
마음공부 잘하여 주인 되-보-자.
하다가 힘들면 쉬어 하-더-라도
손잡고 해보자 같이 해보자

8. 상망相忘 - 사람과 소가 서로 잊었다.

여덟째, 상망이라 함은 상을 잊었다는 의미다. 모양을 놓아버렸거나 혹은 형상이 없어진 단계이다. '사람과 소가 서로 잊었다'라고 함은 경계를 대하여도 경계에 움직이지 아니하니, 경계는 경계대로 나는 나대로 서로 상관이 없는 그 정도에 있는 사람을 비유하였다.

8절 서로 잊다

흰-소- 언제든지 백운중에 들었으니
사람 절로 무심하고 소도 또한- 그러하다.
달이 구름 뚫어 가면 구름자취 하얘지니
흰- 구름 밝은 달이 서와 동에 임의로다.

(후렴) 마음공부 마음공부 속 깊은 마음공부
마음공부 잘하여 주인 되-보-자.
하다가 힘들면 쉬어 하-더-라도
손잡고 해보자 같이 해보자

9. 독조獨照 - 소는 간데없고 사람만 남았다.

아홉째, 독조는 홀로 비친다는 의미다. 이 경지는 자성뿐만 아니라 우주의 진리를 깨달아 늘 함께 하는 단계이다. '소는 간데없고 사람만 남았다'라고 함은 사람의 마음 가운데 인심人心은 완전히 없어지고 순연한 도심道心만 충만하여 공적영지의 진여묘체를 성취한 정도에 있는 사람을 비유한 것이다.

9절 홀로 비치다

소-는- 간-곳 없고 목동만이 한가하니
한-조각 외론 구름 저-봉머리 떠 있도다.
밝은 달 바라보고 손뼉 치며 노래하니
그-래도 오히려 한 관문이 남아 있네.
(후렴) 마음공부 마음공부 속 깊은 마음공부
마음공부 잘하여 주인 되-보-자.
하다가 힘들면 쉬어 하-더-라도
손잡고 해보자 같이 해보자

10. 쌍민雙泯 – 사람도 소도 한 가지 없어지고 일원상만 나타났다.

열째, 쌍민은 쌍으로 다 사라졌다는 의미다. 사람도 소도 없고 없는 단계이다. 이 경지를 일원상으로 표현했지만, 일원상이라는 흔적도 없는 경지로 '사람도 소도 한 가지 없어지고 일원상만 나타났다'라고 함은 공부하는 자는 이 큰 도[大道]를 원만히 성취하여, 동하나 정하나 성품을 여의지 아니하며 천지로 더불어 그 기운을 합하여 능히 삼계에 자유하고 유무를 초월함이니, 그 자리에 있어서는 공空하다면 만법이 다 공하고, 있다 하면 만법이 다 있어서, 여여자연하고 불생불멸하는 진리의 본원처라 할 것이다.

10절 일원상만 나타나다

소와 사람 함-께 없어 자취가 묘연하니
밝-은 달빛이 차서 만-상이- 공했더라.
누가 만일 그 가운데 적실한 뜻 묻는다면
들-꽃과 꽃다운 풀 절로 총총하다 하리.
(후렴) 마음공부 마음공부 속 깊은 마음공부
마음공부 잘 하여 주인 되-보-자
하다가 힘들면 쉬어 하-더-라도
손잡고 해보자 같이 해보자

이렇게 하여 『목우십도송』을 '홀로 아리랑' 노래에 붙여 노래한 '마음공부 아리랑'을 10절까지 모두 불러 보았다. 『목우십도송』 공부는 하면 할수록 재미있고 노래로 불러도 더욱 기운이 살아나는 것 같다. 『목우십도송』의 내용을 '홀로 아리랑' 곡에 붙여 노래로 부르게 해준 고마운 분이 있어 소개하고자 한다.

지금부터 십수 년 전 어느 날 필자가 포항교당에 근무할 때 유치원 원감으로 일하는 이혜선 교도에게서 전화가 왔다. 가정에서 설거지하다가 요사이 교당에서 공부하는 『목우십도송』을 '홀로 아리랑' 곡에 붙여 부르니 노래가 된다고 하였다. 바로 그렇게 흥얼거려 보았더니 제대로 되었고 좋았기에 바로 악보를 구하고 『목우십도송』 내용을 가사로 써서 악보를 만들어 다음 법회부터 노래 부르기 시작한 것이 계기가 되었다.

『목우십도송』을 노래로 불렀더니 마음공부와 『목우십도송』이 더욱 가까이 다가왔고 내용을 모두 외우는 사람이 나타났다. 그리고 후렴에 '아리랑 아리랑 마음공부 아리랑 마음공부 고개를 넘어가 보자. 가다가 힘들면 쉬어 가더라도 손잡고 가보자 같이 가보자'를 1절부터 5절까지 부르고 6절부터 10절까지는 '마음공부 마음공부 속 깊은 마음공부, 마음공부 잘하여 주인 되보자. 하다가 힘들면 쉬어하더라도 손잡고 해보자 같이 해보자'로 다르게 불렀다. 이렇게 『목우십도송』을 '홀로 아리랑' 노랫말에 개사하여 부르니 흥이 나고 더 마음공부가 잘되는 듯하니 우리 공부인도 『목우십도송』을 함께 외웠으면 좋겠다 싶어 소개한다. 더불어 흥얼흥얼 콧노래를 부르면 마음공부도 잘되고 더욱 즐거울 것이다.

7

송아지 길들이기

『목우십도송』을 공부하면서 성격은 조금씩 다르지만 퇴계 이황의 『성학십도』와 원효대사의 『원효수행십도』가 있다는 것을 알았다. 유학분야에 퇴계 이황 선생의 『성학십도』는 서론의 내용이 담긴 '진성학십도차'에서 시작해 1 태극도太極圖 2 서명도西銘圖 3 소학도小學圖 4 대학도大學圖 5 백록동규도白鹿洞規圖 6 심통성정도心統性情圖 7 인설도仁說圖 8 심학도

心學圖 9 경재잠도敬齋箴圖 10 숙흥야매잠도夙興夜寐箴圖로 구성되어 있다.

불학분야에는 최근 원효의 방대한 사상과 실천을 열 개의 그림으로 도식화한 것으로 제1도 일심이문도 제2도 발심도 제3도 계율도 제4도 훈습도 제5도 마장도 제6도 수행과정도 제7도 이입행입도 제8도 지관도 제9도 방편도 제10도 일승화쟁도로 세상에 나온 지 얼마 되지 않았다. 여기에서는 『성학십도』와 『원효수행십도』가 있다는 것만을 소개한다.

설을 맞이하여 온 가족이 한자리에서 만나는 것은 큰 즐거움이나 할아버지와 손자의 만남은 인내가 필요한 시간이다. 초등학교 입학을 앞둔 손자와 이틀 밤을 함께 하면서 일방적으로 떼를 써대면 할아버지와 할머니는 자비를 베풀지 않을 수 없다. 특히 할머니 휴대폰을 이용하여 게임 하기를 원하면 그 꼴을 봐주기가 어려운 지경에 이른다. 길들지 않은 손자는 마치 저의 욕심에 빠져 길 안 든 송아지가 좌충우돌로 뛰어다니는 것과 흡사하기 때문이다. 또한 식사 시간이 되면 먹지 않겠다는 손자와 한 숟가락이라도 더 먹이려는 할머니와의 씨름이 시작된다. 이때 어린이 TV 프로그램이나 휴대폰 게임을 제시하고 서로 타협하는 것을 옆에서 쳐다보고만 있어야 한다.

흡사 어린 손자는 길들지 않은 송아지와 같다. 보통 사람이 철이 든다고 하는데 소태산 대종사는 어린아이가 철이 들어가는 증거로 부모 형제의 내역과 촌수도 잘 모르고 그에 대한 도리는 더욱 모르고 지내다가 차차 철이 나면서 그 내역과 촌수와 도리를 알게 되는 것과 같다고 하였다. 여기에서 도리는 각자 자신 거래의 길 즉 스스로 어떻게 해야 할지를 아는 것이라 하였다. 어린아이는 커가면서 유치원, 초등학교, 중학교, 고등학교에 다니면서 인간으로서 마땅히 밟아야 하는 길을 배운다. 배워 안다고 해서 다 실천이 되는 것은 아니므로 하고 싶은 것과 하기 싫은 것, 해야 할 것과 해서는 안 되는 것에 대한 판단도 할 수 있어야 하지만 이를 행동으로 실천하는 것은 더욱더 중요하다.

인간은 교육과 훈련을 통하여 변할 수 있다. 어린아이가 신체적 정신적으로 성장하면서 그 시기에 맞는 교육을 받음으로써 인격체인 한 인간으로 성숙해 간다. 신화에서 나올 만한 이야기로 늑대 소년의 이야기가 있다. 늑대와 함께 늑대에 의해 키워진 아이는 인간의 육체를 가지고 있었으나 행동은 인간의 것이 아니었다는 내용이다. 인간으로 성장 발육하는 과정에서 인간답게 교육하고 훈련하는 일은 이처럼 매우 중요하다. 특히 과학의 발달로 물질의 세력이 날로 융성하는 오늘날 강조되고 있는 인성교육의 차원에서 우리는 마음 소를 어떻게 길들여야 할 것인가 고민해 보지 않을 수 없다.

옛날에는 아이들이 서당에 다니며 『동몽선습』과 『소학』 등을 배우며 서당의 동무들과 사회관계를 배웠다. 총각이 되어 남자는 댕기를 자르고 상투를 틀고 관을 써야 어른이 되었고, 여자도 마찬가지로 낭자머리를 길게 늘어뜨리고 다니다가 머리를 올려 쪽을 찌고 비녀를 꽂아야 어른이 되었다. 요사이는 어려서부터 머리를 짧게 자르고 다니니 머리 가지고는 표를 할 수가 없고 나이가 18세가 되면 성년식을 하고 이제 어른이 되었음을 세상에 알리고 주위에서도 인정한다. 그런데 요즘은 성년식을 하는 가정이 많지 않아서 자주 볼 수는 없다.

『목우십도송』에서는 길들기 전 소를 "사납게 생긴 뿔에 소리소리 지르며 산과 들에 달려가니 길이 더욱 멀구나. 한 조각 검정 구름 골 어귀에 비꼈는데 뛰어가는 저 걸음이 뉘 집 곡식 범하려나."하고 걱정하였고, 소태산 대종사는 "사람이 세상에서 도덕의 훈련이 없이 보는 대로 듣는 대로 생각나는 대로 자행자지하여 인도 정의에 탈선되는 행동을 하는 것은 어미 젖 떨어지기 전의 방종한 송아지가 자행자지로 뛰어다닐 때와 같은 것"이라고 훈련받기 전의 모습을 설명하였다. 길들지 않은 어린 소를 길들이기 위하여 먼저 해야 할 일은 소를 붙잡는 일이다. 인류는 소를 길들이기 위하여 소의 가장 약한 신체 부분 중에서 힘을 적게 들이고 쉽게 다룰 수 있는 부위인 코를 선택하여 코를 뚫고 거기에 준비해둔 코뚜레를 넣어 묶이 두면 제아무리 힘센 소라도 어거할 수 있게 되었다. 평소에는 코를 뚫고 고삐를 잡아 말뚝에 매어 두면 되었지만 일을 할 때나 수레를 끌 때는 다시 멍에를 씌우고 소를 부렸다.

이렇게 소를 길들이기 위하여 맨 처음 해야 할 일은 코를 뚫고 고삐를 만드는 일이다. 사람에게 있어서 코를 뚫을 수 없으니 스스로 작심作心 즉 마음 챙김을 하여야 할 것이다. 마음을 정하고 그것을 지키기 위하여 잊지 않고 노력해야 한다는 말이다. 사람은 누구나 얽매이거나 속박 받는 것을 좋아하지 않는다. 이는 길들여지지 않았기 때문이다. 이것을 스스로 길들이도록 하는 방법을 마련하여야 하므로 스스로 끌려갈 고삐와 매어둘 말뚝을 준비하는 것이 필요하다. 그러면 인간은 무엇으로 고삐를 삼을 수 있겠는가. 사람에 따라 다르겠지만 우리는 전통적으로 엄부자모嚴父慈母라 하여 아버지는 엄하게 법과 질서를 세우고 어머니는 사랑과 감화로 자녀를 훈육하여 왔다. 그래서 자연스럽게 가정에서 아버지는 고삐가 되고 어머니는 말뚝이 되었을 것이다.

소태산 대종사는 "모범적인 가정을 이룩함에는 첫째 온 집안이 같이 신앙할 만한 종교를 가지고 늘 새로운 정신으로 새 생활을 전개해야 할 것이며, 둘째는 호주가 집안 다스릴 만한 덕위와 지혜와 실행을 갖추어야 할 것이며, 셋째는 호주가 무슨 방법으로든지 집안 식구들을 가르치기로 위주하되 자신이 먼저 많이 배우고 먼저 경험하여 집안의 거울이 되어야 할 것이다."라고 하였고, 또 "한 가정은 한 나라를 축소하여 놓은 것이요, 한 나라는 여러 가정을 모아 놓은 것이니, 한 가정은 곧 작은 나라인 동시에 큰 나라의 근본이 된다."라고 하여 모범적인 가정을 이룩함이 나라에서 매우 중요한 일이며 그 가운데 종교와 부모의 역할이 더욱 중요함을 강조하고 있다.

어린 자녀의 인격을 갖춰가기 위하여 어려서는 부모가 고삐가 되고 말뚝이 되지만 차차 자력이 생겨 부모라는 고삐와 말뚝을 떠나게 되면 자녀 스스로 고삐와 말뚝을 정하고 만들어야 한다. 이때 온 집안이 같이 신앙할 만한 종교가 있어야 한다는 것이다. 부모를 대신하여 부처님, 하느님이 계시고 스님, 신부님, 목사님, 교무님이 자리하게 될 것이다. 부모를 넘어선 진리와 종교의 신앙으로 말뚝을 만들고 마음공부하는 수행으로 고삐를 삼아 놓으면 좋겠다. 종교단체가 신앙공동체 수행공동체 생활공동체가 되어 부모의 그늘을 벗어난 자력 있는 삶의 말뚝과 고삐로 거듭나야 할 것이다.

미래 세상의 종교는 과거 전통적인 종교와 달리 가부장적이고 권위적인 하향식 신앙에서 발전하여 상생상화하고 생활 협동하는 새로운 형태의 수평적 종교로 발전하리라 예측된다. 미래는 개인의 자유와 가정의 행복 그리고 세상의 평화를 위하여 진리를 탐구하고 정신적 가치를 우선하며 깊은 사색과 명상을 통하여 참 나를 발견하고 더불어 공생 공영하는 공정 평등 정의 공익을 위하여 지자智者를 본위 하는 수평적 사회로 발전할 것이다.

봄이 되면 집안 정원에 나무를 가꾸고 시간이 있어 전정가위를 들고 전지를 하는데 꾸지뽕나무는 건강하여 가지가 마음대로 뻗어 있다. 꾸지뽕나무 가시에 찔려가며 채광과 통풍 그리고 수형을 생각하면서 전지를 하였는데 세상에는 길 안 든 송아지만 있는 것이 아니라 마음대로 자라는 나무도 있음을 보았다. 옛날과 다르게 자연 속에서 멋대로 자라는 향나무를 선호하는 시대가 되었지만, 유실수는 그것이 아니었다. 한국의 석학 김형석 철학

교수의 행복론은 '인간답게 사는 것이 최고의 행복'이며 아리스토텔레스나 괴테의 행복론도 '인격이 최고의 행복'이라는 강연을 듣고 느낀 바가 많았다. 행복이 인격이고 인격이 곧 행복이라면 우리는 인격을 갖추기 위하여 오늘도 고삐 잡아 말뚝에다 매어두는 일부터 마음 소 길들이는 일을 시작해야 한다.

8

주도적으로 나를 변화시키기

『목우십도송』의 두 번째 단계인 '길들이기 시작하다'를 보면 "나에게 고삐 있어 달려들어 코를 뚫고 한바탕 달아나면 아픈 매를 더하건만 종래로 익힌 습관 제어하기 어려워서 오히려 저 목동이 힘을 다해 이끌더라."라고 하였고, 소태산 대종사는 '마음 소 길들이기' 시작하는 모습을 "사가를 떠나 선원에 입선하여 모든 규칙과 계율을 지켜나갈 때에 과거의 습관이 떨어지지 아니하여 지도인의 머리를 뜨겁게 하며, 각자의 마음에도 사심 잡념이 치성하여 이 공부 이 사업에 안심이 되지 못하는 것은 젖 뗀 송아지가 말뚝에 매달리어 어미 소를 부르고 몸살을 치며 야단을 할 때와 같은 것이다."라고 하였다.

경전經典에서 마음에 대하여 언급한 내용을 찾아보면 정산 종사는 "마음은 오래되면 풀어지기 쉽고 경계에 부딪히면 흔들리기 쉽다."라고 하였고, 소태산 대종사는 "사람의 마음은 지극히 미묘하여 잡으면 있어지고 놓으면 없어진다 하였나니 챙기지 아니하고 어찌 그 마음을 닦을 수 있으리오."라고 하였다. 그러므로 마음공부를 시작하는 첫 번째 프로그램인 '마음 소 길들이기'를 시작한 공부인은 두 스승님께서 정리하여준 마음에 대하여 잘 이해하고 마음 소를 길들여 가면 좋겠다. 마음 소를 길들이기 위하여 소에게 고삐와 말뚝이 필요하듯이 공부인에게도 나를 잡아둘 고삐와 말뚝이 있어야 한다.

앞에서 어렸을 때는 부모가 고삐와 말뚝이 되고 자력이 생기면서부터는 종교의 신앙심과 수행이 고삐와 말뚝이 되었으면 좋겠다고 하였다. 이제 어른이 되어 자력이 세워진 공부인으로 스스로 변화하기 위하여 고삐와 말뚝이 필요할 것이다. 필자가 기억되는 중학교

3학년 때의 일 가운데 학교 책상에 '0자 바보주의'라고 써 놓고 잡담을 줄이고 시간을 아껴 열심히 공부해보자고 결심한 적이 있다. 이는 친구들과 놀며 떠들지 않고 아무 말도 하지 않겠다고 단단히 마음먹고 써 놓은 구절이다. 그런데 하루 이틀은 그런대로 잘 지켰으나 3일을 넘기지 못하고 책상에 붙여 놓은 것도 망각하고 친구들과 어울려 놀다가 후회한 적이 있다.

나 자신을 변화시키는 첩경은 실행하기로 마음먹은 것과 하지 않기로 마음먹은 조목을 정하고 이를 실천해 가는 것이다. 나를 주도적으로 변화시키기 위하여 고삐가 필요하고 말뚝이 필요할 때 스스로 마음먹은 것이 제일 약효가 있다. 마음은 오래되면 풀어지기 쉽고 경계에 부딪히면 흔들리기 쉬우므로 마음의 고삐를 잘 잡아 말뚝에 매어 놓아야 한다. 마음은 지극히 미묘하여 잡으면 있어지고 놓으면 없어지므로 잘 챙기기 위하여 역시 마음의 고삐를 잘 잡아 말뚝에 매어 놓아야 결심한 바를 이룰 수 있을 것이다.

내 삶에서 주도적이라는 의미는 무엇일까? 요사이 세상을 보면 자녀들의 교육에 너무 많은 애정을 쏟아붓고 있어서 그것이 집념이 되고 집착이 되는 경우를 본다. 지난 기해년 설 명절에 회자했던 드라마 한편이 있었는데 이름하여 'SKY 캐슬'로 가문의 내력과 부모의 생각으로 자녀가 특정 대학의 특정 학과에 입학해야 한다는 것을 결정해 놓으면서 벌어지고 일어나는 일련의 사건을 다룬 내용이었다.

미래 세상은 부모 세대가 전혀 경험하지 못하였던 사물인터넷, 로봇 인공지능, 자율주행 등 4차 산업 혁명이 완성되는 시대가 다가오고 있다고 많은 이들이 말하고 있다. 그런데 부모들의 생각으로 자녀를 길들이려 하는 것은 부모가 경험해보지 못한 세상이 다가오고 있는데 부모가 자녀의 삶을 주도하는 것이 된다. 세상은 부모가 자녀의 삶을 대신 살아줄 수 없으므로 자녀가 자력을 세워 헤쳐나가야 하며 이는 본인 스스로 주도적으로 되어야 하는 이유이기도 하다. 주도적으로 된다는 것은 나의 인생은 내가 주인이 되어 살아가는 것으로 생각하고 마이웨이를 외쳐야 한다. 필자는 본인 스스로 무슨 일에 몰입하면 밥을 먹지 않아도 배고픈 줄 모르고 잠을 안 자도 피곤하지 않은 즐겁고 재미있는 그런 일을 찾아야 한다고 생각한다. 창의적으로 하고 싶은 일에 시간을 투자하여 열정적으로 하는 것이 미래 세상에 청소년을 비롯하여 누구나 내가 주인이 되는 삶을 사는 것이다. 대산 종사는 10년을 하면 스스로 인정하고 20년을 하면 주위에서 인정하며 30년을 하면 세상이 인

정하여 그 분야에서 성공한다고 우리 학생들을 지도하였다.

공부인이 '마음 소 길들이기'를 시작하면서 필자가 처음에 권장하는 일이 하루에 두 번씩 기도하는 것이다. 아침에 일어나면 정신을 차리고 조용한 곳을 찾아 단정하게 앉아 기도를 한다. 하루를 시작하면서 "법신불 사은이시여! 오늘 하루도 이렇게 건강하게 일상을 시작하게 하시니 감사합니다." 복잡하고 내용이 많은 기도가 아니라 이 간단한 한줄 기도가 전부이고 끝이다. 또 하루를 보내고 마무리한 후 잠자리에 들기 전에 정신을 차리고 조용한 곳에 나아가 단정하게 하루를 마무리하는 기도로 "법신불 사은이시여! 오늘 하루도 이렇게 평안하게 일상을 마치게 하시니 감사합니다." 이 내용이 전부이고 끝이다. 법신불 일원상을 모신 곳이라면 법신불 일원상을 향하여 "법신불 사은이시여! 감사합니다." 하고 기도하면 더 좋을 것이다. 호칭을 하느님이나 부처님으로 바꿔도 상관없다. 그 의미는 모두 통한다.

소태산 대종사는 『정전』 '심고와 기도'장에서 "우리는 자신할 만한 법신불法身佛 사은의 은혜와 위력을 알았으니, 이 원만한 사은으로써 신앙의 근원을 삼고 즐거운 일을 당할 때는 감사를 올리며, 괴로운 일을 당할 때는 사죄를 올리고, 결정하기 어려운 일을 당할 때는 결정될 심고와 혹은 설명 기도를 올리며, 난경을 당할 때는 순경될 심고와 혹은 설명 기도를 올리고, 순경을 당할 때는 간사하고 망녕된 곳으로 가지 않도록 심고와 혹은 설명 기도를 하자는 것이니, 이 심고와 기도의 뜻을 잘 알아서 정성으로써 계속하면 지성이면 감천으로 자연히 사은의 위력을 얻어 원하는 바를 이룰 것이며 낙 있는 생활을 하게 될 것이다."라고 하였다.

필자는 마음공부를 시작하면서 공부인으로서 처음으로 해야 할 일은 '기도와 참회'라고 생각하지마는 참회에 관한 말씀은 제3부에서 하기로 하고 여기에서는 기도에 대하여 먼저 이야기해 보겠다. 기도는 소원을 이루도록 소망하고 복을 빌기보다는 먼저 해야 할 기도는 감사의 기도이고 사죄의 기도이다. 생활하는 가운데 올리는 일상의 기도가 감사와 사죄의 기도를 해야 한다는 것으로 이 일상 기도의 시작이 아침에 잠에서 깨어나서 잠깐 마음을 모아 감사기도 하고 또 모든 일을 마치고 잠자리에 들기 전 잠깐 마음을 모아 감사·참회의 기도를 올리자는 것이다. 오늘 하루 기쁜 마음으로 시작할 수 있고 하루를 보내고 밤에 잠자리에 들기 전 오늘 하루 무탈하게 잠자리에 들 수 있게 된 것이 얼마나 감사한 일인가.

어느 날 장미꽃이 천지 만물을 창조하신 신에게 불평을 하였다. “신이시여! 왜 가시를 주셔서 저를 힘들게 합니까?” 그러자 그분께서 대답하였습니다. “나는 너에게 가시를 준 적이 없다. 오히려 가시나무였던 너에게 장미를 주었다.” 이 얼마나 멋진 답인가. 똑같은 환경에서도 가시를 보면서 불평하는 사람이 있고 ‘가시 같은 인생’에 장미꽃을 주신 신께 감사하며 살아가는 사람도 있다. 감사의 마음과 감사의 눈을 가진 사람에게는 모든 것이 감사할 일로 보이지만 원망과 불평의 입장에 선 사람에게는 모든 것이 원망과 불평거리가 된다. 불평은 불행의 문을 열지만, 감사는 행복의 문을 연다고 한다. 불평은 사람을 등지게 만들지만, 감사는 사람을 돌아오게 만든다. 원망은 또 다른 부정을 낳지만, 감사는 또 다른 긍정을 낳는다. 감사의 또 다른 이름이 행복이기 때문이다.

조석으로 감사의 기도를 올리는 것이 사소한 것 같지만 일단 하루도 빠짐없이 실천하기가 쉽지 않다. 항시 마음을 챙겨 잊어버리지 않고 하루도 빠짐없이 계속하면 여기에서 기도의 힘이 생기고 기운이 어리고 뭉쳐서 상상하지 못할 위력을 입는다고 하였다. 일상생활하는 가운데 처음과 끝이 감사하는 마음이다. 감사는 긍정의 아이콘으로 생명을 살리는 절대의 힘이 있다. 정산 종사는 “감사 생활만 하는 이는 늘 사은의 도움을 받게 되고, 원망 생활만 하는 이는 늘 미물에게서도 해독을 받으리라.”고 하였다.

동일한 감사의 기도를 66일을 넘어 지속하면 이는 좋은 습관이 되어 우리 마음을 잡아주는 고삐가 될 것이다. 기도하는 좋은 습관이 정착되고 나면 기도 후에 5분에서 10분 정도의 시간을 내어 방석에 앉아 보는 것이 필요하다. 좌선을 어떻게 하는지 모르더라도 명상이 무엇인지 어떻게 하는지 모르더라도 앉아서 눈을 감고 그냥 조용히 앉아 보는 것이다. 이것이 ‘마음 소 길들이기’에서 필자가 추천하는 두 번째 권장 사항이다. 마음공부를 시작하는 것이 거창하게 마음공부가 무엇이고 어떻게 하는 것 등에 대한 이론적인 배움에서 시작하지 않아도 된다. 필자가 ‘마음공부TV’에서 안내하는 대로 함께 하여 오랜 기간 꾸준히 하다 보면 마음공부에 깊숙이 들어와서 남을 가르칠 수 있을 정도가 되어 있을 것이다.

나를 스스로 변화하기에 가장 좋은 일이 무엇일까 생각해보니 먼저 감사하는 일이 나를 긍정적인 사람으로 바꾸어 줄 것으로 생각했다. 우리의 생활에서 부정을 긍정으로 바꾸면 많은 부분에 변화가 일어나기 시작한다. 먼저 활력이 넘쳐 소극적에서 적극적으로 바뀌고 인간관계에서도 홀로보다는 여럿으로 바뀌고 자기중심에서 타인 본위로 변하게 될 것이다. 이 변화의 시작이 조석으로 올리는 감사의 기도에서 시작하여 일상에서 만나는 모든 일이 감사와 사죄의 기도로 바뀌게 되어 많은 일이 '네 덕이요 내 탓'으로 변하게 될 것이다. 나아가 조용히 앉아 눈을 감고 명상에 잠겨 보면 새로운 세상이 눈앞에 전개될 것이다.

또 한 가지 오늘 제안한 '주도적으로 변화하기' 가운데 쉽다면 쉽고 어렵다면 어려운 '조석으로 감사기도 올리기'는 앞으로 꾸준하게 지속하기를 바란다. 우리 공부인이 실행하기로 결심한 일을 작심삼일로 끝나면 앞으로 추진할 네 가지 프로그램도 귀만 호강하는 꼴이 될 것이다. 나아가 감사의 기도 후 잠깐이라도 명상을 하는 것으로 발전할 수 있다면 이 공부인의 미래가 기대된다.

9

유무념 대조 공부

우리 공부인이 생각하기에 여러 가지 많은 원불교 마음공부법 가운데 어떤 방법이 가장 핵심적인 공부법이라고 생각하는지 궁금하다. 필자는 바로 '유무념 공부'라고 생각한다. 소태산 대종사의 위대한 발명품이며 마음공부의 시작과 끝은 유무념 대조 공부라 할 수 있다. 유무념 대조 공부는 나를 주도적으로 변화시키는 확실한 방법이며 특별히 문자와 서식을 해득하지 못한 사람들도 흰콩과 검은콩을 사용하여 공부할 수 있는 위대한 공부법으로 누구나 실천해야 하는 공부라 할 수 있다.

일반적으로 마음공부하는 세부 주제를 몇 가지로 잡아 보면 첫째, 공부인의 좋은 습관은 살리고 나쁜 버릇은 버려서 자기 스스로 변하는 것이다. 둘째, 시비이해나 원근친소 그리고 경계 따라 일어나는 마음인 오욕칠정의 감정에 끌리지 않고 고정관념 선입견 편견 등을 내려놓는 것으로 이것은 마음 작용하는 공부 즉 용심법用心法이기도 하다. 셋째, 어려운 환경에서도 부동하여 꿋꿋할 수 있는 정신의 근력을 키우는 것으로 그일 그 일에 일심으로 일하며 한가한 시간에는 염불, 좌선, 주송 등을 통하여 정신을 수양하는 것이다. 넷째, 일 당하였을 때 옳고 그름, 이익과 손해 그리고 우주 자연의 원리와 낱낱이 나뉘어 있는 모든 사물의 변하는 이치와 변하지 않는 이치를 깨닫는 것과 일 없을 때는 경전을 공부하여 공부길을 알아 가는 것이다. 다섯째, 정의 불의를 판단하여 행동하는 것이다. 이를 몰아 말하자면 삼학 공부를 통하여 자기의 인격을 향상하고 기질을 변화시키는 것이라 할 것이다. 마음공부를 흔히 '나는 원래 착한 사람이니 경계를 당할 때마다 앗! 경계다 하고 알아차려 착한 사람으로 돌아가는 것'이나 '정기 일기를 발표하고 거기에 대하여 문답 감정하는 것'이나 '인간관계를 회복하는 것' 등에서 한두 가지를 잘하면 마음공부를 다 한 것으로 생각할 수도 있다. 그러나 『목우십도송』에서 노래하였듯이 마음공부하여 일원상 즉 성품 자리와 하나가 되는 경지 곧 일원의 체성에 합하는 데까지 나아가야 할 것이다.

'마음 소 길들이기'에 대하여 사람에 따라 여러 가지로 생각할 수 있다. 필자는 '마음 소 길들이기'는 마음공부를 통하여 나 스스로 변화하는 것으로 자기 주도적으로 변화를 원한다면 유무념 공부를 해야 한다. 이 유무념 공부가 얼마나 중요하면 소태산 대종사는 태조사법太調查法을 만들어 문자를 모르는 사람도 흰콩과 검은콩으로 공부하도록 하였겠는가. 대산 종사는 종법사위에 추대될 때 좌산 이광정 종사에게 "너, 이거 가지고 공부해라."라며 유무념 대조 콩 주머니를 주었다고 한다. 이 이야기는 유무념 공부가 얼마나 중요하고 위대한 공부인가를 짐작할 수 있게 하는 생생한 일화逸話이다.

『정전』 제3 수행편 6. '일기법' 중 '상시 일기법'에 보면 "유념·무념은 모든 일을 당하여 유념有念으로 처리한 것과 무념無念으로 처리한 번수를 조사 기재하되, 하자는 조목과 말자는 조목에 취사하는 주의심을 가지고 한 것은 유념有念이라 하고, 취사하는 주의심이 없이 한 것은 무념無念이라 하나니, 처음에는 일이 잘되었든지 못 되었든지 취사하는 주의심을 놓고 안 놓은 것으로 번수를 계산하나, 공부가 깊어 가면 일이 잘되고 못된 것으로 번수를 계산하는 것"이라 밝히고 있다. 여기에서 핵심 키워드는 '취사하는 주의심'으로 "취사라 함은 정의는 취하고 불의는 버림을 이름이다."라고 『정전』 제2 교의편 '삼학' 중 '작업취사'장에서 밝히고 있고 "주의는 사람의 육근을 동작할 때에 하기로 한 일과 안 하기로 한 일을 경우에 따라 잊어버리지 아니하고 실행하는 마음을 이름"이라고 '정기 훈련법'에서 밝히고 있다.

이를 쉽게 정리해보면 유념은 일을 성공한 것으로 무념은 일을 실패한 것으로 이해할 수 있을 것이다. 여기에서 주목할 사항은 마음공부를 시작한 초보자와 숙달된 공부인은 유념과 무념의 기준을 다르게 적용한다는 것이다. '처음 시작하는 사람은 일이 잘되었든지 잘못되었든지 취사하는 주의심을 놓지 않았으면 유념으로 하고 취사하는 주의심을 놓쳤으면 무념으로 한다는 것'이다. 이는 '하기로 한 일과 안 하기로 한 일을 경우에 따라 잊어버리지 아니하였으면 유념으로 분류하고, 잊어버렸으면 무념으로 분류하여 번수를 계산하고 공부가 오래되어 수행이 깊어진 숙달된 공부인은 일이 잘되고 잘못된 것으로 번수를 계산하는 것'이다.

대산 종사는 '유무념有無念 대조對照하는 공부'에서 "유무념 공부는 모든 경계를 처리한 후 온전한 생각으로 취사하는 주의심을 가지고 했는가, 놓고 했는가를 대조 반성하는 마음공부이다. 첫째, 처음 공부할 때는 일을 잘하고 못한 것을 가리지 않고 온전한 생각으로 취사했으면 '유념'의 번수에 넣고 설사 일은 잘되었다 할지라도 온전한 생각으로 취사하는 마음을 놓고 했으면 '무념'의 번수에 넣어서 챙기는 마음을 주로 할 것이다. 둘째, 조금 공부가 익어 가면 일의 잘되고 못된 것으로써 유념, 무념의 번수를 계산하되 본교에서 하라는 삼학팔조, 사은사요, 솔성요론 등과 말라는 계문을 표준으로 하되 특히 잘된 것으로 표준할 것이다. 셋째, 더 능숙해지면 경계 수를 크게 잡아서 하루 네 때나 또는 하루를 한 경계로 잡고 마음이 끌리고 안 끌림을 표준 삼되, 특히 잘된 것을 대중잡을 것이다. 넷째, 아주 능숙해지면 하루와 한 달과 1년간에 간단없이 일념이 계속되는 것을 표준 삼되 정靜한즉 도심道心이 나타나고, 동動한즉 덕행이 나타나서 불지佛地에 계합 자재契合自在하자는 공부이다."라고 가르치고 있다. 다시 말하자면 처음 공부할 때는 일의 건수를 기준으로 하나 공부가 능숙해지면 시간으로 정하여 일정 시간 동안에 취사하는 주의심이 지속하여 챙기는 마음이 지속하였는지를 기준으로 하도록 하고 있다.

지금 소개한 법문은 유무념 대조 공부의 전체를 설명한 것으로 처음으로 '마음 소 길들이기'를 시작한 공부인에게는 내용이 퍽 어렵다. 오늘 모두 이해하지 못하였더라도 꾸준히 공부를 계속하여서 하고 또 하면 이해가 되고 유념하는 번수가 늘어날 것이다. 정전의 유념 무념의 설명에서는 "하자는 조목과 말자는 조목에 취사하는 주의심을 가지고 한 것은 유념이라 하고, 취사하는 주의심이 없이 한 것은 무념"이라고 하였으나 앞의 대산 종사 법문에서는 "모든 경계를 처리한 후 온전한 생각으로 취사하는 주의심을 가지고 했는가, 놓고 했는가를 대조 반성하는 마음공부"라고 하고 있으나 이는 서로 다른 것을 말하는 것이 아니고 '상시응용 주의사항' 1조를 인용하여 표현한 것이다. 서두에서도 말하였지만 필자는 이 '유무념 공부'야말로 원불교 마음공부의 가장 핵심이며 마음공부의 시작이자 끝이라고 생각한다. 처음에는 유념과 무념을 대조하여 번수를 계산하여 마음공부에서 유념은 좋은 것이고 무념은 나쁜 것으로 개념 짓는다. 나중에는 유념할 것 혹은 유념할 자리에서는 유념하고, 무념할 것 혹은 무념할 자리에서는 무념을 하게 되어 유념과 무념이 한 가지 공부의 표준이 된다. 더 나아가 공부의 경지가 높아지면 일정 시간 동안 챙기는 마음이 지속하였는지 어디에도 착着 없는 그 자리를 알아 착이 없는 행行을 하는 일심一心 상태가 지속하였는지가 공부심의 표준이 된다.

유무념 공부가 아주 능숙해지면 하루와 한 달과 일 년간에 끊임없이 일념이 계속되어 일심에 이르는 것을 표준 하는 지경에 이르게 된다. 결국에는 만물동근萬物同根과 절대무絕對無의 경지인 깨달음에 이른다. 이 깨달음의 전제가 되는 완전한 자기무화自己無化 즉 나 없음의 언어도단의 입정처에 이르는 공부가 유무념 공부로부터 시작하게 될 것이다. 소태산 대종사의 위대한 점 중의 한 가지는 모든 교의가 평범한 보통 사람에서부터 최고의 경지인 부처의 인격을 갖춘 데에 이르는 사람이 함께 같은 방법으로 공부하고 생활하게 한 점이라고 생각한다. 이 유무념 공부도 여기에 해당한다고 할 것이다.

유무념 대조 공부는 앞에서 말한 주도적으로 나를 변화시키기 위한 필수 코스이다. 누구에게나 모두 양심은 살아 있으나 행동으로 실천은 잘 안 되지만 나의 좋은 습관과 나쁜 버릇은 내가 가장 잘 안다. 좋은 습관은 하기로 한 일에, 나쁜 버릇은 안 하기로 한 일에 항목 하나씩을 편입하여 놓는다. 이것을 단 한 번이나 하루 이틀에 완성하는 것이 아니라 66일 습관을 들이기 이론을 적용하여 12주 프로그램을 시행한다. 시행한 후 습관이 길들었으면 다른 항목으로 바꿔 또 66일 이상을 실천해야 한다. 적어도 3개월 내지 100일 정도를 100% 이상 실행하면 이제 습관이 바뀔 것이다.

필자가 대학을 다닐 때만 해도 토목공사 중 성토작업을 하는 데 현재와 같은 기계와 장비를 사용하지 못하고 몸으로 흙을 퍼 날랐다. 또한, 손수레와 삽을 가지고 직접 일을 하였다. 하루에 흙을 퍼 나를 양을 정해 주면 일하는 사람들은 부지런히 하여 그 목표를 다 하고 일을 정해진 시간보다 빨리 마쳤다. 이렇게 일하는 방식을 평떼기라고 하여 이 방법을 선호하였다. 나를 주도적으로 변화시키는 데 유무념 대조 공부를 이 평떼기 방법에 비유하여 대산 종사는 우리 학생들을 지도했다.

제1부에서 마음공부는 훈련이고 훈련법에는 '상시 훈련법'과 '정기 훈련법'이 있다고 소개하였다. "상시 훈련법은 일상생활에서 공부하는 방법으로서 '상시응용 주의사항 6조'와 '공부인이 교무부에 와서 하는 책임 6조'를 정하였고, 이 모든 조항을 실질적으로 대조 연습하기 위하여, 유무념 조사와 상시 일기 조사법을 정하였으며, 문자 서식에 능치 못한 사람을 위하여 태조사법太調査法을 두어 유무념을 대조하게 하였다."라고 『원불교 교사』에서 그 처음 시작의 배경을 밝히고 있다. 현재 우리나라는 문자를 해득하지 못하는 사람이 많지 않으나 소태산 대종사가 상시 훈련법을 제정할 당시에는 문맹률이 높은지라 문자와 서식에 능하지 못한 사람을 위하여 콩을 이용하여 유무념 대조 공부를 하도록 하였다. 여기에는 범부 중생을 위한 부처의 대자비심이 바탕하고 있다. 우리는 원불교를 창건하여 새 세상에 맞는 교의를 제정하고 구체적인 수행 방법까지 발명 내지 계발하여 준 하해河海와 같은 큰 은혜를 알지 못한다. 파도가 휘몰아치는 괴로운 바다에서 헤매는 중생들을 위하여 베풀어 주신 성은聖恩에 만에 일이라도 보답하기 위하여 우리는 열심히 그리고 꾸준히 유무념 대조 공부를 하여야 할 것이다.

유념 무념 대조 공부를 하다 보면 불교의 사념처四念處 교리를 생각하게 하는 데 서로 비슷한 부분이 있다. 모든 일이 마음으로부터 일어나고 마음이 짓는 바라고 하는 이치에 대하여 석가모니 부처님과 소태산 대종사의 가르침이 서로 다르지 않기 때문에 생각 념念 자를 사용하는 사념처와 유념 무념은 통하는 것 같다. 불교의 사념처 수행은 신身 수受 심心 법法 즉 몸과 느낌과 마음과 대상이라고 하는 네 가지에서 일어나는 경계를 놓치고 잊어버리지 않고 마음 챙김과 알아차림을 통하여 깨어있어야 하는 공부이다. 유무념 공부도 마찬가지로 취사하는 주의심을 놓지 않고 마음을 챙겨 일이 잘되도록 하는 공부이기 때문이다.

10

하자는 조목과 말자는 조목 정하기

그동안 마음공부 서설이 너무 길었다. 이제 본격적인 원불교 마음공부에 들어서려고 한다. 유무념 공부는 마음공부의 시작과 끝으로 세상에 없는 마음공부인 이 유무념 대조 공부야 말로 주도적으로 나를 변화시킬 수 있는 최선의 최상의 방법이라고 자신 있게 말씀드릴 수 있기 때문이다. 유무념 대조 공부는 하자는 조목과 말자는 조목을 정하는 것부터 시작된다. 유무념 공부에 관한 『정전』의 원문 소개는 앞에서 하였으므로 여기에서는 바로 유무념 공부의 순서에 대하여 생각해 보기로 하겠다. 유무념 공부의 순서는 첫째, 유·무념 공부의 기본 개념을 파악하는 것으로 ① 유념 무념의 정의定義로 '유념·무념은 하자는 조목과 말자는 조목에 취사하는 주의심을 가지고 한 것은 유념이라 하고, 취사하는 주의심이 없이 한 것은 무념'이라고 정의하고 있다. ② 공부 평가 방법은 '모든 일을 당하여 유념으로 처리한 것과 무념으로 처리한 번수를 조사 기재' 하는 것이다. ③ 공부인의 수준에 따라 '처음에는 일이 잘되었든지 못 되었든지 취사하는 주의심을 놓고 안 놓은 것으로 번수를 계산'하나 '공부가 깊어 가면 일이 잘되고 못된 것으로 번수를 계산'한다.

유무념 공부의 순서 둘째는 하자는 조목과 말자는 조목을 정하는 것이다. 이 하자는 조목과 말자는 조목을 정하면서부터 본격적인 마음공부를 시작하게 된다. 왜냐하면 처음으로 유무념 대조 공부를 시작하는 공부인이 자신의 주변에서 일어나는 모든 일에 대하여 다 항목으로 잡을 수 없기 때문이다. 또 모든 일 중에서 내가 어떤 내용으로 마음공부를 할 것인지에 따라서 방향이 결정되기 때문이다. 나는 자신을 가장 잘 알 수 있으며 이 조목을 정하는 것을 수준 있게 하는가 하지 못하는가에 따라 유무념 대조 공부의 성공과 실패가 결정될 수 있다. 가령 올해에 고쳐야 할 습관 열 가지를 구체적으로 정하는 것은 조금 후에 하도록 할 것이다.

유무념 공부 순서 셋째는 모든 일을 당하여 유념으로 처리한 것과 무념으로 처리한 번수를 조사 기재하는 것이다. 그렇다면 조사 기재는 언제 어디서 어떻게 한다는 것인가. 이를 위하여 위대하신 소태산 대종사는 상시 일기법을 만들고 상시 일기장을 준비하였다.

유무념 공부 순서 넷째는 처음에는 일이 잘되었든지 못 되었든지 취사하는 주의심을 놓고 안 놓은 것으로 번수를 계산하나, 공부가 깊어 가면 일이 잘되고 못된 것으로 번수를 계산한다고 하였다. 공부가 깊어 가는 정도를 누가 언제 판단하는가 하는 문제이다. 필자의 생각에는 대체적으로 앞으로 제3부에 공부할 마음공부 둘째 프로그램인 '마음병 치료하기'를 마치고 제4부에 공부할 '마음 난리 평정하기'를 시작한 정도가 되어야 한다고 생각한다. 원불교에서 실시하는 법위등급에 기준한다면 법위가 법마상전급에 승급한 정도가 될 것이다.

필자가 퇴직 후 주로 시간을 보내는 '마공 아지트 익산 심계원'이 있다. 지난가을에 강풍으로 인하여 수령 100년은 되어 보이는, 두 아름도 넘는 아카시아 고목이 쓰러졌다. 다행히 주택을 비켜 추수가 끝난 빈 밭에 넘어졌다. 이제 봄이 오니 그 나무를 해체하는 일이 생겼다. 처음에는 수동 톱을 사용하여 인력으로 톱질할 수 있는 부분을 절단하였다. 이후에는 엔진 톱을 사용하여 절단한 후 몸통이 너무 커서 그대로 둔 상태이다. 이일을 하면서 하자는 조목과 말자는 조목을 정하는 데 쓰러진 나무를 처리하는 순서처럼 하는 것이 순리라는 생각이 들었다. 어른이 된 공부인이 주도적으로 변화하기 위하여 하자는 조목과 말자는 조목을 어떤 조목부터 정해야 하는가 생각해보았다. 먼저 나무를 해체해 가는 것처럼 실천하기 쉬운 조목부터 정하고 한 가지씩 실천하여 성공한 후 다음 조목을 정해 가는 것이 좋겠다.

그러나 제외할 조목도 있다. 예를 들자면, 하루에 영어 공부를 1시간씩 한다는 조목은 일상생활 중 학습과제를 하자는 조목으로 넣을 수도 있겠지만, 이러한 사항은 상시 일기 중 학습상황이 있기 때문에 중복이 될 것이다. 또 담배를 피우지 말지는 등 본인이 속한 법위등급의 계문을 말자는 조목으로 정하는 것도 마찬가지이다. 하자는 조목과 말자는 조목을 정하기가 쉽지 않지만, 이 일은 '나를 변화시키는 마음공부'에서 대단히 중요한 일이다.

마음공부 특히 유무념 대조 공부를 시작하고 요청되는 것은 변화하는 모습을 보여야 한다. 마음공부를 한 사람이나 안 한 사람이나 남에게 불편을 주는 것이 똑같거나 원불교 교당에 다니기 전이나 다닌 후나 변화하는 모습이 보이지 않으면 이 공부인은 한번 조용히 앉아 생각해 보아야 할 일이다. 내가 마음공부는 왜 하는지, 내가 교당에는 왜 다니는지 말이다. 마음공부를 통하여 나의 인격이 양성되어 바람직하게 변해야 하고 이 변화를 나와 가장 가까운 사람이 알아보고 인정하여야 한다. 이것이 진정한 교화教化요, 곧 공부하여 변화하는 것이라고 생각한다.

또 하자는 조목과 말자는 조목을 정하면서 너무 쉬운 것을 정하면 마음 챙기는 주의심을 기르는 데는 도움이 되겠지만, 내 인격의 큰 줄기를 바꾸기는 쉽지 않다. 예를 들면, 신발을 벗고 실내에 들어갈 때 신발을 가지런히 벗어 놓는 일은 어린이가 정해야 할 수준이다. 그렇다면 내가 정한 조목을 실천함으로 내 인생에 큰 줄기가 바뀔 수 있는 조목이 무엇이 있겠는가. 필자가 주도적으로 나를 변화시키기 위해 조석으로 '감사 기도하기'를 권장했다. 일반적으로 감사와 칭찬을 내가 성장 발전해 가는 가장 큰 긍정적 동력이라고 생각하고 있어서 하자는 조목으로 제일 먼저 권장하는 조목이 '절대 감사'이다. 이 절대 감사는 감사할 일이 있어서 또는 은혜받은 일이 있어서 또는 내가 좋아해서 하는 감사가 아니다. 절대 감사는 무조건 감사다. 무조건 감사는 사은님의 은혜 입은 내역을 배우고 알아서 하는 감사가 아니고 내 생각으로 이해하여야 하는 감사가 아니다. 모든 일에 그냥 감사할 뿐이다. '감사하면 미움이 녹아나고 사랑이 차오른다.'고 한다. 감사하면 불평이 없어지고 불만도 사라지고 원망 생활도 감사 생활로 돌려져서 인생이 바뀐다. 그러면 내 마음에 요란함과 어리석음이 사라지고 평화가 자리 잡아서 나 자신이 이웃이 그리고 가족이 편안해진다. 이러한 일은 어렵지 않아 마음만 바꿔 먹으면 되는데 사실 마음을 바꾸기가 쉽지 않다. 이유는 내가 생각으로 이해를 한 후 실천하려고 하므로 그래서 절대 감사, 무조건 감사를 권장하는 것이다. 무조건 감사하는데 무슨 조건을 따질 필요가 있으며 이해해야 할 일이 있겠는가. 무조건 절대적으로 오직 감사할 뿐이다.

이 절대 감사하는 일은 신앙 차원이며 수행상으로는 주문을 외우는 주송呪誦으로 삼을 수 있다. 모든 일과 모든 경계에 '감사합니다, 감사합니다, 감사합니다'를 세 번 연속하여 말하면 기적이 일어난다. 미움이 녹아나고 사랑이 차오르고 불평불만도 사라지고 내 마음에 요란함도 어리석음도 없어지고 평화가 자리하여 나와 내 주변이 편안해진다. 이것이 기적이 아니고 무엇이겠는가. 이렇게 되면 나 자신의 생각과 말과 행동이 바뀌니 자연 나의 기운도 바뀌고 사람이 변한다. 가장 가까운 부부 사이나 가족 사이나 직장 동료 사이에 그 사람 변했다고 인정하기 시작한다. 그런데 문제는 이렇게 되기가 정말 쉽지 않다. 지난날을 돌아보면 내 마음에 들지 않는다고 괜히 딴죽 걸고 불평하고 원망하던 과거의 나는 변하여 사라져 없고 새로운 내가 태어나서 거듭나야 한다. 이것이 나를 주도적으로 바꾸는 최상의 방법이며 유무념 대조 공부이며 마음공부의 시작이다.

유무념 공부에 대하여 더 깊이 이해하기 위하여 『정산종사법어』 경의편 22장을 공부해 보자. 정산 종사는 일기법 가운데 '유념'과 '무념'을 해설하기를 "착심 없는 곳에 신령하게 알고 바르게 행함이 유념이니 이는 생각 없는 가운데 대중 있는 마음이요, 착심 있는 곳에 미혹되어 망녕되이 행함이 무념이니 이는 생각 있는 가운데 대중이 없는 마음이다."라고 하셨다. 이어 경의편 23장에는 유념 공부에 대하여 말씀하시기를 "유념의 공부는 곧 일용 행사에 그 마음 대중을 놓지 않는 것이니, 이른바 보는 데에도 대중 있게 보고 듣는 데에도 대중 있게 듣고 말하는 데에도 대중 있게 말하고 동할 때도 대중 있게 동하고 정할 때도 대중 있게 정하여 비록 찰나 간이라도 방심을 경계하고 정념正念을 가지자는 공부니라. 그러므로 대종사께서 상시 훈련법으로 공부인의 정도를 따라 혹은 태조사를 하게 하시고 혹은 유무념을 대조케 하시고 혹은 일기를 대조케 하시니, 이것이 비록 명목은 다르나 모두 이 유념 하나를 공부케 하신 데 지나지 않는다."라고 하였다. 여기에서 말하는 '생각이 없는 가운데 대중 있는 마음'이나 '보는 데에도, 듣는 데에도, 말하는 데에도, 동할 때도, 정할 때도 대중 있게 하여 비록 찰나 간이라도 방심을 경계하고 정념 곧 바른 생각을 갖자'는 마음공부의 정도는 공부인의 공부가 깊어가는 정도에 이른 것이다. 이것이 처음 시작할 때는 잘 안 되나, 하자는 조목과 말자는 조목을 한 가지씩 정하고 취사하는 주의심으로 꾸준히 마음을 챙기다 보면 여기에 도달하게 될 것이다.

필자가 제1부 '마음나라 여행 준비'에서 마음공부는 마음 챙김과 알아차림에서 시작한다고 말하였다. 이것은 유무념 대조 공부에서도 동일하게 적용된다. 하지는 조목과 말자는 조목을 정하고 실천하는 것은 아직 마음공부 마음작용 프로세스 6과정 중에서 마음 챙김과 알아차림의 2과정까지 나아간 것이다. 유무념 대조 공부를 처음 시작한 사람은 경계를 당하여 하자는 조목과 말자는 조목에 대하여 마음 챙김과 알아차림이 지속되었으면 유념이라 하나 공부가 깊어 가면 두 과정에 마음 대중, 마음 대조, 마음 돌림 세 과정을 추가하여 다섯 과정까지 나아가 모든 일에 성공하여야 할 것이다.

11

날마다 하는 점검 – 상시 일기

필자는 교당에 근무할 때 교당은 마음공부하는 곳이고 이곳에 들어오는 사람은 함께 마음공부를 하자는 취지로 교당 입구에 '마음공부하는 집'이라고 써 붙였다. 공부인이 마음공부한다고 해도 겉으로는 마음공부를 하는가 하지 않는가 표시가 잘 나지 않는다. 마음은 보이지 않아서 마음공부하는 것을 보여 주기가 쉽지 않고 보는 사람도 마음공부의 고수가 아니면 쉽게 알아볼 수 없다. 그렇다면 마음공부를 하는가 하지 않는가를 객관적으로 알아볼 수 있는 방법은 무엇일까. 필자는 상시 일기라고 생각한다. 상시 일기를 꾸준히 기재하면 마음공부를 하는 공부인이고 기재하지 않으면 비공부인이라고 정리하였다.

소태산 대종사는 열반을 1년 앞두고 1942년 겨울에 개성교당을 방문하여 당시 개성교당 이경순 교무에게 물었다. "지금 개성 교도 중에 유·무념 대조법과 상시 일기법을 실시하고 있는 사람이 몇 명이나 되느냐?" "아직은 그다지 많지 않습니다." "늙은 사람들에게는 유·무념 대조법을, 젊은 사람들에게는 상시 일기법을 공부시켜라. 한때 몰려든다고 해서 그것을 발전이라고 생각하지 말라. 마음공부에 재미를 붙여야 한다. 그렇지 않으면 몇 년이 지나서 들었던 말을 또 듣는다고 권태증을 느끼기 쉽다. 철새처럼 시세에 따라 잘 변하는 교도들이 아니라, 마음공부길을 잡고 꾸준히 수행 정진하는 교도들을 길러내야 한다. 특히 계문을 잘 지키도록 가르쳐라. 계문을 지키지 못하고서는 극락 가지 못한다. 계문을 범하고 벌 받는 형상을 활동사진으로 보여 주어야만 정신을 차릴지 모르겠다. 계문을 잘 지키면 지옥문이 닫히는 법이다."라고 하였다. 다시 소태산 대종사가 교도들에게 당부하였는데 "나의 가르침은 마음을 마음대로 잘 쓰는 법 이외에 별다른 것이 없다. 모두 자기 마음을 자기 마음대로 쓰는 공부만 잘하면, 어디에서 무슨 일을 하든지 그 사람이 나의 참 제자가 될 것이다."라고 한 것이다.

원시불교에서 부처님 계실 때에는 삼법인三法印 곧 제행무상諸行無常, 제법무아諸法無我, 일체개고一切皆苦를 믿으면 부처님 제자요 삼법인을 인정하지 않으면 외도라 하였다는 말이 있다. 원불교에서 마음공부하는 교도인지, 아니면 이름만 원불교 교도인지 구별하는 기준은 무엇이겠는가. 필자는 그동안 교당에 근무할 때 상시 일기를 하는 것과 하지 않는 것으로 기준하였다. 자칫 친구 따라 장 보러 간다고 실속 없이 장 구경만 하러 다니듯이 교당을 다닌다고 이름만 교도인 시명是名 교도도 있다. 원불교를 본인의 생활에 활용하여 이익을 보는지, 보지 않는지는 매일 상시 일기를 하고 있는가, 아니면 가끔 해야겠다고 생각하고 있는가, 그렇지 않으면 전혀 하고 있지 않는가 하는 것으로 알아볼 수 있어 실다운 교도를 구분하는 매우 중요한 기준이다.

소태산 대종사가 개성교당에서 한 이 말씀은 『대종경』 등 경전에는 실려 있지 않으나 『원불교 예화집』에 등재되어 전한다. 대부분의 원불교 공부인은 한번쯤 들어 보았을 것이다. 마음공부에 대하여 종합적이면서 간략하게 이해할 수 있도록 한 법문이다. 교당 교화가 방향을 잘 잡아야 하는 데 자칫 방편적이면서 쉬운 인정 교화에 편중하여 복을 비는 기도와 의식 교화 등 초급교화에 머물러서는 안 되리라 본다. 소태산 대종사는 교당 교화의 방향을 마음공부로 잡아 주었고 교도들에게도 유무념 대조법, 상시 일기, 계문 지키기 등을 강조하여 마음을 마음대로 잘 사용하는 공부를 하도록 가르치고 있음에 주목해야 할 것이다. 특히 유무념 대조와 상시 일기법을 마음공부와 연관하여 공부하도록 하였으며 한때 교화가 활발하게 일어나 사람들이 많이 모여들더라도 이들에게 마음공부를 지도하여 재미를 붙이도록 하고 계문을 지켜야 함을 강조하였다. 이를 종합해 보면 상시 일기를 기재하는 것으로 정리할 수 있을 것이다.

『정전』에 있는 상시 일기에 대하여 살펴보면 '정기 훈련법'의 상시 일기 항목에 "상시 일기는 당일의 유무념 처리와 학습 상황과 계문에 범과 유무를 기재시킴"이라 하고, 제3 수행편 세6장 '일기법' 가운데 '일기법의 대요'에 보면 "재가·출가의 유무식을 막론하고 당일의 유무념 처리와 학습 상황과 계문에 범과 유무를 반성하기 위하여 상시 일기법을 제정하였다."라고 하였다. 정기 훈련 과목에서의 설명보다 일기법의 대요에서 더 구체적으로 설명하고 있는 것을 볼 수 있다.

'일기법' 가운데 '상시 일기법'은 "1. 유념·무념은 모든 일을 당하여 유념으로 처리한 것과 무념으로 처리한 번수를 조사 기재하되, 하자는 조목과 말자는 조목에 취사하는 주의심을 가지고 한 것은 유념이라 하고, 취사하는 주의심이 없이 한 것은 무념이라 하나니, 처음에는 일이 잘 되었든지 못 되었든지 취사하는 주의심을 놓고 안 놓은 것으로 번수를 계산하나, 공부가 깊어 가면 일이 잘되고 못된 것으로 번수를 계산하는 것이요, 2. 학습 상황 중 수양과 연구의 각 과목은 그 시간 수를 계산하여 기재하며, 예회와 입선은 참석 여부를 대조 기재하는 것이요, 3. 계문은 범과 유무를 대조 기재하되 범과가 있을 때는 해당 조목에 범한 번수를 기재하는 것이요, 4. 문자와 서식에 능하지 못한 사람을 위하여 따로 태조사太調査 법을 두어 유념 무념만을 대조하게 하나니, 취사하는 주의심을 가지고 한 것은 흰콩으로 하고 취사하는 주의심이 없이 한 것은 검은콩으로 하여, 유념·무념의 번수를 계산하게 하는 것"이라고 자세하게 설명하고 있다.

1항의 유념 무념 대조 공부에 대하여는 앞에서 자세하게 밝혔고 하자는 조목과 말자는 조목 정하기에 대하여도 앞에서 설명하였다. 2항의 학습 상황에 대하여는 다음에 설명할 예정이며 3항의 계문에 대하여도 별도의 순서를 정하여 다음에 공부하도록 할 것이다. 또 4항의 태조사법은 "문자와 서식에 능하지 못한 사람을 위하여 따로 흰콩과 검은콩을 가지고 유념 무념만을 대조하게 하나니, 취사하는 주의심을 가지고 한 것은 흰콩으로 하고 취사하는 주의심이 없이 한 것은 검은콩으로 하여, 유념·무념의 번수를 계산하게 하는 것"임을 구체적으로 설명하고 있다.

상시 일기법에 대하여 정리해보면 상시 일기법의 핵심은 유무념 대조와 학습상황과 계문의 범과 유무를 기재하는 것이다. 상시 일기의 상시常時라는 개념은 정기定期와 반대되는 개념으로 정해진 시기가 아닌 일상의 시간을 의미하는 것으로 정기가 시간과 함께 장소도 정해져 있지만, 상시는 시간과 장소가 정해진 바가 없는 언제 어디서나이다. 상시는 언제 어디서나 일상생활하는 것을 의미하며 상시 일기는 일상생활을 하면서 마음공부한 내용을 기재하는 일기를 말한다.

상시 일기를 쓰는 것을 기록記錄이라는 단어를 사용하지 않고 기재記載라는 단어를 사용하는 데 관심을 가져야 할 것이다. 기록이라면 주로 후일에 남길 목적으로 어떤 사실을 적는 것으로 거기에는 주관이 가미될 수 있으나 기재는 문서 따위에 기록하여 싣는 것으로 일어난 그대로 사실만을 기록하는 것이다. 상시 일기는 정해진 양식에 유념이나 무념으로 처리한 번수를 기재하거나 정신수양이나 사리연구 과목을 학습한 시간 수를 기재하거나 계문을 범한 번수를 기재하는 것으로 일에 대한 개인의 의견을 서술하기보다는 항목을 실천한 사실의 빈도수를 기재하여야 한다. 상시 일기는 각자의 법위에 따라 보통급, 특신급,

법마상전급 상시 일기 양식이 따로 있으며 법강항마위에 오르면 정해진 양식의 상시 일기는 없으나 마음에 심계心戒를 가지고 공부하도록 하는 것이 특별하다.

상시 일기를 경험해 본 공부인은 알겠지만, 유념 무념으로 처리한 일을 하루를 마치면서 밤에 하루 동안 지낸 일 모두 기억을 더듬어 돌아다보고 계산하기는 쉽지 않다. 그래서 시계나 장치에 유념과 무념의 버튼이 있어 생활하면서 그때그때 입력하는 '유무념 체크기'나 '유무념 시계' 등이 제품화되어 있으나 지속해서 사용하는 사람은 많지 않은 것 같아 아쉬움이 있다. 이러한 것은 흰콩과 검정콩을 가지고 일을 당하여 바로 주머니에서 콩을 다른 주머니로 옮기는 태조사 법의 원리와 동일한 것이다.

50여 년 전 필자가 예비교무 과정을 밟아가는 기숙사에서는 저녁에 함께 모여 일기를 기재하는 시간이 있었다. 그 시절에는 날마다 저녁 9시가 되면 모든 기숙사생이 큰 방에 함께 모여 사감과 함께 염불하고 상시 일기를 기재하였다. 지금도 마찬가지이긴 하지만 개인이 혼자 하다 보면 나태해져 미루기도 하고 다른 일에 밀려서 날마다 빠지지 않고 상시 일기를 기재하는 것은 쉽지 않고 또 이를 매월 지도 점검을 받는다는 것도 그렇다. 필자는 교도들도 상시 일기 공부하는 것을 교화단회를 통하여 함께 챙기고 점검하는 것이 바람직하다고 생각한다.

소태산 대종사는 교리의 강령인 일상 수행의 요법을 챙기는 마음을 실현하기 위하여 상시응용 주의사항과 교당내왕 시 주의사항을 정하였고 그것을 조사하기 위하여 일기법을 두어 물샐틈없이 지도한다고 하여 상시 일기의 중요함을 설명하고 있다. 상시 일기의 의미를 살펴보면 첫째, 마음공부의 기록인 동시에 마음공부하는 가이드북이며, 둘째, 습관을 바꿔 고를 버리고 낙으로 들어가게 하는 길잡이이며, 셋째 만사 성공하여 혜복慧福을 열어주는 공부인의 활로이며, 넷째 인격을 양성하여 범부가 변하여 부처가 되게 하는 탄탄대로坦坦大路라고 생각한다. 소태산 대종사는 상시 일기를 오래 계속하는 제자를 칭찬하며 말하였는데 "상시 일기장이 저승의 재판 문서이다. 일생 꾸준히 사실로만 적어 놓는다면 염라국 최판관의 문초는 틀릴지 몰라도 이 기록에는 틀림이 없을 것이다. 저 스스로 복이 얼마 쌓였는지 죄가 얼마 쌓였는지 미리미리 분명히 알게 될 것이다. 한평생 일기 공부에만 불식지공不息之功을 쌓아도 큰 공부의 실력을 얻게 될 것이다."라고 하였다.

또한 일제 강점기이며 열반하기 몇 해 전인 1940년 경진庚辰 동선冬禪 중 새해를 당하여 선원에서 말하기를 "오늘부터는 새해인 만큼 거년 일을 대조하여 잘된 일 잘못된 일을 살피어 보며 정신 노력으로나 물질 희사로나 사회 국가를 위하여 얼마나 노력한 일이 있는가 대조하여 보아서 세상에 유익 줄 일은 할지언정 법률에 위반되는 행동은 아니 하기 위하여 새로운 각성으로 매일매일 일기를 계속하여 보라."고 하며 상시 일기 쓰기를 독려하였다. 마음공부는 이 시대 확실한 삶의 나침반이며 상시 일기는 매뉴얼이다. 또한 상시 일기는 원불교의 특징으로 발전시켜 나가야 할 공부법임이 틀림없다. 각자 자기의 법위에 맞는 상시 일기를 하고 상시 일기 기재로 원불교 교법을 실생활에 활용하여 각자의 생활에 이익이 되도록 해야 할 것이다. 상시 일기는 삼대력三大力을 갖추는 확실하고 요긴한 길임에 틀림없으므로 최후 승리를 위하여 마음공부 실력을 갖추는 방법이 될 것이다.

12

학습상황 기재하기

요사이 건강을 위하여 남녀노소 불문하고 운동을 열심히 하고 있다. 특히 유산소 운동으로 걷기, 달리기, 수영, 자전거 타기 등을 하는데 무작정 운동을 하는 것이 아니라 계획을 세워 실행하고 날마다 운동량과 시간을 기록해야 진전이 있다. 그리고 그 기록을 평가하여 피드백을 할 뿐 아니라 처음 시작하는 단계에서부터 점차 운동량을 늘려가야 한다.

날마다 마음공부한 내용을 기재하는 상시 일기는 유무념 대조와 학습 상황과 계문의 범과 유무를 기재하는 항목이 있는데 그 가운데 학습상황 기재는 어떻게 하는가에 대하여 알아보도록 하자. 공부인이 마음공부하는 내용을 구체적으로 살펴보면 먼저 정해진 시간과 장소 즉 정기定期와 일상생활 즉 상시常時로 구분하고 있다. 상시는 일 있을 때와 일 없을 때 즉 동시動時와 정시靜時로 다시 나눈다. 일반적인 학습學習은 배우고 익히는 것으로 동시와 정시가 나뉘지 않지만, 마음공부에서 학습은 주로 정신수양과 사리연구 과목이므로 일이 없는 정시 공부가 될 것이다. 상시 일기로 마음공부하는 것은 상시응용 주의사항 6조와 깊은 연관이 있으며 상시응용 주의사항 3조, 4조, 5조에서 구체적으로 연구 공부와 수양 공부 학습을 잊지 않고 하도록 하고 있다.

소태산 대종사는 공부인들에게 '일상 수행의 요법'을 아침저녁으로 외우게 하고 그것을 외우는 것은 그 글만 외우지 말고 그 뜻을 새겨 마음에 대조하라고 하였다. 대체로 하루에 한 번씩 대조하고 세밀하게는 경계를 대할 때마다 대조하고 또 대조하며 챙기고 또 챙겨서 필경은 챙기지 아니하여도 저절로 되는 경지에까지 도달하라 하였다. 사람의 마음은 지극히 미묘하여 잡으면 있어지고 놓으면 없어지니 챙기는 마음을 놓지 말라 하였다. 이 챙기는 마음을 실현하기 위하여 상시응용 주의사항과 교당내왕 시 주의사항을 정하였고, 그것을 조사하기 위하여 일기법을 두어 물샐틈없이 그 수행 방법을 지도하였다고 하였다. 필자는 이처럼 소태산 대종사가『대종경』수행품 1장에서 밝히고 있는 내용이 원불교 마음공부의 원리를 천명하고 있다고 생각하며 여기에 바탕을 두어 마음공부를 디자인해야 한다고 생각한다.

앞의 제1부 '마음나라 여행 준비'에서 공부한 일상 수행의 요법 아홉 조목을 챙기도록 하기 위하여 제정된 '상시응용 주의사항 6조'는 '상시 훈련법'에 대하여 공부하면서 일람하였다. 그 구체적인 내용을 다시 돌아보면 "1. 응용應用하는 데 온전한 생각으로 취사하기를 주의할 것이요, 2. 응용하기 전에 응용의 형세를 보아 미리 연마하기를 주의할 것이요, 3. 노는 시간이 있고 보면 경전·법규 연습하기를 주의할 것이요, 4. 경전·법규 연습하기를 대강 마친 사람은 의두 연마하기를 주의할 것이요, 5. 석반 후 살림에 대한 일이 있으면 다 마치고 잠자기 전 남은 시간이나 또는 새벽에 정신을 수양하기 위하여 염불과 좌선하기를 주의할 것이요, 6. 모든 일을 처리한 뒤에 그 처리 건을 생각하여 보되, 하자는 조목과 말자는 조목에 실행이 되었는가 못 되었는가 대조하기를 주의할 것"이다.

이 가운데 3조 '노는 시간이 있고 보면 경전·법규 연습하기를 주의할 것'과 4조 '경전·법규 연습하기를 대강 마친 사람은 의두 연마하기를 주의할 것'은 사리연구 조목이며 5조 '석반 후 살림에 대한 일이 있으면 다 마치고 잠자기 전 남은 시간이나 또는 새벽에 정신을 수양하기 위하여 염불과 좌선하기를 주의할 것'은 정신수양 조목으로 공부인이 학습하는 매뉴얼을 정하고 있다. 3조의 '노는 시간'과 '경전과 법규' 그리고 '연습'이라는 의미는 무엇인가. 노는 시간에 관한 범위를『정전』에서 찾아보면 '솔성요론'의 5조인 "주색 낭유酒色浪游하지 말고 그 시간에 진리를 연구할 것"이라는 데에서 술 마시고 남녀를 밝히며 방랑

하는 시간을 허비하지 말라는 의미를 찾을 수 있다. '계문' 가운데에서는 '보통급 십계문'의 5조 잡기雜技를 말며와 '특신급 십계문'의 9조 연고 없이 때아닌 때 잠자지 말며와 10조 예 아닌 노래 부르고 춤추는 자리에 좇아 놀지 말라와 '법마상전급 십계문'의 4조 나태懶怠하지 말며에서도 그 의미를 찾을 수 있을 것이다. 또한 경전은 '정기 훈련법'의 '경전' 과목 해설을 보면 "경전은 우리의 지정 교서와 참고 경전 등을 이름이니, 이는 공부인으로 하여금 그 공부하는 방향로를 알게 하기 위함"이라고 설명하고 있는 데에서 그 의미를 찾을 수 있으며 '연습'은 같은 내용을 반복하여 훈련하는 것을 의미한다 할 수 있을 것이다.

4조 '경전·법규 연습하기를 대강 마친 사람은 의두 연마하기를 주의할 것'의 의미를 살펴보면 먼저 '의두'의 개념은 "의두는 대소유무의 이치와 시비이해의 일이며 과거 불조의 화두話頭 중에서 의심나는 제목을 연구하여 감정을 얻게 하는 것이니, 이는 연구의 깊은 경지를 밟는 공부인에게 사리 간 명확한 분석을 얻도록 함."이라고 한 정기 훈련 과목의 해설에서 찾아볼 수 있다. 경전과 법규 연습하기를 대강 마쳤다 하는 정도는 『정전』의 총서편과 교의편과 수행편을 읽고 이해하는 정도인데 『정전』 가운데 '일원상'장이나 '의두 요목' 등 진리에 대한 부분은 이해가 안 되어도 계속하여 읽어서 이해하는 정도를 의미한다. 의두 연마하기는 『정전』 수행편에 있는 의두 요목 20가지를 돌을 갈고 닦듯이 연마하는데, 마치 닭이 병아리를 깨기 위하여 알을 품고 굴리듯이 하면, 늦가을에 밤송이가 벌어져 어느 날 밤알이 저절로 툭 하고 튀어나오듯 하라는 의미로 해석할 수 있다.

5조 '석반 후 살림에 대한 일이 있으면 다 마치고 잠자기 전 남은 시간이나 또는 새벽에 정신을 수양하기 위하여 염불과 좌선하기를 주의할 것'의 의미를 살펴보면 먼저 염불과 좌선을 하는 시간으로 저녁 식사 후 살림에 대한 일을 다 하고 잠자기 전 남은 시간이나 새벽 시간을 정하여 준 것은 일상생활하는 일과시간에 담당한 일을 제쳐두고 하는 것이 아니라는 것에 주목해야 한다. 이것은 일상생활 중 처리해야 할 일을 중요시하며 경제 활동이나 사회 활동 등 육신의 활동과 정신의 힘 기르기를 아울러 함께 하는 것을 의미한다.

정기 훈련 과목의 해설을 보면 "염불은 우리의 지정한 주문呪文 한 귀를 연하여 부르게 함이니, 이는 천지만엽으로 흩어진 정신을 주문 한 귀에 집주하되 천념 만념을 오직 일념으로 만들기 위함이요, 좌선은 기운을 바르게 하고 마음을 지키기 위하여 마음과 기운을 단전丹田에 주住하되 한 생각이라는 주착도 없이 하여, 오직 원적 무별圓寂無別한 진경에 그쳐 있도록 함이니, 이는 사람의 순연한 근본정신을 양성하는 방법"이라고 하였다. 여기서 우리의 지정한 주문은 '나무아미타불'이다.

이와 같이 일상생활하는 가운데 학습할 사항을 정하여 놓고 일 없을 때 하는 마음공부로, 사리연구 과목으로 경전공부와 의두 연마를 하게 하고, 정신수양 과목으로 염불과 좌선을 훈련하게 하여 학습한 상황을 시간 수로 기재하게 하였다. 이때 훈련하는 수준을 갑·을·병·정·무의 다섯 단계로 구분하는 것도 중요하나 기재하는 시간의 단위는 각자의 주관에 따라 다르겠지만 일반적으로 십분 단위이거나 30분 단위 혹은 한 시간 단위로 기재하면 될 것이다. 정신수양 훈련 과목에 대한 기재는 처음 시작하는 경우는 훈련한 시간 수를 기재하나 수준이 높아지면 수준을 평가하여 기재하는 것도 중요하다 할 것이다.

또한 '상시 일기법'의 본문에 보면 "2. 학습 상황 중 수양과 연구의 각 과목은 그 시간 수를 계산하여 기재하며, 예회와 입선은 참석 여부를 대조 기재하는 것"이라 하여 평상시 예회 출석과 입선 즉 정기 훈련에 참여하는 것도 점검하도록 하였다. 이렇게 기재한 시간 수는 매월 말에 합산하여 그달의 상시 일기를 지도인에게 제출하여 매월 공부 실적을 점검받게 된다.

학습상황을 단계별로 구체적으로 어떻게 기준할 것인지는 각자의 처지에 따라 다르겠지만 초급·중급·고급·상급과정으로 구분하여 생각해 볼 수 있다. 초급과정은 『정전』을 봉독하고 '일원상 서원문'과 『반야바라밀다심경』과 '일상 수행의 요법'과 '보통급 십계문'을 외우고 『원불교 예전』을 봉독하기를 권한다. 중급과정에서는 『정전』과 『대종경』을 봉독하고 '참회문'과 '특신급 십계문'을 외우고 『세전』과 『정산종사법어』를 봉독할 것을 권장한다.

고급과정에서는 『정전』과 『대송경』과 『불조요경』을 봉독하고 '무시선법'과 '의두 요목'과 '법마상전급 십계문'과 『휴휴암 좌선문』을 외우고 『대산종사법어』를 봉독하기를 그리고 여력이 있다면 앞에서 권장한 『정전』과 『대종경』을 사경할 것을 권장한다. 상급과정에서는 필요에 따라 주제를 정하고 그때그때 공부해야 할 경전을 공부하며 생활하는 가운데 큰 경전을 보고 산 경전을 보아서 느끼고 깨달은 바를 기재하여 발표하기를 권장한다. 또한 염불과 좌선은 초급과정은 1일 30분 주 3회 이상, 중급과정은 1일 45분 주 4회 이상, 고급과정은 1일 1시간 주 5회 이상, 상급과정은 1일 2시간 주 5회 이상 하기를 권장하지만 상급과정은 행선과 쉬는 선 등을 포함하면 좋을 것이다.

대산 종사는 필자가 수학 시절에 학생들에게 밤사이 세면장의 수도꼭지에서 한 방울씩 밤새 세숫대야에 떨어진 물을 모으면 아침에 그 물로 세수를 할 수 있다는 말씀을 해 주셨다. 이는 학습상황에 등재된 경전 공부와 의두 연마와 염불과 좌선 등의 과목을 매일 시간 나는 대로 조금씩 하지만 그것이 모이면 기질 변화도 되고 인격도 양성되어 스스로 변화한 성숙한 인격을 의미한다고 생각하였다. 낙숫물이 바위를 뚫고 땅에 떨어진 빗방울이 모여서 멈추지 않고 흐르면 바다에 이르듯이 경전 공부와 의두 연마 그리고 염불과 좌선을 지속하다 보면 변화가 일어나기 시작한다. 그러므로 상시응용 주의사항에서 해야 할 학습과목에 관한 공부를 하며 시작을 하였으면 꾸준히 정성을 들여서 끝을 보아야 할 것이다.

13

계문 범과 유무 기재하기

신라가 삼국을 통일할 때 화랑도의 역할이 지대하였다. 화랑도에게는 화랑 오계라는 엄한 계율이 있었다. 기독교에도 모세의 '십계'가 있는 것처럼 종교의 문에 계율을 밝히지 않은 곳이 없을 만큼 중요하다. 이슬람교에서는 돼지고기를 금식하고 인도에서는 소를 신성시하는 등 시대와 지역에 따라 다소 차이가 있다. 어떤 곳에서는 계율戒律이라 하고 원불교에서는 계문戒文이라 하여 계율과 함께 사용하고 있는데 계율과 계문이 서로 크게 다르지 않으나 계율이라 하면 다소 법규로써의 의미도 함께하는 인상을 준다.

소태산 대종사는 목사 한 사람이 "예로부터 어느 교단을 막론하고 대개 계율戒律을 말하였으나 저의 생각으로는 그것이 도리어 사람의 순진한 천성을 억압하고 자유의 정신을 속박하여 사람을 교화하는데 적지 않은 지장이 되는가 합니다."라고 말하니 "우리에게도 서른 가지 계문이 있으나 한 가지도 삭제할 만한 것이 없으므로 그대로 지키게 하는 데 다만 계율을 주는 방법에서는 사람의 정도를 따라 계단적으로 줍니다. 누구나 처음 입교하면 저 세상에서 젖은 습관이 쉽게 떨어지지 않을 것이므로 그들에게 능히 지킬 만한 정도로 먼저 10계를 주고 또 계단을 밟는 대로 10씩을 주며 30계를 다 마친 후에는 계율을 더 주지 아니하고 자유에 맡긴다."라고 하였다. 그리고 계율의 의의를 "사람이 혼자만 생활한다면 자행자지하여도 별 관계가 없을지 모르나 세상은 모든 법망法網이 정연히 벌여 있고 일반 사회가 고루 보고 있나니, 불의의 행동을 자행한다면 어느 곳을 향하여도 설 수 없으므로 사람이 세상에 나서면 일동일정을 조심하여 엷은 얼음을 밟는 것같이 하여야 인도에 탈선됨이 없을 것이다."라고 하였다.

『정전』의 '정기 훈련 과목' 해설에는 "상시 일기는 당일의 유무념 처리와 학습 상황과 계문에 범과 유무를 기재시킴"이라 하였고, '상시 일기법' 중 '일기법의 대요'에는 "계문은 범과 유무를 대조 기재하되 범과가 있을 때는 해당 조목에 범한 번수를 기재하는 것"이라 하고 있다. 소태산 대종사 당시에는 법위사정을 하여 발표한 후에는 수계受戒를 하라고 공지하고 있으나 지금 원불교에서 수계의 절차를 밟지 않은 것은 유감스러운 일이다. 소태산 대종사가 목사와의 대화에서 밝혔듯이 원불교에서 계율을 수계하고 지키도록 하는 방법은 공부인에게 계율을 주지 않을 수 없으므로 처음 입교하면 저 세상에서 젖은 습관이 쉽게 떨어지지 않을 것이니 그들에게 능히 지킬 만한 정도로 먼저 '보통급 십계'를 주고 또 계단을 밟는 대로 '특신급 십계'와 '법마상전급 십계'를 주며 삼십계를 다 마친 후에는 계율을 더 주지 아니하고 자유에 맡기고 있으며 그 후에는 마음으로 지키는 심계心戒를 정하여 더 큰 공부에 나아가 스스로 지키게 하고 있다. 부처님도 "중생은 열 가지 계문을 지킴으로써 선으로 심고 또한 열 가지 계문을 범함으로써 악으로 삼나니 무엇이 열 가지인가 하면 몸으로 셋이요, 입으로 넷이요, 뜻으로 셋이다. 몸으로 셋이란 살생·도적·간음이요, 입으로 넷이란 망녕된 말·비단같이 꾸미는 말·한입으로 두말하는 말·악한 말이요, 뜻으로 셋이란 탐욕심·화내는 마음·어리석은 마음이니 이 계문을 범하여 도를 거스른 사람을 십악十惡을 행한다 하고 이 계문을 지켜서 도를 순하게 받은 이를 십선十善을 행한다."라고 말씀하셨다.

마음공부하는 공부인에게 계율의 의의는 무엇인가. 종교의 문에 들어온 후나 마음공부를 하기로 마음을 정한 뒤에 지난 생활을 돌아볼 기회가 있다. 마치 집안에 제사나 결혼식 등 큰일이 있으면 미리 대청소를 하여 환경을 정리하고 기운을 새롭게 하는 것처럼 마음공부하여 새 생활로 자유와 행복 성취하기를 원하며 세상의 평화를 원한다면 나 자신의 몸과 마음을 청결히 하여야 할 것이다. 그래서 처음 시작하는 사람에게 지키게 하는 열 가지 계문을 수계하는데, 세상에서 본인이 하고 싶은 대로 행동하면서 지내왔던 생활에 선을 긋고 선 안으로 들어와야 할 것이다. 처음 십계를 받아 지키지 않은 사람은 마음공부하려 하지 않은 사람이라고 필자는 생각한다.

'마음 소 길들이기' 과정은 주도적으로 나를 변화하는 것을 목표로 하면서 새로운 변화로 새로운 세상에 안정을 얻어 정착할 수 있는가, 아니면 다시 변화하기 전 상태로 되돌아갈 것인가 하는 갈림길에 서 있다. 『목우십도송』에서 '길들이기 전' 상태에서 '길들이기 시작하는' 상태로 진입하면서 코를 뚫고 고삐를 만들어 말뚝에다 매어 두는 일이 중요하다 하였다. 제1부에서 어려서는 부모를 고삐와 말뚝으로 삼고 자력이 생겨 부모를 떠나면 진리와 종교의 신앙으로 고삐를 뚫고 수행으로 말뚝을 삼아 놓으면 좋겠다고 말하였다.

진리와 종교의 신앙으로 고삐를 뚫고 수행으로 말뚝을 삼으면 먼저 해야 할 일은 지난날을 돌아보고 과거의 잘못한 일들은 반성하고 앞으로 다시 죄를 짓지 않겠다는 참회를 하는 일이며 다음으로는 미래의 죄를 방비하기 위하여 계율이라는 말뚝을 만들었으면 좋겠다.

그러므로 소태산 대종사는 "누구나 처음 입교하면 저 세상에서 젖은 습관이 쉽게 떨어지지 않을 것이므로 그들에게 능히 지킬 만한 정도로 먼저 십계"를 준다고 하였다. 처음에 수계하는 십계를 보면 "1. 연고 없이 살생을 말며, 2. 도둑질을 말며, 3. 간음姦淫을 말며, 4. 연고 없이 술을 마시지 말며, 5. 잡기雜技를 말며, 6. 악한 말을 말며, 7. 연고 없이 쟁투爭鬪를 말며, 8. 공금公金을 범하여 쓰지 말며, 9. 연고 없이 심교 간心交間 금전을 여수與受하지 말며, 10. 연고 없이 담배를 피우지 말라."이다. 이를 '보통급普通級 십계문'이라 하며 '보통급은 지식이 있고 없거나, 남자와 여자를 구분하지 않고, 늙은이와 젊은이를, 선한 사람과 악한 사람을, 귀한 사람이나 천한 사람을 구분하지 않고 누구를 막론하고 처음으로 불문佛門에 귀의하여 보통급 십계를 받은 사람의 급'이라 하였다.

원불교 계문에서 생소한 말은 연고緣故라는 단어로 '사유事由의 의미로 그럴 수도 있다고 객관적으로 인정되는 일의 까닭'을 뜻한다. 원불교의 계문에는 당연히 지켜야 하지만 부득이한 경우에 예외로 인정하는 '연고'라는 말이 있는데 계문은 열 가지씩 세 번에 걸쳐 수계하는 서른 가지이다. 이 삼십 계문 가운데 연고를 인정한 계문으로 연고 없이 살생을 말며, 연고 없이 술을 마시지 말며, 연고 없이 쟁투를 말며, 연고 없이 심교 간 금전을 여수하지 말며, 연고 없이 담배를 피우지 말며, 연고 없이 때아닌 때 잠자지 말며, 연고 없이 사육을 먹지 말며 등 7개 조목이 있다. “이처럼 연고 조항을 둔 것은 생활 종교, 활동하는 종교를 지향하는 원불교의 입장을 반영한 것이며, 또한 계문에 사로잡히지 않는 대승적인 수행자의 태도를 견지하자는 데 목적을 둔 것”이라고 『원불교 대사전』에서 설명하고 있다.

원불교에서는 공부인의 수행 정도를 평가하는 단계를 사정하는 데 보통급에서 시작하여 특신급, 법마상전급, 법강항마위, 출가위, 대각여래위라는 여섯 단계의 법위등급이 있다. 계문의 수여는 급에 해당하는 세 번에 걸쳐서 하고 있다. 처음에 원불교에 입교하면 보통급 십계를 수여하고 법위가 승급됨에 따라 차례로 특신급 십계와 법마상전급 십계를 수여하나 법강항마위부터는 따로 계문이 없다. 이는 공부의 정도가 계문을 수여하지 않아도 스스로 죄를 범하지 않는 정도에 이르렀음을 인정하는 것이다.

앞에서 마음 소를 길들이는 말뚝으로 계문이 필요하다 하였는데 계율은 공부인에게 어떤 의미가 있을까? 정산 종사는 “계율은 수행자의 생명이요 성불의 사다리니, 심신의 철없는 요구에 추종하여 혹 등한한 생각이 나거든 본래 목적에 반조하여 죽기로써 기어이 실행할 것”이라 하여 계문 지킬 것을 강조하였으며 특히 제4부 ‘마음 난리 평정하기’ 과정에서는 계율을 죽기로써 지켜야 법과 마 즉 정의와 불의가 싸워 정의가 백전백승百戰百勝하는 경지에 도전하여 성취할 수 있을 것이다. 부처가 말씀하시기를 “너희들 중에 나를 떠나서 수천 리 밖에 있다 할지라도 항상 내가 준 계문을 잘 지켜서 계행을 청정히 하면 이는 곧 나를 가까이하는 사람이라 반드시 도를 얻을 것이요, 비록 나의 좌우에 있어서 항시 나를 보고 같이 있나 할지라도 계행이 바르지 못하면 이는 곧 나를 멀리하는 사람이라 마침내 도를 얻지 못하리라.” 하였으며 소태산 대종사도 “잎으로 네기 없으면 마음이 허황하여져서 계문을 등한히 여길 무리가 나올 것이다. 계문을 범하는 자는 곧 나를 멀리한 자요, 계문을 잘 지키는 사람은 곧 나와 함께 있는 사람이니 삼십 계문을 특히 잘 지키라.”라고 하여 계문 지키기의 중요함을 강조하였다.

계문의 범과 유무 기재는 상시 일기를 하면서 수계받은 계문의 각 조항에 한자漢字로 바를 정正 자나 숫자로 기록하게 되어 있어 어렵지 않으나 계문을 지키기가 쉽지 않다. “진리는 성자가 태어나기 전에는 하늘에 있고 성자가 태어나신 후에는 성자에게 있고 성자가 가신 후에는 그 경전에 있다."라는 말이 있다. 성자는 가시었지만, 그 분의 가르침은 경전으로 전하고 있으며 그 경전에는 모두 계율을 포함하고 있다. 성자의 가르침을 따르지 않는다고 하더라도 계율을 지니고 지키는 것은 각자의 인격을 양성하는 데 도움이 되었으면 되었지 손해는 아닐 것이다. 우리 공부인들도 마음 소 길들이는 여러 개의 말뚝 가운데 하나로서 계율을 받아 지켜야 할 것이며 자기 자신을 가장 잘 알기 때문에 죽기로써 꼭 지켜야 할 계율을 찾아 자기 자신을 주도적으로 변화시켜야 자기 성장이 가능할 것이다. 또한 참 자유는 방종放縱을 절제하는 데에서 온다고 하였으니 참 자유를 원하는 사람은 먼저 계율을 잘 지켜야 할 것이다. '세 살 버릇 여든 간다'는 속담이 있듯이 나쁜 버릇은 고치고 좋은 습관을 길들이기 위하여 계문에 관하여 관심을 두고 계문이 내 행동의 판단 기준이 되었으면 좋겠다.

14

세븐 헤빗과 마음공부

근래에 국제적으로 개인의 인성과 능력계발에서 가장 탁월한 원리와 프로그램을 제시하였다. 지금은 고인이 된 스티븐 코비 박사의 책 『성공하는 사람들의 7가지 습관』과 마음공부를 연관 지어 생각해 보는 기회를 갖고자 한다. 인생에 있어서 진정한 성공이란 무엇인가 골똘히 생각해본 사람들은 모두 살아가는 데 목표와 목적이 있었듯이 공부인이 마음공부하는 데에도 목적이 있을 것이다. 필자는 그것을 '개인의 자유와 가정의 행복 그리고 세상의 평화'로 정리하였다. 이러한 목표를 이루는 것을 우리는 성공이라고 한다. '세븐 헤빗The seven habits' 앞에 붙은 '성공하는 사람들'을 눈여겨보아야 할 것이다. 정산 종사가 삼학 공부의 결과를 '만사성공'이라 제시한 면에서 '7가지 습관'과 삼학 공부 즉 마음공부가 함께 만사 성공하는 방법이라는 면에서 서로 통하는 점을 발견할 수 있다.

이 시대에, 변화를 꿈꾸고 자기계발을 생각해본 사람이라면 묵은 습관을 고치고 자기를 변화시키든, 변화를 통하여 자기 성장을 하든, 각자의 인격을 양성하든, 우리 공부인은 바람직한 방향으로 변해야 할 것이다.

이 책은 4부로 구성되어 있다. 제1부는 '패러다임과 원칙들'로 우리가 상황을 변화시키기 원한다면 우리 자신이 먼저 변해야 한다는 사실과 나아가 우리 자신을 효과적으로 변화시키고자 한다면 먼저 그에 대한 우리의 인식을 바꾸어야 한다는 내용이다. 어떠한 고정관념이나 편견에서 벗어나 마음의 내면으로부터 시작해야 한다는 것이다. 이러한 것은 패러다임의 전환으로 나타나며 이는 나무의 잎을 잘라내는 것이 아니라 뿌리를 잘라내는 것과 흡사하다고 하였다. 우리는 심각한 문제를 해결하기 위하여 새로운 차원의 사고방식으로 패러다임의 전환이 필요할 것이다. 습관에 대하여 무엇을 그리고 왜라는 지식과 어떻게라는 기술과 원하는 것 곧 욕망의 혼합체 세 가지로 정리하고 있다. 누구나 개인적으로 좋은 습관이든 나쁜 습관이든 가지고 있으나 아무도 다른 사람을 습관이 바뀔 수 있도록 설득할 수 없으며, 누구나 단지 내면에서만 열 수 있는 변화의 문을 지키고 있으므로, 논쟁이나 감정적 호소에 의해서는 다른 사람의 변화의 문을 열 수 없다는 것이다.

제2부에는 '개인의 승리'로 독립성의 과제를 다루고 있으며 '습관 1. 주도적이 되라. 습관 2. 목표를 확립하고 행동하라. 습관 3. 소중한 것부터 먼저 하라'는 세 가지 습관에 대하여 설명하고 있다. '개인 비전의 원칙'이라는 부제가 붙어 있는 '습관 1. 주도적이 되라'는 먼저 주도적이라는 개념을 이해할 필요가 있다. 인간의 본질을 설명하기 위해 널리 수용되는 세 가지 이론에는 기본적으로 조상이 우리를 결정했다는 유전적 결정론과 부모가 우리를 결정했다는 심리적 결정론과 나이 현재 모습이 주변의 환경에 의해서 결정되었다는 환경적 결정론이 있다고 한다. 주도적이라는 개념은 주변 환경으로부터 영향을 받고 안 받고의 여부는 자기 마음대로 결정할 수 있다는 것으로 인간은 자아의식과 더불어 상상력과 다른 모든 영향력을 무시하고 오직 자아의식에 따라 행동하는 능력인 독립적 의지를 갖추고 있다. 주도적인 사람은 자신이 한 행동에 대해 주위의 분위기, 여건, 무슨 영향 때문이라는 핑계를 대지 않고 자기의 가치관에 기초를 둔 자신의 의식적 선택의 결과를 얻는다. 대응적인 사람은 기분, 분위기, 조건 그리고 주변 여건에 따라 행동하지만, 주도적인 사람은 충동보다 가치를 상위에 두는 지혜로 심사숙고하여 선택하며 내면화된 가치 기준에 따라 행동한다. 그러므로 아무도 나의 동의 없이 나에게 고통을 가하지 못하며 오늘의 나는 어제의 내가 선택한 결과라고 말할 수 있다.

주도적인 사람은 적극적으로 대안을 찾아보거나 내가 선택한다거나 내가 할 것이라는 등 주도적인 말을 한다. 주도적인 사람은 영향력이 관심 밖으로 확산하지만 대응적인 사람은 영향력 밖의 관심 사항에서 안으로 줄어들어 축소하게 된다. 이 책에서 우리가 자신의 생활을 직접적으로 통제하는 데는 두 가지 방법이 있다고 한다. 우선 약속을 하고 그것을 지키는 것과 둘째는 목표를 설정하고 이를 달성하는 것이다. 자신에 대해 약속하고 또 이것을 실행하는 능력이야말로 효과성의 기본적 습관을 계발하는 데 필요한 본질이며 지식 기술 욕망의 세 가지 혼합체로써의 습관이 통제 안에 있게 되며 어느 한 가지를 개선하면 다른 것들도 따라서 개선된다고 한다.

저자는 "주도성의 능력을 계발하는 일은 일상적인 일로써 내가 어떻게 결심하고 지키는가, 또 일어난 일에 어떻게 대처하는가, 화가 난 상대방에게 어떻게 반응하는가 등인데 자신의 영향력 안에 있는 것들만 대상으로 작은 결심을 하고 이를 지키라"는 것이다. 심판하지 말고 안내자가 되며, 비판자가 되지 말고 본보기가 되며, 문젯거리가 되지 말고 해결사가 되며, 다른 사람의 단점에 대해 말하지 말며, 자신에 대해 떠벌리지 말며, 실수했을 때 즉시 그것을 시인하고, 이를 시정하고 이로부터 배우고 남을 비난하지 말고, 당신이 통제할 수 있는 것에 열중하며, 자기 자신을 고치려고 애쓰며, 될 수 있다고 열중하라는 것이다.

'개인 리더십의 원칙'이라는 부제가 붙어있는 '습관 2. 목표를 확립하고 행동하라'를 시작하면서 저자는 사랑하는 사람의 장례식에 참가하기 위해 가고 있는 자기 모습을 마음속에 상상해보는 것으로 시작한다. 그러나 식장에 도착해 보니 관속의 주인이 다름 아닌 자기 자신이었다. 그리고 장례식 중 네 사람의 조사에서 자기가 살아온 일생을 깊이 돌아다볼 기회를 얻게 된다. '목표를 확립하고 행동하라'는 말의 가장 근본적인 적용은 자신이 최후의 순간에 갖고 싶은 이미지, 모습 그리고 매사 패러다임을 검토하는 기준틀과 표준으로 삼는 것이라고 저자는 이야기하고 있다. 삶의 네 가지 요소인 핵심사항은 안정감, 지침, 지혜, 역량이다. 이상의 네 가지는 상호의존적이며 이러한 요소들의 연속선상에서 위치한다. 즉 이러한 요소들이 우리 삶의 모든 국면에서 얼마나 통합되고 조화되고 균형되고 긍정적인 영향을 끼쳤나 하는 것은 우리 삶의 핵심 즉 내면의 가장 중심에 위치한 여러 가지 기본 패러다임의 기능에 달려 있다고 한다. 이러한 패러다임은 생활 중심이라고 할 수 있는 데 여기에는 배우자 중심, 가족 중심, 금전 중심, 일 중심, 재산 중심, 명예 중심, 쾌락 중심, 친구/적敵 중심, 교회 중심, 자기 중심 등이 있을 수 있으나 자기 생활 중심은 여기에서 여러 가지가 복합된 것들이다. 여기에 삶의 네 가지 요소와 연관 지어 보면 원칙 중심의 생활이 될 수 있다. 그리고 자기와 가족과 조직의 사명 선언서와 결부하여 생각해 보면 조금 더 명료해질 것이다.

'개인 관리의 원칙'이라는 부제가 붙어 있는 '습관 3은 소중한 것부터 하라'이다. 습관 3은 개인적 성과로서 습관 1과 2를 실질적으로 완성하는 것을 의미한다. 이 습관의 핵심은 시간 관리이며 소중한 것과 급한 것 즉 긴급성과 중요성으로, 긴급한 일은 즉각적인 행동이 요구되고 영향을 주기 때문에 지금 당장 해야 하는 것이나, 긴급한 일은 대부분의 경우 중요하지는 않다고 한다. 반면 중요성은 결과와 관계되며 이것은 우리의 사명, 가치관, 그리고 우선순위가 높은 목표에 기여하는 것이다. 그런데 우리가 습관 2를 실천하지 않아서 인생 목표가 무엇인지를 알지 못한다면 급한 일을 처리하는 데에만 주로 시간을 보내게 된다. 성공적인 삶을 사는 사람은 시간 관리 매트릭스를 활용하여 반대되는 항목을 조화 통합하는 일치성과 균형을 유지하며 사람 위주의 융통성을 발휘하여 역할을 규명하고 목표를 선택하여 일정을 계획하며 위임을 통하여 생산성을 향상한다고 한다. 이제까지는 '개인의 성공'에 대한 패러다임이라고 한다면 앞으로의 습관은 상호 의존성을 통한 '대인관계의 성공'에 관한 패러다임들이다. 대인관계의 승리를 다루는 습관들을 학습할 준비로 우리가 감정은행 계좌에 여섯 가지 주요 예입 수단을 예금할 필요가 있다. 1. 상대방에 대한 이해심, 2. 사소한 일에 관한 관심, 3. 약속의 이행, 4. 기대의 명확화, 5. 언행일치, 6. 진지한 사과들이다.

'대인관계 리더십의 원칙'이라는 부제가 붙은 '습관 4. 상호이익을 추구하라'는 인간관계의 6가지 패러다임에서 출발한다. 그 여섯 가지는 나도 이기고 상대방도 이기는 승/승, 나는 이기고 상대방은 지는 승/패, 나는 지고 상대방은 이기는 패/승, 나도 지고 상대방도 지는 패/패, 나는 이기는 승, 모두 이기는 혹은 거래를 하지 않은 승/승적 사고의 경우이다. 우리 마음공부인은 모두 이기는 혹은 거래를 하지 않은 승/승적 사고를 제외한 다섯 가지의 철학 즉 승/승, 승/패, 패/승, 패/패, 그리고 승의 철학 가운데 어떤 것이 가장 효과적이라 생각하는가? 그 대답은 그때그때 상황에 따라 다르므로 정답은 없다. 다만 승/승 전략을 위하여 감정은행 계좌의 성숙도를 높이고 인격을 갖추어 합의와 해결방안을 위하여 더욱더 용기와 배려 상에 균형을 유지하도록 최선을 다해야 할 것이다.

'공감적 커뮤니케이션의 원칙'이라는 부제가 붙은 '습관 5. 경청한 다음에 이해시켜라'는 보통 우리는 남에게 먼저 얘기하여 이해받고 싶어 하는 데에서 출발한다고 한다. 대부분의 사람은 이해하려는 의도를 갖고 듣는 게 아니라 대답할 의도를 가지고 들으며 따라서 사람들은 대부분의 경우 말을 하고 있거나 말할 준비만 하고 있다는 것이다. 그들은 자신이 갖고 있는 패러다임을 통해 모든 것을 여과시키고 다른 사람들의 생활 속에 자기 자신을 심어주고자 한다. 우리는 다른 사람의 말을 들을 때 보통 다섯 가지 수준 중 어느 하나를 듣고 있다. 첫째, 그 사람의 말을 무시하는 경우로 이것은 실제 전혀 듣지 않은 경우이며 둘째, 맞장구를 치면서 듣는 체하는 것이며 셋째, 선택적 청취로 대화에서 단지 어떤 특정 부분만 듣는 경우이며 넷째, 신중한 경청으로 상대가 하는 이야기에 귀를 기울이고 그 말에 총력을 집중하여 듣는 것이며 다섯째, 극히 소수만이 가장 고차원의 경청 형태인 공감적 경청을 한다고 한다.

'공감적 경청'이란 다른 사람이 말하는 것을 기본적으로 흉내를 내는 적극적 경청이나 반사적 경청과는 전혀 다른 것으로 막강한 힘을 가지고 있다. 왜냐하면 이것은 우리가 필요로 하는 정확한 데이터를 제공하기 때문이다. 우리는 남의 말을 자기의 경험에 비추어 듣는데 그 네 가지 유형은 첫째, 우리는 판단한다. 이것은 우리가 동의하느냐 동의하지 않느냐이다. 둘째, 우리는 탐사한다. 이것은 우리 자신이 가진 준거들에 의해 질문하는 것이다. 셋째, 우리는 충고한다. 이것은 우리가 자신의 경험에 따라 조언하는 것이다. 넷째, 우리는 해석한다. 이때 우리는 자신의 동기와 행동에 근거하여 사람들의 동기와 행동을 유추하고 설명하려 한다.

경청의 기술은 공감적 경청의 빙산의 일각에 불과하며 첫째, 효과 면에서는 가장 약하지만 내용을 흉내 내는 것이다. 둘째, 그 내용을 재구성하는 것이다. 이것은 약간은 더 효과적이지만 그래도 여전히 언어적 커뮤니케이션에 머물고 있다. 셋째, 당신의 오른쪽 뇌를 작동시키는 것이다. 당신은 감정을 나타내는 것이다. 넷째, 둘째 및 셋째 단계를 포함한다. 당신은 재구성하고 감정을 나타낸다. 공감적 경청은 시간이 필요하나 여기에 걸리는 시간은 우리가 인생길을 잘못 들어 되돌아가는데 걸리는 시간이나 해결되지도 않은 문제들을 안고 지내는 데 걸리는 시간 등에 비하면 아무것도 아니다. 습관 5는 지금 당장 먼저 상대방을 이해하도록 노력하라는 의미이다. 그런 다음 상대방을 이해시켜라. 성급히 서둘러서는 안 된다. 인내를 갖고 상대방을 존중하는 마음을 가져야 하며 우리가 공감할 수 있기 전에 사람들은 마음을 열고 말하지 않는다. 문제가 생기기 전에, 평가하고 처방하기 전에, 자기 생각이나 아이디어를 제시하기 전에 이해하도록 노력해야 한다. 이것이야말로 효과적인 상호의존성에 대한 훌륭한 습관이다.

'생산적 협조의 원칙'이라는 부제가 붙은 '습관 6. 시너지를 활용하라'이다. 우리는 전체가 부분의 합보다 더 큰 에너지를 의미하는 시너지synergy를 활용하면 이전에는 전혀 존재하지 않던 새로운 대안들을 창조할 수 있다. 시너지의 가장 고차원적인 형태는 인간만이 가진 자아 의지, 양심, 독립 의지, 상상력의 4가지 천부의 재능과 승/승의 동기, 그리고 공감적 경청의 기술을 가지고 우리가 일상생활에서 직면하는 가장 어려운 문제에 도전하는 것이며 그 결과는 기적이라 할 수 있다. 시너지야말로 원칙 중심적 리더십의 본질이며 부모 역할의 본질이기도 하다. 우리가 지금까지 다룬 모든 습관은 시너지란 기적을 창조하기 위해 준비한 것이라 할 수 있다. 시너지는 멋진 것이고 생산성 또한 놀라운 것이지만 열린 마음과 커뮤니케이션 없이는 만들어 낼 수 없는 현상이다. 어떤 집단이 신뢰수준이 낮은 상황과 중간인 경우, 신뢰 수준이 높이 작용하는 경우에 따라 승/패 혹은 패/승의 방어적이거나, 타협하는 상호 존중이거나, 승/승하는 시너지가 된다. 제3의 대안을 찾는다는 것은 이분법적인 사고방식으로부터의 중대한 패러다임 전환을 의미하며 다른 사람의 죄악, 정치적 술수, 라이벌 관계, 상호 간의 갈등 같은 부정적 에너지의 환경에서는 시너지가 절대 가능하지 않다. 그러나 모든 자연은 시너지적이라는 사실은 분명하다.

'균형적인 자기 쇄신의 원칙'이라는 부제가 붙은 '습관 7. 심신을 단련하라'이다. 우리가 가진 최대의 자산인 자기 자신을 유지하고 향상하는 역할은 자신을 단련하는 것으로 우리가 가진 본질의 4가지 차원 즉 신체적, 영적, 정신적, 사회적 차원을 쇄신하는 것을 의미한다. 이것들은 성자聖子가 되는 영적인 것은 관점, 훌륭한 전문인이 되는 정신적인 것은 자율성, 좋은 친구가 되는 사회적인 것은 관계성, 훌륭한 동물이 되는 신체적인 것은 정상 상태라는 네 가지 가치들을 중심으로 건강하고 균형 잡힌 삶을 함축적으로 나타내고 있다.

자기쇄신의 과정은 네 가지 차원, 즉 신체적, 영적, 정신적, 사회적 차원 모두가 반드시 균형적으로 쇄신되고 재충전되어야 비로소 적합하고 효과적으로 될 수 있어서 어느 한 분야라도 무시한다면 이것은 나머지 분야에도 부정적인 영향을 미친다. 이점은 개인뿐만 아니라 조직 내의 쇄신에도 역시 적용되는데 신체적 차원이 조직에서는 경제적 측면에 정신적 차원은 조직 구성원의 인정과 개발 활용에 해당하며, 사회적 차원은 인간관계와 관련이 있으며 영적 차원은 모범과 공헌 그리고 성실성을 통해 의미를 발견하는 것에 해당한다.

이제까지 스티븐 코비 박사의 『성공하는 사람들의 7가지 습관』이라는 책을 주마간산走馬看山 격으로 정리하였다. 습관 1은 우리가 주도적일수록, 습관 2는 개인적 리더십 발휘와, 습관 3은 자기관리를 좀 더 효과적으로 할 수 있을 것이며, 습관 3으로 자기 생활을 보다 효과적으로 관리할수록 습관 7은 쇄신활동을 더 많이 수행할 수 있을 것이며, 습관 5는 우리가 먼저 상대방을 이해하고자 노력할수록 상대방과 습관 4와 6이 함께 승리하는 시너지적인 해결책을 더욱 성공적으로 얻을 수 있을 것이다. 우리가 습관 1, 2, 3으로 독립성을 가져오는 습관들을 더욱 개발할수록, 습관 4, 5, 6은 상호의존적 상황에서 좀 더 효과적으로 될 것이며, 끝으로 습관 7이야말로 여기서 다룬 모든 습관을 새롭게 만드는 과정이다.

정리해 보면, 우리는 성공하는 삶을 위하여 나 스스로 자신의 삶에 주도적으로 되어야 하고 목표를 확립하고 행동하여야 하며 중요한 것부터 먼저 해야 한다. 대인관계를 위하여 자리이타自利利他를 추구하며 경청한 다음 이해시켜야 하며 시너지 효과를 활용해야 할 것이다. 자기쇄신을 위하여 지속해서 심신을 단련하여야 한다. 이를 위하여 일곱 가지에 대한 숙지와 기억이 기본이 될 것이다. 이 책의 시작과 끝에서 내안의 내면으로부터 시작하거나 내면으로부터의 변화를 강조하고 있는 것을 볼 수 있다. 이것은 각자의 내면이 바로 정신이며 마음이기 때문에 인성人性의 시작이자 끝으로 인식되는 결과라고 생각된다. 이상의 내용을 마음공부 즉 삼학 공부와 연관 지어 생각해 보는 것도 매우 의미 있는 일이기는 하나 이 과제는 다음 기회로 미루기로 한다.

15

습관 길들이기

"우리의 성격은 근본적으로 습관의 복합체라고 할 수 있다. '우리가 생각의 씨앗을 뿌리면 행동의 열매를 맺고 행동의 씨앗을 뿌리면 습관의 열매를 맺는다. 습관의 씨앗은 성격을 얻게 되고 성격은 우리의 운명을 결정짓는다.'라는 격언이 있다. '이처럼 습관이란 우리 인생에서 중요한 요소인데 왜냐하면 습관이야말로 일관성 있게 주로 무의식적인 유형으로 끊임없이 또 매일매일 우리의 성격을 나타내고 개인의 성공 혹은 실패를 결정하는 데 중요한 역할을 하기 때문이다.' '습관은 학습될 수 있고 학습을 통해 떨쳐 버릴 수도 있다. 그러나 분명한 것은 응급처치 식으로 짧은 시간에 형성되는 것이 아니라는 사실이다. 습관이 형성되는 것은 하나의 과정이고 나아가 당사자의 무한한 결의와 몰입이 요구된다.'"라고 스티븐 코비 박사는 『성공하는 사람들의 일곱 가지 습관』에서 말하고 있다.

우리가 제2부 '마음 소 길들이기'를 시작하면서 노래하였던 『목우십도송』 2절 '길들이기 시작하다'에서는 "나에게 고삐 있어 달려들어 코를 뚫고 한바탕 달아나면 아픈 매를 더 하건만 종래로 익힌 습관 제어하기 어려워서 오히려 저 목동이 힘을 다해 이끌더라."라고 하였다. 누구에게나 습관은 있는데 부처님 말씀에는 전생에 닦아온 습관이 그 생生을 마감한다고 하여 없어지고 소멸하는 것이 아니라 다시 새 몸을 받았을 때 나타난다고 하였다. 내가 새 몸을 받아 다시 태어난 후에도 마음공부를 시작하기 전까지 아무 생각 없이 철없는 육신의 욕망에 놀아나 반복된 행동의 결과로 굳어져 버린 나쁜 습관도 있고 선한 마음에 어려운 이웃을 돕기 시작하여 생긴 좋은 습관도 있다.

소태산 대종사는 "사람의 성품은 원래 선악이 없는 것이나 습관에 따라 선악의 인품人品이 있어지나니 습관은 곧 당인의 처음 한 생각이 좌우의 모든 인연에 응하고 또 응하는 가운데 이루어지는 것이다. 가령 그대들이 공부에 발심하여 처음으로 이 도량에 와서 스승과 동지를 만나고 법과 규칙을 지켜나갈 때, 처음에는 모든 일이 서툴고 맞지 아니하여 감내하기가 어려우나, 그 발심을 변하지 아니하고 오래 계속하면 차차 마음과 행동이 익어져서, 필경 힘들지 아니하고도 자연히 골라지게 되니 이것이 곧 습관이다. 이와 같이 좌우의 인연을 따라 습관 되는 이치가 선과 악이 서로 다르지 아니하나, 선한 일에는 습관 되기가 어렵고 악한 일에는 습관 되기가 쉬우며, 또는 선한 습관을 들이기 위하여 공부하는 중에도 조금만 방심하면 알지 못하는 가운데 악한 경계에 흘러가서 처음 목적한 바와는 반대로 되기 쉬우니 이 점에 늘 주의하여야 착한 인품을 이루게 된다."라고 습관에 대하여 설명하고 있다.

버릇이나 습관이나 거의 같은 의미인데 나눌 것이 무엇이냐고 생각하는 사람도 있을 것이다. 필자는 버릇과 습관의 사용을 나쁜 버릇과 좋은 습관으로 나누어 사용하려고 한다. 원불교 교법에서 쉽게 생각해보면 나쁜 버릇을 고치는 것은 '계문'이요 좋은 습관을 들이는 것은 '솔성요론'이 될 것이다. 만일 삼십 계문의 조목에 있는 나쁜 버릇이 있다면 어서 버려야 할 것이요, 십육조 솔성요론의 조목에 내가 실천 못 하는 조목이 있다면 어서 좋은 습관으로 길들여야 할 것이다. 계문이나 솔성요론에 있는 조목은 주로 도덕적인 내용이지만 좋은 습관 일곱 가지를 길들여 성공하는 사람이 되자는 스티븐 코비의 습관 항목에는 개인적인 것과 대인관계 그리고 자기 쇄신의 분야인데 이것은 신체적인 것, 사회적인 것, 정신적인 것으로 나누어 볼 수 있었다. 이러한 것들은 결국 학교생활에 활용하면 학교 성적이 올라가게 되고 일상생활에 활용하면 성공하는 삶이 될 것이다.

습관을 바꾸는 것은 패러다임을 전환하는 것이라 생각할 수 있다. 이는 일하는 방식이나 생활하는 방식을 바꾸는 것으로 문제는 습관 바꾸기 즉 패러다임의 전환이 쉽지 않다는 데 있다. 원불교 교무가 되기 위해서는 원불교학과에 입학하여 기숙사 생활을 하면서 훈련을 받는다. 대부분 고3 대입 준비 과정에서 주로 밤늦게까지 공부하는 올빼미형 인간이 되어 있어 기숙사에 입사하여 새벽형 인간으로 바꾸고 싶은데 습관을 하루아침에 바꿀 수 없어 힘들어하는 경우를 보아 왔다. 『정전』 '삼학'의 '작업취사의 요지'에 보면 보통 사람들이 고해苦海에서 헤매는 이유는 세 가지가 있는 데 세 번째가 철석같이 굳은 습관에 끌리거나 하여 악은 버리고 선은 취하는 실행이 없는 까닭이라고 하였다. 철석같이 굳은 습관을 고치지 못한다면 우리는 괴로운 고통 속에서 살아갈 수밖에 없다.

마음공부에 있어서 습관을 바꾸는 것은 대단히 중요하다. 이는 '마음 소 길들이기'의 중요 목표 중 하나로 습관 바꾸기가 쉽지 않다는 사실은 누구나 인정할 것이다. 우리는 후회할 줄 알면서도 똑같은 일을 왜 반복할까. '찰스 두히그'라는 뉴욕 타임스 전문기자가 이에 대한 해답을 국내에 소개한 책 『습관의 힘THE POWER OF HABITS』에서 밝히고 있다. 여기에 습관을 길들일 수 있는 몇 가지 본문을 인용한다.

"과학자들의 연구에 따르면 습관이 형성되는 이유는 우리 뇌가 활동을 절약할 방법을 끊임없이 찾기 때문이다. 어떤 자극도 주지 않고 가만히 내버려 두면 뇌는 일상적으로 반복되는 거의 모든 일을 무차별적으로 습관으로 전환하려고 할 것이다. 이것은 습관이 뇌에게 휴식할 시간을 주기 때문"이다. 우리 뇌는 습관을 사용해야 할 때와 하지 말아야 할 때를 구분하는 기발한 방법을 안다. 우리 뇌에서 이런 과정은 3단계의 고리로 이루어지는 데 첫 단계는 신호다. 신호는 우리 뇌에 자동 모드로 들어가 어떤 습관을 사용하라고 명령하는 자극이다. 일종의 방아쇠이다. 다음 단계는 반복 행동이다. 반복 행동은 몸의 행동으로 나타나기도 하고 심리상태나 감정의 변화로 나타날 수 있다. 마지막 단계는 보상이다. 보상은 뇌가 이 특정한 고리를 앞으로도 계속 기억할 가치가 있는지 판단하는 기준이 된다. 시간이 지나면서 신호-반복 행동-보상이 반복되면 고리는 점점 기계적으로 변해간다. 신호와 보상이 서로 얽히면서 강력한 기대감과 욕망까지 나타난다. 그리하여 습관이 탄생한다."

"습관은 운명이 아니다. 기억은 사라져도 습관은 남는다고 하여 습관은 잊힐 수도 있고 변할 수도 있으며 대체될 수도 있다. 그러나 습관 고리를 찾아내는 게 중요한 이유는 어떤 습관이 형성되면 뇌가 의사결정에 참여하는 걸 완전히 중단하기 때문이다. 달리 말하면 뇌가 부지런히 활동하는 걸 멈추거나 다른 일로 관심을 돌린다. 따라서 어떤 습관을 떨쳐 내려고 의식적으로 노력하지 않으면 요컨대 새로운 반복 행동을 찾아내지 않으면 그 습관 패턴이 자동으로 전개된다. 하지만 습관이 어떻게 작동하는지 이해하고 습관 고리의 구조를 알게 되면 습관을 쉽게 변화시킬 수 있다. 습관의 구성 요소를 정확히 파악하면 습관을 얼마든지 의지대로 조절할 수 있다."

"습관의 구성요소인 신호와 반복 행동과 보상은 지금까지의 연구에 따르면 신호는 초코바나 텔레비전 광고 같은 시각적 자극부터 특정한 장소나 특정한 시각, 감정이나 생각, 특정한 사람들의 모임까지 거의 모든 것이 될 수 있다. 반복 행동은 무척 복잡할 수도 있지만, 지극히 단순할 수도 있다. 감정과 관련된 일부 습관은 수천분의 몇 초로 끝나기도 한다. 보상은 물리적인 만족감을 주는 음식이나 약물부터 칭찬이나 자기만족에 수반되는 자부심 같은 감정적인 대가까지 상당히 폭넓은 편"이다.

"새로운 습관을 만들기 위해서는 첫째, 단순하지만 확실한 신호를 찾아내고 둘째, 보상을 분명하게 제시하는 것이다. 습관은 강력하고 신경학적으로 열망을 조장한다. 이런 열망은 아주 점진적으로 자리 잡기 때문에 대부분은 그런 열망이 존재하는지 의식하지 못한다. 따라서 습관의 영향을 깨닫지 못하는 경우가 많은 데 우리는 신호를 어떤 보상과 관련짓기 때문에 잠재 의식적인 열망이 뇌에서 나타나서 습관의 고리를 회전시키기 시작한다."

어떻게 습관을 바꿀 수 있을까? 안타깝게도 모든 사람에게 효과 있는 특별한 방법은 없다. 습관을 근절할 수는 없지만 습관을 바꿀 수 있다. 또 '동일한 신호와 동일한 보상을 유지하면서 새로운 반복 행동을 더 하라'는 습관 변화의 황금률을 사용하면 습관을 쉽게 바꿀 수 있다는 것도 사실이다. 새로운 신호에 의한 유혹이 있을 때는 그에 반한 보상에 대한 열망에 집중하고 그 열망을 가벼운 집착으로 승화시킨다. 그 보상에 대한 열망 덕분에 우리는 유혹을 떨쳐낼 수 있다. 요컨대 열망이 습관 고리를 지배한 것이다. 습관을 바꾸기 위한 황금률은 반복 행동에 있다. 나쁜 습관은 완전히 사라지지 않고 다만 다른 행동으로 바뀔 뿐이며 습관을 바꾸기 위해서는 같은 신호를 사용하고 같은 보상을 제공하고 반복 행동을 바꿔야만 한다. 또한 때에 따라서 신호를 그대로 유지하고 동일한 보상을 제공하고 새로운 반복 행동을 찾아야 할 때도 있다.

변화는 다른 사람들과 어울릴 때 일어난다. 다른 사람이 눈으로 변화를 볼 수 있을 때 정말로 변한 것이란 느낌이 든다. 습관의 변화에서 믿음은 필수 요건이다. 바뀐 습관을 완전히 뜯어고치기 위해서는 변화가 가능하다는 확고한 믿음이 있어야 한다. 즉 습관을 항구적으로 바꾸기 위해서는 변할 수 있다는 믿음이 필요하다. 또한 사람들이 변하기 위해 한마음으로 도울 때 프로그램에 효과를 더해 주는 과정이 그대로 일어나고 공동체와 함께 할 때 더 쉽게 믿음을 받아들일 수 있다. 모임에서 도움을 받을 때 상대적으로 쉽게 구할 수 있다.

다시 말하자면 습관을 바꾸고 싶다면 반복 행동을 찾아야 하고 모임의 일원으로서 습관을 바꾸려 할 때 성공할 확률이 올라간다. 믿음은 공동체와 함께 성장하나 공동체라고 항상 대단한 규모로 생각할 것은 없다. 두 사람만으로도 공동체는 가능하다. 습관의 변화가 개인의 삶만 바꾸는 것은 아니다. 습관이 바뀌면 기업과 조직, 공동체의 운명도 달라진다.

한 제자가 "무엇이 선근 종자가 되겠나이까?"라는 질문에 정산 종사 말씀하시기를 "선을 좋아하는 습관이 선근 종자가 되니, 과거의 습관은 현재의 종자가 되고 현재의 습관은 미래의 종자가 된다."라고 하였다. 습관이 씨앗이 되어 우리의 인품을 가꿔 간다고 생각할 때 습관 길들이기는 매우 중요하다. 스티븐 코비의 『성공하는 사람들의 일곱 가지 습관』은 좋은 습관으로 알고 길들여야 하고, '계문'은 나쁜 습관으로 알고 금지조항으로 버려야 하며 권장 조항인 '솔성요론'은 좋은 습관으로 길들여야 하겠다. '버릇 굳히기는 쉬워도 버릇 떼기는 힘들다'는 속담도 있듯이 나쁜 버릇을 좋은 습관으로 길들이기가 쉽지 않으므로 우리는 마음공부를 더욱 열심히 해야 할 것이다.

16

솔성하는 요긴한 글

대산 종사는 "삼십 계문을 범하는 것은 지옥으로 이끄는 사자使者요 솔성 요론率性要論 십육조를 실천하는 것은 극락으로 이끄는 사도使徒이다."라고 하였다. 원불교에는 다른 종교에서 쉽게 찾아볼 수 없는 원래 마음인 성품을 거느리는 방법으로 '솔성요론'에 대하여 가르치고 있으며 정산 종사는 바른 마음이 들어서 육근을 거느리는 것이 솔率이라고 하였다. 소태산 대종사는 『대종경』 성리품 8장에서 "견성見性이라 하는 것은 비하건대 거부 장자가 자기의 재산을 자기의 재산으로 알지 못하고 지내다가 비로소 알게 된 것과 같고, 솔성

率性이라 하는 것은 이미 자기의 소유인 것을 알았으나 전일에 잃어버리고 지내는 동안 모두 다른 사람에게 빼앗긴 바 되었는지라 여러모로 주선하여 그 잃었던 권리를 회복함과 같다."라고 하였다. 솔성은 진리를 깨달아 확실히 알고 난 후에 그 진리대로 살아가는 것을 의미한다. 요가의 계율에도 금계Yama와 권계Niyama가 있다고 하는데 금계는 사회생활을 하면서 지켜야 하는 타인에 대한 배려이며, 권계는 성실한 수련을 하기 위한 자기 규범 같은 것으로 금계와 권계를 완벽하게 수행하는 사람은 1백만 명 중의 한 사람이 있을까 말까 할 정도로 어렵다고 한다.

『정전』 수행편에 소태산 대종사는 '솔성요론'을 16가지 조목으로 밝혀놓았다.

1. 사람만 믿지 말고 그 법을 믿을 것이요, 2. 열 사람의 법을 응하여 제일 좋은 법으로 믿을 것이요, 3. 사생四生 중 사람이 된 이상에는 배우기를 좋아할 것이요, 4. 지식 있는 사람이 지식이 있다 함으로써 그 배움을 놓지 말 것이요, 5. 주색 낭유酒色浪遊하지 말고 그 시간에 진리를 연구할 것이요, 6. 한 편에 착着하지 아니할 것이요, 7. 모든 사물을 접응할 때에 공경심을 놓지 말고, 탐한 욕심이 나거든 사자와 같이 무서워 할 것이요, 8. 일일 시시日日時時로 자기가 자기를 가르칠 것이요, 9. 무슨 일이든지 잘못된 일이 있고 보면 남을 원망하지 말고 자기를 살필 것이요, 10. 다른 사람의 그릇된 일을 견문하여 자기의 그름은 깨칠지언정 그 그름을 드러내지 말 것이요, 11. 다른 사람의 잘된 일을 견문하여 세상에다 포양하며 그 잘된 일을 잊어버리지 말 것이요, 12. 정당한 일이거든 내 일을 생각하여 남의 세정을 알아줄 것이요, 13. 정당한 일이거든 아무리 하기 싫어도 죽기로써 할 것이요, 14. 부당한 일이거든 아무리 하고 싶어도 죽기로써 아니할 것이요, 15. 다른 사람의 원 없는 데에는 무슨 일이든지 권하지 말고 자기 할 일만 할 것이요, 16. 어떠한 원을 발하여 그 원을 이루고자 하거든 보고 듣는 대로 원하는 데에 대조하여 연마할 것이다.

『원불교 성가』 86장은 '임 주신 삼십 계문 고해를 막아내고/ 십육조 솔성요론 낙원 길 열어주네'라고 노래하고 있다. 낙원 길 열어주는 솔성요론 각 조목의 의미를 몇 개로 묶어서 가볍게 살펴보도록 하겠다. 먼저 1조와 2조는 믿음에 관계되는 내용으로 사람만 믿지 말고 그 법을 믿으라는 것과 열 사람의 법 가운데 제일 좋은 법을 믿으라는 것이다. 마음공부 즉 삼학 수행에 앞서 먼저 믿음을 권장한 것이며 인격 신앙에서 벗어나 진리를 담고 있는 교리를 믿어야 하며 그것도 여러 가지 교리를 비교하여 가장 탁월한 교리를 믿어야 한다는 신앙생활에 대한 권장 사항이다. 『정산종사법어』에 합본되어 있는 『세전』의 신앙의 도에 보면 "신앙은 사람의 정신생활에 근본이 되는 요건이니, 사람이 세상을 살아가기로 하면 반드시 정당한 믿음을 가져서 순역고락의 모든 경계에 마음의 안온과 평화를 유지하며 근원 있는 마음의 힘으로써 큰 공부와 큰 사업을 이루는 동시에 영원한 세상에 지침으로 삼을 것이니, 그러므로 신앙에도 도가 있어야 하며, 그 도 있는 믿음이 계속되어야 근원 있는 신앙, 실효 있는 신앙, 영원한 신앙이 될 것"이라고 밝히고 있다.

3조, 4조, 5조는 배움에 관계되는 내용으로 인간으로 태어난 이상에는 배워야 하며 조금 안다 하여 배우기를 놓지 말아야 하고 술 먹고 이성을 밝히고 산천을 유랑하며 허송세월하지 말고 그 시간에 진리를 연구하라고 권하고 있다.

6조와 7조는 모든 사물에 집착하지 말라고 권하고 있는데 집착을 떠나서 여기 지금 있는 그대로 상황 따라 할 뿐인 경지는 소승에서 최고의 수행 경지인 아라한과를 얻는 정도의 실력일 것이다. 나아가 모든 사물을 대할 때 과한 욕심을 내지 말아야 하는 데 욕심이 나는 것을 제어하지 못하면 그것이 바로 행동으로 나타나 일을 그르치게 되므로, 욕심을 우리의 목숨 뺏어가는 사자와 같이 무서워하라고 경계하고 있다.

8조와 9조, 10조, 11조, 12조는 스스로 자기 자신을 가르치는 구체적인 조목으로 첫째, 무슨 일이든지 잘못된 일이 있고 보면 남을 원망하지 말고 자기를 살필 것인데 보통 사람들은 잘못된 일이 있으면 상대방 탓으로 돌리기가 일쑤다. 둘째, 다른 사람의 그릇된 일을 듣고 보아서 자기의 그름은 깨칠지언정 그 사람의 그름을 드러내지 말 것이며 다른 사람의 잘된 일을 견문하여 세상에 널리 알리며 그 잘된 일을 잊어버리지 말아야 하는 데 거꾸로 사람들이 모여 수다를 떨면서 다른 사람 흉보는 일이 많으니 다른 사람의 잘된 일은 사회에 널리 알리고 잊지 않아야 할 것이다. 셋째, 정당한 일이거든 내 일을 생각하여 입장 바꿔 생각해 보아 남의 세정을 알아줄 것이라는 권장 사항이다.

13조와 14조는 정당한 일과 부당한 일 즉 정의로운 일과 불의한 일에 당하여 어떻게 행동할 것인가는 문제이다. 정의와 불의는 아무리 하기 싫어도 또는 아무리 하고 싶어도 죽기로써 해야 하거나 하지 말라는 가르침이다. 소태산 대종사는 "마음에 욕심을 떼고, 하고 싶은 것과 하기 싫은 것에 자유자재하고 보면 그것이 곧 마음을 마음대로 하는 여의보주

다."라고 하였고, 취사력 얻는 빠른 방법은 정의인 줄 알거든 크고 작은 일을 막론하고 죽기로써 실행할 것이며, 불의인 줄 알거든 크고 작은 일을 막론하고 죽기로써 하지 않을 것이라고 하였다. 여기에서 성현聖賢께서 '죽기로써'라는 극단적인 단어를 사용한 것을 눈여겨보아 실천을 다짐해야 할 것이다.

15조와 16조는 어떤 목표나 목적을 이루려고 할 때 다른 사람의 의사意思에 관계없이 억지로 권장하는 일은 효율이 떨어질 뿐 아니라 인간관계가 소원해질 수도 있다는 것과 나의 원을 이루고자 할 때 속히 이루려고 하지 말고 꾸준히 관심을 가지고 목표에 맞춰서 하게 되면 시일의 장단은 있을 수 있으나 꼭 이룰 수 있게 될 것이라는 권장 사항이다. 그런데 보통 사람들은 다른 사람 일에 상관하여 자기 뜻대로 강요하는 데 법마상전급 공부 조항에 나와 관계없는 일에 나서지 말라 하여 '무관사에 동하지 말라.'라고 하였다.

상시 일기를 보면 계문의 범과 유무는 날마다 점검하도록 하였으나 솔성요론은 매일의 점검 사항에 포함하고 있지 않다. 이것은 권장사항의 의미이며 15조에도 있듯이 다른 사람의 원 없는 데에는 권하지 말라는 내용처럼 실제로 공부의 경지가 견성을 하여 한가하고 넉넉한 가운데 강단 있게 공부하도록 이끌어 준 것이다. 이 시대는 무슨 일이나 자기 스스로 자발적이고 주도적으로 이루어야 하는 시대가 도래하였다. 권위나 강압이 아닌 방법으로 동기 부여를 통하여 자각할 수 있도록 할지언정 아무리 가까운 부모 자녀사이라도 본인은 실천하지 못하면서 말로만 지도한다면 수용하기가 어려울 것이다. '솔성요론'의 권장 사항처럼 강제하지 않고 기다려주면서 지지하고 성원하도록 하여야 자타 간에 발전이 있을 것이며 설득하려 하지 말고 교육을 통하여 스스로 자각하여 변해야 할 것이다. 어떤 사람은 물어보지 않은 것은 가르쳐주지 않았다고 한다.

『대종경』에 보면 이러한 이야기가 있다. 소태산 대종사가 하루는 실상사에 갔더니, 노승 두 사람이 한 젊은 상좌에게 참선參禪을 하라 했으나 도무지 듣지 아니하여 무수히 꾸짖고 나서, 대종사에게 말하기를 "저런 사람은 당장에 천 불이 출세하여도 제도하지 못하리니 이는 곧 세상이 버린 물건이라." 하니 대종사 웃으며 말하기를 "화상和尙들이 저 사람을 생각하기는 하였으나 저 사람으로 하여금 영영 참선을 못 하게 하는 것도 화상들이다."라고 하였다. "어찌하여 우리가 저 사람에게 참선을 못 하게 한다고 합니까?" "남의 원 없는 것을 강제로 권하는 것은 그 사람으로 하여금 영영 그 일을 싫어하게 함이라. 내가 지금 화상에게 저 산의 바위 속에 금이 들었으니 그것을 부수고 금을 캐라고 무조건 권하면 화상은 곧 나의 말을 믿고 바로 채굴을 시작하겠습니까?" 노승이 한참 동안 생각한 후에 말하기를 "그 말을 믿고 바로 채굴은 못 하겠습니다." "화상이 그와 같이 확신하여 주지 않는데 내가 만일 강제로 권하면 화상은 어찌하겠습니까? 필시 내 말을 더욱 허망하게 알고 말 것이니, 저 사람은 아직 참선에 대한 취미도 모르고 아무 발원도 없는데, 그것을 억지로 권함은 저 사람이 참선을 도리어 허망하게 알게 함이요, 허망하게 아는 때에는 영영 참선을 아니할 것이 아닙니까. 그러므로 이는 사람 제도하는 묘방이 아닙니다." "그러면 어떻게 하는 것이 제도하는 묘방이 됩니까?" "저 바위 속에 금이 든 줄을 알았거든 내가 먼저 채굴하여 그것을 광채 있게 쓰면 사람들이 나의 부유해진 연유를 알고자 하리니, 그 알고자 하는 마음의 정도를 보아서 그 내역을 말하여 준다면 그 사람들도 얼마나 감사히 그 금을 채굴하려 하겠습니까. 이것이 곧 사람을 제도하는 묘방일까 합니다." 노승들이 고쳐 앉으며 말하기를 "선생의 제도하시는 방법은 참으로 광대합니다."라고 하였다.

대산 종사는 성誠 경敬 신信을 '성인들의 쉬지 않는 세 가지 솔성의 도'라고 가르쳤는데 이는 천도교의 핵심 가르침이기도 하다. 우리 공부인은 좋은 습관을 길들이기 위하여 마음공부의 권장 사항인 '솔성요론'을 배워 실천하여야 할 것이다.

17

밖으로 경계를 대치하는 외수양 공부

처음 마음공부에 입문한 사람은 경계가 와도 경계가 온 줄도 모르고 한참 경계와 놀아나다가 일이 지나가고 나면 '경계가 갔구나!' 한다고 한다. 경계가 오면 '왔구나!' 하고 알아차려야 하는데 그렇지 못하는 것이다. 그러므로 마음공부 마음 작용 프로세스 6과정의 첫 번째가 마음 챙김이며 이 마음 챙김은 나는 마음공부하는 사람이니 경계가 오면 온 줄을 알고 경계가 없으면 없는 줄로 아는 마음을 챙기는 것이다. 또한 처음 공부 하다 보면 어떤 경계가 오면 온 것을 알아차리기는 하였으나 그 경계를 어떻게 처리하여야 할지 알지 못하고 경계가 지나가는 경우가 생기거나 그 경계에 끌려 마군魔軍에게 지고 만다. 이때를 위하여 정산 종사는 밖으로 경계를 대치하는 외수양 공부법을 알려 주었다. 이 외수양 방법은 원불교 최초의 교과서인 『수양연구요론』과 관련이 있는 『수심정경』에 있는 내용이다. 『수심정경』은 정산 종사가 1950년대에 『수양연구요론修養硏究要論』에 수록되어 있는 『정정요론定靜要論』을 별책으로 분리한 후 장을 나눈 다음 내용을 가감·보충 정리하고 이름 붙여 발간한 수양 보조교재이다.

『정산종사법어』 경의편 65장에서 '밖으로 경계를 대치하는 외수양' 공부법은 "첫째는 피경避境 공부니, 처음 공부할 때는 밖에서 유혹하는 경계를 멀리 피하는 것이요, 둘째는 사사捨事 공부니, 긴하지 않은 일과 너무 번잡한 일은 놓아버리는 것이요, 셋째는 의법依法 공부니, 해탈의 법을 믿어 받들고 진리로 안심을 구하는 것이요, 넷째는 다문多聞 공부니, 위인들의 관대한 실화를 많이 들어 항상 국량을 크게 하는 것이라. 이러하면 자연히 바깥 경계가 평정되어 마음이 편안하리라."라고 하였다.

밖으로 경계를 대치하는 외수양 공부법을 자세히 살펴보면 첫째는 피경 공부이다. 처음 공부할 때는 밖에서 유혹하는 경계를 멀리 피하는 것으로 이것이 피경이다. 공부삼아 나와 만나는 경계를 피하는 것인데 우리 속말에 '똥이 무서워서 피하는 것이 아니라 더러워서 피한다'는 말이 있다. 경계를 피하는 데는 두 가지 의미가 있는데 하나는 내가 경계를 이기지 못하고 끌려가게 될 것 같은 경우이고, 또 하나는 마음이 번거로워지는 것을 미연에 방지하고자 경계가 없는 조용한 곳으로 피하는 경우이다. 공부인이 기숙사에서 저녁 식사 후에는 일절 먹지 않기로 유념조항의 말자는 조목으로 정하였다. 그런데 같은 방에 있는 친구가 저녁이면 꼭 야식으로 라면이나 통닭 등을 먹는 때가 있었다. 이럴 때 피경 공부를 하는 경우, 라면 등 맛있는 야식을 준비할 때 살며시 일어나 밖으로 나가서 그 자리를 피하는 것이다. 더 나아가 아예 야식을 먹지 않는 룸메이트와 숙소를 바꾸면 더 좋을 것이다.

둘째는 사사捨事 공부이다. 긴하지 않은 일과 너무 번잡한 일은 놓아버리는 것인데 스티븐 코비 박사의 『성공하는 사람들의 7가지 습관』의 '개인 관리의 원칙'이라는 부제가 붙어 있는 습관 3은 '소중한 것부터 하라'는 것이다. 일은 시간 관리 매트릭스를 활용하여 중요한 것과 시급한 것 가운데에서 중요한 것을 먼저 하라는 내용으로 공부인도 이와 같이 내가 세운 목표인 마음의 자유를 얻는 데 직접적인 관계가 있는 요긴한 일이면 그 일을 실행하고 일이 일을 만들어내는 너무 번잡한 일은 하지 않는 것이다. 인간은 사회적 동물인지라 단체생활을 하다 보면 지도자가 필요해 대표를 맡아야 할 때도 있고, 주변에서 사소한 도움을 요청하면 거절하기도 쉽지 않다. 그러나 목표가 확실한 공부인이라면 나의 목표 달성에 중요한 일과 중요하지 않은 일을 판단하여 솔성요론 16조에 있는 '원을 이루고자 하거든 보고 듣는 대로 원하는 데에 대조하여 연마하라.'는 가르침을 잊지 말고 취사하여 요긴하지 않은 일과 너무 번잡한 일은 놓아버려야 할 것이다. 마음공부를 하다 보면 삼대력을 얻어가야 하는데 삼대력 가운데 수양력은 수돗물 한 방울씩 모이는 것과 같고 좁쌀 한 알씩 모이는 것과 같다고 비유할 수 있다. 그러나 이를 사용하기로 하면 한순간이 되므로 공부인이 마음공부 초기에 피경 공부와 사사 공부가 필요한 것이다. 어느 정도 모이면 수양력을 퍼다 써도 표가 나지 않으며 바로 보충될 수도 있고 또 그러한 일을 하면서도 일심으로 하면 도리어 공력이 쌓이게 되는 정도에 이르기도 할 것이다.

셋째는 의법依法 공부이다. 해탈의 법을 믿어 받들고 진리로 안심을 구하는 것인데 마음공부하는 공부인의 목표는 무엇일까? 필자는 마음의 자유와 가정의 행복과 세상의 평화를 구한다고 하였다. 이를 다른 말로 표현한다면 안심입명安心立命을 구하는 것이다. 안심입명은 죽음의 경우를 당하더라도 마음이 편안한 것이다. 이는 생사해탈을 하였기 때문이요 나아가 고락에 해탈하는 것이다. 생사에 해탈하는 것은 태어남이 없는지라 죽음도 없고 죽음이 없으니 다시 태어남도 없는 성품의 원리를 알기 때문이요, 고락에 해탈하는 것은 짓지 않은 고와 낙은 받지 않고 받을 수도 없는 이치를 알기 때문이다. 그러므로 소태산 대종사는 서울 박람회에서 화재보험 회사의 선전 시설을 보고 한 감상을 얻은 후 "우리가 항상 말하기를 생사고락에 해탈하자고 하지마는 생사의 원리를 알지 못하면 해탈이 잘 되지 않을 것이며, 모든 고락에 있어서도 그 원리를 아는 사람은 정당한 고락으로 무궁한 낙을 준비할 것이나, 그렇지 못한 사람은 그러한 희망이 없고 준비가 없는지라 아득한 고해에서 벗어날 기약이 없나니, 생각이 있는 이로 이런 일을 볼 때에 어찌 걱정스럽지 아니하며 가련하지 아니 하리오."라고 하였다.

의법 공부는 해탈의 법을 믿고 받들어 그 진리로 안심을 구하는 것이라 하였다. 『세전』 해탈의 도에는 "세상일은 한량이 없고 착심도 한계가 없는지라, 인간의 모든 일을 착심着

心으로써 하기로 하면 그 착이 한이 없고 해탈로써 해결하기로 하면 어떠한 순역 경계에도 괴로움과 걸림이 없다. 그러므로 우리가 세간의 모든 일에 해탈을 얻기로 하면 먼저 모든 이치의 근원을 관조하여야 할 것이요, 다음은 그 진리를 모든 경계에 잘 응용하여야 할 것이다. 해탈의 도는 첫째, 생사가 원래 없는 불생불멸의 근본 진리를 철저히 관조하고 그 진리를 생사의 경계에 실지로 응용하여 죽고 나는 데에 해탈을 얻는 것이요, 둘째는 고락이 원래 돈공한 자성의 원리를 철저히 관조하고 그 진리를 고락의 경계에 실지로 응용하여 괴롭고 즐거운 데에 해탈을 얻는 것이요, 셋째는 모든 차별과 이해가 원래 공한 자리에서 인과보응 되는 이치를 철저히 관조하고 그 진리를 차별과 이해의 경계에 실지로 응용하여 모든 차별과 이해에 해탈을 얻는 것이니 『반야심경』에 '오온이 다 공함을 비춰보아 일체 고액을 건넌다.' 하신 것이 곧 해탈 공부의 강령이 된다."라고 하였다.

밖으로 경계를 대치하는 외수양 공부법의 넷째는 다문多聞 공부이다. 위인들의 관대한 실화를 많이 들어 항상 국량을 크게 하는 것이다. 공부인은 마음공부하면서 견문을 넓혀야 하지만 그 범위를 마음공부에 한정해야 할 것이다. 그렇지 않으면 박람 박식은 될지언정 마음에 힘은 얻지 못할 것이다. 초기에는 아무리 훌륭한 새로운 지식이라 할지라도 마음공부와 무관한 정치 경제 사회 문화 등의 일은 무관사로 정하여 관심을 두지 않아야 하고 취사선택하여야 할 것이다. 위인들의 관대한 실화는 공부인의 마음 국량을 넓혀주어 그 실력에 기초공사가 넓고 큰 자리를 잡게 할 것이다.

18

안으로 자기 마음을 닦는 내수양 공부

처음 마음공부에 입문한 사람은 경계가 밀려오는 일 가운데 있을 때는 주의심을 들이대어 공부심을 놓지 않다가도 일이 없고 경계도 없으면 그 시간에 무슨 일 없나 하고 일을 만들게 된다. 그러나 밖으로 일이 없을 때 안으로 하는 공부가 있고, 밖으로 일이 있을 때는 취사하는 주의심을 놓지 않고 그일 그 일에 불의를 제거하고 정의를 행하여야 하는 것이 마음공부 곧 무시선 공부의 강령이기도 하다. 마음공부를 하면서 일상생활하는 가운데 밖으로 만나게 되는 경계 가운데에서 피경 공부, 사사 공부, 의법 공부, 다문 공부를 하여 바깥 경계가 자연히 평정되어 마음이 편안하여졌으나 안으로 마음속에 욕심의 원숭이가 한 마리 있어 육근을 통하여 마음을 요란하게 한다면 이 또한 해결하여야 할 과제이다. 법문에서 일 없을 때는 일심을 양성하여 잡념을 제거하라 하였는데 안으로 자기 마음을 어떻게 닦을 것인가 하는 문제는 매우 중요하다 하겠다.

마음공부를 하다 보면 일이 없어 한가할 때 수양하려면 무슨 공부를 해야 하나 하는 의문이 생길 것이다. 그때 할 수 있는 공부가 안으로 자기 마음을 닦는 공부인데 이를 위하여 정산 종사는 안으로 자기 마음을 닦는 내수양 공부법을 알려 주었다. 여기에서 주목할 사항은 지금 진행하고 있는 마음공부의 초급과정 프로그램인 '마음 소 길들이기'를 하는 데 정산 종사는 안으로 자기 마음을 닦는 수양 공부에 마음 소를 비유하여 설명하고 있다는 점이다. 이는 『목우십도송』의 입장과 함께하고 있다고 생각하는데 『목우십도송』은 수양 연구 취사의 삼학 세 과목 가운데 굳이 분류하자면 수양과목에 해당한다고 할 것이다.

그런데 수행품 55장에서 소태산 대종사는 마음 소 길들이는 단계를 네 단계로, 어미 젖 떨어지기 전의 방종한 송아지와 말뚝에 매달린 젖 뗀 송아지와 안심을 얻어가는 소와 길 잘든 소, 네 가지로 구분하고 있다. 이제까지 필자가 '마음 소 길들이기' 과정을 공부해온 것은 『대종경』 수행품 55장의 내용을 취사 중심으로 이해하고 진행하여 왔는데 정산 종사는 『목우십도송』의 관점에서 마음 소를 수양에 비유하고 있어서 서로 다른 감이 있지만 마음 소를 수양에 비유하여 집심과 관심 그리고 무심을 설명하여 주니 쉽고 새로운 면이 많다.

안으로 자기 마음을 닦는 내수양 공부법의 첫째는 집심執心 공부이다. '염불 좌선을 할 때와 일체 때에 마음을 잘 붙잡아 외경에 흘러가지 않게 하기를 소 길들이는 이가 고삐를 잡고 놓지 않듯 하는 것'이라 하였다. 우리 공부인은 염불이나 좌선을 할 때 어떻게 하나? 필자는 수양과목의 핵심인 염불과 좌선은 천념千念을 일념一念으로 일념을 일심一心으로, 무심無心으로 나아간다고 생각한다. 이때 생각을 일념으로 집중하여 망념이나 외경에 흘러가지 않게 하는 데 이를 마치 소고삐를 붙잡고 놓지 않듯 하라는 것이다. 단전주 좌선의 핵심은 처음에는 "전심의 힘을 단전에 툭 부리어 일념의 주착도 없이 다만 단전에 기운 주해 있는 것만 대중잡되 방심이 되면 그 기운이 풀어지나니 곧 다시 챙겨서 기운 주하기를 잊지 말라."고 하였다. 그런데 처음 좌선 하는 사람은 앉은 자세와 호흡 등의 설명을 먼저 듣다 보니 그것이 더 중요한 것처럼 알게 되고 앉은 자세나 호흡이 숙달되지 않아 힘들어한다. 그러나 단전주 좌선의 핵심 가운데 한 가지는 앞에서 설명한 사항에 집중하여야 할 것이다. 정산 종사는 이 과정을 집심이라 하였고 소의 고삐를 놓지 않듯이 단전에 기운 주해 있는 대중을 정성을 다하여 챙기라 한 것이다.

내수양 공부법의 둘째는 관심觀心 공부이다. '집심 공부가 잘 되면 마음을 놓아 자적自適하면서 다만 마음 가는 것을 보아 그 망념만 제재하기를 소 길들이는 이가 고삐는 놓고 소가 가는 것만 제재하듯 하는 것'이다. 좌선하면서 오래 앉아 있어도 몸이 편안하고 단전에 기운 주하는 것이 풀어지지 않고 단전주가 잘 되면 이것은 집심 공부가 잘 되는 것으로 알고 그때부터는 마음이 다른 생각으로 흐르는 것에 주의하여야 한다. 좌선하면서 다른 생각을 하는 것이 망념인데 이것은 단전에 집심이 지속되지 않고 마음이 나가는 것이다. 마음의 원리를 설명한 가운데 하나는 마음은 대상이 없으면 일어나지 않는다는 것이었다. 좌선하면서 다른 일이나 물건 등을 생각하면 마음이 거기에 꼬리를 물고 일어나는데 이것이 망념이다. 그런데 이 망념이 일어난 것은 나의 생각이 먼저 대상에 나간 것이니 이때는 '아! 내가 다른 생각을 하고 있구나.' 하고 알아차리고 놓아버리거나 놓이지 않으면 단전에 집심을 더 강화하는 것이다. 이때 마음 소의 고삐인 단전주는 그대로 두고 일어나는 망념을 소를 제재하듯이 놓으라는 것이다.

셋째는 무심無心 공부이다. '관심 공부가 순숙하면 본다는 상相도 놓아서 관觀하되 관하는 바가 없기를 소 길들이는 이가 사람과 소가 둘 아닌 지경에 들어가 동과 정이 한결같이 하는 것'이다. 좌선하다 보면 몸이 편안한 가운데 발이 저리는 등 불편함이 없고 아무 생각도 없이 시간이 5분 정도 지나간 것 같은데 삼사십 분이 훌쩍 지나간 때가 있다. 이때는 단전에 기운을 주하는 집심 수준과 밖으로 나가는 마음을 보는 관심 상태도 지나 고요하고 두렷하여 적적성성한 무념무상의 지경에 이른 것이라 할 수 있다. 내수양 공부를 잘하여 좌선이 즐겁고 좌선 시간이 기다려지는 등 익숙해지고 선정으로 인하여 기쁨이 일어나면 공부인과 마음 소가 하나가 되어서 일 있을 때나 일 없을 때나 성품을 떠나지 않은 일심이 지속되면 이것이 무심 공부이다.

『정전』 '좌선의 방법'에 보면 "정신은 항상 적적寂寂한 가운데 성성惺惺함을 가지고 성성한 가운데 적적함을 가질지니, 만일 혼침에 기울어지거든 새로운 정신을 차리고 망상에 흐르거든 정념으로 돌이켜서 무위자연의 본래 면목 자리에 그쳐 있으라."고 하였다. 이는 적적성성함과 성성적적함을 표준 하되 나 자신의 본래면목에 머물러 있도록 하는 것이며 단전주 좌선의 둘째 핵심 사항이다. 무위자연의 본래 면목 자리는 참나 자리로서 원래의 나인 성품 자리에서 한 걸음 나온 진공묘유 자리이며 공적영지 자리에서 신령한 감이 있는 정신의 경지라 할 수 있다. 삼학의 정신수양에 보면 "정신이라 함은 마음이 두렷하고 고요하여 분별성과 주착심이 없는 경지를 이름이요, 수양이라 함은 안으로 분별성과 주착심을 없이하며 밖으로 산란하게 하는 경계에 끌리지 아니하여 두렷하고 고요한 정신을 양성함을 이름이니라." 하고 있음을 잊지 말아야 할 것이다.

부처님과 소태산 대종사의 가르침을 서로 연결하여 보는 것은 마음공부하는데 많은 도움이 된다. 석가모니 부처님은 수행하는 데 사마타와 위파사나를 설하였고, 소태산 대종사는 좌선과 무시선을 말하였다. 필자가 생각하기에는 두 분 여래께서 말하고 있는 단어나 표현은 다를지언정 그 의미하는 내용은 같다고 생각하여 왔다. 곧 사마타는 좌선, 위파사나는 무시선과 비교하여 이해하면 공부인에게 도움이 될 것이다.

육근에 일이 없을 때, 안으로 자기 마음을 닦는 내수양 공부의 원리로 집심법과 관심법과 무심법을 밝혀 주어 공부하게 하고, 밖으로 경계를 대치하는 공부법인 피경 공부와 사시 공부, 의법 공부, 해탈 공부를 함께 하도록 이끌어 주었다. 마음공부의 또 한 가지 방법이 되고 지표로 삼아 이를 통하여 마음의 힘을 길러야 할 것이다.

19

밖으로 입지가 부동하게 하는 외정정 공부

원불교의 전신인 불법연구회의 최초 교과서인 『수양연구요론』의 서문에는 "인생의 요도는 수양에 있고 수양의 목적은 연구에 있고 연구의 목적은 혜복을 구함에 있다. 그러나 모든 교법이 세상에 유행하여 사람마다 혜복을 구한다 하나 실상은 그 근원을 알지 못함으로 학설만 익번益煩하고 고해가 점심漸深하도다. 본서는 가장 간명히 수양의 본원을 알리기 위하여 정정요론을 말하고 연구의 방편을 밝히기 위하여 삼강령 팔조목과 각 문목 순서 등을 설명하였으니 본회 제씨諸氏는 수양의 빠른 힘을 얻어 연구의 사항을 밝혀내어 암매暗昧한 인간의 선도자가 되시기를 절망切望하는 바라."고 밝혔다.

여기에 보면 "가장 간명히 수양의 본원을 알리기 위하여 정정요론을 말한다."라고 하였다. 본서의 정정요론 상上과 하下에서 외정정과 내정정을 밝히고 있다. "정定이란 자는 하나로 이에 정定하여, 모든 다른 도리가 나의 짓는 바에 더함이 없고, 저 허다한 법술이 세상을 의혹케 하는 데에 빠지지 아니할 뿐이요. 정靜이란 자는 하나로 정定한 데 돌아와서 다시 다른 데로 움직이지 아니하여, 부귀영화도 능히 마음을 달래어 가지 못하고 금옥보패도 가히 뜻을 빼앗아 가지 못할지니, 한 뜻이 정定하여 다섯 마음이 움직이지 아니한즉 맹자의 마음이 움직이지 아니한 것과 노자의 근본에 돌아와 고요하다 함이 다 이 정정定靜을 이름이니라."하고 정정定靜을 설명하고 있다.

소태산 대종사는 『대종경』 수행품 19장에서 교단 초창기 9인 제자 가운데 한 사람인 이순순李旬旬에게 묻기를 "그대는 재가 공부在家工夫를 어떻게 하는가?" 순순이 답하기를 "마음 안정하기를 주장합니다." 또 묻기를 "어떠한 방법으로 안정을 주장하는가?" 순순이 답하기를 "그저 안정하고자 할 따름이고 특별한 방법을 알지 못합니다." 대종사 말하기를 "무릇, 사람에게는 항상 동과 정 두 때가 있고 정정定靜을 얻는 법도 외정정과 내정정의 두 가지 길이 있나니, 외정정은 동하는 경계를 당할 때 반드시 대의大義를 세우고 취사를 먼저 하여 망녕妄佞되고 번거한 일을 짓지 아니하는 것으로 정신을 요란하게 하는 마魔의 근원을 없이하는 것이요, 내정정은 일이 없을 때 염불과 좌선도 하며 기타 무슨 방법으로든지 일어나는 번뇌를 잠재우는 것으로 온전한 근본정신을 양성하는 것이니, 외정정은 내정정의 근본이 되고 내정정은 외정정의 근본이 되어 내와 외를 아울러 진행하여야만 참다운 마음의 안정을 얻게 되리라."고 하였다.

일반적으로 마음공부를 하면서 처음 시작할 때 초심이 지속되지 못하고 흔들리게 되어 쉬었다가 다시 시작하고 쉬었다 다시 하기를 반복하면 추진력이 떨어져 결과를 보기가 쉽지 않다. 마음공부하는 데에 끝이 있는 것은 아니지만 1단계 목표는 견성을 하고 법강항마위에 올라 정사正師가 되는 것이라 할 때 여기까지는 쉼 없이 직행할 수 있으면 얼마나 좋을까 생각한다. 마음공부를 처음 시작한 공부인이 마음이 흔들리지 않게 하는 외정정 공부가 있으니 여기에 대하여 알아보기로 하자.

정산 종사는 『정산종사법어』 경의편 66장에서 "외정정은 밖으로 입지가 부동하게 하는 공부인바, 첫째는 큰 원을 발함이니 원하는 마음이 지극하여 천만 가지 세상 인연이 앞에 가로놓여도 보되 보이지 않고 조금도 마음에 걸리지 않기를 석가세존께서 한번 대도에 발심하매 왕궁의 낙과 설산의 고가 조금도 마음에 머물지 않듯 하는 것이요, 둘째는 큰 신심을 발함이니 신심이 지극하여 천만 가지 세상 법이 비록 분분하여도 다시 사량 취사하는 마음이 없기를 혜가慧可께서 한번 믿어 뜻을 결정하매 몸을 잊고 법을 구하듯 하는 것이요, 셋째는 큰 분심을 발함이니 분심이 지극하여 천만 장애가 포위 중첩하여도 두렵고 물러나는 마음이 없기를 십이사도가 죽음을 무릅쓰고 도를 지키듯 하는 것이라. 이 세 가지가 있으면 자연히 뜻이 태산같이 서서 흔들림이 없으리라."고 하였다.

공부인이 사람과 일을 만나는 가운데 생활하면서 공부심을 지속하기는 쉽지 않으므로 마음공부를 하기로 발원하였다가도 중도에 그만두는 사람도 많고 쉬었다 또다시 시작하는 사람도 많다. 이 경우 밖으로 동하는 경계를 당할 때 반드시 대의大義를 세우고 취사를 먼저 하여 망녕되고 번거한 일을 짓지 아니하는 것으로 입지가 부동하게 하는 외정정 공부를 해야 할 것이다. 밖으로 입지가 부동하게 하는 외정정 공부의 첫째는 큰 원을 세우는 것이다. "이는 원하는 마음이 지극하여 천만 가지 세상 인연이 앞에 가로놓여도 보되 보이지 않고 조금도 마음에 걸리지 않기를 석가세존께서 한번 대도에 발심하매 왕궁의 즐거움과 설산의 괴로움이 조금도 마음에 머물지 않듯 하는 것"이라고 하였다. 목표가 분명하고 중요하고 크면 중간에 아무리 다른 유혹이나 나태심이 나더라도 이겨낼 수 있을 것이다. 『수양연구요론』에 보면 "비하건대 나의 몸이 천 자나 깊은 우물 바닥에 떨어진 형상과 같이하여 아침으로 좇아 저녁때에 이르고, 저녁으로 좇아 아침에 이르러서 일천 번 생각하고 일만 번 생각하는 것이 당연코 다만 나오기를 구하는 마음"이라고 큰 원을 세움에 대하여 설명하고 있다.

밖으로 동하는 경계를 당할 때 반드시 대의大義를 세우고 취사를 먼저 하여 망녕되고 번거한 일을 짓지 아니하는 것으로 입지가 부동하게 하는 외정정 공부의 둘째는 큰 신심을 내는 것이다. "신심이 지극하여 천만 가지 세상 법이 비록 분분하여도 다시 사량 취사하는 마음이 없기를 혜가慧可께서 한번 믿어 뜻을 결정하매 몸을 잊고 법을 구하듯 하는 것"이라고 하였다. "신信이라 함은 믿음을 이름이니, 만사를 이루려 할 때 마음을 정하는 원동력原動力"이라고 밝히고 있듯이 법을 구하고 도를 구하는 이가 2조 혜가 스님처럼 한번 뜻을 결정함에 팔목을 절단하여 믿음의 확고함을 나타낸 것처럼 큰 믿음을 세움이 입지立志 부동不動함의 중요한 것에 대하여 설명하고 있다.

밖으로 동하는 경계를 당할 때 반드시 대의大義를 세우고 취사를 먼저 하여 망녕되고 번거한 일을 짓지 아니하는 것으로 입지가 부동하게 하는 외정정 공부의 셋째는 큰 분심憤心을 내는 것이다. "분심이 지극하여 천만 장애가 포위 중첩하여도 두렵고 물러나는 마음이 없기를 십이사도가 죽음을 무릅쓰고 도를 지키듯 하는 것"이라고 하였다. 『수양연구요론』의 「정정요론」 상上에 "또 나의 몸이 죽을죄에 당함으로 감옥에 갇혀서, 날을 한정하고 베어 죽일 예정으로 홀연히 감옥 군사가 취하여 잠들 때를 당하여, 밤이 적적하고 고요할 적에 수갑을 끄르고 잠긴 쇠를 부수고 옥을 넘어 몸을 벗어난 즉, 동서를 분간하지 못하고 곧 도망하여 땅의 경계에 다다를 즈음에, 독한 용과 모진 짐승이 앞에 당하여도 두려운 마음이 없고, 화살과 돌과 칼과 창도 또한 무섭고 두려운 마음이 없어서, 빨리 달아나기를 무릅쓰고 기구히 험한 길을 평지같이 밟으며 가시덤불을 초개같이 보나니, 차라리 다른 데 죽을지언정 이 감옥 가운데에서는 죽지 아니할 뜻인데 이것은 이에 극절한 마음이니, 공부할 즈음에 이 간절한 마음이 있으면 날을 한정하고 할 공부요, 일백 번이라도 마치는 공부"라고 큰 원과 믿음과 분심을 세움에 대하여 설명하고 있다.

또 『수양연구요론』「정정요론」 상편에는 "마음공부하는 데에 다섯 피할 것이 있으니, 제1은 무슨 일이든지 무슨 말이든지 이루기로 하는 땅에 믿지 아니함이요, 제2는 정당한 법과 상당한 일을 게으르고 홀대하여 중요하게 하지 아니함이요, 제3은 시비를 알지 못하고 나의 생각에만 집착함이요, 제4는 가볍게 흔들려져서 과히 기뻐하고 즐거워하는 데에 끌림이요, 제5는 먼저하고 뒤에 할 바를 알지 못하고 속히 하고자 한 마음이니, 이것이 다 큰 병이라 반드시 사도에 떨어지나니, 공경하고 삼가라."고 하였다. 마음공부하는 초급과정에 있는 공부인으로 밖으로 생활하는 가운데 경계를 당할 때 반드시 대의大義를 세우고 취사를 먼저 하여 망녕되고 번거한 일을 짓지 아니하는 것으로 입지가 부동하게 하는 공부인 외정정 공부가 가히 중요함을 이해하게 되었다. 우리가 공부에 진척이 없고 시간만 가는 것 같은 생각이 들 때 이 외정정 공부를 다시 한번 더 챙겨야 할 것이다.

20

안으로 마음이 요란하지 않게 하는 내정정 공부

정산 종사는 『수심정경修心正經』의 강령을 네 가지로 밝혔는데, 이를 자세히 살펴보면 밖으로 경계를 대치하는 공부인 외수양外修養 공부를 하면, 자연히 바깥 경계가 평정되어 마음이 편안하게 되고, 안으로 자기의 마음을 닦는 내수양內修養 공부를 하여, 한마음이 청정하면 백천 외경이 다 청정하여 경계와 내가 사이가 없이 한 가지 정토를 이루게 되며, 밖으로 입지가 부동하게 하는 공부인 외정정外定靜 공부를 하면, 자연 뜻이 태산같이 서서 흔들림이 없게 되며, 안으로 마음이 요란하지 않게 하는 공부인 내정정內定靜 공부를 하면 자연히 마음 바다가 평정하고 번뇌가 길이 끊어지게 된다고 하였다. 소태산 대종사는 큰 공부에 대하여 밝히면서 "보통 사람들은 항상 조용히 앉아서 좌선하고 염불하고 경전이나 읽는 것만 공부로 알고 실지 생활에 단련하는 공부가 있는 것은 알지 못하나니, 어찌 내정정內定靜 외정정外定靜의 큰 공부법을 알았다 하리오."라고 밝히고 있어 실지 생활에 단련하는 공부가 더 중요한 것처럼 우리가 이해할 수 있으나 다른 법문에서 "외정정은 내정정의 근본이 되고 내정정은 외정정의 근본이 되어, 내와 외를 아울러 진행하여야만 참다운 마음의 안정을 얻게 되리라."고 밝히고 있으므로 외정정과 내정정이 모두 중요하다 할 것이다.

정산 종사는 『정산종사법어』 경의편 66장에서 "내정정은 안으로 마음이 요란하지 않게 하는 공부인바, 첫째는 염불 좌선을 할 때와 일체 일 없을 때 어지러운 생각이 일어나지 않게 하여 그 일심을 기르는 것이요, 둘째는 행주 동작과 일체 일 있는 때 그 뜻이 올발라서 비록 찰나 간이라도 망념이 동하지 않게 하는 것이요, 셋째는 사상四相이 공하고 육진六塵이 조촐하여 경계를 대하되 경계를 잊고 착 되지도 물들지도 않는 것이라. 이 세 가지 힘을 얻으면 자연히 마음 바다가 평정하고 번뇌가 길이 끊어지리라." 하였다.

내정정 공부를 자세히 살펴보면 안으로 마음이 요란하지 않게 하는 공부인 내정정 공부의 "첫째는 염불 좌선을 할 때와 일체 일 없는 때 어지러운 생각이 일어나지 않게 하여 그 일심을 기르는 것"이라 하였다. 일 없을 때 염불과 좌선을 하면서 조용히 앉아 눈을 감고 명상하고 있으나 실생활의 많은 일에 대한 사량思量 분별分別이 일어난다면 이는 모두 요란하고 어지러운 생각이다. 제1부 마음공부의 기초에서 언급한 마음공부의 첫 시작인 마음챙김과 알아차림을 통하여 내 마음에 일어나는 분별과 사량 그리고 계교計巧를 알아차리고 마음을 일경一境에 주하여야 한다. 염불을 한다면 '나무아미타불' 운곡에 일념一念을 챙겨야 하며 좌선을 한다면 단전에 마음과 기운을 주住하여 요란하고 어지러운 생각이 일어나지 않게 하는 것이다.

안으로 마음이 요란하지 않게 하는 공부인 내정정 공부의 "둘째는 행주 동작과 일체 일 있는 때 그 뜻이 올발라서 비록 찰나 간이라도 망념妄念이 동動하지 않게 하는 것"이라 하였다. 공부하는 사람이 처지 처지를 따라 이 일을 할 때 저 일에 끌리지 아니하고, 저 일을 할 때 이 일에 끌리지 않아서 그일 그 일에 전념專念하여 다른 생각이 일어나지 않게 하는 것으로 그 일에 대한 전념專念이 아닌 다른 일에 대한 생각은 모두 망념에 해당할 것이다. 그러나 실제 일을 하면서 다른 생각이 일어나지 않게 하기는 쉽지 않아서 다른 생각이 일어나면 알아차려야 하는데 공부인으로서 알아차리지 못하면 다른 생각에 놀아나고 말게 되며 일을 그르치기도 한다.

안으로 마음이 요란하지 않게 하는 공부인 내정정 공부의 "셋째는 사상四相이 공하고 육진六塵이 조촐하여 경계를 대하되 경계를 잊고 착 되지도 물들지도 않는 것"이라 하였다. 사상四相은 『금강경』에서 부처님께서 말씀하신 것으로 중생이 실재라고 믿는 나라는 아상我相, 사람이라는 인상人相, 깨닫지 못한 범부 중생이라는 중생상衆生相, 나이를 많이 먹었다는 수자상壽者相이다. 또 육진六塵은 안이비설신의 육근六根이 육식六識을 일으키는 여섯 가지 대상으로 색色 성聲 향香 미味 촉觸 법法을 말하며 육경六境이라고도 한다. 이 공부는 사상이 본래 없으며 육근이 경계를 대하되 경계를 잊고 집착하지도 않고 물들지도 않는 공부이다. 우리는 태어나서 교육과 경험을 통하여 시비이해에 대하여 많은 관념觀念과 상相을 가지게 되어 고정관념 선입견 편견 등이 생긴다. 이 공부는 이러한 상과 관념이 없어 응하여도 주한 바 없이 그 마음을 내는 공부이고 온전한 생각으로 취사하는 공부를 하는 것이다.

안으로 마음이 요란하지 않게 하는 공부인 내정정 공부는 염불 좌선을 할 때와 일체 일 없는 때에 어지러운 생각이 일어나지 않게 하여 그 일심을 기르는 공부와, 행주 동작과 일체 일 있는 때에 그 뜻이 올발라서 비록 찰나 간이라도 망념이 동하지 않게 하는 공부와, 사상四相이 공하고 육진六塵이 조촐하여 경계를 대하되 경계를 잊고 착 되지도 물들지도 않는 공부로 내정정 공부를 하면 이 세 가지 힘을 얻어서 자연히 마음 바다가 평정하고 번뇌가 길이 끊어질 것이다. 그러나 이러한 경지에 도달하기 위하여 쉼 없는 노력과 정진精進이 있어야 하지 말처럼 쉽지 않다.

마음공부의 초급과정에 있는 마음 소 길들이는 공부인이 『수심정경』에서 밝히고 있는 외수양과 내수양, 그리고 외정정과 내정정의 네 가지 공부길이 있다는 정신수양 하는 기본 구조를 이해하고 이대로 행한다면 사반공배事半功倍의 쉬운 공부길을 잡은 것이 될 것이다. 일 가운데 공부심을 지속하여서 일 있을 때에는 밖으로 외수양과 외정정 공부에 주력하고, 일 없을 때에는 내수양과 내정정 공부에 주력하여야 할 것이다. 이렇게 일 있을 때와 일 없을 때를 판단하여 정신수양을 지속한다면 날을 기약하고 큰 성취를 이룰 것이다.

처음 수행을 시작한 공부인은 마음공부의 밑그림을 그리지 못하나 정산 종사는 『수심정경』을 편술하고 그 강령까지 정리하여 주어서 공부인들로 하여금 쉽게 수양에 입문하도록 이끌어 주었다. 다시 한번 그 강령을 정리해 보면 밖으로 경계를 대치하는 공부인 외수양, 안으로 마음을 닦는 공부인 내수양, 밖으로 입지가 부동하게 하는 공부인 외정정, 안으로 마음이 요란하지 않게 하는 공부인 내정정 공부길이다. 이는 삼학 중 정신수양 방법에 해당하여 작업취사와 사리연구를 병진하도록 하고 있다. 아울러 외수양과 내수양과 외정정과 내정정, 이 네 가지를 아울러 실천하고 공부를 해야 한다. 어느 한 가지만이 공부를 하다 보면 능률과 성과가 오르지 못할 뿐 아니라 이상한 곳으로 빠져 멀리 가지 못할 것이다. 이에 일 있을 때와 일 없을 때를 구분할 뿐 안과 밖이 다르게 하는 수양 공부가 되어야 할 것이다. 그래야만 원만한 수행이 되고 완전한 길로 나가게 되기 때문이다.

참고로 이 『수심정경』은 "1장 정정의 대지를 밝힘[明定靜大旨], 2장 금기를 밝힘[明禁忌], 3장 연기 방법을 밝힘[明鍊氣方法], 4장 입문 요법을 밝힘[明入門要法], 5장 풍토이화의 공을 밝힘[明風土移化之功], 6장 정정 차제를 밝힘[明定靜次第], 7장 진상의 도를 밝힘[明眞常之道], 8장 총체적으로 강요를 밝힘[總明綱要]"으로 구성되어 있는데 정산 종사의 가필加筆은 내용을 선명하게 할 목적으로 전체에 걸쳐 이루어졌는데, 특히 강요를 밝히고 있는 제1장과 제8장이 상징적이라고 한다.

21

마음 소 길들이기 마무리

마음 소 길들이는 목동이 되어 '필자의 마음 소는 얼마나 길들었을까' 하고 생각해 보지만 송아지가 상황 파악 못하고 날뛰는 정도는 지났지만, 고삐를 놓으면 아직도 이집 저집 밭에 기웃거리는 자신을 보면 부끄럽다. '마음 소 길들이기'는 마음공부의 초급과정으로 나 자신의 나쁜 버릇을 고치고 좋은 습관을 길들이는 것이 핵심이므로 나 자신을 분석하여 알아야 하므로 나 자신이 변하려면 어떻게 하여야 하는가가 초점이 되었다. 처음에는 마음 소를 발견하기 위하여 곽암 선사의 '십우도'를 공부하였고 이후 보명 선사의 『목우십도송』을 외워 공부하고 '홀로 아리랑' 가요에 맞춰 가사를 바꿔 부르기도 하였더니 다른 일을 하면서도 가사를 흥얼거리는 자신을 발견하고 즐거워하였다. 이를 통하여 마음공부의 방향을 이해할 수 있었다.

『목우십도송』

1. 미목未牧 - 길들기 전.
2. 초조初調 - 겨우 붙들렸으나 도로 달아나려고 떼를 쓴다.
3. 수제受制 - 조금 길들여 가나 아직도 방심 못 한다.
4. 회수回首 - 머리를 돌이켰다.
5. 순복馴伏 - 길들여서 고삐를 놓아버렸다.
6. 무애無碍 - 소는 잠을 자고 목동은 일이 없다.
7. 임운任運 - 목동은 잠을 자고 소는 자유대로 풀을 뜯는다.
8. 상망相忘 - 사람과 소가 서로 잊었다.

9. 독조獨照 - 소는 간데없고 사람만 남았다.

10. 쌍민雙泯 - 사람도 소도 한 가지 없어지고 일원상만 나타났다.

두 번째로 마음공부의 시작이며 끝이라고 정의한, 내가 변화하기 위한 유무념 대조 공부를 하였다. 유무념 대조 공부의 시작은 하자는 조목과 말자는 조목 정하는 것이다. 이때 나를 객관적으로 분석하고 평가하여 나 자신의 장단점을 알게 되면 여기에 따라 하자는 조목과 말자는 조목을 정하는 데에 그치지 않고 취사하는 주의심을 가지고 하였는가 취사하는 주의심을 놓아버렸는가 하는 것이 기준이 되었다. 초보자는 일의 성공과 실패보다 취사하는 주의심의 지속이 중요하며 공부가 익숙해지면 일이 성공하였는가 실패하였는가를 기준하고 더 나아가면 일념이 지속하였는가 지속하지 아니하였는가 하는 단계로 발전하게 된다.

세 번째로 날마다 마음공부를 점검하는 상시 일기에 대하여 공부하였으며 상시 일기의 실행 과목인 학습상황과 '계문'에 대하여 설명하였다. 먼저 학습 상황은 수양 과목으로 염불, 좌선을 실행한 시간 수를 기재하고, 연구 과목으로 경전 연습과 의두 요목을 연마한 시간 수를 기재하게 하였다. 취사 과목으로는 계문의 범과한 번수를 기재하도록 하였고, 계문에는 보통급 십계문, 특신급 십계문, 법마상전급 십계문이 있으며 매 단계 열 가지 항목을 지키도록 하였다. 또한, 그 과정을 마치면 다음 단계로 나아가는데 법마상전급 십계문을 모두 마스터하면 그 이상은 계문을 주지 않고 자유의지에 맡기도록 하였다.

네 번째로 좋은 습관을 들이고 나쁜 버릇은 고치는 것이 '마음 소 길들이기'의 핵심 과제라면 스티븐 코비 박사의 책 『성공하는 사람들의 7가지 습관』은 훌륭한 길잡이가 되어 이를 일람하였다. 좋은 습관 길들이기도 진행하였으며 『습관의 힘』에서 어떻게 습관을 바꿀 수 있는지에 대하여 배웠다.

다섯 번째는 '솔성요론'에 대하여 공부하였다. 16가지 조목의 솔성요론은 견성을 했거나 못했거나 간에 자기 스스로 자발적이고 주도적으로 행동하여야 하는 이 시대에 권위나 강압이 아닌 동기 부여를 통하여 자각할 수 있도록 하는 공부법이다. '솔성요론'의 권장 사항처럼 강제하지 않고 기다려주면서 지지하고 성원하도록 하여야 자타 간에 발전이 있을 것이다. 설득하려 하지 말고 교육을 통하여 스스로 자각하여 변할 때까지 기다려주는 믿음이 필요하다.

여섯 번째는 정신수양의 구체적이고 자세한 실천 방법인 『수심정경』의 네 가지 핵심항목에 관하여 공부하였다. 밖으로 경계를 대치하는 공부인 외수양과 안으로 자기의 마음을 닦는 공부인 내수양과 밖으로 입지가 부동하게 하는 공부인 외정정과 안으로 마음이 요란하지 않게 하는 공부인 내정정이 바로 그것이다. 삼학 가운데 정신수양을 기초로 공부하고 보면 밖으로 나가고 달리던 마음이 차분해져 성격도 안정되고 인격이 변하여 마음공부의 기초공사라 할 수 있다. 필자는 '마음 소 길들이기' 과정이 원불교 법위등급의 보통급 공부에 해당한다고 생각한다. 보통급은 "유무식·남녀·노소·선악·귀천을 막론하고 누구든지 처음으로 불문에 귀의하여 보통급 십계를 받은 사람의 급"이라고 밝혔듯이 누구나 원불교에 입문하거나 원불교 마음공부를 배워서 하기 시작한 사람이다. 이들이 마음공부 해야 할 기준을 '마음 소 길들이기' 과정과 연결 지어 그동안 설명해 온 것으로 이 과정에서 이수하고 도달해야 할 수준이 있다면 공부인으로서 이정표를 만난 격이라 생각하고 이를 앞으로 정리 제시해 보고자 한다.

원불교는 인격의 표준을 수양력 연구력 취사력의 삼학 공부의 결과인 삼대력의 평가로 기준한다. 보통급에서는 맨 처음에 보통급 십계와 일상 수행의 요법에 대하여 설명 받는다.

보통급普通級 십계문

1. 연고 없이 살생을 말며,
2. 도둑질을 말며,
3. 간음姦淫을 말며,
4. 연고 없이 술을 마시지 말며,
5. 잡기雜技를 말며,
6. 악한 말을 말며,
7. 연고 없이 쟁투爭鬪를 말며,
8. 공금公金을 범하여 쓰지 말며,
9. 연고 없이 심교 간心交間 금전을 여수與受하지 말며,
10. 연고 없이 담배를 피우지 말라.

보통급 십계문은 작업취사 과목에 해당한다. 종교에 입문하기 전 그동안 저 세상에서 젖은 습관을 떨쳐 버리고 자유방임한 생활에서 울타리 즉 경계에 해당하는 라인을 설정한 것이므로 마음공부를 시작한 공부인은 반드시 지켜야 한다.

일상 수행의 요법

1. 심지心地는 원래 요란함이 없건마는 경계를 따라 있어지나니, 그 요란함을 없게 하는 것으로써 자성自性의 정定을 세우자.
2. 심지는 원래 어리석음이 없건마는 경계를 따라 있어지나니, 그 어리석음을 없게 하는 것으로써 자성의 혜慧를 세우자.
3. 심지는 원래 그름이 없건마는 경계를 따라 있어지나니, 그 그름을 없게 하는 것으로써 자성의 계戒를 세우자.
4. 신과 분과 의와 성으로써 불신과 탐욕과 나와 우를 제거하자.
5. 원망 생활을 감사 생활로 돌리자.
6. 타력 생활을 자력 생활로 돌리자.
7. 배울 줄 모르는 사람을 잘 배우는 사람으로 돌리자.
8. 가르칠 줄 모르는 사람을 잘 가르치는 사람으로 돌리자.
9. 공익심 없는 사람을 공익심 있는 사람으로 돌리자.

일상 수행의 요법은 원불교의 기본 교리인 삼학팔조 사은사요 교리를 생활 속에서 실천하고 대조하도록 가르치는 내용을 정리한 것이므로 보통급 십계문과 함께 일상 수행의 요법은 외워야 한다.

정신수양 과목으로는 염불과 좌선이 있다. 1주일에 3회, 1회 30분 이상 앉아 눈을 감고 명상하도록 하는 것이 좋겠다. 그런데 『정전』의 '염불법'과 '좌선법'을 읽고 배울 기회를 가지면 더욱 좋을 것이다. 사리연구 과목은 주로 경전 연습을 한다. '일원상 서원문'을 외우고 주 3회 정도 시간 내어서 『정전』과 『대종경』을 봉독하면 좋을 것이다.

필자는 원불교에서 중요한 경전은 삼전三典이라 생각해 왔는데 삼전은 『정전正典』『세전世典』『예전禮典』을 말한다. 이는 원불교의 개교의 동기와 교법의 총설, 교의, 수행을 총망

라한 『정전』과 스무 가지 올바른 인생길을 밝혔다 할 수 있는 『세전』과 신인류의 생활 규범을 밝힌 『예전』이다. 이 세 가지 모두 제목에 법 전典 자를 사용하고 있다. 이는 근본이 되는 법을 의미한다. 첫 과정인 '마음 소 길들이기'에서 이 삼전을 한 번씩이라도 봉독했으면 좋겠다는 바람이다. 아울러 원불교 교가와 산회가, 아침 기도의 노래와 저녁 기도의 노래 등 기본적인 성가 6곡 정도는 배우면 좋겠다. 이는 보통급 상시 일기를 수행하기 위해서라도 실천하여야 할 사항들이다.

상시 일기에서 유무념 대조를 기재하게 한다. 이를 위하여 일기법을 공부하여야 하며 유무념 대조 공부를 시작하면 마음공부와 '마음 소 길들이기'도 시작한 것이다. 이 정도의 과정을 60% 이상 실천하는 수준에 도달하면 보통급이 되나 계문은 95% 이상의 실천이 있어야 다음 단계인 특신급 계문을 받으면 예비 특신급에 승급하게 된다. 그러고 나서 제3 과정 '마음병 치료하기' 과정에 입문할 수 있을 것이다.

22

나를 점검하는 법위사정과 신분검사

이제까지 마음공부를 해 왔는데 공부인 여러분은 자기 자신의 마음공부는 어느 정도 수준에 이르렀는지 궁금할 것이다. 소태산 대종사는 수행 정도에 따라 여섯 단계의 법위등급을 설정하고 3년마다 각자의 법위를 사정하도록 하는 제도를 만들어 놓았다. 또 매년 연말에는 1년 동안의 발전 정도를 점검하고 죄와 복을 결산하도록 '신분검사법'을 제정하였다. 법위등급은 『정전』에 밝혀놓았으나 '신분검사법'은 경전에는 게재되어 있지 않으나 규정과 관례로 되어 있어서 모든 원불교 교도는 연말에 평가를 진행하게 되어 있어서 개인이 소속된 교당이나 기관에서 매년 시행하고 있다. 우리가 '마음나라 여행 준비'와 아울러 '마음 소 길들이기'를 통하여 각자의 습관을 바꾸고 상시 일기를 하면서 마음공부를 해왔다. 이때 자신을 점검하고 평가하는 기회로 삼고 앞으로의 계획을 세우도록 하기 위하여 오늘은 법위사정과 신분검사에 대하여 알아보고자 한다.

법위사정은 지난 3년간의 수행 실적을 평가하는 것으로 교단의 가장 큰 자산은 법위를 갖춘 공부인이 많이 나오는 것이다. 3년마다 사정한다고 하여 마음공부의 실력은 갖추지 않고 시간만 지나면 자동으로 승급하기를 바라는 것은 잘못된 생각이다. 법위는 돈을 주고 살 수 없고 권력으로도 뺏을 수 없는 마음공부한 실적이며 삼대력이기 때문이다. 법위사정의 시작은 개인이 자신을 스스로 점검하는 데에서 출발하여 교당이나 기관의 책임자가 사정한 후 지구와 교구 그리고 중앙 법위사정위원회의 최종 결정을 거쳐 확정한다. 스승의 자격을 얻는 정사正師인 정식 법강항마위 이상의 승급부터는 수위단회의 결의를 통하여 확정한다. 각자의 법위사정은 먼저 스스로 자신을 점검하는 데에서 시작한다. '본인 법위향상 훈련 점검표'를 기재하면서 스스로 자신을 돌아보게 된다. 보통급에서 점검해야 할 사항은 "1. 보통급 십계를 지킨다. 2. 법신불 일원상을 가정에 봉안한다. 3. 법회 기도 행사에 참석한다. 4. 조석심고를 올린다. 5. 성지와 총부를 순례한다. 6. 가족을 입교시킨다. 7. 보통급 상시 일기를 기재한다. 8. 보통급 정기 훈련을 이수한다."는 여덟 가지 항목이다. 각 항목마다 특, 갑, 을, 병의 네 단계로 평가한다. 특은 완전 실행으로 40점, 갑은 75% 이상 실행으로 30점, 을은 50% 이상 실행으로 20점, 병은 50% 미만 실행으로 10점을 매겨서 8가지 항목을 합산하게 된다.

'교도 법위 기초 조사서'는 법위를 사정하는 각 교당의 교무나 기관의 기관장이 작성하는데 기본적인 여덟 가지 항목은 법회출석, 조석심고, 염불, 좌선 기도, 보은 헌공, 상시 일기, 연원지도, 대의 융화, 법규 준수 등으로 이 항목들도 마찬가지로 특, 갑, 을, 병의 네 단계로 평가한다. 여기에는 본인 법위향상 훈련 점검표의 8가지 항목과 중복되는 사항도 있으나 기본적인 여덟 가지 항목의 숫자는 같으나 보통급은 점검 리스트가 따로 있지 않다. 지금 여기에서는 보통급의 법위사정까지만 한정할 것이다. 법위사정은 매년 하지 않고 3년마다 하게 되어 있다. 이는 마음공부를 통하여 기질이 변화되기가 쉽지 않으며 우리의 성격이나 인격의 변화가 하루 이틀에 이루어지지 않는 점에 기인하고 있는 것 같다. 다른 운동 경기 대회나 미술 전시회 등은 매년 하기도 하나 2년마다 개최하는 비엔날레, 3년마다 개최하는 트리엔날레, 올림픽 경기는 4년마다 개최하고 있다.

소태산 대종사는 6이라는 숫자를 자주 사용하는 것을 볼 수 있다. 교단 초기 법인 특별기도를 한 날짜나 예회 날짜를 6일 16일 26일로 정하였고 대각개교기념일이나 법인절 등도 26일이었다. 역사를 정리함에도 1대를 36년으로 정하고 1대는 3회로 1회는 12년씩이며 종법사의 임기나 교역자들의 인사기간을 1회 12년의 절반인 6년으로 하고 있으며 3년마다 점검을 하고 있다. 공부인의 마음공부 정도를 사정하는 법위사정은 3년마다 시행하고 있으나 이에 반하여 매년 해당 연도의 수행 정도와 인격 내용을 점검하여 각자의 마음공부를 독려하고 다음 해의 계획을 세우는 신분검사는 법위에 관계없이 교도라면 누구나 매년 시행하고 있다. 신분검사는 당연등급當然等級·부당등급不當等級·수지대조收支對照의 세 가지 큰 범주로 나누어 스스로 점검하게 하고 있다.

사회에서는 개인의 사회적 지위나 계급 또는 법률상의 자격 등 신원身元이나 신분身分을 외적으로 파악하는 신원조사와 그에 따른 신원보증이 있는 것처럼 소태산 대종사는 원기 12년(1927) 2월에 공부와 사업을 더욱 향상하고 교단의 인사와 대우에 활용하기 위해 공부인의 수행 정도와 인격 내용을 스스로 종합적으로 점검하도록 당연등급, 부당등급, 수지대조 세 가지 범주의 신분검사법을 제정 발표하여 시행하게 하였다.

신분검사를 보면 사람이 마땅히 실행해야 할 바를 밝힌 당연등급은 신심·서원·공심·겸양·통제·무상·인내·신의·전일·지혜·청렴·학문·기능·효성·진실·은악양선·심사결단·주밀·수시변역·보시·활동·자비·원만 등 23개 항목이며 각 항목 점수는 20점 만점으로 하되 다만 기능 항목은 30점으로 하여 각 항목을 여섯 단계로 점검하여 470점이 만점이며 합산한 점수가 클수록 좋다. 특이한 점은 신심과 서원은 장차 보충할 것을 전제로 하여 만점으로 기록할 수 있게 하였다. 검사 기간은 그해 1월 1일부터 12월 31일까지 1년으로 하며 본인의 원에 따라 첫 검사는 과거를 대상으로 할 수도 있다. 각 항목마다 여섯 단계로 설정한다. 즉 오히려 그 반대다 0점, 되기도 한다 2점, 많이 된다 4점, 거의 된다 6점, 저절로 된다 8점, 이에 묶이지도 않는다 10점으로 기록한다. 또한, 공심과 지혜와 효심 등은 구체적인 기준이 제시되어 있음으로 이를 별도로 확인하여야 할 것이다.

사람이 행해서는 안 될 바를 밝힌 부당등급은 삼십 계문 각 항목에 허위·편심偏心·아상我相 세 가지를 합하여 33개 항목이며, 이의 범계 정도에 따라 각 항목을 여섯 단계로 점검하며 각 항목 점수를 10점으로 하여 330점이 가장 높은 점수인데 범계가 많아서 점수가 많을수록 좋지 않다. 부당등급의 구체적인 기준은 부당등급의 각 조항 점수는 10점 만점으로 하고 검사 기간은 그해 1년으로 하며, 중계重戒는 한 번만 범해도 만점으로 한다. 각 항목마다 여섯 단계로 설정하고 있다. 오히려 그 반대다 0점, 따로 뗄 것이 없다 2점, 거의 떼어 버렸다 4점, 많이 떼었다 6점, 떼기도 했다 8점, 못 떼었다 10점으로 기록한다. 여기서는 합산한 점수가 적을수록 인격이 높다.

수입과 지출을 대조하여 복을 지었는지 빚을 졌는지 점검하는 수지대조는 한 해의 수입과 지출의 대조를 통해서 자신이 얼마나 복을 장만하고 살았는가 아니면 얼마나 빚을 지고 살았는지 알아보자는 것으로 수입·지출·대부貸付·차용借用·혜수惠受·혜시惠施 등 여섯 과목을 점수로 환산換算하여 점검한다. 특히 남에게 베푼 혜수와 남에게 도움을 받은 혜시가 있는 점에 주목해야 하는데 혜수와 혜시의 기재는 먼저 본년 분[本年分]을 기록하고 그 해에 특별한 노력 없이 타인으로부터 받은 현금이나 물질을 현금으로 환산한 금액의 총액을 기록하여 합산한다.

신분검사는 자기가 자기의 인격을 검사하여 성현 만드는 법이다. 공부인이 시비와 선악에 마음의 주착한 바와 행동의 본말을 알아서 수양 연구 취사의 삼대력을 얻기 위한 자기 점검법이다. 공부를 하기 전과 한 후 또는 공부를 시작한 후 지난 해와 올해를 대조하여 변화된 정도를 알기 위함이며, 당연등급의 점수는 올라갈수록 이익이 되고 내려갈수록 손해가 되며, 부당등급의 점수는 올라갈수록 좋지 않고 작아질수록 좋은 것이며, 수지대조는 자산이 불어나면 영생의 복이 저축되고 차입이 많으면 영생의 빚이 늘어나게 된다.

나아가 각자 자신의 신분검사 결과를 종합 평가하여 자기 자신은 인격의 허와 실을 점검해 보고 다음 해의 공부 계획을 세우는 데 참고한다. 당연등급은 복락의 씨앗임을 알아 그 점수를 계속 상승시켜 나가기에 노력하고 부당등급은 죄고의 씨앗임을 깨달아 계속 그 점수를 하강시켜 가며, 혜시와 수입과 대부는 부자의 자신임을 알이 계속 증가시켜 가고, 혜수와 지출과 차용은 빈천의 원인임을 깨달아 계속 감소시켜 가야 할 것이다.

대산 종사는 "대종사께서는 '이 회상 만나기 전에 죄를 짓지 않은 사람이 누가 있겠느냐. 그러나 이 회상 만나 공부 잘하면 죄업이 소멸된다.' 하셨나니, 3년마다 법위사정을 실시할 때 과거는 물을 것도 없고 생각할 것도 없고 말할 것도 없이 오직 지난 3년의 공부 실적만을 평가하라."고 하였으며 "부처님께서 49년 동안 설하신 팔만대장경은 일체유심조의 이치를 가르치신 것이요, 대종사께서 28년간 가르쳐 주신 교법의 핵심은 용심법이다.

이는 죄와 복이 다 자기 마음 가운데 있으므로 각자의 조물주는 바로 자기 자신임을 밝혀 주신 것이다." 그리고 정산 종사께서는 항상 "마음을 여유 있고 넉넉하게 쓰라."고 하셨고, 나는 "남의 마음을 고치고 가르치기 전에 자기 마음부터 고치고 가르치라." 하나니, "자기 훈련과 신분검사로 자신을 변화시키는 데 정성을 다해야 한다."라고 하였다.

필자는 원불교학과 기숙사에 입학하던 1학년부터 연말이 되면 기숙사에서 사감님을 모시고 신분검사를 시작하여 정년퇴직할 때까지 매년 연말이면 실시하여 직접 작성하였으며 법위사정도 3년마다 이제까지 계속하여 받아왔다. 이를 통하여 자신을 돌아다 볼 계기가 되었으나 마음공부에 정진 적공함이 부족하여 지금 돌아보면 아쉬움만 많이 남았다. 그러나 지금부터라도 소태산 대종사의 물샐틈없는 공부법으로 공부하여 우리 공부인 도반들과 함께 법위사정과 신분검사를 적극적으로 활용하여 종합적인 인격을 갖추어 복과 지혜를 함께 갖춘 삶을 가꾸어 가도록 노력할 것이다.

제3부

-

마음병 치료하기

1

마음병 치료하기를 시작하며

이제까지 공부하는 마음공부의 내용은 필자 자신의 창작물이 아니고 그동안 50년 넘게 원불교에 입문하여 한결같이 배워왔고, 원불교에 몸담고 지도인이 되어 교당에서 가르치며 익혀온 원불교의 마음공부에 대하여 정리하고 있다. 필자는 평소 가르치는 것이 가장 잘 배우는 것으로 알고 원불교의 기본 경전인 『정전』과 『대종경』에 기초하여 『정산종사법어』와 『대산종사법어』를 인용하였으며 내 나름의 시각으로 소태산 대종사, 정산 종사, 그리고 대산 종사 세 분 스승님의 마음공부에 대한 가르침을 엮어 원불교 마음공부를 디자인하고 있다.

지금부터 시작하는 제3부 '마음병 치료하기'는 공부인이 원불교 마음공부하는 순서를 밟아 가는 중 첫 번째 프로그램인 '마음 소 길들이기'에 이어 두 번째 프로그램에 해당한다. 마음의 병은 우리 자신이 알기도 하고 모르기도 하며 생활하고 있으나 마음공부는 현대인의 아픔을 발견하고 치료하며 치유하는 대안이 될 것이다. 어찌 보면 우리 인간은 몸에 병이 없는 사람조차도 마음에 보이지 않는 병을 가지고 있는 마음병 환자이다. 부처님은 어떠한 분이신가 하면 괴로운 바다에서 헤매는 일체중생의 마음병을 고쳐주시는 분이라, 부처님을 '의왕'이라 하였고 부처님의 가르침이 바로 의술과 약재라 하였다.

소태산 대종사는 『대종경』 수행품 56장에서 "그대들이 선원에 입선하는 것은 마치 환자가 병원에 입원하는 것과 같나니, 사람의 육신에 병이 생기면 병원에서 의약으로 치료하게 되고, 마음에 병이 생기면 도가에서 도덕으로 치료하게 되는지라. 그러므로 부처님을 의왕醫王이라 함과 같이 그 교법을 약재라 하고 그 교당을 병원이라 할 수 있다."라고 하였다. 우리 공부인이 전국 각지의 원불교 훈련원에 입소하여 숙식을 함께 하며 마음공부 훈련을 받는 것은 마치 몸이 아프면 병원에 입원하여 치료받듯이 마음공부하는 법을 배워 마음의 병을 치료하는 것과 같다. 훈련원을 종합병원이라 한다면 각 교당은 일반 병원에 해당한다고 할 것이다.

"그러나 세상 사람들은 육신의 병은 병으로 알고 시간과 돈을 들여 치료에 힘쓰지마는 마음의 병은 병인 줄도 모르고 치료해 볼 생각을 내지 않나니 이 어찌 뜻 있는 이의 탄식할 바 아니리오. 육신의 병은 아무리 중하다 할지라도 그 고통이 일생에 그칠 것이요, 경하면 짧은 시일에 가히 치료할 수도 있으나 마음의 병은 치료하지 아니하고 그대로 두면 영원한 장래에 죄고의 종자가 된다."라고 하였다.

보통 사람들은 윤회하는 다생多生이 있고 현생이 다음 생으로 이어진다는 사실을 모르거나 알아도 인정하지 않기 때문에 눈에 보이는 육신의 병은 고통이 따르고 심하면 생명에 지장이 있기 때문에 중요하고 급하게 생각하지만 보이지 않은 마음의 병은 병이 있는 줄도 모르고 설사 안다고 할지라도 치료해야 하는 줄도 모르고 산다. 일상생활에서 스트레스를 많이 받아 마음에 괴로움이 심해지면 그로 인하여 육신에 병이 생기게 되는 데 보통 사람들은 몸이 아프면 그 고통을 면하고자 의사를 찾아 치료를 받고 병원에 입원하기도 한다. 그러나 그 병의 발단이 일상생활 속의 마음병에 의한 스트레스에 기인한 것이므로 병의 근원이 되는 마음병을 치료하는 것이 우선이나 대부분 이러한 생각은 하지 못하고 살아가고 있다.

소태산 대종사는 마음병 증상에 대하여 "마음에 병이 있으면 마음이 자유를 잃고 외경의 유혹에 끌리게 되어 아니 할 말과 아니 할 일과 아니 할 생각을 하게 되어 자기 스스로 죽을 땅에 들기도 하고, 자기 스스로 천대를 불러들이기도 하고, 자기 스스로 고통을 만들기도 하여, 죄에서 죄로 고에서 고로 빠져들어가 다시 회복할 기약이 없게 된다."라고 하였다. 이어 "마음에 병이 없으면 시방세계 너른 국토에 능히 고락을 초월하고 거래에 자유하며 모든 복락을 자기 마음대로 수용할 수 있나니, 그대들이여! 이 선기 중에 각자의 마음병을 잘 발견하여 그 치료에 정성을 다하여 보라."고 부촉하였다.

나이 들면 몸이 아프지 않은 사람은 별로 없다. 우리의 몸은 젊어서는 병 없이 건강하나 마음의 병은 젊은이나 늙은이나 빈부귀천 가릴 것 없이 다 있을 수 있다. 나의 몸이나 나의 마음이라고 하는 '나'라고 하는 생각과 '나'를 위한 욕심의 병은, 범부 중생 누구나 마음공부에 공들여 마음병을 치료하지 아니한 사람은 다 있다. 우리는 먼저 각자 자신의 마음병을 발견하여 치료하기 시작하여야 하겠다. 그 치료 처방은 바로 우리가 지금 진행하고 있는 마음공부 법이 틀림없다고 확신한다.

마음의 병을 발견하였다면 어떻게 치료해야 할까? 이에 대하여 소태산 대종사는 "공부하는 사람이 각자의 마음병을 발견하여 그것을 치료하기로 하면 먼저 치료의 방법을 알아야 할 것이니, 첫째는 육신병 환자가 의사에게 자기의 병증을 속임 없이 고백하여야 하는 것같이 그대들도 지도인에게 마음병의 증세를 사실로 고백하여야 할 것이요, 둘째는 육신병 환자가 모든 일을 의사의 지도에 순응하여야 하는 것같이 그대들도 지도인의 가르침에 절대 순응하여야 할 것이요, 셋째는 육신병 환자가 그 병이 완치되도록까지 정성을 놓지 아니하여야 하는 것같이 그대들도 끝까지 마음병 치료에 정성을 다하여야 할 것이다."라고 하였다. 몸에 병이 있으면 유명한 의사를 두루 찾아다니듯이 마음의 병을 치료하는 것도 먼저 훌륭한 지도인을 만나는 것이 중요하다. 훌륭한 지도인은 사회 생활하는 정치 경제 사회 문화 방면의 지도자가 아니라 마음공부하는 지도자이다. 그러한 지도인을 만나 병증을 실심實心으로 이야기하고 그 지도에 잘 따르며 병이 완치될 때까지 정성을 다하여야 하는 것은 당연한 일이다. 그 결과는 "이와 같이 진실히 잘 이행한다면 마침내 마음의 완전한 건강을 회복하는 동시에 마음병에 허덕이는 모든 대중을 치료할 의술까지 얻게 되어, 너른 세상에 길이 제생의세의 큰일을 성취하게 되리라."라고 하였다.

우리 공부인은 마음공부의 제1과정인 '마음 소 길들이기' 과정을 통하여 각자의 버릇을 고치고 좋은 습관을 들여서 마음공부에 진전이 있으며 성격에도 상당한 변화가 있었고 그에 따라 인격도 향상되었을 것이다. 그러나 밖으로 잘 나타나지 않고 볼 수도 만질 수도 없는 마음을 건강하게 유지하기 위하여 안으로 깊이 숨어있는 마음병을 찾아내 제2과정인 '마음병 치료하기' 과정을 이수해야 할 것이다. 보통 세상 사람들은 몸이 아프면 병원을 찾아 나서지만, 몸의 주인인 마음의 건강은 돌보지 못하고 설사 마음 건강의 중요성을 인식하였다 할지라도 마음의 건강에는 관심을 두지 않고 그 건강을 유지하는 데에도 인색하기만 한 것이 현실이다. 그러나 인간은 몸과 마음이 어울려 살아가고 있기에 다 같이 중요함에 따라 우리 공부인은 확신을 가지고 마음 건강에 솔선하여야 할 것이다.

육체의 병을 치료하는 구성 요소로 환자와 의사와 병원과 의술과 약재가 있어야 하듯이 마음의 병을 치료하는 구성 요소도 마찬가지이다. 소태산 대종사는 환자는 공부인 우리 자신이며, 의사는 지도인이라 하였고, 병원은 교당이라 하였으며, 의술은 공부의 요도인 삼학팔조, 약재는 인생의 요도인 사은사요라 하였다. 우리는 앞으로 마음병에 대하여 알아보고, 마음병 치료하는 의술醫術로 공부의 요긴한 길인 삼학팔조와 마음병 치료하는 약재료藥材料로 인생의 요긴한 길인 사은사요에 관하여 공부하도록 할 것이다. 여기에서 삼학팔조는 정신수양 사리연구 작업취사 세 가지 공부과목이요, 이 삼학 공부를 추진하는 네 가지로 믿음 분발 의문 정성이며, 버려야 할 네 가지는 불신 탐욕 나태 우치인데 합하여 여덟 가지 조목이다. 또한 사은인 천지은 부모은 동포은 법률은 이 네 가지 큰 은혜이며, 사요는 자력양성 지자본위 타자녀교육 공도자 숭배로 세상을 고르는 요긴한 길이다.

이번 기회에 우리는 마음병 치료하는 의술과 약재인 삼학팔조 사은사요의 원불교 기본 교리를 학습하는 데 그치지 않고 원불교 가르침의 정수이며 기본 교과서인 『정전』 전반을 학습하는 기회를 갖고자 한다. 처음으로 원불교에 입문한 사람이 『정전』을 쉽게 읽어가는 순서에 따라 '낙원으로의 초대' '공부인의 아름다운 모습' '나를 변화시키기' '낙원 가는 길' '저절로 될 때까지' 등 다섯 가지 작은 주제를 정하고 『정전』을 이해하는 기회를 가질 것이다.

'원불교 교가'에는 우리 공부인을 '제생의세濟生醫世 목적하는 형제들'이라고 호칭하고 있다. 제생의세가 우리의 목적이라고 하는데 무슨 의미일까? 불교에는 성불제중成佛濟衆과 제생의세라는 말이 있다. 이 성불제중의 의미는 내가 도를 닦아 수행하여 부처를 이루어 대중을 구제한다는 의미이다. 제생의세도 의미는 같다고 하나 대중을 구제한다는 제중을 더 중요하게 생각하는 의미이고 성불제중은 성불을 우선하는 의미도 들어 있다.

우리가 마음공부하여 내 마음의 병을 치료하고 보면 마음병에 허덕이는 모든 대중을 치료할 의술까지 얻어 다른 사람의 마음병도 치료할 수 있는 마음병 치료하는 훌륭한 지도자가 될 것이다. 우리 공부인은 앞으로 '마음병 치료하기' 단계를 지나 제3단계는 마음 난리 평정하는 도원수가 되며 마지막 제4단계는 마음 밭 계발하는 농부가 되어 삼대력을 갖춰 일체생령을 광대 무량한 낙원으로 인도하는 큰 스승이 되어 반야용선을 운전하게 될 것이다.

2

지금 세상은 어떠한 병이 들었는가?

행복은 세상 사람의 가장 큰 관심사가 되었다. 웰빙Well-being, 웰에이징Well-aging, 웰다잉Well-dying, 그리고 웰본Well-born까지 행복의 조건을 이야기하자면 여러 가지가 있겠으나 누구나 공감하는 것이 건강이다. 건강에는 육체의 건강과 아울러 정신 건강도 빼놓을 수 없다. 현대와 같이 과학 문명이 발달하기 전에는 육체의 건강이 제일 중요해 보였으나 세상의 기술이 발전하여 갈수록 정신 건강이 우리의 행복을 결정하는 데 있어 더욱 부각되고 있다. 육체가 건강하다는 것은 몸에 병이 없다는 의미인 것처럼 정신이 건강하다는 것도 마음에 병이 없어야 한다.

의학이 발달할수록 몸의 병에 대한 진단과 치료 그리고 예방이 함께 진전이 있지만, 마음의 병에 대한 정신의학의 진보는 심리학의 발달에 힘입어 시작되었으나 아직은 뇌과학의 발전과 더불어 미지의 세계이다. 발병의 순서를 보면 육신의 병이 마음의 병으로 진행되는 면도 있으나 그 본말本末과 주종主從을 생각해 본다면 마음이 먼저요 몸은 마음을 따르는 것이다. 세상에 정신과 병원은 있으나 마음의 병을 진단하거나 치료를 한 경우는 쉽게 찾아볼 수 없다. 소태산 대종사는 소년시절 의심을 해결하기 위한 구도 역정을 지나 깨달음을 얻고 나서 앞으로 돌아오는 세상을 전망하여 그 진단과 처방을 한마디로 "물질이 개벽되니 정신을 개벽하자"고 하였다. 큰 깨달음을 얻은 대오분상大悟分上에서 미래 세상을 전망하고 내 놓은 으뜸 처방이라 할 수 있다.

소태산 대종사는 "지금 세상은 어떠한 병이 들었는가?" 하고 세상에 질문한다. 영산에서 선원 대중에게 말씀하기를 "지금 세상은 전에 없던 문명한 시대가 되었다 하나 우리는 한갓 그 밖으로 찬란하고 편리한 물질문명에만 도취할 것이 아니라, 마땅히 그에 따르는 결함과 장래의 영향이 어떠할 것을 잘 생각해 보아야 할 것이니, 지금 세상은 밖으로 문명의 도수가 한층 나아갈수록 안으로 병맥病脈의 근원이 깊어져서 이것을 이대로 놓아두다가는 장차 구하지 못할 위경에 빠지게 될지라, 세도世道에 관심을 가진 사람들로 하여금 깊은 근심을 금하지 못하게 한다." 하였다. 소태산 대종사는 어려서부터 세상 모든 일에 의심이 많았다. 이 의심을 해결하기 위하여 20여 년의 구도 과정을 거친 후 깨달음을 얻었고 그 깨달음의 안목으로 세상을 돌아보고 얻은 소회의 일단이 "지금 세상은 밖으로 문명의 도수가 한층 나아갈수록 안으로 병맥病脈의 근원이 깊어져서 이것을 이대로 놓아두다가는 장차 구하지 못할 위경에 빠지게 될 것이다." 한 것이다.

그리고 다음 질문을 세상에 던진다. "지금 세상은 어떠한 병이 들었는가?"하고 말이다. 세상의 병은 "첫째, 돈의 병이다. 인생의 온갖 향락과 욕망을 달성함에는 돈이 먼저 필요하다는 것을 알게 된 사람들은 의리나 염치보다 오직 돈이 중하게 되어 이로 인하여 모든 윤기倫氣가 쇠해지고 정의情誼가 상하는 현상이라 이것이 곧 큰 병"인 것이다. 자본주의 사회에서는 재화의 생산과 구매는 화폐로 계산되므로 일체 모든 물품과 용역의 구매는 돈으로 가능하기에 수단 방법을 가리지 아니하고 어떻게든지 돈을 모아 쌓아두려는 것이 병이다.

세상의 병은 "둘째, 원망의 병이다. 개인·가정·사회·국가가 서로 자기의 잘못은 알지 못하고 저편의 잘못만 살피며, 남에게 은혜 입은 것은 알지 못하고 나의 은혜 입힌 것만을 생각하여, 서로 미워하고 원망함으로써 크고 작은 싸움이 그칠 날이 없으니, 이것이 곧 큰 병"인 것이다. 세상은 혼자서 생명을 유지할 수는 없으므로 일체 모든 존재는 상호 의존적 관계 속에서 살아갈 수 있기에 존재 그 자체가 은혜인 데 그 같은 큰 은혜를 알지 못하고 사소한 손해라도 있으면 미워하고 원망하는 것이 병이다. 세상의 종교가에 '네 덕이요 내 탓이라'는 말이 있다. 세상일이 상대방의 덕임과 동시에 나의 잘못임을 알고 원망하지 않는 것이 큰 묘방이 될 것이다.

세상의 병은 "셋째, 의뢰의 병이다. 이 병은 수백 년 문약文弱의 폐를 입어 이 나라 사람에게 너욱 심한 바로서 부유한 집안 자녀들은 하는 일 없이 놀고먹으려 하며, 자기의 친척이나 벗 가운데 혹 넉넉하게 사는 사람이 있으면 거기에 의세하려 하여 한 사람이 벌면 열 사람이 먹으려 하는 현상이라 이것이 곧 큰 병"인 것이다. 누구나 신분상승을 꿈꾸며 그 꿈을 이루면 주위의 친척은 어떻게든지 덕을 보려고 하여 불의를 함께 저지르다 보면 패가망신하는 경우가 종종 있는 것을 볼 수 있다. 특히 재벌가 자녀 손들의 일탈한 행동이 병든 증거이다.

세상의 병은 "넷째, 배울 줄 모르는 병이다. 사람의 인격이 그 구분九分은 배우는 것으로 이루어지는지라 마치 벌이 꿀을 모으는 것과 같이 어느 방면 어느 계급의 사람에게라도 나에게 필요한 지식이 있다면 반드시 몸을 굽혀 그것을 배워야 할 것이어늘 세상 사람들 중에는 제각기 되지 못한 아만심에 사로잡혀 그 배울 기회를 놓치고 마는 수가 허다하나니, 이것이 곧 큰 병"인 것이다. 인간은 교육을 통하여 그 인격이 성장하고 성숙한다. 요즈음 평생교육이라는 개념이 확립되어 시간에 여유가 생기면 관심 있는 일들을 배우려 하는데 사회적으로도 많은 온라인과 오프라인에 교육 프로그램이 준비되어 있어 마음만 있으면 배울 수 있기에 다행이다.

세상의 병은 "다섯째, 가르칠 줄 모르는 병이다. 아무리 지식이 많은 사람이라도 그 지식을 사물에 활용할 줄 모르거나, 그것을 펴서 후진에게 가르칠 줄 모른다면 그것은 알지 못함과 다름이 없는 것이어늘 세상 사람 중에는 혹 좀 아는 것이 있으면 그것으로 자만自慢하고 자긍自矜하여 모르는 사람과는 상대도 아니 하는 수가 허다한데, 이것이 곧 큰 병"이다. 배워서 아는 것이 자기의 인격을 갖추어가는 데에도 필요하나 그 가운데 가장 잘 배우는 방법은 가르치는 것이다. 교실에서 이론을 배우고 현장에서 실습하여 익힌 후 다시 모르는 이에게 가르친다면 자신이 확실히 아는 것이 될 것이다.

세상의 병은 "여섯째, 공익심이 없는 병이다. 과거 수천 년 동안 내려온 개인주의가 은산 철벽같이 굳어져서 남을 위하여 일하려는 사람은 근본적으로 드물 뿐 아니라 일시적 어떠한 명예에 끌려서 공중사를 표방하고 무엇을 하다가도 다시 사심의 발동으로 그 일을 실패 중지하여 이로 말미암아 모든 공익 기관이 거의 피폐하는 현상이라 이것이 곧 큰 병"이다. 다함께 더불어 살기 좋은 세상을 건설하기 위해서는 공익을 위하여 일한 사람이 존경받는 사회가 되어야 하고 자원봉사자와 재능기부자가 많이 나와 공익사업이 더욱 번창하도록 하여야 할 것이다.

인도의 성자 간디의 말 가운데 '나라가 멸망滅亡할 때 나타나는 일곱 가지 사회악社會惡'이 있다고 하여 여기에 소개한다. 첫째 원칙 없는 정치, 둘째 노동 없는 부, 셋째 양심 없는 쾌락, 넷째 인격 없는 교육, 다섯째 도덕 없는 상업, 여섯째 인간성 없는 과학, 일곱째 희생 없는 종교인데 오늘날 우리 사회의 실상을 보는 것 같아 공감되는 바가 많다. 이를 조금 더 자세히 살펴보면 첫째, 원칙과 원리가 없는 정치로 흔히 '정치는 관계'라고 말하지만 요사이 한국 사회를 보면서 정치인들의 행동에 많은 실망감을 느낀다. 당리당략에 몰두한 나머지 자기주장 앞세우기에서 시작하여 개인의 차기 당선과 집권을 목표로 수단 방법을 가리지 않는다. 갖은 이해관계에 충돌하면서 국민과 국가는 뒷전에 있는 것을 보면 원리와 원칙 없는 정치는 한국 사회의 큰 병이 아닐 수 없다.

둘째, 노동 없는 부富로 어려서부터 근로교육이 필요함은 더욱 강조하지 않아도 당연한 일이다. 정당하게 열심히 창의적으로 일한 결과 얻는 부가 가치 있는 것이지 옳지 않은 방법으로 부당하게 부를 축적하는 것은 사회적 윤리적으로 비난받아 마땅하다. 특히 수단과 방법을 가리지 않고 이권을 독점하고 기득권을 대물림하고 타인의 노동 대가를 편취하는 것은 우리 사회의 큰 병이다.

셋째, 양심 없는 쾌락이다. 사실 태생적으로 인간의 탐욕과 욕망은 끝이 없다. 사람이 감각적인 쾌락만을 찾다 보면 일차 주색잡기의 유혹을 이기지 못하고 빠지게 되고 결국 향정신성 의약품에 의지하거나 마약류 등에 손을 대는 것은 패가망신에 이르는 지름길이다. 더욱더 심하게 되면 정신이상이 되거나 자살하는 데에 이르기 때문에 양심 없는 쾌락은 국민의 심신을 망가뜨린 후에 결국 국가 위기로 몰리어 우리 사회의 큰 아픔이다.

넷째, 인성人性 없는 교육으로 교육이 학술교육, 정신교육, 예의교육, 근로교육 등 전인교육으로 나아가지 못하고 진학 시험의 합격과 취업 준비로 흘러가 심히 걱정되는 정도에 이른지 이미 오래되었다. 교육에 나라와 국가의 명운이 걸려 있다고 하는데 교양 있고 올바르게 살아가는 인격을 갖추는 인성 교육이야말로 사회가 열성을 다하여 앞장서서 해야 할 것이다. 그런데 청소년들이 오직 대학 진학을 위한 시험 성적을 올리는 교육에 치중하고 있는 것이 한국 사회의 큰 병이다.

다섯째, 도덕 없는 상업으로 인간은 서로 돕지 않고 혼자서는 살 수 없는 사회적 동물이다. 이때 공생공영하기 위하여 기본적인 이윤추구가 자리이타 즉 나도 이롭고 남도 이로워야 한다는 것이다. 장사에도 상도덕이 있는데 남을 속이고 나의 양심까지 속이는 교묘한 상술로 자기의 이익만 추구하려는 권모술수가 세상에 난무하고 한탕주의가 날뛰는 것이 한국 사회의 큰 폐단이다.

여섯째, 인간성 없는 과학으로 3차와 4차 산업 혁명의 물결이 밀려오고 있는 이 시기에 우리 인간은 계속되는 과학의 발달로 편리한 문명 속에 풍요를 누리며 살아가고 있다. 과학 문명의 발달로 인하여 자동화의 물결과 전 세계가 단일 지구촌이 되어가는 것을 막을 수는 없지만, 기계에 인간이 예속되어 살아가게 되면 인류의 미래는 분명 불행해지고 말 것이다. 더욱이 아직도 핵무기의 개발을 추진하고 있는 국가도 있기에 인간애가 결핍된 과학의 발달은 세계의 평화를 위협하고 있으며, 인간성이 결여된 인공지능과 사물 인터넷으로 대표되는 자동화의 물결이 인류의 행복까지 위협하고 있는 것이 인류 사회의 큰 과제이다.

일곱째, 희생 없는 종교로 필자도 종교인으로서 종교인이 자기희생에 앞장서지 않는다면 세상에 믿고 의지할만한 곳이 사라진다는 의미일 것이다. 종교가 세상을 걱정하는 것이 아니라 일부 종교인들의 광적인 신앙의 인도와 대물림 그리고 일부 종교의 기업화 등에 세상이 종교를 걱정하게 되어가는 것 또한 한국 사회의 적폐가 아닐 수 없다. 이상 일곱 가지 외에도 심각한 환경오염 문제 등 물고기가 물을 떠날 수 없듯이 나 자신 세상과 국가를 떠나 생존할 수 없기에 나의 마음병에 대한 생각보다는 먼저 세상과 국가의 앞날에 대한 걱정이 앞선다.

3

병든 가정과 개인의 마음병

한 가정은 한 나라를 축소하여 놓은 것이요, 한 나라는 여러 가정을 모아 놓은 것으로, 한 가정은 곧 작은 나라인 동시에 큰 나라의 근본이 되므로 가정 가정이 매우 중요하다. 또 가정은 인간 생활의 기본이므로 사람이 있으면 가정이 이루어지고 가정에는 부부를 비롯하여 부모 자녀와 형제 친척의 관계가 자연히 있다. 그 모든 관계가 각각 그에 걸맞은 역할을 잘 행하여야 그 가정이 행복한 가정, 안락한 가정, 진화하는 가정이 될 것이다. 그런데 과학기술의 발달로 국가 경제가 급격히 성장하고 이에 따라 사회의 변화가 너무 급속하게 전개 되다 보니 여기저기에서 가정이 무너지고 해체되는 현상이 나타나고 젊은이들은 가정을 이루지 못하거나 이루지 않는 지경에 이르게 되었다. 여기에는 사회가 건강하지 못하고 병들었기 때문이다. 병든 사회 안에 존립하는 가정은 어떠한 상황이 되었을까? 소태산 대종사는 열반하기 전 손수 마지막까지 감정한 『불교정전』에서 '병든 가정과 그 치료법'에 대하여 이렇게 진단하고 있다.

"사람도 병이 들어 낫지 못하면 불구자가 되든지 혹은 폐인이 되든지 혹은 죽기까지도 하는 것이다. 어떠한 기계라도 병이 나서 고치지 못하면 완전한 기계가 되지 못하는 것이며 혹은 폐물도 되는 것이며 혹은 완전히 없어지기까지 한다. 한 가정도 병이 들었는데 그 호주가 병든 줄을 알지 못한다든지 설사 안다고 하여도 치료의 성의가 없다든지 하여 그 시일이 오래되어지고 보면 그 가정이 좋은 가정이 되지 못할 것이며 혹은 부패한 가정이 될 수도 있으며, 혹은 파산의 가정이 될 수도 있다. 한 가정이 병들어가는 증거를 대강 들어 말하자면 가권家權이 서로 자기 잘못은 알지 못하고 다른 사람의 잘못하는 것만 많이 드러내는 것이며, 또는 부정당한 의뢰 생활을 하려는 것이며, 또는 지도받을 자리에서 정당한 지도를 잘 받지 아니하는 것이며, 또는 지도를 할 자리에서 정당한 지도로써 교화할 줄을 모르는 것이며, 또는 착한 사람은 찬성하고 악한 사람은 불쌍히 여기며, 이로운 것은 저 사람에게 주고 해로운 것은 내가 가지며, 편안한 것은 저 사람을 주고 괴로운 것은 내가 가지게 되는 공익심이 없는 연고이다. 이 병을 치료하기로 하면 자기의 잘못을 항상 조사할 것이며, 부정당한 의뢰 생활을 하지 말 것이며, 지도받을 자리에서 정당한 지도를 잘 받을 것이며, 지도할 자리에서 정당한 지도로써 교화를 잘할 것이며, 자리自利 주의를 놓아 버리고 이타주의로 들어가면 그 치료가 잘 될 것이며 따라서 그 병이 완쾌되는 동시에 모범적 가정이 될 것이다."

이 법문은 1962년에 『불교정전』이 『원불교 교전』으로 재발행되면서 '병든 사회와 그 치료법'으로 제목이 변경되었는데 소태산 대종사는 일제강점기에 '병든 가정과 그 치료법'으로 진단하였지만 하고 싶은 말을 다 하지 못하던 일제강점기인지라 사실은 '병든 사회와 그 치료법'을 이야기하였을 것으로 미루어 짐작할 수 있다.

『정전』 최초법어 중 '제가의 요법'이나 『대종경』 인도품에서 가정에 대한 법문을 다수 찾아볼 수 있는데 그 내용을 살펴보면 "한 가정의 흥망이 호주의 정신 여하에 달려 있다." 라거나 "모범적인 가정을 이루기 위해서 갖춰야 할 조건" 등으로 한 가정을 사회의 최소 단위로 보고 건강한 사회가 되기 위하여 건강한 가정이 필수임을 강조하고 있다. '병든 가정과 그 치료법'은 그 내용이 쉽고 간명하다. 사람에게 병이 든 것이나 기계에 병이 든 것처럼 한 가정도 병이 들 수 있는데 그 책임이 호주에게 있다고 정리하고 가정의 병도 세상이 병든 것처럼 원망병이나 부당한 의뢰 생활하는 병, 지도받을 자리에서 지도받지 않고 지도할 자리에서 지도하지 않아 교화하지 않는 병, 공익심 없는 병으로 세상의 병 가운데 돈의 병만을 제외하고 모두 비슷하며 치료법도 대동소이하다.

소태산 대종사는 "내가 한 생각을 얻어서 이 세상을 둘러보니 몇 가지 무서운 병이 든 지 오래 되었더라. 그 병을 낱낱이 드러내어 치료하여야 할 것인바, 첫째는 자기가 남의 오장 육부를 태워서 죽게 하는 원망병이요, 또는 자신의 힘을 무력하게 하여 자연히 말라 죽게 하는 의뢰병이요, 또는 소경에게 길 인도를 시켜서 대중이 함께 함정에 빠져 죽게 하는 불합리한 차별병이요, 또는 좋은 인물을 그대로 썩어 죽게 하는 안 가르치는 병이요, 또는 제 몸 제 가정만 알다가 죽게 하는 협심병 등이었다. 이 병을 낫게 하지 아니하고 그대로 두고 보면 이 세상 사람들이 한꺼번에 죽을 땅에 들게 되므로 나는 그에 대한 화제를 내어 놓게 되었는데 첫째는 사은의 은혜를 알게 하여 감사 생활을 하게 하면 그 원망병이 나을 것이요, 다음은 무슨 방면으로든지 제 자력을 세워서 살게 하면 의뢰병이 나을 것이요, 다음은 나라나 사회의 제도가 지자본위로 되어 인재를 잘 등용시키면 그 차별병이 나을 것이요, 다음은 모든 사람이 남의 자녀라도 내 자녀같이 잘 가르치면 그 안 가르치던 병이 나을 것이요, 다음은 큰 나를 발견하여서 남을 위하는 것이 나를 위하는 것이 되고 너른 세계를 위하는 것이 내 집안을 위하는 것이 되는 줄을 알게 하면 그 이기주의 병이 나을 것이다." 하여 지금 세상의 병이나 개인의 병이 비슷함을 말하고 있다. 이렇게 보면 세상의 병이나 가정의 병이나 개인의 병이 크게 다르지 않아서 그 병을 치료하는 의술로써 공부의 요도 삼학팔조와 약재로써 인생의 요도 사은사요를 제정하였으니 원불교 교리 자체가 세상과 가정과 개인의 마음병 치료하는 약방문이 되는 것이다.

정산 종사는 "병자의 맥이 너무 급하면 느리게 하고 너무 미하면 강하게 약을 써서 그 혈맥이 골라져야 병 없는 육신이 되는 것같이, 우리의 마음 쓰는 데에도 과불급과 편착심이 있다면 그것을 불편 불의한 중도에 골라 서게 하여야 병 없는 성질이 될 것이다."라고 하여 어떠한 마음 씀에 있어 넘치거나 부족한 과불급과 어느 한편에 치우친 편착심을 병의 근원으로 진단하였다. 구체적인 사례로 ① 사람의 성질이 너무 진중珍重하고 침착하기만 하면 조그마한 경계 하나도 넘어서지 못하는 병이 있고, ② 활발하기만 하면 너무 허허

하여 함부로 하는 병이 있으며, ③ 너무 정중한 사람은 민첩하지 못한 병이 있고, ④ 재주만 있고 보면 경망하고 박덕한 병이 있으며, ⑤ 뜻이 너무 고상하기만 하면 오만한 병이 있고, ⑥ 마음이 겸손하기만 하면 향상하려는 용기가 적은 병이 있으며, ⑦ 원대한 생각만 가진 사람은 작고 가까운 일에 소홀한 병이 있고, ⑧ 너무 세밀한 사람은 대체와 강령을 잡지 못하는 병이 있으며, ⑨ 열성이 너무 과한 사람은 걸핏하면 승기자勝己者를 미워하는 병이 있고, ⑩ 뜻 없이 평범하기만 하면 모든 일에 열이 적은 병이 있으며, ⑪ 위엄만 내는 사람은 온순한 태도가 적은 병이 있고, ⑫ 너무 온순한 사람은 위엄이 적은 병이 있으며, ⑬ 성질이 곧기만 하면 사람이 잘 따르지 않는 병이 있고, ⑭ 뜻 없이 화하기만 하면 청탁을 가리지 못하는 병이 있으며, ⑮ 너무 강한 사람은 잔인한 병이 있고, ⑯ 유하기만 하면 모든 일에 결단력이 적은 병 등 사람의 성질에 따라 열여섯 가지 병을 진단하였다.

처방으로 "우리는 우리의 성질을 잘 짐작하여 어느 편이든지 기울어지는 병이 있거든 항시 골라 세우는 데에 노력할 것이며, 또는 공부를 하는 가운데 어느 과정 하나에만 편착하거나 사업을 하는 가운데 어느 부분 하나에만 편착하는 병이 없게 하며, 공부하는 가운데 사업을 등한시하거나 사업을 좋아하는 가운데 공부를 등한시하는 병이 없게 할 것이니, 이러한 공부를 계속하는 사람은 점점 원만한 도를 성취하여 쓸모 많은 사람이 될 것이며 그 성질은 흠 없는 성질이 되고 그 인격은 더욱 완전한 인격이 될 것이다."라고 하여 사람의 성질에 따라 중도에 맞게 잘 써야 함을 가르쳤다.

대산 종사는 "대종사께서 천하의 병맥을 진단하고 제생의세의 처방을 밝혀 주셨으니, 우리는 각자의 마음 구석구석에 숨어있는 병세를 면밀히 검사하고 대조하여 예방과 치료에 정성을 다하여야 한다."라고 하고 "천하의 병세란 첫째 분수를 지킬 줄 모르고 실력 없이 허영심에 날뛰는 병이요, 둘째 서로 이해하여 화목하지 않고 오해와 원망을 만들어 고독하게 사는 병이요, 셋째 남녀가 서로 지조를 잃고 사는 병이요, 넷째 조금 나으면 교만하고 조금 모자라면 타락하는 병이요, 다섯째 여가를 선용하지 못하고 사심 잡념으로 온갖 죄악의 씨를 장만하는 병이요, 여섯째 상하가 충심으로 대하지 못하고 거짓으로 대하는 가식병이요, 일곱째 제힘으로 살지 않고 남에게 기대어 살려는 의뢰병이요, 여덟째 오늘 할 수 있는 일도 내일로 미루고 제힘으로 할 수 있는 일도 남에게 미루는 나태병이요, 아홉째 모르는 것을 배우지 않고 살려는 우치병이요, 열째 자기만 알고 남을 가르쳐주지 않는 독선병이요, 열한째 이웃을 사랑하고 도울 줄 모르는 이기병이요, 열두째 사은의 지중하신 은혜를 망각하고 자행자지하는 배은병이요, 열셋째 자기의 유일한 보물인 본성을 오욕에 도둑맞고 삼독의 번뇌로 늘 태워서 자신과 국가와 세계를 망치는 병이요, 열넷째 시기 질투와 재색 명리 등을 탐하는 일체 마음병이다."라고 하여 주로 삼십 계문을 범하는 것으로 진단하였으며 "그러므로 우리가 이러한 천하의 병을 치료하고 우리 모두의 탄탄한 영생을 다지기로 하면 먼저 내 마음병이 천하의 병임을 알아 자신의 마음병을 치료하는 데에 더욱 공력을 들여야 한다."라고 하였다.

또 소태산 대종사는 "많은 남녀 학인學人들을 지내본 가운데 남자들은 대체로 너그러우나 허한 듯하여 견실성堅實性 없는 것이 병이 되고, 여자들은 대체로 주밀하나 고정하여 용납성 없는 것이 병이 되므로, 사람이 원만한 인품을 이루려 하면 남자는 너그러운 가운데 내심內心이 견고하고 진실하기에 주로 노력하고, 여자는 주밀한 가운데 내심이 원만하고 관대하기에 주로 노력하여야 한다."라고 하여 남자와 여자가 기본적으로 타고난 성격의 차이가 있음을 진단하고 처방하여 주었다. 또 한 제자의 병이 위중하니 그의 집안사람이 급히 달려와 대종사께 방책을 문의하였을 때 소태산 대종사는 "곧 의사를 청하여 치료하라."하고, 얼마 후에 병이 좋아지니 "일전에 병이 중하매 나에게 먼저 방침을 물은 것은 그 길이 약간 어긋난 일이다. 나는 원래 도덕을 알아서 그대들의 마음병을 치료해주는 선생이요, 육신병의 치료는 각각 거기에 전문하는 의사가 있나니, 앞으로는 마음병 치료는 나에게 문의할지라도, 육신병 치료는 의사에게 문의하라."라고 하였다.

4

마음병을 치료하려면

소태산 대종사는 "공부하는 사람이 각자의 마음병을 발견하여 그것을 치료하기로 하면 먼저 치료의 방법을 알아야 할 것"이라 하고 그 치료 방법으로 "첫째는 육신병 환자가 의사에게 자기의 병증을 속임 없이 고백하여야 하는 것같이 그대들도 지도인에게 마음병의 증세를 사실로 고백하여야 할 것"이라 하였다. 우리는 몸이 아프면 고통과 불안에서 벗어나기 위하여 의사를 찾아간다. 여기에서 환자가 스스로 찾아간다는 것이 중요하다. 목마른 사람이 우물 판다는 말이 있듯이 환자가 찾아가지 의사가 먼저 알고 찾아오지는 않는다. 의사는 환자를 진찰하는 데 모든 것을 한눈에 알아보는 전지전능한 신神이 아니기 때문에 환자가 먼저 아픈 곳을 설명하는데 이것이 문진問診이다. 문진은 병을 진단하기 위한 기초로 삼고 검사하기 위한 방향을 찾기 위하여 의사가 환자에게 과거에 앓은 병이나 현재의 상태 등을 말로 묻는 일이다. 마음병 치료도 마찬가지여서 자기가 힘들고 괴로운 마음의 짐에 대하여 사실로 고백하여야 한다. 이렇게 하지 않으면 타심통을 이룬 지도자가 아니면 찾아온 사람의 속마음을 알 수 없다.

"둘째는 육신병 환자가 모든 일을 의사의 지도에 순응하여야 하는 것같이 그대들도 지도인의 가르침에 절대 순응하여야 할 것"이라 하였다. 몸이 편찮은 사람이 의사의 지시에 따라 권장한 사항은 실천하고 금지하는 일은 하지 않으며 약을 먹거나 운동을 하며 식이요법을 실천하라 하면 그대로 해야 하듯이 마음병 치료도 마찬가지여서 지도인의 가르침에 순응하여야 한다. 여기에서 '절대'라는 단어가 붙어 있음에 주의하여야 할 것이다. 육신의 병은 오감으로 느낄 수 있어 의사의 지도가 쉽게 이해되나 마음의 병은 가시적이지 않아서 믿고 따르지 않으면 눈으로 보여 줄 수 없기 때문이다.

"셋째는 육신병 환자가 그 병이 완치되도록까지 정성을 놓지 아니하여야 하는 것같이 그대들도 끝까지 마음병 치료에 정성을 다하여야 할 것"이라 하였다. 몸이 아프면 육체의 고통에서 벗어나기 위하여 병이 완치될 때까지 정성을 다하는 사람도 있으나 혹자는 자기의 주장대로 치료하는 사람도 있는 것을 볼 수 있다. 마음병의 고통은 본인의 생각에 따라 고쳐도 되고 그냥 지내기도 하나 병은 오래갈수록 그 뿌리가 깊어져서 폐해가 더욱 심해지면 장차 치료하지 못할 지경에 이르기 때문에 믿음, 분발, 의문, 정성을 들이대어 불신, 욕심, 나태, 어리석음을 물리쳐야 완치할 수 있을 것이다.

"이와 같이 진실히 잘 이행한다면 마침내 마음의 완전한 건강을 회복하는 동시에 마음병에 허덕이는 모든 대중을 치료할 의술까지 얻게 되어 너른 세상에 길이 제생의세의 큰 일을 성취하게 된다."라고 하였다. 선병자의先病者醫, 즉 먼저 병을 앓아 본 사람이 의원이라는 뜻으로 마음병도 먼저 경험한 사람이 비슷한 상황에 처한 다른 사람을 도와 줄 의술과 약재가 있어서 다른 병든 사람을 치료하고 모든 생령을 제도하는 부처님의 제생의세 하는 서원을 성취하게 될 것이다.

마음병을 치료하려면 육신의 병을 치료하는 것처럼 의술과 약재가 필요한 것은 당연하다. 마음병 치료하는 의술과 약재는 무엇일까? 소태산 대종사는 『정전』 제2 교의편 6장 '인생의 요도와 공부의 요도'에서 "사은·사요는 인생의 요도要道요, 삼학·팔조는 공부의 요도인 바, 인생의 요도는 공부의 요도가 아니면 사람이 능히 그 길을 밟지 못할 것이요, 공부의 요도는 인생의 요도가 아니면 사람이 능히 그 공부한 효력을 다 발휘하지 못 할지라, 이에 한 예를 들어 그 관계를 말한다면, 공부의 요도는 의사가 환자를 치료하는 의술과 같고, 인생의 요도는 환자를 치료하는 약재와 같다."라고 하였다. 인생의 요도와 공부의 요도는 서로 도움이 되고 바탕이 된다는 의미이다.

없어서는 살 수 없는 네 가지 은혜인 천지은 부모은 동포은 법률은과 함께 사는 세상을 고르는 네 가지 요긴한 길인 자력양성 지자본위 타자녀교육 공도자숭배를 지칭하는 사은사요는 인생의 요도 곧 인간이 살아가는 인생人生의 요긴한 길이 된다는 것이다. 또한 우리의 근본이 되는 마음에 대한 세 가지 공부인 정신수양 사리연구 작업취사와 공부를 진행하는데 필요한 네 가지 조목인 믿음 분발 의문 정성과 공부하면서 버려야 할 네 가지 조목인 불신 탐욕 나태 우치를 지칭하는 삼학팔조는 공부의 요도로 마음에 대하여 배워야 할 공부의 요긴한 길이 된다는 것이다. 인생의 요도인 사은사요는 사람으로 살아가며 실천하는 것을 놓지 않아야 하고 공부의 요도인 삼학팔조는 평생 배움을 놓지 않아야 하므로 인생의 요도와 공부의 요도의 관계를 설명하자면 공부의 요도는 마음병을 치료하는 지도자가 마음병 환자를 치료하는 의술과 같고 인생의 요도는 마음병을 치료하는 지도자가 마음병 환자를 치료하는 약재와 같아서 서로 매우 긴밀한 관계가 있다 하겠다.

마음공부를 하는 구체적인 방법에는 여러 가지가 있겠으나 그 가운데 하나는 상시응용 주의사항 6조를 실천하는 것이다. 『정전』 '상시 훈련법'에서는 "공부인에게 상시로 수행을 훈련하기 위하여 '상시응용 주의사항' 6조와 '교당내왕 시 주의사항' 6조를 정하였다."라고 하였다. 임시가 아닌 일상적인 상시常時는 시간적으로 언제나의 의미이며 언제나는 어느 곳을 내포하고 있으므로 언제 어디에서든지 마음공부하는 사람에게 수행을 훈련하는 것은 마음공부를 하도록 인도한다는 의미이다.

상시응용 주의사항 6조는 1. 응용應用하는 데 온전한 생각으로 취사하기를 주의할 것이요, 2. 응용하기 전에 응용의 형세를 보아 미리 연마하기를 주의할 것이요, 3. 노는 시간이 있고 보면 경전·법규 연습하기를 주의할 것이요, 4. 경전·법규 연습하기를 대강 마친 사람은 의두 연마하기를 주의할 것이요, 5. 저녁 식사 후 살림에 대한 일이 있으면 다 마치고 잠자기 전 남은 시간이나 또는 새벽에 정신을 수양하기 위하여 염불과 좌선하기를 주의할 것이요, 6. 모든 일을 처리한 뒤에 그 처리 건을 생각하여 보되, 하자는 조목과 말자는 조목에 실행이 되었는가 못 되었는가 대조하기를 주의할 것이니라."이다. 마음공부와 상시응용 주의사항의 관계에서 마음공부는 '삼학을 병진하는 동정일여의 무시선 공부'로 간단히 정의할 수 있다. 마음공부를 삼학 공부로 의미 짓는 것처럼 상시응용 주의사항의 여섯 가지 조목도 삼학의 과목으로 나눌 수 있어서 상시응용 주의사항을 실천하는 것이 곧 삼학 공부를 하는 것이요, 삼학 공부를 하는 것은 바로 마음공부를 하는 것이 되어 상시응용 주의사항 6조를 실천하는 것은 마음공부를 하는 것과 같다고 할 수 있다.

소태산 대종사는 『대종경』 변의품 26장에서 한 제자가 "정전 가운데 상시응용 주의사항 각 조목과 삼학과의 관계는 어떠합니까?" 하고 질문하니 "상시응용 주의사항은 곧 삼학을 분해하여 제정한 것이니 5조는 정신수양을 진행하는 길이요, 2조, 3조, 4조는 사리연구를 진행하는 길이요, 1조는 작업취사를 진행하는 길이요, 6조는 삼학 공부 실행하고 아니 한 것을 살피고 대조하는 길이다."라고 답하였으며 또 질문하기를 "상시응용 주의사항 각 조목을 동動과 정靜 두 사이로 나누어 보면 어떻게 됩니까?"라고 질문하니 "3조, 4조, 5조는 정靜할 때 공부로서 동動할 때 공부의 자료를 준비하는 길이 되고, 1조, 2조, 6조는 동할 때 공부로서 정할 때 공부의 자료를 준비하는 길이 되는데, 서로서로 도움이 되는 길이며, 일 분 일각도 공부를 놓지 않게 하는 길이다."라고 답하였다.

이상에서 마음병 치료와 상시응용 주의사항 6조를 연관 지어보았다. 몸의 병을 치료하기 위해서는 그 병증에 따라 여러 가지 방법의 치료를 받아야 할 것이며 기본적으로 섭생에 주의하여야 하는 식이요법이나 꾸준히 운동해야 하는 운동요법, 목욕하고 옷 입고 주거 환경을 맞춰야 하는 생활요법, 근육의 단련을 받아야 하는 물리치료 등이 있을 것이다. 마음병도 상시응용 주의사항의 여섯 가지 공부인 1조 온전한 생각으로 취사하는 공부, 2조 미리 연마하고 준비하는 공부, 3조 묻고 배우는 공부, 4조 의심을 풀어내는 공부, 5조 마음을 고요하게 하는 공부, 6조 반성 대조하는 공부를 하여 치료할 수 있을 것이다. 왜냐하면 이 여섯 가지 공부는 바로 삼학 공부의 다른 표현으로 마치 몸이 아픈 환자가 어떠한 치료를 받고 어느 시간에 약을 복용하고 어느 시간에는 운동을 해야 하듯이 일상생활하는 중 시간과 장소에 따라 공부해야 할 매뉴얼을 정해 놓았기 때문이다.

또 교당내왕 시 주의사항 6조는 "1. 상시응용 주의사항으로 공부하는 중 어느 때든지 교당에 오고 보면 그 지낸 일을 일일이 문답하는 데 주의할 것이요, 2. 어떠한 사항에 감각된 일이 있고 보면 그 감각된 바를 보고하여 지도인의 감정 얻기를 주의할 것이요, 3. 어떠한 사항에 특별히 의심나는 일이 있고 보면 그 의심된 바를 제출하여 지도인에게 해오解悟 얻기를 주의할 것이요, 4. 매년 선기禪期에는 선비禪費를 미리 준비하여서 선원에 입선하여 전문 공부하기를 주의할 것이요, 5. 매 예회例會날에는 모든 일을 미리 처결하여 놓고 그날은 교당에 와서 공부에만 전심하기를 주의할 것이요, 6. 교당에 다녀갈 때는 어떠한 감각이 되었는지 어떠한 의심이 밝아졌는지 소득 유무를 반조返照하여 본 후에 반드시 실생활에 활용하기를 주의할 것이니라."이다.

앞의 질문에서 그 말미에 "상시응용 주의사항과 교당내왕 시 주의사항의 관계는 어떠합니까?" 하고 질문하니 "상시응용 주의사항은 유무식 남녀노소 선악 귀천을 막론하고 인간 생활을 하여 가면서도 상시로 공부할 수 있는 빠른 법이 되고, 교당내왕 시 주의사항은 상시응용 주의사항의 길을 도와주고 알려 주는 법이 된다."라고 하고 상시응용 주의사항의 성격과 교당내왕 시 주의사항의 성격을 설명해 주었다. 우리가 마음공부하는 곳이 교당이며 교당은 지도인이 주재하는 곳임을 잊지 말아야 할 것이다.

이와 같이 상시응용 주의사항과 교당내왕 시 주의사항을 행동에 옮기는 실천으로 우리는 마음공부를 할 수 있으며 마음병을 치료할 수 있으며 공부의 요도를 실천할 수 있다. 여기에 더하여 일기 쓰는 법을 두어서 날마다 반성하고 대조하게 하여 소태산 대종사는 '물샐틈없는 공부법'을 지도하였다. 그러므로 마음병을 치료하려면 마음병 치료의 구체적인 방법인 상시응용 주의사항과 교당내왕 시 주의사항을 실천하여야 할 것이다.

5

물샐틈없는 마음공부

원불교 마음공부는 소태산 대종사의 깨달음으로부터 시작하였다. 일체 생령을 낙원으로 인도하기 위하여 교리를 제정하면서 본인의 깨달음을 원으로 상징하고 이름을 일원상一圓相이라 하였다. 그 진리를 요약하여 공空과 원圓과 정正으로 정리하였는데 정산 종사는 이를 곧 진공眞空과 묘유妙有와 조화造化로 설명하였다. 진공이란 없고 없고 없는 자리와 아니고 아니고 아닌 자리를 설명하였고, 묘유란 그 없는 자리에서 자동으로 나타난 자리이며 조화란 없고 있는 변화를 나타내고 있다. 마음공부를 시작한 공부인은 일원의 진리에 대한 이해가 필요하고 공부가 순숙되면 여기를 기점으로 하여 마음공부를 하여야 할 것이다. 이점이 앞에서 강조하였던 성품과 정신과 마음과 뜻에 대한 이해이기 때문이다.

정산 종사는 "일원상의 원리는 모든 상대가 끊어져서 말로써 가히 이르지 못하며 사량으로써 가히 계교하지 못하며 명상으로써 가히 형용하지 못할 지라 이는 곧 일원의 진공체眞空體요, 그 진공한 중에 또한 영지 불매하여 광명이 시방을 포함하고 조화가 만상을 통하여 자재하나니 이는 곧 일원의 묘유요, 진공과 묘유 그 가운데 또한 만법이 운행하여 생멸 거래와 선악 과보가 달라져서 드디어 육도 사생으로 승급 강급하니 이는 곧 일원의 인과이니 진공과 묘유와 인과가 서로 떠나지 아니하여 한 가지 일원의 진리가 된다."라고 정리해 주었는데 필자는 앞에서 '인과'를 '조화'라고 바꿔 말하였다. 또 부촉하기를 "대종사께서 이 일원상으로써 교리의 근원으로 삼아 모든 공부인으로 하여금 이를 신앙케 하고 이를 연구케 하며 이를 수행케 하신 것은 곧 계단을 초월하여 쉽게 대도에 들게 하고 깊은 이치를 드러내어 바로 사물에 활용케 하심이니, 그러므로, 진리를 구하는 이가 이외에 다시 구할 곳이 없고 도를 찾는 이가 이외에 다시 찾을 길이 없으며 그밖에 일체 만법이 이외에는 다시 한 법도 없다."라고 하였으니 우리의 목표이자 목적지를 쉽게 천명해 주었다 할 것이다.

일원의 진리를 요약한 공空·원圓·정正을 우리의 자성自性에 부합시켜 말하자면 일원의 상대처가 끊어진 진공眞空 자리는 성품 자리요, 일원의 묘유妙有 자리는 정신精神의 경지이며 일원의 조화造化는 마음의 작용作用으로 이해할 수 있다. 앞에서 설명한 성품과 정신과 마음과 뜻을 상기하며 이를 삼학 공부와 연관 지어 보면 성품 자리를 아는 것은 견성이요 정신의 힘을 기르는 것은 양성이요 마음이 작용하는 것은 솔성이다. 견성은 사리연구이며 혜慧요, 양성은 정신수양이며 정定이요, 솔성은 작업취사이며 계戒이다. 필자 개인적인 견해로는 삼학의 분류가 정신수양 사리연구 작업취사인 것은 여기에 근거하였다고 생각한다.

원불교의 수행은 바로 훈련이라 할 수 있고 훈련에는 정기 훈련과 상시 훈련이 있는데 정해진 기간에 정기定期로 받는 훈련은 정기 훈련이며 이때 훈련받는 과목이 정기 훈련 11과목이다. 훈련을 반복하여 연습하는 것이라고 정의定義한다면 같은 내용을 지속하여 반복 연습함으로써 공부로 삼고 수행을 이루는 것이다. 바로 앞에서 말하였듯이 상시응용 주의사항 6조와 교당내왕 시 주의사항 6조의 실천은 삼학 공부를 하는 매뉴얼이며 마음공부하는 매뉴얼이다.

물샐틈없다는 의미는 완전하다 또는 완벽하다는 의미이다. 물샐틈없다는 표현에서 항아리를 연상하게 되는데 수행하는 것은 질그릇으로 만든 항아리에 물을 담아 채우는 것과 같다. 만약에 항아리가 깨져 금이 갔거나 밑이 빠졌다면 아무리 물을 부어도 가득 차지 않을 것이므로 항아리를 물로 채우는 데 첫째 조건은 반드시 물이 새지 않는 항아리여야 할 것이며 정성스럽게 물이 가득 찰 때까지 지속하여 물을 붓는 것이다.

실생활에서 원불교 교리를 실천하는 간단한 방법은 일상 수행의 요법에 담겨 있다 할 것이므로 소태산 대종사는 일상 수행의 요법을 제자들에게 아침저녁으로 외게 하였으며 그 글만 외라는 것이 아니요 경계를 당할 때마다 살피라고 하였다. 심지心地에 요란함이 있었는가 없었는가, 심지에 어리석음이 있었는가 없었는가, 심지에 그름이 있었는가 없었는가, 신·분·의·성의 추진이 있었는가 없었는가, 감사 생활을 하였는가 못하였는가, 자력 생활을 하였는가 못하였는가, 성심으로 배웠는가 못 배웠는가, 성심으로 가르쳤는가 못 가르쳤는가, 남에게 유익을 주었는가 못 주었는가를 대조하고 또 대조하며 챙기고 또 챙겨서 필경은 챙기지 아니하여도 저절로 되는 경지에까지 도달하라 하였다.

여기에서 챙기는 마음이 핵심인데 이 챙기는 마음은 마음 작용하는 과정에서 말한 것처럼 마음 챙김과 알아차림이 지속되어야 하고 경계를 알아차렸을 때 끌리고 안 끌리는 대중을 잡아야 하며 경계에 끌렸을 때는 일상 수행의 요법에 대조해야 하고 대조한 후에는 감사 생활과 자력 생활로 돌리고 배우는 사람과 가르치는 사람과 공익심 있는 사람으로 돌려야 하며 자성의 정과 혜와 계를 세워야 하는 데까지 이르러야 할 것이다. 소태산 대종사는 일상 수행의 요법을 실생활에서 실천하는 가운데 경계를 당할 때마다 살피는 데 사람의 마음은 미묘하여 잡으면 있어지고 놓으면 없어지므로 챙기지 않고는 닦을 수 없다 하고 이 챙기는 마음을 실행하기 위하여 상시응용 주의사항 6조와 교당내왕 시 주의사항 6조를 정하였고 여기에 일기법을 두어 그 수행 방법을 물샐틈없이 지도하였다고 하였다. 일상 수행의 요법과 상시응용 주의사항과 교당내왕 시 주의사항과 일기법의 조합이 공부인이 마음공부를 하는데 완벽하다고 생각한 것이다.

상시응용 주의사항과 교당내왕 시 주의사항에 대하여는 앞에서 간단히 소개하였으므로 여기에서는 일기법에 대하여 설명하자면 일기법은 상시 일기법과 정기 일기법이 있다. 상시 일기법에는 유무념 대조 공부와 학습상황과 계문의 범과 유무를 기재하게 하였고 학원이나 선원에서 전문적으로 공부하는 사람에게는 정기 일기법에 있는 감각감상과 심신작용 처리 건과 작업시간 수와 수지대조를 기재하게 하였다. 이렇게 물샐틈없이 수행하면 범부를 뛰어넘어 성인의 경지에 도달할 수 있다고 하였는데 일기법에 대한 설명도 지난 마음 소 길들이는 과정에서 자세하게 설명한바 있다.

소태산 대종사가 제정한 물샐틈없는 마음공부의 방법을 요약 정리해 보면, 먼저 일 있을 때와 일 없을 때 즉 동動과 정靜으로 나누고 또다시 상시와 정기로 나눈 공부 방법에 바탕하고 있다. 이 가운데 기본적으로 일상 수행의 요법을 실행하게 하였고 챙기는 마음을 실행시키기 위하여 상시응용 주의사항 6조와 교당내왕 시 주의사항 6조를 정하였으며 이의 실행을 조사하기 위하여 일기법을 두었음을 알 수 있다. 초기 교단에서는 통치조단 규약에 일기 쓰는 법이 수록되어 있어서 교화단의 단장을 통하여 일기 쓰고 쓰지 않는 조사를 하도록 지도하였다. 우리는 이처럼 물샐틈없이 완벽하게 공부하여 하루 속히 각자의 인격을 양성하여 범부의 탈을 벗고 성인의 경지에 들어야 할 것이다.

소태산 대종사는 우리 인류를 광대 무량한 낙원으로 간절하게 인도하고자 하였다. 필자의 사견으로 광대 무량한 낙원은 건설하는 것이 아니요, 이미 낙원은 존재하고 있으므로 그곳에 인도한다는 의미라고 생각하며 광대 무량한 낙원은 바로 우리의 성품 자리 바로 일원의 진리 자리가 아닌가 생각한다.

6

마음병 치료 처방전 1

병을 치료하려면 환자가 의사의 지시와 처방을 잘 따라야 하는 것처럼 마음에 병이 든 사람도 지도자의 지도와 처방을 잘 따르고 지켜야 한다. 지도자의 지시는 앞에서 언급하였으나 처방은 무엇인지 지금은 그 마음병 치료하는 처방전에 대하여 생각해 보기로 하자.

필자가 생각하는 처방에는 두 가지가 있다. 하나는 '온전한 생각으로 취사하라'이고 둘은 '감사하고 불공하라'이다. 이는 마음병 치료의 의술인 공부의 요도와 마음병 치료의 약재인 인생의 요도를 한마디로 정리한 것이다. 처방전 1 '온전한 생각으로 취사하라'에는 정신수양, 사리연구, 작업취사 삼학 공부에 신 분 의 성과 불신 탐욕 나태 우치라는 팔조를 보조제로 사용할 것이다. 처방전 2 '감사하고 불공하라'에는 천지 부모 동포 법률의 사은에 자력양성 지자본위 타자녀교육 공도자숭배의 사요를 보조제로 사용할 것이다. 육신의 건강을 위해서 약물요법 식이요법 운동요법 생활요법 명상요법 등 다양한 요법이 있는 것처럼 처방전 1은 공부요법이며 처방전 2는 불공요법이다. 이 두 가지 공부와 불공을 통하여 우리는 세상의 모든 마음병을 치료할 수 있으리라 확신한다.

소태산 대종사는 이를 무시선과 사사불공이라는 표어로 정리해 주었다. 대산 종사는 "대종사의 위대하심은 쇠약해진 인류 정신을 삼학 공부로 온전하게 해 주심이요, 은혜가 메마른 세상을 사은신앙으로 정의가 충만하게 해 주심이며, 이기와 독선에 빠진 인류를 사요 실천으로 평화 안락하게 해 주심이다."라고 하였다. 이 말씀이 바로 세상의 일체 마음병에 대한 처방전임을 확인해 준 말씀이다.

소태산 대종사는 돌아오는 세상에는 물질문명보다는 정신문명의 발전을 다음과 같이 더욱 강조하였다. "지금 물질문명은 그 세력이 날로 융성하고 물질을 사용하는 사람의 정신은 날로 쇠약하여, 개인 가정 사회 국가가 모두 안정을 얻지 못하고 창생의 도탄이 장차 한이 없게 될 것이다."라고 세상을 진단하였으며 또 "천하에 벌어진 모든 바깥 문명이 비록 찬란하다 하나 오직 마음 사용하는 법의 조종 여하에 따라 이 세상을 좋게도 하고 낮게도 하나니, 마음을 바르게 사용하면 모든 문명이 다 낙원을 건설하는데 보조하는 기관이 되는 것이요, 마음을 바르지 못하게 사용하면 모든 문명이 도리어 도둑에게 무기를 주는 것과 같이 된다."라고 하였다. 또 "만일 현대와 같이 물질문명에만 치우치고 정신문명을 등한시하면 마치 철모르는 아이에게 칼을 들려준 것과 같아서 어느 날 어느 때에 무슨 화를 당할지 모를 것이니, 이는 육신은 완전하나 정신에 병이든 불구자와 같고, 정신문명만 되고 물질문명이 없는 세상은 정신은 완전하나 육신에 병이든 불구자와 같나니, 그 하나가 충실하지 못하고 어찌 완전한 세상이라 할 수 없으니 내외 문명이 병진되는 시대라야 비로소 결함 없는 평화 안락한 세계가 될 것이다."라고 하였다.

이와 같은 사회 현실 가운데 정신의 세력을 확장하기 위한 처방으로 먼저 '온전한 생각으로 취사하라' 함은 곧 공부심을 놓지 말고 마음공부를 하라는 것으로 공부의 요도인 삼학팔조의 공부요법 처방은 바로 삼학 공부이니 먼저 삼학에 대하여 알아보아야 하겠다. 삼학은 정신수양, 사리연구, 작업취사이다. 『정전』 교의편 '삼학'에서 각 과목의 요지와 목적과 결과에 대하여 밝히고 있으므로 이 부분에 관한 자세한 내용은 삼학의 각 항목을 공부하면서 설명할 예정이다.

소태산 대종사는 "우리는 과거 불교에서 가르치는 모든 과목을 통일하여 선종의 많은 화두와 교종의 모든 경전을 단련하여, 번거한 화두와 번거한 경전은 다 놓아 버리고 그중에 제일 강령과 요지를 밝힌 화두와 경전으로 일과 이치에 연구력 얻는 과목을 정하고, 염불·좌선·주문을 단련하여 정신 통일하는 수양 과목을 정하고, 모든 계율과 과보 받는 내역과 사은의 도를 단련하여 세간 생활에 적절한 작업취사의 과목을 정하고, 모든 신자가 이 삼대 과목을 병진하게 하였으니, 연구 과목을 단련하여서는 부처님과 같이 이무애理無碍 사무애事無碍 하는 연구력을 얻게 하며, 수양 과목을 단련하여서는 부처님과 같이 사물에 끌리지 않는 수양력을 얻게 하며, 취사 과목을 단련하여서는 부처님과 같이 불의와 정의를 분석하고 실행하는 데 취사력을 얻게 하여, 이 삼대력三大力으로써 일상생활에 불공하는 자료로 삼아 모든 서원을 달성하는 원동력으로 삼게 하면 교리가 자연 통일될 것이요 신자의 수행도 또한 원만하게 될 것이라."하고 과거 불교의 가르침과 차별화를 선언하였다.

또 "재래 사원에서는 염불종念佛宗은 언제나 염불만 하고, 교종敎宗은 언제나 간경看經만 하며, 선종禪宗은 언제나 좌선만 하고, 율종律宗은 언제나 계戒만 지키면서, 같은 불법 가운데 서로 시비 장단을 말하고 있으나 그것은 다 계정혜 삼학의 한 과목들이므로 우리는 이것을 병진하게 하되, 매일 새벽에는 좌선을 하게 하고, 낮과 밤에는 경전 강연 회화 의두 성리 일기 염불 등을 때에 맞추어서 하게 하여, 이 여러 가지 과정으로 고루 훈련하나니, 누구든지 이대로 정진한다면 재래의 훈련에 비하여 몇 배 이상의 실 효과를 얻을 수 있을 것이다." 하였다.

원불교의 수행을 한마디로 한다면 바로 일원상 수행이라 할 수 있을 터인데 이 일원상의 수행에 대하여 소태산 대종사는 "일원상을 수행의 표본으로 하고 그 진리를 체받아서 자기의 인격을 양성하나니, 일원상의 진리를 깨달아 천지 만물의 시종 본말과 인간의 생로병사와 인과보응의 이치에 걸림 없이 알자는 것이며, 또는 일원과 같이 마음 가운데에 아무 사심私心이 없고 애욕과 탐착에 기울고 굽히는 바가 없이 항상 두렷한 성품 자리를 양성하자는 것이며, 또는 일원과 같이 모든 경계에 대하여 마음을 쓸 때 희로애락과 원근친소에 끌리지 아니하고 모든 일을 오직 바르고 공변되게 처리하자는 것이니, 일원의 원리를 깨닫는 것은 견성見性이요, 일원의 체성을 지키는 것은 양성養性이요, 일원과 같이 원만한 실행을 하는 것은 솔성率性인 바, 우리 공부의 요도인 정신수양 사리연구 작업취사도 이것이요, 옛날 부처님이 말씀하신 계정혜戒定慧 삼학도 이것으로써, 수양은 정이며 양성이요, 연구는 혜며 견성이요, 취사는 계며 솔성이라. 이 공부를 지성으로 하면 학식 있고 없는 데에도 관계가 없으며 총명하고 없는 데에도 관계가 없으며 남녀노소를 막론하고 다 성불함을 얻을 것이다."라고 하였다.

또 삼학 공부에 대하여 "우리 공부의 요도 삼학三學은 우리의 정신을 단련하여 원만한 인격을 이루는 데에 가장 필요한 법이며, 잠깐도 떠날 수 없는 법이니, 예를 들면 육신에 대한 의식주衣食住 3건件과 다름이 없다 할 것이다. 즉, 우리의 육신이 이 세상에 나오면 먹고 입고 거처할 집이 있어야 하니, 만일 한 가지라도 없으면 우리의 생활에 결함이 있게 될 것이요, 우리의 정신에는 수양 연구 취사의 세 가지 힘이 있어야 살 수 있으니, 만일 한 가지라도 부족하다면 모든 일을 원만히 이룰 수 없으므로, 나는 영육쌍전의 견지에서 육신에 관한 의식주 3건과 정신에 관한 일심 알음알이 실행의 3건을 합하여 육대 강령이라고도 하였다. 이 육대 강령은 서로 떠날 수 없는 관계를 맺고 한 가지 우리의 생명선이 되나, 보통 사람들은 육신에 관한 세 가지 강령이 소중한 줄 알면서도 정신에 관한 세 가지 강령이 중한 줄은 알지 못하니, 이 어찌 어두운 생각이 아니겠는가. 그 실은 정신의 세 가지 강령을 잘 공부하면 육신의 세 가지 강령이 자연히 따라오는 이치를 알아야 할 것이니, 이것이 곧 본本과 말末을 알아서 행하는 법이다."라고 하고 육신과 정신을 함께 비교하면서 설명하였다.

또 "보통 사람들의 생활은 한갓 의식주를 구하는 데만 힘을 쓰고, 그 의식주를 나오게 하는 원리는 찾지 아니하나니 이것이 실로 답답한 일이라. 육신의 의식주가 필요하다면 육신 생활을 지배하는 정신의 일심과 알음알이와 실행의 힘은 더 필요할 것이 아닌가. 정신에 이 세 가지 힘이 양성되어야 그에 따라 의식주가 잘 얻어질 것이요, 이것으로 그 사람의 원만한 인격도 이루어질 것이며, 각자의 마음 근본을 알고 그 마음을 마음대로 쓰게 되어야 의식주를 얻는 데에도 정당한 도가 실천될 것이며, 생로병사를 해탈하여 영생의 길을 얻고 인과의 이치를 알아 혜복을 구하게 될 것이니, 이것이 또한 참답고 영원한 의식주 해결의 길이라. 그러므로 정신의 삼강령이 곧 의식주 3건의 근본이 된다고 하였다."

일상생활에서 삼학을 대중하는 공부에 대하여 소태산 대종사는 "공부하는 사람은 세상의 천만 경계에 항상 삼학의 대중을 놓지 말아야 할 것이니, 삼학을 비유하여 말하자면 배를 운전하는데 지남침 같고 기관사 같은지라, 지남침과 기관사가 없으면 그 배가 능히 바다를 건너지 못할 것이요, 삼학의 대중이 없으면 사람이 능히 세상을 잘 살아 나가기가 어렵다."라고 하였다.

"과거 불교의 삼학과 원불교의 삼학은 어떤 차이점이 있겠습니까?" 하고 정산 종사에게 물으니 "과거에도 삼학이 있었으나 계정혜와 우리의 삼학은 그 범위가 다르나니, 계戒는 계문을 주로 하여 개인의 지계에 치중하셨지마는 취사는 수신제가 치국평천하의 모든 작업에 빠짐없이 취사케 하는 요긴한 공부며, 혜慧도 자성에서 발하는 혜에 치중하였지마는 연구는 모든 일 모든 이치에 두루 알음알이를 얻는 공부며, 정定은 선정에 치중하여 말씀하셨지마는 수양은 동정 간에 자성을 떠나지 아니하는 일심 공부로 만사의 성공이 이 삼학을 벗어나지 못하는 것이니 이 위에 더 원만한 공부길은 없다."고 하였다. 또한 "공부하지 않는 이에게도 삼학은 있으나 이는 부지중 삼학이요 주견 없는 삼학이요 임시적 삼학이며, 공부인의 삼학은 공부적 삼학이요 법도 있는 삼학이요 간단없는 삼학이다." "우리가 수양 연구 취사의 삼학으로써 공부를 진행하는바, 결국 수양은 해탈이 표준이 되며, 연구는 대각이 표준이 되며, 취사는 중정中正이 표준이 된다." "신분의성을 마음공부에 들이대면 삼학 공부에 성공하고 사농공상에 들이대면 직업에 성공한다."라고 하였다.

대산 종사는 "삼학은 곧 정신수양精神修養, 사리연구事理研究, 작업취사作業取捨의 세 가지 공부할 길이니 삼학 공부의 강령을 들어 말하면 '온전=修養'한 '생각=研究'으로 '취사取捨'를 잘하자는 공부법인바, 이 공부법은 일체 생령一切生靈이 다 밟아나갈 천하의 대도大道인 것이다." "우리의 정신이 흩어지기 쉽나니 마음을 언제나 집중, 몰두, 통일시키도록 하자. 우리의 지혜가 어두워지기 쉽나니, 사리 간에 언제나 배우고, 생각하고, 연마하도록 하자. 우리의 육근이 그릇되기 쉽나니, 육근 작용을 언제나 결단, 실천, 중화로 하자."라고 하였다. 또 "삼학 공부로 삼대력을 얻고 보면 정신의 안정과 진리의 밝은 눈을 얻어 영생을 정로正路로 살게 되며, 삼계의 자비 부모가 되고 일체 생령을 빠짐없이 제도할 수 있는 큰 능력을 갖추게 될 것이다. 수양 공부를 위해서는 절대 안정하고 흥분하지 말며 매일 만 보 이상 선보禪步를 하고, 연구 공부를 위해서는 심사 묵조深思默照로 바른 지각을 얻고 성현의 경전을 매일 독서하며 심사心師 심우心友와 서로 의견 교환을 하여 진리를 단련하며, 취사 공부를 위해서는 그른 일은 죽기로써 끊고 옳은 일은 죽기로써 실행하며 매사에 신경 쓸 일을 처음부터 짓지 말 것이니, 정당한 목표와 계획을 세우고 1년, 10년, 30년, 대적공을 하는 중에 큰 공부가 이루어진다." "삼학 공부는 끊임없는 정신수양으로 선정력을 얻어 자성 본성 불성을 회복하고, 끊임없는 사리연구로 지혜력을 얻어 심월心月 혜월慧月 성월性月을 솟게 하며, 끊임없는 작업취사로 실천력을 얻어 중심 중도 중화의 꽃을 피우자는 것이다."라고 하였다. 대산 종사는 "대종사께서 삼학을 편벽되게 닦는 것을 특히 금하셨는데 우리는 삼대력 중에서 모자라는 점을 스스로 살피고 동지들의 의견도 들어서 삼학을 병진하는 원만한 수행자가 되어야 할 것이다. 참 수행자는 능한 것은 감추고 부족한 것은 더 드러내어 능할 때까지 연마를 쉬지 않으므로 점점 더 능하게 되나, 보통 수행자는 능한 것을 감추지 못하므로 도리어 그로 인하여 어두워지나니, 삼학을 편벽되게 닦는 것이야말로 수도인의 큰 업장이며 마장이다."라고 하였다.

소태산 대종사는 "우리가 경전으로 배울 때는 삼학이 비록 과목은 각각 다르나, 실지로 공부를 해나가는 데에는 서로 떠날 수 없는 연관이 있어서 마치 쇠스랑의 세 발과도 같나니, 수양하는 데에도 연구·취사의 합력이 있어야 할 것이요, 연구하는 데에도 수양·취사의 합력이 있어야 할 것이요, 취사를 하는 데에도 수양·연구의 합력이 있어야 한다. 그러므로 삼학을 병진하는 것은 서로 그 힘을 어울려 공부를 지체없이 전진하게 하자는 것이며, 또는 선원에서 대중이 모이어 공부에 대한 의견을 교환하는 것은, 그에 따라 혜두가 고루 발달하여 과한 힘을 들이지 아니하여도 능히 큰 지견을 얻을 수 있게 하자는 것이다."라고 하여 삼학 공부를 아울러 하도록 하였다.

대산 종사는 "대종사께서 대각을 이루시고 세상을 관찰하심에 천지의 개벽기가 도래했음을 미리 아시고 '물질이 개벽되니 정신을 개벽하자.'는 개교 표어를 내놓으셨다. 천지개벽이란 하늘과 땅이 열린다는 뜻이니 하늘이 열린다고 함은 정신개벽을 이름이요 땅이 열린다고 함은 물질 개벽을 이름이라, 그동안 서양에서는 과학 문명이 주로 발달하고 동양에서는 도덕 문명이 주로 발달했으나 앞으로는 동서양이 다 함께 진리적 종교의 신앙과 사실적 도덕의 훈련으로, 밖으로는 의식주의 생활을 개선하여 무지와 빈곤과 질병을 물리치는 데 힘써 일생의 신낙원身樂園을 건설하고 안으로는 삼학팔조로 마음을 개조하고 사은사요로 세상을 건져서 영생의 심낙원心樂園을 건설하는 데 힘써야 한다."라고 하였다. 또 "모든 사람이 세상이 병들었다고 야단이나 그 원인이 나에게 있지 아니하고 남에게만 있다고 하므로 대종사께서 의왕이 되시어 병든 세상을 정확히 진단하고 그 처방으로 삼학팔조와 사은사요를 내놓으셨으니, 우리 모두 마음병 치료의 명의가 되어 그 역할을 다해야 한다."라고 하였다.

공부인인 우리는 삼학 공부를 하여 마음병 치료의 첫째 처방인 '온전한 생각으로 취사하라'는 공부 요법을 실천하여 하루 속히 각자의 인격을 양성하여 마음병의 괴로움에서 벗어나야 하겠다. 소태산 대종사는 우리 인류가 병 없는 세상에 살기를 간절히 염원하였으니 꼭 그렇게 되어야 할 것이다.

7

정신을 수양하라

'온전한 생각으로 취사하라'에서 온전穩全은 본래의 마음이 원근친소와 시비이해에 끌림이 없이 본바탕 그대로의 상태를 의미하며, 생각은 마음이 경계를 따라 응용할 때에 일과 이치를 연구하여 지혜롭게 적확히 판단한 뜻을 의미하며, 취사는 정의는 취하고 불의는 버림을 의미한다. 그러므로 온전한 생각으로 취사하라는 정신을 수양하고 사리를 연구하여 얻은 한 경지 즉 끌리고 편벽됨이 없는 경지로 일과 이치에 걸리고 막히는 바가 없는 상태에서 몸으로 행동하는 정의를 동시에 실행하는 것을 뜻한다. 이때 온전한 생각으로 취사하라는 삼학 공부를 동시에 실천하는 것으로 보면 된다. 지금부터는 삼학 공부의 첫 번째 항목인 '정신수양精神修養'에 관하여 공부해 보기로 하자. 삼학三學은 정신수양 사리연구 작업취사 세 가지 과목으로 정신수양은 육신의 상대가 되는 정신의 힘을 양성하는 것으로 삼학 세 가지 가운데 한 가지 항목에 속한다.

평소 필자는 왜 부처님과 소태산 대종사는 수행 과목을 삼학三學으로 정리하였을까 하는 의문을 품고 지내 왔다. 그동안 삼학으로 일원의 진리를 요약하였다고 한 공空 원圓 정正 법문과 연관 지어 짐작해 오다가 마음의 네 가지 모습인 성품과 정신과 마음과 뜻에 대한 법문과 우주만유가 영靈 기氣 질質로써 구성되어 있다는 법문 등 세 가지를 연결해 생각해 보니 '아! 이것과 관련이 있는 것은 아닐까' 하는 생각이 들었다. 가장 최근에 정리된 이 생각을 여기에 발표하는데 이렇게 연결 짓는 것이 과도한 상상력은 아닌지 조금 걱정된다.

정신精神이란 말은 원래 정精 기氣 신神의 준말이다. 정 기 신은 인간의 세 가지 보물이다. 선도仙道에서는 정충精充 기장氣壯 신명神明이라 간단히 설명하고 있으며 정을 단련하면 기가 되는데 이를 연정화기練精化氣라 하고 기가 더욱 깊어져서 제자리를 찾아 안정되면 이를 연기화신練氣化神이라 한다. 정산 종사는 우주만유를 영과 기와 질로 이해하도록 설명하였으니 정기신과 연결해 볼 수는 있으나 서로 정확하게 일치하지는 않는다고 생각된다.

정신精神에 대한 개념의 정의는 쉽지 않아서 고대 인도의 브라만교나 유대교 또는 그리스 철학과 근세 철학에서도 그 개념은 동일하지 않았고 시간이 지나며 확대 해석되었으나 현 사회에서 쓰고 있는 정신이라는 개념은 넓게는 예술 철학 종교 같은 고차원의 문화영역에서 인간의 육체와 상대되는 개념을 뜻하며, 좁게는 인간이 지니는 순수한 마음이라는 의미로 사용하고 있다고 한다. 정신과 마음을 비교해 보면 정신은 비교적 지적知的이고 의적意的인 차원 높은 원리를 의미하는 것으로 사용되고 있으나, 마음은 인간의 정서적 감정적 측면을 가리키는 것으로 사용되는 경우가 많다. 이것은 막연하게 느낄 수 있는 뉘앙스의 차이가 있을 뿐 본질적인 의미는 같다고 보나 생물학적으로는 정신을 살아 있는 의식意識, 살려는 생의지生意志로 본다고 한다.

이렇듯 정신에 대한 개념 정리가 한마디로 쉽지 않아 우리는 분명한 개념을 정립하고 마음병 치료에 접근해야 한다고 생각하는데 소태산 대종사는 『정전正典』의 '삼학' 가운데 '정신수양'에서 "정신이란 마음이 두렷하고 고요하여 분별성과 주착심이 없는 경지"라 하였고 정산 종사는 성품 정신 마음 뜻을 구분하면서 "성품은 본연의 체요, 성품에서 정신이 나타나나니, 정신은 성품과 대동하나 영령한 감이 있는 것이며, 정신에서 분별이 나타날 때가 마음이요, 마음에서 뜻이 나타나나니, 뜻은 곧 마음이 동하여 가는 곳"이라고 설명하고 있다. 정신精神의 개념을 정의定義함에 있어 마음과 정신 성품의 관계를 사용하여 그 개념을 명료하게 구분하고 있다. 대산 종사는 "우리가 정신수양을 하자는 것은 정신이 혼탁하고 미혹해서는 잘살 수 없는 까닭이다. 우리의 정신에는 아버지인 성품이 있고 아들인 마음이 있고 손자인 뜻이 있으니, 정신은 본래 밉지도 곱지도 크지도 작지도 않은 성품 그대로를 타고났으나 정신의 아들인 마음이 손자인 뜻에 본성 자리를 빼앗겨 혼탁해지고 미혹해졌으니 우리는 뜻이 마음으로 마음이 정신으로 정신이 성품으로 돌아갈 수 있도록 정신수양에 힘써야 한다."라고 하였다.

『정전』의 '정신수양의 요지'에 보면 "정신이라 함은 마음이 두렷하고 고요하여 분별성과 주착심이 없는 경지를 이름이요, 수양이라 함은 안으로 분별성[分別性, 나누고 구별하는 마음 작용]과 주착심[住着心, 어느 한곳에 치우쳐 집착하는 마음]을 없이하며 밖으로 산란하게 하는 경계에 끌리지 아니하여 두렷하고 고요한 정신을 양성함을 이름이다."라고 밝히고 있다. 정신과 수양이라는 개념을 명료하게 하여 범위를 밝힘으로 정신수양의 원리와 공부법의 방향을 제시하고 있음을 볼 수 있다. 마음의 성질은 사물을 분별하고 그 분별에 주착하는 것인데 정신을 수양할 때 정신은 마음의 성향인 분별하는 성질과 주착하는 성질이 없는 경지라 한 것이다. 특히 여기에서 '경지를 이름이요' 할 때 사용한 '경지'는 서로 동급이 아닌, 차원이 다르다는 의미이다. 그러므로 마음과 정신은 서로 수준이 다른 상태여서 '마음'을 수양한다고 하지 않고 '정신'을 수양한다고 한 것이다.

지금 세상에서는 중증 정신질환을 가진 사람의 정신 및 행동 장애로 마음 아픈 일이 가끔 일어나는데 우리의 정신에 이상이 나타나고 있기 때문이라고 한다. 정신질환 가운데 한 가지는 조현병으로 과거에는 정신분열증이라고 하였으나 요사이는 이 단어를 사용하지 않고 이 증상이 나타나면 환청이나 환각의 경험을 하게 되어 이상 행동이 나타난다. 또 조울증이라는 양극성 장애도 있는데 조증과 울증이 함께 나타나는 증상으로 이러한 병의 원인은 명확히 알려져 있지 않지만, 생물학적 소인과 환경의 상호작용에 의해 발병되는 것으로 알려져 있다. 과거에는 심리적 질환으로 보는 견해가 많았으나 현재는 뇌의 생화학적 이상과 연관되어 있을 것으로 보는 견해가 지배적이라고 한다.

그러나 『정전』 '정신수양의 목적'에서 설명하는 것을 보면 "유정물有情物은 배우지 아니하되 근본적으로 알게 되는 것과 하고자 하는 욕심이 있는데, 최령한 사람은 보고 듣고 배우고 하여 아는 것과 하고자 하는 것이 다른 동물의 몇 배 이상이 되므로 그 아는 것과 하고자 하는 것을 취하자면 예의염치와 공정한 법칙은 생각할 여유도 없이 자기에게 있는 권리와 기능과 무력을 다하여 욕심만 채우려 하다가 결국은 가패 신망도 하며, 번민 망상과 분심 초려로 자포자기의 염세증도 나며, 혹은 신경쇠약자도 되며, 혹은 실진자도 되며, 혹은 극도에 들어가 자살하는 사람까지도 있게 되나니, 그런고로 천지만엽으로 벌여가는 이 욕심을 제거하고 온전한 정신을 얻어 자주력自主力을 양성하기 위하여 수양하자는 것이다."라고 밝히고 있어서 욕심 또는 탐욕이라는 마음의 병을 치료하는 데에 정신수양이 필요함을 강조하고 있다.

정신을 수양하기 위한 접근은 두 가지로 말할 수 있다. 하나는 볼 수도 만질 수도 없는 정신을 기운으로 느껴 한 가지에 집중하는 것으로 마음이 가는 곳에 기운이 따르기 때문에 어느 한 곳에 기운 주해 있는 것만 대중 잡는다. 우리의 마음은 상황 따라 만나는 경계마다 하루에도 오만 가지로 일어난다고 하는데 그 오만 가지 생각을 하나로 모으기 위한 것이 집심執心이다. 다른 한 가지는 오만 가지로 일어나는 생각을 놓아버리는 방심放心으로 달리 말하면 관심觀心이라 한다. 정산 종사는 이를 내수양의 방법으로 정리하였으며 여기에서 한 단계 더 들어가면 무위자연에 그치는 무심無心의 지경에 이른다.

지난 '마음 소 길들이기' 과정의 말미에서 소개한 "내수양은 안으로 자기 마음을 닦는 공부인바, 첫째는 집심執心 공부니, 염불 좌선을 할 때와 일체 때에 마음을 잘 붙잡아 외경에 흘러가지 않게 하기를 소 길들이는 이가 고삐를 잡고 놓지 않듯 하는 것이요, 둘째는 관심觀心 공부니, 집심 공부가 잘 되면 마음을 놓아 자적自適하면서 다만 마음 가는 것을 보아 그 망념만 제재하기를 소 길들이는 이가 고삐는 놓고 소가 가는 것만 제재하듯 하는 것이요, 셋째는 무심無心 공부니, 관심 공부가 순숙하면 본다는 상도 놓아서 관하되 관하는 바가 없기를 소 길들이는 이가 사람과 소가 둘 아닌 지경에 들어가 동과 정이 한결같이 하는 것이라, 한마음이 청정하면 백천 외경이 다 청정하여 경계와 내가 사이가 없이 한 가지 정토를 이룬다."라고 하였다.

소태산 대종사는 "공부인이 동動하고 정靜하는 두 사이에 수양력修養力 얻는 빠른 방법은, 첫째는 모든 일을 작용할 때에 나의 정신을 시끄럽게 하고 정신을 빼앗아 갈 일을 짓지 말며 또는 그와 같은 경계를 멀리할 것이요, 둘째는 모든 사물을 접응할 때에 애착 탐착을 두지 말며 항상 담담한 맛을 길들일 것이요, 셋째는 이 일을 할 때 저 일에 끌리지 말고 저 일을 할 때 이 일에 끌리지 말아서 오직 그일 그 일에 일심만 얻도록 할 것이요, 넷째는 여가 있는 대로 염불과 좌선하기를 주의할 것이다."라고 하였다. 여기에서 주목할 것은 정신수양의 방법으로 염불과 좌선은 네 번째이고 평소 일상생활하는 가운데 수양하는 일 세 가지 방법이 더욱 비중이 크다는 것이다.

정기 훈련 11과목 중에서 정신수양의 방법은 염불과 좌선이다. 이에 대하여 『정전』 제3 수행편에 '염불법'과 '좌선법'이라는 별도의 항목을 두어서 자세히 설명하고 있으므로 다음에 공부하도록 하고 여기에서는 '정기 훈련법'에서 간결하게 정의한 내용으로 대체하도록 하겠다. "염불은 우리의 지정한 주문呪文 한 귀인 나무아미타불을 연하여 부르게 함이니, 이는 천지만엽으로 흩어진 정신을 주문 한 귀에 집주하되 천념 만념을 오직 일념으로 만들기 위함이요, 좌선은 기운을 바르게 하고 마음을 지키기 위하여 마음과 기운을 단전丹田에 주住하되 한 생각이라는 주착도 없이 하여, 오직 원적무별圓寂無別한 진경에 그치도록 함이니, 이는 사람의 순연한 근본정신을 양성하는 방법이다."라고 설명하고 있다. 또한 상시 훈련법 가운데 '상시응용 주의사항 6조' 중 제5조에는 "석반 후 살림에 대한 일이 있으면 다 마치고 잠자기 전 남은 시간이나 또는 새벽에 정신을 수양하기 위하여 염불과 좌선하기를 주의할 것이요."라고 하여 일상생활하면서 정신을 수양하는 시간까지 구체적으로 정해놓고 정신수양을 권장하고 있음을 볼 수 있다.

염불과 좌선의 공덕을 보면 "오래 하여 그 힘을 얻고 보면 아래와 같은 열 가지 이익이 있나니, 1. 경거망동하는 일이 차차 없어지는 것이요, 2. 육근 동작에 순서를 얻는 것이요,

3. 병고가 감소하고 얼굴이 윤활하여지는 것이요, 4. 기억력이 좋아지는 것이요, 5. 인내력이 생겨나는 것이요, 6. 착심이 없어지는 것이요, 7. 사심이 정심으로 변하는 것이요, 8. 자성의 혜광이 나타나는 것이요, 9. 극락을 수용하는 것이요, 10. 생사에 자유를 얻는 것"이라 하였으니 이 열 가지 공덕은 아무리 많은 재산이 있어도 돈으로 살 수 없는 무가지보無價之寶이며 바꿔 말하면 우리 마음공부하는 도반들이 바라고 바라는 마음의 자유를 얻은 구체적인 항목이다.

대산 종사는 "정신수양은 마음을 닦고 키우는 공부요, 일심을 모으는 공부요, 기도하는 공부요, 마음을 길들이는 공부요, 마음을 지키는 공부요, 마음을 고요하게 하는 공부요, 생각을 텅 비우는 공부요, 착심을 떼는 공부요, 부동심을 양성하는 공부요, 보림하는 공부이다."라고 하였으며 또 "정신수양은 수양을 통해 내정內定과 외정外定을 얻는 것이라, 이는 흐트러진 마음을 멈추고 가라앉히고 닦는 공부를 계속하여 일심을 얻자는 것이며 참된 성품을 기르자는 것이며 그일 그 일에 영단을 뭉쳐 나가자는 것이다. 그러므로 정신수양을 오래오래 계속하면 철주의 중심이 되고 석벽의 외면이 되는 부동심을 얻어 삼세의 업장을 굴리고 다닐 수 있으며, 구경에는 부처님과 같은 큰 정을 얻어 만능을 갖추게 되고 영통을 하게 된다."라고 하였다.

또 "도를 간직한 채 숨어 지낼 줄 알고[잠거포도潛居抱道], 주머니를 닫고 때를 기다릴 줄 알며[괄낭순회括囊順會], 빛을 스스로 감출 줄 아는 것[도광산채韜光鏟彩]이 정신수양이다. 동할 때는 밖으로 경계를 대하되 마음이 흔들리지 않게 하는 공부를 하고 정할 때는 안으로 경계 따라 나가는 마음을 늘 찾아 가라앉히는 공부로 마음을 늘 멈추고 맑혀서 대수양력을 얻는다. 좌선 염불 기도 심고 송주誦呪 송경誦經 등은 다 흩어진 마음을 일심으로 만들어 통일시키는 공부인바 극치에 이르면 대원정기大圓精氣, 지기至氣, 호연지기浩然之氣의 천지대기에 합일하게 된다. 그러나 합일한 뒤에도 함축하여 늘 보림하는 공부로써 일념을 더 길러야 한다. 금기하는 사항으로는 멍 때림 같은 공항空坑에 빠지는 것과 허령虛靈이 나타나는 것에 주의하여야 한다."라고 하였다.

『정전』 수행편 '정신수양의 결과'에는 "우리가 정신수양 공부를 오래오래 계속하면 정신이 철석같이 견고하여, 천만 경계를 응용할 때에 마음에 자주自主의 힘이 생겨 결국 수양력修養力을 얻을 것이다."라고 하였다. 현대 사회를 살아가면서 누구나 바라는 것은 사업의 성공과 인생의 행복일 것이다. 그런데 사업의 성공과 실패는 존심存心과 방심放心에 달려 있다 하였다. 정신수양의 힘이 부족하면 때가 되기 전에 움직이는 조동早動이나 가볍게 움직이는 경동輕動이나 잘 못 판단하여 움직이는 망동妄動을 하게 된다. 이를 바루기 위하여 차분히 정신수양을 오래 하면 첫 번째로 경거망동하는 일이 차차 없어진다 하였다. 또한 존심은 초심을 지키는 것이며 조금 성공하여도 교만하거나 방심하지 않는 것이니 정신수양의 결과 인내심이 생겨나 존심할 수 있어 성공에 이를 것이다.

8

좌선과 염불하는 법

『정전』 제3 수행편 제3장 '염불법', 제4장 '좌선법'을 밝히고 있다. 여기에서는 원문에 근거하여 쉽게 설명하려고 하나 원문을 강독講讀하거나 해설은 따로 하지 않을 것이므로 원문에 관심 있는 분은 스스로 공부할 기회를 마련하기 바란다.

'염불의 방법'에 보면 "염불의 방법은 극히 간단하고 편이하여 누구든지 가히 할 수 있나니" 하였고 '좌선의 방법'에도 "좌선의 방법은 극히 간단하고 편이하여 아무라도 행할 수 있나니"라고 전제하고 있어 남녀노소 선악귀천을 막론하고 하려고 하는 사람은 누구나 아무라도 할 수 있다는 의미이다. 또 이는 부처님의 대자대비 말씀으로 염불과 좌선을 하는 것은 어렵지 않으니 어렵게 생각하지 말고 신분과 관계없이 할 수 있다는 격려를 한 것이다. 사실 처음으로 염불과 좌선을 하는 사람에게 염불 좌선은 절대 쉽지 않다. 필자의 경험에 의하면 이 일을 어렵게 느끼는 것은 처음 해 보는 공부인은 10년, 20년을 해도 보이지 않는 정신의 길을 찾아가야 하나 경험해 보지 않으면 쉽게 감이 잘 잡히지 않아서 선정에 드는 것이 쉽지 않기 때문이다. 그런데 여기서 '극히 간단하고 편이하여 아무라도 행할 수 있다' 하고 강조하신 데에는 염불 좌선을 어렵게 생각하여 포기하지 말고 쉽다고 생각하고, 나도 할 수 있다고 생각하고 시작하라는 소태산 대종사의 배려와 격려와 대자대비가 숨어 있다.

누구든지 아무나 어렵다 생각 말고 나도 할 수 있다고 쉽게 생각하고 시작해 보기로 해야 한다. 무슨 일을 배우다 보면 기초를 공부하다 지쳐 버리는 경우가 가끔 있는데 좌선도 잘못하면 기초를 배우다가 시간만 지나 지루해져 포기할 수 있다. 그렇다면 원불교 좌선의 가장 핵심이 무엇인가. 일반적으로 먼저 앉은 자세를 이야기하고 호흡에 대하여 설명하다 시간을 보내기가 일쑤이나 핵심은 단전에 기운 주住해 있는 것으로 생각한다. '좌선법'의 본문에 보면 "전신의 힘을 단전에 툭 부리어 일념의 주착도 없이 다만 단전에 기운 주해 있는 것만 대중 잡되, 방심이 되면 그 기운이 풀어지나니 곧 다시 챙겨서 기운 주하기를 잊지 말라."고 설명하고 있다. 가장 핵심적인 부분부터 시작하면 앉은 자세나 호흡의 연습은 시간이 지나면 익숙해질 수 있기 때문에 이점을 강조하고 싶다.

앉은 자세를 결가부좌를 할지 반가부좌나 평좌를 할 것인지, 호흡을 흉식胸息호흡을 할지 또는 복식腹息호흡을 할지 아니면 단전丹田호흡을 할 것인지 보다 단전주丹田住가 더욱 중요하다는 것이다. 그런데 좌선을 시작하다 보면 다리가 저리는 것이나 졸리는 것 등에 걸리게 되는데 다리가 저리면 다리를 잠깐 바꿔 놓으면 해결되고 앉은 자세의 문제나 다리 저림 등은 좌선을 하기 위하여 앉아 있는 시간이 쌓여 많아지면 자연히 해결된다. 초보자는 앉은 자세나 호흡에 걸려서 더 중요한 단전주는 놓쳐버리고 좌선을 포기하게 되는 안타까운 일이 일어날 수 있다.

앉은 자세에서 중요한 것은 반좌盤坐라 하여 쟁반처럼 앉는 것이니 쟁반은 바닥에 놓으면 움직이지 않게 안정되는 것처럼 앉는다는 의미이므로 반좌半坐나 반가부좌를 의미하지 않으며 앉은 자세는 결가부좌, 반가부좌, 평좌, 정좌 등 어느 특별한 자세를 지정하여 가장 좋다고 하지 않는다는 의미이다. 또 호흡도 복식호흡 단전호흡을 무리하게 연습하다 부작용으로 포기하는 경우를 보게 되는데 본인이 편한 호흡을 오래 하다 보면 길들게 되고 좌선으로 의식이 편안해지면 자연스럽게 호흡도 고르게 되고 더 오래 하다 보면 호흡의 길이도 길어진다.

초보자가 호흡을 "들이쉬는 숨은 조금 길고 강하게 하며 내쉬는 숨은 조금 짧고 약하게 하라."고 되어 있는 좌선의 방법 중 원문대로 하려다 보면 헐떡거리게 되는데 호흡에 있어서 가장 좋지 않은 것이 헐떡거리는 호흡[천식喘息]이다. 우리가 달리기 등 운동을 하거나 흥분하면 호흡을 가쁘게 몰아쉬는 데 좌선을 하면서 의식이 충분히 안정되어 호흡이 고르고 길게 되지 않는 상태에서 무리하게 의식적으로 들이쉬는 숨은 조금 길고 강하게 하며 내쉬는 숨은 조금 짧고 약하게 하려 하면 이러한 헐떡거리는 증상이 나타나게 된다.

그러므로 초보자는 호흡이나 자세에 지나치게 의식하지 아니하고 편안히 앉은 후에 머리와 허리를 곧게 하여 앉은 자세를 바르게 한 후 전신의 힘을 단전에 툭 부리어 일념의 주착도 없이 다만 단전에 기운 주해 있는 것만 대중 잡되, 방심하면 그 기운이 풀어지므로 곧 다시 챙겨서 기운 주하기를 잊지 말아야 하는 데에 집중하여야 한다. 전신의 힘을 툭 부리는 것은 머리와 허리를 곧게 세우려고 하면 허리와 어깨에 힘이 들어가고 상체가 긴장하게 되는데 이때 허리와 어깨의 힘을 빼라는 의미로 상체上體에 힘이 들어가 긴장이 되어 있으면 안 된다는 것이다.

처음 좌선하는 사람은 단전에 기운 주해 있는 것이 잘 안 되므로 자루가 긴 볼펜이나 연필 또는 적당한 막대기 등이나 혹은 손가락 하나를 단전에 대고 단전주를 연습하기도 한다. 기운은 마음이 가면 따라간다고 하였으므로 마음과 마음의 눈으로 보는 것과 다른 물체를 단전에 대는 등의 느낌으로 오랫동안 연습하다 보면 보조 수단을 사용하지 않고도 단전에 기운을 주해 있을 수 있게 된다. 이렇게 하여 하단전에 초점이 생기고 부근이 다북해지는 상태가 지속되고 기운이 충실해지는 정도가 되면 다리가 저리는 것도 없어지게 되고 졸음도 자연히 사라지게 된다. 이때부터는 좌선 시간이 기다려지고 조금 더 긴 시간을 앉아 있고 싶기도 하며 여유 있는 시간에는 앉아서 단전주와 호흡을 연습하게 된다. 이렇게 되면 눈을 감고 할 것인지 눈을 뜨고 할 것인지는 문제가 되지 않으나 처음에는 눈을 뜨고 하는 연습을 한 후 초점을 잃은 눈뜨기가 되면 혹 감고도 해 보라는 것으로 혹시 몸이 피곤하여 졸리게 되면 눈을 뜨고 하는 것이 수마를 제거하는 데 좋다.

이렇게 되도록까지 긴 시간을 앉아 있기보나 앉은 횟수를 늘리는 것이 좋은데 긴 시간 앉아 있다 보면 방심이 되어 단전에 기운이 풀린 지도 모르고 생각은 다른 곳에서 놀고 다니면 갖은 사량 분별과 계교 망상에 놀아나기에 딱 좋기 때문이다. 대부분 한 번 좌선을 시작하면 40분에서 50분 정도의 입정 시간을 가졌으나 초보자에게는 시간이 길어 효율이 떨어져서 요사이는 10분 입정을 하고 몸을 풀고 다시 10분씩 계속하는 방법으로 좌선을 지도하기도 한다.

좌선할 때 목표는 우선 집중과 몰입이다. 단전주선에서 마음과 기운을 단전에 주하여 단전에 정신을 집중하고 다른 일체의 생각이 일어나지 않게 하고 생각이 일어나면 생각이 일어난 것을 알아차리고 다시 단전에 집중하기를 계속하면 몰입하게 된다. 몰입하게 되면 일차적인 삼매에 들게 되어 적적성성寂寂惺惺 즉 고요하고 두렷한 정신의 경지에 이른 것이다. 앞에서 여러 차례 이야기한 성품과 정신과 마음과 뜻의 의미에서 마음에서 정신의 차원으로 몰입이 된 상태이다. 이를 '좌선의 방법 6'에서 "정신은 항상 적적寂寂한 가운데 성성惺惺함을 가지고 성성한 가운데 적적함을 가질지니, 만일 혼침에 기울어지거든 새로운 정신을 차리고 망상에 흐르거든 정념으로 돌이켜서 무위자연의 본래 면목 자리에 그쳐 있으라."고 하였다. 사량思量 계교計較가 일어나 분별과 망상으로 발전해 가면 다만 망념인 줄 알아차리고 단전에 집중하는 정신을 차리면 해가 뜨면 어둠이 물러가는 것처럼 망념을 없애려 하지 않아도 망념은 자연히 사라진다. 무위자연의 본래면목 자리는 참 나 자리로 텅 빈 충만을 의미하는 공적영지와 진공묘유의 다른 표현이라 생각한다. 이는 무념무상無念無想의 경지로 지금의 생각도 없고 형상도 없는 지경에 이른 것이다. 이렇게 되기를 오래오래 계속하면 시간 가는 것을 잊게 되고 더 길어지면 장소도 잊게 되며 필경에는 물건과 나의 구분을 잊고 원적무별한 진경眞境에 들어 극락을 맛보게 될 것이다.

좌선 공부를 하다 보면 몸에 개미 기어 다니는 것과 같이 가려워지는 경우가 혹 있을 수 있다. 이는 막혔던 혈맥이 관통하는 것으로 알고, 또 호사다마好事多魔라고 이상하게 허령이 나타나 앞으로 일어날 일을 알거나 보이는 일이 생기거나 하면 그러한 경계가 나타나기를 기다리지 말아야 한다고 하였다. 이를 다 요망한 일로 생각하여 조금도 마음에 걸지 말고 범상히 생각하고 잊어버려야 한다.

앞에서 정신을 수양하라 하였는데 수양의 1차 목표는 어디쯤일까? 『정전』 최초법어 가운데 '수신의 요법'에 보면 "정신을 수양하여 분수 지키는 데 안정을 얻을 것이며, 희로애락의 경우를 당하여도 정의를 잃지 아니할 것"이라 하여 생활하는 가운데 분수를 지키는 것과 감정에 끌려서 자행자지 하지 않을 정도에 이르러야 한다고 하였는데 수양의 1차 목표는 여기로 정해야 할 것 같다. 좌선에 대하여 정의한 것을 보면 "좌선이라 함은 마음에 있어 망념을 쉬고 진성을 나타내는 공부이며, 몸에 있어 화기를 내리게 하고 수기를 오르게 하는 방법이니, 망념이 쉰즉 수기가 오르고 수기가 오른즉 망념이 쉬어서 몸과 마음이 한결같으며 정신과 기운이 상쾌하다."라고 하였고 "좌선은 이 모든 망념을 제거하고 진여

眞如의 본성을 나타내며, 일체의 화기를 내리게 하고 청정한 수기를 불어내기 위한 공부"라고 하였으니 이것이 정신수양의 다음 목표가 될 것이다.

대산 종사는 "선禪의 강령은 식망현진息妄顯眞, 수승화강水昇火降이며 자세는 긴찰곡도緊紮穀道 요골수립腰骨竪立이다. 선을 할 때의 표준은 적적성성시寂寂惺惺是요, 적적한 가운데 성성함은 옳고 적적무기비寂寂無記非라, 적적한 가운데 아무 생각 없는 것은 그르다. 또 성성적적시惺惺寂寂是요, 성성한 가운데 적적함은 옳고, 성성산란비惺惺散亂非라. 성성한 가운데 산란함은 그르다 하는 것이 만대에 내려오는 선의 표준이다."라고 하였으며 소태산 대종사는 공부인이 생활하는 일상인 동정 간에 수양력修養力을 얻는 빠른 방법에 대하여 네 가지로 지도하고 있다. 우리는 여기에 주목해야 할 것이다. 염불과 좌선할 것을 강조하기에 앞서 평소 모든 일을 작용할 때 나의 정신을 시끄럽게 하고 정신을 빼앗아 갈 일을 짓지 말며 또는 그와 같은 경계를 멀리할 것과 모든 사물을 접응할 때에 애착 탐착을 두지 말며 항상 담담한 맛을 길들일 것과 이 일을 할 때 저 일에 끌리지 말고 저 일을 할 때에 이 일에 끌리지 말아서 오직 그일 그 일에 일심만 얻도록 할 것을 당부하고 있다. 이렇게 일상생활을 하는 가운데 마음을 잘 사용한 후 여가 시간과 새벽과 저녁의 남은 시간에 염불과 좌선을 하라고 한 것이다.

좌선과 염불을 잘하기 위해서 정산 종사가 『수심정경』을 공부하면서 말한 '밖으로 경계를 대치하는 공부인 외수양'을 평소에 공부하여야 할 것이다. 이는 두 가지로 처음 공부할 때는 밖에서 유혹하는 경계를 멀리 피하는 것인 피경避境 공부와 긴하지 않은 일과 너무 번잡한 일은 놓아버리는 것인 사사捨事 공부에 평소 관심을 가져야 할 것이다. 이 피경 공부와 사사 공부는 대종사께서 말씀하신 "모든 일을 작용할 때에 나의 정신을 시끄럽게 하고 정신을 빼앗아 갈 일을 짓지 말며 또는 그와 같은 경계를 멀리할 것과 모든 사물을 접응할 때 애착 탐착을 두지 말며 항상 담담한 맛을 길들일 것"과 같은 일맥상통하는 내용이라 생각한다. 또 '밖으로 입지가 부동하게 하는 공부인 외정정' 공부를 좌선하면서 함께 챙겨야 목표한 수준에 도달할 것이다. 이는 세 가지로 큰 원을 발하고 큰 신심을 발하고 큰 분심을 발하는 것이다. 이 '세 가지가 있으면 자연히 뜻이 태산같이 서서 좌선을 하다가 중단하는 흔들림이 없을 것이다.'라고 하였다. 이 부분을 교리에서 찾아보면 '신 분 의 성으로 불신 탐욕 나태 우치를 제거하자'고 한 것이다.

소태산 대종사는 좌선 시간에 나오시어 "그대들이 진실로 수양에 대한 공덕을 안다면 누가 권장하지 아니할지라도 정성이 스스로 계속될 것이나, 한 가지 주의할 일은 그 방법에 대하여 혹 자상히 알지 못하고 그릇 조급한 마음을 내거나 이상한 자취를 구하여 순일한 선법禪法을 바로 행하지 못한다면, 공부하는 가운데 혹 병에 걸리기도 하고 사도邪道에 흐르기도 하며, 도리어 번뇌가 더 일어나는 수도 있나니, 우리의 좌선법에 자주 대조하고 또는 선진자에게 매양 그 경로를 물어서 공부에 조금도 그릇됨이 없게 하여야 한다. 만일 바른 공부를 부지런히 잘 행한다면 쉽게 심신의 자유를 얻게 되니, 모든 부처 모든 성인과 일체 위인이 다 이 선법으로써 그만한 심력을 얻었다."라고 하였다.

또 "한 제자 수십 년간 독실한 신을 바치고 특히 좌선 공부에 전력하더니 차차 정신이 맑아져서 손님의 내왕할 것과 비 오고 그칠 것을 미리 아는지라, 그는 수행하는 도중에 혹 반딧불 같이 나타나는 허령虛靈에 불과하나니 그대는 정신을 차려 그 마음을 제거하라. 만일 그것에 낙을 붙이면 큰 진리를 깨닫지 못할 뿐 아니라 사도邪道에 떨어져서 아수라阿修羅의 유가 되기 쉽나니 정법 문하에 그런 것을 용납할 수 없다."라고 하였으며 송벽조宋碧照가 좌선에만 전력하여 수승화강을 조급히 바라다가 도리어 두통을 얻게 된 지라, "이것이 공부하는 길을 잘 알지 못하는 연고라, 무릇 원만한 공부법은 동과 정 두 사이에 공부를 여의지 아니하여 동할 때는 모든 경계를 보아 취사하는 주의심을 주로 하여 삼대력을 아울러 얻어 나가고, 정할 때는 수양과 연구를 주로 하여 삼대력을 아울러 얻어 나가는 것이니, 이 길을 알아 행하는 사람은 공부에 별 괴로움을 느끼지 아니하고 바람 없는 큰 바다의 물과 같이 한가롭고 넉넉할 것이요, 수승화강도 그 마음의 안정을 따라 자연히 될 것이나 이 길을 알지 못하면 공연한 병을 얻어서 평생의 고초를 받기 쉬우니 이에 크게 주의하라."고 하였다.

교단 초창기에 소태산 대종사는 서울교당에서 "초학자는 좌선보다는 염불을 많이 하라."하고 수양 방법에 대하여 일러 주었다. 염불의 문구인 나무아미타불을 연속하여 부르는 것이 좌선보다 하기에 간단하고 쉽다. 단지 염불은 소리를 내어서 해야 하나 좌선은 소리를 내지 않아도 되는 차이가 있다. 그러나 염불의 공덕과 좌선의 공덕은 차이가 없이 같다고 하였으니 우리는 염불과 좌선을 때에 따라 하여야 할 것이다.

염불은 우리가 지정한 주문呪文인 '나무아미타불' 한 구절을 계속하여 외우는 공부 방법이다. '염불법'에 보면 "염불이라 함은 천만 가지로 흩어진 정신을 일념으로 만들기 위한 공부법이요, 순역順逆 경계에 흔들리는 마음을 안정시키는 공부법으로 생멸이 없는 각자의 마음에 근본하고 거래가 없는 한 생각을 대중하여, 천만 가지로 흩어지는 정신을 오직 미타 일념에 그치며 순역 경계에 흔들리는 마음을 무위 안락의 지경에 돌아오게 하는 것이 곧 참다운 염불의 공부"라고 밝히고 있다. 또 "염불은 항상 각자의 심성 원래를 반조返照하여 분한 일을 당하여도 염불로써 안정시키고, 탐심이 일어나도 염불로써 안정시키고, 순경順境에 끌릴 때도 염불로써 안정시키고, 역경에 끌릴 때도 염불로써 안정시킬지니, 염불의 진리를 아는 사람은 염불 일성이 능히 백천 사마를 항복 받을 수 있으며, 또는 일념의 대중이 없이 입으로만 하면 별 효과가 없을지나 소리 없는 염불이라도 일념의 대중이 있고 보면 곧 삼매三昧를 증득證得한다."라고 밝힌 것처럼 염불은 우리가 모든 일을 작용할 때에 마음이 끌려가는 일 가운데에서 나의 마음을 안정시키는 공부이기도 하다. 이처럼 참다운 염불의 공부는 좌선과 같이 조용한 곳에서 하는 것과 아울러 삶의 현장에서 체험하는 것이라고 하였다.

소태산 대종사는 여러 제자에게 "그대들은 마땅히 불법을 활용하여 생활의 향상을 도모할지언정 불법에 사로잡힌 바 되어 일생을 헛되이 지내지 말라. 불법은 원래 세상을 건지는 큰 도이거늘, 도리어 세속을 피하고 산에 들어가서 다만 염불이나 간경看經이나 좌선 등으로 일 없이 일생을 보내고 마침내 아무런 제중의 실적도 없다면, 이러한 사람은 다 불법에 사로잡힌 바라 자신에도 별 성공이 없으려니와 세상에도 아무 이익이 없다."라고 한 것처럼 염불을 위한 염불이나 좌선을 위한 좌선이 아니라 정신을 수양하여 세상에서 성공하고 행복하며 세상을 위하여 봉공할 것을 목표하는 마음공부라야 할 것이다.

9

사리를 연구하라

마음병 치료하는 처방전 1 '온전한 생각으로 취사하라'는 공부 요법에서 '온전'은 정신을 수양하여 마음이 불편불의하고 과불급이 없는 원만한 상태를 표현한 것이며 '생각'은 사리를 연구하여 모든 일과 이치에 걸리고 막힘이 없어서 그일 그 일에 밝게 분석하고 바르게 판단하여 아는 마음이며 '취사'는 작업취사를 의미하여 당하는 일마다 정의는 기어이 실행하고 불의는 기어이 버리는 실행을 의미한다. 마음공부를 구체적으로 실천하는 매뉴얼인 '상시 훈련법'의 상시응용 주의사항 6조 가운데 '2조 응용의 형세를 보아 미리 연마하기를 주의할 것'과 '3조 노는 시간이 있고 보면 경전 법규 연습하기를 주의할 것'과 '4조 경전 법규 연습하기를 대강 마친 사람은 의두 연마하기를 주의할 것'이 사리연구 방법에 해당하고 정기 훈련 11과목 중에서는 '경전 강연 회화 의두 성리 정기 일기' 여섯 과목이 사리연구 과목에 해당한다.

먼저 사리연구에 대하여 알아보면 『정전』 제2 교의편 '사리연구의 요지'에는 "사事라 함은 인간의 시·비·이·해是非利害를 이름이요, 이理라 함은 곧 천조天造의 대소유무大小有無를 이름이니, 대大라 함은 우주 만유의 본체를 이름이요, 소小라 함은 만상이 형형색색으로 구별되어 있음을 이름이요, 유무라 함은 천지의 춘·하·추·동 사시 순환과, 풍·운·우·로·상·설風雲雨露霜雪과 만물의 생·노·병·사와, 흥·망·성·쇠의 변태를 이름이며, 연구라 함은 사리를 연마하고 궁구함을 이름"이라고 먼저 개념 정리를 하고 있다. 시비이해라는 단어는 우리가 일상적으로 사용하는 단어이지만 대소유무에 대한 설명이 낯설어 조금 생소한 단어가 되었다. 이는 우주 자연의 원리를 설명하는 방법으로 우주만유를 바라보는 관점에 따라 대와 소로 구분하고 또 그 변화를 유무로 설명하고 있다.

또 '사리연구의 목적'에는 "이 세상은 대소유무의 이치로써 건설되고 시비이해의 일로써 운전해 가나니, 세상이 넓은 만큼 이치의 종류도 수가 없고, 인간이 많은 만큼 일의 종류도 한이 없다. 그러나 우리에게 우연히 돌아오는 고락이나 우리가 지어서 받는 고락은 각자의 육근六根을 운용하여 일을 짓는 결과이니, 우리가 일의 시·비·이·해를 모르고 자행자지한다면 찰나 찰나로 육근을 동작하는 바가 모두 죄고로 화하여 전정 고해가 한이 없을 것이요, 이치의 대소유무를 모르고 산다면 우연히 돌아오는 고락의 원인을 모를 것이며, 생각이 단촉하고 마음이 편협하여 생로병사와 인과보응의 이치를 모를 것이며, 사실과 허위를 분간하지 못하여 항상 허망하고 요행한 데 떨어져, 결국은 패가망신의 지경에 이르게 될지니, 우리는 천조의 난측한 이치와 인간의 다단한 일을 미리 연구하였다가 실생활에 다다라 밝게 분석하고 빠르게 판단하여 알자는 것"이라 밝히고 있다. 한마디로 사리연구의 목적이 괴로움과 즐거움의 원인을 알아서 허위와 사실을 분간하여 허망하고 요행한 데 떨어져 불행해지지 않고 행복하기 위함이라 할 수 있을 것이다.

『정전』 수행편 '고락에 대한 법문'에서 고락苦樂의 설명을 보면 "대범, 사람이 세상에 나면 싫어하는 것과 좋아하는 것 두 가지가 있으니, 하나는 괴로운 고요 둘은 즐거운 낙이라, 고에도 우연한 고가 있고 사람이 지어서 받는 고가 있으며, 낙에도 우연한 낙이 있고 사람이 지어서 받는 낙이 있다."라고 하였다. 괴로운 고는 사람이라면 누구나 다 싫어하고 즐거운 낙은 사람은 누구나 다 좋아하나, 고락의 원인을 생각하여 보면, 내가 받는 괴로움이 영원한 괴로움이 될 것인지 아니면 괴로움이 고진감래가 되어 낙이 될 것인지 또는 즐거움이라도 영원한 즐거움이 될 것인지 즐거움이 변하여 괴로움이 될 것인지 생각 없이 사는 사람이 많다. 그러나 우리는 정당한 고락과 부정당한 고락을 자상히 알아서 정당한 고락으로 무궁한 세월을 한결같이 지내며, 부정당한 고락은 영원히 오지 아니하도록 일상생활의 모든 동작에 마음병 치료의 제1 처방인 '응용하는 데 온전한 생각으로 취사하라'는 공부 요법을 실행해야 할 것이다.

즐거움을 버리고 괴로움으로 들어가는 원인을 살펴보면 첫째 고락의 근원을 알지 못함이요, 둘째 가령 안다 할지라도 실행이 없는 연고요, 셋째 보는 대로 듣는 대로 생각나는 대로 자행자지로 육신과 정신을 아무 예산 없이 양성하여 철석같이 굳은 연고요, 넷째 육신과 정신을 법으로 질 박아서 나쁜 습관을 제거하고 정당한 법으로 단련하여 기질 변화가 분명히 되기까지 공부를 완전히 아니한 연고요, 다섯째 응용하는 가운데 수고 없이 속히 하고자 함이라 하였다. 여기에서 첫 번째 원인인 괴로움과 즐거움의 원인과 특히 우연히 돌아오는 이치를 알기 위하여 우리는 일과 이치에 대하여 연구하여 알자는 것이며 그 방법으로 정기 훈련 여섯 과목이 있으니 경전, 강연, 회화, 의두, 성리, 정기 일기이다. 소태산 대종사는 이 여섯 가지 방법에 대하여 개념을 정립하고 또 공부인의 목표와 성과를 설정 제시하고 있다.

삼학을 공부하는 정기 훈련 11과목 중에서 사리연구의 방법은 6과목으로 이 가운데 첫째 과목인 경전經典은 우리의 지정 교서와 참고 경전 등을 이름한다. 이는 공부인으로 하여금 그 공부하는 방향로를 알게 하기 위함이다. 여행자가 여행하는 목적지를 찾아가자면 가는 길을 알아야 하는 것처럼 마음나라 여행하는 이정표를 자세하게 알아야 한다. 자세하게 알면 알수록 쉽게 목적지를 찾아갈 수 있듯이, 마음공부하여 인격을 완성하고 마음병을 치료하는 공부길이 지정 교서인 『원불교 전서』와 참고 경전 등의 경전에 있으므로 경전을 공부하여 이정표를 찾아 확실히 가는 길을 알고 공부해야 할 것이다.

둘째 과목인 강연講演은 인간의 일과 천조天造의 이치 간에 어떠한 문제를 정하고 그 의지를 해석하는 것이다. 이는 공부인으로 하여금 대중 앞에서 격格을 갖추어 그 지견을 교환하며 혜두慧頭를 단련하기 위함이다. 세상을 살아가면서 가르치고 배우는 일이 매우 중요한데 대중 앞에서 자기의 아는 것을 정리하여 발표하는 것은 자신의 앎을 확인하는 것이며 확실히 알지 못하면 남을 가르칠 수도 없다. 그러므로 강연을 준비하는 과정에서 다양한 지식을 찾아보고 수집한 정보를 다시 재가공하여 발표하는 일은 연구하는 방법 가운데 탁월한 방법이다.

셋째 과목인 회화會話는 각자의 보고 들은 가운데 스스로 느낀 바를 자유로이 말하게 하는 것이다. 이는 공부인에게 구속 없고 활발하게 의견을 교환하며 혜두를 단련시키기 위함이다. 회화는 사리연구 방법 가운데 세상에 없는 특별한 방법으로 구속이나 제한 없이 자유로이 말하면, 걸리고 막히는 바가 없이 생각나는 대로 이야기한다. 그동안 생각하지 못했던 사실이 말하는 가운데 스스로 정리되는 것을 알 수 있다. 요즘 방송이나 세상에서는 토크쇼가 인기 있는 코너이며 보편적인 방법이 되었고 더 나아가 여럿이 모여 수다 떠는 모임이 친교의 좋은 방법이 되었다.

넷째 과목인 의두疑頭는 대소유무의 이치와 시비이해의 일이며 과거 불조의 화두話頭 중에서 의심나는 제목을 연구하여 감정을 얻게 하는 것이다. 이는 연구의 깊은 경지를 밟는 공부인에게 사리 간 명확한 분석을 얻도록 함이다. 학습을 잘 하는 방법 가운데에는 의심으로 시작하는 방법도 좋은 방법 가운데 하나이듯이 마음공부하면서 일과 이치 간에 의심나는 건을 정해놓고 틈이 나면 연구하고 이를 정리하여 지도인에게 문답하고 옳고 그름의 감정을 얻어 정리하는 일이 연구의 방법으로는 기본적 방법일 것이다. 연구하는 대학원 학생이 연구 논문을 쓰듯이 하면 앞으로 일어나는 문제에 대하여 연구의 순서를 알게 되어 문제 해결의 틀이 만들어질 것이다.

다섯째 과목인 성리性理는 우주 만유의 본래 이치와 우리의 자성 원리를 해결하여 알자 함이다. 우리가 살아가면서 가장 기본적이고 핵심적인 문제는 '나는 누구인가?' 일 것이다. 나는 태어나기 전 어디서 와서 죽은 후 어디로 갈 것이며, 왜 누구는 행복하고 누구는 불행한가 등이다. 꿈도 없이 깊이 잠든 상태에서 나는 어디에 있는가와 같은 많은 우주 만물의 본래 이치와 내 마음의 원리에 대하여 해결하여 아는 것으로 그 답을 얻고 살아가는 것이다. 우리가 이야기할 때 현지에 가본 사람과 가보지 못한 사람은 그 아는 것과 신념이 다르듯이 산의 정상에 올라가 본 후 내려와서 그 산의 정상에 올라가 본 경험으로 저잣거리에서 살게 되면 그 사람의 삶이 달라질 것이다.

여섯째 과목인 정기 일기는 당일의 작업 시간 수와 수입 지출과 심신 작용의 처리 건과 감각感覺 감상感想을 기재시키는 것으로 전문 교육훈련 기관에서 생활할 때 영육쌍전의 견지에서 노동하여 수입의 방도를 마련하고 수입 안에서의 지출을 실행해야 할 것이다. 또 몸과 마음이 하나 되어 경계 따라 일어날 때 마음 사용하는 모습을 기재하고 생활하면서 깨달은 자각이나 일어나는 감정을 기재하여 일과 이치에 깨달아 사리연구 공부에 더욱 추진하자는 것이다.

삼학 공부의 정신수양 사리연구 작업취사의 세 가지 과목을 언제 어떻게 공부할 것인지를 정리하여 놓은 것이 상시응용 주의사항 6조와 교당내왕 시 주의사항 6조인 것은 주지의 시실이다. 사리연구의 방법에 대하여 다시 언급하자면 상시응용 주의사항 2조에는 응용의 형세를 보아 미리 연마하기를 주의할 것과 3조에는 노는 시간이 있고 보면 경전 법규 연습하기를 주의할 것과 4조에는 경전 법규 연습하기를 대강 마친 사람은 이두 연마하기를 주의할 것이라 하였다. 2조의 '응용의 형세를 보아 미리 연마하기를 주의하라'는 것은 무슨 일이나 준비와 대비를 철저히 하라는 것이다. 유비무환有備無患이라는 말이 있듯이 계절의 변화에 따른 대비와 춥고 덥고 비 오고 바람 부는 등 날씨 예보에 따라 대비하는 것이나 여행하는 일이나 시험 준비처럼 일상생활하면서 상황 따라 발생할 일을 예상하고 예측하여 미리 연구하고 준비하고 대비한 만큼 일은 원활하게 잘 진행되고 마침내 성공하게 될 것이다.

3조는 '노는 시간이 있고 보면 경전 법규 연습하기를 주의하라'고 하였다. 보통 사람은 노는 시간이 있고 보면 무엇을 해야 할지 명확하지 않아서 시간만 보내게 되나 인생에서 성공하는 사람들을 보면 그들은 노는 시간을 잘 이용하고 있는 것을 볼 수 있다. 이처럼 마음공부하는 우리가 마음병을 치료하기 위하여 노는 시간이 있고 보면 경전과 법규를 연습하여 마음공부의 길을 잘 찾아서 공부길을 따라가야 할 것이다. 사리연구를 통하여 미리미리 연구하고 플러스가 되는 일은 부지런히 권장하고, 마이너스가 되는 금지하는 일은 마음을 굳게 먹고 하지 말아야 할 것이다.

4조는 '경전 법규 연습하기를 대강 마친 사람은 의두 연마하기를 주의할 것'이라 하였다. 꼭 가야 할 길이라면, 이수해야 할 과목이라면, 조금 목표를 달성하였다 하여 거기에 안주하고 쉬어가면 큰 성공은 기대하기 힘들다. 의두는『정전』수행편 제5 '의두 요목'에 스무 가지의 의두 요목이 등재되어 있다. 어느 수준에 도달한 공부인은 노는 시간이 있고 보면 이 의두를 친구 하여 놀아야 할 것이다.

또 교당내왕 시 주의사항 6조에서는 "1. 상시응용 주의사항으로 공부하는 중 어느 때든지 교당에 오고 보면 그 지낸 일을 일일이 문답하는 데 주의할 것이요, 2. 어떠한 사항에 감각된 일이 있고 보면 그 감각된 바를 보고하여 지도인의 감정 얻기를 주의할 것이요, 3. 어떠한 사항에 특별히 의심나는 일이 있고 보면 그 의심된 바를 제출하여 지도인에게 해오解悟 얻기를 주의할 것"이라 하였다. 소태산 대종사는 구체적으로 사리연구 공부를 하도록 지도하는데 여기에서 지도인이라는 단어를 사용하고 있으며 지도인은 교당 교무나 단장이나 법강항마위 이상의 법사를 의미한 것으로 생각한다.

'사리연구의 결과'에 보면 "우리가 사리연구 공부를 오래오래 계속하면, 천만 사리를 분석하고 판단하는 데 걸림 없이 아는 지혜의 힘이 생겨 결국 연구력을 얻을 것이다."라고 하였다. 소태산 대종사는 동하고 정하는 두 사이에 연구력 얻는 빠른 방법은, "첫째는 인간만사를 작용할 때에 그일 그 일에 알음알이를 얻도록 힘쓸 것이요, 둘째는 스승이나 동지로 더불어 의견 교환하기를 힘쓸 것이요, 셋째는 보고 듣고 생각하는 중에 의심나는 곳이 생기면 연구하는 순서를 따라 그 의심을 해결하도록 힘쓸 것이요, 넷째는 우리의 경전 연습하기를 힘쓸 것이요, 다섯째는 우리의 경전 연습을 다 마친 뒤에는 과거 모든 도학가道學家의 경전을 참고하여 지견을 넓힐 것이라."라고 하여 일상생활하면서 그일 그 일에 보고 듣고 생각하는 중에서 사리를 연구하여 연구력 얻을 것을 강조하였다.

대산 종사는 "사리연구事理研究는 사리를 연구하자는 것인데 연研과 구究는 마탁磨琢하는 것으로 갈고 쪼는 것을 말한다. 그러므로 사리를 연구하되 견문見聞하고 사색思索하고 수증修證하는 공부를 억만 번 해 나감으로써 지혜가 열리는 것이다."라고 하였으며 "사리연구는 마음을 찾는 공부요, 스스로 궁구하고 깨치는 공부요, 보고 듣고 말하다가 우연히 깨치는 공부요, 스승이 가르치고 훈습 시키는 공부요, 실지 체험으로 깨치는 공부요, 심천心天에 지혜의 달이 솟게 하는 공부요, 견성보다 수증이 훨씬 어려움을 아는 공부요, 스승의 인가를 얻는 공부요, 스스로 깨닫는 공부요, 대각의 경로를 아는 공부"라고 하였으며 또 사리연구는 "연구를 통해 일과 이치를 연마하는 것이라, 이는 보고 듣고 사색하고 수증하는 공부를 계속하여 알음알이를 얻는 것이며, 참된 성품을 보는 것이며 그일 그 일에 바른 깨달음을 얻는 것이다. 그러므로 사리연구를 오래오래 계속하면 대소유무와 시비이해의 이치를 모두 아는 연구력을 얻을 수 있으며, 구경에는 만지萬智를 갖추게 되고 도통을 하게 될 것이다."라고 하였다.

또 "이 공부는 알음알이를 얻고 견성見性하자는 것이다. 견성을 하면 부처를 볼 수 있다. 견성에 있어서도 세 단계가 있는데 대大 자리를 보는 초견성初見性과 대가 소小가 되고 소가 대가 되는 것을 아는 중견성中見性과 대소유무大小有無를 다 아는 상견성上見性의 단계가 있다. 이 공부는 그일 그 일에 정각正覺하자는 것이다. 이 정각에도 사물事物에 대한 문리文理와 학문에 대한 문리와 진리에 대한 문리가 나야한다. 이 연구 공부를 오래오래 하고 보면 진리이 눈을 떠서 대소유무와 시비이해의 이치를 요달了達하여 연구력을 얻게 된다. 또한 연구력을 얻고 보면 혜력慧力이 생기어 조파무명照破無明하는 지혜의 힘이 솟아서 대원경지大圓鏡智 평등성지平等性智 묘관찰지妙觀察智 성소작지成所作智의 사반야지四般若智를 얻고 사법계事法界, 이법계理法界, 이사무애법계理事無碍法界, 사사무애법계事事無碍法界의 사법계四法界에 도달되는 것이다. 그리하여 연구의 구경은 무루대지無漏大智를 통하여 만지를 갖추고 명암明暗을 자유하게 되는 것이다. 또 연구 공부를 하면 도통道通을 얻게 되는데 이는 진리를 통달한 자리를 말한다."라고 하였다.

10

작업을 취사하라

마음공부의 구체적인 실행 매뉴얼인 '상시 훈련법'의 상시응용 주의사항 6조 가운데 '1. 응용應用하는 데 온전한 생각으로 취사하기를 주의할 것과 6. 모든 일을 처리한 뒤에 그 처리 건을 생각하여 보되, 하자는 조목과 말자는 조목에 실행이 되었는가 못 되었는가 대조하기를 주의할 것'이 작업취사 공부에 해당하고 삼학 공부의 과목인 정기 훈련 11과목 중에서는 '상시 일기, 주의, 조행' 세 과목이 작업취사 훈련 과목에 해당한다. 앞에서 상시응용 주의사항 1조는 정신수양 사리연구 작업취사가 아울러 실행되어야 하며 6조는 '모든 것을 처리한 뒤에 그 처리 건을 생각하여 보되'라고 하여 시행 시기와 반성 평가하는 방법에 대하여 밝히고 있으며 그것을 상시 일기에 기재하도록 하고 있다.

먼저 작업취사에 대하여 살펴보면『정전』제2 교의편 '작업취사의 요지'에 "작업이라 함은 무슨 일에나 안·이·비·설·신·의眼耳鼻舌身意 육근을 작용함을 이름이요, 취사라 함은 정의는 취하고 불의는 버림을 이름"이라고 작업과 취사의 개념을 정리하고 있다. 안이비설신의 육근은 우리의 육체에 대한 불교적 표현으로 몸을 의미하며 정의는 취하고 불의는 버린다 하였다. 정의와 불의에 대한 개념 정리와 실생활 행동에서 정의와 불의를 구분하기는 매우 어렵기에 따로 정의와 불의에 대하여 생각하여 보겠다.

또 '작업취사의 목적'에는 "정신을 수양하여 수양력을 얻었고 사리를 연구하여 연구력을 얻었다 하더라도, 실제 일을 작용하는 데 있어 실행하지 못하면 수양과 연구가 수포에 돌아갈 뿐이요 실 효과를 얻기가 어렵나니, 예를 들면 줄기와 가지와 꽃과 잎은 좋은 나무에 결실이 없는 것과 같다 할 것이니라. 대범, 우리 인류가 선善이 좋은 줄은 알되 선을 행하지 못하며, 악이 그른 줄은 알되 악을 끊지 못하여 평탄한 낙원을 버리고 험악한 고해로 들어가는 까닭은 그 무엇인가. 그것은 일에 당하여 시비를 몰라서 실행이 없거나, 설사 시비는 안다 할지라도 불같이 일어나는 욕심을 제어하지 못하거나, 철석같이 굳은 습관에 끌리거나 하여 악은 버리고 선은 취하는 실행이 없는 까닭이니, 우리는 정의어든 기어이 취하고 불의어든 기어이 버리는 실행 공부를 하여, 싫어하는 고해는 멀리하고 바라는 낙원을 맞아 오자는 것"이라 밝히고 있다. 한마디로 작업취사의 목적이 싫어하는 고해는 피하고 바라는 낙원을 맞아 오자는 것으로 공부인의 일상日常이 행복하기 위함이라고 말할 수 있다.

『정전』 수행편 '고락에 대한 법문'에서도 일상생활의 행·주·좌·와·어·묵·동·정 간 모든 동작에 "우리는 정당한 고락과 부정당한 고락을 자상히 알아서 정당한 고락으로 무궁한 세월을 한결같이 지내며, 부정당한 고락은 영원히 오지 아니하도록 응용하는 데 온전한 생각으로 취사하라"는 마음병 치료의 제1 처방인 공부 요법을 실행하라 하였다. 누구나 즐거운 낙樂을 원하지만 즐거움을 버리고 괴로움으로 들어가는 원인은 가령 안다고 할지라도 실행이 없는 연고요, 또 보는 대로 듣는 대로 생각나는 대로 자행자지로 육신과 정신을 아무 예산 없이 양성하여 철석같이 굳은 연고이며, 또 육신과 정신을 법으로 질 박아서 나쁜 습관을 제거하고 정당한 법으로 단련하여 기질 변화가 분명히 되기까지 공부를 완전히 아니한 연고라고 하였는데 여기에서 연고緣故는 이유 또는 사유事由라는 의미이다.

즐거움을 버리고 괴로움으로 들어가는 원인 가운데 중요한 한 가지는 '육신과 정신을 법으로 질 박아서 나쁜 습관을 제거하고 정당한 법으로 단련하여 기질 변화가 분명히 되기까지 공부를 완전히 아니한 연고'라고 하였으므로 우리는 정의와 불의에 대하여 기어이 실천하여 기질을 변화하자는 것으로 정의거든 기어이 취하고 불의거든 기어이 버리는 실행 공부를 하여야 할 것이다. 기질을 변화시키는 공부법으로 정기 훈련 11과목 가운데 있는 상시 일기, 주의, 조행 세 과목이 있는데 소태산 대종사는 이 세 가지 과목에 대하여 개념을 정립하고 그에 따른 방법을 지도하였다.

첫째 과목인 상시 일기는 당일의 유무념 처리와 학습 상황과 계문에 범과 유무를 기재시킴으로 별도의 상시 일기장을 만들어 사용하도록 하였다. 상시 일기장의 양식은 법위등급에 따라 유무념 대조 항목과 학습의 내용과 각 등급의 계문이 다르므로 보통급과 특신급과 법마상전급이 서로 다르게 양식을 사용하게 하였다. 보통급 상시 일기장은 항목이 제일 쉽고 간단하며 특신급 상시 일기장은 보통급과 법마상전급의 중간이며 법마상전급 상시 일기장은 더욱 세밀하게 만들어졌다. 그러므로 본인의 법위에 해당하는 상시 일기장을 사용하여 상시 일기를 해야 한다. 법강항마위부터는 계문을 수여하지 않으므로 상시 일기장은 따로 양식을 만들어 사용하지 않으나 마음공부는 쉬지 않고 해야 하므로 삼학 공부에 더욱 공을 들여 삼대력을 얻어나가야 할 것이다.

둘째 과목인 주의注意는 사람의 육근을 동작할 때에 하기로 한 일과 안 하기로 한 일을 경우에 따라 잊어버리지 아니하고 실행하는 마음을 이름이므로 상시 일기의 유무념 대조 공부와 유사하다 할 것이다. 주의 공부도 유무념 대조 공부와 마찬가지로 하자는 조목과 말자는 조목을 스스로 정하는 일부터 실행해야 할 것이며 본인이 해당하는 법위등급에 맞는 계문을 안 하기로 한 일로 정하고 잘 지켜야 하며 법위 승급 뒤 승급하기 전 하위 법위의 계문도 실천하여야 할 것이다. 또한 솔성요론 열여섯 조목도 삼위의 법위등급에 따라 하기로 한 일에 나누어 넣고 지켜야 하며 특히 상시응용 주의사항 6조와 교당내왕 시 주의사항 6조를 잊어버리지 아니하고 실행하여야 하며 일상 수행의 요법도 실천해야 할 것이다.

셋째 과목인 조행操行은 사람으로서 사람다운 행실 가짐을 이름이므로 사람으로서 당연히 밟아야 할 길인 『예전禮典』을 학습하여 통례와 가례와 교례를 빠짐없이 알고 지켜야 할 것이다. 특히 정산 종사가 저술한 '스무 가지의 인생 길'을 밝힌 『세전世典』은 해당하는 구성원들이 마땅히 밟아야 할 사항을 정리하여 주었다. 이에 대하여 학습하여 교육, 가정, 신앙, 사회, 국가, 세계, 휴양, 열반 등 8가지 주제에 대하여 인간으로서 인간답게 살아가려면 꼭 실행하여야 할 것이다. "이는 다 공부인으로 하여금 그 공부를 무시로 대조하여 실행에 옮김으로써 공부의 실효과를 얻게 하기 위함이다."라고 밝히고 있다.

소태산 대종사는 동하고 정하는 두 사이에 취사력 얻는 빠른 방법은, "첫째는 정의인 줄 알거든 크고 작은 일을 막론하고 죽기로써 실행할 것이요, 둘째는 불의인 줄 알거든 크고 작은 일을 막론하고 죽기로써 하지 않을 것이요, 셋째는 모든 일을 작용할 때에 즉시 실행이 되지 않는다고 낙망하지 말고 정성을 계속하여 끊임없는 공을 쌓을 것"이라 하였는데 원만하신 가운데 대자대비하신 부처님의 인품과 언행을 갖춘 소태산 대종사도 여기에서는 '죽기로써'라는 험하고 극단적인 단어를 사용하고 있는 뜻은 '죽기를 각오하고' 혹은 '죽은 폭 잡고' 또는 '기어이 내지 기필코 또는 끝까지'라는 의미를 내포하고 있다 할 것이다. 이렇게 정의는 대소사 간에 기어이 실행하고 불의는 크고 작은 일에 기어이 하지 않도록 하는 것이 매우 중요하다는 의미일 것이다.

정의와 불의는 무엇이기에 이렇게 중요한 것일까? 예를 들면 정의를 실행하지 못하면 줄기와 가지와 잎과 꽃은 좋은 나무에 결실이 없는 것과 같아서 정신을 수양하여 수양력을 얻었고 사리를 연구하여 연구력을 얻었다 하더라도, 실제 일을 작용하는 데 있어 실행하지 못하면 수양과 연구가 수포에 돌아갈 뿐이요 실 효과를 얻기가 어렵기 때문이다. 우리 공부인은 일생을 살면서 가장 핵심인 즐거움과 행복이 가득한 삶을 위하여 정의의 실행으로 열매 없는 꽃이 되지 않도록 하여야 할 것이다.

그러면 정의定義는 무엇일까? 『정의란 무엇인가?[마이클 샌델, 2010]』라는 강의와 책이 한동안 우리 사회에 회자하였지만 여기에서는 쉽게 생각하여 풀어 보도록 하겠다. 우선 개념을 생각해보면 정의는 선善 즉 심성이 착한 것이며 불의不義는 정의의 상대 개념으로 악惡 즉 심성이 악한 것이다. 정의가 법에 맞는 것이라면, 다시 법法이란 한자를 파자하면 물이 가는 길을 의미한다. 물이 낮은 데로 흘러가고 만나면 합하게 되듯이 자연스럽게 우주 자연의 이치에 합당함을 의미할 것이다. 그러므로 정의는 역리가 아닌 순리順理이며 비법적非法的이 아닌 합법적合法的이며, 사사私邪로움이 아닌 공정公正함이며 옳고 그른 시비是非에서 옳은 시是이며 불편부당함이 아닌 공명정대함이며 법法과 마魔에서 법이다. 한마디로 종합하여 말하자면 정당正當함이다. 정의란 사전적辭典的으로는 '올바른 도리. 공명정대한 이념. 예로부터 사상가에 의하여 입법자나 위정자가 그 사회에서 궁극적으로 실천해야 할 규범 또는 가치로 여겨 온 개념 따위나 지혜·용기·절제가 완전한 조화를 이룬 것이라든지 여러 가지 덕의 중정中正한 상태를 가리키기도 하며 공동체의 질서를 뜻하기도 한다.'라고 되어 있다.

『정전』 '법률 피은의 강령'에서 법률을 '인도정의의 공정한 법칙'이라 규정하고 있는데 인도 정의의 공정한 법칙은 "개인에 비치면 개인이 도움을 얻을 것이요, 사회에 비치면 사회가 도움을 얻을 것이요, 국가에 비치면 국가가 도움을 얻을 것이요, 세계에 비치면 세계가 도움을 얻는" 법칙으로 규정하고 있다. 그래서 법률 피은의 조목 제3조에는 "시비이해를 구분하여 불의를 징계하고 정의를 세워 안녕질서를 유지하여 우리가 평안히 살게 함"이라 하고 있어 정의는 안녕질서 유지와 평안하게 사는 것을 목표하고 있다.

한편 『정전』 최초법어의 '수신의 요법'에서는 "희로애락의 경우를 당하여도 정의를 잃지 아니할 것이요"라고 하여 감정과 대비되는 정의를 말하기도 한다. '무시선의 강령'에서도 나타나는데 "육근이 무사하면 잡념을 제거하고 일심을 양성하며, 육근이 유사하면 불의를 제거하고 정의를 양성하라"라고 무시선 수행법을 요약하였다. '솔성요론'에서는 "정당한 일이거든 아무리 하기 싫어도 죽기로써 할 것이요, 부당한 일이거든 아무리 하고 싶어도 죽기로써 아니할 것"이라 하여 정당함과 부당함을 말하고 있음을 찾아볼 수 있다.

원불교에서 말하는 정의正義는 의미가 다양하여 한마디로 정의定義하기 어려우나 궁극적으로는 부처의 인격을 이루어 그로부터 나타나는 모든 행을 가리킨다고 할 수 있다. 이런 맥락에서 정의는 삼학의 '작업취사'에서 중요한 위치를 차지한다. 즉 취사를 '정의는 취하고 불의는 버리는 작업'으로 규정하고 '정의어든 기어이 취하고 불의어든 기어이 버리는 실행 공부'가 작업취사의 요지라 할 수 있다.

문재인 대통령은 취임사에서 "새로운 정부에서 기회는 평등할 것이며 과정은 공정할 것이며 결과는 정의로울 것"이라고 하였다. 정의와 함께 사용된 단어가 평등과 공정으로 이렇게 정의는 개인적인 차원이나 가정 사회 국가 세계 우주에서 쓰이는 용처에 따라 행동이 달라지고 공부인이 어떤 경계에서 정의를 실천하는가에 따라 그 정의의 내용이 달라질 수 있다. 특히 마음공부 차원에서 정의와 불의는 법法과 마魔의 개념으로 삼십 계문을 범하지 않는 것이며 솔성요론을 실천하는 것이며 사은사요의 교리를 실천하는 것이라 할 수 있다. 나아가 범위를 넓혀 보면 『정전』과 『예전』과 『세전』의 내용을 두루 실천하는 것이라 할 수 있는데 이 세 권의 경전에는 제목에 법 전典 자가 들어있어서 모두 법을 담고 있기 때문이다.

대산 종사는 "작업취사作業取捨란 작업을 취사하는 것인데, 취取와 사捨는 취선取善과 사악捨惡으로 불의는 죽기로써 끊고 정의는 죽기로써 실천하기를 억만 번 해 나가는 공부이다. 이는 실행을 잘하자는 것이며 솔성率性을 잘하자는 것이다. 작업취사 공부길은 마음을 잘 쓰는 공부요, 유무념 대조하는 공부요, 계율을 잘 지키는 공부요, 육근 동작을 바르게 하는 공부요, 조심하는 공부요, 남에게 유익을 주는 공부요, 겸양하는 공부요, 넉넉한 처사를 본받는 공부요, 중도를 잡는 공부요, 상을 없애는 공부요, 심신을 원만하게 쓰는 공부"라고 하였다. 또 "그일 그 일에 정행正行을 하자는 것으로서 솔성요론 16조와 사은사요四恩四要를 실천하고 비행非行인 30계문과 다생多生의 악습관惡習慣을 제거하자는 것으로 이 공부를 오래오래 하고 보면 중심中心 중도中道 중화中和의 실천력을 얻게 되어 취사력이 생기고 계력戒力이 생긴다. 이러한 힘을 얻으면 금강이도金剛利刀로 제거 삼독심除去三毒心하는 결단력이 생기게 된다. 작업취사의 구경究竟은 일행삼매一行三昧가 되고 자비만행慈悲萬行을 나투게 되어 만덕존상萬德尊上이 되고 무위대행無爲大行의 천지행을 이루어 대소를 자유롭게 하는 것이다. 취사 공부를 하게 되면 법통法通을 얻게 되는데 이는 법도法度 있는 생활이 되는 것이다."라고 하였다.

우리 공부인이 선善이 좋은 줄은 알되 선을 행하지 못하며, 악이 그른 줄은 알되 악을 끊지 못하여 평탄한 낙원을 버리고 험악한 고해로 들어가는 까닭은 삼학의 세 조항인 사리연구에 해당하는 '일에 당하여 시비를 몰라서 실행이 없거나' 정신수양에 해당하는 '설사 시비는 안다 할지라도 불같이 일어나는 욕심을 제어하지 못하거나' 작업취사에 해당하는 '철석같이 굳은 습관에 끌리거나' 하여 악은 버리고 선은 취하는 실행이 없는 까닭이라 할 것이다. 우리 공부인은 사리를 연구하고 정신을 수양하며 정의는 기어이 취하고 불의는 기어이 버리는 실행 공부인 작업을 취사하여, 싫어하는 고해는 피하고 바라는 낙원을 맞이하여 자유와 행복 그리고 평화 속에 일생을 낙도 하며 살기 위하여 마음공부를 하고 있다 할 것이다.

11

삼학을 병진하라

소태산 대종사는 원기27년(1942) 불법연구회 임오 동선壬午冬禪 때 선원에서 "그대들이 이곳에 온 것은 무엇을 구하려 함인가. 마땅히 불법을 구하러 왔다 할 것이다. 그러나 이 불법도 혹은 죄를 사하고 복을 비는 데 필요하게 아는 이도 있고, 혹은 신통묘술을 얻는데 필요하게 아는 이도 있고, 혹은 큰 도를 깨쳐서 모든 사리에 통달하는 데 필요하게 아는 이도 있을 것이다. 그런데 우리 불법 가운데에는 우리 육신 생활상에 의식주 삼 건보다 더 필요한 것이 몇 가지 있으니 그대들 가운데 이 점을 발견하여 구하는 이가 있으면 말하여 보라."고 말하였다.

이에 즉석에서 몇 사람의 대답이 있었고 이어서 삼일 동안 경전 시간마다 여러 사람의 대답이 있었는데 대종사 들으시고 "며칠을 두고 잘하는 이의 말도 듣고 못 하는 이의 말도 들어 보았으나 어떤 문제를 대답할 때에는 이것이 무엇이냐 하면 그것은 이것이요 하고 간단명료하게 하되, 바르게 하는 것이 가장 잘하는 대답일 것이다. 대체로 의식주란 육신 생활에 가장 필요하고 떠날 수 없는 것인데 의식주보다 더 요긴한 것이 있다면 그것은 의식주를 만들어 주는 것이 아닌가. 그런데 그것이 우리 불법에 들어 있으니 그는 곧 수양·연구·취사의 삼대력이다. 의식주를 구할 때 일심·알음알이·실행이 들지 아니하고 의식주가 잘 장만 되며 잘 사용될 수 있겠는가. 그러므로 내가 일찍부터 항상 말하기를 소인은 먼저 의식을 구하고자 하나 대인은 의식을 구하기 전에 삼대력을 먼저 갖춘다고 한 것이다. 지금은 아직도 인지가 미개한지라 모든 사람이 의·식·주 구하기에만 급급하여 삼대력 구하는 데에 별로 정신을 쓰지 아니하나 앞으로 인류의 정신이 고루 문명해질 때는 모든 사람이 이 삼대력 구함을 먼저 하여 삼대력으로써 의·식·주를 구할 것이다."

또는 "불법의 필요성을 두 가지로 들어서 말할 수도 있으니, 첫째는 내 마음의 근본 자리를 알기 위함이요, 둘째는 내 마음을 내 마음대로 사용하기 위함이라고 할 수 있는 것이다. 또는 첫째로 생로병사의 이치를 깨닫기 위함이요, 둘째로 죄복의 소종래를 알기 위함이라고 할 수 있을 것이다."라고 하였다.

원기25년(1940) 경진 동선庚辰冬禪의 경전 시간에 소태산 대종사는 "공부 시간에는 잘하는 사람의 말이든지 못 하는 사람의 말이든지 일심 정력을 들이대어 처음부터 끝까지 잘 듣고 내 공부에 대조하는 마음이 있어야 그 공부가 향상될 것이요, 만일 잘하는 사람의 말은 혹 듣고 잘못하는 사람의 말은 헤프게 보아 듣는 둥 마는 둥 한다면 공부에 향상이 없는 동시에 성과가 없을 것이다. 들을 때에도 삼대력을 들이대어 듣고, 행할 때도 삼대력을 들이대어 행하지 아니하면 도저히 큰 공부를 성공치 못하는 것이다. 나나니[몸의 길이가 2~2.5㎝의 구멍벌과의 곤충]가 벌레를 잡아다 놓고 일심 정력을 들이대어 '나나나' 소리를 지성으로 하면 결국 그 벌레가 나나니가 된다고 하지 않는가. 곤충도 그와 같이 일심 정력의 효과를 나타내거든 하물며 사람이 삼대력을 들이대어 일심으로 공부 사업에 전력한다면 성인 불보살이 못될 것이 무엇이리오."하고 깨우쳐 주었다.

이어서 "현하 물질문명의 발달을 따라 세상의 장엄히 날로 찬란해져서 기묘한 일체 문명이기를 마음껏 소유하고 수용하기로 하면 명예와 권리와 재산이 필요한지라, 모든 인심이 자연 거기에 휩쓸려, 다소라도 구하는 바를 얻고 보면 스스로 거만하고 자부하며, 얻지 못한 이는 어떠한 비루한 일을 해서라도 그 욕망을 채우려 애를 써서, 온갖 죄과를 범하고 갚은 원수의 종자를 심다가, 하루아침에 역경의 포수가 신변을 위협할 때에는 경황망조하여 피할 곳을 찾으며 일심과 알음알이와 실행을 다 하여 그 위경을 돌파하려 하나, 평소에 단련 없는 실력이 잘 효과를 내기가 어려우며, 기왕 저질러 놓은 명예 권리 재산 등이 이모저모로 거리껴서 더욱 사지에 들게 할 것이니 그 얼마나 가련한가. 더구나 사람사람이 누구나 다 당하는 죽음의 시간에는 그 일생에 가진 명예 권리 재보 등이 아무 소용이 없고, 그것으로 도리어 업장이 덮이고 애착이 얽혀서 영혼의 자유가 구속되고 선도의 인연이 방해되나니, 여러분은 마땅히 깊이 생각하고 크게 명심하여, 어느 때 어느 사물을 당하든지 매양 마음의 실력을 대조하며 수양 연구 취사의 삼대력을 양성하는 데 모든 정성을 다하라."고 하였으며 또 "공부하는 사람은 세상의 천만 경계에 항상 삼학의 대중을 놓지 말아야 할 것이니, 삼학을 비유하여 말하자면 배를 운전하는데 지남침 같고 기관사 같은지라, 지남침과 기관사가 없으면 그 배가 능히 바다를 건너지 못할 것이요, 삼학의 대중이 없으면 사람이 능히 세상을 잘 살아나가기가 어려울 것이다."라고 하였고, 이어서 "이 공부를 하지 않는 사람들도 어떠한 경우에 이르고 보면 또한 다 삼학을 이용하게 되나, 그들은 그 때 그 일만 지내 가면 방심이요 관심이 없기 때문에 평생을 지내도 공부상 아무 진보가 없지마는, 우리 공부인은 때의 동·정과 일의 유·무를 헤아릴 것 없이 이 삼학을 공부로 계속하는 까닭에 법대로 꾸준히만 계속한다면 반드시 큰 인격을 완성할 것"이라 하였다.

정산 종사는 "공부하지 않는 이에게도 삼학은 있으나 이는 부지중 삼학이요 주견 없는 삼학이요 임시적 삼학이며, 공부인의 삼학은 공부적 삼학이요 법도 있는 삼학이요 간단없는 삼학"이라 하고 또 "과거에도 삼학이 있었으나 계 정 혜와 우리의 삼학은 그 범위가 다르니, 과거에는 계戒는 계문을 주로 하여 개인의 지계持戒에 치중하였지마는 취사는 수신제가 치국평천하의 모든 작업에 빠짐없이 취사케 하는 요긴한 공부며, 혜慧도 자성에서 발하는 혜에 치중하여 말씀하셨지마는 연구는 모든 일 모든 이치에 두루 알음알이를 얻는 공부며, 정定도 선정禪定에 치중하여 말씀하셨지마는 수양은 동정 간에 자성을 떠나지 아니하는 일심 공부라, 만사의 성공에 이 삼학을 벗어나지 못하는 것이니 이 위에 더 원만한 공부길은 없다."라고 하였다.

소태산 대종사는 "우리가 경전으로 배울 때는 삼학이 비록 과목은 각각 다르나, 실지로 공부를 해나가는 데는 서로 떠날 수 없는 연관이 있어서 마치 쇠스랑의 세 발과도 같나니, 수양하는 데에도 연구·취사의 합력이 있어야 할 것이요, 연구하는 데에도 수양·취사의 합력이 있어야 할 것이요, 취사하는 데에도 수양·연구의 합력이 있어야 한다. 그러므로 삼학을 병진하는 것은 서로 그 힘을 어울려 공부를 지체 없이 전진하게 하자는 것이며, 또는 선원에서 대중이 모이어 공부에 대한 의견을 교환하는 것은, 그에 따라 혜두가 고루 발달되어 과한 힘을 들이지 아니하여도 능히 큰 지견을 얻을 수 있게 하자는 것"이고 삼학을 아울러 병진할 것을 강조하였으며 대중을 통솔하면서 네 가지의 엄한 경계가 있었는데 그 가운데 하나는 삼학 병진의 대도를 닦지 아니하고 편벽되이 정정定靜만 익히어 신통을 희망하는 것으로 삼학을 병진하지 않고 엉뚱한 욕심에 빠지는 것을 경계하였다.

일상생활하는 가운데 삼학을 병진하여 쉽게 삼대력 얻는 방법으로 공부인이 동動하고 정靜하는 두 사이에 수양력 연구력 취사력 얻는 빠른 방법을 정리하여 주었으니 수양력 얻는 빠른 방법은, 첫째는 모든 일을 작용할 때에 나의 정신을 시끄럽게 하고 정신을 빼앗아 갈 일을 짓지 말며 또는 그와 같은 경계를 멀리할 것이요, 둘째는 모든 사물을 접응할 때에 애착 탐착을 두지 말며 항상 담담한 맛을 길들일 것이요, 셋째는 이 일을 할 때 저 일에 끌리지 말고 저 일을 할 때 이 일에 끌리지 말아서 오직 그일 그 일에 일심만 얻도록 할 것이요, 넷째는 여가 있는 대로 염불과 좌선하기를 주의할 것이다.

연구력 얻는 빠른 방법은, 첫째는 인간 만사를 작용할 때에 그일 그 일에 알음알이를 얻도록 힘쓸 것이요, 둘째는 스승이나 동지로 더불어 의견 교환하기를 힘쓸 것이요, 셋째는 보고 듣고 생각하는 중에 의심나는 곳이 생기면 연구하는 순서를 따라 그 의심을 해결하도록 힘쓸 것이요, 넷째는 우리의 경전 연습하기를 힘쓸 것이요, 다섯째는 우리의 경전 연습을 다 마친 뒤에는 과거 모든 도학가道學家의 경전을 참고하여 지견을 넓힐 것이다.

취사력 얻는 빠른 방법은, 첫째는 정의인 줄 알거든 크고 작은 일을 막론하고 죽기로써 실행할 것이요, 둘째는 불의인 줄 알거든 크고 작은 일을 막론하고 죽기로써 하지 않을 것이요, 셋째는 모든 일을 작용할 때에 즉시 실행이 되지 않는다고 낙망하지 말고 정성을 계속하여 끊임없는 공을 쌓을 것이다.

대산 종사도 삼대력 얻는 길을 말하였는데 "정신精神에 있어 수양력修養力을 얻어 나가는 빠른 길은 첫째, 일용천만日用千萬 경계 중에 늘 멈추고 멈추어서 대정력大定力을 쌓아가는 것이오. 둘째, 일용천만 경계 중에 늘 가라앉히고 가라앉혀서 대안정력大安定力을 얻어 나가는 것이오. 셋째, 일용 천만 경계 중에 늘 닦고 닦아서 대청정심大淸淨心을 길러나가면 마음에 철주鐵柱의 중심이 확립되어 결국 대수양력[定力]을 얻게 된다."라고 하였다. 수양 공부를 한 말로써 이르자면 멈추고 가라앉히고 닦는 공부를 하나부터 백, 천, 만, 억百千萬億 번까지 하는 대정성심大精誠心으로 적공을 들여야 하는 것이라 하였다. 또 대산 종사는 "사리事理에 있어서 연구력을 얻어 나가는 빠른 길은 첫째, 모든 사물事物을 대할 때 늘 묻고 배워서 대지식大知識을 얻어나가는 것이오. 둘째, 모든 사물을 대할 때 생각하고 생각해서 대각大覺을 이뤄가는 것이오. 셋째, 모든 사물을 대할 때 갈고 갈아서 대혜광大慧光이 솟아나게 함으로써 결국 대연구력大硏究力 = 혜력慧力을 얻게 된다. 연구 공부를 한 말로써 이르자면 묻고 생각하고 가는[연마] 공부를 하나부터 백, 천, 만, 억 번까지 쉬지 아니하고 대정성심으로써 적공을 들여야 되는 것이라 하였으며 작업作業에 취사력을 얻어 나가는 빠른 길은 첫째, 일용천만日用千萬 경계를 대할 때 아닌 것을 늘 참고 참아서 대인내력大忍耐力을 얻어 나가는 것이오. 둘째, 일용천만 경계를 대할 때 옳은 것을 늘 실천하고 실천해서 대덕행大德行을 나투어 갈 것이오. 셋째, 일용천만 경계를 대할 때 그른 것을 끊고 끊어서 대결단력大決斷力을 세워 나가면 결국 대취사력 계력大取捨力 = 戒力을 얻게 된다. 취사 공부를 한 말로써 이르자면 참고 끊고 실천하는 공부를 하나부터 백, 천, 만, 억 번까지 죽기로써 하는 대정성심으로 적공을 들여야 되는 것이라" 하였으며 "정당한 목표와 계획을 세우고 1년, 10년, 30년, 대적공을 하는 중에 큰 공부가 이루어진다."라고 하였다.

과거 도가道家에서 공부하는 것을 보면, 정할 때 공부에만 편중하여 일을 하자면 공부를 못 하고 공부를 하자면 일을 못 한다 하여, 혹은 부모 처자를 이별하고 산중에 가서 일생을 지내며 혹은 비가 와서 바당의 곡식이 떠내려가도 모르고 독서만 하였는데 이는 원만한 공부법이라 할 수 없을 것이다. 그러므로 공부인은 공부와 일을 둘로 보지 아니하고 공부를 잘하면 일이 잘되고 일을 잘하면 공부가 잘되어 동과 정 두 사이에 계속 삼대력 얻는 법을 활용하여 동과 정에 간단없는 큰 공부에 힘써야 할 것이다.

정산 종사는 "삼대력 공부에 저축 삼대력 공부와 활용 삼대력 공부가 있다."라고 하였다. 저축 삼대력 공부는 정할 때에 안으로 쌓는 공부요, 활용 삼대력 공부는 동할 때 실지 경계에 사용하는 공부라, 아무리 저축 삼대력 공부를 하였다 할지라도 활용하지 못하면 마치 그늘에 자란 나무 같아서 힘이 없을 것이요, 활용 삼대력 공부 역시 저축 삼대력 공부가 없으면 마치 뿌리가 튼튼하지 못한 나무 같아서 힘이 없을 것이다. 그러므로 항상 저축 삼대력 공부와 활용 삼대력 공부를 병진하여 체용이 겸전하고 동정이 서로 근원 하는 원만한 삼대력을 얻을 것을 촉구하였다. 그리고 "얼음이 얼려면 북풍이 계속 불어야 한다. 만일 북풍이 조금 불다가 남풍이 불어 버리면 다시 녹아 버리는 것처럼, 삼대력을 얻으려는 사람은 언제나 공부심을 하고 살아야 할 것이요, 만일 공부심을 놓고 보면 다시 후퇴하게 된다."라고 하였다. 우리 공부인은 삼대력 얻는 데 온 정신을 집중하여 온전한 생각으로 취사하는 공부를 하여야 할 것이며 그 가운데 삼학을 병진하는 노력을 하면 자연히 마음병 치료는 그 가운데 있을 것이다.

소태산 대종사가 원기28년(1943) 열반에 들기 전, "내가 이 회상을 연지 이십팔 년에 법을 너무 해석적으로만 설하여 준 관계로 상근기는 염려 없으나, 중·하 근기는 쉽게 알고 구미호九尾狐가 되어 참 도를 얻기 어렵게 된 듯하니 이것이 실로 걱정되는 바라, 이후부터는 일반적으로 해석에만 치우치지 말고 삼학을 병진하는 데에 노력하도록 하여야 하리라." 하고 당부하였다.

상시응용 주의사항 6조 가운데 제1조인 "응용하는 데 온전한 생각으로 취사하기를 주의하라"는 것은 바로 삼학을 나누지 아니하고 하나로 통합하여 실생활에서 실천하고 공부하여 삼대력을 아울러 행하는 방법으로 무시선법에서 "진공眞空으로 체를 삼고 묘유妙有로 용을 삼는다."라는 것과 『금강경』에서 "응하여도 주한 바 없이 그 마음을 낸다."라는 두 의미와 다르지 않다. 이 지경에 이르면 모든 분별이 항상 정을 여의지 아니하여 육근을 작용하는 바가 다 공적영지의 자성에 부합이 되어 이것이 바로 삼학을 병진하는 공부법이 될 것이다. 앞에서 삼학을 세 차례에 걸쳐 따로따로 설명하였지만, '온전한 생각으로 취사하라'는 것은 마음병을 치료하는 제1 처방전으로 이 삼학은 일상생활하는 가운데 각각 분리하며 활용하거나 공부하는 것이 아니고 동시에 함께 작용해야 한다.

12

진행할 네 가지와 버려야 할 네 가지

육신이 아프면 병원에 가는 데 이때 의사는 처방을 내면서 주 치료와 보조 치료를 사용할 것이다. 아픈 곳을 직접 치료하는 치료제가 주 처방이라면 소화나 영양 혹은 금지하는 사항 등 도와주어야 할 처방인 보조 처방을 함께 할 것이다. 마음병 치료하는 처방전 1 '온전한 생각으로 취사하라'에도 이처럼 삼학이 주 처방이라면 이를 보조하는 처방으로 팔조가 함께 처방될 것이다. 삼학이라는 주 처방에 삼학 공부를 진행하는 힘인 네 가지와 삼학 공부를 방해하는 마장으로 버려야 할 네 가지를 합하여 '팔조'라는 보조 처방에 대하여 설명하고자 한다.

의사가 환자를 치료하는 의술과 같은 공부의 요도에는 삼학과 팔조가 늘 함께하는데 치료에 성공하기 위해서는 꼭 삼학 공부를 진행하는 힘인 신 분 의 성 곧 믿음 분발 의문 정성 네 가지를 실천하고 삼학 공부를 방해하는 마장으로 불신 탐욕 나태 우치 네 가지를 버려야 한다. 한약의 처방에는 기의 온溫과 량凉, 미味의 보補와 사瀉라는 네 가지 측면을 생각해서 처방한다고 하고 또 군신좌사君臣佐使의 원리를 따르는데 여기서 군君은 임금에 비유되고, 그다음 신臣은 임금에게 조언을 주는 신하에 비유되고, 그다음 좌佐는 돕는다는 의미로 임금의 정책에 위험성을 주장하고 이에 대한 대책을 강구하기를 원하는 신하의 무리로 비유되고, 마지막으로 사使는 말단 신하 즉 졸개의 무리로 비유되고 있다고 하는데 이렇게 볼 때 삼학은 주약이 되고 팔조는 보조약으로 이해할 수 있을 것이다.

팔조八條에는 삼학 공부를 진행하는 원동력인 진행進行 사조四條와 삼학 공부를 방해하는 마장인 사연捨捐 사조四條가 있다. 진행 사조는 신 분 의 성으로 『정전』 교의편 '팔조'에서는 진행 사조로 "1. 신信, 신이라 함은 믿음을 이름이니, 만사를 이루려 할 때에 마음을 정하는 원동력原動力이니라. 2. 분忿, 분이라 함은 용장한 전진심을 이름이니, 만사를 이루려 할 때에 권면하고 촉진하는 원동력이니라. 3. 의疑, 의라 함은 일과 이치에 모르는 것을 발견하여 알고자 함을 이름이니, 만사를 이루려 할 때 모르는 것을 알아내는 원동력이니라. 4. 성誠, 성이라 함은 간단없는 마음을 이름이니, 만사를 이루려 할 때 그 목적을 달하게 하는 원동력이니라."라고 밝히고 있다.

소태산 대종사는 먼저 신과 분과 의와 성에 대한 개념을 명료하게 정의하고 이 네 가지가 모두 만사를 이루려 할 때 원동력이 된다고 하였다.

삼학 공부하는 사람들이 일을 추진하는 특별한 방법의 첫째는 신으로 믿음을 의미하며 이는 마음을 정하는 원동력이라 하였다. 믿음이란 믿는 마음가짐을 의미하며 일에 대한 태도를 결정한다. 인생이 마음먹기에 달려 있다고 하는데 할 수 있다고 생각하면 할 수 있고 할 수 없다고 생각하면 할 수 없다. "나의 사전에는 불가능은 없다."라고 한 나폴레옹과 같은 굳은 믿음을 가지고 실패하더라도 다시 일어나 또 시작하는 것은 믿음이 확고부동하기 때문이다. 세상에 코드가 맞아야 한다는 말도 있다. 이는 전기 플러그를 콘센트에 꽂으면 서로 연결되는 것처럼 서로 통하여 하나가 되는 믿음이 있다는 것이며 하나가 되면 마음을 결정한 것이 되고 이것이 일을 추진하는 데 성공의 원동력이 되는 것이다.

삼학 공부하는 사람들이 일을 추진하는 특별한 방법의 둘째는 분忿으로 분이라 함은 용장勇壯한 전진前進심을 의미하며 권면하고 촉진하는 원동력이라 하였다. 분忿 자는 성낼 분으로 성질을 낸다는 의미로 남에게 화를 내는 것이 아니라 자기 자신에게 화를 내는 것이다. 부처는 누구고 나는 누구인가? 나도 부처님처럼 될 수 있다는 용감하고 씩씩한 마음으로 객기나 혈기가 아닌 분발하는 모습이며 막다른 전장戰場에서 장수가 하는 것처럼 배수의 진을 치는 것이다. 불타께서 보리수 아래에서, '내가 정각을 이루기 전에는 죽어도 이 자리를 떠나지 아니하리라.' 했던 결심과 일에 대한 열정과 추진하는 끈기가 있으면 추진력이 살아난다. 또한 추진력이 살아나면 만사를 추진하여 원하는 바를 이루게 될 것이다.

삼학 공부하는 사람들이 일을 추진하는 특별한 방법의 셋째는 의疑로 의라 함은 일과 이치에 모르는 것을 발견하여 알고자 함을 의미하며 모르는 것을 알아내는 원동력이라 하였다. 일을 하면서 전체를 파악하고 부분을 알아야 순서를 알게 되는 데 이때 모르는 것이나 의심나는 것에 대하여 발견하여 알아내기 위하여 먼저 의심을 해야 의심이 풀려 알게 된다. 일과 이치를 모르면 의심도 나지 않고 물어볼 수도 없는데 길가는 사람이 길을 알지 못하고 목적지를 향하여 가다 보면 잘 못 가게 되어 도리어 가지 않음만 못하는 수도 허다하다. 특히 미래를 예측하기 위하여 호기심으로 의심하다 보면 이것이 전체의 상황을 파악하게 되고 모르는 것을 알아내는 원동력이 될 것이다.

삼학 공부하는 사람들이 일을 추진하는 특별한 방법의 넷째는 성誠으로 성이라 함은 끊임없이 하는 간단없는 마음을 의미하며 그 목적을 달하게 하는 원동력이라 하였다. 작심삼일이 되지 않도록, 주판을 털고 놓기를 자주 하지 않도록 새로운 목표를 세우고 새로운 결심을 하는 것도 중요하지만 성공으로 가는 길은 꾸준히 지속해서 쉼 없이 추진하고 또 하는 것이다. 성공하기 위하여 거짓이 없고, 게으르지 않고, 요령 피우지 않고 성실하여야 할 것인데 하고 또 하다 보면 이것이 목적에 도달하게 될 것이다.

진행 사조에서 공통으로 사용하는 단어는 '원동력'이다. 원동력은 원동기에서 나오는 힘으로 원동기는 엔진을 의미한다. 우리가 생활하는 모든 일에 성공하기 위하여 꼭 필요한 추진력인 원동력으로 믿음 분발 의문 정성이 만사 성공의 원동력에 해당할 것이다.

소태산 대종사는 "나는 그대들에게 희로애락의 감정을 억지로 없애라고 가르치는 것이 아니라, 희로애락을 곳과 때에 마땅하게 써서 자유로운 마음 기틀에 걸림 없이 운용하되 중도에만 어그러지지 않게 하라고 하며, 가벼운 재주와 작은 욕심을 미워할 것이 아니라 그 재주와 발심의 크지 못함을 걱정하라 하니, 그러므로 나의 가르치는 법은 오직 작은 것을 크게 할 뿐이며, 배우는 사람도 작은 데에 들이던 그 공력을 다시 큰 데로 돌리라는 것이니, 이것이 곧 큰 것을 성취하는 대법이다."라고 하였다. 또 "처음 발심한 사람이 저의 근기도 잘 모르고 일시적 독공篤工으로 바로 큰 이치를 깨치고자 애를 쓰는 수가 더러 있으나 그러한 마음을 가지면 몸에 큰 병을 얻기 쉽고, 마음대로 되지 않을 때는 퇴굴심退屈心이 나서 수도 생활과 멀어질 수도 있나니 조심할 것이다. 그러나 혹 한 번 뛰어서 불지佛地에 오르는 도인도 있으니 그는 다생 겁래에 많이 닦아 온 최상의 근기다. 중하中下의 근기는 오랜 시일을 두고 공을 쌓고 노력하여야 하는데, 그 순서는 첫째 큰 원이 있고 난 뒤에 큰 신信이 나고, 큰 신이 난 뒤에 큰 분忿이 나고, 큰 분이 난 뒤에 큰 의심이 나고, 큰 의심이 있는 뒤에 큰 정성이 나고, 큰 정성이 난 뒤에 크게 깨달음이 있으며, 깨달아 아는 것도 한 번에 끝나는 것이 아니라 천통 만통이 있다."라고 하였다.

성공하기 위해 노력하는 순서를 보면 먼저 큰 원이 있은 뒤에 진행 사조의 순서가 있는데 왜 소태산 대종사는 진행 사조에 앞서 원願을 말하였을까? 인간은 누구나 희로애락의 감정을 가지고 태어나는데 그 작은 욕심을 크게 키워 돌리는 것이 급선무이고 큰 꿈이 목표가 되고 큰 목표는 거룩한 서원誓願이 될 것이다.

삼학 공부를 진행하는 힘인 신분의성으로 진행 사조가 있으나 이 진행 사조의 비롯이 되고 바탕이 되는 것이 있음을 우리 공부인은 알아야 할 것이니 그것은 바로 큰 원願 즉 큰 목표이다. 그러면 우리는 가장 큰 목표로 무엇을 세워야 할까? 공부인에게 가장 큰 원은 서원誓願이다. 정산 종사는 어떠한 것이 서원인지 묻는 제자에게 "욕심을 떠나 마음을 발함이 서원이다."라며 "서원과 욕심이 비슷하나 천양의 차가 있으니, 서원은 나를 떠나 공公을 위하여 구하는 마음이요, 욕심은 나를 중심으로 사私를 위하여 구하는 마음이다."라고 하였다. 우리가 삼학 공부에 성공하여 삼대력을 얻어 부처의 인격을 갖추어 일체생령을 광대무량한 낙원으로 인도하기 위해서는 신분의성의 추진에 앞서 서원을 확립해야 함이 우선이라 할 것이다.

우리는 마음공부하기 위하여 이렇게 만났다. 이 만남이 어떠한 목적이나 목표로 공부해야 한다. 부처는 세상을 '괴로운 바다, 고해苦海'라 하였고, 소태산 대종사는 '파도치는 바다, 파란 고해波瀾苦海'라 한 데에서 알 수 있듯이 우리 인류는 즐겁고 행복하게 사는 사람보다는 괴롭고 불행하게 사는 사람이 더 많을 것이다. 소태산 대종사는 '파란 고해에서 헤매는 일체생령을 광대 무량한 낙원으로 인도하자.'고 하였는데 이것이 불교에서 말하는 성불제중이며 제생의세이다. 성불제중과 제생의세의 서원보다 더 큰 서원이 어디에 있겠는가.

이렇게 파란 고해에서 헤매는 일체생령을 광대 무량한 낙원으로 인도하려 발심하는 일이 서원이니 '서원이 십일 때 믿음이 십이 되고, 믿음이 십일 때 분발이 십이 되며, 분발이 십일 때 의문이 십이 되고, 의문이 십일 때 정성이 십이 되어 그에 따라 깨달음도 십이 된다.'라고 한 말처럼 원을 크게 세우고 마음공부 해야지, 그렇지 않고 서원이 없이 마음공부하다 보면 중도에 다른 곳으로 흘러 그 결과도 작아질 수밖에 없을 것이다.

삼학 공부를 방해하는 마장으로 버려야 할 사연捨捐 사조는 "1. 불신不信, 불신이라 함은 신의 반대로 믿지 아니함을 이름이니, 만사를 이루려 할 때 결정을 얻지 못 하게 하는 것이니라. 2. 탐욕貪慾, 탐욕이라 함은 모든 일을 상도에 벗어나서 과히 취함을 이름이니라. 3. 나懶, 나라 함은 만사를 이루려 할 때에 하기 싫어함을 이름이니라. 4. 우愚, 우라 함은 대소유무와 시비이해를 전연 알지 못하고 자행자지함을 이름이니라." 하고 『정전』 제2 교의편 제5장 '팔조'에서 밝히고 있다. 소태산 대종사는 여기에서도 네 가지 버려야 할 조목에 대한 개념의 정의를 먼저하고 불신과 나태는 만사를 이루려 할 때 반대되는 방향으로 일을 하게 하는 것이라고 하였으며 탐욕은 욕심이 지나쳐서 중도에 맞지 않게 취하는 모습이며 어리석은 우愚는 대소유무와 시비이해를 전연 알지 못하고 자기가 하고 싶은 대로 함을 말한다. 사연 사조인 불신 탐욕 나태 우치는 인간의 본심이라 할 수 있어서 없애고 제거하지 아니하면 마치 저 묵은 밭에서 온갖 풀이 나듯 나의 마음 밭에서 시절 따라 자연히 생겨나서 '나'라는 상相을 만들며 이렇게 되면 추진해야 할 일의 성공을 가로막고 방해하게 되어 실패로 끝나게 될 것이다.

일을 실패하게 하는 원인 가운데 버려야 할 첫째는 불신不信이다. 불신은 신의 반대로 믿지 아니하는 것인데 이는 만사를 이루려 할 때 결정을 얻지 못하게 한다고 하였다. 많은 사람이 함께 살아가는 사회는 만나는 사람마다 서로서로 믿음이 바탕이 되어 일이 이루어지게 된다. 사람 사이에 함께 일을 시작하고자 하면 먼저 신뢰가 쌓여야 하고 신용이 생겨야 서로서로 믿고 의지하며 일을 도모하고 사업을 추진하게 되는데, 서로 믿지 못하면 모든 일에 결정을 이룰 수 없으므로 일을 도모하고자 하면 먼저 불신을 극복해야 할 것이다. 불신을 극복하는 가장 밑바탕에는 정직正直이라는 거짓 없고 허식이 없이 진실하여 마음이 바르고 곧아야 하는 것이 필수이다.

일을 실패하게 하는 원인 가운데 버려야 할 둘째는 탐욕이다. 탐욕은 모든 일을 상도에 벗어나서 과히 취하는 것이다. 인간의 욕심慾心에는 끝이 없고 기본이 되는 식욕 색욕 재물욕 등은 채우면 채울수록 더욱더 욕심이 커가는데, 커가도록 놓아두면 탐욕에 이르고 결국 탐욕으로 모두 다 그르치게 될 것이다. '사자나 범을 잡으러 나선 사람은 꿩이나 토끼를 보고 총을 쏘지 않는다.'라고 하였으니 철없는 육체의 욕심에 휘둘리지 않고 작은 욕심이 커다란 탐욕으로 커지기 전에 알아차리고 서원을 빈조하여 탐욕 을 버려야 할 것이다.

일을 실패하게 하는 원인 가운데 버려야 할 셋째는 나태함이다. 나태懶怠는 만사를 이루려 할 때 하기 싫어하는 것으로 게으르고, 일하고자 하는 의욕이 없어서 모든 일에 완성을 보지 못하고 결국 아무 하는 일 없이 놀고먹기만 하게 할 것이니 이 게으름을 버려야 할 것이다.

일을 실패하게 하는 원인 가운데 버려야 할 넷째는 어리석음이다. 어리석음[愚]은 대소유무와 시비이해를 전연 알지 못하고 자행자지하는 것인데 일에 대한 선후 본말과 시비이해를 알지 못하고 일을 하므로 모든 일에 성공을 보기가 어려울 것이므로 어떻게 하든지 어리석음을 극복하여야 할 것이다.

일을 실패하게 하는 그리고 삼학 공부에 마장이 되는 불신 탐욕 나태와 어리석은 마음이 일어났을 때 알아차리고 마음을 돌리고 믿음 분발 의문 정성을 추진하지 않으면 삼학 공부도 실패하고 추진하는 모든 사업도 실패할 것이며 실패는 결국 파산과 파탄으로 이어져 파멸의 길을 걷게 될 것이다. 정산 종사는 "신분의성을 마음공부에 들이대면 삼학 공부에 성공하고 사농공상에 들이대면 직업에 성공한다."라고 하였으니 우리 공부인은 팔조 공부를 활용하여 삼학 공부에도 직업에도 성공하여야 할 것이다.

소태산 대종사는 "사람이 무슨 일이나 그 하는 일에 정성이 있고 없는 것은 그 일이 자기에게 어떠한 관계가 있는가를 알고 모름에 있다."라고 하며 "가령 병을 치료하는 사람이 치료에 정성이 있는 것은 그 치료가 자기의 건강 보존과 중요한 관계가 있는 것을 아는 연고며, 공부하는 사람이 공부에 정성이 있는 것은 그 공부가 자기의 앞날과 중대한 관계가 있는 것을 아는 연고라" 하였고 "이 관계를 아는 사람은 공부하기에 비록 천만 고통이 있을지라도 이를 능히 극복할 것이나, 이 관계를 알지 못하는 사람은 공부하는 데에도 인내력이 없을 것이요, 공부나 사업하는 것이 남의 일을 하여 주는 듯한 감을 가지게 되리니, 그대들은 이 공부를 하는 것이 각각 그대들에게 어떠한 관계가 있는 것을 깨치었는가 냉정한 정신으로 한 번 더 생각하여 보라." 하였으니 우리 공부인들도 마음공부하는 일이 나와 어떤 관계가 있는지 다시 한번 점검해 보아야 할 것이다.

'특별한 일을 해야 성공한 게 아니라 일하는 방식이 특별해야 한다.'라고 앞에서 말하였는데 성공한 사람들은 위대한 일만 하지 않고 단지 작은 일을 위대한 방식으로 한다고 한다. 소태산 재종사는 '팔조'라는 성공 공식을 우리에게 찾아 주었으니 공부인은 성공 지향적 규칙에 따라 훈련하는 습관을 길러야 하겠다. 생활의 틀인 패러다임을 바꾸어 기질 변화가 분명히 되도록까지 위대한 방법인 팔조를 실천하여야 할 것이다.

정산 종사는 한 제자에게 글을 주었는데 "큰 원을 발하라. 사를 경영하고 저만 이롭게 함은 이슬 같고 연기 같으니, 부처 되어 중생 건지려 함이 모든 원의 머리니라. 큰 믿음을 세우라. 묘함이 다른 묘함이 없고 보배가 다른 보배가 없으며, 철주의 중심이요 석벽의 외면이니라. 큰 분을 일으키라. 이익을 한 근원에 끊으면 그 공이 백배요, 세 번 주야를 반복하면 그 공이 만 배라 하였나니라. 큰 의심을 품으라. 큰 믿음 아래 큰 의심이 있나니, 일심

이르는 곳에 금석도 뚫리리라. 큰 정성으로 행하라. 진실하여 거짓 없으면 안과 밖이 둘이 아니요, 시종이 한결같으면 천지와 공이 같으리라. 일원대도 운전하여 무량 중생 제도하고 영겁 고를 해탈하라."고 하였다.

13

제2 처방전

제1 처방은 마음병 치료의 의술에 해당하는 것으로 공부의 요도인 삼학을 주치료로 하여 '온전한 생각으로 취사하라'는 것과 팔조를 보조 치료로 하여 '진행해야 할 네 가지와 버려야 할 네 가지'에 대하여 설명하였다. 마음병 치료하는 제2 처방은 인생의 요도인 사은사요라는 약재에 해당하는 것으로 '감사하라! 그리고 보은 불공하라'이다. 세상의 마음병 가운데 첫째인 돈의 병은 탐욕貪慾의 병으로 이를 치료하기 위하여 제1 처방이 필요하였으며 원망의 병에 대한 처방은 '감사하라'는 것이고 의뢰 생활하는 병, 배울 줄 모르는 병, 가르칠 줄 모르는 병, 공익심 없는 병에 대한 처방은 '보은 불공하라'는 것이다. 지금은 먼저 원망병 치료에 해당하는 '감사하라'는 내용으로 이야기하고자 한다.

인생을 살다 보면 세상은 괴로움이 반이요 즐거움이 반이어서 고락상반苦樂相半이라 한다. 사람에 따라 고락의 비율은 조금씩 다르겠지만 괴로움만 있거나 즐거움만 있지는 않다. 그런데 좋아하는 즐거운 일을 당하면 함께 즐거워하면 되지만 괴로운 일을 당하면 일단 참아야 하고 문제를 해결해야 하며 괴로움에서 벗어나야 한다. 이 괴로움에서 벗어나는 방법에는 여러 가지가 있다. 어떤 일이나 문제에 대하여 그 일을 바라보는 시각이나 관점에 따라 달라질 수 있어서 먼저 관점과 초점을 맞춰 입각지를 같게 하여서 하나가 되는 일이 필수이다. 소태산 대종사는 일을 보는 두 가지 관점으로 은恩과 해害 즉 은혜恩惠와 손해損害로 접근하신 것을 볼 수 있으니 '해에서 은이 나오게 할지언정 은에서 해가 나오지는 않게' 하여야 할 것이다.

사람이 태어나 받게 되는 네 가지 은혜인 사은四恩을 불교에서는 불법승 삼보三寶와 국왕, 부모, 중생의 은혜라고 말한다. 소태산 대종사는 천지 부모 동포 법률의 네 가지 은혜인 천지님 은혜, 부모님 은혜, 동포님 은혜, 법률님 은혜라고 하였다. 사은은 우리가 없어서는 살 수 없는 은혜를 입고 살아가고 있음을 말한다.

『정전』 제2 교의편 '사은' 중 '천지은'에서 "우리가 천지에서 입은 은혜를 가장 쉽게 알고자 할진대 먼저 마땅히 천지가 없어도 이 존재를 보전하여 살 수 있을 것인가 하고 생각해 볼 것이니, 그런다면 아무리 천치天痴요 하우자下愚者라도 천지 없어서는 살지 못할 것을 다 인증할 것이다. 없어서는 살지 못할 관계가 있다면 그 같이 큰 은혜가 또 어디 있으리오."라고 하였고, '부모은'에서 "우리가 부모에게서 입은 은혜를 가장 쉽게 알고자 할진대, 먼저 마땅히 부모가 아니어도 이 몸을 세상에 나타내게 되었으며, 설사 나타났더라도 자력自力 없는 몸으로서 저절로 장양될 수 있었을 것인가 하고 생각해 볼 것이니, 그런다면 누구나 그렇지 못할 것은 다 인증할 것이다. 부모가 아니면 이 몸을 나타내지 못하고 장양되지 못한다면 그 같이 큰 은혜가 또 어디 있으리오."라고 하였다. '동포은'에서 "우리가 동포에게서 입은 은혜를 가장 쉽게 알고자 할진대 먼저 마땅히 사람도 없고 금수도 없고 초목도 없는 곳에서 나 혼자라도 살 수 있을 것인가 하고 생각해 볼 것이니, 그런다면 누구나 살지 못할 것은 다 인증할 것이다. 만일, 동포의 도움이 없이, 동포의 의지가 없이, 동포의 공급이 없이는 살 수 없다면 그 같이 큰 은혜가 또 어디 있으리오."라고 하였고, '법률은'에서 "우리가 법률에서 입은 은혜를 가장 쉽게 알고자 할진대, 개인에 있어서 수신하는 법률과 가정에 있어서 제가齊家하는 법률과 사회에 있어서 사회 다스리는 법률과 국가에 있어서 국가 다스리는 법률과 세계에 있어서 세계 다스리는 법률이 없고도 안녕질서를 유지하고 살 수 있겠는가 생각해 볼 것이니, 그런다면 누구나 살 수 없다는 것은 다 인증할 것이다. 없어서는 살 수 없다면 그 같이 큰 은혜가 또 어디 있으리오."라고 하였다.

인간에게 가장 중요한 것은 돈이나 가족이나 명예 이전에 살아있다는 것 즉 생명이라 할 것이다. 가장 중요한 생명을 유지하는 데 있어서 이처럼 천지가 없어서는 살 수 없는 관계와 부모님이 아니면 이 몸을 나타내지 못하고 장양되지 못하였고 또 동포 없이 나 홀로는 살 수 없으며 법률이 없어서 안심하고 살 수 없다면 이같이 생명을 보전하는 큰 은혜가 또 어디 있겠는가.

공부인에게 기본이 되는 행동 지침인 '사대 강령' 중 '지은보은知恩報恩'에서는 "우리가 천지와 부모와 동포와 법률에서 은혜 입은 내역을 깊이 느끼고 알아서 그 은혜 입은 도를 체받아 보은행을 하는 동시에 원망할 일이 있더라도 먼저 모든 은혜의 소종래를 발견하여 원망할 일을 감사함으로써 그 은혜를 보답하자는 것"이라고 간략하게 밝히고 있다. 일에 따라 나의 뜻에 맞지 않는다고 불평불만을 하거나 남을 원망하는 것은 누구에게나 괴로운 일이다. 그 괴로움에서 벗어나는 일은 근본적인 은혜를 발견하는 데에서 찾을 수 있다. 우리는 나의 생명을 유지하는 데 기본적으로 없어서는 살수 없는 관계 안에서 살아가고 있음을 발견하여야 할 것이다.

나에게 없어서는 살 수 없는 첫째 은혜는 천지은이다. 우리가 천지의 은혜를 입고 살아가는 조목을 살펴보면 1. 하늘의 공기가 있으므로 우리가 호흡을 통하고 살게 되었으며, 2. 땅의 바탕이 있으므로 우리가 형체를 의지하고 살게 되었으며, 3. 일월의 밝음이 있으므로 우리가 삼라만상을 분별하여 알게 되었으며, 4. 풍·운·우·로風雲雨露의 혜택이 있으므로 만물이 장양長養되어 그 산물로써 우리가 살게 되었으며, 5. 천지는 생멸이 없으므로 만물이 그 도를 따라 무한한 수壽를 얻게 되었음이다.

나에게 없어서는 살 수 없는 둘째 은혜는 부모은이다. 사람의 죽고 나고 하는 것은 자연의 공도요 천지의 조화라 할 것이지마는, 무자력할 때에 생육生育하여 주신 큰 은혜와 사람으로 마땅히 밟아 가야 할 길의 큰 뜻을 가르쳐 주심이 부모에게 입은 은혜이다. 그 은혜 입은 조목을 살펴보면 1. 부모가 있으므로 만사 만리의 근본이 되는 이 몸을 얻게 되었으며, 2. 모든 사랑을 이에 다 하사 온갖 수고를 잊으시고 자력을 얻을 때까지 양육하고 보호하여 주셨으며, 3. 사람의 의무와 책임을 가르쳐 인류 사회로 지도하여 주었음이다.

나에게 없어서는 살 수 없는 셋째 은혜는 동포은이다. 이 세상은 사·농·공·상士農工商의 네 가지 생활 강령이 있고, 사람들은 그 강령 직업 하에서 활동하여, 각자의 소득으로 천만 물질을 서로 교환할 때에 오직 자리이타自利利他로써 서로 도움이 되고 은혜를 입었다. 그 은혜 입은 조목을 살펴보면 1. 사士는 배우고 연구하여 모든 학술과 정사로 우리를 지도 교육하여 주었고, 2. 농農은 심고 길러서 우리의 의식 원료를 제공하여 주었고, 3. 공工은 각종 물품을 제조하여 우리의 주처와 수용품을 공급하여 주었고, 4. 상商은 천만 물질을 교환하여 우리의 생활에 편리를 도와주었으며, 5. 금수 초목까지도 우리에게 도움이 되었음이다.

나에게 없어서는 살 수 없는 넷째 은혜는 법률은이다. 법률이라 하는 것은 인도 정의의 공정한 법칙을 이름인데, 인도 정의의 공정한 법칙은 개인에 비치면 개인이 도움을 얻을 것이요, 가정에 비치면 가정이 도움을 얻을 것이요, 사회에 비치면 사회가 도움을 얻을 것이요, 국가에 비치면 국가가 도움을 얻을 것이요, 세계에 비치면 세계가 도움을 얻을 것이다. 그 은혜 입은 조목을 살펴보면 1. 때를 따라 성자들이 출현하여 종교와 도덕으로써 우리에게 정로正路를 밟게 하여 주셨으며, 2. 사·농·공·상의 기관을 설치하고 지도 권면에 전력하여, 우리의 생활을 보전시키며, 지식을 함양하게 하였으며, 3. 시비이해를 구분하여 불의를 징계하고 정의를 세워 안녕질서를 유지하여 우리로 하여금 평안히 살게 하였음이다.

소태산 대종사는 우리 모두에게 사은의 은혜를 알게 하여 감사 생활을 하게 하면 그 원망 병이 나을 것이라 하였는데 은혜를 알고도 감사 생활을 하기는 쉽지 않다. 실생활에서 감사 생활을 하도록 하기 위하여 사은에 대하여 보은하도록 하였다. 그 조목을 살펴보면 공통으로 모두 은혜 입은 것을 알아서 그 은혜에 보은하는 것이다.

천지은에 대한 보은 조목은 "1. 천지의 지극히 밝은 도를 체받아서 천만 사리事理를 연구하여 걸림 없이 알 것이요, 2. 천지의 지극히 정성한 도를 체받아서 만사를 작용할 때에 간단없이 시종이 여일하게 그 목적을 달할 것이요, 3. 천지의 지극히 공정한 도를 체받아서 만사를 작용할 때에 원·근·친·소遠近親疎와 희·로·애·락喜怒哀樂에 끌리지 아니하고 오직 중도를 잡을 것이요, 4. 천지의 순리 자연한 도를 체받아서 만사를 작용할 때에 합리와 불합리를 분석하여 합리는 취하고 불합리는 버릴 것이요, 5. 천지의 광대 무량한 도를 체받아서 편착심偏着心을 없이 할 것이요, 6. 천지의 영원불멸한 도를 체받아서 만물의 변태와 인생의 생·노·병·사에 해탈解脫을 얻을 것이요, 7. 천지의 길흉 없는 도를 체받아서 길한 일을 당할 때 흉할 일을 발견하고, 흉한 일을 당할 때 길할 일을 발견하여, 길흉에 끌리지 아니할 것이요, 8. 천지의 응용 무념應用無念한 도를 체받아서 동정 간 무념의 도를 양성할 것이며, 정신·육신·물질로 은혜를 베푼 후 그 관념과 상相을 없이 할 것이며, 혹 저 피은자가 배은망덕을 하더라도 전에 은혜 베풀었다는 일로 인하여 더 미워하고 원수를 맺지 아니할 것"이라 하여 천지가 우리에게 베풀어 주는 여덟 가지 이치를 그대로 실천하도록 하여 우리가 천지에게 입은 은혜에 보은하도록 하였다.

부모은에 대한 보은 조목은 "1. 공부의 요도要道 삼학·팔조와 인생의 요도 사은·사요를 빠짐없이 밟을 것이요, 2. 부모가 무자력할 경우에는 힘 미치는 대로 심지心志의 안락과 육체의 봉양을 드릴 것이요, 3. 부모가 생존하시거나 열반涅槃하신 후나 힘 미치는 대로 무자력한 타인의 부모라도 내 부모와 같이 보호할 것이요, 4. 부모가 열반하신 후에는 역사와 영상을 봉안하여 길이 기념할 것"이라 하여 우리가 부모에게 입은 은혜에 보은하도록 하였다.

동포은에 대한 보은 조목은 "1. 사는 천만 학술로 교화할 때와 모든 정사를 할 때 항상 공정한 자리에서 자리이타로써 할 것이요, 2. 농은 의식 원료를 제공할 때에 항상 공정한 자리에서 자리이타로써 할 것이요, 3. 공은 주처와 수용품을 공급할 때에 항상 공정한 자리에서 자리이타로써 할 것이요, 4. 상은 천만 물질을 교환할 때에 항상 공정한 자리에서 자리이타로써 할 것이요, 5. 초목금수도 연고 없이는 꺾고 살생하지 말 것"이라 하여 우리가 동포에게 입은 은혜에 보은하도록 하였다.

법률은에 대한 보은 조목은 "1. 개인에 있어서는 수신修身하는 법률을 배워 행할 것이요, 2. 가정에 있어서는 가정 다스리는 법률을 배워 행할 것이요, 3. 사회에 있어서는 사회 다스리는 법률을 배워 행할 것이요, 4. 국가에 있어서는 국가 다스리는 법률을 배워 행할 것이요, 5. 세계에 있어서는 세계 다스리는 법률을 배워 행할 것"이라 하여 우리가 법률에서 입은 은혜에 보은하도록 하였다.

이렇게 사은별로 보은하는 방법이나 조목이 다름을 알 수 있지만 이를 한마디로 말하면 지은보은하자는 것이며 '원망 생활을 감사 생활로 돌리자'는 것이다. 그런데 원망할 일만 감사하는 것으로 돌리는 한정적이고 상대적인 것이 아니라 원망과 감사라는 분별 이전에 모든 일에 무조건 감사하는 즉, 절대 감사하는 것이 지고至高의 감사가 될 것이다. 우리 마음공부하는 공부인에게 모든 것이 은혜이다. 교리적으로 해석되고 이해되어야 하겠지만 마음공부하여 자성을 깨닫게 되면 세상이 모두 은혜 아님이 없다.

진리를 깨달은 이의 안목에서 세상은 생멸 없는 도와 인과보응 되는 이치 따라 운행되고 있으니 이 이치를 확실히 깨달아 알고 잊어버리지 아니하면 세상은 모두가 은혜이다. 이론이나 나의 이성으로 이해되지 않지만 지금 내게 일어나는 이 세상 모든 일은 내가 원해서 그렇게 되었고 내가 원하지 않은 일은 나에게 일어나지 않는다. 이생에 과거의 기억에는 없어서 지금 목전의 괴로움을 내가 원했다는 것을 이해할 수 없지만 내가 기억하지 못하는 과거의 시간 언젠가 내가 원했기 때문에 현재의 일이 일어나고 있다는 것이다. 그러므로 스승님께서는 '감수불보하라.' 하였고 '선업결연하라.' 하였다. 감수불보甘受不報하고 선업결연善業結緣하는 이 길이 감사 생활하는 최선의 길이 되는 것이다.

마음병 치료하는 제2 처방 '감사하라 그리고 보은 불공하라.'는 감수불보하고 선업결연하는 행동으로 나타난다. 그것이 무조건 감사, 절대 감사, 오직 감사, 감사할 뿐으로 점차 발전할 것이다. 정산 종사는 "감사 생활만 하는 이는 늘 사은의 도움을 받게 되고, 원망 생활만 하는 이는 늘 미물에게서도 해독을 받으리라."고 하였음을 잊지 않아야 하겠다.

14

보은 불공하라

마음병 치료하는 제2 처방은 인생의 요도인 사은사요라는 약재에 해당하는 것으로 '감사하라.'는 사은 교리에 바탕 해 있고 '보은 불공하라.'는 사요 교리에 바탕하고 있다. 보은 불공하라는 우리의 마음병인 의뢰 생활하는 병, 배울 줄 모르는 병, 가르칠 줄 모르는 병, 공익심 없는 병에 대한 처방이다. 소태산 대종사는 "지금 세상은 전에 없던 문명한 시대가 되었다 하나 우리는 한갓 그 밖으로 찬란하고 편리한 물질문명에만 도취할 것이 아니라, 마땅히 그에 따르는 결함과 장래의 영향이 어떠할 것을 잘 생각해 보아야 할 것이니, 지금 세상은 밖으로 문명의 도수가 한층 나아갈수록 안으로 병맥病脈의 근원이 깊어져서 이것을 이대로 놓아두다가는 장차 구하지 못할 위경에 빠지게 될지라, 세도世道에 관심을 가진 사람들이 깊은 근심을 금하지 못하게 하는 바이다." 하고 "지금 세상은 어떠한 병이 들었는가." 하고 걱정하면서 "지금 세상은 돈의 병, 원망의 병, 의뢰의 병, 배울 줄 모르는 병, 가르칠 줄 모르는 병, 공익심이 없는 병이 들었다." 하였다. 그리고 이 병들을 고치기로 하자면 "무엇보다 먼저 도학을 장려하여 분수에 편안하는 도와, 근본적으로 은혜를 발견하는 도와, 자력 생활하는 도와 배우는 도와, 가르치는 도와 공익 생활하는 도를 가르쳐서 사람 사람이 안으로 자기를 반성하여 각자의 병든 마음을 치료하게 하는 동시에, 선병자의先病者醫라는 말과 같이 밖으로 세상을 관찰하여 병든 세상을 치료하는 데에 함께 노력하여야 할 것이다. 지금 세상의 이 큰 병을 치료하는 큰 방문方文은 곧 우리 인생의 요도인 사은사요와 공부의 요도인 삼학팔조라. 이 법이 널리 세상에 보급된다면 세상은 자연 결함 없는 세계가 될 것이요, 사람들은 모두 불보살이 되어 다시없는 이상의 천국에서 남녀노소가 다 같이 낙원을 수용하게 되리라."고 하였다. 이제까지 마음병을 치료하는 제1 처방으로 '온전한 생각으로 취사하라.'는 삼학팔조 교리를 실천하라 처방하였고, 제2 처방으로 '감사하라 그리고 보은 불공하라.'는 사은사요 교리를 실천하라고 처방하였다. 자력 생활하는 것과 배우는 사람이 되는 것과 가르치는 사람이 되는 것과 공익 생활하는 것을 한마디로 하면 '보은 불공'하는 것이라 할 수 있다.

이 보은 불공은 먼저 자기 자신이 솔선수범하여야 할 것이다. 사회를 변화시키고 세상을 바꾸는 일이 다른 사람이 변해야 한다고 생각하지만 먼저 나 자신이 변하면 온 세상이 꽃 피고 단풍 드는 것처럼 바뀌게 될 것이다.

나와 세상의 의뢰병을 치료하는 법은 자력 생활하는 길로, 이 자력 생활을 하는 길은 결국 자력을 양성하자는 것이다. 자력이 없는 어린이가 되든지, 나이 많은 늙은이가 되든지, 어찌할 수 없는 병든 이가 되면 몰라도 그렇지 아니한 바에는 자력을 공부 삼아 양성하여 사람으로서 면할 수 없는 자기의 의무와 책임을 다하는 동시에, 힘 미치는 대로 자력 없는 사람에게 보호를 주자는 것이다. 자력이 있는 사람으로서 의뢰 생활을 하는 사람에게 권장할 조목은 1. 자력 있는 사람이 부당한 의뢰를 구할 때는 그 의뢰를 받아주지 아니할 것이요, 2. 부모로서 자녀에게 재산을 분급하여 줄 때는 장자나 차자나 여자를 막론하고 그 재산을 받아 유지 못 할 사람 외에는 다 같이 분급하여 줄 것이요, 3. 결혼 후 물질적 생활을 각자 자립적으로 할 것이며, 또는 서로 사랑에만 그칠 것이 아니라 각자의 의무와 책임을 주로 할 것이요, 4. 기타 모든 일을 경우와 법에 따라 치리하되 과거와 같이 남녀를 차별할 것이 아니라 일에 따라 대우하자는 것이다.

자력이 있거나 없거나 간에 자력을 양성할 조목은 1. 남녀를 물론하고 어리고 늙고 병들고 하여 어찌할 수 없으면 몰라도 그렇지 아니한 바에는 의뢰 생활을 하지 아니할 것이요, 2. 여자도 인류 사회에 활동할 만한 교육을 남자와 같이 받을 것이요, 3. 남녀가 다 같이 직업에 근실하여 생활에 자유를 얻을 것이며, 가정이나 국가에 대한 의무와 책임을 동등하게 이행할 것이요, 4. 차자도 부모의 생전 사후를 과거 장자의 예로써 받들 것이니 자력을 양성하여 정신 육신 물질 세 가지 방면으로 자력을 갖춰야 할 것이다.

나와 세상의 배울 줄 모르는 병을 치료하는 법은 배우는 길이다. 세상에는 아는 사람이 모르는 사람을 가르치는 것이 당연한 일로 우자愚者는 지자智者에게 배우는 것이 원칙적으로 당연한 일이다. 사회에는 수많은 불합리한 차별 제도가 있으나 어떠한 처지에 있든지 배울 것을 구할 때는 불합리한 차별 제도에 끌릴 것이 아니라 오직 지자를 본위로 하여 구하는 사람의 목적만 이루자는 것이다. 과거 불합리한 차별 제도의 조목을 보면 양반과 상놈의 반상班常의 차별과 적자와 서자의 적서嫡庶의 차별과 늙고 젊음의 노소老少의 차별과 남녀의 차별과 종족의 차별, 민족의 차별, 인종의 차별 등이 있었다. 그러나 민주 사회가 된 현대에는 근본적으로 차별 있게 할 것이 아니라, 솔성率性의 도와 인사의 덕행이 자기 이상이 되고 보면 스승으로 모시고, 모든 정사를 하는 것이 자기 이상이 되고 보면 스승으로 모시고 생활에 대한 지식이 자기 이상이 되고 보면 스승으로 모시고, 학문과 기술이 자기 이상이 되고 보면 스승으로 모시고, 기타 모든 상식이 자기 이상이 되고 보면 스승으로 모시고, 배우는 것을 구하는 때에 있어서 스승과 제자의 차별만을 인정하여 자기가 모르는 것을 배워야 할 것이다.

나와 세상의 가르칠 줄 모르는 병을 치료하는 법은 가르치는 길이다. 현 사회를 보면 자기 자녀는 갖은 수단 방법을 동원하여 가르치려 드나 남의 자녀는 헐벗고 굶주리고 배우지를 못하여도 관심이 없는 것처럼 보이는 일이 많다. 그동안 많은 불합리한 차별 제도 가운데 교육의 기관이 편소하거나 그 정신이 자타의 국한을 벗어나지 못하여 세상의 발전이 지체되기도 하였다. 이제는 교육의 기관을 확장하고 자타의 국한을 벗어나, 모든 후진을 두루 교육함으로써 세상의 문명을 촉진시키고 일체 동포가 다 같이 낙원 생활을 하도록 하여야 할 것이다. 과거 교육의 결함 조목을 보면 정부나 사회에서 교육에 대한 적극적 성의와 권장이 없었으며, 교육의 제도가 여자와 하천한 사람은 교육받을 생의生意도 못하게 되었으며, 개인에 있어서도 교육을 받은 사람으로서 그 혜택을 널리 나타내는 사람이 적었으며, 언론과 통신 기관이 불편한 데 따라 교육에 대한 의견 교환이 적었으며, 교육의 정신이 자타의 국한을 벗어나지 못한 데 따라, 부유한 사람이 혹 자손이 없을 때는 없는 자손만 구하다가 이루지 못하면 가르치지 못하였고, 가난한 사람이 혹 자손 교육에 성의는 있으나 물질적 능력이 없어서 가르치지 못하였다. 이러한 때 타자녀 교육의 조목을 살펴보면 교육의 결함 조목이 없어지는 기회를 만난 우리는, 자녀가 있거나 없거나 타자녀라도 내 자녀와 같이 교육하기 위하여, 모든 교육 기관에 힘 미치는 대로 조력도 하며, 또는 사정이 허락되는 대로 몇 사람이든지 자기가 낳은 셈 치고 교육할 것이며, 국가나 사회에서도 교육 기관을 널리 설치하여 적극적으로 교육을 실시할 것이며, 교단敎團에서나 사회·국가·세계에서 타자녀 교육의 조목을 실행하는 사람에게는 각각 그 공적을 따라 표창도 하고 대우도 하여 줄 것이다.

나와 세상의 공익심 없는 병을 치료하는 법은 공익 생활을 하는 길이니 나라와 민족과 국가를 위하여 헌신 희생한 사람들을 정부 기관에서 우대하는 것을 보면 그러한 사람을 대우해 드려야 앞으로 민족과 나라와 국가를 위하려는 국민이 많이 나올 것이다. 이를 공익을 위하여 생활한 공도자라 하여 그들을 받들고 대우해 드려야 할 것이다. 세계에서 공도자 숭배를 극진히 하면 세계를 위하는 공도자가 많이 날 것이요, 국가에서 공도자 숭배를 극진히 하면 국가를 위하는 공도자가 많이 날 것이요, 사회나 종교계에서 공도자 숭배를 극진히 하면 사회나 종교를 위하는 공도자가 많이 날 것이니, 우리는 세계나 국가나 사회나 교단을 위하여 여러 방면으로 공헌한 사람들을 그 공적에 따라 자녀가 부모에게 하는 도리로써 숭배하자는 것이며, 우리 각자도 그 공도 정신을 체받아서 공도를 위하여 활동하자는 것이다. 과거 사회의 공도 사업의 결함 조목을 보면 생활의 강령이요 공익의 기초인 사·농·공·상의 전문 교육이 적었음이요, 사·농·공·상의 시설 기관이 적었음이요, 종교의 교리와 제도가 대중적으로 되지 못하였음이요, 정부나 사회에서 공도자의 표창이 적었음이요, 모든 교육이 자력을 얻지 못하고 타력을 벗어나지 못하였음이요, 타인을 해하여서까지 자기를 유익하게 하려는 마음과 또는 원·근·친·소에 끌리는 마음이 심하였음이요, 견문과 상식이 적었음이요, 가정에 헌신하여 가정적으로 숭배함을 받는 것과 공도에 헌신하여 공중적으로 숭배함을 받는 것이 무엇인지 아는 사람이 적었기 때문이다. 사회와 국가 세계를 위하여 헌신 희생한 사람들을 받들고 대우하는 조목을 살펴보면, 공도 사업의 결함 조목이 없어지는 기회를 만난 우리는 가정 사업과 공도 사업을 구분하여, 같은 사업이면 자타의 국한을 벗어나 공도 사업을 할 것이요, 대중을 위하여 공도에 헌신한 사람은 그 노력한 공적에 따라 노쇠하면 봉양하고, 열반 후에는 상주가 되어 상장喪葬을 부담하며, 영상과 역사를 보관하여 길이 기념할 것이다.

이제까지 나와 세상의 마음병으로 의뢰의 병과 배울 줄 모르는 병과 가르칠 줄 모르는 병 그리고 공익심 없는 병 네 가지를 치료하기 위하여 자력 생활하는 길과 배우는 길과 가르치는 길과 공익 생활하는 길에 대하여 말하였다. 이는 혼자서는 살 수 없기에 함께 살아가는 내가 사회로부터 입은 은혜에 대한 보은이며 다른 사람들을 위한 선행이라 할 수 있을 텐데 다른 사람들을 위한 일이라면 이 선행을 불공이라 할 수 있을 것이다.

정산 종사는 "내 절 부처를 내가 잘 위하여야 남이 위한다는 말이 있는데, 자신에게 갊아 있는 부처를 발견하여 정성 들여 불공하라. 불공에는 자기 불공과 상대 불공이 있는바, 이 두 가지가 쌍전하여야 하지마는 주종을 말하자면 자기 불공이 근본이 되나니, 각자의 마음공부를 먼저 하는 것은 곧 불공하는 공식을 배우는 것이라."라고 하였다. 우리는 마음공부하는 공부인으로 자기 불공과 상대 불공을 아울러 해야 할 것이니 자력 생활과 잘 배우는 자신 불공과 남을 가르치고 공익에 앞장서는 상대 불공을 아울러 하여야 할 것이다. 나와 세상의 마음병을 치료하기 위하여 사회로부터 내가 입은 은혜에 대한 보은과 세상을 위하여 다른 이들에게 불공을 아울러 한다면 분명 세상은 살기 좋은 낙원이 될 것이다.

대산 종사는 "자력양성, 지자본위, 타자녀 교육, 공도자 숭배라는 사요四要가 실현될 때 이 세상은 인권 평등, 지식 평등, 교육 평등, 생활 평등이 되어 원만 평등한 세상이 될 것이다."라고 하였고 "인권을 평등하게 하려면 지식을 평등하게 해야 하고, 지식을 평등하게 하려면 교육을 평등하게 해야 하고, 교육을 평등하게 하려면 생활을 평등하게 해야 하며 또한 생활 평등이 되려면 교육 평등이 되어야 하고, 교육 평등이 되려면 지식 평등이 되어야 하고, 지식 평등이 되려면 인권 평등이 되어야 한다."라고 하였다.

15

낙원으로의 초대

원불교의 마음공부는 협의의 개념과 광의의 개념으로 나누어 살펴볼 수 있다. 협의의 마음공부는 삼학을 병진하는 동정일여의 무시선 공부로 한정한다면 광의의 마음공부는 원불교의 모든 가르침을 배워 실천하는 것으로 원불교의 경전에 담겨 있는 교의敎義와 역사와 제도를 모두 포함할 것이다. 그러나 지금은 원불교 경전 중 『정전』의 교의에 제한하고 『정전』의 총서편, 교의편, 수행편을 학습하도록 할 것이다. 원불교에서 '낙원으로의 초대'라는 단어가 생소할 수도 있지만 이는 '개교의 동기'에 있는 "광대 무량한 낙원으로 인도하려 함"에서 인용하였다.

원불교에 처음 입문한 교도들이 대부분 하는 말이 '원불교가 어렵다'고 한다. 왜 원불교가 어려울까. 어렵다는 것은 쉽게 이해가 되지 않는다는 것이 그 첫째는 의미이고, 둘째는 보이지 않는 마음을 이야기하기 때문에 어렵고, 셋째는 그냥 믿으라고 하면 쉬울 텐데 수행하고 실천하여 개인의 인격이 변화하라고 요구하기 때문이며, 넷째는 기본 경전인 『정전』 교의편의 첫 부분인 '일원상'장이 진리에 관한 설명으로 생소한 단어가 많아 어렵기 때문이라 필자 나름대로 생각해 왔다. 여기에서 넷째 어려운 『정전』을 쉽게 이해하려는 방법으로 교단은 주석을 달은 『정전』 주석서를 발간하기도 하였다. 필자는 무모하게도 개인적으로 『정전』의 순서를 바꾸어 공부하였다. 그 의도는 『정전』을 처음 읽는 사람이 『정전』을 단계적으로 쉽게 읽어 갈 수 있게 하자는 것으로 1과정에서 5과정을 두고 스토리텔링하듯이 편집한 것이다.

차례를 살펴보면 제1과정 '낙원으로의 초대', 2과정 '공부인의 아름다운 모습', 3과정 '나를 변화시키기', 4과정 '낙원 가는 길', 5과정 '저절로 될 때까지'로 종교적 편성이라기보다는 부담 없이 읽을 수 있도록 이야기처럼 꾸미려고 하였다. 제목도 '정신개벽의 노래'라 정하고 문장도 서술하는 산문 방식에서 노래하는 운문 방식으로 바꿨으나 원문은 토씨 하나 바꾸지 않았고 새로운 것을 넣거나 한 부분도 빼지 않은 채 재편집하였다. 지금부터 제1과정인 '낙원으로의 초대'에 대하여 시작하려 한다.

소태산 대종사는 원불교 이전 '불법연구회' 당시 1943년 열반에 들기 전에 『불교정전』이라는 경전을 편찬하여 발행하였으나 출판은 보지 못하였다. 모든 부분을 직접 저술한 것은 아니나 제자들에게 기술하도록 하고 일일이 친히 감수하였으며 저술하신 부분 중 '일원상 서원문'이라는 짧은 경문을 친제하였다. 우리나라가 1945년 일제 강점기에서 광복한 후 1948년에 교명을 '원불교'로 바꿨다. 이후 1967년에 이 『불교정전』을 『원불교 교전』으로 재편집하여 발행하면서 『불교정전』을 『정전』이라고 개칭하고 앞부분에 배치하였으며 새로 정리한 소태산 대종사의 언행록인 『대종경』과 합본하여 출판하였다. 『불교정전』이 『원불교 교전』 가운데 앞부분인 『정전』이 되면서 목차가 바뀌기도 하고 일부는 원문이 수정되기도 하였다. 여기에서는 『정전』을 통하여 원불교 교의教義를 공부하려고 하는데 현재 『원불교 교전』에 수록되어 있는 목차대로 하지 아니하고 앞서 언급한 바와 같이 차례를 바꿔 필자가 5과정으로 편집하였다. 본문의 내용은 한 글자도 첨삭하지 아니하고 순서만 바꿔 다섯 단락으로 묶었으며 그 가운데 첫 과정의 소제목이 '낙원으로의 초대'이다. 이는 소태산 대종사가 '개교의 동기'에 "파란 고해의 일체생령을 광대 무량한 낙원으로 인도하려 함이 그 동기"라고 한 데에서 착안하였다.

'정신개벽의 노래' 제1과정 '낙원으로의 초대'에 '새 세상의 산 종교'라는 부제를 붙였다. 우리가 사는 지구가 인간이 이제까지 발견한 우주 가운데 가장 살기 좋은 별이므로 이 지구가 낙원이라고 생각하고 있다. 또 세상에 많은 종교 가운데 죽은 종교가 아닌 산 종교인 원불교로 초대한다는 뜻이며 광대 무량한 낙원으로 초대한다는 의미이기도 하다. 1과정에서는 『정산종사법어』 권도편 37장과 『정전』의 개교의 동기, 고락에 대한 법문, 영육쌍전법, 최초법어, 병든 사회와 그 치료법을 소개할 것이다.

정산 종사는 "역사는 세상의 거울이라 하였나니, 이것은 어느 시대를 막론하고 모든 일의 흥망성쇠가 다 이 역사에 나타나는 까닭이다. 그러나 역사를 보는 이가 다만 문자에 의지하여 지명이나 인명이나 연대만 보고 잘 기억하는 것으로 능히 역사의 진면을 다 알았다고 할 수 없으니, 반드시 그때의 대세와 그 주인공의 심경과 그 법도 조직과 그 경로를 잘 해득하여야만 능히 역사의 진면을 볼 수 있고 내외를 다 비치는 거울이 될 것이다. 그런즉, 본교는 과연 어떠한 사명을 가졌으며 시대는 과연 어떠한 시대이며 대종사는 과연 어떠한 성인이시며 법은 과연 어떠한 법이며 실행 경로는 과연 어떻게 되었으며 미래에는 과연 어떻게 결실될 것인가를 잘 연구하여야 할 것이다."라고 하였다. 이를 우리가 원불교 교의를 이해하는 데 중요한 지침으로 삼아야 할 것이다.

낙원으로 초대하는 첫째 가르침은 '개교의 동기'로 사물을 파악하는 여섯 가지 기본 질문사항 가운데 '원불교가 왜 시작되었는가?' 하는 '왜'라고 하는 부문에 대한 답이라고 생각한다. 그 내용은 다음과 같다.

현하 과학의 문명이 발달됨에 따라 물질을 사용하여야 할 사람의 정신은 점점 쇠약하고, 사람이 사용하여야 할 물질의 세력은 날로 융성하여, 쇠약한 그 정신을 항복 받아 물질의 지배를 받게 하므로, 모든 사람이 도리어 저 물질의 노예 생활을 면하지 못하게 되었으니, 그 생활에 어찌 파란 고해波瀾苦海가 없으리요. 그러므로 진리적 종교의 신앙과 사실적 도덕의 훈련으로써 정신의 세력을 확장하고, 물질의 세력을 항복 받아, 파란 고해의 일체생령을 광대 무량한 낙원樂園으로 인도하려 함이 그 동기니라.

낙원으로 초대하는 둘째 가르침은 '고락에 대한 법문'으로 종교의 핵심 문제인 괴로움에서 벗어나는 길을 제시하고 있는데 그 내용은 다음과 같다.

1. 고락苦樂의 설명

대범, 사람이 세상에 나면 싫어하는 것과 좋아하는 것 두 가지가 있으니, 하나는 괴로운 고요 둘은 즐거운 낙이라, 고에도 우연한 고가 있고 사람이 지어서 받는 고가 있으며, 낙에도 우연한 낙이 있고 사람이 지어서 받는 낙이 있는바, 고는 사람사람이 다 싫어하고 낙은 사람사람이 다 좋아 하나니라. 그러나 고락의 원인을 생각하여 보는 사람은 적은지라, 이 고가 영원한 고가 될는지 고가 변하여 낙이 될는지 낙이라도 영원한 낙이 될는지 낙이 변하여 고가 될는지 생각 없이 살지마는 우리는 정당한 고락과 부정당한 고락을 자상히 알아서 정당한 고락으로 무궁한 세월을 한결같이 지내며, 부정당한 고락은 영원히 오지 아니하도록 행·주·좌·와·어·묵·동·정 간에 응용하는 데 온전한 생각으로 취사하기를 주의할 것이니라.

2. 낙을 버리고 고로 들어가는 원인

1. 고락의 근원을 알지 못함이요,
2. 가령 안다고 할지라도 실행이 없는 연고요,
3. 보는 대로 듣는 대로 생각나는 대로 자행자지로 육신과 정신을 아무 예산 없이 양성하여 철석 같이 굳은 연고요,
4. 육신과 정신을 법으로 질 박아서 나쁜 습관을 제거하고 정당한 법으로 단련하여 기

질 변화가 분명히 되기까지 공부를 완전히 아니한 연고요,

5. 응용하는 가운데 수고 없이 속히 하고자 함이니라.

낙원으로 초대하는 셋째 가르침은 '병든 사회와 그 치료법'으로 소태산 대종사의 세상에 대한 진단과 그 처방으로 내용은 다음과 같다.

> 사람도 병이 들어 낫지 못하면 불구자가 되든지 혹은 폐인이 되든지 혹은 죽기까지도 하는 것과 같이, 한 사회도 병이 들었으나 그 지도자가 병든 줄을 알지 못한다든지 설사 안다 할지라도 치료의 성의가 없다든지 하여 그 시일이 오래되고 보면 그 사회는 불완전한 사회가 될 것이며, 혹은 부패한 사회가 될 수도 있으며, 혹은 파멸의 사회가 될 수도 있나니, 한 사회가 병들어가는 증거를 대강 들어 말하자면 각자가 서로 자기 잘못은 알지 못하고 다른 사람의 잘못하는 것만 많이 드러내는 것이며, 또는 부정당한 의뢰생활을 하는 것이며, 또는 지도받을 자리에서 정당한 지도를 잘 받지 아니하는 것이며, 또는 지도할 자리에서 정당한 지도로써 교화할 줄을 모르는 것이며, 또는 착한 사람은 찬성하고 악한 사람은 불쌍히 여기며, 이로운 것은 저 사람에게 주고 해로운 것은 내가 가지며, 편안한 것은 저 사람을 주고 괴로운 것은 내가 가지는 등의 공익심이 없는 연고이니, 이 병을 치료하기로 하면 자기의 잘못을 항상 조사할 것이며, 부정당한 의뢰생활을 하지 말 것이며, 지도받을 자리에서 정당한 지도를 잘 받을 것이며, 지도할 자리에서 정당한 지도로써 교화를 잘 할 것이며, 자리自利주의를 버리고 이타利他주의로 나아가면 그 치료가 잘 될 것이며 따라서 그 병이 완쾌되는 동시에 건전하고 평화한 사회가 될 것이니라.

낙원으로 초대하는 넷째 가르침은 '최초법어'로 소태산 대종사 깨달음을 얻은 후 제자들에게 설명한 맨 처음 법문으로 그 내용은 다음과 같다.

1. 수신修身의 요법

1. 시대를 따라 학업에 종사하여 모든 학문을 준비할 것이요,

2. 정신을 수양하여 분수 지키는 데 안정을 얻을 것이며, 희·로·애·락의 경우를 당하여도 정의를 잃지 아니할 것이요,
3. 일과 이치를 연구하여 허위와 사실을 분석하며 시비와 이해를 바르게 판단할 것이요,
4. 응용할 때에 취사하는 주의심을 놓지 아니하고 지행知行을 같이 할 것이니라.

2. 제가齊家의 요법

1. 실업과 의·식·주를 완전히 하고 매일 수입 지출을 대조하여 근검저축하기를 주장할 것이요,
2. 호주는 견문과 학업을 잊어버리지 아니하며, 자녀의 교육을 잊어버리지 아니하며, 상봉하솔의 책임을 잊어버리지 아니할 것이요,
3. 가권家眷이 서로 화목하며, 의견 교환하기를 주장할 것이요,
4. 내면으로 심리 밝혀 주는 도덕의 사우師友가 있으며, 외면으로 규칙 밝혀주는 정치에 복종하여야 할 것이요,
5. 과거와 현재의 모든 가정이 어떠한 희망과 어떠한 방법으로 안락한 가정이 되었으며, 실패한 가정이 되었는가 참조하기를 주의할 것이니라.

3. 강자·약자의 진화進化상 요법

1. 강·약의 대지大旨를 들어 말하면 무슨 일을 물론하고 이기는 것은 강이요, 지는 것은 약이라, 강자는 약자로 인하여 강의 목적을 달하고 약자는 강자로 인하여 강을 얻는 고로 서로 의지하고 서로 바탕하여 친불친이 있나니라.
2. 강자는 약자에게 강을 베풀 때에 자리이타 법을 써서 약자를 강자로 진화시키는 것이 영원한 강자가 되는 길이요, 약자는 강자를 선도자로 삼고 어떠한 천신만고가 있다 하여도 약자의 자리에서 강자의 자리에 이르기까지 진보하여 가는 것이 다시없는 강자가 되는 길이니라. 강자가 강자 노릇을 할 때에 어찌하면 이 강이 영원한 강이 되고 어찌하면 이 강이 변하여 약이 되는 것인지 생각 없이 다만 자리 타해에만 그치고 보면 아무리 강자라도 약자가 되고 마는 것이요, 약자는 강자되기 전에 어찌하면 약자가 변하여 강자가 되고 어찌하면 강자가 변하여 약자가 되는 것인지 생각

없이 다만 강자를 대항하기로만 하고 약자가 강자로 진화되는 이치를 찾지 못한다면 또한 영원한 약자가 되고 말 것이니라.

4. 지도인으로서 준비할 요법

1. 지도받는 사람 이상의 지식을 가질 것이요,
2. 지도받는 사람에게 신용을 잃지 말 것이요,
3. 지도받는 사람에게 사리私利를 취하지 말 것이요,
4. 일을 당할 때마다 지행을 대조할 것이니라.

낙원으로 초대하는 다섯째 가르침은 '영육쌍전법'으로 인류의 생활은 정신과 육신을 아울러 함께해야 함과 아울러 함께하는 방법을 밝히고 있는데 그 내용은 다음과 같다.

과거에는 세간 생활을 하고 보면 수도인이 아니라 하므로 수도인 가운데 직업 없이 놀고먹는 폐풍이 치성하여 개인·가정·사회·국가에 해독이 많이 미쳐 왔으나, 이제부터는 묵은 세상을 새 세상으로 건설하게 되므로 새 세상의 종교는 수도와 생활이 둘이 아닌 산 종교라야 할 것이니라. 그러므로 우리는 제불 조사 정전正傳의 심인인 법신불 일원상의 진리와 수양·연구·취사의 삼학으로써 의·식·주를 얻고 의·식·주와 삼학으로써 그 진리를 얻어서 영육을 쌍전하여 개인·가정·사회·국가에 도움이 되게 하자는 것이니라.

이제까지 일람한 다섯 가지 내용을 보면 제1과정인 '낙원으로의 초대'에는 '영육쌍전법'을 제외하고는 전문적인 원불교 교리 용어가 사용되지 않고 있음을 볼 수 있어서 이해하는 데 특별한 어려움은 없으리라 생각한다. 여기에는 처음 만나는 인연을 초대하여 모든 사람이 다 괴로움을 면하고 즐겁게 살아가는 길에 들어섰음을 설명하고 그 방법을 구체적으로 밝히고 있다고 볼 수 있어서 천천히 일독하면 어렵지 않을 것이다.

16

공부인의 아름다운 모습 1

'정신개벽의 노래' 제2과정 '공부인의 아름다운 모습'은 분량이 많아 1과 2로 나누었다. 마음공부하는 우리 공부인은 언제 아름다울까 생각해 보면 필자는 그 아름다운 모습을 『정전』 가운데에서 찾을 수 있었다. 공부인이 아름다울 때는 종교적일 때 또는 종교인다울 때라 할 수 있다. 가장 종교인다운 모습은 참회하고 기도하고 불공하는 모습이라 생각하고 이는 『정전』 수행편의 8장, 9장, 10장에 있는 '참회문'과 '심고와 기도' 그리고 '불공하는 법'이 여기에 해당한다는 생각으로 정리하였다.

종교인이라면 참회하고 기도하고 불공하는 모습이 가장 기본이 되는 일상日常일 것이다. 이러한 모습은 신앙과 수행 가운데 신앙에 더 가깝다. 물론 수행도 함께 내포하고 있으나 수행 과목인 정기 훈련 11과목에 포함하지 아니 하였다. 정기 훈련 11과목 중 한 과목 한 과목은 모두 삼학 공부의 수행 과목 가운데 하나에 해당한다. 그러므로 신앙면과 수행면의 성격을 아울러 함께하는 참회와 기도와 불공은 정기 훈련 과목에 한정시키지 않았을 것이다.

『정전』 수행편의 순서에도 전반부에 1장부터 7장까지 마음공부 방법에 대하여 설명한 후 8장에 '참회문'이 나와 있는데 종교가 없는 보통 사람이 종교의 문에 들어서거나 마음공부하는 공부인이 마음공부를 시작할 때 맨 처음 시작해야 할 일은 참회하는 일이라고 생각하기 때문이다. 참회는 현재의 삶을 멈추고 나 자신을 돌아보는 행위이고 지난 세월을 정리하고 청결하게 하는 행위이며 미래의 나를 다시 설계하고 다짐하는 실천이다. 『정전』 '참회문'은 참회의 개념과 참회의 방법 그리고 마음의 자유를 얻는 참회의 목표와 근래에 자칭 도인 행세를 하는 사람을 경계하는 내용으로 구성되어 있다.

'공부인의 아름다운 모습' 첫째는 참회懺悔하는 모습이다. '참회문懺悔文'의 내용은 다음과 같다.

음양 상승陰陽相勝의 도를 따라 선행자는 후일에 상생相生의 과보를 받고 악행자는 후일에 상극相克의 과보를 받는 것이 호리도 틀림이 없으되, 영원히 참회 개과하는 사람은 능히 상생상극의 업력을 벗어나서 죄복을 자유로 할 수 있나니, 그러므로 제불 조사가 이구동음으로 참회문을 열어 놓으셨나니라.

대범, 참회라 하는 것은 옛 생활을 버리고 새 생활을 개척하는 초보이며, 악도를 놓고 선도에 들어오는 초문이라, 사람이 과거의 잘못을 참회하여 날로 선도를 행한즉 구업舊業은 점점 사라지고 신업은 다시 짓지 아니하여 선도는 날로 가까워지고 악도는 스스로 멀어지느니라. 그러므로 경에 이르시되 '전심 작악前心作惡은 구름이 해를 가린 것과 같고 후심 기선後心起善은 밝은 불이 어둠을 파함과 같으니라.' 하시었나니, 죄는 본래 마음으로부터 일어난 것이라 마음이 멸함을 따라 반드시 없어질 것이며, 업은 본래 무명無明인지라 자성의 혜광을 따라 반드시 없어지나니, 죄고에 신음하는 사람들이여! 어찌 이 문에 들지 아니하리요.

그러나 죄업의 근본은 탐·진·치貪嗔痴라 아무리 참회를 한다고 할지라도 후일에 또다시 악을 범하고 보면 죄도 또한 멸할 날이 없으며, 또는 악도에 떨어질 중죄를 지은 사람이 일시적 참회로써 약간의 복을 짓는다고 할지라도 원래의 탐·진·치를 그대로 두고 보면 복은 복대로 받고 죄는 죄대로 남아 있게 되나니, 비하건대 큰 솥 가운데 끓는 물을 냉冷하게 만들고자 하는 사람이 위에다가 약간의 냉수만 갖다 붓고, 밑에서 타는 불을 그대로 둔즉 불의 힘은 강하고 냉수의 힘은 약하여 어느 때든지 그 물이 냉해지지 아니함과 같나니라.

세상에 전과前過를 뉘우치는 사람은 많으나 후과를 범하지 않는 사람은 적으며, 일시적 참회심으로써 한두 가지의 복을 짓는 사람은 있으나 심중의 탐·진·치는 그대로 두나니 어찌 죄업이 청정하기를 바라리요.

참회의 방법은 두 가지가 있으니, 하나는 사참事懺이요 하나는 이참理懺이라, 사참이라 함은 성심으로 삼보三寶 전에 죄과를 뉘우치며 날로 모든 선을 행함을 이름이요, 이참이라 함은 원래에 죄성罪性이 공한 자리를 깨쳐 안으로 모든 번뇌 망상을 제거해 감을 이름이니 사람이 영원히 죄악을 벗어나고자 할진대 마땅히 이를 쌍수하여 밖으로 모든 선업을 계속 수행하는 동시에 안으로 자신의 탐·진·치를 제거할지니라. 이같이 한즉, 저 솥 가운데 끓는 물을 냉하게 만들고자 하는 사람이 위에다가 냉수도 많이 붓고 밑에서 타는 불도 꺼버림과 같아서 아무리 백천 겁에 쌓이고 쌓인 죄업일지라도 곧 청정해 지나니라.

또는 공부인이 성심으로 참회 수도하여 적적 성성한 자성불을 깨쳐 마음의 자유를 얻고 보면, 천업天業을 임의로 하고 생사를 자유로 하여 취할 것도 없고 버릴 것도 없고 미워할 것도 없고 사랑할 것도 없어서, 삼계 육도三界六途가 평등 일미요, 동정 역순이 무비 삼매無非三昧라, 이러한 사람은 천만 죄고가 더운물에 얼음 녹듯 하여 고도 고가 아니요, 죄도 죄가 아니며, 항상 자성의 혜광이 발하여 진대지가 이 도량이요, 진대지가 이 정토라 내외 중간에 털끝만한 죄상罪相도 찾아볼 수 없나니, 이것이 이른바 불조의 참회요, 대승의 참회라 이 지경에 이르러야 가히 죄업을 마쳤다 하리라.

근래에 자칭 도인의 무리가 왕왕이 출현하여 계율과 인과를 중히 알지 아니하고 날로 자행자지를 행하면서 스스로 이르기를 무애행無碍行이라 하여 불문佛門을 더럽히는 일이 없지 아니하나니, 이것은 자성의 분별 없는 줄만 알고 분별 있는 줄은 모르는 연고라, 어찌 유무 초월의 참 도를 알았다 하리요.

또는, 견성만으로써 공부를 다 한 줄로 알고, 견성 후에는 참회도 소용이 없고 수행도 소용이 없다고 생각하는 사람이 많으나, 비록 견성은 하였다 할지라도 천만 번뇌와 모든 착심이 동시에 소멸하는 것이 아니요 또는 삼대력三大力을 얻어 성불을 하였다 할지라도 정업定業은 능히 면하지 못하는 것이니, 마땅히 이 점에 주의하여 사견邪見에 빠지지 말며 불조의 말씀을 오해하여 죄업을 경하게 알지 말지니라.

소태산 대종사는 "선을 행하고도 남이 몰라주는 것을 원망하면 선 가운데 악의 움이 자라나고, 악을 범하고도 참회를 하면 악 가운데 선의 움이 자라나나니, 그러므로 한때의 선으로 자만자족하여 향상을 막지도 말며, 한때의 악으로 자포자기하여 타락하지도 말 것이니라."고 하였다.

정산 종사는 사참事懺의 방법에는 "첫째는 대원을 발하여 작은 욕심을 끊는 것이요, 둘째는 사실을 대조하여 선악의 이해를 판단해 보는 것이요, 셋째는 진정한 마음으로 항상 법신불전에 참회의 기도를 올리는 것이요, 넷째는 일일신 우일신日日新 又日新으로 매양 악업을 고치기에 노력하는 것이니라."고 하였다. 이참理懺의 방법에는 "첫째는 일체를 다 자기 마음이 짓는 것임을 요달하는 것이요, 둘째는 인과가 우주의 원리인 것을 요달하는 것이요, 셋째는 자성의 원래가 죄업이 돈공한 것을 요달하는 것이요, 넷째는 자성의 공한 것을 관하여 동정 간에 삼매의 힘을 얻는 것이니라."고 하였다.

대산 종사는 "사참의 방법에는 첫째 삼세에 신·구·의身口意 삼업으로 알고도 짓고 모르고도 지은 일체 죄업을 진심으로 참회하고 그 과보의 두려움을 절실히 깨닫는 길이 있고, 둘째 마음을 챙기고 스스로 경계하여 신·구·의 삼업으로 짓는 모든 악을 처음부터 짓지 않도록 계문을 잘 지키는 길이 있나니, 항상 도력으로써 업력을 대치하되 정업定業은 면하기 어려우니 오면 달게 받고 고쳐나가야 한다."라고 하였으며 또 "이참의 방법에는 걸림 없는 선정에 드는 길이 있고 염불 삼매에 드는 길이 있고 송주 삼매에 드는 길이 있나니, 청정한 지혜는 다 선정으로부터 나오는 것인바 밝은 지혜가 솟아올라야 일체 음기가 녹고 사기가 제거되어서 업장이 물러나게 되느니라."고 하였다.

'공부인의 아름다운 모습' 둘째는 기도祈禱하는 모습이다. 기도는 나와 진리 즉 절대자를 하나로 연결하는 행위이다. 우리가 절망하고 있을 때 기도할 수 있는데 하고 안타까워하는 것을 볼 수 있다. 너무 힘들 때는 지푸라기 하나라도 잡고 싶은 심정임을 부정할 수는 없으나 기도는 나를 위하는 기도와 남을 위하여 올리는 기도로 크게 나누어 볼 수 있을 텐데 공부인의 기도라면 타인을 위하는 기도가 먼저 이루어져야 할 터이고 물질적인 성공보다는 정신적인 성취를 위한 기도가 먼저 이루어져야 할 것이며 편협한 기도보다는 원만한 기도가, 미신적 기도보다는 사실적 기도를 하는 것이 더 바람직할 것이다.

『정전』 '심고와 기도心告-祈禱'장에 보면 "사람이 출세하여 세상을 살아가기로 하면 자력自力과 타력이 같이 필요하나니 자력은 타력의 근본이 되고 타력은 자력의 근본이 되나니라. 그러므로 자신할 만한 타력을 얻은 사람은 나무뿌리가 땅을 만남과 같은지라, 우리는 자신할 만한 법신불法身佛 사은의 은혜와 위력을 알았으니, 이 원만한 사은으로써 신앙의 근원을 삼고 즐거운 일을 당할 때는 감사를 올리며, 괴로운 일을 당할 때는 사죄를 올리고, 결정하기 어려운 일을 당할 때는 결정될 심고와 혹은 설명 기도를 올리며, 난경을 당할 때는 순경될 심고와 혹은 설명 기도를 올리고, 순경을 당할 때는 간사하고 망녕된 곳으로 가지 않도록 심고와 혹은 설명 기도를 하자는 것이니, 이 심고와 기도의 뜻을 잘 알아서 정성으로써 계속하면 지성이면 감천으로 자연히 사은의 위력을 얻어 원하는 바를 이룰 것이며 낙 있는 생활을 하게 될 것이니라. 그러나 심고와 기도하는 서원에 위반이 되고 보면 도리어 사은의 위력으로써 죄벌이 있나니, 여기에 명심하여 거짓된 심고와 기도를 아니 하는 것이 그 본의를 아는 사람이라고 할 것이니라.

심고와 기도를 올릴 때에는 "천지 하감지위下鑑之位, 부모 하감지위, 동포 응감지위應鑑之位, 법률 응감지위, 피은자 아무는 법신불 사은 전에 고백하옵나이다."하고 앞에 말한 범위 안에서 각자의 소회를 따라 심고와 기도를 하되 상대처가 있는 경우에는 묵상 심고와 실지 기도와 설명 기도를 다 할 수 있고, 상대처가 없는 경우에는 묵상 심고와 설명 기도만 하는 것이니, 묵상 심고는 자기 심중으로만 하는 것이요, 실지 기도는 상대처를 따라 직접 당처에 하는 것이요, 설명 기도는 여러 사람이 잘 듣고 감동이 되어 각성이 생기도록 하는 것이니라."고 하였다.

소태산 대종사는 법인기도를 인도하여 특별기도를 올리기도 하였으나 복을 비는 기복적인 기도보다는 일상생활하는 가운데 올리는 일상의 감사 기도와 사죄의 기도를 올리도록 지도하였다. 또 아침저녁에 정기적으로 올리는 조석 심고를 하도록 하여 일상기도를 통하여 기도의 정성을 쉬지 않도록 하였다. 정산 종사는 "어떠한 소원을 위하여 축원하는 기도를 드리는 것도 좋으나, 자기의 수행을 위하여 서원하는 기도를 정성스럽게 드리면 부지중 전날의 습관이 녹고 공부가 점차 향상되어 만사를 뜻대로 성공할 수 있느니라."고 하였다.

'공부인의 아름다운 모습' 셋째는 불공佛供하는 모습이다. 일반적으로 불공佛供이라 하면 부처님께 공양을 올리는 것으로 알고 있으나 원불교에서는 부처님을 사찰이나 절에 모셔 놓은 만들어진 부처님만을 부처님이라 하지 않고 처처불상處處佛像이라 하여 곳곳이 부처님이요 당하는 경계마다 부처님이라는 너른 개념으로 사용하고 있으며 여기에 따라 불공하는 법도 달라져야 하고 사사불공이 일일이 불공이라는 뜻으로 바로 없어서는 살 수 없는 은혜인 네 가지 은혜恩惠에 대한 보은이라고 이해하고 있다.

『정전』 '불공하는 법佛供一法'에 보면 "과거의 불공법과 같이 천지에게 당한 죄복도 불상佛像에게 빌고, 부모에게 당한 죄복도 불상에게 빌고, 동포에게 당한 죄복도 불상에게 빌고, 법률에게 당한 죄복도 불상에게만 빌 것이 아니라, 우주 만유는 곧 법신불의 응화신應化身이니, 당하는 곳마다 부처님[處處佛像]이요, 일일이 불공 법[事事佛供]이라, 천지에 당한 죄복은 천지에, 부모에게 당한 죄복은 부모에게, 동포에게 당한 죄복은 동포에게, 법률에 당한 죄복은 법률에게 비는 것이 사실적인 동시에 반드시 성공하는 불공법이 될 것이니라.

또는, 그 기한에서도 과거와 같이 막연히 한정 없이 할 것이 아니라 수만 세상 또는 수천 세상을 하여야 성공될 일도 있고, 수백 세상 또는 수십 세상을 하여야 성공될 일도 있고, 한두 세상 또는 수십 년을 하여야 성공될 일도 있고, 수월 수일 또는 한 때만 하여도 성공될 일이 있을 것이니, 그 일의 성질을 따라 적당한 기한으로 불공을 하는 것이 또한 사실적인 동시에 반드시 성공하는 법이 될 것이니라."고 하였다.

소태산 대종사는 부안 변산의 봉래 정사蓬萊精舍에 계실 때 하루는 어떤 노인 부부가 지나가다 말하기를, 자기들의 자부子婦가 성질이 불순하여 불효가 막심하므로 실상사實相寺 부처님께 불공이나 올려 볼까 하고 가는 중이라고 하는지라, 대종사 듣고 "그대들이 어찌 등상불에게는 불공할 줄을 알면서 산부처에게는 불공할 줄을 모르는가." 하니, 그 부부 말하기를 "산부처가 어디 계십니까?" 하였다. 이에 "그대들의 집에 있는 자부가 곧 산부처이니, 그대들에게 효도하고 불효할 직접 권능이 그 사람에게 있는 연고라. 거기에 먼저 공을 들여 봄이 어떠하겠는가." 하였더니 그들이 다시 말하기를 "어떻게 공을 들입니까?" "그대들이 불공할 비용으로 자부의 뜻에 맞을 물건도 사다 주며 자부를 오직 부처님 공경하듯 위해 주어 보라. 그리하면 그대들의 정성에 따라 불공한 효과가 나타나리라." 그들이 집에 돌아가 그대로 하였더니, 과연 몇 달 안에 효부가 되는지라 그들이 다시 와서 무수히 감사를 올리거늘, 대종사 옆에 있는 제자들에게 "이것이 곧 죄복을 직접 당처에 비는 실지불공實地佛供이니라." 하였다.

이제까지 참회와 기도와 불공에 대하여 『정전』의 내용을 소개하여 폭넓게 원불교의 가르침을 이해하는 시간을 마련하였다. 종교인이 종교인답지 않을 때는 참회할 줄 모르고 기도하지 않으며 세상을 향하여 보은하고 선을 베풀지 않을 때이다. 돌아오는 미래 세상을 가늠하기는 쉽지 않지만 미래에 물질이 개벽된 세상에서 사는 것은 종교도 과거의 종교 개념으로 이해하거나 설명하는 그러한 종교는 재해석되어야 할 것이다.

17

공부인의 아름다운 모습 2

'정신개벽의 노래' 제2과정 '공부인의 아름다운 모습 1'에서 참회와 기도 그리고 불공하는 모습을 알아보았다. '공부인의 아름다운 모습'은 더 다양한 모습이 많이 있어서 '공부인의 아름다운 모습 2'로 수계受戒하는 모습, 솔성率性하는 모습, 서원하는 모습, 수행하는 모습, 활불의 모습을 알아보도록 할 것이다. 이는 『정전』의 '계문' '솔성요론' '일원상 서원문' '법위등급' '사대 강령'에 해당한다. 우리 공부인은 마음 거울에 비친 자신의 모습이 어떤 모습인지 궁금할 것이나 참회하고 기도하고 불공하는 '아름다운 모습 1'은 신앙과 수행을 아울러 포함하고 있다면, '아름다운 모습 2'는 수행 중심이 될 것이다.

'공부인의 아름다운 모습' 넷째는 수계授戒하는 모습이다. 소태산 대종사와 목사 한 사람과의 대화에서 목사가 먼저 "예로부터 어느 교단을 막론하고 대개 계율戒律을 말하였으나 저의 생각으로는 그것이 도리어 사람의 순진한 천성을 억압하고 자유의 정신을 속박하여 사람을 교화하는데 적지 않은 지장이 되는가 합니다."라고 말하고 이어서 "세상 사람들이 종교의 진리를 이해하지 못하여 공연히 배척하는 수도 없지 않지마는 대개는 교리의 신성함은 느끼면서도 사실로 믿음에 들지 않는 것은 그 이면에 계율을 꺼리어 주저하는 수도 적지 않으니 이러한 사람들은 계율이 없었으면 구제의 범위에 들었을 것이 아니오니까?" 하고 말하였다. 소태산 대종사는 "귀하는 다만 그러한 사람들이 제도의 범위에 들지 못하는 것만 애석히 알고 다른 곳에 큰 영향이 미칠 것은 생각지 아니합니까? 세상에는 어리석은 사람이 더 많거늘 방금 귀하의 수상은 선만인 가운데 한두 사람에게나 적당할 법이라 어찌 한두 사람에게 적당할 법으로 천만인을 등한시하겠습니까? 또는, 사람이 혼자만 생활한다면 자행자지하여도 별 관계가 없을지 모르나 세상은 모든 법망法網이 정연히 벌여 있고 일반 사회가 고루 보고 있으니, 불의의 행동을 자행한다면 어느 곳을 향하여 설 수 있겠습니까." 하였다.

그리고 "우리에게도 서른 가지 계문이 있으나 한 가지도 삭제할 만한 것이 없으므로 그대로 지키게 하는 데 다만 계율을 주는 방법은 사람의 공부 정도에 따라 단계적으로 주는

데, 누구나 처음 입교하면 저 세상에서 젖은 습관이 쉽게 떨어지지 않을 것이므로 그들에게 능히 지킬 만한 정도로 먼저 십계를 주고 또 단계를 밟는 대로 10계씩을 주며 30계를 다 마친 후에는 계율을 더 주지 아니하고 자유에 맡기는데, 그 정도에 이른 사람은 부당한 일과 당연한 일을 미리 알아 행하는 까닭입니다. 그러나 그렇지 못한 사람은 도저히 그대로 방임할 수 없으니 자각 있는 공부인과 초학자 다스리는 방식이 어찌 서로 같을 수 있겠습니까. 나는 생각하기를 사람이 세상에 나서면 일동일정을 조심하여 엷은 얼음 밟는 것같이 하여야 인도에 탈선됨이 없을 것이며, 그러므로 공부인에게 계율을 주지 않을 수 없습니다."라고 하였다.

계율을 기록하여 놓은 것이 계문인데 이 계율을 수계하는 의식이 수계식으로 우리 공부인은 각자의 수행 정도인 법위등급에 따라 계율을 수계하고 수계한 계율을 지켜야 할 것이다. 수계하는 모습이 아름다운 것은 수계를 하려고 할 때 계율로 정해진 것을 지키겠다는 마음의 결심이 서있기 때문이다. 일단 마음공부의 문에 들어서서 수계하였다면 공부등급이 처음 시작하는 보통급에 해당한다. 보통급에는 지켜야할 열 가지 계율이 있고 이는 저 세상 사람과 공부인을 구분하는 최소한의 항목으로 이 두 부류의 사람을 나누는 경계선이다. 이와 같이 보통급 계문은 살생, 도둑질, 간음, 연고 없이 술을 마시는 음주, 잡기, 악한 말, 연고 없는 쟁투, 공금公金 임의 사용, 금전 주고받음, 연고 없이 담배 피우는 것 등인데 이러한 계율을 수계하여 지키는 모습은 아름답다.

보통급 과정을 이수하고 달성하면 특신급에 승급하고 이때 특신급 십계를 또 수계한다. 특신급의 계율은 신행공동체에 들어온 사람들이 상호 간에 지켜야 할 기초적인 인격에 해당하는 항목들이라 생각할 수 있다. 특신급에서 이수해야 할 과정을 이수하고 달성해야 할 수준에 도달하면 법마상전급에 승급하여 법마상전급 십계를 수계한다. 법마상전급 십계문은 마음공부하는 공부인으로서 꼭 지켜야 하는 항목으로 속 깊은 마음공부를 하여 정과 혜를 부지런히 닦고 계율을 죽기로써 지키는 공부를 해야 하기 때문이다. 마음공부를 시작하여 수계하여 계율을 지키기 시작하면 절제하는 생활이 되며 이를 죽기로써 지키면 사람의 인격이 달라진다. 그래서 계율을 지키는 모습은 아름답다.

'공부인의 아름다운 모습' 다섯째 솔성率性하는 모습이다. 소태산 대종사는 "견성見性이라 하는 것은 비하건대 거부 장자가 자기의 재산을 자기의 재산으로 알지 못하고 지내다가 비로소 알게 된 것과 같고, 솔성率性이라 하는 것은 이미 자기의 소유인 것을 알았으나 전일에 잃어버리고 지내는 동안 모두 다른 사람에게 빼앗긴 바 되었는지라 여러모로 주선하여 그 잃었던 권리를 회복함과 같다."고 하였으며 대산 종사는 "솔성은 도로써 하고 인사는 덕으로써 하자."라고 하였다. 공부인이 배우는 모습이 아름다운 것은 성품의 이치를 깨달아 견성을 한 후 실천을 통하여 잃었던 권리를 회복하기 때문이다. 깨달은 후 실행하여 체득하는 것은 마치 다이아몬드 칼을 얻은 것과 같고 실천하지 않고 알고만 있으면 납도끼 같아 쓸모가 없을 것이다. 견성을 집에서 하고 스승 찾아 교당에 다니면서 성불에 공을 들인다고 하신 말씀이 현대와 같이 SNS를 통하여 정보가 활발하게 공유되는 시대에 딱 들어맞는다.

성품의 본래 이치를 실제로 깨닫고 솔성요론 16가지 항목을 실천함으로써 깨달은 공부인은 부처의 인격을 이루는 성불에 다가가게 될 것이다. 그릇에 물이 가득 차 넘치는 것처럼 공부인이 배울 것이 없다고 날 넘는 것은 깨닫지 못하였다는 징표이며 바람직하지 못한 행동이다. 배움에 있어 '솔성요론'을 실천하고 학습하고 배우는 공부인의 모습은 아름답다.

'솔성요론'의 열여섯 가지 항목은 다음과 같다.

1. 사람만 믿지 말고 그 법을 믿을 것이요,
2. 열 사람의 법을 응하여 제일 좋은 법으로 믿을 것이요,
3. 사생四生 중 사람이 된 이상에는 배우기를 좋아할 것이요,
4. 지식 있는 사람이 지식이 있다 함으로써 그 배움을 놓지 말 것이요,
5. 주색 낭유酒色浪遊하지 말고 그 시간에 진리를 연구할 것이요,
6. 한 편에 착着하지 아니할 것이요,
7. 모든 사물을 접응할 때에 공경심을 놓지 말고, 탐한 욕심이 나거든 사자와 같이 무서워할 것이요,
8. 일일 시시日日時時로 자기가 자기를 가르칠 것이요,
9. 무슨 일이든지 잘못된 일이 있고 보면 남을 원망하지 말고 자기를 살필 것이요,
10. 다른 사람의 그릇된 일을 견문하여 자기의 그름은 깨칠지언정 그 그름을 드러내지

말 것이요,

11. 다른 사람의 잘된 일을 견문하여 세상에다 포양하며 그 잘된 일을 잊어버리지 말 것이요,
12. 정당한 일이거든 내 일을 생각하여 남의 세정을 알아줄 것이요,
13. 정당한 일이거든 아무리 하기 싫어도 죽기로써 할 것이요,
14. 부당한 일이거든 아무리 하고 싶어도 죽기로써 아니할 것이요,
15. 다른 사람의 원 없는 데에는 무슨 일이든지 권하지 말고 자기 할 일만 할 것이요,
16. 어떠한 원을 발하여 그 원을 이루고자 하거든 보고 듣는 대로 원하는 데에 대조하여 연마할 것이니라.

'공부인의 아름다운 모습' 여섯째는 서원誓願하는 모습이다. 최고의 영장류인 우리 인간은 꿈과 희망을 품고 살아가고 있다. 공부인이 꿈과 희망을 가꾸는 가운데 제일 아름다운 모습은 서원하는 모습일 것이다. 우리 인류가 지구상에 출현하여 주연으로 사는 것은 인간만이 할 수 있는 교육과 학습 그리고 공부와 수행을 통하여 진화하는 데 있다. 소태산 대종사는 진화라는 단어를 사용하지 않고 진급이라는 단어를 사용하였다. 나를 위한 발심이 아니라 개인의 이익을 떠나서 세상을 위한 발심을 서원이라 하였다. 최고 최상의 진리인 일원상의 진리를 체받아서 일원의 위력을 얻고 일원의 체성에 합하여 성불제중 하겠다는 서원이야말로 서원 가운데 최상의 최선의 수준일 것이다. 서원하는 아름다운 모습은 '일원상 서원문'에 잘 나타나 있다. 일원상 서원문은 대종사님께서 친히 저술하신 경문經文으로 진리의 내역과 서원하는 내용으로 구성되어 있다.

일원상 서원문은 다음과 같다.

일원은 언어도단言語道斷의 입정처入定處이요, 유무 초월의 생사문生死門인 바, 천지·부모·동포·법률의 본원이요, 제불·조사·범부·중생의 성품으로 능이성 유상能以成有常하고 능이성 무상無常하여 유상으로 보면 상주불멸로 여여자연如如自然하여 무량세계를 전개하였고, 무상으로 보면 우주의 성·주·괴·공成住壞空과 만물의 생·노·병·사生老病死와 사생四生의 심신 작용을 따라 육도六途로 변화를 시켜 혹은 진급으로 혹은 강급으로 혹

은 은생어해恩生於害로 혹은 해생어은害生於恩으로 이와 같이 무량세계를 전개하였나니, 우리 어리석은 중생은 이 법신불 일원상을 체받아서 심신을 원만하게 수호하는 공부를 하며, 또는 사리를 원만하게 아는 공부를 하며, 또는 심신을 원만하게 사용하는 공부를 지성으로 하여 진급이 되고 은혜는 입을지언정, 강급이 되고 해독은 입지 아니하기로써 일원의 위력을 얻도록까지 서원하고 일원의 체성體性에 합하도록까지 서원함.

일원상 서원문의 첫 발표 당시 제목은 '심불心佛 일원상 내역 급 서원문'이었다.

'공부인의 아름다운 모습' 일곱째는 수행하는 모습이다. 수행하고 구도하는 것은 아무나 할 수 있는 일은 아니다. "아침에 도를 얻으면 저녁에 죽어도 좋다."라고 한 성인의 말씀처럼 도를 알고 인격을 갖추기 위하여 수행하는 모습은 아름답다. 교육과정에는 유치원 초등학교 중학교 고등학교 대학교 대학원의 단계가 있듯이 소태산 대종사는 "공부인의 수행 정도에 따라 보통급 특신급 법마상전급 법강항마위法强降魔位 출가위出家位 대각여래위大覺如來位라는 여섯 가지 등급의 법위"를 정하였다. 우리가 사다리나 계단을 이용하면 쉽게 높은 곳에 오를 수 있듯이 소태산 대종사는 배우고 공부하고 수행하게 하기 위하여 불지佛地에 오르는 사다리를 만들어 놓았다. 향기 나는 인격을 갖추기 위하여 열심히 법의 사다리를 오르는 공부인의 모습은 참 아름답다.

『정전』 '법위등급'을 보면 다음과 같다.

1. 보통급은 유무식·남녀·노소·선악·귀천을 막론하고 처음으로 불문에 귀의하여 보통급 십계를 받은 사람의 급이요,
2. 특신급은 보통급 십계를 일일이 실행하고, 예비 특신급에 승급하여 특신급 십계를 받아 지키며, 우리의 교리와 법규를 대강 이해하며, 모든 사업이나 생각이나 신앙이나 정성이 다른 세상에 흐르지 않는 사람의 급이요,
3. 법마상전급은 보통급 십계와 특신급 십계를 일일이 실행하고 예비 법마상전급에 승급하여 법마상전급 십계를 받아 지키며, 법과 마를 일일이 분석하고 우리의 경전 해석에 과히 착오가 없으며, 천만 경계 중에서 사심을 제거하는 데 재미를 붙이고 무관

사無關事에 동하지 않으며, 법마상전의 뜻을 알아 법마상전을 하되 인생의 요도와 공부의 요도에 대기사大忌事는 아니하고, 세밀한 일이라도 반수 이상 법의 승勝을 얻는 사람의 급이요,

4. 법강항마위는 법마상전급 승급 조항을 일일이 실행하고 예비 법강항마위에 승급하여, 육근을 응용하여 법마상전을 하되 법이 백전백승하며, 우리 경전의 뜻을 일일이 해석하고 대소유무의 이치에 걸림이 없으며, 생·노·병·사에 해탈을 얻은 사람의 위요,
5. 출가위는 법강항마위 승급 조항을 일일이 실행하고 예비 출가위에 승급하여, 대소유무의 이치를 따라 인간의 시비이해를 건설하며, 현재 모든 종교의 교리를 정통하며, 원근친소와 자타의 국한을 벗어나서 일체생령을 위하여 천신만고와 함지사지를 당하여도 여한이 없는 사람의 위요,
6. 대각여래위는 출가위 승급 조항을 일일이 실행하고 예비 대각여래위에 승급하여, 대자대비로 일체생령을 제도하되 만능萬能이 겸비하며, 천만 방편으로 수기응변隨機應變하여 교화하되 대의에 어긋남이 없고 교화받는 사람으로서 그 방편을 알지 못하게 하며, 동하여도 분별에 착이 없고 정하여도 분별이 절도에 맞는 사람의 위니라.

세 가지 급과 세 가지 위가 차이가 있음을 알 수 있다. 급級과 위位는 군대의 사병과 장교가 다르듯이 엄청난 차이가 있고 차원마저 다르다.

'공부인의 아름다운 모습' 여덟째는 활불의 모습이다. 공부인의 목표를 구체적으로 말하자면, 삼대력을 얻어 불지佛地인 대각여래위를 성취하는 것이다. 여래위에 오르면 부처의 인격을 갖추는 것이 되며 살아있는 부처 즉 생불生佛이 되며 활동하는 부처인 활불活佛이 되는 것이다. 살아 활동하는 부처야말로 세상의 축복이요 희망으로 우리는 그 생불의 모습을 그리지 못하며 누가 활불인지 쉽게 알 수 없다. 소태산 대종사는 교리 실천의 완성인 활불의 모습을 '사대 강령四大綱領'으로 정리하여 우리에게 보여 주었다.

『정전』 '사대 강령'은 다음과 같다.

사대 강령은 곧 정각정행正覺正行·지은보은知恩報恩·불법활용佛法活用·무아봉공無我奉公이니, 정각정행은 일원의 진리 곧 불조 정전正傳의 심인을 오득悟得하여 그 진리를 체받아서 안·이·비·설·신·의 육근을 작용할 때에 불편 불의不偏不倚하고 과불급過不及이 없는 원만행을 하자는 것이며,

지은보은은 우리가 천지와 부모와 동포와 법률에서 은혜 입은 내역을 깊이 느끼고 알아서 그 피은의 도를 체받아 보은행을 하는 동시에, 원망할 일이 있더라도 먼저 모든 은혜의 소종래를 발견하여 원망할 일을 감사함으로써 그 은혜를 보답하자는 것이며,

불법활용은 재래와 같이 불제자로서 불법에 끌려 세상일을 못 할 것이 아니라 불제자가 됨으로써 세상일을 더 잘하자는 것이니, 다시 말하면 불제자가 됨으로써 세상에 무용한 사람이 될 것이 아니라 그 불법을 활용함으로써 개인·가정·사회·국가에 도움을 주는 유용한 사람이 되자는 것이며,

무아 봉공은 개인이나 자기 가족만을 위하려는 사상과 자유 방종 하는 행동을 버리고, 오직 이타적 대승행으로써 일체중생을 제도하는 데 성심성의를 다 하자는 것이니라.

정각정행하고 지은보은하며 불법활용하고 무아봉공하는 모습이 바로 살아 활동하는 부처님의 인격이라고 할 수 있다. 우리 공부인은 마음공부를 통하여 이 네 가지 목표를 완수하고 실행하여 세상의 희망이 되고 축복이 되어야 할 것이다.

18

나를 변화시키기

'정신개벽의 노래' 제3과정 '나를 변화시키기'는 마음공부 프로그램 제1과정 '마음 소길들이기'에서 다루었던 주제다. 이는 또 물샐틈없는 마음공부에서도 다뤘던 주제이기도 하다. 그만큼 마음공부에서 나를 변화시키는 주제는 매우 중요하다 할 것이다. 제3차 정보화 시대와 제4차 산업혁명의 물결이 밀려오고 있는 현 사회에서 변하지 않고 산업사회나

정보화 사회의 차원 안에서 습득했던 기능이나 가치관이나 철학을 인공지능 사회와 자동화 사회에서 그대로 유지하는 것은 통하지 않을 수 있다. 우리는 자의든 타의든 변하지 않을 수 없어 스스로 변하지 않으면 타의에 의하여 변화 당할 수 있는 위기이다.

문제는 변화의 방향이다. 인간 생활의 거의 모든 부문에서 정보는 빅데이터가 되어 자동화되고 인공지능이 더하여 가공, 탈 노동화 되는 시대에 직면한 인류는 어떻게 변해야 하는가. 여기에 대하여 많은 견해가 있을 수 있으나 필자는 한마디로 '인간화'라고 생각한다. 인간이 더욱 더 인간적이 되어야 한다. 자본주의 사회에서 인간을 움직이는 것은 재화라고 주장하며 돈이면 모든 것을 다 해결할 수 있다고 판단할 수 있으나 필자의 생각에는 모든 문제를 해결하는 것은 마음이라 생각한다. 이 마음을 어떻게 바르고 현명하고 차분하게 견지할 수 있을 것인가 하는 문제에 주목해야 한다.

이 마음 사용하는 법은 원불교에서는 '일상 수행의 요법'이며 이를 실행하기 위하여 마음을 챙겨야 하며 챙기는 마음을 실현하기 위하여 상시응용 주의사항 6조와 교당내왕 시 주의사항 6조를 정하였고 그것을 조사하기 위하여 일기법을 두었다. 이를 종합하여 한마디로 하면 훈련이며 훈련은 우리가 지금 진행하고 있는 원불교 마음공부와 같다고 할 수 있다. 변하고자 하는 사람은 먼저 내가 변해야 한다는 과거와 달라져야 한다는 자각과 결심이 서야 한다. 이 변화하려는 자각이 없으면 외부에서 아무리 강한 힘으로 변화시키려 하여도 쉽지 않은 일이므로 스스로 나 자신이 변하여야겠다고 달라져야 하겠다고 자각했을 때 그리고 굳은 의지가 있을 때 나를 변화시키는 방법을 찾게 될 것이다. 나를 변화시키는 구체적이고 체계적이고 합리적이며 자세한 방법이 지금부터 소개하려는 '정신개벽의 노래' 가운데 제3과정 '나를 변화시키기'이다.

나를 변화시키는 방법의 가장 근본적이고 핵심적인 사항은 챙기는 마음을 놓지 않는 것이다. 챙기는 마음의 반대는 잊어버리는 것이다. 챙기는 것은 주의하는 마음을 지속하는 것으로 이 주의하는 마음을 놓아버리면 내가 변화하려고 했던 생각이 없어져서 과거의 습관으로 돌아가 버리고 만다. 그러므로 이 챙기는 마음이 나를 변화시키는 관건이며 이 챙기는 마음을 실현하기 위하여 일기법에 유념과 무념을 대조 공부하게 한 것이다.

『정전』 수행편 제6장 '일기법'에 보면 '일기법의 대요'에서 "재가·출가와 유무식을 막론하고 당일의 유무념 처리와 학습 상황과 계문에 범과 유무를 반성하기 위하여 상시 일기법을 제정하였으며, 학원이나 선원에서 훈련을 받는 공부인에게 당일 내 작업한 시간 수와 당일의 수입·지출과 심신 작용의 처리 건과 감각·감상을 기재시키기 위하여 정기 일기법을 제정하였다."라고 밝히고 있다. 원불교의 상시 훈련과 정기 훈련을 실행하는 공부인이 날마다 공부의 결과를 기재하여 이를 토대로 적당한 기간 통계를 내어 변화하는 모습을 관찰하고 평가하고 반성하여 마음공부의 추진 동력을 지속하기 위함이다.

제6장 '일기법'은 다음과 같다.

1. 일기법의 대요

재가·출가와 유무식을 막론하고 당일의 유무념 처리와 학습 상황과 계문에 범과 유무를 반성하기 위하여 상시 일기법을 제정하였으며, 학원이나 선원에서 훈련을 받는 공부인에게 당일 내 작업한 시간 수와 당일의 수입·지출과 심신 작용의 처리 건과 감각·감상을 기재시키기 위하여 정기 일기법을 제정하였느니라.

2. 상시 일기법

1) 유념·무념은 모든 일을 당하여 유념으로 처리한 것과 무념으로 처리한 번수를 조사 기재하되, 하자는 조목과 말자는 조목에 취사하는 주의심을 가지고 한 것은 유념이라 하고, 취사하는 주의심이 없이 한 것은 무념이라 하나니, 처음에는 일이 잘되었든지 못 되었든지 취사하는 주의심을 놓고 안 놓은 것으로 번수를 계산하나, 공부가 깊어가면 일이 잘되고 못된 것으로 번수를 계산하는 것이요,
2) 학습 상황 중 수양과 연구의 각 과목은 그 시간 수를 계산하여 기재하며, 예회와 입선은 참석 여부를 대조 기재하는 것이요,
3) 계문은 범과 유무를 대조 기재하되 범과가 있을 때는 해당 조목에 범한 번수를 기재하는 것이요,
4) 문자와 서식에 능하지 못한 사람을 위하여는 따로이 태조사太調査 법을 두어 유념 무념만을 대조하게 하나니, 취사하는 주의심을 가지고 한 것은 흰콩으로 하고 취사하는 주의심이 없이 한 것은 검은콩으로 하여, 유념·무념의 번수를 계산하게 하는 것

이니라.

3. 정기 일기법

1) 당일의 작업 시간 수를 기재시키는 뜻은 주야 24시간 동안 가치 있게 보낸 시간과 허망하게 보낸 시간을 대조하여, 허송한 시간이 있고 보면 뒷날에는 그렇지 않도록 주의하여 잠시라도 쓸데없는 시간을 보내지 말자는 것이요,
2) 당일의 수입·지출을 기재시키는 뜻은 수입이 없으면 수입의 방도를 준비하여 부지런히 수입을 장만하도록 하며 지출이 많을 때는 될 수 있는 대로 지출을 줄여서 빈곤을 방지하고 안락을 얻게 함이며, 설사 유족한 사람이라도 놀고먹는 폐풍을 없게 함이요,
3) 심신 작용의 처리 건을 기재시키는 뜻은 당일의 시비를 감정하여 죄복의 결산을 알게 하며 시비이해를 밝혀 모든 일을 작용할 때 취사의 능력을 얻게 함이요,
4) 감각이나 감상을 기재시키는 뜻은 그 대소유무의 이치가 밝아지는 정도를 대조하게 함이니라.

이와 같이 일기를 기재하는 것은 나를 변화시키는 구체적인 방법이 될 것이며 자기계발 일기 가운데 가장 널리 사용되는 일기가 '프랭클린 플래너'라고 할 것이다. 이는 미국 독립운동기에 활동한 벤저민 프랭클린의 13가지 덕목에서 출발한 것으로 알려졌다. 지금은 더욱 발전하여 매년 단위로 시간 관리와 목표관리를 위한 일기가 개발되어 사용되고 있다.

'프랭클린 플래너'를 사용하기 전에 먼저 '자기 사명서'를 정리하도록 하는데 여기에는 다음의 아홉 가지 항목들을 점검하도록 하고 있다. 소개해 보면 "사명서를 쓰기 전에 질문에 답하라. 이것은 당신 인생의 목적을 명확하게 하고, 가치관, 역할관은 또 다른 측면에서 당신의 가장 소중한 것을 분명하게 해줄 것이다." 어떤 사람이 가장 되고 싶은가? 내 인생에서 하고 싶은 것은 무엇인가? 내 인생에서 갖고 싶은 것은 무엇인가? 내가 매우 행복하고 성취감을 느꼈던 멋진 순간은 어떤 것이었는가? 나의 직업 생활에서 내가 가장 좋아하고 성취감을 느끼는 활동은 무엇인가? 나의 개인 생활에서 가장 가치 있는 활동은 무엇인가? 나는 어떤 재능과 능력을 갖추고 있는가? 또는 갖길 바라는가? 나는 어떻게 사회에 크

게 공헌할 수 있을까를 점검하고 정리하여 자기 스스로 인생의 목표를 가지고 그것을 성취하기 위하여 노력을 함께 할 때 변화와 성장이 가능할 것이다.

다시 원불교 일기법에 돌아와 당일의 유념 무념 처리를 보면 일기에 기재하는 내용을 다음과 같이 설명하고 있다. "유념·무념은 모든 일을 당하여 유념으로 처리한 것과 무념으로 처리한 번수를 조사 기재하되, 하자는 조목과 말자는 조목에 취사하는 주의심을 가지고 한 것은 유념이라 하고, 취사하는 주의심이 없이 한 것은 무념이라 하나니, 처음에는 일이 잘되었든지 못 되었든지 취사하는 주의심을 놓고 안 놓은 것으로 번수를 계산하나, 공부가 깊어 가면 일이 잘되고 못된 것으로 번수를 계산하는 것이요"라고 하였다. 가장 중요한 사항은 취사하는 주의심 즉 이 일을 할 것인지 아니할 것인지 선택하는 생각을 놓지 말아야 한다는 것이다.

다음 항목에 보면 "문자와 서식에 능하지 못한 사람을 위하여 따로 태조사太調査 법을 두어 유념 무념만을 대조하게 하나니, 취사하는 주의심을 가지고 한 것은 흰콩으로 하고 취사하는 주의심이 없이 한 것은 검은콩으로 하여, 유념·무념의 번수를 계산하게 하는 것"이라 한 것에서 볼 수 있듯이 글을 알지 못하거나 일기장에 기재할 수 없는 사람은 흰콩과 검은콩을 담은 주머니를 가지고 취사하는 주의심으로 생활하였는지 아니하였는지를 날마다 조사하도록 할 정도로 중요하다는 것이다.

나를 변화시키는 방법으로 마음을 챙기는 유념과 잊어버린 무념의 대조를 공부시키는 것은 현재 나의 버려야 할 습관을 고치고 새로운 좋은 습관을 길들이는 공부로 이렇게 하기 위하여 먼저 하자는 조목과 말자는 조목을 정하는 데에서부터 출발한다. 일단 하자는 조목을 정하였으면 생활하면서 그 일을 당하여 내가 하자는 조목으로 정하였다고 하고 알아차리고 할 것인지 아니할 것인지 선택을 하여야 하며 하자는 조목을 하기 싫을 때 아무리 하기 싫어도 죽기로써 하면 내가 변하게 된다. 그러므로 솔성요론의 13번 조목에 "정당한 일이어든 아무리 하기 싫어도 죽기로써 할 것이오."라고 하였으며 14번 조목에 "부당한 일이어든 아무리 하고 싶어도 죽기로써 아니할 것"이라고 하였다.

하자는 조목과 말자는 조목을 정할 때 주의할 점은 한 번에 모든 것을 이루려 하지 말고 아주 작은 사소한 것부터 조금씩 고쳐 나갈 수 있도록 조목을 정하는 것이다. 나무가 휘어지지 않으면 부러지는 것을 볼 수 있는데 본인의 습관도 서서히 고쳐가자는 것이다. 하자는 조목과 말자는 조목은 부모나 친구 등 다른 사람이 정해 주는 것이 아니라 스스로 정하는 것이며 정해 놓고 지키지 않는 것은 자기 자신과의 싸움에서 지는 것이다. 필자는 중학교 3학년 때 나 자신이 너무 말을 많이 한다고 생각하고 말을 줄이자 하고 마음먹고 하루 동안 말을 한마디도 하지 않겠다고 결심하였으나 사흘을 넘기지 못하고 여러 차례 반복하였던 기억이 있다. 그때는 유무념 대조 공부를 알지 못하던 때였다.

유무념 대조 공부를 하자는 조목과 말자는 조목을 한 달 단위로 정하고 매월 말이면 반성하고 평가하여 수정하기를 계속한다면 틀림없이 변하는 자신을 볼 수 있을 것이다. 처음에는 작은 일부터 시작하면 점차 시간이 지나면서 크고 중요한 일까지 바꿀 수 있을 것이다. 이렇게 되면 습관이 바뀌고 생활이 바뀌며 밖으로 성질과 성향이 바뀌어 사람이 바뀌게 될 것이다. 그래서 내가 변화할 수 있다.

나를 변화시키는 두 번째 중요한 일은 '일상 수행의 요법'을 실천하는 것이다. 아홉 가지 조목 가운데 다섯 번째 조목인 원망 생활을 감사 생활로 돌리는 일을 먼저 선택한다. 요즈음 주위에서 '감사 일기'를 쓰자는 운동이 일어나 실천하는 사람이 늘고 있다. 하루를 돌아보고 감사할 일을 찾아서 기록하는 것으로 날마다 지속하면 당연했던 일들이 모두 감사한 일이 되어 불평과 불만이 줄어들고 나중에는 원망할 일도 그 가운데에서 은혜의 뿌리를 찾아 감사하게 된다.

'일상 수행의 요법' 가운데 나를 변화시키는 공부는 타력 생활을 자력 생활로, 배울 줄 모르는 사람을 잘 배우는 사람으로, 가르칠 줄 모르는 사람을 잘 가르치는 사람으로, 공익심 없는 사람을 공익심 있는 사람으로 돌리는 일이다. 남에게 의뢰하고 의지하던 일들을 스스로 처리하는 일과 나 스스로 잘 배우는 사람이 되고 나 스스로 잘 가르치는 사람이 되고 대중의 일에 앞장서며 공중의 시설을 아끼고 공공의 질서와 예절을 지키는 등을 유무념 조목에 넣어서 공부삼아 대조하게 되면 나 자신이 무기력하지 않고 긍정적이고 적극적인 사람으로 변하게 되는 것을 볼 수 있다. 일상 수행의 요법을 실천 항목으로 정하고 챙기어 실천해 가는 방법도 있으나 경계를 당할 때마다 잊지 않고 일상 수행의 요법에 대조하는 방법도 있다.

나를 변화시키는 세 번째는 상시응용 주의사항 6조를 실천하는 것이다. 1조는 일상 수행의 요법 1, 2, 3조를 공부하는 것과 같다고 생각할 수 있고, 2조는 앞으로 다가올 기틀을 보고 준비하면 준비한 만큼 내 인생이 풍요로워질 것이다. 특히 경전을 공부하고 여유 있는 시간이 있을 때마다 명상하는 기회를 얻어서 좌선이나 염불을 할 수 있으면 인생에서 생각하고 보이는 폭이 확장될 것이다. 더 나아가 교당내왕 시 주의사항 육조를 실행하면 살아가는 데 멘토를 갖게 되어 상담하고 문답 감정을 얻을 수 있을 것이며 기회 있을 때마다 휴양休養하는 여유가 생길 것이다.

다시 한번 나를 변화시키는 방법을 정리해 보면 『정전』 수행편 1장 '일상 수행의 요법', 2장 '정기 훈련법과 상시 훈련법', 6장 '일기법'이 여기에 해당한다. 이러한 모든 사항은 『정전』 제3 수행편 '정기 훈련과 상시 훈련'으로 밝혀 주었으나 자세한 내용은 다음에 소개하여야 할 것 같다. 이렇게 소태산 대종사는 기존 종교와는 다르게 훈련이라는 구체적인 방법을 공부인에게 실천하게 함으로써 적극적으로 자기 자신을 변화시키도록 지도하였다.

나를 변화시키는 훈련이 바로 필자가 이제까지 한 마음공부인데, 마음공부를 하는 것도 처음에는 이론적인 공부를 한 후 나중에는 속 깊은 마음공부를 하게 된다. 속 깊은 마음공부는 밖으로 글이나 문자나 말로 배운 후 이를 실행하는 마음을 보고 일어나는 마음을 알아차리고 여기에 따라 내는 마음을 알아차려서 챙기는 마음이 유지되는 것으로 나의 마음하고 잘 노는 것이다.

19

낙원 가는 길 1

『정전』은 크게 '총서편'과 '교의편' 그리고 '수행편'으로 구성되어 있다. 다시 총서편은 '개교의 동기'와 '교법의 총설'로 구성되어 있다. '개교의 동기'는 제1과정 '낙원으로의 초대'에서 언급하였기에 여기서는 원불교의 기본교리를 낙원 가는 길이라 이름 짓고 공부하면서 먼저 '교법의 총설'에 대하여 공부하는 것이 교리의 이해에 도움이 되리라 생각한다.

'교법의 총설'은 원불교의 교의敎義 내지 교리敎理에 대하여 총론적인 이해를 돕기 위하여 교법의 배경과 구조를 설명하고 있다. '교법의 총설'은 불교와 원불교 그리고 세계 모든 종교의 관계를 설명하고 과거의 불교 제도를 개선하는 원불교 교리의 기본 구성과 원만한 신자의 길을 밝히고 있다. 그 내용은 다음과 같다.

> 불교는 무상 대도無上大道라 그 진리와 방편이 호대하므로 여러 선지식善知識이 이에 근원하여 각종 각파로 분립하고 포교문을 열어 많은 사람을 가르쳐 왔으며, 세계의 모든 종교도 그 근본 되는 원리는 본래 하나이나, 교문을 별립하여 오랫동안 제도와 방편을 달리하여 온 만큼 교파들 사이에 서로 융통을 보지 못한 일이 없지 아니하였나니, 이는 다 모든 종교와 종파의 근본 원리를 알지 못하는 소치라 이 어찌 제불 제성의 본의시리요.
> 그 중에도, 과거의 불교는 그 제도가 출세간出世間 생활하는 승려를 본위하여 조직이 되었는지라, 세간 생활하는 일반 사람에 있어서는 모든 것이 서로 맞지 아니하였으므로, 누구나 불교의 참다운 신자가 되기로 하면 세간 생활에 대한 의무와 책임이며 직업까지라도 불고하게 되었나니, 이와 같이 되고 보면 아무리 불법이 좋다 할지라도 너른 세상의 많은 생령이 다 불은佛恩을 입기 어려울지라, 이 어찌 원만한 대도라 하리요.
> 그러므로 우리는 우주 만유의 본원이요, 제불제성의 심인心印인 법신불 일원상을 신앙의 대상과 수행의 표본으로 모시고, 천지·부모·동포·법률의 사은四恩과 수양·연구·취사의 삼학三學으로써 신앙과 수행의 강령을 정하였으며, 모든 종교의 교지敎旨도 이를 통합 활용하여 광대하고 원만한 종교의 신자가 되자는 것이니라.

원불교인들의 휴대전화 번호에는 유독 4438이나 3844라는 숫자가 많다. 이는 기본교리 가운데 신앙과 수행교리를 숫자로 표시한 내용이다. 특히 3844는 삼학팔조와 사은사요를 나타내고 있고 이는 '일상 수행의 요법'으로 정리되어 있다. '일상 수행의 요법'은 교강 구조敎綱九條라는 명칭으로 교단 초창기에 선포되었는데 수행과 신앙교리를 실천할 수 있도록 교리를 강령적으로 정리한 것이다. 일상생활에서 마땅히 실행해야 할 교리를 아홉 가지 짧은 문장으로 정리하여 '일상 수행의 요법'이라는 제목을 붙였으며 실생활에서 실행하도록 한 것은 교리를 이론에 그치지 않고 실천하도록 하는 탁월한 방법이 아닐 수 없다. '일상 수행의 요법'은 달리 생각하면 일상생활의 방법이기도 하다.

원불교 교리를 도식으로 그려놓은 '교리도'에 보면 사은사요와 삼학팔조라는 인과보응의 신앙문과 진공묘유의 수행문이라는 두 개의 기둥으로 표현되어 있다. 소태산 대종사는 본인의 가르침인 원불교 교법의 입장을 '인도상 요법'을 주체로 하였다고 밝혔다. 이는 인간이 인간답게 살 수 있는 길을 밝히었다는 의미이며 이러한 차원에서 사은사요는 인간으로 마땅히 밟아야 할 길인 인생의 요도要道이며 삼학팔조는 인간으로서 수행하고 구도하는 요긴한 길인 공부의 요도라고 의미지어 주었다. 삼학팔조와 사은사요는 제3부 '마음병 치료하기'에서 '온전한 생각으로 취사하라'와 '감사하고 보은불공하라'의 마음병 치료하는 처방에서 이미 원문의 일부를 개념 중심으로 공부하였으니 여기에서는 실천적인 입장을 중심으로 살펴보도록 하겠다.

대산 종사는 배우는 학생들에게 공부할 때 "첫째는 항상 법신불 일원상을 모시고 살되 법신불 일원상을 모실 때마다 진리가 하나임을 깨달아 하나의 세계를 개척하고 하나의 세계를 건설하는 것을 표준 잡을 것이요, 둘째는 마음을 잘 쓰고 못 쓰는 데 따라 죄와 복이 좌우되는 것을 알아서 삼학 공부로 내 마음을 잘 쓰고 다른 사람 마음도 잘 쓰게 하는 것을 표준 잡을 것이요, 셋째는 사은의 크신 은혜 속에 살고 있음을 깨달아 항상 보은하고 감사하는 생활을 표준 잡을 것이요, 넷째는 모든 생명이 나의 동포임을 알아 사요 실천으로 세상을 고르는 것을 표준 잡을 것"이라 하였다.

먼저 원불교 기본 교리 가운데 인생의 요도인 '사은사요'에 대하여 살펴보자. 사은四恩은 우리가 없어서는 살 수 없는 관계에 있는 네 가지 큰 은혜로 천지은 부모은 동포은 법률은을 말하며, 사요四要는 세상을 평등하게 고루는 네 가지 요긴한 방법으로 자력양성 지자본위 타자녀교육 공도자 숭배를 말한다. 정산 종사는 "소태산 대종사는 사은사요의 광대한 도리로서 시방세계 일체중생의 윤리를 두루 통하여 주셨다."라고 하며 "사은의 큰 윤리를 밝히시어 인간과 인간 사이의 윤리뿐 아니라 천지 부모 동포 법률과 우리 사이의 윤리 인연을 원만하게 통달시켜 주셨음"을 말씀하셨다. 또 "대종사께서는 이 우주의 진리 가운데 상생의 도를 주로 드러내시사 우리가 네 가지 큰 은혜를 입고 사는 것을 밝혀 주시었나니, 그대들은 대종사의 상생 대도인 사은의 교리가 만 생령을 제도하는 가장 큰 길이며 사중보은의 도리가 이 세상을 평화롭게 하는 가장 큰 원동력임을 깨달을지니라."라고 하였다. 대산 종사는 "대종사께서 다시 이 땅에 오시어 사은에 보은하는 것이 가장 큰 효임을 알게 해 주셨느니라."고 하였다.

소태산 대종사는 『정전』에서 사은을 구체적으로 설명하고 있다. 네 가지 각 은恩마다 피은의 강령, 피은의 조목, 보은의 강령, 보은의 조목, 배은, 보은의 결과, 배은의 결과 등 일곱 가지 항목으로 자세히 설명하여 실생활에서 실천하도록 하고 있음을 볼 수 있다. 여기에서는 피은의 조목과 보은의 조목에 대하여 살펴보기로 할 것이다.

천지은의 피은 조목과 보은의 조목을 보면 다음과 같다.

천지 피은의 조목

1. 하늘의 공기가 있으므로 우리가 호흡을 통하고 살게 됨이요,
2. 땅의 바탕이 있으므로 우리가 형체를 의지하고 살게 됨이요,
3. 일월의 밝음이 있으므로 우리가 삼라만상을 분별하여 알게 됨이요,
4. 풍·운·우·로風雲雨露의 혜택이 있으므로 만물이 장양長養되어 그 산물로써 우리가 살게 됨이요,
5. 천지는 생멸이 없으므로 만물이 그 도를 따라 무한한 수壽를 얻게 됨이니라.

천지 보은의 조목

1. 천지의 지극히 밝은 도를 체받아서 천만 사리事理를 연구하여 걸림 없이 알 것이요,
2. 천지의 지극히 정성한 도를 체받아서 만사를 작용할 때에 간단없이 시종이 여일하게 그 목적을 달할 것이요,
3. 천지의 지극히 공정한 도를 체받아서 만사를 작용할 때에 원·근·친·소遠近親疎와 희·로·애·락喜怒哀樂에 끌리지 아니하고 오직 중도를 잡을 것이요,
4. 천지의 순리 자연한 도를 체받아서 만사를 작용할 때에 합리와 불합리를 분석하여 합리는 취하고 불합리는 버릴 것이요,
5. 천지의 광대 무량한 도를 체받아서 편착심偏着心을 없이 할 것이요,
6. 천지의 영원불멸한 도를 체받아서 만물의 변태와 인생의 생·노·병·사에 해탈解脫을 얻을 것이요,
7. 천지의 길흉 없는 도를 체받아서 길한 일을 당할 때 흉할 일을 발견하고, 흉한 일을 당할 때 길할 일을 발견하여, 길흉에 끌리지 아니할 것이요,

8. 천지의 응용 무념應用無念한 도를 체받아서 동정 간 무념의 도를 양성할 것이며, 정신·육신·물질로 은혜를 베푼 후 그 관념과 상相을 없이 할 것이며, 혹 저 피은자가 배은망덕을 하더라도 전에 은혜 베풀었다는 일로 인하여 더 미워하고 원수를 맺지 아니할 것이니라.

부모은의 피은 조목과 보은의 조목을 보면 다음과 같다.

부모 피은의 조목

1. 부모가 있으므로 만사 만리의 근본되는 이 몸을 얻게 됨이요,
2. 모든 사랑을 이에 다 하사 온갖 수고를 잊으시고 자력을 얻을 때까지 양육하고 보호하여 주심이요,
3. 사람의 의무와 책임을 가르쳐 인류 사회로 지도하심이니라.

부모 보은의 조목

1. 공부의 요도要道 삼학·팔조와 인생의 요도 사은·사요를 빠짐없이 밟을 것이요,
2. 부모가 무자력할 경우에는 힘 미치는 대로 심지心志의 안락과 육체의 봉양을 드릴 것이요,
3. 부모가 생존하시거나 열반涅槃하신 후나 힘 미치는 대로 무자력한 타인의 부모라도 내 부모와 같이 보호할 것이요,
4. 부모가 열반하신 후에는 역사와 영상을 봉안하여 길이 기념할 것이니라.

동포은의 피은 조목과 보은의 조목을 보면 다음과 같다.

동포 피은의 조목

1. 사士는 배우고 연구하여 모든 학술과 정사로 우리를 지도 교육하여 줌이요,
2. 농農은 심고 길러서 우리의 의식 원료를 제공하여 줌이요,
3. 공工은 각종 물품을 제조하여 우리의 주처와 수용품을 공급하여 줌이요,
4. 상商은 천만 물질을 교환하여 우리의 생활에 편리를 도와줌이요,
5. 금수 초목까지도 우리에게 도움이 됨이니라.

동포 보은의 조목

1. 사는 천만 학술로 교화할 때와 모든 정사를 할 때 항상 공정한 자리에서 자리이타로써 할 것이요,
2. 농은 의식 원료를 제공할 때에 항상 공정한 자리에서 자리이타로써 할 것이요,
3. 공은 주처와 수용품을 공급할 때에 항상 공정한 자리에서 자리이타로써 할 것이요,
4. 상은 천만 물질을 교환할 때에 항상 공정한 자리에서 자리이타로써 할 것이요,
5. 초목금수도 연고 없이는 꺾고 살생하지 말 것이니라.

법률은의 피은 조목과 보은의 조목을 보면 다음과 같다.

법률 피은의 조목

1. 때를 따라 성자들이 출현하여 종교와 도덕으로써 우리에게 정로正路를 밟게 하여 주심이요,
2. 사·농·공·상의 기관을 설치하고 지도 권면에 전력하여, 우리의 생활을 보전시키며, 지식을 함양하게 함이요,
3. 시비이해를 구분하여 불의를 징계하고 정의를 세워 안녕질서를 유지하여 우리로 하여금 평안히 살게 함이니라.

법률 보은의 조목

1. 개인에 있어서는 수신修身하는 법률을 배워 행할 것이요,
2. 가정에 있어서는 가정 다스리는 법률을 배워 행할 것이요,
3. 사회에 있어서는 사회 다스리는 법률을 배워 행할 것이요,
4. 국가에 있어서는 국가 다스리는 법률을 배워 행할 것이요,
5. 세계에 있어서는 세계 다스리는 법률을 배워 행할 것이니라.

이처럼 사은에서 피은의 조목과 보은의 조목을 일일이 그리고 세세히 밝혀 주고 있음에 놀라지 않을 수 없다. 깊이 생각하면 이렇게 보은이 중요하다는 것을 알 수 있다.

더 나아가 배은과 보은의 결과 그리고 배은의 결과를 각각 일일이 일률적으로 설명하고

있음에 어찌 보면 쉽고 하찮은 내용이라 생각할 수 있지만, 피은과 보은과 배은의 중요함을 모든 사람이 알고 실천해야 한다고 지도하고 있다.

이어서 세상을 건지는 구체적인 방법으로 네 가지 요긴한 길을 밝힌 것이 자력양성, 지자본위, 타자녀교육, 공도자 숭배 즉 사요四要이다. 처음 사요를 제정할 당시에는 '남녀권리동일, 지우차별, 무자녀자 타자녀 교양, 공도 헌신자 이부사지'로 표현하였으나, 원기28년(1943)에 발간된 『불교정전』에는 용어를 다시 수정하여 지금의 제목으로 명시했다. 여기에서는 실천 중심으로 살펴보도록 할 것이다.

자력양성에서 자력자로서 타력자에게 권장할 조목과 자력 양성의 조목을 보면 다음과 같다.

자력자로서 타력자에게 권장할 조목

1. 자력 있는 사람이 부당한 의뢰를 구할 때는 그 의뢰를 받아주지 아니할 것이요,
2. 부모로서 자녀에게 재산을 분급하여 줄 때는, 장자나 차자나 여자를 막론하고 그 재산을 받아 유지 못 할 사람 외에는 다 같이 분급하여 줄 것이요,
3. 결혼 후 물질적 생활을 각자 자립적으로 할 것이며, 또는 서로 사랑에만 그칠 것이 아니라 각자의 의무와 책임을 주로 할 것이요,
4. 기타 모든 일을 경우와 법에 따라 처리하되 과거와 같이 남녀를 차별할 것이 아니라 일에 따라 대우하여 줄 것이니라.

자력 양성의 조목

1. 남녀를 불론하고 어리고 늙고 병들고 하여 어찌할 수 없는 의뢰면이어니와, 그렇지 아니한 바에는 과거와 같이 의뢰 생활을 하지 아니할 것이요,
2. 여자도 인류 사회에 활동할 만한 교육을 남자와 같이 받을 것이요,
3. 남녀가 다 같이 직업에 근실하여 생활에 자유를 얻을 것이며, 가정이나 국가에 대한 의무와 책임을 동등하게 이행할 것이요,
4. 차자도 부모의 생전 사후를 과거 장자의 예로써 받들 것이니라.

'지자본위'에서 지자본위의 조목을 보면 다음과 같다.

지자본위의 조목

1. 솔성率性의 도와 인사의 덕행이 자기 이상이 되고 보면 스승으로 알 것이요,
2. 모든 정사를 하는 것이 자기 이상이 되고 보면 스승으로 알 것이요,
3. 생활에 대한 지식이 자기 이상이 되고 보면 스승으로 알 것이요,
4. 학문과 기술이 자기 이상이 되고 보면 스승으로 알 것이요,
5. 기타 모든 상식이 자기 이상이 되고 보면 스승으로 알 것이니라.

이상의 모든 조목에 해당하는 사람을 근본적으로 차별 있게 할 것이 아니라, 구하는 때에 있어서 하자는 것이니라.

'타자녀 교육'에서 타자녀 교육의 조목을 보면 다음과 같다.

타자녀 교육의 조목

1. 교육의 결함 조목이 없어지는 기회를 만난 우리는, 자녀가 있거나 없거나 타자녀라도 내 자녀와 같이 교육하기 위하여, 모든 교육 기관에 힘 미치는 대로 조력도 하며, 또는 사정이 허락되는 대로 몇 사람이든지 자기가 낳은 셈 치고 교육할 것이요,
2. 국가나 사회에서도 교육 기관을 널리 설치하여 적극적으로 교육을 실시할 것이요,
3. 교단敎團에서나 사회·국가·세계에서 타자녀 교육의 조목을 실행하는 사람에게는 각각 그 공적을 따라 표창도 하고 대우도 하여 줄 것이니라.

'공도자 숭배'에서 공도자 숭배의 조목을 보면 다음과 같다.

공도자 숭배의 조목

1. 공도 사업의 결함 조목이 없어지는 기회를 만난 우리는 가정 사업과 공도 사업을 구분하여, 같은 사업이면 자타의 국한을 벗어나 공도 사업을 할 것이요,
2. 대중을 위하여 공도에 헌신한 사람은 그 노력한 공적에 따라 노쇠하면 봉양하고, 열반 후에는 상주가 되어 상장喪葬을 부담하며, 영상과 역사를 보관하여 길이 기념할 것이니라.

여기에서는 실천해야 할 조목을 소개하였지만 『정전』 원문에 보면 사요 각 항목마다 과거 결함 조목을 일일이 제시한 후 다시 이를 실천할 항목을 열거한바 이는 구체적으로 실천하도록 권선하고 장려하였음을 알 수 있다.

대산 종사는 "지은보은하면 사은이 곧 복전이 되고 배은망덕하면 사은이 곧 죄전이 되므로 부처님께서는 처처불상의 도를 믿고 깨달아서 사사물물에 불공하시느니라." 하였으며 정산 종사는 "자력 양성은 자력과 타력을 병행하되 자력을 본위로 하자는 것이 그 주지요, 지자 본위는 지와 우가 근본적으로 차별이 없으나 지자가 선도하게 하자는 것이 그 주지요, 타자녀 교육은 자기 자녀 타자녀를 막론하고 국한 없이 가르쳐서 교육을 융통시키자는 것이 그 주지요, 공도자 숭배는 공과 사를 결함 없이 쌍전하되 공도를 우선으로 하자는 것이 그 주지니라." 하였으니 우리 공부인은 성심성의를 다하여 사은에 보은하고 사요를 실천하여야 할 것이다.

이제까지 사은사요에 대하여 『정전』의 원문과 스승님의 법문에 의지하여 이해해 보았다. 결국 인생의 행할 바 요긴한 길인 사은사요는 우리 공부인에게 마음공부하는데 매우 중요한 가르침일 것이며 자세하고 세밀하게 실천할수록 우리의 공부는 더 깊어질 것이다.

20

낙원 가는 길 2

원불교의 교리는 『원불교 교전』에 있는 『정전』 전체가 해당하는데 여기서 기본교리는 『정전』의 '교의편'에 나와 있는 부분에 한정하고자 한다.

소태산 대종사는 "우리 공부의 요도 삼학三學은 우리의 정신을 단련하여 원만한 인격을 이루는 데에 가장 필요한 법이며, 잠깐도 떠날 수 없는 법이니, 우리의 정신에는 수양·연구·취사의 세 가지 힘이 있어야 살 수 있다." 하고 "공부하는 사람은 세상의 천만 경계에 항상 삼학의 대중을 놓지 말아야 할 것이니, 삼학의 대중이 없으면 사람이 능히 세상을 잘 살아나가기가 어렵다."라고 하였다. 정산 종사는 삼학에 대하여 "공부하지 않는 이에게도 삼학은 있으나 이는 부지중 삼학이요 주견 없는 삼학이요 임시적 삼학이며, 공부인의 삼학은 공부적 삼학이요 법도 있는 삼학이요 간단없는 삼학이라."하고 "불교에도 삼학이 있었으나 불교의 계정혜와 우리의 삼학은 그 범위가 다르나니, 계는 계문을 주로 하여 개인의 지계에 치중하셨지마는 취사는 수신제가 치국평천하의 모든 작업에 빠짐없이 취사케 하는 요긴한 공부며, 혜도 자성에서 발하는 혜에 치중하여 말씀하셨지마는 연구는 모든 일 모든 이치에 두루 알음알이를 얻는 공부며, 정도 선정에 치중하여 말씀하셨지마는 수양은 동정 간에 자성을 떠나지 아니하는 일심 공부라, 만사의 성공에 이 삼학을 벗어나지 못하는 것이니 이 위에 더 원만한 공부길은 없다."라고 하였다. 이어 "우리가 수양 연구 취사의 삼학으로써 공부를 진행하는 바, 결국 수양은 해탈이 표준이 되며, 연구는 대각이 표준이 되며, 취사는 중정中正이 표준이 된다."라면서 또 "신 분 의 성을 마음공부에 들이대면 삼학 공부에 성공하고 사 농 공 상에 들이대면 직업에 성공한다."라고 하였다.

대산 종사는 "삼학 공부로 삼대력을 얻고 보면 정신의 안정과 진리의 밝은 눈을 얻어 영생을 정로正路로 살게 되며, 삼계의 자비 부모가 되고 일체생령을 빠짐없이 제도할 수 있는 큰 능력을 갖추게 될 것이다. 수양 공부를 위해서는 절대 안정하고 흥분하지 말며, 매일 만보 이상 선보禪步를 하고, 연구 공부를 위해서는 심사 묵조深思默照로 바른 지각을 얻고 성현의 경전을 매일 독서하며 심사心師 심우心友와 서로 의견 교환을 하여 진리를 단련하며, 취사 공부를 위해서는 그른 일은 죽기로써 끊고 옳은 일은 죽기로써 실행하며 매사에 신경 쓸 일을 처음부터 짓지 말 것이니, 정당한 목표와 계획을 세우고 1년, 10년, 30년, 대적공을 하는 중에 큰 공부가 이루어진다."라고 하였다.

팔조八條는 여덟 가지 조목이라는 의미로 일원상의 진리를 수행의 표본으로 삼아 삼학 공부를 할 때 공부를 바르게 추진하도록 하는 요긴한 조목이다. 이때 공부를 촉진하는 덕목 네 가지를 진행사조進行四條, 공부에 방해되므로 버려야 할 요목 네 가지를 사연사조捨捐四條라 하며, 이를 모두 합하여 팔조라고 한다.

소태산 대종사는 "처음 발심한 사람이 저의 근기도 잘 모르고 일시적 독공篤工으로 바로 큰 이치를 깨치고자 애를 쓰는 수가 더러 있으나 그러한 마음을 가지면 몸에 큰 병을 얻기 쉽고, 마음대로 되지 않을 때는 퇴굴심退屈心이 나서 수도 생활과 멀어질 수도 있나니 조심할 바이니라. 그러나 혹 한 번 뛰어서 불지佛地에 오르는 도인도 있나니 그는 다생겁래에 많이 닦아 온 최상의 근기요 중·하中下의 근기는 오랜 시일을 두고 공을 쌓고 노력하여야 하나니, 그 순서는 첫째 큰 원이 있은 뒤에 큰 신信이 나고, 큰 신이 난 뒤에 큰 분忿이 나고, 큰 분이 난 뒤에 큰 의심이 나고, 큰 의심이 있은 뒤에 큰 정성이 나고, 큰 정성이 난 뒤에 크게 깨달음이 있으며, 깨달아 아는 것도 한 번에 끝나는 것이 아니라 천통 만통이 있나니라."라고 하여 공부의 순서를 지도하였다.

정산 종사는 제자 이중정李中正에게 글을 주었는데 "큰 원을 발하라. 사를 경영하고 저만 이롭게 함은 이슬 같고 연기 같으니, 부처 되어 중생 건지려 함이 모든 원의 머리니라. 큰 믿음을 세우라. 묘함이 다른 묘함이 없고 보배가 다른 보배가 없으며, 철주의 중심이요 석벽의 외면이니라. 큰 분을 일으키라. 이익을 한 근원에 끊으면 그 공이 백배요, 세 번 주야를 반복하면 그 공이 만 배라 하였나니라. 큰 의심을 품으라. 큰 믿음 아래 큰 의심이 있나니, 일심 이르는 곳에 금석도 뚫리리라. 큰 정성으로 행하라. 진실 되어 거짓 없으면 안과 밖이 둘이 아니요, 시종이 한결 같으면 천지로 공이 같으리라. 일원대도 운전하여 무량 중생 제도하고 영겁 고를 해탈하라."라고 하였다.

대산 종사는 "우리가 정신수양을 하자는 것은 정신이 혼탁하고 미혹해서는 잘 살 수 없는 까닭이다. 우리의 정신에는 아버지인 성품이 있고 아들인 마음이 있고 손자인 뜻이 있나니, 정신은 본래 밉지도 곱지도 크지도 작지도 않은 성품 그대로를 타고났으나 정신의 아들인 마음이 손자인 뜻에게 본성 자리를 빼앗겨 혼탁해지고 미혹해졌으니 우리는 뜻이 마음으로 마음이 정신으로 정신이 성품으로 돌아갈 수 있도록 정신수양에 힘써야 한다."라고 하였다. "정신수양은 마음을 닦아서 맑히자는 것으로 정신의 자주력을 얻자는 것이요 번뇌에 불타는 마음의 불을 끄자는 것이요, 욕심에 도둑맞은 참 마음을 찾아내자는 것이다."라고 하였으며 "정신수양은 마음을 닦고 키우는 공부요, 일심을 모으는 공부요, 기도하는 공부요, 마음을 길들이는 공부요, 마음을 지키는 공부요, 마음을 고요하게 하는 공부요, 생각을 텅 비우는 공부요, 착심을 떼는 공부요, 부동심을 양성하는 공부요, 보림하는 공부"라 하고 "수양을 통해 내정內定과 외정外定을 얻는 것이라. 이는 흐트러진 마음을 멈추고 가라앉히고 닦는 공부를 계속하여 일심을 얻자는 것이며 참된 성품을 기르자는 것이며 그일 그 일에 영단을 뭉쳐 나가자는 것이다. 그러므로 정신수양을 오래오래 계속하면 철주의 중심이 되고 석벽의 외면이 되는 부동심을 얻어 삼세의 업장을 굴리고 다닐 수 있으며, 구경에는 부처님과 같은 큰 정을 얻어 만능을 갖추게 되고 영통을 하게 된다."라고 하였다.

대산 종사는 "사리연구를 할 때는 천조天造의 대소유무와 인간의 시비이해의 진리를 문聞 사思 수修의 계단과 허령虛靈 지각知覺 신명神明의 육순차六順次로 대각문에 든다. 견문見聞은 늘 성경현전聖經賢典을 보고 사제 간師弟間에 훈습하는 가운데 진리를 깨닫게 되고 거듭나는 사람이 된다. 사색思索은 생각에서 생각이 나와 바른 진리를 찾게 되며 영생의 크고 너른 길을 얻게 된다. 수증修證은 보고 듣고 생각하고 닦는 가운데 진리를 깨닫는다. 진리는 깬 사람의 소유물이다[證得]." 하고 "사리연구는 마음을 찾아서 밝히자는 것으로 모든 진리를 궁구하여 깨치자는 것이요 모르는 진리를 배워서 알자는 것이요 밝혀 놓은 참 지혜를 계속해서 닦아 어둡지 않게 하자는 것"이라 하였다. 또 "사리연구는 마음을 찾는 공부요, 스스로 궁구하고 깨치는 공부요, 보고 듣고 말하다가 우연히 깨치는 공부요, 스승이 가르치고 훈습하는 공부요, 실지 체험으로 깨치는 공부요, 심천心天에 지혜의 달이 솟게 하는 공부요, 견성보다 수증修證이 훨씬 어려움을 아는 공부요, 스승의 인가를 얻는 공부요, 스스로 깨닫는 공부요, 대각의 경로를 아는 공부"라 하고 "사리연구는 연구를 통해 일과 이치를 연마하는 것이라. 이는 보고 듣고 사색하고 수증修證하는 공부를 계속하여 알음알이를 얻는 것이며 참된 성품을 보는 것이며 그일 그 일에 바른 깨달음을 얻는 것이다. 그러므로 사리연구를 오래오래 계속하면 대소유무와 시비이해의 이치를 모두 아는 연구력을 얻을 수 있으며, 구경에는 만지萬智를 갖추게 되고 도통을 하게 된다."라고 하였다.

또 "작업취사는 마음을 바르게 잘 쓰자는 것으로 악업을 끊고 선업을 행하자는 것이요 복을 계속해서 새로 짓자는 것이요 지은 복이 계속되도록 하자는 것"이라 하고 "작업취사는 마음을 잘 쓰는 공부요, 유무념 대조하는 공부요, 계율을 잘 지키는 공부요, 육근 동작을 바르게 하는 공부요, 조심하는 공부요, 남에게 유익을 주는 공부요, 겸양하는 공부요, 넉넉한 처사를 본받는 공부요, 중도를 잡는 공부요, 상을 없애는 공부요, 심신을 원만하게 쓰는 공부"라 하였다. 그리고 "작업취사는 취사를 통해 악을 버리고 선을 취하는 것이라, 이는 그른 일은 죽기로써 끊고 옳은 일은 죽기로써 계속하여 실행력을 얻는 것이며 솔성의 힘을 얻어 그일 그 일에 바른 행을 하는 것이다. 이처럼 작업취사를 오래오래 계속하면 중심中心·중도中道·중화中和의 실천력을 얻고 금강과 같은 칼로 삼독심을 제거하는 결단력을 얻을 수 있으며, 구경에 이르러서는 대와 소를 자유자재한 만덕을 갖추게 되고 법통을 하게 될 것"이라고 하였다.

이 삼학팔조의 교리를 일상생활에서 수행하도록 다시 교리의 강령으로 정리한 내용이 '일상 수행의 요법' 1조 2조 3조 4조인 것은 주지의 사실이다. 그 내용을 살펴보면 "1. 심지心地는 원래 요란함이 없건마는 경계를 따라 있어지나니, 그 요란함을 없게 하는 것으로써 자성自性의 정定을 세우자. 2. 심지는 원래 어리석음이 없건마는 경계를 따라 있어지나니, 그 어리석음을 없게 하는 것으로써 자성의 혜慧를 세우자. 3. 심지는 원래 그름이 없건마는 경계를 따라 있어지나니, 그 그름을 없게 하는 것으로써 자성의 계戒를 세우자. 4. 신과 분과 의와 성으로써 불신과 탐욕과 나와 우를 제거하자."이다. 일상 수행의 요법은 마음공부를 처음 시작한 사람부터 법위가 대각여래위에 오른 큰 스승도 함께 공부하여야 하나 그 수준에서는 차이가 날 것이다. 마치 초등학생이 국문을 사용하는 것과 대학원 과정을 마친 박사가 국문을 사용하는 것이 차이가 나는 것과 같다. 경계를 따라 일어나는 그 요란함을 없게 하고 그 어리석음을 없게 하고 그 그름을 없게 하는 방법이 다르므로 처음 공부하는 공부인은 애를 써 가며 억지로 참고 대체하는 공부를 하여 마치 돌로 풀을 누르듯이 할 것이나 힘을 얻은 공부인은 법신불 일원상을 체받아서 '원래 요란함이 없고 어리석음이 없고 그름이 없는' 자리에 회광반조廻光返照하는 한 생각에 '자성의 정과 혜와 계'를 세우기 때문이다.

소태산 대종사는 '일상 수행의 요법'과 함께 삼학 공부를 더욱 세밀히 진행시키기 위하여 상시응용 주의사항 6조와 교당내왕 시 주의사항 6조와 일기법을 두었다고 하였는데 한 제자가 "정전 가운데 상시응용 주의사항 각 조목과 삼학과의 관계는 어떠합니까?"하고 묻는 질문에 대하여 다음과 같이 자세히 설명하고 있다.

"상시응용 주의사항은 곧 삼학을 분해하여 제정한 것이니 5조는 정신수양을 진행시키는 길이요, 2조·3조·4조는 사리연구를 진행시키는 길이요, 1조는 작업취사를 진행시키는 길이요, 육조는 삼학 공부 실행하고 아니한 것을 살피고 대조하는 길"이다. 이어서 또 여쭙기를 "상시응용 주의사항 각 조목을 동·정 두 사이로 나누어 보면 어떻게 되나이까?" 소태산 대종사는 "3조·4조·5조는 정할 때 공부로서 동할 때 공부의 자료를 준비하는 길이 되고, 1조·2조·6조는 동할 때 공부로서 정할 때 공부의 자료를 준비하는 길이 되나니, 서로 서로 도움이 되는 길이며, 일 분 일각도 공부를 놓지 않게 하는 길"이라 하였다.

이어서 또 "상시응용 주의사항과 교당내왕 시 주의사항의 관계는 어떠합니까?" 하고 질문하니 "상시응용 주의사항은 유무식 남녀노소 선악 귀천을 막론하고 인간 생활을 하여 가면서도 상시로 공부할 수 있는 빠른 법이 되고, 교당내왕 시 주의사항은 상시응용 주의사항의 길을 도와주고 알려 주는 법"이라고 말씀 하시어 우리 공부인이 세간을 떠나지 않고 일상생활을 하면서 공부할 수 있고 직업을 가지고 사회생활을 하면서 공부할 수 있도록 공부법을 짜 놓았다.

소태산 대종사에게 "어떠한 것을 큰 도라 이르나이까?"라고 한 제자가 물으니 "천하 사람이 다 행할 수 있는 것은 천하의 큰 도요, 적은 수만 행할 수 있는 것은 작은 도라 하니, 우리의 일원 종지와 사은사요, 삼학팔조는 온 천하 사람이 다 알아야 하고 다 실행할 수 있으므로 천하의 큰 도가 된다."라고 답하고 "지금 세상의 큰 병을 치료하는 큰 방문은 곧 우리 인생의 요도인 사은사요와 공부의 요도인 삼학팔조라, 이 법이 널리 세상에 보급된다면 세상은 자연 결함 없는 세계가 될 것이요, 사람들은 모두 불보살이 되어 다시없는 이상의 천국에서 남녀노소가 다 같이 낙원을 수용하게 되리라."고 하였다.

21

일원상 교리의 기초

소태산 대종사는 대각 후 방언공사를 마치고 법인기도를 하는 기간 중 원기4년(1919) 8월에 휴양처를 물색하다가 김제 금산사에 들러 잠시 머무는 동안 거처하던 송대 별채 방문 위에 일원상을 그려 붙여놓은 일이 있었다. 이는 장차 교법의 종지宗旨인 일원상을 그림으로 그려 보인 최초라고 한다. 그 후 "원기20년(1935) 4월에 익산 총부에 원불교 최초의 대각전大覺殿이 준공되고, 그 정면 불단에 심불 일원상心佛 一圓相이 정식으로 봉안되니, 이는 원불교가 신앙의 체계를 확립하여 종교의 체제를 완전히 갖춘 또 하나의 중대한 사실이었다."라고 『원불교 교사』에서 밝히고 있다.

소태산 대종사는 대각 후 "만유가 한 체성이며 만법이 한 근원이로다. 이 가운데 생멸 없는 도道와 인과보응 되는 이치가 서로 바탕 하여 한 두렷한 기틀을 지었도다."라고 하였다. 여기에서 '한 두렷한 기틀'을 원상圓相으로 표현하고 이를 일원상과 같은 의미로 해석하기도 한다. 교리도에 보면 일원상을 "일원은 법신불이니 우주만유의 본원이요 제불제성의 심인이요 일체중생의 본성이다."라고 짧게 정의하고 있다. 여기에서 일원상과 법신불을 연결해 원불교와 불교의 연결 고리를 만들었으며 나아가 소태산 대종사가 석가모니 부처님을 연원불로 모시는 표현이기도 하다.

원불교의 기본 교리를 사은사요와 삼학팔조로 한정한다면 필자는 원불교의 핵심 교리는 일원상 교리라고 생각한다. 가장 핵심인 일원상과 공부인의 활용에 대하여 설명하고 있는 『대종경』 교의품 3장을 살펴보면 '일원상과 우주만물의 관계가 어떠한가.'라고 설명하고 있다. 서로의 관계를 아는 것이 일원상 교리를 이해하는 기초이다. 소태산 대종사는 당신의 큰아들을 일본의 동양대학 철학과에 보내 공부하도록 하였고 그 아들과의 문답이 여기에 실린 것이다.

일원상과 인간과의 관계가 어떠한지 질문하는 철학을 공부한 아들에게 소태산 대종사는 "우리 회상에서 일원상을 모시는 것은 과거 불가에서 불상을 모시는 것과 같으나, 불상은 부처님의 형체形體를 나타낸 것이요, 일원상은 부처님의 심체心體를 나타낸 것이므로, 형체라 하는 것은 한 인형에 불과한 것이요, 심체라 하는 것은 광대 무량하여 능히 유와 무를 총섭하고 삼세를 관통하였다."라고 설명하였다. 유와 무를 총섭함은 공간적으로 완벽하며 과거 현재 미래의 삼세를 관통함은 시간상으로 완성됨을 의미하므로 일원상은 공간과 시간상으로 설내적인 완전체라는 뜻이다.

이어서 "일원상은 천지 만물의 본원이며 언어도단의 입정처入定處라, 유가에서는 이를 일러 태극太極 혹은 무극無極이라 하고, 선가에서는 이를 일러 자연 혹은 도라 하고, 불가에서는 이를 일러 청정 법신불이라 하였으나, 원리에서는 모두 같은 바로서 비록 어떠한 방면 어떠한 길을 통한다고 할지라도 최후 구경에 들어가서는 다 이 일원의 진리에 돌아가나니, 만일 종교라 이름하여 이러한 진리에 근원을 세운 바가 없다면 그것은 곧 사도邪道라, 그러므로 우리 회상에서는 이 일원상의 진리로써 우리의 현실 생활과 연락시키는 표준으로 삼았으며, 또는 신앙과 수행의 두 문을 밝히었다."라고 하였다.

일원상을 설명하면서 어느 때는 일원이라 하고 어느 때는 일원상이라 하는지 모르는 사람에게는 이해되지 않는 어려운 문제이다. 말이 끊어져 무어라 표현할 수 없으나 천지 만물의 근원인 한 물건 곧 궁극적 실체를 표현하는 말을 소태산 대종사는 '일원'이라 하고 그 상징 내지 표현을 원을 그려놓고 '일원상'이라 부른다. 정산 종사는 "일원상은 우주만물 허공법계와 진리불의 도면이니, 견성 성불하는 화두요, 진리 신앙하는 대상이요, 일상 수행하는 표준이다."라고 하였다.

중요한 것은 일원상으로 상징되는 일원의 진리에 대하여 먼저 깨달아 알고 있는지 모르는지가 관건이다. 소태산 대종사는 공부인이 도를 알아가는 것이 마치 어린아이가 철이 들어가는 것과 같다고 말하였다. 『대종경』 부촉품 14장에 보면 소태산 대종사의 마지막 법문이 있다. 그 내용 가운데 "사람이 아주 어릴 때는 가장 가까운 부모 형제의 내역과 촌수도 잘 모르고 그에 대한 도리는 더욱 모르고 지내다가 차차 철이 나면서 그 내역과 촌수와 도리를 알게 되는 것같이, 공부인들이 미迷한 때는 불보살 되고 범부 중생 되는 내역이나 자기와 천지 만물의 관계나 각자 자신 거래의 길도 모르고 지내다가 차차 공부가 익어 가면서 그 모든 내역과 관계와 도리를 알게 되나니, 그러므로 우리가 도를 알아 가는 것이 마치 철없는 아이가 차차 어른 되어 가는 것과 같다."라고 하였다.

앞의 법문과 연결하여 생각해 볼 수 있는 내용이 『정전』의 '일원상 법어'이다. "이 원상圓相의 진리를 각覺하면 시방 삼계가 다 오가吾家의 소유인 줄을 알며, 또는 우주 만물이 이름은 각각 다르나 둘이 아닌 줄을 알며, 또는 제불·조사와 범부·중생의 성품인 줄을 알며, 또는 생·노·병·사의 이치가 춘·하·추·동과 같이 되는 줄을 알며, 인과보응의 이치가 음양상승陰陽相勝과 같이 되는 줄을 알며, 또는 원만구족한 것이며 지공무사한 것인 줄을 알리로다." 하고 "이 원상은 눈과 귀와 코와 입과 몸과 마음을 사용할 때에 쓰는 것이니 원만구족한 것이며 지공무사한 것이로다."라고 하여 진리를 활용하는 것에 대하여 설명하고 있다.

여기에서 '시방 삼계가 다 오가의 소유인 줄을 알며, 또는 우주 만물이 이름은 각각 다르나 둘이 아닌 줄을 아는 것'은 나와 천지 만물의 관계를 아는 것이고, '제불·조사와 범부·중생의 성품인 줄을 아는 것'은 불보살 되고 범부 중생되는 내역을 아는 것이며, '생·노·병·사의 이치가 춘·하·추·동과 같이 되는 줄을 알며, 인과보응의 이치가 음양상승陰陽

相勝과 같이 되는 줄을 알며, 또는 원만구족한 것이며 지공무사한 것인 줄을 아는 것'은 각자 자신 거래의 길을 아는 것으로 이러한 내용을 알게 되면 이 원상의 진리를 깨달은 것이 될 것이므로 오도悟道 즉 도를 깨달은 것이다. 소태산 대종사는 과거칠불의 게송 해석함을 들으며 "크나큰 솥의 국물을 다 마셔 보아야 그 솥의 국 맛을 아는 것이 아니다. 이 칠불의 게송만 철저히 알아 두면 수만 경서의 뜻을 능히 알 수 있으니, 머리 아프고 눈 어지럽게 팔만장경을 다 볼 것이 무엇이리오."라고 하였다.

『정전』 '교의편'에 보면 '일원상 법어' 다음에 '게송'이 있는데 이 게송은 소태산 대종사의 전법 게송으로 소태산 대종사는 법을 한 사람에게만 전하는 단전單傳이 아니라 받아 갈 수 있으면 누구에게나 전하는 공전公傳을 한다고 하였다. 게송은 "유有는 무無로 무는 유로 돌고 돌아 지극至極하면 유와 무가 구공俱空이나 구공 역시 구족具足이라."고 발표하였다. 소태산 대종사는 게송偈頌을 내리고 "옛 도인들은 대개 임종 당시에 바쁘게 전법 게송을 전하였으나 나는 미리 그대들에게 이를 전하여 주며, 또는 몇 사람에게만 비밀히 전하였으나 나는 이와 같이 여러 사람에게 고루 전하여 주노라. 그러나 법을 오롯이 받고 못 받는 것은 그대들 각자의 공부에 있나니 각기 정진하여 후일에 유감이 없게 하라."라고 하였다.

또 소태산 대종사는 1943년 53세를 일기로 열반에 들기 2년 전인 1941년에 게송을 발표하고 다음과 같이 설명하였다. "유有는 변하는 자리요 무無는 불변하는 자리나, 유라고도 할 수 없고 무라고도 할 수 없는 자리가 이 자리며, 돌고 돈다, 지극하다고 하였으나 이도 또한 가르치기 위하여 강연히 표현한 말에 불과하나니, 구공이다, 구족하다를 논할 여지가 어디 있으리오. 이 자리가 곧 성품의 진체이니 사량으로 이 자리를 알아내려 말고 관조로써 이 자리를 깨쳐 얻으라." 여기에서 주목할 단어는 '자리'라는 말로 차원이 다른 세계를 상징적으로 표현하고 있다고 생각된다.

소태산 대종사는 선원에서 송도성의 과거칠불七佛의 전법 게송을 해석하는 자리에서 칠불의 게송을 차례로 해석하여 제7 석가모니불에 이르러 "법은 본래 무법無法에 법하였고 무법이란 법도 또한 법이로다. 이제 무법을 부촉할 때에 법을 법하려 하니 일찍이 무엇을 법할꼬." 하거늘, "본래에 한 법이라고 이름 지을 것도 없지마는 하열한 근기를 위하여 한 법을 일렀으나, 그 한 법도 참 법은 아니니 이 게송의 참뜻만 깨치면 천만 경전을 다 볼 것이 없으리라."고 하였다.

소태산 대종사는 과거 불조의 역사와 전법 게송 설명함을 듣고 말하는 가운데 "그분들의 역사를 들을 때는 용이하게 정법의 스승을 만나서 일시에 별 고생 없이 성불하고 무상대도를 증득한 것같이 경홀히 알 사람도 있을 것이다. 그러나 글씨 하나만 잘 쓴다는 말을 듣기로 하여도 평생 정력을 쌓아야 하거든 하물며 무상 대도일까 보냐. 그러므로 불가에 대법기를 이루는 데에는 두 가지 경로가 있으니, 하나는 견성을 하여 성품과 같이 양성을 하는 것이요, 둘은 법과 마를 구분하여 법강항마를 하는 길이다. 십지행록十地行錄을 보면 부처님 같으신 근기로도 다생을 통하여 인욕 정진을 하시어 일체 마군을 항복 받으셨다고 한다. 이처럼 견성하는 길과 항마하는 길을 알아서 꾸준히 공부하는 사람은 아는 것도 날이 새는 것같이 점진적으로 밝아지다가 해가 중천에 오르면 만상이 자연히 밝아지듯 될 것이며, 마군도 물러가는 줄 모르게 꼬리를 감추게 될 것이다. 밝음이 나면 어둠은 물러가고, 마군이 항복하면 정법이 설 것이니, 이 순서를 아는 사람은 안심하고 꾸준히 정진만 할 것이다."라고 하였다.

필자는 대학에 다니면서『정전』의 '무시선법'과 '참회문'을 낭랑한 목소리로 즐겨 읽다가 의문이 들었다. '무시선법'에서는 "사람이 만일 선을 오래오래 계속하여 모든 번뇌를 끊고 마음의 자유를 얻은즉"이라 하였고 '참회문'에서는 "공부인이 성심으로 참회 수도하여 적적성성한 자성불을 깨쳐 마음의 자유를 얻고 보면"이라고 하였는데 왜 마음의 자유를 얻는 방법이 다르며 어떻게 다른가 하는 것이었다. 40여 년이 지난 어느 날 과거칠불 전법 게송을 설명하는 가운데 법기를 이루는 데 견성의 길과 항마의 길이 있다는 법문을 접하고 아하! 그렇구나 하고 소리쳤다. '모든 번뇌를 끊고 마음의 자유를 얻은 것은 항마의 길이고 적적성성한 자성불을 깨쳐 마음의 자유를 얻은 길은 견성의 길이구나.' 하고 이해되었다. 그렇다면 원불교 마음공부하는 법은 이 두 가지 길 가운데 어떤 길일까? 소태산 대종사 '앞으로 견성은 집에서 다 하고 성불하려 스승을 찾아올 것이다.'라고 한 말씀이 새롭다.

'공부인의 아름다운 모습' 가운데 '서원하는 모습'에서 공부하였던 '일원상 서원문'은 거기에서 서원하는 부분에 대하여 다뤘기 때문에 여기에서 일원상의 내역 부분에 대하여 다시 한번 더 살펴보겠다. 처음 소태산 대종사가 발표할 당시의 제목은 '심불心佛 일원상 내역급 서원문'이었듯이 '일원상 서원문'에는 먼저 일원상을 간단명료하게 설명하고 있다.

'일원상 서원문'의 시작은 '일원'으로 시작하는 데에 눈여겨 보아야 한다. 일원은 진리의 이름이고 일원상은 도형으로 일원을 상징한 것이다. 마치 필자를 설명하는 데 이름은 최경도이고 도형은 초상화나 사진 등인 것처럼 천지 만물의 근원인 실체는 보이지 않고 이름과 그림 또는 조형물이 있는 것이다. 필자를 아는 사람은 이름만 들어도 알 수 있으나 모르는 사람에게는 사진을 보여 주면 알 수 있듯이 '일원상'은 소태산 대종사께서 '일원'이라고 이름 지어 부르는 진리의 사진이다.

정산 종사는 "사람도 보지 못한 사람을 이름으로만 있다고 일러주면 허허해서 알기가 어려우나 사진으로 보여 주면 더 절실히 알게 되는 것같이 대종사께서는 일원상으로 진리 그 당체의 사진을 직접 보여 주셨으므로 학인들이 그 지경을 더위잡기가 훨씬 편리하게 되었다. 일원상은 곧 진리 전체의 사진이니, 이 진리의 사진으로써 연구의 대상으로 삼고 정성을 쌓으면 누구나 참 진리 자리를 쉽게 터득할 것이다."라고 하였다.

지금 글을 쓰고 있는 최경도를 설명할 때 키 몸무게 나이 등 필자를 구성하고 있는 개념 하나하나를 열거하듯이 일원을 설명하고 있는 것이 언어도단言語道斷의 입정처入定處이며, 유무 초월의 생사문生死門이며, 천지·부모·동포·법률의 본원이며, 제불·조사·범부·중생의 성품이다. 그런데 이 일원은 능히 불변하기도 하고 능히 변하기도 하여 변하지 않는 면으로 보면 상주불멸로 여여자연如如自然하여 무량세계를 전개하였으며 변하는 쪽으로 보면 우주의 성주괴공成住壞空과 만물의 생로병사生老病死와 사생四生의 심신작용을 따라 육도六途로 변화를 시켜 혹은 진급으로 혹은 강급으로 혹은 은생어해恩生於害로 혹은 해생어은害生於恩으로 무량세계를 전개한 것이다. 자세히 설명하자면 무량세계를 유상으로 혹은 무상으로 보는 관점에 따라 다르게 됨을 설명하고 있다. 이다음 부분은 서원하는 내용으로 "우리 어리석은 중생은 이 법신불 일원상을 체받아서 심신을 원만하게 수호하는 공부를 하며, 또는 사리를 원만하게 아는 공부를 하며, 또는 심신을 원만하게 사용하는 공부를 지성으로 하여 진급이 되고 은혜는 입을지언정, 강급이 되고 해독은 입지 아니하기로써 일원의 위력을 얻도록까지 서원하고 일원의 체성體性에 합하도록까지 서원함."이라고 하고 있어 삼학 공부를 통하여 일원의 위력을 얻고 일원의 체성에 합하자는 것이다.

원불교를 대표하는 경문이 '일원상 서원문'이라면 불교에서 가장 많이 독송하는 경문이 『반야바라밀다심경』일 것이다. '일원상 서원문'이 심불心佛 즉 궁극적 실체에 대한 존재론적 설명과 서원이 중심이라면 『반야바라밀다심경』은 궁극적 실제에 대한 연기론적 설명과 해탈이 중심이다. 대산 종사는 "일원상 서원문은 심불心佛 전에 불과佛果를 얻으려는 간절하고도 지극한 원을 세우고 법계에 그 서약을 올리는 경문이라, 그 지극한 원력이 시방에 충만하면 큰 불과를 얻게 되어 결국 천지 같은 무궁한 도덕을 갊아 한량없는 광명과 수명과 덕행을 갖추게 된다."라고 하였다.

22

일원상의 진리, 신앙, 수행

원불교의 핵심 교리인 일원상 교리를 조금 쉽게 이해하기 위하여 먼저 '일원상 법어'와 '게송' 그리고 '일원상 서원문'에 대하여 살펴보았다. 이제는 일원상 교리의 본론인 일원상의 진리와 신앙 그리고 수행에 대하여 생각해볼 차례이다.

'새 세상의 산 종교인 원불교는 무엇을 믿고 어떻게 수행하는가?' 하는 질문은 일반적으로 누구나 할 수 있다. 이 질문에 대하여 원불교는 진리를 믿고 진리를 수행의 표본으로 하여 진리의 위력을 얻고 진리의 체성에 합하도록 까지 수행한다고 할 수 있다. 그러나 진리라는 단어가 보통 사람에게는 너무 막연하다. 그렇다면 진리가 무엇일까? 소태산 대종사는 우주 자연 천지 만물을 존재하게 하고 이를 운용하는 원리를 곧 진리라 하고 이의 이름을 일원이라 하였다. 그래서 원불교에서는 진리 앞에 일원이라는 단어를 붙여서 일원의 진리라고 하고 그 진리의 사진을 동그라미인 원상을 그려놓고 그 이름을 일원상이라고 하였다. 그러므로 일원의 진리와 일원상의 진리는 같은 내용을 조금 차이 나게 표현하였으니 일원은 이름이요 일원상은 그 진리의 사진이다. 소태산 대종사는 "도형圖形으로 그려진 저 일원상 자체에 그러한 진리와 위력과 공부법이 그대로 갊아 있다는 것입니까."라고 질문하는 제자에게 "저 원상은 참 일원을 알리기 위한 한 표본이라, 비하건대 손가락으로 달을 가리킴에 손가락이 참 달은 아닌 것과 같다. 그런즉 공부하는 사람은 마땅히 저 표본의 일원상으로 인하여 참 일원을 발견하여야 할 것이며, 일원의 참된 성품을 지키고, 일원의 원만한 마음을 실행하여야 일원상의 진리와 우리의 생활이 완전히 합치되리라."라고 하였다.

『정전』 제2 교의편 제1절 '일원상'에 보면 처음에 '일원상의 진리'가 있다.

> 일원一圓은 우주 만유의 본원이며, 제불 제성의 심인이며, 일체중생의 본성이며, 대소유무大小有無에 분별이 없는 자리며, 생멸 거래에 변함이 없는 자리며, 선악 업보가 끊어진 자리며, 언어 명상言語名相이 돈공頓空한 자리로서 공적영지空寂靈知의 광명을 따라 대소유무에 분별이 나타나서 선악 업보에 차별이 생겨나며, 언어 명상이 완연하여 시방 삼계十方三界가 장중掌中에 한 구슬같이 드러나고, 진공 묘유의 조화는 우주 만유를 통하여 무시광겁無始曠劫에 은현자재隱顯自在하는 것이 곧 일원상의 진리니라.

정산 종사는 "일원상의 원리는 모든 상대가 끊어져서 말로써 가히 이르지 못하며 사량으로써 가히 계교하지 못하며 명상으로써 가히 형용하지 못 할지라 이는 곧 일원의 진공체眞空體요, 그 진공한 중에 또한 영지 불매하여 광명이 시방을 포함하고 조화가 만상을 통하여 자재하나니 이는 곧 일원의 묘유요, 진공과 묘유 그 가운데 또한 만법이 운행하여 생멸 거래와 선악 과보가 달라져서 드디어 육도 사생으로 승급 강급 하나니 이는 곧 일원의 인과인 바, 진공과 묘유와 인과가 서로 떠나지 아니하여 한 가지 일원의 진리가 된다. 대종사께서 이 일원상으로써 교리의 근원으로 삼아 모든 공부인으로 하여금 이를 신앙하게 하고 이를 연구하게 하며 이를 수행하게 하신 것은 곧 계단을 초월하여 쉽게 대도에 들게 하고 깊은 이치를 드러내어 바로 사물에 활용케 하심이니, 그러므로, 진리를 구하는 이가 이외에 다시 구할 곳이 없고 도를 찾는 이가 이외에 다시 찾을 길이 없으며 그밖에 일체 만법이 이외에는 다시 한 법도 없다."라고 하였다.

대산 종사는 "우리가 법신불 일원상을 봉안하는 뜻은 첫째는 마음의 고향인 일원의 진리에 돌아가자는 것이니, 이 자리는 우주 만유의 근본이요 제불 제성이 왕래하는 적멸 궁전으로 대종사께서는 이를 '무무역무무 비비역비비無無亦無無 非非亦非非'라 하셨습니다. 불보살 성인들은 일 있을 때는 일을 하시고 일 없을 때는 마음의 고향인 자성 자리로 돌아가나니, 우리도 교당에 일원상을 봉안하듯 각자의 육신 법당에 마음 부처님을 잘 모시고 살아야 할 것입니다. 둘째는 일원의 진리 자리인 마음의 거울에 비추어 보자는 것이니, 이 자리는 원근 친소가 끊어지고 너와 내가 없는 자리인지라, 늘 회광 반조하여 마음의 달이 솟고 지혜의 달이 솟고 성품의 달이 솟아 그 빛이 시방세계를 두루 비추게 하자는 것입니다. 셋째는 일원의 진리 자리에서 마음의 꽃을 피우자는 것이니, 이 꽃은 일체생령이 다 같이 복의 열매를 맺게 하는 꽃이라, 세존께서는 우담발화를, 공자께서는 도의 꽃을, 대종사께서는 일원의 꽃을 피우셨습니다. 그러므로 우리는 법신불 일원상을 모시고 자성과 본성과 불성으로 돌아가서 마음의 달, 지혜의 달, 성품의 달이 솟아나게 하여 온 세상에 우담발화·도화·일원화가 활짝 피어나게 해야 할 것입니다."라고 하며 여러 가지 비유를 통하여 더 친근하게 설명하였다.

'원불교에서는 무엇을 믿습니까?' 하고 묻는다면 '일원상의 진리'를 믿는다고 할 것이나 정확히 표현한다면 '법신불 일원상'을 신앙의 대상으로 한다고 할 것이다. 『정전』 총서편 '교법의 총설'에 보면 "우리는 우주 만유의 본원이요, 제불제성의 심인心印인 법신불 일원상을 신앙의 대상과 수행의 표본으로 모시고, 천지·부모·동포·법률의 사은四恩과 수양·연구·취사의 삼학三學으로써 신앙과 수행의 강령을 정하였으며, 모든 종교의 교지敎旨도 이를 통합 활용하여 광대하고 원만한 종교의 신자가 되자는 것이다."라고 하였다.

『정전』 '일원상의 신앙'에 보면 "일원상의 진리를 우주 만유의 본원으로 믿으며, 제불제성의 심인으로 믿으며, 일체중생의 본성으로 믿으며, 대소유무에 분별이 없는 자리로 믿으며, 생멸 거래에 변함이 없는 자리로 믿으며, 선악 업보가 끊어진 자리로 믿으며, 언어명상이 돈공한 자리로 믿으며, 그 없는 자리에서 공적영지의 광명을 따라 대소유무에 분별이 나타나는 것을 믿으며, 선악 업보에 차별이 생겨나는 것을 믿으며, 언어 명상이 완연하여 시방 삼계가 장중에 한 구슬같이 드러나는 것을 믿으며, 진공 묘유의 조화는 우주 만유를 통하여 무시광겁에 은현자재하는 것을 믿는 것이 곧 일원상의 신앙이니라."고 하였다.

원불교에서는 일원의 진리를 믿는다 할 것이나 이 진리를 간단히 요약하여 말한다면 "생멸 없는 도와 인과보응 되는 이치"이니 이를 믿는다고 할 것이다. 이렇게 진리를 믿는다고 하면 이는 보이지 않으므로 이를 형상화하여 부처님의 심체인 법신불 일원상을 믿는다고 하고 신앙처를 보여주기 위하여 일원상을 조성하여 봉안한 것이다. 나아가 신앙의 강령은 천지 부모 동포 법률의 사은에 대해 보은이라 하였다.

"일원상의 신앙은 어떻게 하나이까?" 하고 묻는 제자에게 소태산 대종사는 "일원상을 신앙의 대상으로 하고 그 진리를 믿어 복락을 구하나니, 일원상의 내역을 말하자면 곧 사은이요, 사은의 내역을 말하자면 곧 우주 만유로서 천지 만물 허공 법계가 다 부처 아님이 없나니, 우리는 어느 때 어느 곳이든지 항상 경외심을 놓지 말고 존엄하신 부처님을 대하는 청정한 마음과 경건한 태도로 천만 사물에 응할 것이며, 천만 사물의 당처에 직접 불공하기를 힘써서 현실적으로 복락을 장만할지니, 이를 몰아 말하자면 편협한 신앙을 돌려 원만한 신앙을 만들며, 미신적 신앙을 돌려 사실적 신앙을 하게 한 것이다."라고 하였다.

정산 종사는 "일원상을 신앙하자는 것은 자기의 마음이 곧 부처이며 자기의 성품이 곧 법인 것을 확인하자는 것이요, 인과의 묘리가 지극히 공변되고 지극히 밝아서 가히 속이지 못하며 가히 어기지 못할 것을 신앙하자는 것이요, 죄복 인과를 실지 주재하는 사은의 내역을 알아 각각 그 당처를 따라 실제적 신앙을 세우고 일을 진행하자는 것이요, 곳곳이 부처요 일일이 불공이라는 너른 신앙을 갖자는 것이니, 이는 곧 진리를 사실로 신앙하는 길이라, 능히 자력을 양성하고 타력을 바르게 받아들여 직접 정법 수행의 원동력이 되게 하신 것이다."라고 하였다.

"원불교에서는 어떻게 수행하는가?" 하고 묻는다면 "우리는 우주 만유의 본원이요, 제불제성의 심인心印인 법신불 일원상을 수행의 표본으로 모시고, 수양·연구·취사의 삼학三學으로써 수행의 강령을 정하였으며, 모든 종교의 교지敎旨도 이를 통합 활용하여 광대하고 원만한 종교의 신자가 되자는 것이다."라는 내용을 반복하여 대답할 것이다. 『정전』 '일원상의 수행'에 보면 "일원상의 진리를 신앙하는 동시에 수행의 표본으로 삼아서 일원상과 같이 원만구족圓滿具足하고 지공무사至公無私한 각자의 마음을 알자는 것이며, 또는 일원상과 같이 원만구족하고 지공무사한 각자의 마음을 양성하자는 것이며, 또는 일원상과 같이 원만구족하고 지공무사한 각자의 마음을 사용하자는 것이 곧 일원상의 수행이다."라고 하였다.

"일원상의 수행은 어떻게 하나이까?" 하고 묻는 제자에게 소태산 대종사는 "일원상을 수행의 표본으로 하고 그 진리를 체받아서 자기의 인격을 양성하나니 일원상의 진리를 깨달아 천지 만물의 시종 본말과 인간의 생·노·병·사와 인과보응의 이치를 걸림 없이 알자는 것이며, 또는 일원과 같이 마음 가운데에 아무 사심私心이 없고 애욕과 탐착에 기울고 굽히는 바가 없이 항상 두렷한 성품 자리를 양성하자는 것이며, 또는 일원과 같이 모든 경계에 대하여 마음을 쓸 때 희·로·애·락과 원·근·친·소에 끌리지 아니하고 모든 일을 오직 바르고 공변되게 처리하자는 것이니, 일원의 원리를 깨닫는 것은 견성見性이요, 일원의 체성을 지키는 것은 양성養性이요, 일원과 같이 원만한 실행을 하는 것은 솔성率性인 바, 우리 공부의 요도인 정신수양·사리연구·작업취사도 이것이요, 옛날 부처님의 말씀인 계·정·혜戒定慧 삼학도 이것으로써, 수양은 정이며 양성이요, 연구는 혜며 견성이요, 취사는 계며 솔성이라, 이 공부를 지성으로 하면 학식 있고 없는 데에도 관계가 없으며 총명 있고 없는 데에도 관계가 없으며 남녀노소를 막론하고 다 성불함을 얻는다."라고 하였다.

정산 종사는 "일원의 수행은 일원의 진리를 그대로 수행하자는 것이니, 그 방법은 먼저 일과 이치를 아는 공부를 하되 그 지엽에만 그치지 말고 바로 우리 자성의 근본 원리와 일원대도의 전모를 원만히 증명하자는 것이요, 다만 아는 데에만 그칠 것이 아니라 또한 회광 반조하여 그 본래 성품을 잘 수호하자는 것이요, 다만 정定에만 그칠 것이 아니라 천만 사물을 접응할 때에 또한 일원의 도를 잘 운용하자는 것이니, 이 세 가지 공부는 곧 일원의 체와 용을 아울러 닦는 법이라 할 것이다."라고 하였다.

소태산 대종사는 "일원의 진리를 요약하여 말하자면 곧 공空과 원圓과 정正이니, 양성에 있어서는 유무 초월한 자리를 관하는 것이 공이요, 마음의 거래 없는 것이 원圓이요, 마음이 기울어지지 않는 것이 정이며, 견성에 있어서는 일원의 진리가 철저하여 언어의 도가 끊어지고 심행처가 없는 자리를 아는 것이 공空이요, 지량知量이 광대하여 막힘이 없는 것이 원이요, 아는 것이 적실하여 모든 사물을 바르게 보고 바르게 판단하는 것이 정이며, 솔성에 있어서는 모든 일에 무념행을 하는 것이 공이요, 모든 일에 무착행을 하는 것이 원이요, 모든 일에 중도행을 하는 것이 정正이다."라고 하였다. 이는 연구와 수양과 취사의 삼학 수행에서 견성 양성 솔성으로 연구력 수양력 취사력의 삼대력을 얻어 도달하여야 할 수준을 제시한 것이니 공부인의 인격 완성 목표라 할 것이다.

텅 빈 공空과 두렷한 원圓과 바른 정正이 일원의 진리를 나타내는 세 가지 속성이라면 이를 수양에 있어서, 연구에 있어서, 취사에 있어서 각각 그 경지를 정의定義한 공 원 정 법문이야말로 공부인들이 마음공부하여 부처의 인격을 이루는 최종 목표일 것이다. 이 아홉 가지 경지를 말이나 글로 설명을 들어 이해하는 것도 중요하나 실지로 각자의 수행을 통하여 관조로써 체득하고 실천하는 일이 매우 중요할 것이다. 먼저 많이 독송하여 그 뜻을 이해하여 '아하, 그렇구나!' 하는 감탄사가 나온다면 그리고 실생활에서 무념행 무착행 중도행을 나툴 수 있으면 그는 부처와 더불어 손잡고 함께 할 것이며 공 원 정 법문과 견성 양성 솔성 법문을 연계시키는 것은 견성 이후 양성과 솔성 공부를 하여 보림함축하는 공부길을 지도한 것이다.

일원상의 진리는 일원상과 천지 만물의 관계를 설명한 것이 되므로 원불교의 신앙을 한마디로 하자면 일원상 신앙이요 원불교의 수행은 일원상 수행이라 할 것이다. 일원상의 신앙과 일원상 수행이 원불교 신행 생활하는 바른길이요 지름길이다. 일원상 신앙은 그 진리를 믿어 복락을 구하는 것이요, 일원상 수행은 그 진리를 체받아서 각자의 인격을 양성하자는 것으로 그 구체적인 신앙의 강령은 사은에 대한 보은이며 보은은 바로 불공이므로 당하는 경계마다 부처인 처처불상과 일일이 하는 불공법인 사사불공이 복락을 구하는 길이다. 또 구체적인 수행의 강령은 수양 연구 취사 삼학으로 때 없는 마음공부인 무시선과 곳곳이 선방인 무처선으로 언제 어디서나 마음공부하여 마음의 자유를 얻어 각자의 인격을 양성하는 길이다.

소태산 대종사는 "도가에 세 가지 어려운 일이 있으니, 하나는 일원의 절대 자리를 알기가 어렵고, 둘은 일원의 진리를 실행에 부합시켜서 동과 정이 한결같은 수행을 하기가 어렵고, 셋은 일원의 진리를 일반 대중에게 간명하게 깨우쳐 알려 주기가 어렵다."라고 하였다. 이어서 "그러나 수도인이 마음을 굳게 세우고 한번 이루어 보기로 정성을 다하면 아무리 어려운 일이라도 쉬운 일이 될 것이요, 아무리 쉬운 일이라도 안 하려는 사람과 하다가 중단하는 사람에게는 다 어려운 일이 된다."라고 하였다.

내산 종사는 "신앙의 대상이요 수행의 표본인 법신불 일원상은 각 종교의 진리를 통섭한 것이라, 이 자리는 진여眞如요 무극無極이요 심불心佛이요 만물의 고향으로, 그 안에는 무궁한 묘리와 무궁한 보물과 무궁한 조화가 가득 갊아 있어 삼라만상을 드러냈다 감추었다 한다. 하지만 이는 깨친 사람의 보물이요 지키고 잘 쓰는 사람의 물건이라, 끝까지 구하면 얻어지고 진심으로 원하면 이루어지고 정성껏 노력하면 반드시 되나니, 하려고 하는 사람에게는 진리도 양보하고 맡기느니라."라고 하였다.

우리 공부인은 둥글고 밝은 빛인 일원상에 대하여 간절하게 하신 말씀에 귀 기울여야 할 것이다. 정산 종사는 "진리를 구하는 이가 이외에 다시 구할 곳이 없고 도를 찾는 이가 이외에 다시 찾을 길이 없으며 그밖에 일체 만법이 이 외에는 다시 한 법도 없다."라고 한 말과 소태산 대종사는 "수도인이 마음을 굳게 세우고 한 번 이루어 보기로 정성을 다하면 아무리 어려운 일이라도 쉬운 일이 될 것이요, 아무리 쉬운 일이라도 안 하려는 사람과 하다가 중단하는 사람에게는 다 어려운 일이 된다."라고 한 말과 대산 종사는 "끝까지 구하면 얻어지고 진심으로 원하면 이루어지고 정성껏 노력하면 반드시 되나니, 하려고 하는 사람에게는 진리도 양보하고 맡긴다."라고 한 말에 힘입어 일원상의 진리 곧 허공 법계를 완전히 자기 소유로 이전 증명을 낸 공부인이 되어야 할 것이다.

23

마음이 편안해지는 염불

처음 읽는 사람이 쉽게 읽어가는 『정전』, '정신개벽의 노래' 제4과정인 '낙원 가는 길'에 이어 제5과정인 '저절로 될 때까지' 하게 되는 염불과 좌선 그리고 의두 요목에 관하여 공부하자.

『정전』의 목차를 보면 소태산 대종사는 '~ 법'이라는 제목을 많이 사용하고 있음을 볼 수 있다. '~ 법'으로 끝나는 제목은 『정전』 제3 '수행편'에 대부분 속해 있다. '일상 수행의 요법, 정기 훈련법, 상시 훈련법, 염불법, 좌선법, 일기법, 무시선법, 불공하는 법, 병든 사회와 그 치료법, 영육쌍전법' 등 열 개 항목이 있으며 '최초법어'의 소제목에 '수신의 요법, 제가의 요법, 강자 약자 진화상 요법, 지도인으로서 준비할 요법' 네 가지가 있어서 합하면 열네 가지에 '법'이라는 글자가 포함되어 있음을 찾아볼 수 있다. 『정전』이라는 의미도 바른 법이라는 뜻으로 법 전典 자를 사용하고 있고 열네 개 항목의 법의 의미도 수행상 지켜야 하는 규범임을 알 수 있다. 특히 어떤 제목에는 '~ 요법'으로 이것은 다섯 군데에서 사용하고 있다. 이 의미는 '요긴한 법'으로 법 가운데에서도 중요하게 강조하고 있음을 의미한다고 볼 수 있다. 이상에서 말한 '~ 법'이라는 단어가 들어가는 내용을 조금 재미있게 식당의 음식에 비교해보면 5가지에 해당하는 '~ 요법'은 다 만들어져 바로 먹을 수 있고 누구나 일상으로 먹어야 하는 밥과 국 같은 일반음식에 비유할 수 있으며, '~ 법'은 갖가지 반찬에 해당한다고 할 수 있다.

'염불법'에도 법 자가 들어있음을 볼 수 있다. 염불하는 방법만이 아닌 염불법으로 염불의 원리와 방법과 공덕 등을 함께 다루고 있다. 소태산 대종사는 "재래 사원에서는 염불종念佛宗은 언제나 염불만 하고, 교종敎宗은 언제나 간경看經만 하며, 선종禪宗은 언제나 좌선만 하고, 율종律宗은 언제나 계戒만 지키면서, 같은 불법 가운데 서로 시비 장단을 말하고 있으나 그것은 다 계·정·혜 삼학의 한 과목들이므로 우리는 이것을 병진하게 하되, 매일 새벽에는 좌선을 하게 하고, 낮과 밤에는 경전·강연·회화·의두·성리·일기·염불 등을 때에 맞추어서 하게 하여, 이 여러 가지 과정으로 고루 훈련하나니, 누구든지 이대로 정진한다면 재래의 훈련에 비하여 몇 배 이상의 실 효과를 얻을 수 있다."라고 하였다.

『정전』 '염불법'을 보면 비교적 자세히 염불의 의의와 방법과 공덕 그리고 활용에 대하여 밝히고 있다. 먼저 염불의 의의를 살펴보면 "대범, 염불이라 함은 천만 가지로 흩어진 정신을 일념으로 만들기 위한 공부법이요, 순역順逆 경계에 흔들리는 마음을 안정시키는 공부법으로써 염불의 문구인 '나무아미타불南無阿彌陀佛'은 여기 말로 '무량수각無量壽覺에 귀의한다'는 뜻인바, 과거에는 부처님의 신력에 의지하여 서방 정토 극락極樂에 나기를 원하며 미타 성호를 염송하였으나 우리는 바로 자심自心미타를 발견하여 자성 극락에 돌아가기를 목적한다."라고 한데서 볼 수 있듯이 과거의 염불과 원불교에서 하는 염불에는 다른 면이 있다.

또 "우리의 마음은 원래 생멸이 없으므로 곧 무량수라 할 것이요, 그 가운데에도 또한 소소영령昭昭靈靈하여 매昧하지 아니한 바가 있으니 곧 각覺이라 이것을 자심 미타라고 하는 것이며, 우리의 자성은 원래 청정하여 죄복이 돈공 히고 고뇌가 영멸永滅하였나니, 이것이 곧 여여如如하여 변함이 없는 자성 극락이니 이러한 원리에 따라서 염불하는 사람이 먼저 이 이치를 알아서 생멸이 없는 각자의 마음에 근본하고 거래가 없는 한 생각을 대중하여, 천만 가지로 흩어지는 정신을 오직 미타 일념에 그치며 순역 경계에 흔들리는 마음을 무위 안락의 지경에 돌아오게 하는 것이 곧 참다운 염불의 공부이다."라고 하였다.

『정전』에는 염불의 방법은 극히 간단하고 편이하여 누구든지 가히 할 수 있다 하여 남녀노소 선악귀천을 막론하고 누구나 할 수 있으니 빈부에도 관계없으며 어떤 환경이나 조건에도 걸리지 말고 염불 공부를 하도록 권장한 것이다. 우리 공부인은 염불하는 매뉴얼을 구체적으로 밝혀 주심에 대해 먼저 감사해야 할 것이며, 실생활에서 순역 경계에 흔들릴 때 편안하고 즐거운 경지로 돌아올 수 있도록 열심히 염불하여야 할 것이다.

염불의 방법은 극히 간단하고 편이하며 누구든지 가히 할 수 있나니,

1. 염불을 할 때는 항상 자세를 바르게 하고 기운을 안정하며, 또는 몸을 흔들거나 경동하지 말라.
2. 음성은 너무 크게도 말고 너무 작게도 말아서 오직 기운에 적당하게 하라.
3. 정신을 오로지 염불 일성에 집주하되, 염불 구절을 따라 그 일념을 챙겨서 일념과 음성이 같이 연속하게 하라.
4. 염불을 할 때는 천만 생각을 다 놓아 버리고 오직 한가한 마음과 무위의 심경을 가질 것이며, 또는 마음 가운데에 외불外佛을 구하여 미타 색상을 상상하거나 극락 장엄을 그려내는 등 다른 생각은 하지 말라.
5. 마음을 붙잡는 데에는 염주를 세는 것도 좋고 목탁이나 북을 쳐서 그 운곡韻曲을 맞추는 것도 또한 필요하니라.
6. 무슨 일을 할 때나 기타 행·주·좌·와 간에 다른 잡념이 마음을 괴롭게 하거든 염불로써 그 잡념을 대치對治함이 좋으나, 만일 염불이 도리어 일하는 정신에 통일이 되지 못할 때는 이를 중지함이 좋으니라.
7. 염불은 항상 각자의 심성 원래를 반조返照하여 분한 일을 당하여도 염불로써 안정시키고, 탐심이 일어나도 염불로써 안정시키고, 순경順境에 끌릴 때도 염불로써 안정시키고, 역경에 끌릴 때도 염불로써 안정시킬지니, 염불의 진리를 아는 사람은 염불 일성이 능히 백천 사마를 항복 받을 수 있으며, 또는 일념의 대중이 없이 입으로만 하면 별 효과가 없을지나 소리 없는 염불이라도 일념의 대중이 있고 보면 곧 삼매三昧를 증득證得하리라.

마음공부하는 도반은 일곱 번째의 설명에 더욱 관심을 가져볼 필요가 있다. 생활하면서 화나는 일이나 탐심이나 순경에 끌릴 때나 역경에 끌릴 때도 염불을 하면 안정이 되는 이

유는 우리의 마음은 한순간에 한 가지 일만 할 수 있어서 염불을 일심으로 하게 되면 탐심, 화난 일, 순경, 역경이 다 사라져 흥분이 가라앉아 안정되는 이치이다.

염불의 효과를 염불의 공덕이라 표현하였다. "염불을 오래하면 자연히 염불 삼매를 얻어 능히 목적하는바 극락을 수용受用할 수 있나니 그 공덕의 조항은 좌선의 공덕과 서로 같다."라고 하였으니 여기에서 좌선의 공덕을 살펴보자.

'좌선의 공덕'에는 좌선을 오래 하여 그 힘을 얻고 보면 아래와 같은 열 가지 이익이 있나니,

1. 경거망동하는 일이 차차 없어지는 것이요,
2. 육근 동작에 순서를 얻는 것이요,
3. 병고가 감소하고 얼굴이 윤활하여지는 것이요,
4. 기억력이 좋아지는 것이요,
5. 인내력이 생겨나는 것이요,
6. 착심이 없어지는 것이요,
7. 사심이 정심으로 변하는 것이요,
8. 자성의 혜광이 나타나는 것이요,
9. 극락을 수용하는 것이요,
10. 생사에 자유를 얻는 것이니라.

좌선의 공덕이 염불의 공덕과 같나고 하였으나 염불과 좌선이 한 가지 수양 과목으로 서로 표리表裏의 관계가 되므로 공부하는 사람이 만일 번뇌가 과중하면 먼저 염불로써 그 산란한 정신을 대치하고, 다음에 좌선으로써 그 원적의 진경에 들게 하는 것이라 하였다. 소태산 대종사는 목수가 목재를 손질할 때 처음에는 거친 대패를 사용한 다음에 고운 대패를 사용하는 것처럼 정신수양을 하는 데에도 염불 공부를 먼저 하게 하고 다음에 좌선 공부를 아울러 하도록 한 것이다. 또한 시간에 있어서는 낮이든지 기타 외경이 가까워 소음이 시끄러운 시간에는 염불이 더 긴요하고, 밤이나 새벽이든지 기타 외경이 먼 소음이

조용한 시간에는 좌선이 더 긴요하니, 공부하는 사람이 항상 당시의 환경을 관찰하고 각자의 심경을 대조하여 염불과 좌선을 때에 맞게 잘 운용하면 그 공부가 서로 연속되어 쉽게 큰 정력定力을 얻게 된다고 하였다.

소태산 대종사는 서울교당에서 수양 방법에 대하여 말하는 가운데 "초학자는 좌선보다는 염불을 많이 하라." 하였고 또 염불방에서 "알뜰한 염불 한 마디에 영단이 좁쌀 하나만큼씩 뭉쳐질 것이다." 하였으며 "사심 없는 염불 한 번에 좁쌀만큼씩 영단靈丹이 커지니 한 동네 한 면 한 나라 전 세계를 다 비출 수 있는 영단을 길러라. 성현의 영단은 동서고금과 삼세를 다 비추는 영단이다."라고 하였다. 또 소태산 대종사는 "노인은 모르지만 젊은 사람이 어찌 나무아미타불을 부르고 있겠습니까?" 하고 말하는 제자에게 "그러면 글귀는 외우겠는가." 하고 물으니 "글귀야 얼마든지 외울 수 있겠습니다."라고 하였다. "그렇다면 염불 대신 외울 글귀 하나를 지어줄 것이니 받아쓰라." 하고 즉석에서 '영천영지영보장생 만세멸도상독로 거래각도무궁화 보보일체대성경'이라 하였다. 그 후 몇 해를 지나 그 글귀를 성주聖呪라 제목 하여 주문으로 사용하게 하였다. 이렇게 소태산 대종사는 처음 공부하는 사람에게 처지에 따라 염불이나 주문을 외우는 공부를 하게 한 것이다.

정산 종사는 "염불에 몇 가지 단계가 있나니, 부처님의 명호를 구송만 하거나 그 상호 등을 염하고 있는 것은 하열한 근기의 염불이요, 부처님의 원력과 부처님의 마음과 부처님의 실행을 염하여 염불 일성에 일념을 집주함은 진실한 수행자의 염불이다."라고 하였다. 공부하는 학인이 "정定 공부의 길로는 염불과 좌선뿐입니까?" 하고 질문하니 "무슨 일이나 마음이 한 곳에 일정하여 끌리는 바 없으면 정 공부가 되니, 기도도 정 공부의 길이 되며, 매사를 작용할 때에 온전한 생각으로 그일 그 일의 성질을 따라 취할 것은 능히 취하고 놓을 것은 능히 놓으면 큰 정력을 얻는다."라고 하였다. "좌선은 정 공부의 큰 길이 되고 기도는 정 공부의 지름길이 되니, 기도드리며 일심이 되면 위력과 정력을 아울러 얻는다."라고 하여 염불과 좌선과 기도를 적절하게 하도록 지도하였다.

대산 종사는 "한 생각 깨칠 때 참 부처가 나타나고, 한 생각 미혹할 때 참 부처가 숨느니라. 부처와 중생이 무슨 차별 있으랴, 다만 한 생각 미혹하고 깨친 사이에 있느니라[一念悟時眞佛現 一念迷時眞佛隱 諸佛衆生何等別 但有一念迷悟間]." 하는 글을 염불하는 사람에게 주었으며, '염불 십송'을 암송하도록 하였다.

1. 이 염불의 인연으로 삼계 업장이 소멸하여지이다. 나무아미타불.
2. 이 염불의 인연으로 시방세계가 청정하여지이다. 나무아미타불.
3. 이 염불의 인연으로 이매망량이 항복하여지이다. 나무아미타불.
4. 이 염불의 인연으로 육근이 항상 청정하여 대 지혜 광명이 발하여지이다. 나무아미타불.
5. 이 염불의 인연으로 심량이 광대하여 제불 조사의 심인을 닮을 만한 대법기가 되어지이다. 나무아미타불.
6. 이 염불의 인연으로 생사의 자유를 얻어 육도를 임의로 왕래하게 하여지이다. 나무아미타불.
7. 이 염불의 인연으로 무량세계 무량겁에 무량 중생으로 하여금 불도를 이루게 하여지이다. 나무아미타불.
8. 이 염불의 인연으로 삼계 진루三界塵漏가 다 사라지고 심월만 홀로 빛나게 하여지이다. 나무아미타불.
9. 이 염불의 인연으로 삼계의 유주 무주 고혼을 다 천도하게 하여지이다. 나무아미타불.
10. 이 염불의 인연으로 무량아승지겁에 흐를지라도 대 서원, 대 법륜, 대 불퇴전이 되어지이다. 나무아미타불.

대산 종사는 "이 회상에 입문하여 정기 훈련을 하지 않는다면 그것은 마음이 묵었다는 증거라, 더 이상의 발전은 기대하기 어려울 것이다. 우리가 처음 교단에 들어와 공부할 때는 낮에는 일하고 밤에는 염불·좌선·강연·회화·일기를 했는데 꾸준히 한 사람은 모두 큰 인격을 이루었고 사기 재주만 믿고 꾸준히 하지 않은 사람은 큰 인격을 이루지 못했으니, 특별한 계획을 세우려 하지 말고 정기 훈련 11과목을 중심으로 반복 훈련을 실시해야 지혜의 문이 열릴 것이다."라고 하였으니 우리 공부인은 염불 공부에도 정성을 다하여야 할 것이다.

24

정신수양의 기본과목인 좌선

소태산 대종사 좌선 시간에 선원에 나오시어 대중에게 묻기를 “그대들이 이처럼 오는 잠을 참고 좌선을 하고 있으니 장차 무엇을 하려 함인가.” 하고 물으니 권동화權動華 말하기를 “사람의 정신은 원래 온전하고 밝은 것이오나, 욕심의 경계를 따라 천지만엽으로 흩어져서 온전한 정신을 잃어버리는 동시에 지혜의 광명이 또한 매昧하게 되므로, 일어나는 번뇌를 가라앉히고 흩어지는 정신을 통일시키어 수양의 힘과 지혜의 광명을 얻기 위함입니다.” 하고 답하였다. 이에 소태산 대종사는 “그대들이 진실로 수양에 대한 공덕을 안다면 누가 권장하지 아니할지라도 정성이 스스로 계속될 것이나, 한 가지 주의할 일은 그 방법에 대하여 혹 자상히 알지 못하고 그릇 조급한 마음을 내거나 이상한 자취를 구하여 순일한 선법禪法을 바로 행하지 못한다면, 공부하는 가운데 혹 병에 걸리기도 하고 사도邪道에 흐르기도 하며, 도리어 번뇌가 더 일어나는 수도 있나니, 우리의 좌선법에 자주 대조하고 또는 선진자에게 매양 그 경로를 물어서 공부에 조금도 그릇됨이 없게 하라. 만일 바른 공부를 부지런히 잘 행한다면 쉽게 심신의 자유를 얻게 되니, 모든 부처 모든 성인과 일체 위인이 다 이 선법으로써 그만한 심력을 얻었다.”라고 하였다.

중국의 선승인 마조 도일은 사천의 도읍지인 한주漢州 출신으로 어렸을 때부터 그 지방의 절을 드나들다 열두 살 되던 때에 승려가 되었고 승려가 된 후 그는 남악산으로 가서 홀로 참선 수행을 했다. 그 당시 회양 선사가 남악산 반야사의 주지로 있었는데 마조를 보는 순간 그가 큰 법기임을 알아보고 회양은 그를 찾아가 물었다. “좌선해서 무엇을 얻으려 하는가?” “부처가 되고자 합니다.” 그러자 회양은 벽돌 하나를 집어다 마조가 보는 앞에서 바위에다 갈기 시작했다. 그것을 바라보고 있던 마조가 영문을 몰라 물었다. “벽돌을 왜 가시는 겁니까?” “갈아서 거울을 만들까 하고.” 이 말을 들은 마조는 아주 재미있어 하면서 반문했다. “아니, 세상에 벽돌을 갈아 거울을 만들다니요?” 그러자 회양이 정색을 하고 말했다. “벽돌을 갈아 거울을 만들 수 없을진대, 하물며 그렇게 홀로 앉아 좌선한다고 부처가 되겠는가?” “그러면 어떻게 해야 합니까?” 회양이 대답했다. “소달구지의 경우 수레가 움직이지 않으면 수레를 채찍질해야 하겠는가 소를 채찍질하겠는가?" 마조는 그만 말이 막혔다. 회양이 계속해서 말하기를 "앉아서 명상하면서 너는 참선을 하려는 거냐? 아니면 앉아 있는 부처를 흉내 내려는 거냐?"라고 하였다는 유명한 이야기가 있다.

우리 공부인들은 좌선을 어떻게 하고 있을까? 앞의 좌선 시간에 소태산 대종사가 "한 가지 주의할 일은 그 방법에 대하여 혹 자상히 알지 못하고 그릇 조급한 마음을 내거나 이상한 자취를 구하여 순일한 선법禪法을 바로 행하지 못한다면, 공부하는 가운데 혹 병에 걸리기도 하고 사도邪道에 흐르기도 하며, 도리어 번뇌가 더 일어나는 수도 있나니, 우리의 좌선법에 자주 대조하고 또는 선진자에게 매양 그 경로를 물어서 공부에 조금도 그릇됨이 없게 하라."라고 하였는데 잘못하면 벽돌을 갈아 기와를 만드는 우를 범할 수 있으므로 소태산 대종사의 말을 깊이 새겨들어야 할 것이다.

한 제자 수십 년간 독실한 신을 바치고 특히 좌선 공부에 전력하더니 차차 정신이 맑아져서 손님의 내왕할 것과 비 오고 그칠 것을 미리 아는지라, 소태산 대종사는 "그는 수행하는 도중에 혹 반딧불 같이 나타나는 허령虛靈에 불과하나니 그대는 정신을 차려 그 마음을 제거하라. 만일 그것에 낙을 붙이면 큰 진리를 깨닫지 못할 뿐 아니라 사도邪道에 떨어져서 아수라阿修羅의 유가 되기 쉽나니 어찌 정법 문하에 그런 것을 용납하리오."라고 하였는데 이는 좌선을 잘못하고 있는 사례이다. 마음공부 교과서인 『정전』 제3 수행편의 '좌선법'에 보면 좌선의 요지를 다음과 같이 밝히고 있다. "대범, 좌선이라 함은 마음에 있어 망념을 쉬고 진성을 나타내는 공부이며, 몸에 있어 화기를 내리게 하고 수기를 오르게 하는 방법이니, 망념이 쉰즉 수기가 오르고 수기가 오른즉 망념이 쉬어서 몸과 마음이 한결같으며 정신과 기운이 상쾌하리라."라고 하였다. 이를 한문으로 식망현진息妄顯眞 수승화강水昇火降이라 한다.

이어서 "그러나, 만일 망념이 쉬지 아니한즉 불기운이 항상 위로 올라서 온몸의 수기를 태우고 정신의 광명을 덮을지니, 사람의 몸 운전하는 것이 마치 저 기계와 같아서 수화의 기운이 아니고는 도저히 한 손가락도 움직이지 못할 것인바, 사람의 육근 기관이 모두 머리에 있으므로 볼 때나 들을 때나 생각할 때에 그 육근을 운전해 쓰면 온몸의 화기가 자연히 머리로 집중되어 온몸의 수기를 조리고 태우는 것이 마치 저 등불을 켜면 기름이 닳는 것과 같다. 그러므로 우리가 노심초사하여 무엇을 오래 생각한다든지, 또는 안력을 써서 무엇을 세밀히 본다든지, 또는 소리를 높여 무슨 말을 힘써 한다든지 하면 반드시 얼굴이 붉어지고 입속에 침이 마르나니 이것이 곧 화기가 위로 오르는 현상이라, 부득이 당연한 일에 육근의 기관을 운용하는 것도 오히려 존절히 하려든, 하물며 쓸데없는 망념을 끄리어 두뇌의 등불을 주야로 계속하리오. 그러므로 좌선은 이 모든 망념을 제거하고 진여眞如의 본성을 나타내며, 일체의 화기를 내리게 하고 청정한 수기를 불어내기 위한 공부니라."라고 하였다.

비행기가 이륙하는 것을 보면 활주로를 달린 후 하늘로 나는 것을 볼 수 있다. 비행기가 하늘로 날기 위해서는 활주로를 달려서 부력이 생겨야 난다. 강물에서 놀던 기러기나 겨울 철새들을 보아도 비상飛上하려면 강물 위를 달리다가 그 후에 나는 것을 볼 수 있다. 좌선을 할 때도 이와 같아서 활주로를 달리는 과정과 활주로에서 비상하여 날아가는 두 단계가 있음을 알 수 있다.

좌선의 방법은 극히 간단하고 편이하여 아무라도 행할 수 있나니,

1. 좌복을 펴고 반좌盤坐로 편안히 앉은 후에 머리와 허리를 곧게 하여 앉은 자세를 바르게 하라.
2. 전신의 힘을 단전에 툭 부리어 일념의 주착도 없이 다만 단전에 기운 주해 있는 것만 대중 잡되, 방심이 되면 그 기운이 풀어지나니 곧 다시 챙겨서 기운 주하기를 잊지 말라.
3. 호흡을 고르게 하되 들이쉬는 숨은 조금 길고 강하게 하며, 내쉬는 숨은 조금 짧고 약하게 하라.
4. 눈은 항상 뜨는 것이 수마睡魔를 제거하는 데 필요하나 정신 기운이 상쾌하여 눈을 감아도 수마의 침노를 받을 염려가 없는 때에는 혹 감고도 하여 보라.
5. 입은 항상 다물지며 공부를 오래 하여 수승 화강水昇火降이 잘 되면 맑고 윤활한 침이 혓줄기와 이 사이로부터 계속하여 나올지니, 그 침을 입에 가득히 모아 가끔 삼켜 내리라.

먼저 좌선의 방법은 극히 간단하고 편이하여 아무라도 행할 수 있다 한 것은 이 핑계 저

핑계를 대며 좌선을 열심히 하지 않으려는 공부인을 독려한 대자비심이라 생각된다. 좌선의 방법 1번에서 3번까지는 비행기가 하늘을 날기 위하여 활주로를 달리는 과정에 비유할 수 있다. 좌선하는 방법을 설명하면 기본적으로 언급하는 몸을 만드는 조신調身과 마음을 챙기는 조심調心과 숨을 고르게 하는 조식調息에 관한 내용이 1번, 2번, 3번이다.

한 학인이 대산 종사에게 "좌선을 할 때 잠이 쏟아져 고민입니다." 하고 말씀드리니 "잠을 깨우는 것이 공부니 잠이 올 때마다 챙기고 또 챙겨서 꾸준히 정성을 들이라. 신도안 삼동원 밭에 돌이 많았지만 나는 괴로워하지 않았나니, 그 돌들을 일체 생령이라 여기고 그 돌로 담장을 쌓는 것이 불보살 만드는 길이라 생각하니 오히려 돌들이 모자랐다."라고 하였다. 좌선은 이론을 아는 데 그치는 것이 아니므로 실제로 해보면서 체험해야 한다.

정산 종사는 한 제자가 좌선에 관하여 물으니 "앉아봐야 한다."라고 하였다고 한다. 좌선을 하면서 "우리의 좌선법에 자주 대조하고 또는 선진자에게 매양 그 경로를 물어서 공부에 조금도 그릇됨이 없게 하라."는 말씀을 잊지 않아야 할 것이다.

좌선의 방법은 이어서

6. 정신은 항상 적적寂寂한 가운데 성성惺惺함을 가지고 성성한 가운데 적적함을 가질지니, 만일 혼침에 기울어지거든 새로운 정신을 차리고 망상에 흐르거든 정념으로 돌이켜서 무위자연의 본래 면목 자리에 그쳐 있으라.
7. 처음으로 좌선을 하는 사람은 흔히 다리가 아프고 망상이 침노하는 데에 괴로워하니, 다리가 아프면 잠깐 바꾸어 놓는 것도 좋으며, 망념이 침노하면 다만 망념인 줄만 알아두면 망념이 스스로 없어지나니 절대로 그것을 성가시게 여기지 말며 낙망하지 말라.
8. 처음으로 좌선을 하면 얼굴과 몸이 개미 기어 다니는 것과 같이 가려워지는 수가 혹 있나니, 이것은 혈맥이 관통되는 증거라 삼가 긁고 만지지 말라.
9. 좌선을 하는 가운데 절대로 이상한 기틀과 신기한 자취를 구하지 말며, 혹 그러한 경계가 나타난다 할지라도 그것을 다 요망한 일로 생각하여 조금도 마음에 걸지 말고 심상히 간과하라.

좌선을 처음 시작한 초보자는 다리가 저리고 아파서 괴로우나 이는 일반적으로 좌선을 자주 많이 오래 하지 않아 나타나는 현상이라 다리가 저리고 아프면 다리를 바꾸거나 참고 앉아 시간이 지나가면 해결되는 문제이다. 단전주를 하는 데에도 단전주가 지속하지 않고 다른 생각이 나면 다른 생각이 일어난 것을 알아차리고 다시 단전에 마음과 기운 주하는 마음 챙기기를 오래 많이 하면 해결된다. 좌선 경험자에게 묻고 배우며 같은 방법을 반복 연습 하는 훈련을 꾸준히 하다 보면 시간이 갈수록 편안해지고 졸리지도 않으며 기분이 상쾌해진다. 이렇게 되면 몸은 편안하고 호흡은 골라져서 마음이 고요하고 두렷한 적적성성한 경지에 머무르면 비행기가 활주로를 이륙하여 공중에 뜨면 편안해지듯이 된다. 이때부터 나의 본래면목 자리인 무위자연無爲自然의 경지에 머물러 있으면 된다 하였으며 이때 좌선의 방법 8번과 9번의 증상이 몸과 마음에 나타날 수 있음을 주의하라고 하였다.

비행기가 고도를 높여 정상 항로에 진입하여 자동항법 장치에 의지하여 비행하듯이 정신은 항상 적적寂寂한 가운데 성성惺惺함을 가지고 성성한 가운데 적적함을 가지고, 만일 혼침에 기울어지거든 새로운 정신을 차리고 망상에 흐르거든 정념으로 돌이켜서 무위자연의 본래면목 자리에 그치는 상태로 좌선을 하게 될 것이다. '좌선의 방법' 마지막 부분에 "이상과 같이, 오래오래 계속하면 필경 물아物我의 구분을 잊고 시간과 처소를 잊고 오직 원적무별한 진경에 그쳐서 다시없는 심락을 누리게 되리라."라고 하였다. 소태산 대종사가 구도 당시 선정에 들어서 시간 가는 줄도 모르고 나를 잊고 앉아있는 장소도 잊고 선진포에서 입정에 들었고 대각지에서 선정에 들었던 것처럼 몰입하여 고락과 상대가 끊어져서 심락心樂을 누리는 자리에 머물게 될 것이다.

좌선의 효과를 넘어선 공덕을 보면 돈이 있다고 살 수 있는 것들이 아니다. 자본주의 사회에서 돈이면 모두 해결되니 돈, 돈 하며 배금주의에 물들어 있으나 좌선의 공덕 열 가지는 돈을 가지고 살 수 있는 것들이 아니다. 그래서 무가지보無價之寶 즉 가격을 매길 수 없는 보물이라 하였다.

원불교의 선법을 불교의 간화선에 비교하여 단전주선이라 한다. 단전주선은 간화선과 다른 묵묵히 성품 자리를 비춰 관조하는 묵조선 계통에 속한다 할 수 있다. 화두를 들고 좌선을 하는 간화선이 아닌 하단전에 마음과 기운을 주住하는 좌선이다. 소태산 대종사는 '좌선법'에서 단전주丹田住의 필요에 대하여 "대범, 좌선이라 함은 마음을 일경一境에 주하여 모든 생각을 제거함이 예로부터의 통례이니, 그러므로 각각 그 주장과 방편을 따라 그 주하는 법이 실로 많으나, 마음을 머리나 외경에 주한즉 생각이 동하고 기운이 올라 안정이 잘 되지 아니하고, 마음을 단전에 주한즉 생각이 잘 동하지 아니하고 기운도 잘 내리게 되어 안정을 쉽게 얻는다."라고 하였으며 이어서 "또한, 이 단전주는 좌선에만 긴요할 뿐 아니라 위생상으로도 극히 긴요한 법이라, 마음을 단전에 주하고 옥지玉池에서 나는 물을 많이 삼켜 내리면 수화가 잘 조화되어 몸에 병고가 감소되고 얼굴이 윤활해지며 원기가 충실해지고 심단心丹이 되어 능히 수명을 안보하나니, 이 법은 선정禪定상으로나 위생상으로나 실로 일거양득하는 법이다. 간화선看話禪을 주장하는 측에서는 혹 이 단전주법이 무기無記의 사선死禪에 빠진다고 하여 비난을 하기도 하나 간화선은 사람을 따라 임시의 방편은 될지언정 일반적으로 시키기는 어려운 일이니, 만일 화두話頭만 오래 계속하면 기운이 올라 병을 얻기가 쉽고 또한 화두에 근본적으로 의심이 걸리지 않는 사람은 선에 취미를 잘 얻지 못하느니라. 그러므로 우리는 좌선하는 시간과 의두 연마하는 시간을 각각 정하고, 선을 할 때는 선을 하고 연구를 할 때는 연구를 하여 정과 혜를 쌍전雙全시키나니, 이처럼 하면 공적空寂에 빠지지도 아니하고 분별에 떨어지지도 아니하여 능히 동정 없는 진여성眞如性을 체득할 수 있다."라고 하였다.

정산 종사의 부친으로 장남의 구도를 후원한 후 전무출신을 서원하였던 구산 송벽조宋碧照 선진이 좌선에만 전력하여 수승화강을 조급히 바라다가 도리어 두통을 얻게 되었다. 소태산 대종사는 "이것이 공부하는 길을 잘 알지 못하는 연고라, 원만한 공부법을 알아 행하는 사람은 공부에 별 괴로움을 느끼지 아니하고 바람 없는 큰 바다의 물과 같이 한가롭고 넉넉할 것이요, 수승화강도 그 마음의 안정을 따라 자연히 될 것이나 이 길을 알지 못하면 공연한 병을 얻어서 평생의 고초를 받기 쉽나니 이에 그게 주의할지니라."라고 하였다.

정산 종사에게 학인이 "평소에 챙기지 못하였던 좋은 일이 좌선할 때 문득 생각나면 어떻게 하오리까?" 하고 물으니 "바로 명념하고 놓아버렸다가 좌선 후에 다시 챙기어 처리하라."라고 하였다. 대산 종사는 입선과 행선과 좌선과 와선의 방법에 대하여 간략하게 설명한 후 이상 네 가지 선법에 대해 자세히 말하는 것은 좌선을 기본으로 하되 부득이한 경우 선을 할 수 없다 하지 말고 상황에 맞게 선을 놓지 않고 꾸준히 하라는 뜻이다."라고 하였다.

일반적으로 새벽 좌선하는 시간에 그 순서를 보면 먼저 몸을 풀고 자리에 앉은 후 일상 수행의 요법을 외우고 입정 시간을 가진 후 출정하여 '일원상 서원문', 『반야바라밀다심경』과 『휴휴암 좌선문』을 독경한다. 소태산 대종사는 『휴휴암 좌선문』을 종합하여 "청정 무애한 본성 자리를 회복시켜서 성품 그대로 천만 사념 망상이 일어나지 못하게 주저앉히는 것이 좌坐 공부요, 청정 무애한 본성과 같이 천만 경계를 응용할 때에 끌리지 아니하고 부동행을 하는 것이 선禪 공부이다."라고 하였다.

25

깨달음으로 가는 길 의두 요목

우주의 대소유무의 이치와 인간의 시비이해의 일이며 과거 불조의 화두 중에서 의심나는 제목을 연구하여 감정을 얻게 하는 의두 연마로 연구의 깊은 경지를 밟는 공부인에게 사리 간 명확한 분석을 얻도록 하기 위한 깨달음의 지름길에 '의두 요목'이 있다. 마음공부 하는 구도자라면 누구나 깨달음을 얻고자 한다. 깨달음을 얻으면 사람들은 신통이나 이적을 떠올린다. 어떤 개인의 전생 일이나 내생 일을 알고 싶으며 세상에서 일어날 일을 예측한다거나 축지법을 쓰는 등을 상상할 수 있을 것이다. 일제 강점기 민족종교가 유행하였던 시기에 민중은 당시의 생활고에서 벗어나기 위하여 신통을 부리는 능력을 얻고 싶었을 것이다. 과거 부처님 말씀에 공부가 순숙되면 삼명 육통三明六通을 얻는다 하였다. 숙명宿明·천안天眼·누진명漏盡明의 삼명과 천안天眼·천이天耳·타심他心·숙명·신족神足·누진통의 육통을 얻을 수 있다고 하였다. 그러나 깨달음을 얻는다고 하여 막연히 생각하는 삼명육통을 바로 다 얻을 수는 없으며 깨달음은 도통 영통 법통의 삼통 가운데 도통을 이루는 것이다.

원불교의 시작은 1916년 4월 28일 소태산 대종사의 깨달음으로부터 시작하였다. 소태산 대종사의 깨달음의 열쇠는 무엇이라 할 것인가. 필자는 깨달음의 열쇠는 의문이라 생각한다. 소태산 대종사는 어렸을 때부터 의심이 많은 아이였다. 비 오고 바람 부는 자연 현상에서부터 어머니와 아버지는 왜 가까운가 하는 문제나 사람은 왜 낳고 죽는가 하는 문제에까지 다양했다. 이 의심을 풀기 위하여 기도도 해 보았고 스승을 찾아 헤매기도 하였으며 장에 가다 강변에서 입정에 들기도 하였다. 이때 일관되게 흐르는 것은 의심을 해결하려고 하는 생각이었고 결국은 이 문제를 어떻게 해결할 것인가 하는 데 이르게 되었다. 마지막에는 모든 의심이 딱 한 가지 "장차 이일을 어찌할꼬?" 하는 문제로 귀결되었다. 선정에 들어도 이 의문은 떠나지 않았고 잠을 자면서도 밥을 먹을 때에도 떠나지 않았다. 소태산 대종사는 간화선에서 화두를 들고 선을 하는 방법으로 결국 긴 선정에 들어서 깨어나면서 전날에 생각하던 모든 의심을 차례로 연마해 본즉, 모두 한 생각에 넘지 아니하고 해결되어 드디어 큰 깨달음인 대각大覺을 이루었다.

그러나 대각 후 제자들에게 깨달음의 방법으로 불교에서 전해 내려오는 공안公案인 화두를 들고 간화선을 하는 것보다 "단전주丹田住법을 취하여 수양하는 시간에는 온전히 수양만 하고 화두 연마는 적당한 기회에 가끔 한 번씩 하라 하니, 의두 깨치는 방법이 침울한 생각으로 오래 생각하는 데에만 있는 것이 아니요, 명랑한 정신으로 기틀을 따라 연마하는 것이 그 힘이 도리어 더 우월한 까닭이다."라고 하였다. 필자는 원불교에서 말하는 궁극적 존재에 대한 의문인 의두疑頭와 불교에서 말하는 공안公案 중심의 화두話頭는 단어는 다르나 그 의미는 같다고 생각한다. 다만, 의두에는 성리나 인과 문제에 대한 주제가 더 포함되어 있음을 볼 수 있다.

불교의 화두인 '이 무엇고?' 하는 말과 소태산 대종사의 구도 과정에서 마지막 '장차 이일을 어찌할꼬?' 하는 의심은 대동소이 하다 할 것이다. 논어에 "어찌할꼬 어찌할꼬 라고 스스로 말하지 않는 사람은 나도 이미 어찌할 수가 없다[如之何如之何不日者吾已如之何]."라고 하였다. 이 의미는 깨달음의 문제 등 이 세상의 모든 문제는 스스로 답을 찾아야 하지 다른 사람이 답을 찾아 주지는 못한다는 의미일 것이며 의문이 걸리는 문제에 대하여 깨달음을 얻게 되는 것이지 의문이 없으면 해답도 없다는 의미일 것이다.

소태산 대종사는 교법을 펼치면서 공부인들에게 교과서를 만들어 공부하도록 하였다. 처음으로 만든 교과서인 『수양연구요론』은 "가장 간단히 수양의 본원을 알리기 위하여 '정정요론'을 말하고, 연구의 방편을 밝히기 위하여 '삼강령 팔조목과 각항 문목 순서' 등을 설명하였다."라고 하였다. 원불교 의두 요목의 1세대인 『수양연구요론』의 제6 각항 연구 문목에는 137가지의 연구할 일이 게재되어 있다. 1번은 '중생을 살생하면 중죄라 하였으니, 연구할 사'에서 시작하여 마지막 137번은 '일식과 월식 되는 것은 어떠한 이치인지 연구할 사'까지 보면 처음 부분은 계문과 솔성요론 항목에 해당하는 내용이 많으며 다음은 공부하는 사람으로서 알아야 할 내용이며 다음은 사후의 세계에 대한 항목이며 다음은 인간 생활의 의문 사항이며 다음은 불교의 화두 또는 제 종교의 진리에 대한 내용이며 마지막으로 자연 현상에 대한 의문에 대하여 연구할 일이다.

원불교 의두 요목의 제2세대인 『불교정전』 3권의 제4편 의두 요목에는 47가지가 게재되어 있다. 1번은 '세존이 도솔천을 떠나지 아니하시고 이미 왕궁가에 나리시며 어머니 태중에 나지 아니하시고 사람을 제도하여 마치셨다.'며 마지막 47번은 '부처님이 말씀하신 지옥이라 하는 것은 과연 어느 곳을 가르치심이며 부처님이 말씀하신 극락이라 하는 것은 과연 어느 곳을 가르치심인고'에서 보면 전반부에서는 과거 불조의 화두를 다룬 내용이며 후반부에서는 우리 공부인에게 익숙한 인과와 생사 문제 그리고 성리를 다룬 내용임을 볼 수 있다.

원불교 의두 요목의 제3세대인 『정전』 '제3 수행편 5장'의 '의두 요목'에는 20가지가 게재되어 있다. 1번은 '세존世尊이 도솔천을 떠나지 아니하시고 이미 왕궁가에 내리시며, 모태 중에서 중생 제도하기를 마치셨다 하니 그것이 무슨 뜻인가.'이며 마지막 20번은 '나에게 한 권의 경전이 있으니 지묵으로 된 것이 아니라, 한 글자도 없으나 항상 광명을 나툰다 하였으니 그것이 무슨 뜻인가.'에서 보면 20가지 대부분 『불교정전』의 47개 항목 가운데 포함되어 있었던 내용이며 전반부는 과거 불조의 화두이며 중반부는 성리에 관한 내용이며 후반부는 실지 수행상에서 연마해야 하는 인과와 생사 문제의 내용으로 구성되어 있다. 또한 불법연구회 최초의 교과서인 『수양연구요론』에 보면 "연구자는 ~ 연구할 사"라고 하였으며 『불교정전』에는 "~ 무엇인고, ~ 있는고, ~ 의지인고" 등으로 마쳤으나 『정전』 '의두 요목'에는 "그것이 무슨 뜻인가, ~ 어디 있는가, ~ 되는가" 등으로 문장의 끝을 마치고 있는 변천을 볼 수 있다.

여기에서는 『정전』의 '의두 요목' 20가지를 살펴보도록 하자.

1. 세존世尊이 도솔천을 떠나지 아니하시고 이미 왕궁가에 내리시며, 모태 중에서 중생 제도하기를 마치셨다 하니 그것이 무슨 뜻인가.

2. 세존이 탄생하사 천상 천하에 유아독존唯我獨尊이라 하셨다 하니 그것이 무슨 뜻인가.

3. 세존이 영산회상에서 꽃을 들어 대중에게 보이시니 대중이 다 묵연하되 오직 가섭존자迦葉尊者만이 얼굴에 미소를 띠거늘, 세존이 이르시되 내게 있는 정법안장正法眼藏을 마하가섭에게 부치노라 하셨다 하니 그것이 무슨 뜻인가.

4. 세존이 열반涅槃에 드실 때에 내가 녹야원鹿野苑으로부터 발제하跋提河에 이르기까지 이 중간에 일찍이 한 법도 설한 바가 없노라 하셨다 하니 그것이 무슨 뜻인가.

5. 만법이 하나에 돌아갔다 하니 하나 그것은 어디로 돌아갈 것인가.

6. 만법으로 더불어 짝하지 않은 것이 그 무엇인가.

7. 만법을 통하여다가 한마음을 밝히라 하였으니 그것이 무슨 뜻인가.

8. 옛 부처님이 나시기 전에 응연凝然히 한 상이 둥글었다 하였으니 그것이 무슨 뜻인가.

9. 부모에게 몸을 받기 전 몸은 그 어떠한 몸인가.

10. 사람이 깊이 잠들어 꿈도 없는 때에는 그 아는 영지가 어느 곳에 있는가.

11. 일체가 다 마음의 짓는 바라 하였으니 그것이 무슨 뜻인가.

12. 마음이 곧 부처라 하였으니 그것이 무슨 뜻인가.

13. 중생의 윤회되는 것과 모든 부처님의 해탈하는 것은 그 원인이 어디 있는가.

14. 잘 수행하는 사람은 자성을 떠나지 않는다고 하니 어떠한 것이 자성을 떠나지 않는 공부인가.

15. 마음과 성품과 이치와 기운의 동일한 점은 어떠하며 구분된 내역은 또한 어떠한가.

16. 우주 만물이 비롯이 있고 끝이 있는가 비롯이 없고 끝이 없는가.

17. 만물의 인과 보복 되는 것이 현생 일은 서로 알고 실행되려니와 후생 일은 숙명宿命이 이미 매하여서 피차가 서로 알지 못하거니 어떻게 보복이 되는가.

18. 천지는 앎이 없으되 안다고 하니 그것이 무슨 뜻인가.

19. 열반을 얻은 사람은 그 영지가 이미 법신에 합하였는데, 어찌하여 다시 개령個靈으로 나누어지며, 전신前身 후신後身의 표준이 있게 되는가.

20. 나에게 한 권의 경전이 있으니 지묵으로 된 것이 아니라, 한 글자도 없으나 항상 광명을 나툰다 하였으니 그것이 무슨 뜻인가.

대종사 봉래정사에 계실 때 한 사람이 서중안徐中安의 인도로 오니 "어떠한 말을 듣고 이러한 험로에 들어왔습니까?" 하고 물었다. 그가 "선생님의 높으신 도덕을 듣고 일차 뵈오러 왔습니다." "나를 보았으니 무슨 원하는 것이 없습니까?" "저는 항상 진세塵世에 있어서 번뇌와 망상으로 잠시도 마음이 바로 잡히지 못하오니 그 마음을 바로잡기가 원이옵니다." "마음 바로잡는 방법은 먼저 마음의 근본을 깨치고 그 쓰는 곳에 편벽됨이 없게 하는 것이니 그 까닭을 알고자 하거든 이 의두疑頭를 연구해 보시라." 하고 "만법귀일萬法歸一하니 일귀하처一歸何處오."라고 써 주었다.

소태산 대종사는 법신불 일원상을 실생활에 부합시켜 말해 주면서 "일원상을 대할 때마다 견성 성불하는 화두話頭를 삼을 것"이라 하였으며, 정산 종사도 "일원상은 견성 성불하는 화두"라 하였으니 우리 공부인은 일원상으로 견성성불 하는 화두로 삼아야 할 것이다.

대산 종사는 교단 창립 2대 말 총회를 마치고 여섯 가지 의두로 '대적공실大積功室' 법문을 내렸다.

1. 세존이 도솔천을 떠나지 아니하시고 이미 왕궁가에 내리시며 모태 중에서 중생제도하기를 마치셨다 하니 그것이 무슨 뜻인가.
2. 세존이 열반에 드실 때에 내가 녹야원으로부터 발제하에 이르기까지 이 중간에 일찍이 한 법도 설한 바가 없노라 하셨다 하니 그것이 무슨 뜻인가.
3. 고불미생전 응연일상원 석가유미회 가섭기능전古佛未生前 凝然一相圓 釋迦猶未會 迦葉豈能傳.
4. 소태산 대종사의 "변산구곡로 석립청수성 무무역무무 비비역비비邊山九曲路 石立聽水聲 無無亦無無 非非亦非非."
5. 정산 종사의 "유위위무위 무상상고전 망아진아현 위공반자성有爲爲無爲 無相相固全 忘我眞我現 爲公反自成."
6. 대산 종사의 "대지허공심소현 시방제불수중주 두두물물개무애 법계모단자재유大地虛空心所現 十方諸佛手中珠 頭頭物物皆無碍 法界毛端自在遊."

이 의두 성리로 교단 백 주년을 앞두고 대정진 대적공하자. 양계 인증과 더불어 음계 인증이 막 쏟아져야 한다.

우리는 의두 요목의 공부를 어떻게 하고 있는가. 우리의 의두 요목 20가지의 문장을 분석해 보면 "그것이 무슨 뜻인가?"로 끝나는 10가지는 그 문장의 뜻을 파악하고 무엇을 이야기하고 전해 주려 하는가에 관점을 두고 연구할 것이다. 나머지 10가지는 우주 만유의 본래 이치와 우리 자성의 원리를 밝힌 성리를 체득하여야 함을 제시하고 있다. 우주 만유 본래에 대한 항목 두 가지와 생사와 인과에 관한 항목 여섯 가지와 성품의 단련에 관한 항목 두 가지로 나눠 볼 수 있다. '의두 요목'을 보는 입각지를 설정해보면 첫째, 유무 생사 부처와 범부 동정 등 상대적 개념이 둘이 아니라 하나라는 것이다. 둘째, 공空 무無 무상無常 등 일체 이름과 모양을 초월하여 착着 없는 자리를 알고 착着 없는 행을 하라는 것이다. 셋째, 본래의 참 나를 깨달아 원만한 법신을 성취하라는 것이다. 넷째, 불공佛供과 선禪을 할 뿐으로 지금, 이 순간을 살라 하는 것이다.

의두 요목에 접근하는 방법은 첫째, 분석하는데 먼저 문자를 해득하고 이어 단어를 풀이하고 전체 뜻을 파악하는 것으로 내가 확실히 무엇을 모르는가 알아야 답을 얻을 수 있을 것이다. 둘째, 몰라 하는 것으로 이 몰라는 무조건 모르는 것이다. 셋째, 의두를 큰 소리로 읽어 외우는 것이다. 넷째, 좌선 후나 기분 좋을 때 한 번씩 골똘히 생각하는 것이다. 다섯째, 관조觀照하는 데 직관直觀 정관正觀 달관達觀하는 것이다. 여섯째, '아하, 이 뜻이었구나!' 하는 데 깨달음도 천각 만각이라 하였다.

정산 종사는 "그대들이여, 화두를 들고 지내는가. 화두를 연마하는 데에는 의리선 여래선 소사선을 차서 있게 병행함이 옳으나, 과거의 선방 공부같이 온종일 화두만 계속할 것이 아니요. 화두를 마음 가운데 걸어 놓고 지내다가 마음이 맑고 조용할 때 잠깐잠깐 연구해 보라. 그러하면 마치 저 닭이 오래오래 알을 품고 굴리면 그 속에서 병아리가 생기듯 마음의 혜문慧門이 열리리라."라고 하였으며, 내산 종사는 "부잣집 창고에 곡식이 가득하듯 수도인의 창고에는 의심 건이 많아야 한다. 이 창고에 가득 든 의심 건을 연마하는 것이 사리연구 공부길이며, 의심 건을 푸는 방법은 사색이다. 대정각을 이루려는 사람의 창고에는 의심 건이 가득 쌓여 있어야 하며 의심 건을 계속 연마하는 사람과 연마하지 않는 사람은 시간이 흐를수록 생활이 달라진다. 견문, 사색, 수증으로 공부하며 선정으로 혜두를 깨쳐야 한다. 청정하고 걸림이 없는 지혜는 모두 선정으로 인해서 나온다. 맑은 정신으로 사색에 힘써야 대정각에 도달할 수 있다."라고 하였다.

소태산 대종사는 “만일, 마음은 형체가 없으므로 형상을 가히 볼 수 없다고 하며 성품은 언어가 끊어졌으므로 말로 가히 할 수 없다고만 한다면 이는 참으로 성품을 본 사람이 아니니, 이에 마음의 형상과 성품의 체가 완연히 눈앞에 있어서 눈을 궁굴리지 아니하고도 능히 보며 입만 열면 바로 말할 수 있어야 가히 밝게 불성을 본 사람이다.”라고 하였으며 “사람 하나를 놓고 심·성·이·기心性理氣로 낱낱이 나누어도 보고, 또한 사람 하나를 놓고 전체를 심 하나로 합하여 보기도 하고, 성 하나로 합하여 보기도 하고, 이 하나로 합하여 보기도 하고, 기 하나로 합하여 보기도 하여, 그것을 이 자리에서 말하여 보라.”고 한 후 대중이 말씀에 따라 여러 가지 답변을 하였으나 인가하지 아니하고 “예를 들면 한 사람이 염소를 먹이는데 무엇을 일시에 많이 먹여서 한꺼번에 키우는 것이 아니라, 키우는 절차와 먹이는 정도만 고르게 하면 자연히 큰 염소가 되어서 새끼도 낳고 젖도 나와 사람에게 이익을 주니, 도가에서 도를 깨치게 하는 것도 이와 같다.”라고 하였다.

소태산 대종사는 과거칠불의 게송 해석함을 들으며 “크나큰 솥의 국물을 다 마셔 보아야 그 솥의 국 맛을 아는 것이 아니다. 이 칠불의 게송만 철저히 알아 두면 수만 경서의 뜻을 능히 알 수 있으니, 머리 아프고 눈 어지럽게 팔만 장경을 다 볼 것이 무엇이리오.”라고 하였다. 대산 종사는 “성리 공부는 성태聖胎를 장양長養하는 공부니, 급하게 해서도 안 되고 무작정 화두를 든다고 되는 것도 아니다. 천년을 공부해도 공부길을 제대로 잡지 못하면 허무 적멸에 빠지기 쉽고 뼈를 깎는 고행도 자칫 병만 키울 뿐 실효를 거두기가 어려우니, 급하게 서두르거나 게을리 하지 말고 오로지 대종사께서 밝혀주신 훈련법으로 법위등급에 따라 일심으로 정진하다 보면 결국 불지에 이르게 된다.”라고 하였다.

의문에 대한 해결 방법을 스스로 찾으려고 깊이 고민하지 않는 사람은, 또 성실히 노력하지 않는 사람은 옆에서 아무리 도와주고 가르쳐 주고 싶어도 어찌할 수가 없다는 말이 있듯이 의두 공부도 마찬가지이다. ‘이것이 무슨 뜻일까’, ‘이 일을 어찌할까’ 등과 같이 ‘어찌할꼬? 어떻게 할꼬?’를 깊이 생각하면서 선정을 닦고 계율을 지키는 사람만이 깨달음을 얻을 수 있다는 말이다.

26

소태산 대종사 교법의 주체

소태산 대종사는 겨울철에는 매양 해수咳嗽로 괴로움이 되어 법설을 할 때마다 기침을 아울러 하며 이때 "내가 다행히 전세의 습관으로 어릴 때 발심하여 성심으로 도는 구하였으나 가히 물을 곳이 없고 가히 지도받을 곳이 없으므로, 홀로 생각을 일어내어 난행難行 고행苦行을 하지 아니함이 없어 마침내 그 의심한 바는 풀리었으나, 몸에 병근病根은 이미 깊어져서 기혈이 쇠함을 따라 병고는 점점 더해가니, 나는 당시에 길을 몰랐는지라 어찌할 수 없었지마는, 그대들은 다행히 나의 경력을 힘입어서 난행고행을 겪지 아니하고도 바로 대승 수행의 원만한 법을 알게 되었으니 이것이 그대들의 큰 복이다. 무릇, 무시선 무처선의 공부는 다 대승 수행의 빠른 길이라 사람이 이대로 닦는다면 사반공배事半功倍가 될 것이요, 병들지 아니하고 성공하리니 그대들은 삼가 나의 길 얻지 못할 때의 헛된 고행을 증거하여 몸을 상하는 폐단에 들지 않기를 간절히 부탁한다."라고 하였다.

소태산 대종사는 어려서부터 의심이 많은 아이였고 성장하여 의문이 깊어지면서 세상의 모든 일에 의문이 걸리었다. 그 의심을 해결하기 위하여 기도도 하였고 스승을 찾아 가르침을 구하려고도 하였으며 법성포장에 가다가 선진포 강변에 서서 입정에 들기도 한 후 긴 선정에서 깨어나면서 의신에 대한 답을 얻고 깨달음을 얻었다.

정산 종사는 소태산 대종사의 일생을 열 가지 대표적인 모습으로 정리하였다. 첫째, 하늘 보고 의문 내신 상[觀天起疑相], 둘째, 삼밭재에서 기원하신 상[蔘嶺祈願相], 셋째, 스승 찾아 고행하신 상[求師苦行相], 넷째, 강변에서 입정하신 상[江邊入定相], 다섯째, 노루목에서 대각하신 상[獐項大覺相], 여섯째, 영산 앞에 방언하신 상[靈山防堰相], 일곱째, 혈인으로 법인 받은 상[血印法認相], 여덟째, 봉래산에서 제법하신 상[蓬萊制法相], 아홉째, 신룡리에서 전법하신 상[新龍轉法相], 열째, 계미년에 열반하신 상[癸未涅槃相]이다.

소태산 대종사 교법의 주체에서 '주체'의 사전적 의미는 '어떤 일에 적극적으로 나서서 그 일을 주도해 나가는 세력. 또는 그러한 집단.'을 의미하며 철학적으로는 '외부 세계나 현실 등을 인식하고 체험하며 그것에 작용을 가하는 의지적 존재. 또는 의식하는 것으로서의 자아.'를 의미한다. 여기에서 소태산 대종사 교법의 주체 의미는 소태산 대종사가 교단을 창립하고 교화를 펼치는 가르침의 주된 기반인 주체사상을 의미한다고 할 것이다. 소태산 대종사는 깨달음을 얻고 모든 종교의 경전을 두루 열람하다가 금강경金剛經을 보고 "석가모니불釋迦牟尼佛은 진실로 성인 중의 성인이라, 내가 스승의 지도 없이 도를 얻었으나 발심한 동기로부터 도 얻은 경로를 돌아본다면 과거 부처님의 행적과 말씀에 부합되는바 많으므로 나의 연원淵源을 부처님에게 정하며 장차 회상會上을 열 때에도 불법으로 주체를 삼아 완전무결한 큰 회상을 이 세상에 건설할 것이다."라고 하였다.

소태산 대종사 교법의 첫 번째 주체는 부처님의 가르침인 불법佛法이다. "불법은 천하의 큰 도라 참된 성품의 원리를 밝히고 생사의 큰일을 해결하며 인과의 이치를 드러내고 수행의 길을 갖추어서 능히 모든 교법에 뛰어난 바 있다."라고 하였고, 『정전』의 '교법의 총설'에 보면 "불교는 무상 대도無上大道라 그 진리와 방편이 호대하므로 여러 선지식善知識이 이에 근원하여 각종 각파로 분립하고 포교문을 열어 많은 사람을 가르쳐 왔으며, 세계의 모든 종교도 그 근본 되는 원리는 본래 하나이나, 교문을 별립 하여 오랫동안 제도와 방편을 달리하여 온 만큼 교파들 사이에 서로 융통을 보지 못한 일이 없지 아니하였나니, 이는 다 모든 종교와 종파의 근본 원리를 알지 못하는 소치라 이 어찌 제불 제성의 본의시리요. 그 중에도, 과거의 불교는 그 제도가 출세간出世間 생활하는 승려를 본위 하여 조직이 되었는지라, 세간 생활하는 일반 사람에 있어서는 모든 것이 서로 맞지 아니하였으므로, 누구나 불교의 참다운 신자가 되기로 하면 세간 생활에 대한 의무와 책임이며 직업까지라도 불고하게 되었나니, 이와 같이 되고 보면 아무리 불법이 좋다 할지라도 너른 세상의 많은 생령이 다 불은佛恩을 입기 어려울지라. 이 어찌 원만한 대도라 하리오."라고 밝히고 있다. 불교의 호대함과 과거 불교의 문제점을 살펴보고 있다.

소태산 대종사는 "과거에 모든 교주教主가 때를 따라 나오시어 인생의 행할 바를 가르쳐 왔으나 그 교화의 주체는 시대와 지역을 따라 서로 달랐나니, 비유하여 말하자면 같은 의학 가운데도 각기 전문 분야가 있는 것과 같다. 그러므로 불가佛家에서는 우주 만유의 형상 없는 것을 주체 삼아서 생멸 없는 진리와 인과보응의 이치를 가르쳐 전미개오轉迷開悟의 길을 주로 밝히셨고, 유가儒家에서는 우주 만유의 형상 있는 것을 주체 삼아서 삼강·오륜과 인·의·예·지를 가르쳐 수·제·치·평修齊治平의 길을 주로 밝히셨으며, 선가仙家에서는 우주 자연의 도를 주체 삼아서 양성養性하는 방법을 가르쳐 청정 무위淸靜無爲의 길을 주로 밝히셨으니, 이 세 가지 길이 그 주체는 비록 다를지라도 세상을 바르게 하고 생령을 이롭게 하는 것은 다 같은 것이다. 그러나 과거에는 유·불·선儒佛仙 삼교三敎가 각각 그 분야만의 교화를 주로 하여 왔지마는, 앞으로는 그 일부만 가지고는 널리 세상을 구원하지 못할 것이므로 우리는 이 모든 교리를 통합하여 수양·연구·취사의 일원화一圓化와 또는 영육쌍전靈肉雙全·이사병행理事竝行 등 방법으로 모든 과정을 정하였나니, 누구든지 이대로 잘 공부한다면 다만 삼교의 종지를 일관할 뿐 아니라 세계 모든 종교의 교리며 천하의 모든 법이 다 한 마음에 돌아와서 능히 사통오달의 큰 도를 얻게 되리라."라고 하여 부처님의 가르침인 불법을 주체 삼으나 동양종교의 대표적 가르침인 유교와 도교의 가르침도 통합 활용하여 세계의 모든 종교를 하나로 총섭하고 있다 할 수 있을 것이다.

우주 만유의 형상 없는 것을 주체 삼아서 생멸 없는 진리와 인과보응의 이치를 가르쳐 전미개오轉迷開悟의 길을 주로 밝힌 불법을 주체로 삼는다 함은 소태산 대종사 깨달음의 표현인 "만유가 한 체성이며 만법이 한 근원이로다. 이 가운데 생멸 없는 도道와 인과보응 되는 이치가 서로 바탕을 두어 한 두렷한 기틀을 지었도다."와 서로 통하는 부분이다. 소태산 대종사는 '교법의 총설'에서 "우리는 우주 만유의 본원이요, 제불제성의 심인心印인 법신불 일원상을 신앙의 대상과 수행의 표본으로 모시고, 천지·부모·동포·법률의 사은四恩과 수양·연구·취사의 삼학三學으로써 신앙과 수행의 강령으로 하고 처처불상 사사불공 무시선 무처선의 원만한 대승 수행을 하며 모든 종교의 교지敎旨도 이를 통합 활용하여 광대하고 원만한 종교의 신자가 되자는 것이니라."고 하였다.

소태산 대종사는 "이제는 우리가 배울 바도 부처님의 도덕이요, 후진을 가르칠 바도 부처님의 도덕이니, 그대들은 먼저 이 불법의 대의를 연구해서 그 진리를 깨치는 데에 노력하라. 내가 진작 이 불법의 진리를 알았으나 그대들의 정도가 아직 그 진리 분석에 못 미치는 바가 있고, 또는 불교가 이 나라에서 여러 백 년 동안 천대를 받아 온 끝이긴 하나 근본적 진리를 발견하고 참다운 공부를 성취하여 일체중생의 혜·복慧福 두 길을 인도하기로 하면 이 불법으로 주체를 삼아야 할 것이며, 그뿐만 아니라 불교는 장차 세계적 주교가 될 것이다. 그러나 미래의 불법은 재래와 같은 제도의 불법이 아니라 사·농·공·상을 여의지 아니하고, 또는 재가출가를 막론하고 일반적으로 공부하는 불법이 될 것이며, 부처를 숭배하는 것도 한갓 국한된 불상에만 귀의하지 않고, 우주 만물 허공 법계를 다 부처로 알게 되므로 일과 공부가 따로 있지 아니하고, 세상일을 잘하면 그것이 곧 불법 공부를 잘하는 사람이요, 불법 공부를 잘하면 세상일을 잘하는 사람이 될 것이며, 또는 불공하는 법도 불공할 처소와 부처가 따로 있는 것이 아니라, 불공하는 이의 일과 원을 따라 그 불공하는 처소와 부처가 있게 되나니, 이리된다면 법당과 부처가 없는 곳이 없게 되며, 부처의 은혜가 화피초목化被草木 뇌급만방賴及萬方하여 상상하지 못할 이상의 불국토가 되리라."라고 하였다.

그러는 가운데 소태산 대종사는 여러 제자에게 "그대들은 마땅히 불법을 활용하여 생활의 향상을 도모할지언정 불법에 사로잡힌 바 되어 일생을 헛되이 지내지 말라. 무릇, 불법은 원래 세상을 건지는 큰 도이거늘, 도리어 세속을 피하고 산에 들어가서 다만 염불이나 간경看經이나 좌선 등으로 일 없이 일생을 보내고 마침내 아무런 제중의 실적도 없다면 이러한 사람은 다 불법에 사로잡힌 바이라, 자신에도 별 성공이 없으려니와 세상에도 아무 이익이 없다."라고 하였다. 한 제자가 정산 종사에게 "대종사께서는 어찌하여 부처님께 연원을 대셨습니까? 수운, 증산 선생은 연원이 없는데요." 하고 물으니 "수운 선생이나 증산 선생은 그냥 일어난 분이요, 대종사께서는 불법을 주체로 회상을 펴고 교화하시려니 그러신 것이다."라고 하였다.

소태산 대종사 교법의 두 번째 주체는 인도상 요법要法이다. 소태산 대종사는 "나의 법은 인도상 요법人道上要法을 주체 삼아 과거에 편벽된 법을 원만하게 하며 어려운 법을 쉽게 하여 누구나 바로 대도에 들게 하는 법이거늘, 이 뜻을 알지 못하고 묵은 생각을 버리지 못하는 사람은 공부하려면 고요한 산중에 들어가야 한다고 하며, 혹은 특별한 신통神通을 얻어서 이산도수移山渡水와 호풍환우呼風喚雨를 마음대로 하여야 한다고 하며, 혹은 경전·강연·회화는 쓸데없고 염불·좌선만 해야 한다고 하여, 나의 가르침을 바로 행하지 않는 수가 간혹 있나니, 실로 통탄할 일이다. 지금 각도 사찰 선방이나 심산궁곡에는 평생 아무 직업 없이 영통이나 도통을 바라고 방황하는 사람이 그 수가 적지 아니하나, 만일 세상을 떠나서 법을 구하며 인도를 여의고 신통만 바란다면 이는 곧 사도邪道이다. 그런즉, 그대들은 먼저 나의 가르치는바 인생의 요도 사은 사요와 공부의 요도 삼학 팔조에 따라 세간 가운데서 공부를 잘하여 나아가라.

그러한다면, 마침내 복혜 양족福慧兩足을 얻는 동시에 신통과 정력도 그 가운데 있을 것이니 이것이 곧 순서 있는 공부요 근원 있는 대도이다."라고 하였으며 나아가 "내 뜻을 알지 못하는 자는 내 회상에 있으면서도 묵은 생각을 버리지 못하여 혹은 공부를 하려면 고요한 산중에 들어가서 훤하게 터 버려야 한다고 생각하는 자, 혹은 특별한 신통을 얻어서 이산도수와 호풍환우를 마음대로 하여야 큰 인물이 되지 보통 인간 도덕으로는 별 우월할 것이 있느냐고 생각하는 자, 혹은 경전 강연 회화도 다 쓸데없고 그저 염불 좌선만 하여야 정력을 얻는다고 생각하는 자, 혹은 아무것도 않고 좌선만 하다가 병이 들어 죽게 되니까 그때에는 운동을 시작하여서 가지고 효력을 본 후로는 또 운동이 제일이라고 생각하는 자 등, 이처럼 저의 사견에 집착하는 자는 나를 만났지마는 나의 얼굴도 보지 못한 자인 것이다."라고 하였다.

인도상 요법의 인도人道란 무엇인가. 인도는 부처님께서 말씀하신 천도 인도 아수라 축생 아귀 지옥의 육도六途 가운데 하나인 천도 다음에 인간으로 태어난 인류를 의미한다고 볼 수 있다. 또는 사람으로서 행해야 할 당연한 길로서 소태산 대종사는 "부모 자녀 사이에는 부모 자녀의 행할 바 길이 있고, 상하 사이에는 상하의 행할 바 길이 있고, 부부 사이에는 부부의 행할 바 길이 있고, 붕우 사이에는 붕우의 행할 바 길이 있고, 동포 사이에는 동포의 행할 바 길이 있으며, 그와 같이 사사물물을 접응할 때마다 각각 당연한 길이 있다."라고 한 행할 바 길을 의미한다고 볼 수 있다. 나아가 인도상 요법要法이란 인간으로 태어나 인간답게 살아가는 요긴한 가르침이나 인간이 실행해야 하는 당연한 길을 실천하는 중요한 방법을 의미할 것이다.

정산 종사는 "과거에 모든 부처님이 많이 지나가셨으나 우리 대종사의 교법처럼 원만한 교법은 전무후무하나니, 그 첫째는 일원상을 진리의 근원과 신앙의 대상과 수행의 표본으로 모시고 일체를 이 일원에 통합하여 신앙과 수행에 직접 활용케 하여 주셨음이요, 둘째는 사은의 큰 윤리를 밝히시어 인간과 인간 사이의 윤리뿐 아니라 천지 부모 동포 법률과 우리 사이의 윤리 인연을 원만하게 통달시켜 주셨음이요, 셋째는 이적을 말씀하지 아니하시고 오직 인도상 요법으로 주체를 삼아 진리와 사실에 맞은 원만한 대도로써 대중을 제도하는 참다운 법으로 삼아 주셨음이라. 아직도 대종사를 참으로 아는 이가 많지 않으나 앞으로 세상이 발달하면 할수록 대종사께서 새 주세불이심을 세상이 고루 인증하게 되리라."고 하였다.

또 정산 종사는 "신통은 지엽 같고 견성성불은 그 근본이니, 근본에 힘을 쓴즉 지엽은 자연히 무성하나, 지엽에 힘을 쓴즉 근본은 자연 말라진다. 신통은 성현의 말변지사이므로 대종사께서도 회상을 공개하신 후에는 이를 엄금하시고 오직 인도상 요법을 주체 삼아, 중생을 제도하시되 일용 범절과 평범한 도로써 하시었나니 이것이 무상대도이다."라고 하였다. 소태산 대종사는 교단 초기에 혁신 예법을 제정하여 시행하게 한 후 뒤에 『예전』으로 발행하게 하였으며 정산 종사는 '20가지 인생길'인 『세전』을 편찬하여 인간으로서 바르게 사는 길을 밝혀 실천하게 하였다.

소태산 대종사 교법의 주체 강령은 세계주의이다. 소태산 대종사는 "과거에는 부처님께서 모든 출가 수행자에게 잘 입으려는 것과 잘 먹으려는 것과 잘 거처하려는 것과 세상 낙을 즐기려는 것들을 다 엄중히 말리시고 세상 낙에 욕심이 나면 오직 심신을 적적하게 만드는 것으로만 낙으로 삼으라 하시었으나, 나는 가르치기를 그대들은 정당한 일을 부지런히 하고 분수에 맞게 의·식·주도 수용하며, 피로의 회복을 위하여 때로는 소창도 하라 하노니, 인지가 발달하고 생활이 향상되는 이 시대에 어찌 좁은 법만으로 교화를 할 수 있으리오. 마땅히 원융圓融한 불법으로 개인·가정·사회·국가·세계에 두루 활용되게 하여야 할 것이니 이것이 내 법의 주체이다. 나의 법은 동과 정이 둘이 아니요 생과 사가 둘이 아니요, 범부와 성인이 둘이 아니요, 사업과 공부가 둘이 아닌 것을 알게 하는 공부이며 또한, 안 후에는 둘이 아닌 행을 실행하게 하는 것이 내 법의 주체 강령이다. 이렇게 공부하는 사람은 구슬에 끈이 꿰어져서 일원이 되는 것같이 줄 맞은 공부가 될 것이요, 그렇지 못하면 끈 떨어진 구슬 같아서 줄 맞은 법기를 이루지 못할 것이다."라고 하여 소태산 대종사 가르침의 주체와 주체 강령을 확실히 밝혔다.

원불교의 교법은 한마디로 일원대도一圓大道나 무상대도無上大道 대도정법大道正法이라고 개념 짓는다. 이는 진리에 입각한 원만한 최상의 큰 길이며 그 누구나 행할 수 있는 큰길인 동시에 바른 법이라는 의미이다.

정산 종사는 "옛날 초楚나라 사람이 실물을 하매, 초왕은 '초인이 잃으매 초인이 얻으리라' 하였는데, 그 후 공자께서는 '사람이 잃으매 사람이 얻으리라' 하셨고, 우리 대종사께서는 '만물이 잃으매 만물이 얻으리라' 하시었나니, 이는 그 주의의 발전됨을 보이심이라, 초왕은 나라를, 공자는 인류를, 대종사는 우주 만물을 한 집안 삼으셨나니, 이가 곧 세계주의요 일원주의니라." 하였다. 대산 종사는 "세계 4대 성자의 근본정신은 불타의 대평등 자비주의와 대각주의大覺主義, 노자의 대해탈 자연주의와 무위주의無爲主義, 예수의 대희생 박애주의와 유화주의柔和主義, 공자의 대실천 중도주의와 인의주의仁義主義니라. 그러므로 대종사께서는 대원만 일원주의와 세계주의世界主義를 드러내 세계 모든 종교의 교지를 통합 활용하게 하셨느니라."라고 하였다.

지금까지 우리는 원불교 마음공부하는 공부인으로 마음공부 프로그램 제2과정 '마음병 치료하기'를 진행하는 가운데 의두 요목을 끝으로 교리공부를 마쳤다. 『정전』을 '처음 읽는 이가 쉽게 단계적으로 읽는 순서'인 '정신개벽의 노래' 제5과정인 '저절로 될 때까지'를 마치게 되었다. 마음병 치료하는 의술과 약재로써 원불교의 교리 공부를 마무리하는 마당에 '소태산 대종사 교법의 주체'를 마지막으로 마음공부 프로그램 제2과정 '마음병 치료하기'를 마친다.

○

마음 나라는 원래 온전하고 평안하며
밝고 깨끗한 것이나, 사욕의 마군을 따라
어둡고 탁해지며 복잡하고 요란해져서
한 없는 세상에 길이 평안할 날이 적으므로,
이와 같은 중생들의 생활하는 모양을
마음 난리라 한 것이요

-『대종경』 수행품 58장에서

제4부

–

마음 난리 평정하기

1

사람이 살아가면서 중요한 것은 무엇인가?

필자는 평소 행복하다고 생각한다. 퇴직한 후 내가 하고 싶은 일을 하면서 지내는 요즘 부족함이 별로 없다. 날마다 새벽에 눈을 뜨면 일어나 거실에 나와 앉은 채로 몸을 가볍게 풀고 조용히 앉아 좌선한다. 좌선을 마친 후 또 앉은 채로 맨손 체조를 하고 스마트폰으로 '팟빵'에서 마음공부하는 이야기를 듣거나 '팟빵'의 '마음나라 라디오'에 올리려고 녹음한 마음공부 이야기 내용을 미리 듣는다. 또 카카오TV에 올리고 있는 마음공부TV와 둥근 마음공부에 올린 녹화 영상을 시청한 후 아침 식사를 한다. 그리고 KBS 1TV의 '인간극장'과 '아침마당'을 시청하다가 9시경에 집을 나와서 삼기에 있는 익산 심계원으로 향한다. 대략 30여 년 전 정토가 '우리는 땅 한 평도 없다.'는 성화에 빚을 내어 사둔 시골집 터에 나가는 것이다. 재작년 봄에 1년을 쉬면서 연구실 같은 공간을 한 채 더 마련하고, 퇴직후 이곳에 날마다 출근한다. 나의 공부터이자 일터이며 쉼터이자 놀이터로 삼아 지낸다. 손수 흙집을 신축할 때 사용한 트럭을 공사가 끝나고 승용차로 바꾸어준 정토에게 늘 감사하며 이곳을 즐겁게 오간다. 나의 승용차는 항시 클래식 FM 방송이 세팅되어 있어 차를 타면 바로 음악을 듣는다. 어느 날 아침에 방송 진행자의 '사람은 살아가면서 중요한 것이 무엇인가?' 하는 멘트에 정신이 번쩍 들었다. 무엇이 중요하다고 생각하며 살아왔는지 한번 되돌아보게 되었다.

나이 칠십이 되어 하는 일은 마음공부에 대하여 정리한 원고를 낭독하는 수준으로 녹화하여 일주일에 한편씩 카카오TV의 '마음공부TV' 채널에 올린다. 다른 사람들의 도움을 받아 제작한 마음공부 에피소드를 팟빵 '마음나라 라디오' 채널에도 일주일에 한편씩 올리고 있다. '마음공부TV'는 재작년 육일대재에 방송을 시작하여 지난달까지 70여 회 올리며 마음공부의 원리와 방법 그리고 프로그램을 정리하고 있다. 지금은 마음공부 프로그램 가운데 '마음 소 길들이기'에서 시작하여 '마음병 치료하기'를 지난 연말에 마친 후 '마음 난리 평정하기'로 넘어가려는 즈음에 있다. '마음나라 라디오'는 지난 해 대각개교절에 '최보산의 마음아 놀자!'로 시작하여 '마음공부 법문 낭송'과 '어린이 마음공부방'에 에피소드를 올리고 있다.

아침에 출근하는 차 속에서 청취한 '사람은 살아가면서 중요한 것이 무엇인가?'라는 멘트를 듣는 순간 톨스토이의 민화 '사람은 살아가는 데 얼마만큼의 땅이 필요한가?' 하는 이야기가 생각나서 나이 칠십에 살아온 길을 돌아보게 되었다. 내가 이 나이 되도록 추구하며 살아온 것이 무엇인가? 재산이나 명예도 아니었고 특히 정치에는 관심이 없어서 내 주위에 사람을 모으지도 않았다. 그렇다면 무엇을 위해 살고 있는가? 고등학교 다닐 때 원불교 학생회에 나가면서 접했던 『대종경』을 읽고 지금은 화두가 된 '마음의 자유'일 것이다. 소태산 대종사께서는 "마음에 욕심을 떼고 하고 싶은 것과 하기 싫은 것에 자유자재해지고 보면 그것이 여의보주"라고 하시며 마음의 자유를 여의보주 얻는 것에 비유하였다. 이것 때문에 원불교 교무가 되었고 여러 곳의 근무처에서 일하면서도 나의 머리에는 '내 마음을 내 마음대로 하는 마음의 자유'라는 명제로 가득 차 있었다. 대학에서 배우기 시작하여 퇴임하기까지 50년 동안 내가 내린 결론은 마음공부였다. 마음을 공부하여 마음의 자유를 얻어야 하고 마음공부는 개인 혼자서 하는 것이 아니라 단團 조직으로 해야 한다는 것이 나의 지론이다.

한마디로 마음공부를 심전계발心田啓發이라 정리하고 싶다. 이를 추진하는 곳으로 심계원心啓園이라는 아지트를 만들고 거기에서 1인 방송의 형식을 통하여 세상과 공유하고 사람과 소통하고 있다. 그동안 나름대로 마음공부에 대하여 정리한 내용이 마음공부의 개념과 원리와 방법과 프로그램이다. 프로그램은 마음소 길들이기, 마음병 치료하기, 마음 난리 평정하기, 마음 밭 계발하기로 정한 후 지난달에 마음병 치료하기까지 정리를 마친 상태이다.

소태산 대종사는 '일원상 서원문'에서 진급이 되는 것을 우리 어리석은 중생의 최대 목표로 제시하였다고 생각한다. 우주 안의 모든 생령은 진급과 같은 의미인 진화를 성장 목표로 할 것이다. 그동안 왜 진급 즉 성장하려 하는가 하는 의문이 있었는데 최근 어느 강의에서 들은 바로는 성장에는 기쁨이 동반한다는 것이었다. 성장의 기쁨은 보람에서 얻어지는 행복과 다른 그 무엇으로 부처님께서 말씀하신 사선정四禪定에서 오는 사선락四禪樂 같은 것으로 생각하였다. 마음 소를 길들이고 마음병을 치료하고 마음 난리를 평정하고 마음 밭을 계발하는 성장과 성숙은 바로 인간의 진급이며 결국은 마음의 자유로 완성될 것이다. 이것은 사람이 살아가면서 가장 중요하다고 느끼는 자유에 해당하며 나는 이를 위해 오늘도 노력하고 있다. 이 마음공부를 통하여 개인은 자유를 얻을 것이며 가정은 행복해질 것이고 세상은 평화로운 살기 좋은 낙원이 될 것을 확신하며 소태산 대종사께서 "광대 무량한 낙원으로 인도하려 한다."라고 하신 것이 이 마음공부를 통하여 이루어지리라 확신한다.

그런데 '왜 마음공부가 잘 되지 않는가?' 하는 의문이 들었다. 마음공부가 왜 어려운 것인가? 마음공부하는 방법을 자세히 모르는 것인가? 왜 마음공부의 목표가 절실하지 않은가? 행복하기 위해 사는데 왜 행복하지 않을까? 그리고 나는 잘살고 있는 것인가? 다람쥐 쳇바퀴 돌 듯 반복되는 일상생활의 흐름에 멈추면 무너질 것 같은 절실함이 있는가? 보여주기식의 형식적인 마음공부가 아닌 내 안으로 들어가 마음의 일어남과 사라짐을 알아차리고 삼대력을 쌓아가려 하고 있는가? 소태산 대종사는 '죽기로써 하라.'는 간절한 부촉을 제자들에게 하고 계신다. 계율을 죽기로써 지키라, 정당한 일어거든 아무리 하기 싫어도 죽기로써 할 것이며 부당한 일이거든 아무리 하고 싶어도 죽기로써 아니할 것이며 정의인 줄 알거든 크고 작은 일을 막론하고 죽기로써 실행할 것이며 불의인 줄 알거든 크고 작은 일을 막론하고 죽기로써 하지 않을 것이라는 등으로 마지막에는 목숨을 걸고 죽음을 각오하고 하라는 것이다.

내가 중요하다고 생각하는 마음의 자유를 얻기 위한 마음공부도 이와 같아서 묵은 습관을 고치고 마음의 깊은 병을 치료하며 마음속에 숨어있는 마군과 싸워 이겨야 하고 마음밭을 계발하여야 하는 지난하고 긴 여정이다. 이를 위해 한 걸음 한 걸음을 옮겨서 높은 산의 정상에 오르듯, 하루하루 쉬지 않고 날마다 가야 할 것이며 쉬었다 가도 또 시작하기를 반복해야 할 것이다.

소태산 대종사는 만사 성공하는 길로 신 분 의 성의 추진을 말씀하셨다. 요즘 회자하는 책 가운데 『성공하려면 하버드처럼』이라는 하버드대 성공학 강의 책이 있다. 그 책을 '하버드 성공과 행복의 7가지 비밀'이라고 정리한 내용을 보면 "1. 남들이 뭐라고 하던 자기의 길을 가라. 2. 가장 중요한 것을 가장 먼저 하라. 급하게 처리해야 하는 일이 중요한 일은 아니다. 3. 다른 사람보다 하나 더 생각하라. 긍정적 지속적 과학적으로 사고할 수 있어야 한다. 4. 생각을 열면 천당, 열지 않으면 지옥이다. 톨스토이는 '세상을 바꾸려는 사람은 많지만, 자신을 바꾸려는 사람은 극소수이다.'라고 하였다는 유명한 말도 있다. 마음가짐이라도 바꾸라 하였다. 5. 내려놓을 수 없는 것은 없다. 6. 즐거운 척하면 진짜 즐거워진다. 7. 과거도 미래도 아닌 현재에 깨어 있어라."는 것이다.

지금 내가 중요하다고 생각하는 일들이 성공만을 목표로 하지는 않는다. 요사이 필자에게 가장 중요한 일은 잘 노는 것이고 잘 노는 것이 얼마나 중요하고, 거기에 함축된 의미도 매우 많다고 본다. 일을 열심히 하는 것도 중요하지만 일을 즐기며 하는 것이 더 중요하다고 하듯이 즐겁게 노는 것이 지금의 나에게는 가장 중요한 일이고 마음공부 방송을 하는 것도 여기에 속할 것이다.

2

마음 난리를 평정하라

'이너 피스inner peace'라는 말은 내 마음안의 평화 즉 내면의 평화를 의미한다. 모든 것이 다 마음으로부터 일어난다는 의미로 불교에서는 일체유심조一切唯心造라는 말이 있다. 내 마음이 시끄럽고 화가 나고 욕심으로 가득할 때 평화平和를 이야기한다는 것은 불가능할 것이다. 그러므로 세상에 평화의 시작은 나로부터이며 이는 이너 피스, 바로 내면의 평화에서 비롯될 것이다. 특히 국가나 종교가의 지도자가 내면의 마음 난리를 평정하지 못하고는 국가 간이나 종교 간의 평화는 기대하기 어려울 것이다.

『대종경』 수행품 58장에 보면 소태산 대종사는 선원 대중에게 말하시기를 "우리의 공부법은 난리 세상을 평정할 병법兵法이요, 그대들은 그 병법을 배우는 훈련생과 같다 하노니, 그 난리란 곧 세상 사람의 마음나라에 끊임없이 일어나는 난리라, 마음나라는 원래 온전하고 평안하며 밝고 깨끗한 것이나, 사욕의 마군을 따라 어둡고 탁해지며 복잡하고 요란해져서 한없는 세상에 길이 평안할 날이 적으므로, 이와 같은 중생들의 생활하는 모양을 마음 난리라 한 것이요, 병법이라 함은 곧 우리의 마음 가운데 모든 마군을 항복 받는 법이니 그 법은 바로 정定과 혜慧와 계戒를 닦으며, 법法과 마魔를 구분하는 우리의 수행 길이라,

이것이 곧 더할 수 없는 세계 정란靖亂의 큰 병법이다."라고 하였다.

소태산 대종사는 제자가 오는 것을 보고 "소를 타고 온다고 하며 세월을 허송하지 말고 부지런히 공부하여 길 잘든 마음 소로 너른 세상에 봉사하여 제생의세의 거룩한 사도가 되어주기를 바란다."라고 하였다. 선원에 입선한 것을 보고 "마치 환자가 병원에 입원하는 것과 같으니 육신병 환자가 그 병이 완치되도록까지 정성을 놓지 아니하여야 하는 것같이 끝까지 마음병에 정성을 다하여 마침내 마음의 완전한 건강을 회복하는 동시에 마음병에 허덕이는 모든 대중을 치료할 의술까지 얻게 되어 너른 세상에 제생의세의 큰일을 성취하라."면서 고해에서 헤매는 중생을 건지고 병든 세상을 치료한다는 제생의세를 강조하였다.

우리의 '마음나라는 원래 온전하고 평안하며 밝고 깨끗한 것'에서 우리의 본성 자리인 성품을 의미하거나 성품과 대등한 것이나 영령한 감이 있는 정신을 의미한다. 성품은 말과 글이 끊어져서 무어라 말로 표현할 수 없으나 유와 무를 초월한 만물의 생멸문이며 정신은 마음이 두렷하고 고요하여 분별성과 주착심이 없는 경지를 이르니 원래 온전하고 밝고 깨끗하다. 마음이 두렷하다 함은 우리의 자성이 원만구족하고 지공무사한 자리를 이름이요, 고요하다 함은 우리의 자성이 본래 요란하지 아니하고 번뇌가 공한 자리임을 이름이라 하였다.

우리의 공부법 곧 병법은 넓은 의미에서는 인생의 요도 사은사요와 공부의 요도 삼학팔조를 기본으로 하고 훈련법, 일기법, 무시선법, 불공하는 법, 참회와 기도하는 법, 계율과 솔성요론 등 『정전』 수행편에 속해 있는 모든 공부법을 포함하여 법과 마를 구분하고 정의를 실행하고 불의는 버리는 법으로 일체 마군과 싸우는 방법을 말할 것이다.

또한 '병든 사회와 그 치료법'에서도 "사람도 병이 들어서 낫지 못하면 불구자가 되든지 혹은 폐인이 되든지 혹은 죽기까지도 하는 것같이, 한 사회도 병이 들었으나 그 지도자가 병든 줄을 알지 못한다든지 설사 안다고 할지라도 치료의 성의가 없다든지 하여 그 시일이 오래되어지고 보면 그 사회는 불완전한 사회가 될 것이며, 혹은 부패한 사회가 될 수도 있으며, 혹은 파멸의 사회가 될 수도 있다."하고 걱정하였듯이 세상의 병을 치료하고자 하였다.

필자도 마음공부를 주제로 주 1회 팟캐스트 방송을 하는데 그 방송 타이틀을 '마음나라 라디오'라 하였다. 시작 멘트가 "마음나라는 원래 온전하고 평안하며 밝고 깨끗한 것이나,

욕심을 따라 어둡고 탁해지며 복잡하고 요란해졌다."하고 시작한다. '일상 수행의 요법'에서 '심지는 원래'라고 한 것처럼 마음나라는 심지心地를 의미하여 이는 곧 우리의 자성인 성품 자리를 의미하며 심전心田이라고도 한다. 그러므로 마음나라는 원래 요란함도 어리석음도 그름도 없지마는 경계를 따라 요란함 어리석음 그름이 있어지는 것이 개인의 욕심이라는 원초적 본능과 마왕 군사의 유혹에 넘어가 한없는 세상에 길이 편안할 날이 없어졌다.

이렇게 "많은 중생의 생활하는 모양을 마음 난리라 규정하였고 우리의 마음 가운데 모든 마군을 항복 받는 법을 병법이라 하였다. 그 병법은 협의로는 바로 삼학에 해당하는 정신수양-정定과 사리연구-혜慧와 작업취사-계戒를 닦는 방법이다. 아울러 공부인의 수행 정도를 나타내는 법위등급의 세 번째 단계인 법마상전급에서는 법法과 마魔를 구분하고 법이 마를 반수 이상 이기는 공부를 하게 하는 급으로 여기에서 법이 백전백승해야 법강항마위에 오를 수 있다. 이 삼학 수행과 법위등급에 따라 공부하는 것이 더할 수 없는 마음 난리를 평정하는 큰 병법이다."라고 하였다.

『대종경』 수행품 58장에 계속하여 "그러나, 세상 사람들은 이 마음 난리는 난리로 생각하지도 아니하나니 어찌 그 본말을 안다 하리오. 개인·가정과 사회·국가의 크고 작은 모든 전쟁도 그 근본을 추구해 본다면 다 이 사람의 마음 난리로 인하여 발단되는 것이니, 그러므로 마음 난리는 모든 난리의 근원인 동시에 제일 큰 난리가 되고, 이 마음 난리를 평정하는 법이 모든 법의 조종인 동시에 제일 큰 병법이 되느니라."고 하였다.

마음공부에 뜻이 없는 사람들은 세상을 살아가기에 바빠서 마음을 찾아볼 생각도 없고 마음나라가 있는 줄도 모른다. 더욱이 마음 난리는 큰일로 또는 중요한 일로 생각하지도 않고 일상생활에 급급하며 살아간다. 그러다 보면 개인과 개인 사이에서 시비이해의 충돌이 일어나고 가정에서도 마찬가지이며 사회 국가에서도 갈등과 투쟁, 분쟁과 전쟁이 끊이지 않는다. 이 세상의 모든 크고 작은 전쟁도 그 근본과 발단은 사소한 사람들의 마음 난리에서 일어나고 있음을 알 수 있다. 그러므로 이 마음 난리를 해결하여 평안하게 하는 법이 모든 법의 우두머리가 되고 제일 중요한 방법이 될 것이다.

세계의 화약고라 불리는 중동을 들여다보면 수천 년 동안 얽히고설킨 민족과 종교와 국가 간 갈등의 역사 속에서 시비이해를 다투다 보니 실타래 엉키듯 복잡해졌다. 상호 간의 반목과 투쟁이 극에 달했을 때 일어나는 모든 전쟁의 비롯이 개인의 욕심에 근원한 마음 난리에서 시작하였음을 우리는 받아들여야 할 것이다.

수행품 58장에 계속하여 "그런즉, 그대들은 이 뜻을 잘 알아서 정과 혜를 부지런히 닦고 계율을 죽기로써 지키라. 오래오래 쉬지 아니하고 반복 수행하면 마침내 모든 마군을 항복 받을 것이니, 그리된다면 법강항마의 법위를 얻게 되는 동시에 마음 난리에 편할 날이 없는 이 세상을 평정하는 훌륭한 도원수都元帥가 될 것으로 확신하노라."라고 하였다. 이 모든 문제를 해결하고 국가 간의 전쟁과 종교 간 갈등의 해결이 개인의 마음 난리를 평정해야 하기에 그 방법인 정신수양과 사리연구 공부를 부지런히 하고 계율을 죽기로써 지켜야 할 것이다. 이러한 수행은 일시적으로 마음을 내어 진행한다고 하여 법이 백전백승하는 지경에 쉽게 이르지 아니하므로 하고 또 하여 될 때까지 반복 수행하여 마침내 모든 마군을 항복 받고 내 안에 평화가 찾아올 때까지 하여야 할 것이다. 그러면 법과 마가 싸워 법이 백전백승하게 될 것이다.

마음 난리의 원인을 법法과 마魔라고 간단히 언급하고 있지만 실제로 법과 마를 구분하기는 쉽지 않다. 그 기준을 한마디로 정의와 불의라고 할 수 있으나 사실 이 정의와 불의도 상황따라 달라질 수 있고 사람과 일에 따라 달라질 수 있으므로 사법적인 심판을 청구하게 되는 것이다. 그러므로 소태산 대종사는 취사하는 기준을 묻는 제자에게 첫째는 자기의 본래 서원誓願을 생각하는 것이요, 둘째는 스승이 가르치는 본의를 생각하는 것이요, 셋째는 당시의 형편을 살펴서 한편에 치우침이 없는가를 생각하는 것이라 하였는데 스승의 가르치는 본의를 가장 간명하게 정리하여 놓은 것이 일상 수행의 요법이라 할 수 있다.

이러한 이치를 배워 알고 있는 우리는 마음공부에서 해답을 찾아야 한다. 마음공부를 간단하게 정의하면 '삼학을 병진하는 동정일여의 무시선 공부'라고 할 수 있다. 삼학이 정-정신수양, 혜-사리연구, 계-작업취사이기 때문이다. 성질이 급한 사람은 한두 번 혹은 몇 차례 해보고는 안 된다고 마음을 바꾸나 오래오래 쉬지 않고 하고 또 하여 될 때까지 하면 성취할 수 있고 나아가 세상을 평정하는 도원수가 될 것이다.

권율 장군은 임진왜란 후반부 도원수에 임명되었다. 1533년에 태어나 1599년에 사망한 권율은 영의정 권철의 아들이었다. 그는 늦은 나이인 46세에 과거에 급제한 후 임진왜란이 일어나기 직전까지 여러 관직을 거쳐 의주 목사가 되었지만 제대로 행정을 살피지 못한다는 유언비어에 자리에서 쫓겨난 신세였다. 전쟁이 터지자 조정은 권율을 광주 목사에 임명했고 임진왜란이 일어난 1592년 7월에 금산군 진산면에서 완주군 운주면으로 넘어가는 '이치[梨峙, 배티재]'에서 일본군을 크게 무찔러 대승을 거두었다. 이 승리로 일본군이 호남으로 진격하는 것을 막았고 이 공로로 전라 감사가 되었다. 그 후 1593년 2월 행주산성에 주둔하여 행주대첩을 이끌어 그해 6월 조선군 최고사령관인 도원수가 되었다. 도원수는 조선 시대에 특별히 동원된 군대를 총지휘하는 임시 관직으로 외침을 방어하기 위한 부대를 통솔하는 관직이었다. 일반적으로 국외 원정군의 최고 지휘관이나 외적의 방어를 위해 출동하는 군대의 총지휘관 또는 변방 방비 업무와 내란 진압군의 총책임자 또는 조선 시대 전쟁을 수행할 때 군대를 총괄해서 지휘하기 위한 목적으로 임명하던 임시 관직으로 평상시에는 임명되지 않았다.

필자는 도원수를 요샛말로 무엇이라 설명할 것인가 생각해 보니 사령관 정도일 것이나 도원수에 대하여 검색을 해보니 사령관은 적합하지 않는 것 같아 그대로 도원수로 하기로 하였다. 마음공부하는 데에도 상황 따라 마왕의 군대와 싸워야 하기에 상설 주둔군인 사령관보다는 임시직인 도원수가 더욱더 비슷하게 느껴지는 데 원불교 교리 가운데 법위등급과 마음공부를 연결해 보는 것도 흥미로울 것이다. 처음 시작인 보통급이 마음 소 길들이기라면 특신급은 마음병 치료하기, 법마상전급은 마음 난리 평정하기로 연계하여 생각할 수 있으며 법마상전급은 법法과 마魔가 서로 싸우는 것이므로 상황에 따라 싸우는 총 책임자인 도원수가 필요할 것이다.

3

삼학수행의 길

마음공부에 대하여 1인 방송을 하다 보니 자연스럽게 1인 방송의 대표 격인 유튜브에서 '마음공부'를 검색해 보게 되었다. 마음공부를 주제로 하거나 검색어에 마음공부를 올린 유튜버가 많았으나 마음공부 개념을 어떻게 이해하고 있는가에 따라 방송 내용에 차이가 많았다. 대부분 일상생활에서 마음작용, 예를 들자면 마음이 괴로울 때나 외로울 때 힘들 때 화날 때 어떻게 대처하는가 하는 내용이 주를 이루고 있는데 이렇다 보니 몇 년 방송하다 주제가 바닥나서 쉬어가는 경우가 비일비재했다. 개인적으로 인간 내면의 마음과 영혼에 대한 속 깊은 내용을 다루는 사람도 있고 누구나 궁금한 전생에 대한 이야기나 명상하고 수행하여 도를 깨닫는 내용이 있기도 하였다.

마음공부를 어떻게 정의할 것인지 또 마음공부의 방법은 무엇이고 마음공부를 어떻게 하여야 할 것인지에 대하여 필자는 지금까지 몇 차례 언급하여 왔다. 무슨 질문이나 그때의 상황과 질문하는 사람에 따라 답변은 달라질 것이므로 정답은 없다고 생각하나 해답은 그때그때 있다고 생각한다. 원불교의 마음공부는 원불교의 수행법을 총망라하고 있다. 소태산 대종사는 『정전』에서 수행 방법을 종합적이고 체계적으로 정리하였고 나아가 그 공부 방법을 단계적으로 밝혀 놓았기에 원불교의 수행법이 이 시대에 맞는 최선의 최상의 마음공부법이라는 자부심을 가지고 있다.

마음공부하는 구체적인 방법이 삼학의 수행법이라는 데 두말할 필요는 없다. 수행하는 정도에 단계를 적용하여 보통급 과정, 특신급 과정, 상전급 과정, 항마위 과정, 출가위 과정, 여래위 과정이 각각 마련되어 있으며 지금 하는 프로그램인 마음 난리 평정하기를 공부하는 공부인은 상전급 과정이므로 삼학 공부에 대한 기본적인 개념이나 기초적인 수행 방법에 대하여 이미 이해하고 실습하는 과정을 지나 이제 본격적인 삼학 수행 즉 속 깊은 마음공부를 하는 수준에 이르렀다. 그 과정이 정과 혜를 부지런히 닦고 계율을 죽기로써 지키는 과정으로 법과 마가 싸워 법이 반수 이상 이겨야 하는 결과를 내기도 하여야 한다. 그렇게 하여 법이 마와 싸워 백전백승하면 법강항마가 될 것이다.

소태산 대종사는 불교에서 사용하는 불경 가운데 가려 뽑아서 불교의 참고 경전으로 『불조요경』을 편찬하였고 거기에 선정과 지혜를 부지런히 닦는 정혜쌍수의 공부법을 보완하기 위하여 보조 국사의 『수심결』을 편입하였다. 자아 본성을 깨닫는 견성과 정혜등지를 표방하는 『수심결』에 대하여 별도의 시간을 내어 공부하도록 하고 여기에서는 법마상전 하는 단계의 삼학 수행에 대하여 살펴보도록 하자.

삼학 공부의 길은 『정전』 교의편 제1장 '일원상' 제3절 '일원상의 수행'과 『대종경』 교의품 5장 '일원상의 수행'에 바탕을 두어 『정전』 교의편 제4장 '삼학'의 원리를 밝히고 있다. 『정전』 '일원상의 수행'을 보면 "일원상의 진리를 신앙하는 동시에 수행의 표본으로 삼아서 일원상과 같이 원만구족圓滿具足하고 지공무사至公無私한 각자의 마음을 알자는 것이며, 또는 일원상과 같이 원만구족하고 지공무사한 각자의 마음을 양성하자는 것이며, 또는 일원상과 같이 원만구족하고 지공무사한 각자의 마음을 사용하자는 것이 곧 일원상의 수행이니라."라고 하였다. 처음 입문한 사람으로 이 내용을 이해하기는 쉽지 않아 많은 설명을 들어야 이해할 수 있을 것이다.

또 소태산 대종사는 교의품 5장에 "일원상의 수행은 어떻게 하나이까?" 하고 묻는 제자에게 "일원상을 수행의 표본으로 하고 그 진리를 체받아서 자기의 인격을 양성하나니, 일원상의 진리를 깨달아 천지 만물의 시종 본말과 인간의 생로병사와 인과보응의 이치에 걸림 없이 알자는 것이며, 또는 일원과 같이 마음 가운데에 아무 사심私心이 없고 애욕과 탐착에 기울고 굽히는 바가 없이 항상 두렷한 성품 자리를 양성하자는 것이며, 또는 일원과 같이 모든 경계에 대하여 마음을 쓸 때 희로애락과 원근친소에 끌리지 아니하고 모든 일을 오직 바르고 공변되게 처리하자는 것이니, 일원의 원리를 깨닫는 것은 견성見性이요, 일원의 체성을 지키는 것은 양성養性이요, 일원과 같이 원만한 실행을 하는 것은 솔성率性인 바, 우리 공부의 요도인 정신수양과 사리연구와 작업취사도 이것이요, 옛날 부처님이 말씀하신 계·정·혜戒定慧 삼학도 이것으로써, 수양은 정이며 양성이요, 연구는 혜며 견성이요, 취사는 계며 솔성이라. 이 공부를 지성으로 하면 학식 있고 없는 데에도 관계가 없으며 총명하고 없는 데에도 관계가 없으며 남녀노소를 막론하고 다 성불함을 얻으리라."라고 하였는데 『정전』의 '일원상의 수행'보다는 설명이 더 자세하여졌으나 쉽게 이해할 수 있는 수준은 아니라고 생각한다.

『정전』 교의편에서 '삼학'에 대하여 정신수양의 요지, 목적, 결과와 사리연구의 요지, 목적, 결과와 작업취사의 요지, 목적, 결과에 대하여 설명하고 있는데 여기에서는 초보자라도 단어의 설명을 찾아가면서 이해할 수 있을 수준이므로 설명을 하지 않기로 하였다. 삼학의 수행 방법에 대하여는 『정전』 수행편에서 훈련과 연관 지어 설명하고 있다. 이러한 『정전』의 설명은 앞장에서 공부한 '마음병 치료하기'에서 원불교의 기본교리에 대하여 개론 수준으로 설명한 바 있어 여기에서 설명은 지나가도록 하겠다.

원불교의 수행은 한마디로 일원상 수행이며 일원상 수행은 곧 삼학 수행이라 할 수 있다. 삼학 공부의 길을 단계적으로 공부 과정을 접근해 본다면 초등학교 과정, 중학교 과정,

고등학교 과정, 대학교 과정, 대학원 과정과 비유해 볼 수 있을 것이다. 이것을 법위등급과 연결 지어 본다면 보통급 과정, 특신급 과정, 상전급 과정, 항마위 과정, 출가위 과정, 여래위 과정으로 생각해 볼 수 있을 것이다. 먼저 초등학교 보통급 과정에서 생각해 보면 삼학 공부는 육신 생활에 중요한 의식주 세 가지에 비유하여 일심 알음알이 실행이라고 하는 정신생활의 세 가지 강령이라는 점에서 우리의 생활에서 없어서는 살 수 없는 꼭 필요한 것임을 이해하여야 할 것이다. 그리고 이 세 가지를 공부하는 방법이 정신수양, 사리연구, 작업취사이며 이는 부처님께서 말씀하신 계 정 혜 삼학과 같다고 이해하여야 할 것이나 과거의 계 정 혜 삼학과 원불교의 정신수양, 사리연구, 작업취사는 시대의 변화에 따라 주로 하는 개념이 달라졌다는 점도 앞에서 이미 언급한 바 있다.

보통급에서 삼학 공부 가운데 정신수양은 먼저 정신수양에 관하여 지속적인 관심을 가지고 시간을 내어 조용히 앉아 보거나 여유 있는 시간이 있고 보면 조용히 앉아 호흡을 연습하기도 하고 단전주를 단련하기도 하며 좌선을 훈련하며 또는 염불을 소리 내지 않고 마음속으로 염불하기도 하고 주위에 피해를 주지 않는 혼자 있는 공간에서는 소리를 내어 '나무아미타불'을 부르기도 하며 신령스러운 주문인 '영주'를 '천지영기아심정 만사여의아심통 천지여아동일체 아여천지동심정' 하고 마음속으로 또는 소리를 내어 외워보기도 한다. 사리연구 공부는 기본적으로 외워야 하는 '일상 수행의 요법'과 '보통급 십계문'과 '일원상 서원문'과 '상시응용 주의사항 6조'를 외우고 무슨 뜻인지 의문을 가지고 이해하도록 해야 할 것이다. 작업취사 공부는 보통급 상시 일기를 준비하여 『정전』 수행편에 있는 '일기법'을 공부하여 상시 일기 기재를 시작하여야 한다. 저녁 잠자기 전에 상시 일기 양식에 있는 유념 무념 대조 공부를 배워 기재하며 정신수양과 사리연구를 학습한 학습상황과 시행 여부를 기재하도록 하며 계문의 범과 유무를 기재하도록 한다. '상시응용 주의사항'의 실천으로 정신수양은 매일 새벽이나 잠자기 전 남은 시간에 30분 정도를 하도록 하고, 사리연구는 『원불교 전서』를 매일 10분 정도 봉독하도록 한다. 정기 훈련에 참여하여 정기일기 기재하는 법을 배워 감각 감상을 월 1회 정도 기록하며 예회와 단회에 참가하여 기본적이며 기초적인 삼학 공부에 대한 내용을 배워야 한다. 나아가 '일상 수행의 요법' 가운데 특히 5조 '원망 생활을 감사 생활로 돌리자'는 조목에 관심을 두고 실천하도록 한다. 이상의 삼학 공부 방법들이 마음공부와 연계한 보통급에 해당하는 '마음 소 길들이기'이다. 나의 몸을 마음 소에 비유하여 몸과 마음을 길들이는 것인데 특히 좋은 습관은 길들이고 나쁜 버릇은 고쳐가야 한다. 그 길들이는 방법이 보통급의 기본적인 삼학 공부 방법으로 이를 숙지하고 실천하지 못하면 다음 과정인 예비 특신급에 승급하여 특신급 과정을 밟아갈 수 없다. 각각 개인의 상태와 상황과 처지에 따라 기도와 참회와 불공 등의 처방을 추가할 수 있을 것이다.

앞에서 말한 대로 보통급에서 마음공부하는 좋은 습관을 들여 기초를 다졌다면 이제 특신급 과정이다. 특신급에서 삼학 공부는 보통급에서 지내온 과정을 더욱 발전시켜야 하는데 '상시응용 주의사항'과 '일상 수행의 요법'을 중심으로 하여 공부하여야 할 것이다. 소태산 대종사는 삼학 공부의 방법을 정기 훈련과 상시 훈련을 통하여 꾸준히 하도록 하였다. 정기 훈련 11과목을 정신수양 과목 2가지, 사리연구 과목 6가지, 작업취사 과목 3가지로 정하였고, 상시응용 주의사항 6조목은 1조 6조는 작업취사, 2조 3조 4조는 사리연구, 5조는 정신수양을 하는 조목으로 정하였으며, 여기에 '교당내왕 시 주의사항' 6조를 더하여 지도인에게 문답 감정 해오를 받는 인터뷰를 하도록 하였고, 정기 훈련인 선禪과 교당의 정기적인 예회 날에는 전문적으로 공부할 수 있도록 참가하라고 지도하였다.

또한 특신급에서는 '일상 수행의 요법'을 조석으로 외우게 하고 그 뜻을 새겨 마음에 대조하게 하며 챙기는 마음을 놓지 아니하고 경계를 당하여 알아차리고 욕심에 끌렸는지 끌리지 아니하였는지 마음을 대중하고 욕심에 끌렸다면 '일상 수행의 요법'에 대조하여 생활을 돌리고 사람을 돌려서 결국 마음을 바루 세우는 공부를 행하여야 할 것이다. 또한 『불조요경』에 있는 『반야바라밀다심경』을 외우고 그 뜻을 이해하도록 하며 『사십이장경』도 학습하여야 할 것이다.

특신급에서 삼학 공부 과정은 '마음병 치료하기'로 마음병원인 교당에 다니며 마음병 치료하는 지도자인 지도교무와 단장에게 진단과 처방을 받아 완치되도록까지 정성을 다하여야 함은 물론 이 과정에서 마음병 치료의 의술인 공부의 요도 삼학팔조와 마음병 치료의 약재인 인생의 요도 사은사요의 기본 교리를 공부하여야 함과 더불어 『정전』과 『세전』과 『예전』의 가르침도 독서를 통하여 함께 학습하여야 할 것이다. 특신급 상시 일기를 준비하여 유무념 대조 공부를 하여야 하고 학습상황인 정신수양은 1일 40분, 사리연구 1일 30분, 일기기재는 매일 하도록 하여 매월 말에 통계를 내어 갑·을·병·정·무의 성적을 평가하여야 한다. 이를 교화단에서 마음공부한 결과로 발표하고 점검받아 꾸준히 하여야 할 것이다.

특신급 과정을 이수하여 예비 법마상전급에 진급하면 법마상전급의 이수 과정을 심화시키는 학습을 하여야 한다. 법마상전급 과정은 나의 내면인 마음에 대하여 관심을 두고 공부하여 '속 깊은 마음공부'를 해야 한다. 그렇게 하기 위하여 『불조요경』에 있는 『수심결』을 공부하도록 하며 『휴휴암 좌선문』을 외우고 그 내용을 이해하여 좌선과 무시선에 대하여 공부하여야 한다. 이 과정에서 공부하는 프로그램인 '마음 난리 평정하기'에서 강조한 '정과 혜를 부지런히 닦고 계율을 죽기로써 지키라.' 하는 공부를 위하여 나의 자성自性에 관한 공부를 통하여 성품 자리에 대한 깨달음 즉 견성을 하기 위한 노력을 하여야 한다. 이를 위하여 "노는 시간이 있고 보면 경전 법규 연습하기를 주의할 것이요"를 지나 "경전 법규 연습하기를 대강 마친 사람은 의두 연마하기를 주의하라."는 가르침에 의지하여 경전 공부와 의두 연마를 하여야 하며 11과목 중 '성리'에 대한 단련도 시작하여야 한다.

법마상전급 상시 일기의 유무념 대조 공부는 '무시선' 공부 가운데 "경계를 당할 때마다 공부할 때가 돌아온 것을 염두에 잊지 말고 끌리고 안 끌리는 대중을 잡는" 공부를 해야 한다. 온종일 생활하면서 경계를 당할 때마다 경계를 알아차리고 마음을 대중하는 공부를 지속하여야 하며 나아가 알아차리고 일어나는 욕심과 화냄 어리석음을 '일상 수행의 요법'에 대조하여 계문을 범하지 않아야 하고 마음과 생활을 돌려야 한다. 이때 계율을 죽기로써 지키라는 것이다. 학습상황 중 수양시간은 1일 50분, 주 5회 이상으로 하고 연구시간은 1일 1시간 주 3회 이상 하여야 하며 좌선을 끝마치고는 의두 연마를 하여야 한다. 법마 상전급 10계문을 외우고 지켜야 하며 '솔성요론'도 아울러 공부해야 할 것이다. '최초법어' 가운데 '제가의 요법'과 '지도인으로서 준비할 요법'도 관심을 가져 법강항마위에 오를 준비도 해야 할 것이다.

대학 과정인 법강항마위 과정에서는 법강항마위의 필요충분조건인 견성을 해야 한다. 소태산 대종사는 "견성을 하지 못한 사람으로 법강항마위에 오를 수 있습니까?" 하고 묻는 제자에게 단호히 "그럴 수 없다." 하였다. 원불교에서 견성을 하기 위해서는 삼학을 함께 고루 수행하여 삼학병진의 힘이 쌓여야 한다. 그래서 우주 만유의 본원이며 일체중생의 성품이며 마음의 고향인 자성 자리에 대한 체험과 걸리고 막힘이 없이 눈앞에 두렷이 나타나 행동으로 실천되어야 할 것이다. 이때부터는 자발적으로 '상시응용 주의사항'과 '일상 수행의 요법'을 실천하여 성품을 떠나지 않는 일심 양성과 착이 없는 그 자리를 알고 착이 없는 행을 하여 죽기로써 정의와 불의를 실천하는 모든 행동이 동정動靜 간에 삼학 공부를 떠나지 않는 정도가 될 것이다.

4

견성, 빌려서라도 하라

법과 마가 서로 싸운다는 의미의 법마상전은 마음 가운데 양심과 정의와 도심과 정당함 등을 우리는 법法이라 하고 우리의 마음에서 일어나는 욕심 화남 어리석음 시기 질투 착심 등이 있어 이것을 마魔라고 한다. '나'라는 에고에서 일어나는 인심人心을 마魔라 하고 스승의 가르침인 법이 자리한 마음을 도심道心이라 할 때 인심과 도심은 마와 법이 되어 서로 싸움을 지속하고 있다. 농부는 밭에 풀이 나면 제초작업을 하는데 그대로 놓아두면 잡초가 무성한 밭이 되어 이 풀을 없애지 아니하고 돌로 눌러 놓으면 그 풀이 돌을 비집고 옆으로 자라나는 것을 볼 수 있다. 이를 돌로써 풀을 누르는 것과 같다 하여 여석압초如石壓草라 한다.

마음 밭에서 자라나는 마군인 욕심이 일어날 때마다 임시방편으로 누르고 참고 지내면 돌로 풀을 눌러 두는 것과 같다. 마음 밭의 마군인 욕심을 누르지 않고 그 뿌리를 제거하여야 한다. 그 제거할 도구가 필요한데 이것이 바로 스승의 가르침 곧 법法이며 법의 왕은 우리의 성품일 것이다. 그러므로 정과 혜를 부지런히 닦아 본래 자성自性 자리를 깨달아 알고 그 힘을 길러 계율을 지킬 때 마군과 싸워 쉽게 백전백승할 수 있을 것이다. 소태산 대종사는 "불가에 대법기를 이루는 데에는 두 가지 경로가 있으니, 하나는 견성을 하여 성품과 같이 양성을 하는 것이요, 둘은 법과 마를 구분하여 법강항마를 하는 길이다."라고 하였다. 우리 공부인은 이 두 가지 공부길을 함께 공부하여야 할 것이나 여기서는 견성을 하여 마군魔軍을 물리치는 공부법에 대하여 살펴보기로 하자.

필자는 마음공부를 하는 사람은 성품과 정신과 마음과 뜻에 대하여 먼저 이해하여야 한다고 몇 차례 말한바 있다. 누구나 삼학이 왜 정신수양 사리연구 작업취사인가 하는 데에 대한 의문을 가지고 있을 것이다. 이 의문을 해결하기 위하여 『정전』 교의편 제1장 3절 '일원상의 수행'과 『대종경』 교의품 5장에 근거하여 살펴보고자 한다.

먼저 『정전』 '일원상의 수행'을 보면 "일원상의 진리를 신앙하는 동시에 수행의 표본으로 삼아서 일원상과 같이 원만구족圓滿具足하고 지공무사至公無私한 각자의 마음을 알자는 것이며, 또는 일원상과 같이 원만구족하고 지공무사한 각자의 마음을 양성하자는 것이며, 또는 일원상과 같이 원만구족하고 지공무사한 각자의 마음을 사용하자는 것이 곧 일원상의 수행이니라."라고 하였다. 여기에서 각자의 마음을 알자고 할 때의 마음과 마음을 양성하자고 할 때의 마음과 각자의 마음을 사용하자고 할 때의 마음이 어떻게 다른가 하는 문제이다.

일원의 원리를 깨닫는 것과 일원의 체성을 지키는 것과 일원과 같이 원만한 실행을 하는 것에서 일원의 의미가 어떻게 다른가 하는 문제를 해결해 보아야 할 것이다. 여기에서 원만구족하고 지공무사한 각자의 마음을 아는 것 곧 일원의 원리를 깨닫는 것은 견성이며 이를 알고 깨닫기 위하여 사리연구 공부를 하여야 할 것이다. 원만구족하고 지공무사한 각자의 마음을 기르는 것 곧 일원의 체성을 지키는 것이 양성이며 이를 기르고 지키기 위하여 정신수양 공부를 하여야 할 것이다. 원만구족하고 지공무사한 각자의 마음을 사용하자는 것 곧 일원과 같이 원만한 실행을 하는 것이 솔성이며 이를 사용하고 실행하기 위하여 작업취사 공부를 하여야 할 것이다. 또 마음이라 하고 일원이라 부르고 있는 그 마음과 일원을 알려면 견성을 먼저 해야 한다는 것이다.

사리연구 공부는 성품 자리를 깨달아 견성을 하며 정신수양 공부는 정신을 수양하여 양성을 하며 작업취사 공부는 마음을 사용하여 솔성의 힘을 얻는다. 삼학 공부를 하면서 그 공부의 대상이 성품과 정신과 마음으로 다름을 알 수 있을 것이다. 그러므로 마음공부하는 공부인은 먼저 성품과 정신과 마음을 구분하여 이해하여야 한다. 『수심결』에 보면 오렴수汚染修라 하여 성품을 깨닫지 못하고 하는 수행을 일컫는데 깨닫기 위하여 우리는 선정과 지혜를 부지런히 닦고 계율을 죽기로써 지키는 삼학 공부를 부지런히 해야 한다. 또한 거꾸로 생각해 보면 견성을 하여야 정과 혜를 바로 닦을 수 있으며 계율도 쉽게 지킬 수 있다. 이처럼 견성은 원불교 삼학 수행을 위하여 꼭 필요한 것이 되므로 소태산 대종사도 견성을 하지 못하면 법강항마위에 오를 수 없다 한 것이다.

소태산 대종사는 "견성見性이라 하는 것은 비하건대 거부 장자가 자기의 재산을 자기의 재산으로 알지 못하고 지내다가 비로소 알게 된 것과 같고, 솔성率性이라 하는 것은 이미 자기의 소유인 것을 알았으나 전일에 잃어버리고 지내는 동안 모두 다른 사람에게 빼앗긴 바 되었는지라 여러모로 주선하여 그 잃었던 권리를 회복함과 같다."라고 하였다. 한 제자가 "견성을 하면 어찌 되나이까?" 하고 물으니 "우주 만물의 본래 이치를 알게 되고 목수가 잣대와 먹줄을 얻은 것같이 된다."라고 하였으며, "수행하는 데 견성이 무슨 필요가 있나이까?" 하고 묻는 제자에게 "국문國文에 본문을 아는 것과 같다."라고 하였다. 또한 "수도修道하는 사람이 견성을 하려는 것은 성품의 본래 자리를 알아, 그와 같이 결함 없게 심신을 사용하여 원만한 부처를 이루는 데에 그 목적이 있나니, 만일 견성만 하고 성불하는 데에 공을 들이지 아니한다면 이는 보기 좋은 납 도끼와 같아서 별 소용이 없다."라며, "공부하는 사람들이 현묘한 진리를 깨치려 하는 것은 그 진리를 실생활에 활용하고자 함이니 만일 활용하지 못하고 그대로 둔다면 이는 쓸데없는 일이라, 이제 법신불 일원상을 실생활에 부합시켜 말해 주리라." 하고 "일원상을 대할 때마다 견성 성불하는 화두話頭로 삼으라."고 하였다.

정산 종사는 "견성에 다섯 계단이 있나니, 첫째는 만법 귀일의 실체를 증거하는 것이요, 둘째는 진공의 소식을 아는 것이요, 셋째는 묘유의 진리를 보는 것이요, 넷째는 보림하는 공부를 하는 것이요, 다섯째는 대기 대용으로 이를 활용함이니라."라고 하였고 "일원상은 우주 만물 허공 법계와 진리불의 도면이니, 견성 성불하는 화두요, 진리 신앙하는 대상이요, 일상 수행하는 표준이다."라고 하여 일원상으로 견성 성불하는 화두로 삼으라 하였다.

대산 종사는 "견성에는 3단계가 있나니, 첫째는 초견성初見性으로 불생불멸의 본체 자리와 일체중생의 본성 자리인 대의 자리를 아는 것이요, 둘째는 중견성中見性으로 대가 변하여 소가 되고 소가 변하여 대가 되는 대와 소의 자리를 아는 것이요, 셋째는 상견성上見性으로 대가 소가 되고 소가 대가 되며 유가 무로 되고 무가 유로 변하는 대소유무의 자리를 아는 것이니라. 이 세 단계를 거쳐야 견성에 토를 뗀 사람이니라."고 하였다. 또 "견성을 하면 모두가 다 부처로 보이므로 변함없는 불공심이 나오지만 견성에 토가 떨어지지 아니하면 부처로 보이지 않으므로 불공할 마음이 나지 않나니, 그러므로 반드시 견성을 해야 하고 견성 후에는 반드시 보림保任을 통해 내 마음을 빈틈없이 살펴야 한다."라고 하였다. "철은 용광로를 거쳐야 정철이 되고 법은 성리에 근거해야 대도 정법이 되며 도인은 성리를 단련해야 큰 도인이 된다. 도가에 견성하는 공부길이 없으면 그것은 정도가 아니니, 이는 성리를 단련하지 않고는 참 도를 얻을 수 없고 참 법을 전할 수도 없는 까닭이다. 그러므로 성리는 빌려서라도 보아야 하는바 공부하는 사람이 성품 자리를 보지 못하고 법에 구속되면 천진天眞을 잃고 허식에 걸려 제도 받기 어렵고 큰 공부도 못하나니, 우리는 소리 없는 큰 소리[無聲之大聲], 빛 없는 큰 빛[無光之大光], 공덕 없는 큰 공덕[無功之大功], 이름 없는 큰 이름[無名之大名], 그 자리를 터득해야 한다."라고 하여 견성할 것을 강조하였다.

필자와 이제까지 함께한 공부인은 다 알고 있겠지만 "대大라 함은 우주 만유의 본체를 이름이요, 소小라 함은 만상이 형형색색으로 구별되어 있음을 이름이요, 유무라 함은 천지의 춘하추동 사시 순환과 풍운우로상설風雲雨露霜雪과 만물의 생로병사와 흥망성쇠의 변태를 이름"이라는 것은 사리연구의 요지에 있는 대로 다 알고 있을 것이다. 견성이란 우리 마음의 근본 즉 '원만구족하고 지공무사한 각자의 마음을 아는 것 곧 일원의 원리를 깨닫는 것'이라 설명할 수 있다. 원만구족하고 지공무사한 각자의 마음을 본성本性이라고도 하고 자성自性이라고도 하고 성품이라고도 하는 그 자리를 공부인은 꼭 알아야 한다. 과거 불교에서는 화두를 들고 간화선을 하여 참구하여 선정에 든 후 출정하여 그 화두를 타파하면 선지식과의 문답을 통하여 견성하였음을 인가하였다. 그러나 원불교에서 소태산 대종사는 스승의 지도 없이 과거 여러 생 동안 습관으로 간화선의 경로를 통하여 깨달았다 할 수 있으나 제자들에게는 좌선 시간에는 묵조선으로 단전주선을 하도록 하고 좌선 후나 기분이 좋을 때 5분에서 10분 사이로 잠깐씩 의두 요목이나 의심나는 건을 들고 연마하여 그 의심을 하나씩 풀어가도록 하여 견성하도록 하였다.

소태산 대종사는 김광선이 "천지 만물의 미생전未生前에는 무엇이 체體가 되었나이까?" 하고 여쭈니 "그대가 말하기 전 소식을 묵묵히 반조返照하여 보라."라고 하였고 어떤 사람이 찾아오니 "나를 보았으니 무슨 원하는 것이 없는가."라고 하니 그가 "저는 항상 진세塵世에 있어서 번뇌와 망상으로 잠시도 마음이 바로 잡히지 못하오니 그 마음을 바로잡기가 원이옵니다."라고 하였더니 소태산 대종사는 "마음 바로잡는 방법은 먼저 마음의 근본을 깨치고 그 쓰는 곳에 편벽됨이 없게 하는 것이니 그 까닭을 알고자 하거든 이 의두疑頭를 연구해 보라. 만법귀일萬法歸一하니 일귀하처一歸何處오."라고 써 주었다. 세상에는 헤아릴 수 없이 많은 질문이 있을 수 있으나 그 가운데 마음의 근본이나 마음의 원리를 알 수 있는 의문이 있을 것인데 앞에서 말한 두 가지 질문도 거기에 속한다 할 수 있다. 이 두 가지는 의두 요목 스무 가지 가운데 포함되어 있어서 경전 법규 연습하기를 대강 마친 사람은 의두 연마하기를 주의하여 상시응용 주의사항에 넣어 실천하도록 한 것이다.

우리는 정과 혜를 닦고 계율을 지키는 것과 견성하는 것은 어떤 관계가 있다고 생각하는가. 정신수양을 할 때 처음에는 몸을 길들이고 호흡을 연습하며 단전주를 단련하여 몸과 마음이 편안해지면 우리의 자성이 원만구족하고 지공무사한 자리인 두렷함과 우리의 자성이 본래 요란하지 아니하고 번뇌가 공한 자리인 고요한, 걸릴 것도 없고 의지할 것도 없는 본래 갖추고 있는 성품 자리에 돌아가는 것이다. 계율을 지키는 것은 경계를 당하여 계율을 범하는 마음이 일어날 때 원래 그름이 없는 원만구족하고 지공무사한 그 자리에 반조하여 돌리는 것이다. 이를 자성 반조하는 공부라고 하는데 이 자성 반조하는 쉬운 공부를 위하여 견성은 빌려서라도 하여야 할 것이다.

정산 종사는 "참다운 자성 반조의 공부는 견성을 하여야 하게 되지마는 견성을 못한 이라도 신성 있는 공부인은 부처님의 법문에 의지하여 반조하는 공부를 할 수 있다. 그 요령은 정전 가운데 일상 수행의 요법을 표준 하여 천만 경계에 항시 자성의 계 정 혜를 찾는 것이다."라고 하였다. 그리고 그 실례를 여덟 가지로 들어 자세히 설명한 후 "이와 같이 하면 견성 여부를 막론하고 마음의 작용이 점차로 자성에 부합될 것이며, 공부를 오래오래 계속하면 일체 시 일제 처에 항상 자성을 떠나지 이니히어, 필경은 자성이 진리를 밝게 깨닫는 동시에 자성의 광명이 그대로 나타나게 될 것이니, 이것이 곧 부처님의 경계요 성현의 작용이다."라고 하였다. 견성을 못한 사람이라도 자성 반조 공부 곧 일원상을 체받는 공부를 할 수 있도록 하였다.

소태산 대종사는 "성품을 보는 것은 마치 글씨 배우려는 사람이 선생을 만나 좋은 글씨체를 받아 온 것과 같고, 수繡 배우려는 사람이 좋은 수본을 얻어온 것과 같은 것이다. 그러므로 견성을 하였다고 하여 만족을 느끼고 그다음 공부에 등한히 한다면 글씨 배우려는 사람이 겨우 글씨체만 받아 놓고 있는 것 같고 수놓으려는 사람이 수본만 얻어다 놓고 그대로 있는 것과 같은 것이다. 실은 견성은 그리 어려운 것이 아니다. 자기가 본 그 성품과 같이 원만하고 밝고 바르게 자기 성품을 활용하여 복족 혜족한 부처가 되는 데에 큰 힘이 드는 것이다. 앞으로 인지가 많이 발달하면 십여 세만 넘으면 대개 초견성은 할 것이요 성불을 위하여 큰 공력을 들이게 될 것이다."라고 하였으니 우리 공부인은 견성을 쉽게 하고 성불하는 데 공을 들였으면 좋겠다.

5

일원상을 체받는 공부

우리 공부인의 최고 목표는 '일원의 위력을 얻고 일원의 체성'에 합하여 부처의 인격을 갖추는 것이다. 이를 위하여 '심신을 원만하게 수호하는 공부를 하며, 또는 사리를 원만하게 아는 공부를 하며, 또는 심신을 원만하게 사용하는 공부'를 지성으로 하는 데 있다. 이 공부의 전제가 되는 것은 '법신불 일원상을 체받아서' 하자는 것으로 견성을 빌려서라도 하자 하였다. 또한, 견성을 하였거나 못하였거나 일원상을 체받는 공부를 하자는 것이다. 또한 천지 보은의 조목에도 천지 팔도를 체받아서 보은하자는 것으로 체받는 공부를 어떻게 하는지 살펴보도록 하겠다. 견성이라 하면 각자의 마음을 아는 것이며 이는 일원상의 진리를 깨달아 아는 것을 말한다. 그러면 견성을 한 후 우리의 생활은 실제로 어떤 상태가 되는 것일까. 견성을 한 공부인과 하지 못한 공부인은 어떻게 다르며 견성을 한 후 마음공부는 어떻게 하여야 할까.

소태산 대종사는 "공부인들이 미迷한 때에는 불보살 되고 범부 중생 되는 내역이나, 자기와 천지 만물의 관계나, 각자 자신 거래의 길도 모르고 지내다가 차차 공부가 익어 가면서 그 모든 내역과 관계와 도리를 알게 되나니, 그러므로 우리가 도를 알아 가는 것이 마치 철없는 아이가 차차 어른 되어가는 것과 같다."라고 하고 이 원상의 진리를 깨달으면 이러한 세 가지 사항을 안다고 하였다.

필자는 앞에서 이 내용을 '일원상 법어'와 연관 지어 설명한 바 있다. "이 원상圓相의 진리를 각覺하면 시방 삼계가 다 오가吾家의 소유인 줄을 알며, 또는 우주 만물이 이름은 각각 다르나 둘이 아닌 줄을 알며, 또는 제불 조사와 범부 중생의 성품인 줄을 알며, 또는 생로병사의 이치가 춘하추동과 같이 되는 줄을 알며, 인과보응의 이치가 음양상승陰陽相勝과 같이 되는 줄을 알며, 또는 원만구족한 것이며 지공무사한 것인 줄을 알리로다."라고 하였다. 이는 견성을 하면 이러한 것을 알게 된다는 것이며 역으로 이러한 내용을 확실히 알면 견성하였다는 것이다. 또 "만유가 한 체성이요 만법이 한 근원이로다. 이 가운데 생멸 없는 도와 인과보응 되는 이치가 서로 바탕하여 한 두렷한 기틀을 지었도다."라고 한 소태산 대종사가 대각 후 처음 하신 말과 일맥상통한다.

공부인이 견성을 하게 되면 한가하고 넉넉한 심경을 갖게 되어 일을 당하여 마음 쓰는 것이 관대하고 여유가 있으며 한 면만 보지 아니하고 넓고 깊게 전체를 아울러 보는 정견을 하게 되며 바다 가운데 섬들이 바닷물 밑으로 연결되어 있듯이 만물이 눈에 보이지는 않으나 하나로 연결되어 한 포태를 이루고 있는 것을 알기에 생각이 단촉하거나 각박하지 않게 될 것이다. 그리고 이 진리를 눈과 귀 코 입 몸과 마음을 사용할 때에 육근을 원만구족하고 지공무사하게 사용할 것이다. 보고 듣고 말할 때 있는 대로 보고 듣고 말하여 고정관념, 편견, 선입견이 없을 것이다. 원만구족하고 지공무사하게 심신을 사용하는 것이 어떠한 것인지 우리는 『정전』 사은에 있는 천지팔도天地八道를 생각하면 알 수 있다. 천지의 도는 지극히 밝은 것이며, 지극히 정성한 것이며, 지극히 공정한 것이며, 순리 자연한 것이며, 광대 무량한 것이며, 영원불멸한 것이며, 길흉이 없는 것이며, 응용에 무념無念한 것이라 하였으니 이것이 바로 원만구족하고 지공무사하게 심신을 사용하는 것이다.

정산 종사는 한 제자에게 "내가 견성을 해야 지 사람이 견성을 하였는지 못하였는지 알 수 있는 것이다. 그러나 대체로 견성을 못하면 아무리 하여도 상에 걸리지만 견성한 사람은 그러고저러고 할 것이 없다."라고 하였다. 대산 종사는 "견성을 하면 모두가 다 부처로 보이므로 변함없는 불공심이 나오지만 견성에 토가 떨어지지 아니하면 부처로 보이지 않으므로 불공할 마음이 나지 않는다."라고 하였고 "그러므로 반드시 견성을 해야 하고 견성 후에는 반드시 보림保任을 통해 내 마음을 빈틈없이 살펴야 한다. 부처님의 대자대비는 하루아침에 이루어지는 것이 아니라 정력定力이 쌓이고 쌓여서 나오는 것이므로 시방이 한 집이요 사생이 한 몸이라는 신념으로 일마다 불공으로 일관하여 모든 일에 대자대비가 나오도록 해야 비로소 사은과 하나가 될 수 있다."라고 하였다.

소태산 대종사는 당신이 친제한 '일원상 서원문' 후반부에 "우리 어리석은 중생은 이 법신불 일원상을 체받아서 심신을 원만하게 수호하는 공부를 하며, 또는 사리를 원만하게 아는 공부를 하며, 또는 심신을 원만하게 사용하는 공부를 지성으로 하여 진급이 되고 은혜는 입을지언정, 강급이 되고 해독은 입지 아니하기로서 일원의 위력을 얻도록까지 서원하고 일원의 체성體性에 합하도록까지 서원함."이라 하였다. 여기에서 핵심적인 내용은 '일원상의 진리를 체받아서 일원의 위력을 얻고 체성에 합한다.'는 것이다.

체받는다는 말의 의미가 무엇인가 알아보자. 정산 종사는 "일원상은 어떠한 법으로 체받는 것인가. 이것은 곧 나의 성품을 스스로 회광반조하자는 것이니 그 마음 가운데에 항상 망상 없는 곳인 일원상을 깊이 인상하여 잠깐도 잊어버리지 아니하여야 할지니 실경을 들어 말하자면, 혹 어느 기회에 탐심이 동하거든 즉시 발견하여 '아, 내가 일원상을 망각하였구나' 하고 급히 그 마음 돌리기에 힘쓰며 또, 어느 기회에 진심이 동하거나 치심이 동하거나 기타 무슨 망상이 동할 때도 또한 그와 같이 힘써서 동정 간에 오직 자주 생각하고 자주 대조하여 낮과 밤에 그 일원상에 반조하는 마음 대중을 놓지 아니하면 이것이 이른바 일원상 체받는 법이니 이 법을 오래 계속하면 필경 낱[個]이 없는 지경에 이르러서 진망이 구공하고 물아 동일하여 능히 생사를 초월하고 상相이 없는 자리인 무위無爲에 안주할지니 이런 자는 곧 일원상에 회복되어 여래의 법신을 여실히 획득하였다고 할 것이다."라고 하였다. 그러므로 일원상을 체받는다는 의미는 일상 생활하는 가운데 일원상을 잊어버리지 아니하고 반조하여 마음 대중을 놓지 아니하는 것이며 이를 오래 하면 여래의 법신을 확실히 체득함을 의미할 것이다

정산 종사는 "참다운 자성 반조의 공부는 견성을 하여야 하게 되지마는 견성을 못한 이라도 신성 있는 공부인은 부처님의 법문에 의지하여 반조하는 공부를 할 수 있다. 그 요령은 『정전』 가운데 일상 수행의 요법을 표준 하여 천만 경계에 항시 자성의 계·정·혜를 찾는 것이다."라고 하였다. "부연하여 그 실례를 들어 본다면, 때로 혹 자타의 분별이 일어나서 무슨 일에 공정하지 못한 생각이 있거든 바로 자성 반조하여 원래에 자타 없는 그 일원의 자리를 생각할 것이요, 때로 혹 차별의 마음이 일어나서 나의 아랫사람을 없수이 여기

는 생각이 나거든 바로 자성에 반조하여 원래에 차별 없는 그 평등한 자리를 생각할 것이요, 때로 혹 번뇌가 치성하여 정신이 스스로 안정되지 못하거든 바로 자성에 반조하여 원래에 번뇌 없는 그 청정한 자리를 생각할 것이요, 때로 혹 증애에 치우쳐서 편벽된 착심이 일어나거든 바로 자성에 반조하여 원래에 증애 없는 그 지선한 자리를 생각할 것이요, 때로 혹 있는 데에 집착하여 물욕을 끊기가 어렵거든 바로 자성에 반조하여 원래에 있지 않은 그 진공의 자리를 생각할 것이요, 때로 혹 없는 데에 집착하여 모든 일에 허망한 생각이 일어나거든 바로 자성에 반조하여 원래에 없지 않은 묘유의 자리를 생각할 것이요, 때로 혹 생사의 경우를 당하여 삶의 애착과 죽음의 공포가 일어나거든 바로 자성에 반조하여 원래에 생멸 없는 그 법신 자리를 생각할 것이요, 때로 혹 법상法相이 일어나서 대중과 더불어 동화하지 못하거든 바로 자성에 반조하여 원래에 법상도 없는 그 상 없는 자리를 생각하라. 이와 같이 하면 견성 여부를 막론하고 마음의 작용이 점차로 자성에 부합될 것이며, 공부를 오래오래 계속하면 일체 시 일체 처에 항상 자성을 떠나지 아니하여, 필경은 자성의 진리를 밝게 깨닫는 동시에 자성의 광명이 그대로 나타나게 될 것이니, 이것이 곧 부처님의 경계요 성현의 작용이다."라고 하였다.

정산 종사는 '일상 수행의 요법' 1, 2, 3조에 일원상 체받는 공부가 들어 있다 하였다. "심지는 원래 요란함이 없건마는 경계를 따라 있어지나니 그 요란함을 없게 하는 것으로써 자성의 정을 세우자."에서 이 심지가 일원상 자리의 다른 표현인데 심지라고도 하며 심전이라 하기도 하여 마치 땅에서 풀씨가 자라나 크듯이 만물이 그로부터 나왔다 하여 우리의 마음 자리 곧 일원상 자리를 그렇게 부른다. "경계를 따라 있어지나니 그 요란함을 없게 하는 것으로써"에서 요란함을 없게 하는 데 그 원래 없는 심지를 체받는 공부 곧 자성 반조의 공부를 하면 바로 원래 없는 자리에 돌아가게 되며 이렇게 하여 자성의 정을 세우면 이것이 바로 심지 즉 일원상을 체받는 공부가 될 것이다. '일상 수행의 요법' 1조 뿐만 아니라 2조 "심지는 원래 어리석음이 없건마는 경계를 따라 있어지나니, 그 어리석음을 없게 하는 것으로써 자성의 혜慧를 세우자"와 3조 "심지는 원래 그름이 없건마는 경계를 따라 있어지나니, 그 그름을 없게 하는 것으로써 자성의 계戒를 세우자"가 모두 일원상을 체받는 공부가 된다. 견성을 하였거나 하지 못하였거나 일상 수행의 요법 1, 2, 3조 공부는 일원상의 진리를 체받는 공부를 할 수 있다는 것이나 이렇게 체받는 공부를 하지 않고 어떤 구체적으로 일어나는 경계를 해석하고 그 경계를 대체하는 방법으로 공부를 하는 등 다른 방법으로 공부할 수 있으나 어떤 방법은 견성하지 못하고 돌을 가지고 풀을 눌러 놓은 것과 같은 여석압초如石壓草처럼 하는 공부 방법도 있을 수 있다.

그러므로 정산 종사는 "옛날 한 선비는 평생 소학小學만 읽었다 하나니, 우리는 평생 '일상 수행의 요법'만 읽고 실행하여도 성불에 족하리라." 하였으며 또 "명필이 되기로 하면 먼저 명필의 필법을 체받아서 필력을 잘 길러야 하듯이 부처를 이루기로 하면 먼저 부처님의 심법을 체받아 일일 시시로 불심을 잘 길러야 하나니, 우리는 대종사의 심법을 큰 첫 줄 삼고 정전의 말씀대로 꾸준히 실행하여 대종사의 법통을 오롯이 이어받는 참 제자가 되어야 할 것이다."라고 하였다.

수행상에서 일원상을 체받는 외에 신앙상에서도 사은사요에서 그 이치와 정신을 체받는 공부를 할 수 있을 것이다. 천지 보은의 강령에서는 "사람이 천지의 은혜를 갚기로 하면 먼저 마땅히 그 도를 체받아서 실행할 것이니라."라고 하였고 천지 보은 조목에는 "1. 천지의 지극히 밝은 도를 체받아서 천만 사리事理를 연구하여 걸림 없이 알 것이요, 2. 천지의 지극히 정성한 도를 체받아서 만사를 작용할 때에 간단없이 시종이 여일하게 그 목적을 달할 것이요, 3. 천지의 지극히 공정한 도를 체받아서 만사를 작용할 때에 원근친소遠近親疎와 희로애락喜怒哀樂에 끌리지 아니하고 오직 중도를 잡을 것이요, 4. 천지의 순리 자연한 도를 체받아서 만사를 작용할 때에 합리와 불합리를 분석하여 합리는 취하고 불합리는 버릴 것이요, 5. 천지의 광대 무량한 도를 체받아서 편착심偏着心을 없이 할 것이요, 6. 천지의 영원불멸한 도를 체받아서 만물의 변태와 인생의 생·노·병·사에 해탈解脫을 얻을 것이요, 7. 천지의 길흉 없는 도를 체받아서 길한 일을 당할 때에 흉할 일을 발견하고, 흉한 일을 당할 때에 길할 일을 발견하여, 길흉에 끌리지 아니할 것이요, 8. 천지의 응용 무념應用無念한 도를 체받아서 동정 간 무념의 도를 양성할 것이며, 정신·육신·물질로 은혜를 베푼 후 그 관념과 상相을 없이 할 것이며, 혹 저 피은자가 배은망덕을 하더라도 전에 은혜 베풀었다는 일로 인하여 더 미워하고 원수를 맺지 아니할 것이니라."고 하였다.

또 '동포 보은의 강령'에는 "동포에게 자리이타로 피은이 되었으니 그 은혜를 갚고자 할진대, 사·농·공·상이 천만 학술과 천만 물질을 서로 교환할 때에 그 도를 체받아서 항상 자리이타로써 할 것이니라."고 하였고 '공도자 숭배의 강령'에는 "세계에서 공도자 숭배를 극진히 하면 세계를 위하는 공도자가 많이 날 것이요, 국가에서 공도자 숭배를 극진히 하면 국가를 위하는 공도자가 많이 날 것이요, 사회나 종교계에서 공도자 숭배를 극진히 하면 사회나 종교를 위하는 공도자가 많이 날 것이니, 우리는 세계나 국가나 사회나 교단을 위하여 여러 방면으로 공헌한 사람들을 그 공적에 따라 자녀가 부모에게 하는 도리로서 숭배하자는 것이며, 우리 각자도 그 공도 정신을 체받아서 공도를 위하여 활동하자는 것이니라."고 하였다.

대산 종사는 "천지은은 만물에 응용 무념으로 덕을 입혀 주신 대시주은이시니 우리도 그 도를 체받아서 무념 보시를 하면 보은이 되는 동시에 우리가 곧 천지와 합일하여 덕화가 만방에 미칠 것이요, 부모은은 우리가 무자력할 때 자력을 얻게 해 주신 대자비불이시니 우리도 그 도를 체받아서 무자력한 노약자를 보호하면 보은이 되는 동시에 우리가 곧 사생의 부모가 되며 삼세의 대효가 될 것이요, 동포은은 우리에게 자리이타로써 대협동이 되었으니 우리도 그 도를 체받아서 서로 돕고 서로 북돋우면 보은이 되는 동시에 내가 곧 사생의 지친이 되어 일체 동포는 자연히 공생 공영할 것이요, 법률은은 지공무사한 법도로써 우리를 보호하여 주시니 우리가 그 도를 체받아서 법규를 잘 지키면 보은이 되는 동시에 우리가 바로 법주가 되어 대자유세계가 전개될 것이다."라고 하였다. 지금까지 체받는 법을 살펴보면 주로 형상 없는 우주의 원리나 정신을 체받자 하였음을 볼 수 있는데 형상이 있는 물질은 체받을 일이 아니라 잘 사용하고 물질적으로 보답하면 될 것이다.

6

『수심결』 공부하기 1

소태산 대종사가 『수심결』을 『불조요경』에 편입한 본의를 생각해 볼 때 『대종경』 수행품 58장 '마음 난리를 평정하라'는 법문 가운데 "정과 혜를 부지런히 닦고 계율을 죽기로써 지키라"고 하는 말씀과 연관 지어 생각해 볼 수 있다. 소태산 대종사는 마음 난리를 평정하기에 부합하는 마음공부로 가장 근접한 글이 『수심결』이라 파악하였으리라 미루어

짐작해 본다. 『수심결』은 "원불교 연원 경전인 『불조요경』에 실린 참고 경전 중 하나인데 고려 시대의 보조 지눌普照知訥이 지은 수행서로 마음 닦는데 필요한 요긴한 길을 밝혀 주고 있다. 『목우자수심결』·『보조국사수심결』이라고도 하는데 『수심결』은 일찍부터 선가禪家에서 많이 읽혀 왔고 특히 명·청의 중국판 대장경과 일본의 『대정신수대장경』에 수록되었을 뿐만 아니라 한국에서도 가장 많이 읽히는 선서 중의 하나라고 하며 원불교 마음공부의 기본 교재가 되고 있다. 그 중요 내용은 첫째 마음을 떠나서 부처가 따로 없고, 성품을 떠나서 법이 따로 없다[心外無佛 性外無法]. 일체중생의 천만 번뇌가 다 여래의 원각묘심圓覺妙心에서 나온 것이요, 성품이 더러움에 물들지 않아서 스스로 원만하게 도를 이루었으니, 누구든지 망연妄緣만 떠나면 곧 부처를 이룰 수 있을 것이다. 둘째 돈오頓悟와 점수漸修는 모든 불보살들이 도를 닦아가는 길인데 돈오란 범부가 사대四大로 몸을 삼고 망상妄想으로 마음을 삼아, 마음밖에 따로 부처를 구하다가 홀연히 한 생각 돌이켜서 본성을 발견하는 것이며 점수란 본성이 비록 부처와 다름이 없으나 오랜 세월에 익혀온 습기習氣를 갑자기 제거하기 어려워서 깨달음에 의해 오래오래 닦아 점차로 도를 익혀가는 것이다. 셋째 돈오점수의 공부길은 자성문정혜自性門定慧와 수상문정혜隨相門定慧로 정과 혜를 쌍수 해야 하는 데 자성 본래를 터득하고 보면 혼침이나 도거掉擧에 기울어지지 않고, 무기無記나 난상亂想에도 빠지지 않아서 적적성성寂寂惺惺하고 임운등등任運等等하게 된다."고 『원불교 대사전』에서 설명하고 있다.

『수심결』의 저자인 보조 스님의 일대기 가운데 필자가 관심 있게 보는 부분은 보조 스님의 공부 과정이다. 25세에 개경에서 승과에 합격하였으나 출세의 길을 버리고 전남 창평의 청원사에서 선종 승려임에도 불구하고 선수행과 더불어 불경을 공부한다. 이때 『육조단경』의 "참 나가 한 생각을 일으켜서 비록 육근이 보고 듣고 느끼고 아는 것이 있다 하더라도 참 나는 온갖 형상에 물들지 않으며 항상 자유자재하다."는 구절을 읽고 첫 번째 깨달음을 얻었다고 한다. 그 후 경북 예천 하가산 보문사에서 『화엄경』 여래출현품의 "여래의 지혜 또한 같아서 중생들의 몸 가운데 모두 갖추어져 있으나 단지 어리석은 중생들이 알지 못하고 깨닫지 못할 뿐이다."라고 한 구절에서 선禪과 교敎가 하나로 돌아감을 깨닫고 크게 감격하여 눈물을 흘렸다고 한다. 당시 고려는 혼란한 무신 정권 속에서 불교는 선종과 교종의 대립이 심각하여 타락하고 있었다. 이때 지눌 스님은 "선은 부처님의 마음이요 교는 부처님의 말씀"이라는 선교합일의 원리를 깨달은 것이다. 그리고 정혜결사 운동을 시작하였다. 다음 지리산 상무주암에서 은거할 때『대혜어록』을 읽다가 "선정은 고요한 곳에도 있지 않고 또 시끄러운 곳에도 있지 않으며 날마다 반연하여 응하는 곳에도 있지 않고 생각하고 분별하는 곳에도 있지 않다. 그러나 먼저 고요한 곳을 버리고 참구하지도 말아야 한다. 만일 갑자기 눈이 열리면 비로소 그것이 집안일임을 알 것이다."는 구절에서 큰 깨달음을 얻고 송광사로 하산하여 수선도량에 함께 하게 된다.

필자는 보조 국사의 깨달음의 행적을 찾고 싶어 창평의 청원사를 찾았으나 찾을 수 없었고 하가산은 경북 예천에 있는 지금의 학가산鶴駕山이며, 작고 아담한 보문사가 있었다. 지리산 상무주암은 함양군 마천에서 벽소령 가는 길을 따라가다 양정 마을에서 오른쪽으로 올라가면 영원사가 있고 영원사에서 두어 시간 능선을 따라 걸으면 지리산의 종주 능선과 천왕봉이 멀리 환하게 보이는 개활지開豁地를 품고 있는 상무주암을 만나게 되는데 필자는 이곳에 가보고 싶어 불현듯 찾아 나선 일이 있었다.

인간적으로 보조 국사 지눌과 소태산 대종사가 같은 점이 두 분 모두 세수 53세에 열반하였다. 소태산 대종사는 한문 지식만을 중히 여기는 한 제자에게 "도덕은 원래 문자 여하에 매인 것이 아니니 그대는 이제 그 생각을 놓으라. 앞으로는 모든 경전을 일반 대중이 두루 알 수 있는 쉬운 말로 편찬하여야 할 것이며, 우리말로 편찬된 경전을 세계 사람들이 서로 번역하고 배우는 날이 멀지 아니할 것이니, 그대는 어려운 한문만 숭상하지 말라." 하였기에 필자는『수심결』을 공부하는 데 있어 한문으로 된 원문을 해석하는 수고를 들이기보다는 우리말로 번역된 글을 여러 차례 읽어 그 뜻을 파악하고 마음공부에 활용하는 일이 더욱 중요하다고 생각해 왔다.

『수심결』을 이해하는 데 있어서 보소 국사 스스로 질문에 대답하는 방식으로 풀어나가고 있으므로 먼저 이 아홉 가지 질문에 대하여 살펴보도록 하면, "1. 만약 불성佛性이 이 몸에 있다면 왜 나는 보지 못하는가? 2. 견성을 하면 마땅히 신통변화를 나타내야 하는데 어째서 요즘엔 신통 변화를 나타내는 사람이 없는가? 3. 돈오했는데 왜 점수가, 또 닦음이 점수인데 왜 돈오를 함께 얘기하는가? 돈오와 점수의 뜻을 설명해 달라. 4. 무슨 방편을 써야 한 생각 기틀을 돌이켜 자성을 깨칠 수 있겠는가? 5. 중하의 근기를 위하여 다시 설명해 달라. 6. 자신의 입장에서 본다면 어떤 것이 공적영지의 마음인가? 7. 왜 깨친 뒤에 점수가 필요한가? 8. 후수문後修門 중 선정과 지혜를 함께 닦는 것은 어떠한가? 9. 자성정혜와 수상정혜는 각기 돈문頓門과 점문漸門으로 서로 다른데 어떻게 함께 얘기하는가?"로 정리할 수 있다.

이 아홉 가지 질문으로 풀어나가는 마음 닦는 비결은 또 크게 세 가지 주제로 접근하여 이해할 수 있다. 첫째는 참 나 즉 성품 자리를 아는 견성에 대한 것이며, 둘째는 모든 수도인이 밟아 공부한 돈오頓悟와 점수漸修에 대한 이해를 하는 것이며, 셋째는 정과 혜를 쌍수해야 한다는 것이다. 『불조요경』에 수록된 『수심결』은 원문이 40장으로 구분되어 있으나 『대장경』에 수록되어 있는 원문에는 장의 구분이 없어서 이는 『불조요경』을 편찬할 때 구분한 것임을 알 수 있다. 한문으로 된 원문을 해설한 책들이 모두 두껍게 한 권씩인데 여기에서 자세하게 단어를 설명하며 세세하게 배우는 방식으로 『수심결』 공부를 하는 것은 이 시기에 적합하지 않은 것 같아서 앞에서 접근한 세 가지 입장에서 공부하도록 할 것이다.

『수심결』의 첫머리는 "삼계의 뜨거운 번뇌가 마치 불난 집과 같거늘 거기에 참아 오래 머물러 긴 고통을 달게 받으랴. 윤회함을 면하고자 할진대 부처를 구함만 같지 못하고 만일 부처를 구하고자 할진대 부처는 곧 마음이니 마음을 어찌 멀리 찾을 것이냐. 각자의 몸 가운데를 여의지 아니하였도다. 색신은 이 거짓이라 생함도 있고 멸함도 있거니와 참 마음은 허공과 같아서 없어지지도 아니하고 변하지도 아니 하나니라."로 시작하고 있다. 마음 닦는 비결은 사실은 내 마음을 보는 데 있으니 문제는 결국 마음이다. 그래서 마음이 답이고 마음하고 잘 노는 마음공부가 최대 과제라는 것이다.

일원상과 같이 원만구족하고 지공무사한 각자의 마음을 알고 각자의 마음을 양성하고 각자의 마음을 사용하자는 것이 원불교의 수행이며 마음공부라면 이는 곧 각자의 마음에서 출발하는 것이며 일원상으로 인하여 참 일원을 발견하여야 한다. 이는 바로 내 안에 있고 나의 참 마음임을 아는 데에서 시작한다. 그래서 "다만 자기의 마음만 알면 항하의 모래 수와 같은 수 없는 법문과 한량없는 묘한 의지를 구하지 아니하여도 얻으리니 -중략- 이 알라 이 마음을 떠나서 부처를 가히 이루지 못할 지로다."라고 설파하고 있다.

"과거의 모든 부처님도 다만 이 마음을 밝힌 사람이며 현재의 모든 현성들도 또한 이 마음을 닦은 사람이며 미래에 공부하는 사람들도 마땅히 이 법에 의지하여 수행할 것이니 원컨대 모든 수도하는 이는 간절히 마음 밖을 향하여 구하지 말지어다. 심성이 물듦이 없어서 본래에 스스로 두렷이 이루었나니, 다만 망연만 여의면 곧 여여한 부처니라."라고 하여 마음공부하는 도반들에게 희망과 가능성을 불어 넣어 주고 있다.

이렇게 마음이 마음공부의 대상이고 이 마음은 본래에 원만구족하고 지공무사하여 내 마음이 곧 부처라는 데에서 출발하여 첫 번째 질문을 하게 된다. "만일 불성이 현재 이 몸에 있다고 할진대 이미 몸 가운데 있는지라 범부를 여의지 아니하였거늘 무엇 때문에 나는 지금 불성을 보지 못하나이까. 다시 분명히 해석하여 하여금 다 깨치게 하소서."라고 하며 왜 나는 불성을 보지 못하는가 하는 것이다. 나는 내 안에 있는 불성을 보았는가. "너의 몸 가운데 있건마는 네가 스스로 보지 못하는 도다. 네가 하루 열두 시[24시] 가운데 배고픈 줄도 알고 목마른 줄도 알며 추운 줄도 알고 더운 줄도 알며 혹 진심瞋心도 내고 혹 기뻐하기도 하는 것이 필경에 이 어떠한 물건인가. 또 이 색신이라 하는 것은 흙과 물과 불과 바람 이 네 가지 인연이 모인 바라 그 바탕이 완고하여 정식情識이 없는 것이니 어찌 능히 보고 듣고 깨달아 알겠는가. 능히 보고 듣고 깨달아 아는 것은 반드시 너의 불성이라."고 하여 나의 본래 마음 곧 성품 자리를 알아차리게 하고 있다.

보조 스님은 창평 청원사에서 『육조단경』의 "참 나가 한 생각을 일으켜서 비록 육근이 보고 듣고 느끼고 아는 것이 있다 하더라도 참 나는 온갖 형상에 물들지 않으며 항상 자유자재하다."라는 대목에서 첫 번째 깨달음을 얻게 된다. 그것은 바로 불성이었다는 것을 설명하고 있다. 계속하여 바라제 존자와 이견왕의 대화를 예로 들어 설명하면서 작용할 때 여덟 가지로 나타난다고 설명하고 있으나 소태산 대종사는 이를 『정전』 '일원상 법어'에서 "이 원상은 눈 코 귀 입 몸 마음을 사용할 때에 쓰는 것이니 원만구족한 것이며 지공무사한 것이다."라고 하여 여섯 가지로 밝히고 있다.

두 번째 질문은 신통에 관한 것으로 "그대가 말씀하는 견성이 만일 참으로 견성일진대 곧 이 성인인지라 마땅히 신통 변화를 나투어 사람으로 더불어 다름이 있을 것이거늘 어찌한 연고로 지금 시대의 마음 닦는 무리는 한 사람도 신통 변화를 나타냄이 없는가." 하고 묻는다. 옛날이나 지금이나 세상 사람들은 신기하고 이상한 신통이나 특별한 이적에 관심이 많은 것은 변함이 없다. 이에 대하여 "밖으로 나타나는 신통 변화는 하룻날에 능히 이룰 바가 아니요 점점 훈습한 결과에 스스로 나타나는 것인데 하물며 신통 변화라 하는 것은 통달한 사람의 분상分上에는 오히려 요망하고 괴이한 일이며 또한 성현의 말변사라 비록 혹 나타났다 할지라도 아무 소용이 없거늘 이때에 미하고 어리석은 무리는 망녕되이 한 생각을 깨달을 때에 곧 따라서 한량없는 묘용과 신통 변화를 얻는다고 하니 만일 이러한 견해를 가질진대 이른바 선후를 알지 못하며 또는 본말을 분간하지 못함이니 이미 선후 본말을 분간하지 못하고 불도를 구하고자 할진대 마치 모난 나무를 가지고 둥근 구멍에 맞추려 함이니 어찌 크게 어긋남이 아니리오." 하고 질책하고 있다.

소태산 대종사에게 한 제자가 "과거 부처님 말씀에 공부가 순숙되면 삼명 육통三明六通을 얻는다 하였사오니, 어느 법위에나 오르면 삼명 육통을 얻게 됩니까?" 하고 물으니 "삼명 가운데 숙명宿明·천안天眼의 이명과 육통 가운데 천안天眼·천이天耳·타심他心·숙명宿明·신족神足의 오통은 정식 법강항마위가 되지 못한 사람도 부분적으로 혹 얻을 수가 있으나 정식 법강항마위 이상 도인도 얻지 못하는 수가 있으며, 누진명漏盡明과 누진통은 대원 정각大圓正覺을 한 불보살이라야 능히 얻게 된다." 하였다. 그러나 "정법 회상에서 신통을 귀하게 알지 않는 것은 신통이 세상을 제도하는 데에 실다운 이익이 없을 뿐 아니라, 도리어 폐해가 되는 까닭이니, 어찌하여 그런가 하면 신통을 원하는 사람은 대개 세속을 피하여 산중에 들며 인도를 떠나 허무에 집착하여 주문이나 진언眞言 등으로 일생을 보내는 것이 예사이니, 만일 온 세상이 다 이것을 숭상한다면 사·농·공·상이 무너질 것이요, 인륜 강기人倫綱紀가 묵어질 것이며, 또는 그들이 도덕의 근원을 알지 못하고 차서 없는 생각과 옳지 못한 욕심으로 남다른 재주를 바라고 있으니, 한때 허령으로 혹 무슨 이적異蹟이 나타난다면 그것을 악용하여 세상을 속이고 사람을 해롭게 할 것이다. 그러나 사람이 정도正道를 잘 수행하여 욕심이 담박하고 행실이 깨끗하면 자성의 광명을 따라 혹 불가사의不可思議한 자취가 나타나는 수도 있으나 이것은 구하지 아니하되 자연히 얻어지는 것이라, 어찌 삿된 생각을 가진 중생의 견지로 이를 추측할 수 없다."고 하였다. 그리고 "공부가 최상 구경에 이르고 보면 세 가지로 통함이 있나니 그 하나는 영통靈通이라, 보고 듣고 생각하지 아니하여도 천지 만물의 변태와 인간 삼세의 인과보응을 여실히 알게 되는 것이요, 둘은 도통道通이라, 천조의 대소유무와 인간의 시비이해에 능통하는 것이요, 셋은 법통法通이라, 천조의 대소유무를 보아다가 인간의 시비이해를 밝혀서 만세 중생이 거울하고 본뜰 만한 법을 제정하는 것이니, 이 삼통 가운데 법통만은 대원 정각을 하지 못하고는 얻을 수 없다."라고 하여 삼학 수행 후 삼대력을 얻어 성취하게 되는 경지에 대하여 설명하고 있다.

처음 마음공부를 시작한 후 마음공부에 재미를 붙인 수행자가 관심을 가져야 할 문제의 핵심은 견성이라고 생각한다. 여기에서 다시 견성하는 순간을 『수심결』에서 포착해 보자.

어떠한 중이 귀종 화상에게 묻되 "무엇이 부처입니까?" 귀종이 말하기를 "네가 지금 믿지 아니할까 염려하노라." 중이 이르되 "화상의 진실하신 말씀을 어찌 감히 믿지 아니하오리까?" 대사 말하기를 "곧 네가 부처니라." 중이 이르되 "어떻게 보림 공부를 하오리까?" 대사 말하기를 "한 티끌이 눈에 있으매 허공 꽃이 요란하게 떨어지느니라." 하시니, 그 중이 언하言下에 크게 깨달으니라.

공부인에게 『수심결』 공부가 견성하는 좋은 기회가 되었으면 좋겠다.

7

『수심결』 공부하기 2

『수심결』의 네 번째 질문은 돈오頓悟 곧 단박 깨침과 점수漸修 곧 점차 닦음에 관한 것으로 "어떠한 방편을 지어야 한 생각으로 기틀을 돌이켜 문득 자성을 깨치게 되오리까?"라고 함이다. 여기에 대하여 "다만 네 마음이거늘 다시 무슨 방편을 지으리오. 만일 방편을 지어서 다시 앎을 구할진대 비컨대 한 사람이 있어 자기의 눈을 보지 못하고 말하기를 눈이 없다고 하여 다시 구해 보고자 하는 것과 같다. 이미 자기의 눈이니 어떻게 다시 볼 수가 있겠는가. 만일 잃지 않은 줄만 알면 그것이 곧 눈을 본 사람이라 다시 구해 볼 마음이 없거니 어찌 보지 아니하였다는 생각이 있겠는가. 자기의 영지도 또한 이와 같아서 이미 자기의 마음이거니 어찌 앎을 다시 구하겠는가. 만일 앎을 구할진대 문득 얻지 못할 줄을 알 것이니 다만 알지 못할 줄을 알면 이것이 곧 견성이다."라고 하는데 여기에서의 마음은 불성 곧 성품을 의미한다. 보조 지눌 스님은 견성과 돈오를 같은 개념으로 설명하고 있는 것 같다.

돈오의 오悟는 '깨침' 또는 '깨달음'이라 하고 점수의 수修는 '닦음'을 의미한다. 돈頓과 점漸이란 시간의 개념으로 돈이란 '몰록' '단박에' '갑자기' '홀연히' 등으로 설명할 수 있으며 시간상으로 동시에 일어나 단계가 없음을 의미하며, 점이란 '점차' '차츰' 등으로 설명할 수 있으며 시간상으로 천천히 일어나고 단계가 있어 점점 나아지는 것을 의미한다. 보조 스님의 마음 닦는 주장은 돈오점수로 돈오-점수-하나 됨의 과정을 주장하고 있다. 이를 설명하기 위하여 규봉 선사의 법문을 인거하여 얼음이 물로 변화하는 것처럼 범부가 부처로 변화됨에 대한 설명을 하는 것이다.

"대범 도에 들어오는 문이 많으나 강령으로써 말할진대 돈오와 점수의 두 문에 벗어나지 않나니, 비록 가로되 돈오돈수는 이 최상 근기를 가진 분들의 들어가는 바라 하나 만일 과거를 미루어 볼진대 이도 이미 여러 생에 깨달음을 의지하여 닦고 닦아서 점점 훈습 해 오다가 금생에 이르러 법을 들으면 곧 발오發悟하여 한 때에 문득 깨달아 닦아 마치나니 사실로써 말할진대 이도 또한 먼저 깨달아 뒤에 닦은 근기니 이 돈오와 점수의 두 문은 일천 성현의 밟아온 궤도라 그러므로 모든 옛 성현들도 먼저 깨닫고 뒤에 닦으며 닦음을 인하여 증득하지 아니함이 없다."

앞으로 돌아가 세 번째 질문에서 "그대가 돈오와 점수의 두 문은 일천 성인의 궤도라 하니 깨치기를 이미 문득 깨쳤을진대 점수할 필요가 무엇이며 닦기를 만일 점점 닦았을진대 어찌 돈오라고 말하겠는가. 돈오와 점수의 두 가지 뜻을 다시 펴 설명하시와 나로 하여금 남은 의심을 제거하게 해 달라." 하고 말한다.

"돈오라 하는 것은 범부가 미迷했을 때에 지수화풍 사대로 몸을 삼고 망상으로 마음을 삼아서 자성이 참 법신인 줄을 알지 못하며 자기 영지靈知가 이 참 부처인 줄을 알지 못하고 마음 밖에 부처를 구하여 물결과 물결을 따라서 허망이 돌아다니다가 홀연히 선지식의 지시를 힘입어서 수행의 바른길에 찾아 들어 한 생각으로 빛을 돌이켜 자기의 본성을 보니 이 성품 자리에는 원래에 번뇌가 없고 샘이 없는 지혜가 본래 스스로 구족하여 곧 모든 부처님으로 더불어 털끝만치도 다름이 없는 것을 알았을 새 그런고로 돈오라 하는 것이오." 하고 돈오를 설명하고 있다. "점수라 하는 것은 비록 본성이 부처님으로 더불어 다름이 없음을 알았으나 다생겁래로 익혀온 습기를 졸연히 다 제하기가 어려운 고로 깨달음에 의지하여 닦아서 점점 훈습하여 공을 이루어 성태聖胎를 장양하여 오래오래 한 뒤에라야 성인을 이룰 새 그런고로 점수라 하나니, 비컨대 어린아이가 처음 나는 날에 육근을 갖춤이 다른 사람과 조금도 다름이 없으나 그러나 그 힘이 충실하지 못하여 오랜 세월을 지낸 뒤에라야 비로소 성인成人이 되는 것과 같으니라."하고 점수를 설명하고 있다.

돈오점수는 『수심결』의 가장 핵심적인 개념이며 이는 『수심결』 공부 두 번째 주제이다. 보조 스님은 "미혹함에서 깨닫게 되는 것이 돈오이고 범부가 변해 부처가 되는 것이 점수라고 말하고 있어서 어떤 특별한 방법이나 방편을 지어 단박 깨달아 아는 것이 아니라 다만 네 본래 마음이니 이미 자기의 마음인데 어찌 다시 깨달아 아는 것을 구할 것인가. 만일 앎을 구할진대 문득 얻지 못할 줄을 알 것이니 다만 알지 못할 줄을 알면 이것이 곧 견성한 것이니라."하고 설명한다. 이렇게 되면 돈오 곧 견성을 한 것이니 견성이 참 쉽다. 그래도 답답하게 "상상上上 근기를 가진 사람은 들으면 곧 쉽게 알려니와 중하中下 근기를 가진 사람은 의혹심이 없지 아니할지니 다시 방편을 말씀하사 미한 이로 하여금 깨쳐 들어가게 해 주시라."고 다섯 번째 청원하여 자세한 설명을 부탁드린다. 이에 대하여 "도는 알고 알지 못하는 데에 속하지 아니한 것이니 너는 미함을 가져 깨달음을 기다리는 마음을 제해 버리고 나의 말을 들어라. 모든 법이 꿈과 같으며 또한 환화幻化와 같은 고로 망녕된 생각이 본래에 적적하고 티끌 경계가 본래에 공해서 모든 법이 다 공한 곳에 영령하게 아는 것이 매하지 아니하나니 이 공적한 가운데 영지 하는 마음이 곧 네 본래 면목이며 또한 이 삼세제불과 역대 조사와 천하 선지식의 밀밀히 서로 전하시는 법인이니라."고 하였다.

이렇게 견성 즉 돈오를 하면 "만일 이 마음을 깨달으면 참으로 이른바 계단을 밟지 아니하고 지름길로 부처의 지위에 올라서 걸음걸음이 삼계를 초월하며 집에 돌아와서 문득 모든 의심을 끊을지라. 문득 인천의 스승이 되어 자비와 지혜가 서로 도와서 자리이타를 아울러 행하여 인천의 공양을 능히 받되 날로 황금 만 냥을 소비시키리니 네가 만일 이러할진대 참으로 대장부라 일생에 할 일을 이미 마치었다 할지니라."고 하였다.

다시 점수에 대하여 일곱 번째 질문에서 "이미 이 이치를 깨쳤을진대 다시 계급이 없거늘 어찌 뒤에 닦아서 점점 훈습하여 점점 이룬다고 합니까?" 하고 점수를 해야 하는 이유에 대하여 설명을 청한다. 여기에 대하여 "범부가 비롯이 없는 광대의 겁으로부터 금일에 이르기까지 오도五道에 윤회하여 생을 받아 올 때나 죽어 갈 때나 나라 하는 것에 굳게 집착하여 망상 전도와 무명습기로 오래오래 습관이 되었을 새 금생에 이르러서 문득 자성이 본래에 공적하여 부처님으로 더불어 다름이 없음을 알았으나 이 옛 습관을 졸연히 제거하기가 어려운 고로 역경과 순경을 만나매 성내고 기뻐하는 마음과 옳으니 그르니 하는 마음이 성하게 일어나서 객진 번뇌가 전과 더불어 다름이 없나니 만일 반야로써 공을 더하고 힘을 들이지 아니하면 어찌 능히 무명을 대치하여 크게 쉬고 크게 쉬는 땅에 이르게 되리오."하고 내가 곧 부처와 다르지 않은 마음이 곧 부처임을 깨달았으나 과거의 습관은 아직 남아 있어서 얼음을 녹여 물을 만들어야 하고 중생의 습관이 변하여 부처의 인격을 갖추어야 함을 설명하고 있다. 이를 비유하여 "깨친 바가 비록 부처님과 같으나 다생에 습기가 깊은지라 바람은 잤건마는 물결은 오히려 출렁거리고 성리는 나타났건마는 망념은 오히려 침노한다."라고 하며, 또 종고 선사께서 말하기를 "왕왕히 재주 있는 무리들이 많은 힘을 들이지 아니하고 견성을 하면 문득 용이한 생각을 내어 다시 닦고 다스리지 아니하다가 날이 오래고 달이 깊으면 전과 같이 유랑하여 악도 윤회를 면하지 못한다."라고 하시니, "어찌 가히 한 때에 깨친 바로써 문득 뒤에 닦는 것을 저버리겠는가. 그런고로 깨친 뒤에 항상 마땅히 비추고 살펴서 망념이 홀연히 일어나거든 도무지 따르지 말고 덜고 또 덜어서 덜 것이 없는 지경에 이르러야 비로소 구경처에 도달할 것이니, 천하 선지식들의 깨친 뒤에 목우행이 이것이니라."고 하였다.

일반적으로 점수를 설명하면 돈오 이전에 점점 닦아서 깨달음에 이르는 것으로 이해하나 『수심결』의 점수는 깨달음 즉 돈오 이전의 점수가 아니라 견성 이후에 그 깨침을 바탕으로 점차 닦아가는 것을 말한다. 점수란 비록 본래의 성품이 부처와 더불어 다르지 않음을 깨달았지만 아주 오랫동안 익혀온 습관을 한 번에 모두 없애기는 매우 어렵다는 것이다. 그러므로 깨달음에 의지하여 닦고 성인의 태를 오래 기르는 성태장양聖胎長養의 공을 쌓아야 하는 것이 마치 어린 염소를 고르게 먹이고 길러서 어미 염소가 되는 것과 같다는 것이다. 소태산 대종사는 "정과 혜를 부지런히 닦고 계율을 죽기로써 지키라."라고 할 때도 처처불상 사사불공의 원리처럼 원래 심지는 요란하지도 어리석지도 그르지도 않은 본래 부처에 따라 무시선 무처선의 공부로 자성의 정 혜 계를 세우는 견성 이후의 공부와 연관지어야 할 것이므로 앞에서 견성을 빌려서라도 하여야 함을 강조하였던 것이다. 이렇게 하여야 법신불 일원상을 체받는 공부가 바로 되어 힘들지 않고 마음공부를 할 수 있을 것이다.

네 번째 질문에 대한 답변에서 "다만 네 마음이거늘 다시 무슨 방편을 짓겠는가. 자기의 영지도 또한 이와 같아서 이미 자기의 마음이거니 어찌 다시 앎을 구하겠는가. 만일 앎을 구할진대 문득 얻지 못할 줄을 알 것이니 다만 알지 못할 줄을 알면 이것이 곧 견성한 것이니라."고 하였다. 여기서 마음이 곧 영지 즉 공적한 가운데 신령스럽게 아는 마음과 연결하고 있는 것을 엿볼 수 있다. 이후 여섯 번째 질문으로 "나의 분상에 있어서는 어떠한 것이 이 공적영지의 마음이오니까?" 하고 다시 마음과 공적영지를 연결해 질문을 한다. 이에 대하여 "네가 지금 나에게 묻는 것이 이 너의 공적영지의 마음이니, 어찌 반조해 보지 못하고 오히려 밖으로 찾는가. 아침으로부터 저녁에 이르도록 열두 때 가운데 혹 보며 혹 들으며 혹 웃으며 혹 말하며 혹 성내며 혹 기뻐하며 혹 옳다 혹 그르다 하여 여러 가지로 베풀어 행하고 운전하나니, 말하여 보라. 필경에 이 누가 능히 이렇듯 운전하고 베풀어 행하게 되는가."라고 되물어 공적영지에 대하여 이해하도록 하였다.

보고 듣고 말하는 등 이러한 행동을 하게 하는 주체가 무엇인가 하는 질문에 현대 과학의 첨단인 뇌과학에서 이 과제에 대하여 연구하고 있으나 궁극적으로 모든 문제를 주관하는 실체를 밝히기는 쉽지 않을 것이다. 보조 스님은 "만일 색신이 운전한다고 할진대 어찌하여 사람이 한 생각을 끊어 명命을 마치면 시체가 아직 썩고 무너지지 아니하였으되 곧 눈이 스스로 보지 못하며 귀가 능히 듣지 못하며 코가 냄새를 맡지 못하며 혀가 말하지 못하며 몸이 움직이지 못하며 손이 잡지 못하며 발이 걷지 못하느냐. 능히 보고 듣고 동작하는 것이 반드시 네 본심이요 네 색신이 아님을 이에 알겠다."고 하였다.

또 설명하기를 "또한 성리에 들어가는 길이 많으나 너에게 한 문을 가리켜서 너로 하여금 본원처에 돌아가게 하리니, 네가 또한 까마귀 울고 까치 지저귀는 소리를 듣느냐." "듣습니다." "네가 또한 너의 듣는 성품 가운데에도 허다한 소리가 있음을 듣느냐." "이 속에 이르러서는 일체의 소리와 일체의 분별을 함께 가히 얻지 못할 것입니다." "내 지금 너에게 묻노니, 네가 말하기를 '이 속에 이르러서는 일체의 소리와 일체의 분별을 다 가히 얻지 못한다.' 하니, 이미 가히 얻지 못할진대 이러한 때를 당하여는 이 허공이 아니냐." "원래 공하지 아니하여 밝고 밝아 어둡지 아니합니다." "어떤 것이 이 공하지 아니한 체성인고." "또한 형상과 얼굴이 없는지라 말로써 가히 미치지 못할 것입니다." "이것이 이 모든 부처님과 모든 조사의 수명이니 다시 의심하지 말지어다." 하고 공적영지한 마음을 설명하고 있다. 이 공적영지심을 확실히 알아야 마음이 곧 부처라고 하여 견성을 한 것이며 돈오한 것이다.

소태산 대종사는 "일원一圓은 우주 만유의 본원이며, 제불 제성의 심인이며, 일체중생의 본성이며, 대소유무大小有無에 분별이 없는 자리며, 생멸 거래에 변함이 없는 자리며, 선악 업보가 끊어진 자리며, 언어 명상言語名相이 돈공頓空한 자리로서 공적영지空寂靈知의 광명을 따라 대소유무에 분별이 나타나서 선악 업보에 차별이 생겨나며, 언어 명상이 완연하여 시방삼계十方三界가 장중掌中에 한 구슬같이 드러나고, 진공 묘유의 조화는 우주 만유를 통하여 무시광겁無始曠劫에 은현 자재隱顯自在하는 것이 곧 일원상의 진리"라고 공적영지를 설명하고 있어서 개인에게 있어서는 성품이요 우주 자연에서는 우주 자연의 식識이라 할 것이다.

보조 스님은 상대를 떠난 공적영지한 마음의 본체에 대하여 "이미 형상과 모양이 없을진대 또한 크고 작음이 있겠느냐. 이미 크고 작음이 없을진대 또한 가와 중심이 있겠느냐. 가와 중심이 없는 고로 안과 밖이 없고, 안과 밖이 없는 고로 멀고 가까운 것이 없고, 멀고 가까운 것이 없는 고로 피차가 없나니, 피차가 없은즉 오고 가는 것이 없고, 오고 가는 것이 없은즉 나고 죽는 것이 없고, 나고 죽는 것이 없은즉 과거와 현재가 없고, 과거와 현재가 없은즉 미하고 깨침이 없고, 미하고 깨침이 없은즉 범부와 성인이 없고, 범부와 성인이 없은즉 물듦과 조촐함이 없고, 물들고 조촐함이 없은즉 옳고 그름이 없고, 옳고 그름이 없은즉 일체의 이름과 말을 다 가히 얻지 못할지니, 이미 다 없음이 이와 같아서 일체의 근根과 경境과 일체의 망념과 내지 가지가지의 형상과 모양과 가지가지의 이름과 말을 한 가지 얻지 못할진대 이 어찌 본래에 공적하며 본래에 물질 없음이 아니리오." 하여 본래 없고 없고 없고 없는 언어의 도가 끊어지고 심행처가 멸한 자리를 논리적으로 이해 시켜 주고 있음을 볼 수 있다.

8

『수심결』 공부하기 3

앞에서 언급한 바와 같이 『수심결』의 흐름은 보조 스님이 스스로 자문자답하는 방식인 아홉 가지 질문으로 이해할 수 있다고 말하였다. 이는 다시 세 가지 주제로 접근하여 정리할 수 있다. 그 첫째 주제는 견성을 하는 일이라 하였으며, 둘째 주제는 모든 수도인이 밟아 공부하는 공부길인 돈오頓悟와 점수漸修에 대한 이해이며, 세 번째 주제는 돈오 후의 점수의 방법으로 정定과 혜慧를 쌍으로 닦는 정혜쌍수의 방법으로 이는 자성문 정혜와 수상문 정혜 두 가지로 접근하여 이해하고 있다.

소태산 대종사는 정과 혜를 부지런히 닦고 계율을 죽기로써 지켜 마음 난리를 평정하라 하였는데, 이는 『수심결』의 세 번째 주제와 서로 통한다고 볼 수 있을 것이다. 여기에서 일곱 번째 질문이다. 스스로 "이미 이 공적한 가운데 신령스럽게 아는 이치가 누구나 함께 한다는 것을 깨쳤을진대 다시 계단이 없거늘 어찌 뒤에 닦아서 점점 훈습하여 점점 이룬다고 합니까?" 하고 묻는다. 이때 "문득 자성이 본래에 공적하여 부처님으로 더불어 다름이 없음을 알았으나 옛 습관을 졸연히 제거하기가 어려운 고로 역경과 순경을 만나매 성내고 기뻐하는 마음과 옳으니 그르니 하는 마음이 무성하게 일어나서 객진 번뇌가 전과 더불어 다름이 없다. 그런고로 깨친 뒤에 항상 마땅히 비추고 살펴서 망념이 홀연히 일어나거든 도무지 따르지 말고 덜고 또 덜어서 덜 것이 없는 지경에 이르러야 비로소 구경처에 도달할 것이니, 천하 선지식들의 깨친 뒤에 목우행牧牛行이 이것이다."라고 설명하고 있다.

마음이 곧 부처라 하여 공부인이 부처로 더불어 다름이 없는 줄을 알았고 깨달은바 공적영지심이 부처와 같은 줄도 알았으나 힘들이지 않고 쉽게 한 견성인지라 뒤에 닦는 바가 꼭 필요한 것이다. 그렇지 않으면 과거의 범부가 시작이 없는 오랜 시간으로부터 현재에 이르기까지 인도 수라 축생 아귀 지옥의 오도五道에 윤회하여 생을 받아 올 때나 죽어갈 때나 나라는 것에 굳게 집착하여 망상 전도와 무명습기로 오래오래 습관이 되었으며 금생에 이르러 이 옛 습관을 졸연히 바꾸기가 어려워진다. 경계를 만나매 성내고 기뻐하는 마음과 옳으니 그르니 시비하는 마음이 무성하게 일어나서 객진 번뇌가 전과 더불어 다름이 없을 것이다. 깨치기는 하여 내가 비록 원래 부처와 같으나 다생에 습기가 깊은지라 이는 마치 바람은 잤건마는 물결은 오히려 출렁거리는 것과 같다. 성리性理 즉 우주 만유의 본래 이치와 자성의 원리는 알게 되었지마는 망념妄念은 오히려 침노하며, 가끔 재주 있는 공부인들이 많은 힘을 들이지 아니하고 견성을 하면 문득 쉬운 생각을 내어 깨달은 후에 다시 닦고 공부하지 아니하다가 날이 오래고 달이 깊으면 전과 같이 유랑하여 악도 윤회를 면하지 못하게 되기 때문에 깨달음에 근거하여 마음을 닦는 마음공부를 하여야 한다.

이에 보조 스님은 깨친 뒤에 마음 소 길들이는 목우행牧牛行이 꼭 필요함을 설파하고 있다. 돈오와 점수에 대하여 다시 점검해 보면 비록 뒤에 닦는 점수이기는 하나 이미 먼저 망념이 본래 공하고 심성이 본래 청정함을 깨친 돈오 즉 견성을 한 후 점차로 닦아가는 것이었다. 규봉 선사는 먼저 깨치고 뒤에 닦는 뜻을 총괄적으로 "이 성품이 원래 번뇌가 없고 샘이 없는 지혜 성품이 본래 스스로 구족함이 부처님으로 더불어 다름이 없음을 문득 깨친 돈오에 의지하여 닦는 이는 최상승선이라 이름하며 또한 여래의 청정선이라 이름하며 만일 능히 생각 생각을 닦아 익히는 점수를 하면 자연히 점점 백천 삼매를 얻으리니 달마 문하에 서로 전하여 온 것이 곧 이 선이라." 하여 곧 돈오와 점수의 두 뜻이 수레의 두 바퀴와 같아서 하나만 빠져도 옳지 못하다고 하였다.

다음은 여덟 번째 질문으로 "깨친 뒤 닦는 문 즉 돈오점수문 가운데 정과 혜를 평등하게 가진다는 뜻을 실로 밝게 알지 못하겠으니 다시 설명하여 자세히 보여주어 깨닫지 못한 소견을 열어 내가 해탈의 문에 들게 해 주십시오." 하고 돈오점수의 수행 과정에서 정과 혜를 균등하게 해야 하는 문제를 언급하고 있다. 여기에서 정定이란 정신수양이며 혜慧란 사리연구인 것은 누구나 다 아는 사항이나 왜 이렇게 정과 혜를 평등하게 가져야 하는가 하는 문제이다. 우리의 자성 원리인 성리 곧 진리에 드는 문이 많으나 정과 혜 아님이 없고 그 강요를 취하자면 다만 자성상의 체와 용 두 가지뿐이니 앞에 말한 공적영지가 이것이라 정定은 이 체体요 혜慧는 이 용用이니 체에 나아가 용이 있는 고로 혜가 정을 여의지 아니하고 용에 나아가 체가 있는 고로 정이 혜를 여의지 아니하며 정이 곧 혜인 고로 고요한 가운데에도 항상 신령하게 아는 지혜가 있고 혜가 곧 정인 고로 신령하게 알면서도 항상 고요하다는 것이다. 그러므로 육조 대사께서 "심지가 요란하지 아니함이 자성自性의 정이요 심지가 어리석지 아니함이 자성의 혜라" 하시니, 만일 이와 같음을 깨쳐서 공적영지를 임의로 운전하며 고요하고 밝음이 둘이 아닌즉 이것이 곧 돈오문에 정과 혜를 쌍으로 닦는 것이라 하였는데 정定은 고요한 적적寂寂함을, 혜慧는 두렷한 성성惺惺함을 바탕으로 하고 있음을 말하는 것이다.

우리는 체体와 용用에 대하여 어떻게 이해하고 있을까? 체와 용의 개념은 진리와 사물을 인식하는 한 가지 방식으로 체는 사물의 본체 또는 근본적인 것을 가리키는 말이고 용은 사물의 작용 또는 현상이나 파생적인 것을 가리키는 개념으로 이해할 수 있다. 『정전』

'무시선법'에서는 "진공으로 체를 삼고 묘유로 용으로 삼아 밖으로 천만 경계를 대하되 부동함은 태산과 같이하고 안으로 마음을 지키되 청정함은 허공과 같이한다."는 내용이 있는데 이는 우리의 본래 마음을 공적영지라 표현할 때 공적空寂은 진공眞空으로 체에 해당하며, 영지靈知는 묘유妙有로 용에 해당하는 것으로 보고 있음을 알 수 있다. 그러므로 우리의 자성을 강연히 표현한 단어가 공적영지이며 공적은 정定이며 체요 영지는 혜慧며 용이다. 그런데 체와 용은 동전의 양면과 같고 손의 손등과 손바닥과 같아 둘이 아니므로 "정은 이 체요 혜는 이 용이니 체에 나아가 용이 있는 고로 혜가 정을 여의지 아니하고 용에 나아가 체가 있는 고로 정이 혜를 여의지 아니하며 정이 곧 혜인 고로 고요한 가운데에도 항상 신령하게 아는 지혜가 있고 혜가 곧 정인 고로 신령하게 알면서도 항상 고요하다."라는 것이다. 여기에서 우리는 '깨친 뒤 닦는 문 가운데 정과 혜를 평등하게 가진다는 뜻'을 우리 자성의 공적영지가 체와 용으로 나누어 볼 수 있기 때문에 함께 아울러 닦는 정혜쌍수를 하여야 함을 이해할 수 있을 것이다.

소태산 대종사는 "선종禪宗의 많은 조사가 선禪에 대한 천만 방편과 천만 문로를 열어 놓았으나, 한 말로 통합하여 말하자면 망념을 쉬고 진성을 길러서 오직 공적영지空寂靈知가 앞에 나타나게 하자는 것이 선이니, 그러므로 '적적寂寂한 가운데 성성惺惺함은 옳고 적적한 가운데 무기無記는 그르며, 또는 성성한 가운데 적적함은 옳고 성성한 가운데 망상은 그르다.' 하는 말씀이 선의 강령이 된다."라고 하였다.

『수심결』에서는 마음 닦는 공부인이 있어 "먼저 적적함으로써 분별 망상을 다스리고 뒤에 성성함으로써 혼침에 떨어짐을 다스린다."라고 하여 선후로 대치하여 혼침과 산란을 고르게 골라서 고요함에 드는 이는 이 점수문 중에 하열한 근기의 행하는 수준이라 비록 성성하고 적적함을 평등하게 갖는다고 하나 고요함을 취하여 수행으로 삼음을 면하지 못한다고 하였다. 이렇게 하면 어찌 성품을 요달한 사람들의 본래 고요하고 본래 아는 자리를 떠나지 아니하고 정과 혜를 임의로 운전하여 쌍으로 닦는 이가 되겠는가. 그런고로 육조 대사께서 이르시되 "스스로 깨쳐 수행함은 다툼에 있지 아니하나니 만일 선후를 다투면 곧 이 깨닫지 못한 미迷한 사람이라."고 하였다. 곧 통달한 사람의 분상에 정과 혜를 평등하게 가지는 뜻은 공부하는 데 별로 딴 공력을 쓰지 아니하는지라 원래에 스스로 함이 없어서 다시 특별한 처소와 시절이 따로 없다. 생활하는 가운데 빛을 볼 때와 소리를 들을 때에도, 옷 입고 밥 먹을 때도, 사람을 대하여 말할 때도 다만 이러하며, 행하고 머물고 앉고 누울 때와 혹 말하고 혹 묵묵하고 혹 기뻐하고 혹 성내는 데에 이르기까지 모든 시간에 낱낱이 이처럼 하면 되는 것이다.

여기에서 '다만 이러하다'는 의미는 어디에 조금도 착着됨이 없이 적적성성하다. 곧 고요하고 두렷하다는 의미로 볼 때는 볼 뿐이고 들을 때는 들을 뿐이어서 관념과 상을 떠나 있는 것이다. 이는 마치 빈 배를 물결에 매어 놓으면 높은 것을 따르고 낮은 것을 따르는 것과 같으며 물이 산을 끼고 돌 때 굽은 곳을 만나면 굽은 데로 가고 곧은 곳을 만나면 곧은 데로 가는 것과 같아서 마음 마음이 분별이 없다. 그러므로 오늘에도 한가하고 넉넉하게 임의로 운전하고 내일에도 헌거롭게 임의로 운전하여 모든 인연을 따라 순하되 막히고 걸림이 없으며 선을 닦되 닦는 상이 없고 악을 끊되 끊는 상이 없어서 순박하고 곧아서 거짓됨이 없고 보고 듣는 것이 심상한지라 한 티끌도 상대되는 것이 없는데 하물며 어찌 방탕한 생각을 보내려고 하는 공력을 수고로이 하며 한 생각의 정욕도 내지 않는지라 망녕된 인연을 잊으려고 하는 힘을 빌릴 것이 없다 하였다.

그러나 업장이 두텁고 습관이 무거우며 법을 관하는 힘이 약하고 마음이 떠서 무명의 힘은 크고 반야의 힘은 작으므로 선악 경계에 동정이 서로 번갈아 번뇌를 일어냄을 면치 못하여 마음이 편하고 담담하지 못한 이는 인연을 잊고 방탕을 없애는 공부가 없지 못할 것이므로 "육근이 경계를 대하되 마음이 경계에 끌리지 아니하는 것을 정定이라 하고 마음과 경계가 한가지로 공하여 비추어 보는 것이 미혹됨이 없는 것을 혜慧라." 하니 이 비록 수상문 정혜라 점수문 가운데 하열한 근기의 행하는 바이나 망연을 대치하는 문 가운데에는 가히 없지 못할 것이라고 하였다.

또 『수심결』에서는 "만일 산란심이 불같이 일어난즉 먼저 정으로써 자성 본리에 맞추어 흩어진 마음을 거두어들여 마음이 망녕된 인연을 따르지 아니하여 본래 고요한 자리에 계합하게 하고 만일 혼침이 많은즉 혜로써 법을 택하고 공을 관하여, 비추어 보는 것이 미혹됨이 없어서 근본 지혜에 계합하게 할지니 정으로써 난상을 다스리고 혜로써 무기無記를 다스려 동정의 상이 없어지고 대치하는 공이 다한즉 경계를 대하여도 생각 생각이 근본에 돌아오고 인연을 만나도 마음 마음이 도에 계합하여 자유로이 운전하고 쌍으로 닦아 곧 일 없는 사람이 될 것이니 만일 이처럼 하면 참으로 정과 혜를 평등하게 가져 밝게 불성을 본 사람이라 할 것이다."라고 하였다.

마지막 열 번째 질문은 이제까지 돈오점수와 자성문 정혜와 수상문 정혜의 내용을 재정리하면서 설명하는 부분이 많고 길어서 질문의 요지가 간결하게 드러나지 않으나 마지막 부분에 "돈오문에는 자성문을 의지하여 공적영지를 임의로 운전하여 공용이 없는 것이요, 점수문에 하열한 근기는 수상문에 나아가 대치하는 공력을 수고롭게 하는 것이니 두 문의 근기가 돈점이 다르고 우열이 명백하거늘 어찌 먼저 깨치고 뒤에 닦는 문 가운데에 두 가지를 같이 해석합니까. 나를 위하여 알려 주시어 의심을 끊게 하여 주십시오." 하고 청하고 있다. 여기에 대하여 "만일 돈오와 점수 두 문에 나아가 각각 행하는 바를 판단할진대 자성문 정혜를 닦는 이는 이것이 이 돈오문에 공 없는 공을 닦아 아울러 운전하고 쌍으로 고요하여 스스로 자성을 닦아 스스로 불도를 이루는 것이요, 수상문 정혜를 닦는 이는 이 깨치기 전 점수문의 하열한 근기가 대치하는 공력을 써서 마음 마음이 미혹을 끊어 고요함을 취하여 수행을 삼는 것이니 이 두 문의 행하는 바가 돈과 점이 근기에 따라 각각 다른 것이라."고 하였다.

그러나 깨친 뒤에 닦는 문 가운데 수상문 대치를 겸해 말하는 것은 온전히 점수문 가운데 하열한 근기의 행하는 바를 취하는 것이 아니라 그 방편을 취하여 길을 빌려서 익힐 따름으로, 이 돈오문 중에서도 또한 근기가 승한 이도 있고 근기가 하열한 이도 있어서 가히 한 예로 그 맞고 틀림을 판단하지 못할지니, 만일 번뇌가 담박하고 몸과 마음이 가볍고 편안하여 선을 닦되 닦는 상을 떠나고 악을 끊되 끊는 상을 떠나서 세상 풍파에 동하지 아니하고 고락이 고요한 이는 자성의 정혜를 의지하여 공적영지를 임의로 운전하고 쌍으로 닦아서 천진하여 짓는 바가 없고 동과 정이 항상 선禪인지라 자연의 이치를 성취하거니 어찌 수상문의 대치하는 법을 빌릴 것인가.

'병이 없으면 약을 구하지 않는다' 하고 자성문 정혜에 대하여 설명하고 있다. 비록 먼저 문득 깨쳤으나 번뇌가 농후하고 습기가 굳고 무거워서 경계를 대하매 생각 생각이 망정妄情을 내고 모든 인연을 만나매 마음 마음이 상대를 지어서 혼침과 산란의 부림을 입어 공적영지의 떳떳함을 매각한 이는 곧 수상문 정혜를 빌려 대치하는 공부를 잊지 말고 혼침과 산란을 고르게 골라 함이 없는 데에 들어가는 것이 곧 마땅한 일이니 비록 대치하는 공부를 빌려 잠깐 습기를 조복 받으나 먼저 문득 심성이 본래 청정하고 번뇌가 원래 공한 자리를 깨친 고로 오렴수汚染修는 깨닫지 못하고 닦는 것이기 때문에 점수문 가운데 하열한 근기의 오렴수에 떨어지지 아니할 것이다. 왜냐하면 깨닫지 못하고 닦는 것은 비록 공력을 써서 잊지 아니하여 생각 생각이 훈습해 닦으나 닿는 곳마다 의심을 내어 마음 가운데 걸려 있다. 이는 마치 한 물건이 가슴 가운데 걸려 있음과 같아서 편안하지 못한 모양이 항상 앞에 나타나 있다가 일구월심하여 대치하는 공력이 순숙한 즉 신심 객진이 가볍고 편안해 짐과 흡사하리니 비록 또한 가볍고 편안하다 하나 의심 뿌리를 끊지 못함이 돌로 풀을 누르는 것과 같아서 오히려 생사 경계에 자유로움을 얻지 못한다. 그런고로 "깨지 못하고 닦는 것은 참으로 닦는 것이 아니라."고 하였는데 이는 돈오 후의 수상문 정혜와 견성하지 못한 사람의 오렴수를 구분하는 것이다.

"깨친 사람의 분상에는 비록 대치하는 방편이 있으나 생각 생각이 의심이 없어 오렴수에 떨어지지 아니하니 일구월심하면 자연히 천진 묘성에 계합하여 공적영지를 임의로 운전하여 생각 생각이 일체 경계를 반연하되 마음 마음이 길이 모든 번뇌를 끊으며 자성을 여의지 아니하고 정과 혜를 평등하게 가져 무상보리를 성취하되 앞에 근기가 승한 이로 더불어 다시 차별이 없으니 곧 수상문 정혜가 비록 이 점수문에 하열한 근기의 행하는 바나 통달한 사람의 분상에는 가히 이르되 쇠를 단련하여 금을 이룸이라. 만일 이와 같음을 알면 두 문 정혜로써 선후 차제의 두 가지 소견을 내는 의심이 없을 것이다."라고 하였다. 여기에 바탕 하여 생각해 보면 일상 수행의 요법 1, 2, 3조에 심지가 요란함이 없는 것으로 자성의 정을 세우고 심지가 어리석음이 없는 것으로 자성의 혜를 세우고 심지가 그름이 없는 것으로 자성의 계를 세우는 공부도 깨닫지 못한 여석압초하는 오렴수의 과정과 견성한 후의 자성문 정혜와 수상문 정혜로 나누어 볼 수 있을 것이다. 상시응용 주의사항 6조를 매뉴얼로 하는 이는 여석압초하는 오렴수를 닦는 것이요, 견성을 한 후 자성 반조하는 공부를 통하여 하는 이는 수상문 정혜요, 저절로 요란하지도 어리석지도 그르지도 않은 이는 자성문 정혜를 통한다고 할 것이다.

『수심결』 공부를 마치면서 다시 한번 정리하자면, 보조 스님이 가르치는 점수는 돈오 즉 견성 이후의 점수이므로 마음공부를 하면서 돈오와 점수에 대한 이해가 매우 중요함을 잊지 않아야 할 것이다. 나아가 정과 혜를 부지런히 닦는 방법인 자성문 정혜와 수상문 정혜에 대하여 이해하고 마음공부하도록 해야 할 것이다.

9

신성으로 공부하라

정과 혜를 부지런히 닦고 계율을 죽기로써 지키라고 하는 법마상전급의 마음공부 과정인 '마음 난리 평정하기'에 관하여 공부하는 중 『수심결』에서 보조 스님은 간곡히 '마음을 찾아 마음을 닦아라.'고 부촉하고 있음을 알았다. "이 세상 사람들이 자기의 마음이 이 참 부처인 것과 자기의 성품이 이 참 법인 줄을 알지 못하여 마음 닦는 법을 바르게 알지 못하고 살아 온 지가 오래되어 법을 구하고자 하되 멀리 모든 성현에게서 찾으며 부처를 구하고자 하되 자기의 마음을 관觀하지 아니하고, 수많은 가르침을 모두 실행해 보고 수많은 책의 가르침을 다 읽어서 가지가지의 고행을 닦는다고 할지라도 마치 모래를 쪄서 밥을 지으려는 것과 같아서 다만 스스로 괴로울 뿐이니 이것이 참 슬프다."라고 한 부분에 집중하여야 할 것이다.

보조 스님이 간절히 부촉하신 "과거의 모든 부처도 다만 이 마음을 밝힌 사람이며 현재의 모든 현성들도 또한 이 마음을 닦은 사람이며 미래에 공부하는 사람들도 마땅히 이 법에 의지하여 수행할 것이니 원컨대 모든 수도하는 이는 간절히 마음 밖을 향하여 구하지 말지어다. 심성이 물듦이 없어서 본래에 스스로 두렷이 이루었나니, 다만 망연만 여의면 곧 여여한 부처니라."라고 한 이 말씀을 믿는가 믿지 못하는가에서 공부인은 중요한 갈림길에 서게 될 것이다.

어떠한 스님이 귀종 화상에게 묻기를 "무엇이 부처이오니까?" 귀종이 말씀하시기를 "네가 지금 믿지 아니할까 염려하노라." 스님이 말씀하시기를 "화상의 진실하신 말씀을 어찌 감히 믿지 아니하오리까?" 대사 말씀하시기를 "곧 네가 부처니라."고 하였는데 귀종 화상은 진실을 말하여 주기 전에 믿음을 강요하고 있다. 가르쳐 주어도 믿지 않으면 실행하지 않아서 믿지 않는 사람에게는 가르쳐 준 것이나 가르쳐 주지 않은 것이 동일하게 효과가 없기 때문이다. 우리는 당신이 바로 부처라는 말씀에 동의하고 있는가. 동의한다면 원래 부처인 모습을 회복하면 공부가 되나 동의하지 못한다면 나는 부처가 아닌 범부라는 데에서 출발하여 닦아서 내가 부처가 되어야 한다고 생각하니 그때부터 얼마나 험난한 공부길을 밟아가야 할지 참으로 난감하다. 또한 "네가 만일 신심을 얻으면 모든 의심이 문득 쉬리니 장부의 뜻을 내며 진정한 견해를 발하여 친히 그 맛을 보아 스스로 긍정하는 땅에 이른즉 이것이 마음 닦는 사람의 깨친 곳이라 다시 등급과 계단이 없을 것이므로 돈오라 한 것이니, 이처럼 말씀하시기를 '믿는 인因 가운데 모든 부처님의 과덕果德에 계합하여 털끝만치도 다르지 아니하여야 마침내 참 신심을 이룬다.'"라고 하였으니 믿으면 문득 의심이 없어지지만 믿지 아니하면 찾아 헤매고 순서 없이 많은 계단을 올라야 하니 일이 참 많아 수고가 많을 것이다.

마음공부하는 사람은 나 자신이 부처의 본성인 불성佛性을 품부稟賦하고 있고 마음 없는 사람은 아무도 없으니 "과거의 모든 부처도 다만 이 마음을 밝힌 사람이며 현재의 모든 현성들도 또한 이 마음을 닦은 사람이며 미래에 공부하는 사람들도 마땅히 이 법에 의지하여 수행할 것이니 원컨대 모든 수도하는 이는 간절히 마음 밖을 향하여 구하지 말지어다. 심성이 물듦이 없어서 원래에 스스로 두렷이 이루었나니, 다만 망연만 여의면 곧 여여한 부처니라."라고 하신 이 말씀에 확고한 믿음을 가지고 마음공부를 하여야 할 것이다.

소태산 대종사는 "일원의 원리를 깨닫는 것은 견성見性이요, 일원의 체성을 지키는 것은 양성養性이요, 일원과 같이 원만한 실행을 하는 것은 솔성率性인 바, 우리 공부의 요도인 정신수양·사리연구·작업취사도 이것이요, 옛날 부처님의 말씀하신 계·정·혜戒定慧 삼학도 이것으로써, 수양은 정이며 양성이요, 연구는 혜며 견성이요, 취사는 계며 솔성이라, 이 공부를 지성으로 하면 학식 있고 없는 데에도 관계가 없으며 총명하고 없는 데에도 관계가 없으며 남녀노소를 막론하고 다 성불함을 얻으리라. 나는 또한 이 챙기는 마음을 실현하기 위하여 상시응용 주의사항과 교당내왕 시 주의사항을 정하였고 그것을 조사하기 위하여 일기법을 두어 물샐틈없이 그 수행 방법을 지도하였나니 그대들은 이 법대로 부지런히 공부하여 하루 속히 초범超凡 입성入聖의 큰일을 성취할지어다."라고 하신 말씀을 우리는 꼭 믿어야 할 것이다.

『수심결』에서 보조 스님은 견성과 돈오 그리고 점수를 설명하고 정혜쌍수의 방법으로 자성문 정혜와 수상문 정혜의 차이를 설명한 후 다음과 같이 부촉하고 있는데 "원컨대 모든 도 닦는 사람은 이 말을 잘 연구하고 맛을 붙여 다시 의심하여 스스로 퇴굴심을 내지 말 것이다."라고 하였다. 이는 정과 혜를 부지런히 닦기를 바라는 부탁이라 할 것이다. "만일 장부의 뜻을 갖추어 위 없는 지혜를 구하는 사람이라면 이것을 놓고 무엇을 할 것인가 간절히 문자에만 집착하지 말고 바로 진실한 자리를 요달하여 낱낱이 자기의 본성에 나아가 본 종지에 계합하면 곧 스승 없는 지혜가 자연히 앞에 나타나고 천진의 성리가 뚜렷이 매하지 아니하여 혜신慧身을 성취하되 다른 사람의 깨침을 말미암지 아니할 것이다. 이 묘한 의지가 비록 모든 사람에게 다 있으나 만일 일찍이 반야 종지를 심은 대승 근기가 아니면 능히 한 생각에 정신을 내지 못할 것이다."라고 하였다.

이를 믿지 않을 뿐만 아니라 비방하여 도리어 무간지옥을 부르는 사람이 종종 있는데 비록 믿어 받들지는 아니할지라도 한 번 귀담아 잠시라도 인연을 맺으면 그 공과 그 덕을 가히 칭량하지 못할 것이다. 『수심결』에 "듣고 믿지 아니할지라도 오히려 불성 종자의 인을 맺고 배워서 이루지 못할지라도 오히려 인천의 복이 덮인다."라고 하였으니 성불할 정인正因을 잃지 않거든 하물며 들어 믿으며 배워서 항상 수호하여 잊지 아니하는 이야 그 공덕을 어찌 능히 헤아릴 것인가. "수많은 세상을 살아온지라 과거의 윤회하던 업을 미루어 생각하면 그 몇천 겁을 흑암지옥에 떨어지고 무간지옥에 들어가 가지가지의 고통을 받는지를 알지 못하겠으며 또한 그 얼마나 불도를 구하고자 하되 착한 벗을 만나지 못하고 긴 겁을 윤회에 빠져 어둡고 어두워 깨치지 못하여 모든 악업을 지었는지 알지 못하겠으니 이런 일을 생각하면 부지불식간에 한숨이 나오나니 어찌 가히 방심하여 두 번이나 전일의 재앙을 받을 것인가. 또한 누가 다시 내가 이제 사람으로 태어나 만물의 영장이 되어 참을 닦는 길에 매하지 않게 하였는지 진실로 눈먼 거북이 나무를 만나고 작은 겨자에 바늘을 던짐이라 그 경사롭고 다행함을 어찌 다 말하겠는가."라고 하였다.

"내가 이제 만일 스스로 퇴굴심을 내거나 혹 해태심을 내어 항상 뒷날을 바라다가 잠깐 사이에 목숨을 잃고 악도에 떨어져 모든 고통을 받을 때 비록 한마디 불법을 들어서 신해 수지하여 괴로움을 면하고자 한들 어찌 가히 얻겠는가. 위태한데 이르러서는 뉘우쳐도 아무 이익이 없으니 원컨대 모든 수도하는 사람들은 방일심을 내지 말며 탐욕과 음욕에 착하지 말고 머리에 타는 불을 끄듯 하여 자성 본래를 비추어 봄을 잊지 말 것이다. 무상이 신속하여 몸은 아침 이슬과 같고 목숨은 서산에 걸린 해와 같은지라 금일에는 비록 있으나 명일을 또한 안보하기 어려우니 간절히 뜻에 두며 간절히 뜻에 둘지어다."라고 하여 부지런히 정과 혜를 닦을 것을 권장하고 있다.

세간에 함이 있는 선 즉 명상하는 방법이나 프로그램을 의지할지라도 또한 가히 축생 아귀 지옥 삼도의 괴로운 윤회를 면하고 천상 인간에 수승한 과보를 얻어 모든 쾌락을 받거든 하물며 이 최상승 심심深心 법문은 잠깐 믿음을 낼지라도 이루는 공덕을 가히 비유로써 그 조금도 말할 수가 없으니, 경에 "만일 사람이 삼천대천세계 칠보로써 그곳 세계 중생에게 보시하여 다 충만함을 얻게 하며 또 그곳 일체중생을 교화하여 제가 소승 사과四果를 얻게 하면 그 공덕이 한량없고 끝이 없으나 한 차례 밥 먹을 사이에 이 법을 생각하여 얻는 공덕만 같지 못하다."라고 하시니, 나의 이 법문은 가장 높고 가장 귀하여 저 모든 공덕에 비하여 미치지 못함을 이에 알겠다고 하였다.

또 경에 "한 생각 청정한 마음이 이 도량이라, 항사의 칠보탑을 짓는 것보다 승하도다. 보탑은 필경 부서져 티끌이 되려니와 한 생각 청정한 마음은 정각을 이룬다."라고 하시니, 원컨대 모든 수도하는 사람들은 이 말을 잘 연구하고 맛을 붙여 간절히 뜻에 둘 것이다. 이 몸을 금생에 제도하지 아니하면 다시 어느 생을 기다려 이 몸을 제도하겠는가. 이제 만일 닦지 아니하면 만겁에 어그러질 것이요 이제 만일 강연히 닦으면 닦기 어려운 행이라도 점점 어렵지 아니함을 얻어 공부가 스스로 진보될 것이다. 슬프다. 지금 사람들이 주림에 좋은 음식을 만나되 먹을 줄을 알지 못하며 중병에 명의를 만나되 약 먹을 줄을 알지 못하니, "어찌할꼬, 어찌할꼬 하지 않는 사람은 나도 어찌할 도리가 없을 뿐이로다."라고 걱정하였다.

세간에 함이 있는 일은 그 형상을 가히 보며 그 공을 가히 증험할 수 있을 것으로 사람이 한 가지 일만 성공할지라도 그 희유함을 찬탄하거니와 나의 마음 종지는 그 형상形狀을 가히 볼 수 없어서 언어도가 끊어지고 심행처가 멸한 고로 천마외도가 훼방하려 하여도 문이 없고 석범 제천이 칭찬하려 하여도 미치지 못하거든 하물며 범부 천식의 무리가 어찌 능히 방불하겠는가. 슬프다. 우물 개구리가 어찌 창해의 넓은 것을 알며 여우가 어찌 능히 사자의 소리를 하겠는가. 말법 세 가운데에 법을 듣고 희유한 생각을 내어 신해 수지하는 이는 이미 무량겁 중에 모든 성현을 받들어 모든 선근을 심어 깊이 반야의 정인正因을 맺은 최상 근성임을 알아야 할 것이다. 『금강경』에 "이 장구에 능히 신심을 내는 이는 마땅히 알라. 이 사람은 이미 무량불소에 모든 선근을 심었음이라." 하시고, "대승심을 발한 이를 위하여 설하며 최상승심을 발한 이를 위하여 설한다."라고 하였다.

“원컨대 모든 구도하는 사람은 겁약한 마음을 내지 말고 마땅히 용맹심을 발하라. 숙겁의 선인을 가히 알지 못할 것이다. 만일 자기의 수승한 것을 믿지 아니하고 하열한 것을 달게 여겨 어렵고 막힌 생각을 내어 지금에 닦지 아니한즉 비록 숙세의 선근이 있다할지라도 지금에 끊어버리는 고로 더욱 그 어려운 데에 처하여 갈수록 멀어질 것이다. 이제 이미 보소에 왔을진대 가히 빈손으로 돌아가지 말 것이니 한 번 사람의 몸을 잃어버리면 만겁에 회복하기 어려울지라 청컨대 마땅히 삼갈지어다. 어찌 지혜 있는 이가 그 보소를 알고 도리어 구하지 아니하고 길게 외롭고 빈한함을 원망하리오. 만일 보배를 얻고자 할진대 가죽주머니를 놓아 버릴지니라.” 하고 간곡히 부촉하였다.

이처럼 보조 스님은 세상 사람들이 마음을 닦아 부처의 인격을 갖추는 데 뜻이 없음을 안타까워하고 있으며 또한 불성이 이미 내 몸 안에 있고 진리의 법 또한 나를 벗어나지 않음을 알았으나 다음으로 미루고 기회를 만났으나 알지 못하고 게으른 마음을 내는 것을 마음 아파하고 있다. 그래서 나 자신이 그동안 닦아온 것을 소홀히 생각하지 말고 용맹심을 발하라고 한 것이다. 용맹심을 발하는 데에는 죽음이 멀리 있지 않음을 아는 것이나 죽기로써 발분하는 마음을 내는 것인데, 소태산 대종사는 『정전』 ‘솔성요론’에서 “13. 정당한 일이어든 아무리 하기 싫어도 죽기로써 할 것이요, 14. 부당한 일이어든 아무리 하고 싶어도 죽기로써 아니할 것이요”라고 하였으며 또 『대종경』 수행품에는 “동하고 정하는 두 사이에 취사력 얻는 빠른 방법은, 첫째는 정의인 줄 알거든 크고 작은 일을 막론하고 죽기로써 실행할 것이요, 둘째는 불의인 줄 알거든 크고 작은 일을 막론하고 죽기로써 하지 않을 것이요, 셋째는 모든 일을 작용할 때에 즉시 실행이 되지 않는다고 낙망하지 말고 정성을 계속하여 끊임없는 공을 쌓을 것이니라.”라고 하여 서원의 성취를 위하여 죽음을 생각하며 하라 한 것이다.

“계율을 죽기로써 지키라.” 하는 말에서 ‘죽기로써 한다’는 것은 죽지는 않고 죽을 만큼 죽어도 좋다고 생각하고 실행하라는 의미일 것이다. 베트남전 당시 ‘나는 괜찮을 거야’ 하고 막연한 낙관론을 가진 사람들은 많은 사람이 죽었다고 하는데 죽기로써 살려 한 사람은 죽지 아니하고 살아남았다는 이야기처럼 들린다. 이 일을 못하면 죽는다고 생각하고 하면 할 수 있다고 하는데 죽기로써 하는 것이 그러할 것이다. 보조 스님은 목숨이 언제까지 보장되지 않는다는 의미로 “무상이 신속하여 몸은 아침 이슬과 같고 목숨은 서산에 걸린 해와 같은지라 금일에는 비록 있으나 명일을 또한 안보하기 어려우니 간절히 뜻에 두며 간절히 뜻에 두라."라고 하였고 소태산 대종사는 "생사가 일이 크고 무상은 신속하니 가히 범연하지 못할 바이다."라고 하였다.

전산 김주원 종법사는 "신성으로 공부하라"고 하였다. 이는 스승의 가르침에 의지하여 공부하면 기필코 목적한바 성불제중의 큰 서원을 이룰 수 있으리라는 확고한 믿음에 바탕을 둔다. 생전에 시간의 장벽으로 스승님을 실생활에서 모시고 생활할 수 없다 할지라도 스승의 가르침이야말로 최선의 최상의 최고의 가르침임을 확실히 믿는 것이다. '신성으로 공부하라'는 의미는 견성하지 못한 공부인이라도 자성 반조하는 공부, 즉 법신불 일원상을 체받는 공부를 통하여 우리의 서원을 이룰 수 있다는 확고한 믿음으로 부지런히 그리고 죽기로써 하라는 의미일 것이다.

제5부
-
마음 밭 계발하기

1

마음농사 입문

소태산 대종사는 서울교당에서 친히 도량의 제초를 하시고 말씀하시기를 "오늘 내가 도량의 제초를 한 데에는 두 가지 뜻이 있었으니, 하나는 교당 책임자들이 매양 도량 정리에 유의해야 한다는 것을 본보이기 위함이요, 또 하나는 우리의 마음을 자주 살피지 아니하면 잡념 일어나는 것이 마치 이 도량을 조금만 불고하면 어느 틈에 잡초가 무성한 것과 같아서 마음공부와 제초 작업이 그 뜻이 서로 통함을 알리어, 제초하는 것으로 마음공부를 대조하게 하고 마음공부하는 것으로 제초를 하게 하여 도량과 심전心田을 다 같이 깨끗하게 하라는 것이라. 그대들은 이 두 가지 뜻을 항상 명심하여 나의 본의에 어긋남이 없기를 부탁한다."라고 하였다. 이제 마음공부 프로그램 가운데 마지막 통과할 관문 하나를 남겨 놓고 있으니 심농心農 곧 '마음 밭 계발하기'이다.

소태산 대종사는 "본래에 분별과 주착이 없는 우리의 성품性稟에서 선악 간 마음 발하는 것이 마치 저 밭에서 여러 가지 농작물과 잡초가 나오는 것 같다 하여 우리의 마음 바탕을 심전心田이라 하고, 묵은 밭을 잘 개척하여 좋은 밭을 만들 듯이 우리의 마음 바탕을 잘 단련하여 혜복을 갖추어 얻자는 뜻에서 심전계발心田啓發이라는 말이 있게 되었다."라고 하였다.

'세존世尊과 농부農夫'라는 예화가 있다. 부처님 당시에 들에서 농부들이 오전 일을 끝내고 점심을 먹고 있는데 세존께서 밥을 빌러 오셨다. 이때 한 농부가 말하기를 "일을 하지 않고 걸식乞食을 구하니 줄 수가 없습니다."라고 하니 세존 "나도 농부의 한 사람입니다." 농부 왈 "무슨 말씀, 거짓말을 하지 마시오." 세존 왈 "그래도 나는 밥을 빌겠습니다." 농부 말하기를 "일을 하지 않은 자에게는 밥을 줄 수가 없습니다." 세존 왈 "나도 농부의 한 사람입니다." 농부가 "망령된 말[妄語]을 하지 마시오." 세존 말씀하시기를 "지금도 농사를 짓고 있건만 그대가 알지 못할 뿐이요."라고 하며 세존께서 한 농부와 이야기를 하는데, 주위에서 다른 농부들도 모여드니, 세존께서 '때는 이때다' 하여 기회를 놓치지 않고 조금 높은 곳에 오르시어 "여러분들이나 내가 동일한 농부로되, 나는 세계 인류의 머리 가운데 있는 심전경작心田耕作의 농부입니다. 사람의 육체는 여러분들이 심고 가꾸는 오곡으로 된 음식을 요구하는 반면 사람의 정신도 역시 양식을 구하나니 그것은 바로 진리요, 법이요, 정의요, 도덕이요, 종교요, 철학이요, 신앙이니 이러한 까닭에 그대들은 토전土田을 경작하지만 나는 그대들의 심전心田을 경작합니다."라고 하였다 한다.

소태산 대종사는 "심전을 잘 계발하는 사람은 저 농사 잘 짓는 사람이 밭에 잡초가 나면 매고 또 매어 잡초는 없애고 농작물만 골라 가꾸어 가을에 많은 수확을 얻는 것같이, 선악 간에 마음 발하는 것을 잘 조사하고 또 조사하여 악심이 나면 제거하고 또 제거해서 악심은 없애고 양심만 양성하므로 혜복이 항상 넉넉할 것이요, 심전계발을 잘 못하는 사람은 저 농사를 잘 못 짓는 사람이 밭에 잡초가 나도 내버려 두고 농작물이 나도 그대로 두어서 밭을 다 묵히어 가을에 수확할 것이 없는 것같이, 악한 마음이 나도 그대로 행하고 선한 마음이 나도 그대로 행하여 자행자지하는지라 당하는 것이 고뿐이요, 혜복의 길은 더욱 멀어진다. 그러므로 우리의 천만 죄복이 다른 데에 있는 것이 아니라, 오직 이 심전계발을 잘하고 못하는 데에 있나니, 이 일을 어찌 등한히 하리오."라고 하였다.

심전계발과 유사한 표현에 심전개발心田開發 곧 개척한다는 의미인 개발이 있다. 이는 일제강점기의 특수한 정치적 상황에서 대두된 표현이라고 한다. 1931년 조선총독부는 우리나라 민중 의식을 계몽하여 일제의 통치에 협력하도록 순화시키자는 취지로 일종의 정신적 계몽운동으로서 심전개발운동을 벌였다. 1936년 발표한 심전개발의 근본취지는 정치적 동기에 있었으나, 그 방향 가운데에는 보은 감사 자립정신의 함양 등 긍정적인 부분도 있었다. 총독부는 심전개발의 주체로 종교, 특히 전통 불교의 역할에 기대하고 주도적으로 참여하도록 주문했다. 불교계에서는 이에 대체로 동의했으나 실제적 활동에서는 총독부 정책과는 별도로 불교보급과 대중화 운동의 일환으로 심전개발운동을 전개했다고 한다. 또 당시 불교계는 정치적 의도와 별개로 하여 심전개발을 불교대중화 운동의 중요한 계기로 삼았던 역사가 있다.

이어서 소태산 대종사는 "예로부터 도가道家에서는 심전을 발견한 것을 견성見性이라 하고 심전을 계발하는 것을 양성養性과 솔성率性이라 하니, 이 심전의 공부는 모든 부처와 모든 성인이 다 같이 천직天職으로 삼으신 것이요, 이 세상을 선도善導하는 데에도 또한 그 근본이 되는 것이다. 그러므로 우리 회상에서는 심전계발의 전문 과목으로 수양·연구·취사의 세 가지 강령을 정하고 그를 실습하기 위하여 일상 수행의 모든 방법을 지시하였으니, 수양은 심전 농사를 짓기 위하여 밭을 깨끗하게 다스리는 과목이요, 연구는 여러 가지 농사짓는 방식을 알리고 농작물과 풀을 구분하는 과목이요, 취사는 아는 그대로 실행하여 폐농하지 않고 많은 곡식을 수확하게 하는 과목이다."라고 하였다.

여기에서 견성과 양성 그리고 솔성에 대한 이해를 위하여 다음 법문을 살펴보자. 소태산 대종사는 "과거에 모든 교주教主가 때를 따라 나오시어 인생의 행할 바를 가르쳐 왔으나 그 교화의 주체는 시대와 지역에 따라 서로 달랐으니, 비유하여 말하자면 같은 의학 가운데도 각기 전문 분야가 있는 것과 같다 할 것이다. 불가佛家에서는 우주 만유의 형상 없는 것을 주체 삼아서 생멸 없는 진리와 인과보응의 이치를 가르쳐 전미개오轉迷開悟의 길을 주로 밝히셨고, 유가儒家에서는 우주 만유의 형상 있는 것을 주체 삼아서 삼강·오륜과 인·의·예·지를 가르쳐 수·제·치·평修齊治平의 길을 주로 밝히셨으며, 선가仙家에서는 우주 자연의 도를 주체 삼아서 양성養性하는 방법을 가르쳐 청정 무위淸靜無爲의 길을 주로 밝히셨나니, 이 세 가지 길이 그 주체는 비록 다를지라도 세상을 바르게 하고 생령을 이롭게 하는 것은 다 같은 것이다."라고 하였다.

"그러나 과거에는 유·불·선儒佛仙 삼교三敎가 각각 그 분야만의 교화를 주로 하여 왔지마는, 앞으로는 그 일부만 가지고는 널리 세상을 구원하지 못할 것이므로 우리는 이 모든 교리를 통합하여 수양·연구·취사의 일원화一圓化 또는 영육쌍전靈肉雙全·이사병행理事竝行 등의 방법으로 모든 과정을 정하였으니, 누구든지 이대로 잘 공부한다면 다만 삼교의 종지를 일관할 뿐 아니라 세계 모든 종교의 교리며 천하의 모든 법이 다 한 마음에 돌아와서 능히 사통오달의 큰 도를 얻게 되리라."고 밝히고 있다. 이렇듯 심전을 발견하는 것과 심전을 계발하는 것이 과거 불가의 견성법과 유가의 솔성법과 도가의 양성법의 가르침을 함께 묶어 견성 양성 솔성을 통합하게 한 것임을 알 수 있다.

또 심전계발의 필요성에 대하여 "지금 세상은 과학 문명의 발달을 따라 사람의 욕심이 날로 치성하므로 심전계발의 공부가 아니면 이 욕심을 항복 받을 수 없고 욕심을 항복 받지 못하면 세상은 평화를 보기 어려울지라. 그러므로 이 앞으로는 천하의 인심이 자연히 심전계발을 원하게 될 것이요, 심전계발을 원할 때는 그 전문가인 참다운 종교를 찾게 될 것이며, 그중에 수행이 원숙圓熟한 사람은 더욱 한량없는 존대를 받을 것이니, 그대들은 이때 한 번 더 결심하여 이 심전 농사에 크게 성공하는 모범적 농부가 되어 보라."라고 하였다.

'마음 밭 계발하기' 프로그램은 이제까지 앞에서 진행하였던 '마음 소 길들이기'와 '마음병 치료하기'와 '마음 난리 평정하기'를 총섭하고 있다고 생각한다. 또한 '마음 밭 계발하기' 프로그램은 마음공부의 대표 프로그램이다. 그러므로 공부인의 수행 정도를 나타내는 법위등급과 연관 지어 보통급에서는 '마음 소 길들이기'를, 특신급에서는 '마음병 치료하기'를, 법마상전급에서는 '마음 난리 평정하기'를 공부하도록 이제까지 주장하여 왔다. 마음공부 방법인 일상 수행의 요법과 일기법, 상시응용 주의사항 6조와 교당내왕 시 주의사항 6조 등의 실천을 보통급에서부터 대각여래위까지 공통으로 하듯이 마찬가지로 '마음 밭 계발하기' 프로그램도 보통급에서부터 대각여래위까지 공통으로 실행하여야 한다고 생각한다. 다만, 실천하고 실행하는 수준에 차이가 있을 것이다.

이렇게 마음공부는 종합적이고 체계적인 진행 과정을 일관성 있게 추진하는 일이 꼭 필요하며 단계적으로 계단을 밟아 올라가 이상적인 원만한 인격을 갖춰 가는 길이 필요하다. 우리는 이 원만한 인격의 모습이 활불의 모습이며 구체적인 항목은 정각정행 지은보은 불법활용 무아봉공의 4대 강령으로 원불교의 수행은 곧 일원상 수행이라 할 수 있을 것인바 일원상 수행에 대한 소태산 대종사의 경륜을 다시 한번 살펴보도록 하자.

소태산 대종사는 "일원상을 수행의 표본으로 하고 그 진리를 체받아서 자기의 인격을 양성하나니 일원상의 진리를 깨달아 천지 만물의 시종 본말과 인간의 생로병사와 인과보응의 이치에 걸림 없이 알자는 것이며, 또는 일원과 같이 마음 가운데에 아무 사심私心이 없고 애욕과 탐착에 기울고 굽히는 바가 없이 항상 두렷한 성품 자리를 양성하자는 것이며, 또는 일원과 같이 모든 경계에 대하여 마음을 쓸 때 희로애락과 원근친소에 끌리지 아니하고 모든 일을 오직 바르고 공변되게 처리하자는 것이니, 일원의 원리를 깨닫는 것은 견성見性이요, 일원의 체성을 지키는 것은 양성養性이요, 일원과 같이 원만한 실행을 하는 것은 솔성率性인 바, 우리 공부의 요도인 정신수양·사리연구·작업취사도 이것이요, 옛날 부처님의 말씀하신 계·정·혜戒定慧 삼학도 이것으로써, 수양은 정이며 양성이요, 연구는 혜며 견성이요, 취사는 계며 솔성이라, 이 공부를 지성으로 하면 학식 있고 없는 데에도 관계가 없으며 총명하고 없는 데에도 관계가 없으며 남녀노소를 막론하고 다 성불함을 얻으리라.”라고 하여 일원상 수행에 대하여 법문하였다.

앞에서 소개해드린 『대종경』 수행품 60장의 심전계발 법문과 교의품 1장의 유불선 삼교의 교의를 통합 활용한다는 법문과 교의품 5장의 일원상 수행에 관한 법문에서 공통으로 확인할 수 있는 것은 견성과 양성과 솔성 그리고 계 정 혜 삼학 그리고 정신수양과 사리연구와 작업취사가 수양은 정이며 양성이요, 연구는 혜며 견성이요, 취사는 계며 솔성이라고 한 부분이다. 이를 교리에서 찾아보면 삼학에 해당할 것이며 삼학 수행이 바로 마음공부임을 그동안 누누이 강조하여 온 만큼 '마음 밭 계발하기' 프로그램이 곧 삼학 수행인지라 “수양·연구·취사의 일원화一圓化와 영육쌍전靈肉雙全·이사병행理事竝行 등 방법으로 누구든지 이대로 잘 공부한다면 다만 동양의 대표적인 사상인 유불선 삼교의 종지를 일관할 뿐 아니라 세계 모든 종교의 교리며 천하의 모든 법이 다 한 마음에 돌아와서 능히 사통오달의 큰 도를 얻게 된다.” 하였고 “이 공부를 지성으로 하면 학식 있고 없는 데에도 관계가 없으며 총명 있고 없는 데에도 관계가 없으며 남녀노소를 막론하고 다 성불함을 얻는다.” 라고 하신 법문에 공부인은 희망과 용기가 가슴에 벅차오를 것이다.

일상 생활하는 가운데 쉽게 마음공부하는 법을 보면 “큰 공부는 먼저 자성自性의 원리를 연구하여 원래 착着이 없는 그 자리를 알고 실생활에 나아가서는 착이 없는 행行을 하는 것이니, 이 길을 잡은 사람은 가히 날을 기약하고 큰 실력을 얻으리라. 공부하는 사람이 처지 처지를 따라 이 일을 할 때 저 일에 끌리지 아니하고, 저 일을 할 때 이 일에 끌리지 아니하면 곧 이것이 일심 공부요, 이 일을 할 때 알음알이를 구하여 순서 있게 하고, 저 일을 할 때 알음알이를 구하여 순서 있게 하면 곧 이것이 연구 공부요, 이 일을 할 때 불의에 끌리는 바가 없고, 저 일을 할 때 불의에 끌리는 바가 없게 되면 곧 이것이 취사 공부며, 한가한 때에는 염불과 좌선으로 일심에 전공도 하고 경전 연습으로 연구에 전공도 하여, 일이 있는 때나 일이 없는 때를 오직 간단없이 공부로 계속한다면 저절로 정신에는 수양력이 쌓이고 사리에는 연구력이 얻어지고 작업에는 취사력이 생겨나리니, 그대들도 이처럼 동정일여動靜一如의 무시선無時禪 공부에 더욱 정진하여 원하는 삼대력을 충분히 얻으라.”라고 하였다. 또 공부인이 일상 생활하는 가운데 삼대력 얻는 빠른 방법으로 “수양력修養力 얻는 빠른 방법 네 가지, 연구력 얻는 빠른 방법 다섯 가지, 취사력 얻는 빠른 방법 세 가지”를 소태산 대종사는 간단하게 밝혀 주었으며 이 내용은 앞에서 말씀드린 바 있다.

근래에 귀농한 사람들이 많아져서 '초보 농부를 위한 5가지 제언'이라는 글을 보고 심농하는 입장에서 공감하는 바가 있어 여기에 옮겨 본다. '계획을 잘 세우고, 이웃 특히 어른에게 인사를 잘하고, 끊임없이 공부하고, 농작물은 하루에 한 번 꼭 돌보고, 방제는 시기를 놓치지 말라.' 우리 마음공부인도 마음 농사짓는 초보 농부에서 시작하였으니 모범적 농부가 되도록까지 부지런히 열과 성을 다하여야 할 것이다.

2

마음공부에서 심전계발의 위치

심전계발의 기본 베이스는 원불교 마음공부에 있으며 이는 소태산 대종사의 경륜과 포부인 정신개벽에 바탕하고 있다. 소태산 대종사는 큰 깨달음을 얻은 후 회상을 펼 때 '물질이 개벽되니 정신을 개벽하자.'라고 하였다. 정신개벽을 시대정신으로 천명하였고 '불법으로 주체를 삼고 인도상 요법으로 주체를 삼는다.' 하고 법의 주체를 선언하였다.

마음공부에 관한 자료를 찾는 가운데 원불교 사상연구원에서 발행한 『원불교사상과 종교문화(2012)』 53집에서 중요한 자료를 발견하였다. 원불교 교무인 원광대학교 철학과 김성관 교수가 발표한 '정신개벽·마음공부·심전계발의 개념적 연원과 상관성'이라는 논문이었다. 이 논문에서 저자는 정신과 개벽, 마음과 공부, 심전과 계발이라는 개념적 의미에 대하여 용어의 연원을 정리하고 있으며 논문의 후반부에서 정신개벽 마음공부 심전계발의 개념적 상관성에 대하여 논하고 있다. 논문에서 저자는 정신개벽은 소태산 대종사, 마음공부는 정산 종사, 심전계발은 대산 종사로 연결 지으며 이를 천지인 삼재三才나 뿌리나 줄기 열매로 비유되기도 한다고 설명한 후 "뿌리 없이 줄기와 열매가 있을 수 없고 줄기 없이 뿌리와 열매가 연결될 수 없으며 열매 없이 뿌리와 줄기가 무의미한 것처럼 정신개벽과 마음공부와 심전계발은 역할상의 특이성을 지니면서도 불가분의 상관성을 지님을 항상 되새겨 보아야 할 것이다."라고 주장하고 있다.

소태산 대종사는 "물질이 개벽되니 정신을 개벽하자."는 개교표어 아래 불교의 시대화 대중화 생활화의 관점에서 신앙의 대상이 불상이 아닌 심불心佛 일원상을 모시고 시주 동냥 불공을 폐지하고 각자 정당한 직업 아래 교화 사업을 시행하는 것이 특징인 새 불교로서의 새 종교 공동체를 시작하여 서로서로 살아있는 부처, 생불生佛이 되어 집마다 활동하는 부처, 활불活佛이 살게 되며 이리 가나 저리 가나 회상會上 아님이 없는지라 승속僧俗의 차별이 없어지고 공부와 생활이 구애되지 아니하고 만생이 고루 덕화를 입게 되는 정신개벽 낙원 공동체로서의 새 세계 새 회상을 정신개벽이라는 키워드로 제시한 것이라고 하였다.

정산 종사는 "좋은 세상이 돌아오고 있으니 마음을 좋게 가져 새 세상의 큰 일꾼 되자" 하고 "마음공부 잘하여서 세 세상의 주인 되자"는 의미의 새 시대에 대한 전망과 함께 삶의 방향으로 구체성을 띤 마음공부를 자주 말했다. 이는 소태산 대종사의 마음과 마음공부를 자주 언급하면서 과학 문명의 발달에 따른 엄청난 물질 세력으로부터 정신의 주체성을 바로 세우고자 했던 정신개벽사상을 계승한 것이라고 하였다. 대산 종사는 "심전계발의 훈련, 공동시장의 개척, 종교연합의 창설이라는 세계평화 삼대제언"을 주창했는데 이는 정기 훈련과 상시 훈련을 통해 마음 밭인 심전을 계발함으로써 육肉의 갈등을 해결하는 공동시장의 개척과 영靈의 갈등을 해결하는 종교연합의 창설로 나아갈 때 갈등과 전쟁이 없는 평화로운 '하나의 세계'가 이루어질 수 있다는 사상이다. 소태산 대종사가 심전계발을 말하면서 물질이 개벽되는 시대에 정신을 개벽하여 영육이 쌍전되고 공부와 생활이 구애되지 아니하고 승속이 하나인 낙원 세계로서의 새 세계 새 회상을 이룩하고자 했던 정신개벽 사상과 마음공부를 사회적 실천 운동으로 구체화하여 계승한 것이라고 하였다.

이 글에서는 정신개벽의 개념적 연원과 의미, 마음공부의 개념적 연원과 의미, 심전계발의 개념적 연원과 의미를 자세하게 모두 소개할 수는 없어서 대략으로 중요한 개념만을 설명하게 됨을 아쉽게 생각한다. 자세한 내용에 관심이 있는 경우 원불교사상연구원에서 발행한 『원불교사상과 종교문화』 53집에 게재된 논문을 참고하기를 권한다.

먼저 정신개벽의 개념적 연원과 의미를 요약하여 살펴보면, 정신精神이라는 용어는 노장사상적 연원에서 형성된 것과 영어, 독어, 불어 등이 번역되어 형성된 것으로 구별할 수 있다. 정신의 개념은 노장 사상적 연원에서 형성된 개념에 불교와 성리학의 심성心性 개념이 습합習合된 것이라 한다. 우리는 정신의 개념에 대하여 동양과 서양의 번다한 많은 해석을 뒤로하고 『정전』 가운데 '삼학'의 정신수양에서 "정신이라 함은 마음이 두렷하고 고요하여 분별성과 주착심이 없는 경지를 이름이오."라는 설명을 따르고 있다.

개벽開闢이라는 용어는 닫히고 막힌 문이 열리듯 새 하늘이 열리고[天開] 새 땅이 열리는 [地闢] 천지창조의 처음을 의미한다. 이 용어는 이미 중국의 사마천이 쓴 『사기史記』에서 발견되나 이 말이 세상에서 사상적으로 전개되기는 1860년대 동학사상이 나온 때부터라고 한다. 동학의 교조 최제우는 선천개벽先天開闢과 후천개벽後天開闢이라는 표현을 통해 우주의 새로운 전환기를 시사時事하였다. 이리하여 구한말의 혼란 속에 이 개벽이라는 말이 널리 유포되었고 1916년 깨달음을 얻은 소태산 대종사는 이 개벽의 의미를 부각해 물질개벽과 함께 정신을 개벽하자고 세상을 향하여 주창하였다.

마음공부의 개념적 연원과 의미를 살펴보면 마음공부는 마음과 공부工夫의 합성어이다. 마음은 "① 사람의 지知·정情·의意의 움직임 또는 그 움직임의 근원이 되는 정신적 상태의 총체, ② 시비선악을 판단하는 힘, ③ 기분, ④ 인정, ⑤ 의지 ⑥ 성의, ⑦ 심령心靈이고 준말은 '맘'이다."라고 『국어대사전』에서 찾아볼 수 있다. 마음에 상응하는 한자어 심心이 심장을 상형화한 것이라 한다.

정산 종사는 "성품은 본연의 체요, 성품에서 정신이 나타나나니, 정신은 성품과 대동하나 영령한 감이 있는 것이며, 정신에서 분별이 나타날 때가 마음이요, 마음에서 뜻이 나타나나니, 뜻은 곧 마음이 동하여 가는 곳이다."라고 하였으며 또 "팔식八識은 성품이요, 칠식七識은 정신이며, 육식六識은 마음이요, 오식五識은 뜻이다. 육식은 안, 이, 비, 설, 신, 의로써 범부는 이 육식만 발하여 쓰는 것이요, 칠식은 빈자리를 관하면서 청정한 자리에 들어가려고 애쓰는 심경이며, 팔식은 청정한 진공 자리에 들어 있는 것이요, 백정식白淨識은 종심소욕불유구從心所慾不踰矩하는 경지로 진공과 묘유를 겸해 있는 것이니, 이 백정식에 들어가면 육, 칠, 팔식을 잘 이용하게 된다. 노인은 식識을 잘 이용한다. 마음이 분별나면 식이다."라고 하였다. 공산 김성관 교수에 의하면 8식에서 5식까지의 설명은 유식삼가 가운데 지론종의 유식설이라고 하였다. 필자는 마음공부하는 사람은 성품과 정신과 마음과 뜻에 대하여 바른 이해가 필요하고 이는 삼학 수행과 관련이 있다고 가끔 언급한 바 있다.

공부工夫라는 용어는 공工과 부夫의 합성어로서 마치 공부는 철공鐵工이 힘써 쇠를 달구고 두드리어 단련하고 석공石工이 힘써 돌을 갈고 쪼개고 닦아 마탁하여 연마함과 같이 부지런히 애써 노력함을 의미하게 되었다고 한다. 이전에는 장인 공工 자 공부工夫라는 용어

보다 공로 공功 자 공부功夫라는 용어가 주로 쓰였다. 원불교에서 공부라는 용어는 '공부의 요도 삼학 팔조'라고 하거나 공부인 공부길 공부심이라는 용어를 자주 사용하는 데에서 찾아볼 수 있다.

심전계발의 개념적 연원과 의미를 살펴보면 심전계발은 심전과 계발의 합성어임을 알 수 있다. 또 심전心田은 심과 전의 합성어로서 심心이 사람의 심장 모양을 본뜬 그림이 발전하여 이루어진 상형문자이고 전田은 사방의 경계선을 본뜬 것과 동서남북 사방으로 통하는 길을 본뜬 것이 합하여 이루어진 상형문자이기에 심전은 마음 밭을 의미한다. 심전은 심지心地와 같은 의미이나 심전은 직접 밭을 경작하는 의미가 있어 심지보다 농사짓는 의미가 있다고 느껴진다. 심을 심·의·식으로 설명하기도 한다.

대산 종사는 "우리의 정신에 아버지가 있고 아들이 있고 손자가 있다. 정신의 아버지인 성품한테 온전히 받았는데 정신의 아들 마음이 손자한테 빼앗겨서 혼탁하고 미혹해져 버렸다. 정신의 아버지는 본래 밉고 곱고 크고 작지도 않은 그대로 천부 되어 다 같이 좋게 타고났는데 정신의 손자인 뜻이 희[喜, 기뻐하는 것], 노[怒, 성내는 것], 애[愛, 사랑에 끌리는 것], 락[樂, 즐기는 것], 애[哀, 슬퍼하는 것] 구[懼, 겁나는 것] 욕[欲, 욕심]의 일곱으로 마음을 뒤집어 버리고 할아버지 머리를 전부 빼버려서 본성 자리를 떠나기 때문에 우리가 껍질만 가지고 다닌다. 그러니 일곱 생각이 마음으로, 마음이 정신으로, 정신이 본성으로 돌아가는 시간을 가져야 한다."라고 하였다.

계발이라는 용어는 열 계啓와 필 발發의 합성어로 사상이나 지능 등을 깨우쳐 열어줌이라는 의미로 쓰이는 데 『논어집주』에서 "계는 그 뜻을 열어주는 것을 이르며 발은 그 말을 두루 통합함을 이른다."라고 한다. 계발이라는 용어가 교육이라는 용어와 함께 사용되어 계발식 교육이라 할 때는 스스로 깨닫도록 이끌어 주는 교육이라는 의미로써 지식을 억지로 가르치려는 주입식 교육과 반대의 의미를 지닌다고 할 것이다.

소태산 대종사의 정신개벽과 정산 종사의 마음공부, 대산 종사의 심전계발로 연결 지을 수 있는 상관성은 우선 세 개념이 지향하는 목표가 이상적인 새 세상인 광대 무량한 낙원의 구현이라는 점과 물질문명의 세력이 인간의 주체성마저 위협하는 시대적 위기를 극복하고 새 세상을 구현하는 방법을 인간 자신의 주체성인 본원심本源心을 회복하고 실현하는 데에서 찾고 있다는 공통점에서 드러난다고 할 수 있다.

소태산 대종사는 "지금 세상은 물질문명의 발전을 따라 사·농·공·상에 대한 학식과 기술이 많이 진보되었으며, 생활 기구도 아주 화려하여졌으므로 이 화려한 물질에 눈과 마음이 황홀하여지고 그 반면에 물질을 사용하는 정신은 극도로 쇠약하여, 주인 된 정신이 도리어 물질의 노예가 되고 말았으니 이는 실로 크게 근심될 현상이라. 이 세상에 아무리 좋은 물질이라도 사용하는 마음이 바르지 못하면 그 물질이 도리어 악용되고 마는 것이며, 아무리 좋은 재주와 박람 박식이라도 그 사용하는 마음이 바르지 못하면 그 재주와 박람 박식이 도리어 공중에 해독을 주게 되는 것이며, 아무리 좋은 환경이라도 그 사용하는 마음이 바르지 못하면 그 환경이 도리어 죄업을 돕지 아니하는가. 천하에 벌여진 모든 바깥 문명이 비록 찬란하다 하나 오직 마음 사용하는 법의 조종 여하에 따라 이 세상을 좋게도 하고 낮게도 하나니, 마음을 바르게 사용하면 모든 문명이 다 낙원을 건설하는데 보조하는 기관이 되는 것이요, 마음을 바르지 못하게 사용하면 모든 문명이 도리어 도둑에게 무기를 주는 것과 같이 되느니라. 그러므로 그대들은 새로이 각성하여 이 모든 법의 주인이 되는 용심법用心法을 부지런히 배워서 천만 경계에 항상 자리이타로 모든 것을 선용善用하는 마음의 조종사가 되며, 따라서 그 조종 방법을 여러 사람에게 교화하여 물심양면으로 한 가지 참 문명 세계를 건설하는 데에 노력할지어다."라고 하여 물질의 선용과 용심법 즉 물질개벽과 정신개벽을 설파하였다.

또한 "안으로 정신문명을 촉진하여 도학을 발전시키고 밖으로 물질문명을 촉진하여 과학을 발전시켜야 영육이 쌍전하고 내외가 겸전하여 결함 없는 세상이 되리라. 그러나 만일 현대와 같이 물질문명에만 치우치고 정신문명을 등한시하면 마치 철모르는 아이에게 칼을 들려준 것과 같아서 어느 날 어느 때에 무슨 화를 낭할지 모를 것이니, 이는 육신은 완전하나 정신에 병이 든 불구자와 같고, 정신문명만 되고 물질문명이 없는 세상은 정신은 완전하나 육신에 병이 든 불구자와 같나니, 그 하나가 충실하지 못하고 어찌 완전한 세상이라 할 수 있으리오. 그러므로 내외 문명이 병진하는 시대라야 비로소 결함 없는 평화 안락한 세계가 될 것이다."라고 하여 광대 무량한 이상 세계에 대한 구체적인 모습을 제시하였다.

"현하 과학의 문명이 발달함에 따라 물질을 사용하여야 할 사람의 정신은 점점 쇠약하고, 사람이 사용하여야 할 물질의 세력은 날로 융성하여, 쇠약한 그 정신을 항복 받아 물질의 지배를 받게 하므로, 모든 사람이 도리어 저 물질의 노예 생활을 면하지 못하게 되었으니, 그 생활에 어찌 파란 고해波瀾苦海가 없으리오. 그러므로 진리적 종교의 신앙과 사실적 도덕의 훈련으로써 정신의 세력을 확장하고, 물질의 세력을 항복 받아, 파란 고해의 일체 생령을 광대 무량한 낙원樂園으로 인도하려 함이 그 동기니라." 하고 『정전』에서 개교의 동기를 밝히고 있는 데에 바탕하여 정신개벽은 마음공부로 완성되며, 마음공부는 마음공부를 진행하는 프로그램의 총합인 심전계발이라는 구체적인 대안을 찾게 된 것이다.

정산 종사는 "과수를 기르는 데에도 뿌리에 거름을 주어야 그 과수가 잘 자라고 훌륭한 결실을 보게 되는 것같이, 사람의 뿌리는 마음이라 무엇보다 먼저 마음공부에 힘써야 훌륭한 인격을 이루나니, 이 마음공부를 여의고 어찌 혜복의 결실을 바라리오. 측량하는 사람이 먼저 기점을 잡음이 중요하듯이 우리의 공부 사업에도 기점을 잡음이 중요하나니, 공부의 기점은 자기의 마음공부에 두고, 제도의 기점은 자신의 제도에 두라. 그러나 자신을 다 제도한 후에 남을 제도하라는 말은 아니니, 마음공부에 근본하여 모든 학술을 공부하고, 자신 제도에 힘쓰면서 제도 사업에 힘을 쓰라 함이다."라며 마음공부 할 것을 강조하였다.

대산 종사는 원기55년(1970) 일본에서 열린 제1차 '세계 종교자 평화회의'에서 '세계평화 3대 제언'을 발표하였다. 세 가지 가운데 하나인 심전계발 훈련은 "우리 모든 인류가 묵어 있는 마음 밭을 계발하고 훈련해 마음을 크게 넓히고 밝히고 잘 쓰는 슬기로운 새 나라 새 세계를 만드는 것"이라고 주창한 것이다.

3

심전계발의 방향

인간의 역사를 보면 지속해서 변하고 발전하여 왔다. 인류의 문명은 사냥을 하던 시기에서 농경사회가 되면서 한 장소에 정착하게 되었고 정착생활하면서 농사짓는 법을 배워 식량을 마련하였다. 누구나 농사를 지으려면 농사지을 준비를 하는데 마음 농사 짓는 농부인 우리 공부인은 무엇을 준비하여야 할까? 농부는 올해 농사를 지으면서 해가 바뀌기 전에 내년도 농사지을 준비를 한다. 먼저 결정해야 할 일은 내년 농사를 지을 것인지 농사를 짓지 않을 것인지 마음에 결정해야 하고 내년에 농사를 짓지 않기로 마음을 먹으면 준비할 일이 없지만, 농사를 짓기로 마음을 먹었으면 준비할 일이 많아질 것이다. 마음 농사를 짓지 않기로 하였거나 아직 마음을 정하지 못하였다면 필자가 하는 마음 농사 이야기는 관심이 없을 것이다. 물어보지 않으면 가르쳐주지 않는다는 이야기를 들은 적이 있다. 이는 필요를 느끼지 않는 사람에게는 아무리 중요한 내용을 알려 주어도 관심이 없고 알려고 하지도 않기 때문이다.

필자는 마음공부에 대하여 관심을 두고 마음공부의 원리와 방법 그리고 프로그램을 정리하면서 마음공부에 관한 법문을 찾다가 필자가 좋아하는 법문 12가지를 골라 '마음공부 법문 시리즈 1권'을 만들었다. 이때 기준은 이 법문에 공감하고 이 법문을 좋아하고 그대로 실천하려는 마음이 있는 사람에게 마음공부를 이야기 할 수 있으리라 생각한 것이다.

이때 필자가 고른 첫 번째 법문은 소태산 대종사 서울박람회에서 화재보험 회사의 선전 시설을 보시고 한 감상을 얻었다 하시며, 하신 법문이다. "우리가 항상 말하기를 생사고락에 해탈하자고 하지마는 생사의 원리를 알지 못하면 해탈이 잘 안 될 것이니, 만일 사람이 한 번 죽으면 다시 회복되는 이치가 없다고 생각할진대 죽음의 경우를 당하여 그 섭섭함과 슬픔이 얼마나 더하리오. 이것은 마치 화재보험에 들지 못한 사람이 졸지에 화재를 당하여 모든 재산을 일시에 다 소실한 것과 같다 하리라. 그러나 그 원리를 아는 사람은 이 육신이 한번 나고 죽는 것은 옷 한 벌 갈아입는 것과 조금도 다름이 없을 것이니, 변함에 따르는 육신은 이제 죽는다 하여도 변함이 없는 소소昭昭한 영식靈識은 영원히 사라지지 아니하고, 또다시 다른 육신을 받게 되므로 그 일 점의 영식은 곧 저 화재보험 증서 한 장이 다시 새 건물을 이뤄내는 능력이 있는 것같이 또한 사람의 영생을 보증하고 있느니라. 그러므로 이 이치를 아는 사람은 생사에 편안할 것이요, 모르는 사람은 초조 경동할 것이며, 또는 모든 고락도 그 원리를 아는 사람은 정당한 고락으로 무궁한 낙을 준비할 것이나, 그렇지 못한 사람은 그러한 희망이 없고 준비가 없는지라 아득한 고해에서 벗어날 기약이 없나니, 생각이 있는 이로 이런 일을 볼 때 어찌 걱정스럽지 아니하며 가련하지 아니하리오."라고 한 법문이다.

두 번째 법문은 소태산 대종사 산업부에 가니 목장의 돼지가 퍽 야위었는지라 그 연유를 물으니, 이동안李東安이 말하기를 "금년 장마에 약간의 상한 보리를 사료로 주는 동안에는 살이 날마다 불어 오르더니, 얼마 전부터 다시 겨를 주기 시작하였더니 그동안 습관을 들인 구미를 졸지에 고치지 못하여 잘 먹지 아니하고 저 모양으로 점점 야위어 갑니다."라고 하니 소태산 대종사는 "이것이 곧 산 경전이로다. 잘살던 사람이 졸지에 가난해져서 받는 고통이나, 권세 잡았던 사람이 졸지에 위를 잃고 받는 고통이 이와 다를 것이 없으리라. 그러므로 예로부터 성현들은 모두 이 인간 부귀를 심상시하여 부귀가 온다고 그다지 기뻐하지도 아니하고 부귀가 간다고 그다지 근심하지도 아니하였으니, 옛날 순舜임금은 밭 갈고 질그릇 굽는 천역을 하던 사람으로서 천자의 위를 받았으나 거기에 조금도 넘치심이 없으셨고, 석가세존께서는 돌아오는 왕위도 버리시고 유성 출가하셨으나 거기에 조금도 애착함이 없으셨으니, 이분들의 부귀에 대한 태도가 그 얼마나 담박하였으며 고락을 초월하는 힘이 그 얼마나 장하였는가. 그런즉 그대들도 도에 뜻하고 성현을 배우려거든 우선 편하고 우선 즐겁고, 우선 권세 잡는 데에 눈이 어둡지 말고 도리어 그것을 사양하며, 설사 부득이 그러한 경우에 처할지라도 거기에 집착하지도 말고 타락하지도 말라. 그러면 참으로 영원한 안락, 영원한 명예, 영원한 권위를 누리게 되리라."고 한 법문이다.

세 번째 법문은 소태산 대종사 선원 대중에게 "범부들은 인간락에만 탐착하므로 그 낙이 오래가지 못하지마는 불보살들은 형상 없는 천상락을 수용하시므로 인간락도 아울러 받을 수 있나니, 천상락이라 함은 곧 도로써 즐기는 마음락을 이름이요, 인간락이라 함은 곧 형상 있는 세간의 오욕락을 이름이라. 알기 쉽게 말하자면 처자로나 재산으로나 지위로나 무엇으로든지 형상 있는 물건이나 환경에 의하여 나의 만족을 얻는 것은 인간락이니, 과거에 실달悉達 태자가 위는 장차 국왕의 자리에 있고 몸은 이미 만민의 위에 있어서 이목의 좋아하는 바와 심지의 즐거워하는 바를 마음대로 할 수 있었던 것은 인간락이요, 이와 반면에 정각을 이루신 후 형상 있는 물건이나 환경을 초월하고 생사고락과 선악 인과에 해탈하시어 당하는 대로 마음이 항상 편안한 것은 천상락이니, 옛날에 공자孔子가 "나물 먹고 물 마시고 팔을 베고 누었을지라도 낙이 그 가운데 있으니, 의 아닌 부와 귀는 나에게는 뜬구름 같다."라고 하신 말씀은 색신을 가지고도 천상락을 수용하는 천인의 말씀이니라. 그러나 인간락은 결국 다할 날이 있으니, 온 것은 가고 성한 것은 쇠하며, 난 것은 죽는 것이 천리의 공도라. 비록 천하에 제일가는 부귀공명을 가졌다 할지라도 노·병·사 앞에서는 저항할 힘이 없나니, 이 육신이 한번 죽을 때는 전날에 온갖 수고와 온갖 욕심을 다 들여놓은 처자나 재산이나 지위가 다 뜬구름같이 흩어지고 말 것이나, 천상락은 본래 무형한 마음이 들어서 알고 행하는 것이므로 비록 육신이 바뀐다고 할지라도 그 낙은 여전히 변하지 아니할 것이니, 비유하여 말하자면 이 집에서 살 때 재주가 있던 사람은 다른 집으로 이사를 갈지라도 재주는 그대로 있는 것과 같다."라고 하였다.

이어서 "그러므로 옛 성인의 말씀에 '사흘의 마음공부는 천 년의 보배요, 백 년의 탐낸 물건은 하루아침 티끌이라.' 하였건마는 범부는 이러한 이치를 알지 못하므로 자기의 몸만 귀히 알고 마음은 한번도 찾지 아니하며, 도를 닦는 사람들은 이러한 이치를 알므로 마음을 찾기 위하여 몸을 잊느니라. 그런즉 그대들은 너무나 무상한 모든 유有에 집착하지 말고 영원한 천상락을 구하기에 힘을 쓰라. 만일 천상락을 오래오래 계속한다면, 결국은 심신의 자유를 얻어서 삼계의 대권을 잡고 만상의 유무와 육도의 윤회를 초월하여 육신을 받지 아니하고 영단靈丹만으로 시방세계에 주유할 수도 있고, 금수 곤충의 세계에도 임의로 출입하여 도무지 생사 거래에 걸림이 없으며, 어느 세계에 들어가 색신을 받는다 할지라도 거기에 조금도 물들지 아니하고 길이 낙을 누릴 것이니 이것이 곧 극락이니라. 그러나 천상락을 길게 받지 못하는 원인은 형상 있는 낙에 욕심이 발하여 물질에 돌아감이니, 비록 천상락을 받는 사람이라도 천상락 받을 일은 하지 않고 낙만 받을 욕심이 한번 발하면 문득 타락하여 심신의 자유를 잃고 순환하는 대자연의 수레바퀴에 끌려서 또다시 육도의 윤회를 면하지 못한다."라고 한 법문이다.

네 번째 법문은 소태산 대종사 하루는 조송광과 전음광을 데리시고 교외 남중리를 지나시는데 길가의 큰 소나무 몇 주가 매우 아름다운지라, 송광이 말하기를 "참으로 아름다워라, 이 솔이여! 우리 교당으로 옮기었으면 좋겠도다." 하거늘 대종사 듣고 "그대는 어찌 좁은 생각과 작은 자리를 뛰어넘지 못하였는가. 교당이 이 노송을 떠나지 아니하고 이 노송이 교당을 떠나지 아니하여 노송과 교당이 모두 우리 울안에 있거늘 기어이 옮겨놓고 보아야만 할 것이 무엇이리오. 그것은 그대가 아직 차별과 간격을 초월하여 큰 우주의 본가를 발견하지 못한 연고니라." 송광이 묻기를 "큰 우주의 본가는 어떠한 곳입니까?" 소태산 대종사는 "그대가 지금 보아도 알지 못하므로 내 이제 그 형상을 가정하여 보이리라."

하고, 땅에 일원상을 그려 보이며 말하기를 "이것이 곧 큰 우주의 본가이니 이 가운데에는 무궁한 묘리와 무궁한 보물과 무궁한 조화가 하나도 빠짐없이 갖추어 있다."라고 하였다. 음광이 묻기를 "어찌하면 그 집에 찾아들어 그 집의 주인이 되겠습니까?" 소태산 대종사는 "삼대력의 열쇠를 얻어야 들어갈 것이요, 그 열쇠는 신·분·의·성으로써 조성한다."라고 하였다.

다섯 번째 법문은 무시선법과 참회문에서 마음의 자유를 얻는 것에 관한 법문이다. "사람이 만일 오래오래 선을 계속하여 모든 번뇌를 끊고 마음의 자유를 얻은즉, 철주의 중심이 되고 석벽의 외면이 되어 부귀영화도 능히 그 마음을 달래어 가지 못하고 무기와 권세로도 능히 그 마음을 굽히지 못하며, 일체 법을 행하되 걸리고 막히는 바가 없고, 진세塵世에 처하되 항상 백천 삼매를 얻을지라, 이 지경에 이른즉 진대지盡大地가 일진 법계一眞法界로 화하여 시비선악과 염정 제법染淨諸法이 다 제호醍醐의 일미一味를 이루리니 이것이 이른바 불이문不二門이라 생사 자유와 윤회 해탈과 정토 극락이 다 이 문으로부터 나오느니라." 라고 하였다. "또 공부인이 성심으로 참회 수도하여 적적 성성한 자성불을 깨쳐 마음의 자유를 얻고 보면, 천업天業을 임의로 하고 생사를 자유로 하여 취할 것도 없고 버릴 것도 없고 미워할 것도 없고 사랑할 것도 없어서, 삼계 육도三界六途가 평등 일미요, 동정 역순이 무비 삼매無非三昧라, 이러한 사람은 천만 죄고가 더운물에 얼음 녹듯 하여 고도 고가 아니요, 죄도 죄가 아니며, 항상 자성의 혜광이 발하여 고도 고가 아니요, 죄도 죄가 아니며, 항상 자성의 혜광이 발하여 진대지가 이 도량이요, 진대지가 이 정토라 내외 중간에 털끝만한 죄상罪相도 찾아볼 수 없나니, 이것이 이른바 불조의 참회요, 대승의 참회라 이 지경에 이르러야 가히 죄업을 마쳤다 하리라."라고 하였다.

여섯 번째 법문은 이인의화가 "어떤 사람이 너희 교에서는 무엇을 가르치고 배우느냐고 묻는다면 어떻게 대답할까요?" 하고 소태산 대종사에게 물으니 "원래 불교는 일체유심조一切唯心造 되는 이치를 스스로 깨쳐 알게 하는 교이니 그 이치를 가르치고 배운다고 하면 될 것이요, 그 이치를 알고 보면 불생불멸의 이치와 인과보응의 이치까지도 다 해결된다." 라고 하였다. 또 여쭙기를 "그 이치를 안 후에는 어떻게 공부를 합니까?" "마음이 경계에 대하여 요란하지도 않고 어리석지도 않고 그르지도 않게 한다."고 한 법문이다.

이상 여섯 가지 법문에 공감하고 나도 저렇게 되어 보고 싶어서 해보겠다고 나선 사람이 오래오래 마음공부를 할 수 있으리라 생각한다. 필자는 세상 사람을 마음공부하는 사람과 마음공부를 하지 않는 사람으로 나눠볼 수 있다고 본다. 사람이 세상을 살아가면서 마음공부를 하며 살아가기가 쉽지 않은데 이 쉽지 않은 마음공부를 하면서 살아가는 사람은 어떤 사람들일까? 마음공부 법문 시리즈 1권 『내가 좋아하는 법문 12가지』를 편집하면서 이 책에 실린 법문을 공감하는 사람만이 어떤 어려운 환경에서도 마음공부를 하면서 본인의 목표에 도달하리라 생각했다. 어떠한 어려움이 있을지라도 여섯 가지의 큰 목표를 가지고 마음공부하는 도반이 아니면 마음 밭농사를 짓기는 처음에 시작하기도 어려우며 시작하였다 할지라도 중도에 포기하는 사람이 많을 것이다. 마음 밭을 계발하는 동기인 생사고락에 해탈하고 영원한 안락, 명예, 권위를 누리고자 하며 인간락과 천상락을 함께 누리고자 하며 무궁한 묘리와 무궁한 보물과 무궁한 조화가 하나도 빠짐없이 갖추어 있는 일원상의 문을 삼대력의 열쇠를 얻어 들어가고자 하며 마음의 자유를 얻고자 하며 불생불멸의 이치와 인과보응의 이치를 안 후에는 마음이 경계에 대하여 요란하지도 않고 어리석지도 않고 그르지도 않게 하는 공부를 하려는 마음을 결정하여야 농사지을 준비를 시작한 것이며 아무리 어려운 경계를 당할지라도 마음 농사를 지속할 것이다.

소태산 대종사는 "우리의 천만 죄복이 다른 데에 있는 것이 아니요, 오직 이 심전계발을 잘하고 못하는 데에 있나니, 이 일을 어찌 등한히 하리오."라고 하였으며 또 "예로부터 도가道家에서는 심전을 발견한 것을 견성見性이라 하고 심전을 계발하는 것을 양성養性과 솔성率性이라 하니, 이 심전의 공부는 모든 부처와 모든 성인이 다 같이 천직天職으로 삼으신 것이요, 이 세상을 선도善導하는 데에도 또한 그 근본이 되는 것이다."라고 하였고 "우리 회상에서는 심전계발의 전문 과목으로 수양·연구·취사의 세 가지 강령을 정하고 그를 실습하기 위하여 일상 수행의 모든 방법을 지시하였으니, 수양은 심전 농사를 짓기 위하여 밭을 깨끗하게 다스리는 과목이요, 연구는 여러 가지 농사짓는 방식을 알리고 농작물과 풀을 구분하는 과목이요, 취사는 아는 그대로 실행하여 폐농하지 않고 많은 곡식을 수확하게 하는 과목이다."라고 하였다.

농사지을 계획을 세우면서 몇 가지 사항을 고려하는데 먼저 어떤 종류의 농사를 지을지 결정하고 종자를 고른다. 곡식을 심을지 채소 농사를 지을 것인지부터 시작하여 곡식도 벼를 심을지 아니면 보리를 심을지 그것도 아니면 콩을 심을 것인지 정해야 한다. 마음 농사를 잘 지으려면 심전을 발견하고 이어 심전을 잘 계발하여야 하는데 이를 위하여 심전계발의 전문 과목으로 수양 과목과 연구 과목과 취사 과목을 정하였다. 농사를 짓는 데에도 초보 농사꾼과 농사 달인이 있는 것처럼 마음 밭농사를 짓는 데에도 단계를 나눌 수 있으니 법위등급에서 급과 위의 차이라 할 수 있다. 크게 나누어 보통급과 특신급과 법마상전급은 견성을 하지 못한 단계이고 법강항마위 이상은 견성을 한 단계이므로 이 급과 위는 천양지차이다. 보조 스님은 견성하지 못하고 하는 수행은 오렴수汚染修라 하였다. 마음 밭을 알고 농사를 짓는 공부와 아직 마음 밭을 확실히 발견하지 못하고 어림짐작으로 농사를 짓는 것의 차이를 말한 것이다.

소태산 대종사는 "수양은 심전 농사를 짓기 위하여 밭을 깨끗하게 다스리는 과목이요, 연구는 여러 가지 농사짓는 방식을 알리고 농작물과 풀을 구분하는 과목이요, 취사는 아는 그대로 실행하여 폐농하지 않고 많은 곡식을 수확하게 하는 과목이다."라고 하였다. 대산 종사는 "우리가 가꾸어야 할 세 가지 밭이 있으니 그것은 바로 영전靈田·법전法田·덕전德田이다. 첫째, 영전은 하나면서 열이고 열이면서 하나인 자리요 영생토록 죽지 않는 자리요 죄를 지으면 죄를 주고 복을 지으면 복을 주는 자리요 신령스러워 밝고 어둡지 아니한 자리며, 둘째, 법전은 법이 담겨 있는 자리요 삼세 제불제성이 함께 법을 받는 자리요 법등을 시방삼세에 비추는 자리며, 셋째, 덕전은 천지·부모·동포·법률의 사은 밭에 덕을 뿌리는 자리요 뿌린 자리마다 덕의 꽃이 피는 자리이다."라고 하였다.

4

당신의 마음 밭은?

필자는 정년퇴직을 앞두고 4~5년 전부터 '앞으로 교화를 어떻게 해야 할 것인가?'에 대한 생각이 떠나지 않았다. 일생을 원불교 교무로 살아온 사람으로 나름대로 생각해 보니 미래 교화의 방향이 마음공부와 교화단으로 정리되었다. 이는 교화단을 통하여 마음공부를 하자는 것이다. 지금부터 20여 년 전에 필자가 근무하던 곳은 인천광역시의 계양구에 위치한 원불교 부평교당이었고, 한국 사회에 IMF라는 금융위기가 찾아온 때였다. 2천년을 뉴밀레니엄이라는 타이틀로 맞이하면서 세계는 영상 시대로 간다고 생각하였다. 'sanbo50'이라 인터넷 ID를 만들었는데 sanbo는 나의 법호 보산을 의미하였고 50은 그때 나이가 쉰 살이었다. 이때부터 관심 가졌던 인터넷과 영상 그리고 마음공부가 결합하여 지금 진행하고 있는 1인 방송인 '마음공부TV'이다. 이 작업을 진행하면서 심전계발원을 의미하는 '익산 심계원'을 만들고 마음공부하는 사람들에게 실제로 텃밭을 분양하여 농사를 경험하게 하거나 주택의 베란다에 조그만 텃밭을 만들어 가꿔 심전心田을 시각화하기를 권하였다.

소태산 대종사는 언제나 수용하시는 도구를 반듯이 정돈하시어 비록 어두운 밤에라도 그 두신 물건을 가히 더듬어 찾게 하셨다. 반드시 도량을 정결하게 하시어 한 점의 티끌도 머무르지 않게 하시며, "수용하는 도구가 산란한 것은 그 사람의 마음이 산란한 것을 나타냄이요, 도량이 깨끗하지 못한 것은 그 사람의 마음 밭이 거친 것을 나타냄이라, 그러므로 마음이 게으르고 거칠면 모든 일이 다 다스려지지 못하니 그 어찌 작은 일이라 하여 소홀히 하리오."라고 하여 마음의 산란함과 마음 밭이 거친 것에 대하여 언급하였다. 익산 심계원에서 마음공부를 진행하는 대표 프로그램인 마음 밭을 계발하기 위해서는 먼저 마음 밭을 마련해야 할 것이다. 이제 본격적으로 심전계발에 착수하도록 하기 위하여 마음 밭에 농사짓는 농부가 되어 농사짓는 구체적인 일에 대하여 생각해 보자. 소태산 대종사는 "예로부터 도가道家에서는 심전을 발견한 것을 견성見性이라 하고 심전을 계발하는 것을 양성養性과 솔성率性이라 하니, 이 심전의 공부는 모든 부처와 모든 성인이 다 같이 천직天職으로 삼으신 것이요, 이 세상을 선도善導하는 데에도 또한 그 근본이 되는 것이다."라고 하였다. 우리는 개인마다 심전 곧 마음 밭을 마련하였는지 돌려보아야 할 것이다. 우리가 준비한 마음 밭의 상태는 어떠하며 넓이는 얼마만 한가?

소태산 대종사는 "우리의 마음 바탕을 심전心田이라"고 하였다. 심전이라는 말과 함께 자주 사용하는 심지心地가 있다. '일상 수행의 요법'에 보면 "심지는 원래 요란함이 없건마는"이라고 하였고 소태산 대종사는 "본래에 분별과 주착이 없는 우리의 성품性稟에서 선악간 마음 발하는 것이 마치 저 밭에서 여러 가지 농작물과 잡초가 나오는 것 같다 하여 우리의 마음 바탕을 심전心田이라."고 하였다. 여기에서 관심 있는 것은 심전과 심지는 어떠한 차이가 있을까 하는 것으로 우선 심전과 심지는 우리의 보이지 않는 마음을 시각적으로 표현한 동의어라고 생각할 수 있다. 둘째, '일상 수행의 요법'의 심지나 심전계발하기의 심전에서 보면 이 두 단어는 제8식에 해당하는 성품性品의 다른 말로 마음의 본바탕, 말로써 할 수 없는 성품 자리를 표현한 것으로 생각할 수 있다. 한 생각 이전 소식인 성품 자리, 선악善惡과 염정染淨이 없는 자리를 심지 혹은 심전이라 한 것으로 볼 수 있다. 셋째, 심지心地는 근본 성품 자리를, 심전心田은 마음의 본바탕인 심지와 아울러 실생활에서 경계 따라 나타나, 일상생활에서 볼 수 있는 나타난 마음으로 구분할 수 있다.

마음공부를 하는 사람은 자기의 마음을 성품과 정신과 마음과 뜻으로 구분하여 볼 수 있어야 한다고 자주 강조하여 왔듯이 심전계발에서의 심전도 어떤 때는 성품으로, 어떤 때는 정신으로, 어떤 때는 마음으로, 어느 경우에는 뜻으로 공부하는 상황 따라 구분하여 볼 수 있어야 할 것이다. 심전계발의 경우 마음을 땅에 비유한 것은 밭에서 온갖 식물이 나고 자라듯이 인간의 마음에서 선악 미추 등 모든 분별이 일어남을 비유한 표현으로 보이지 않는 마음을 이렇게 시각화하여 볼 수 있어야 마음공부하기 쉽기 때문이다.

심전계발을 하는 데 먼저 나의 마음 밭이 어떤 상태인가를 파악하는 것이 중요하다. 정산 종사는 각자의 현실로 나타난 밭의 종류가 여덟 가지 있다 하였고, 이 밭의 종류에 따라 여기에 대한 성격과 실제 토전 농사법 그리고 심전 농사법을 자세하게 설명한 '여덟 가지 토전土田과 심전계발心田啓發'이라는 제목의 글이 있다. 조금 길지만 그대로 전문을 여기에 소개한다.

> 정산 종사 영산성지의 정관평 방언답에서 땀 흘리며 일하는 임직원들을 위로 격려하시며 "수선修禪의 목적은 심전계발心田啓發에 있고, 심전계발을 하자는 것은 우리의 마음 밭을 잘 개척하여 복福과 혜慧만 나오게 하여 복과 혜의 주인공이 되자는 것이다. 그러므로 전농자田農者는 천하지대본天下之大本으로 일신의 신락身樂을 건설하는 근본이 되고, 심농자心農者는 영생지대본永生之大本으로 영생의 심락心樂을 얻게 되는 근본이 되자는 것이다. 그러나 전농田農은 용지유진用之有盡이요, 심농心農은 용지무진用之無盡이라, 1년 농사라 하는 것은 한정이 있는 일이지만 영생의 농사인 심전계발은 써도 써도 다함이 없기에 심전계발에 힘써야 복과 혜를 마음대로 수용할 수 있으므로 이 사람이 세상에서

제일 잘 사는 사람이 된다." 하고 여덟 가지의 토전土田에 비유하여 심전心田계발에 대한 법문을 내려주었다.

"밭의 종류를 크게 토전土田과 심전心田으로 구분한다면 토전土田에 있어서 보통 밭에는 여덟 가지가 있나니 자갈이 많아서 종자가 잘 눌리는 석전石田, 모래가 많이 섞여 거름기가 없는 사전沙田, 찬 기운이 어려 있는 냉전冷田, 잡초가 무성하여 곡식이 자라지 않는 잡전雜田, 밭의 모양이 비뚤어져 보기도 남부끄럽고 가꾸기도 어려운 횡전橫田, 아무리 가꾸어도 수확이 적은 박전薄田, 묵은 땅을 개간한 기름진 옥전沃田이 있다.

첫째, 심전心田에 있어서 석전石田은 무엇인가. 이것은 항상 원망과 불평이 많아 마음이 시끄럽고 불안하여 다른 사람의 어떠한 충고도 들리지 않으며 또 대질리면 싸움도 서슴지 않고, 신경질을 부리는 경우의 마음 밭을 말한다. 그래서 석전石田을 가꿀 때 자갈을 잘 골라내는 것처럼 심전心田을 가꾸는 방법은 먼저 자신의 잘못을 발견하고 남의 잘못을 용서하는 마음으로 매사에 은혜를 발견하고 감사 생활을 하는 한편 염불과 좌선, 기도를 통해 뜬 마음을 안정시켜 본성本性을 올곧게 해야 한다. 옛 성인의 말씀에 '예禮로써 그 사람에게 대했으나 본 체도 하지 않을 때에는 어떻게 해야 하는가. 도리어 자신의 공경스러움이 부족했는가 반성하라. 사랑으로 그 사람에게 대했으나 역정을 낼 때 어떻게 해야 하는가. 도리어 자신의 어짊이 부족했는가 반성하라. 정당한 지도로써 그 사람에게 대했으나 고치지 않을 때 어떻게 해야 하는가. 도리어 자신의 지혜가 부족했는가 반성하라.'는 말씀이 있으니, 마음 밭에 자갈이 많은 사람은 이 점에 유의해야 한다.

둘째, 심전心田의 사진沙田은 무엇인가. 좋은 법문이나 좋은 충고를 듣는다고 할지라도 들으면서 모두 잊어버리는 마음이니, 한 귀로 듣고 한 귀로 흘려버리는 총알 귀를 가진 사람이 사전沙田의 경우이다. 이 사전을 가꾸는 방법은 기름진 논흙이나 진흙, 돼지 똥 거름을 자주 주고 또 단비가 내려야 비옥하게 되는 것처럼 심전心田을 가꾸는데도 법문을 자주 듣고, 마음을 항상 반성하며, 얼마만큼 실천하고 있는가를 잘 살펴야 한다. 백화百花가 병들지 않고 만수萬樹가 위풍당당한 것은 그 토양이 얼마나 기름지고, 단비가 제때 내리는가에 달려 있으니, 감로甘露의 법문을 자주 들으면서 마음 밭을 기름지게 해야 한다.

셋째, 심전心田의 경전傾田은 무엇인가. 마음이 어디로 끌리고 흘러가는 것을 말하는 것이니, 비가 쏟아질 때 경전을 보라. 어떤 때에는 밭의 형체도 알아보지 못할 정도로 떠내려가고, 깎여버리는 것처럼 우리의 마음도 어디로 기울어지고 흘러가 버려 본심本心을 찾을 수 없을 때이니, 보는 대로 가지고 싶고, 먹고 싶고, 가고 싶어지는 허영심이 심전의 경전이다. 술, 담배, 노름, 춤, 극장, 애인 등 갈피를 잡지 못하고 본심을 흘려버리는 이 마음을 가꾸기 위해서는 어떻게 해야 하는가. 경전을 가꾸기 위해서는 제방과 돌담을 쌓아 홍수나 빗물에 깎여 내려가지 않도록 하는 것처럼 먼저 마음에 검문소와 파수병을 세워서 아닌 마음이 일어나지 않는지 비춰보는 관심觀心공부로 안으로 근본 마음을 살펴 바깥 경계에 휩쓸리는가[內不放心]를 항상 반조하는 공부를 하며, 또 그일 그일에 담담한 맛을 길들여 부동심不動心을 양성하는 무심無心 공부를 계속하여 바깥 경계가 본심을 흔드는 경우가 줄고 줄어[外不放入] 시일이 오래되고 적공의 힘이 쌓이면 마음을 잡고 놓아도 법에 어긋나지 않아 큰 자유의 힘을 얻게 된다. 어떤 여성은 춤바람이 나서 자식도 남편도 불고하다가 결국 패가망신敗家亡身이 되었다고 하니, 어디에 마음을 흘려보내고 있는가를 살피고 또 살피는데 먼저 마음 검문소의 담을 높이 쌓아서 사심잡념이 못 들어오게 하라.

넷째, 심전心田의 냉전冷田은 무엇인가. 곧 누구와 한 번 막히면 꽁하고 절대로 풀지도 않고, 말하지도 않는 것을 말하나니, 이 마음이 오래가면 자신부터 기운이 통하지 못해 혈압이 높아지고, 어떤 경우에는 중풍에 걸리기도 하며, 후생에는 말 못 하는 과보를 받아 벙어리가 될 수도 있다. 마음이란 미묘한 것으로 심하게 막히면 독사와 같이 표독스러워질 수도 있기에 부처님도 "마음은 부처를 만들기도 하고, 금수를 만들기도 한다."라고 한 것이다. 이 심전心田의 냉전冷田을 가꾸는 방법은 먼저 불공법佛供法으로 막힌 기운을 풀어야 하니, 저 따스한 태양이 중천에 떠야 꽁꽁 얼어붙은 땅이 풀리는 것처럼 진리불공과 당처불공을 통해 풀어야 한다. 또 자신의 잘못으로 기운이 막혔든, 다른 사람의 잘못으로 막혔든 전세의 업業으로 알고 참회와 기도, 관용의 심법을 가짐으로써 막혔던 기운을 풀어가야 한다. 또한 내 자신이 갚을 차례에 참으며 용서하는 마음으로 감싸야 하니, 용서하는 사람이 어른이다.

다섯째, 심전心田의 잡전雜田은 무엇인가. 저 밭에 풀인지 곡식인지 도무지 섞여서 분간할 수 없을 때이니, 마음에는 탐 진 치의 삼독심三毒心이 있고, 시기심 질투심 나태심 아만심 교만심 허영심이 있으므로 이 마음이 보시심 지계심持戒心 인욕심 정진심 선정심 지혜의 마음과 뒤섞여 버림으로써 양심도, 선심禪心도, 공심도 볼 수 없게 된다. 이 잡전, 곧 묵정밭은 자타自他를 망치는 거친 마음이지만 또한 풀만 뽑고 베어주어 곡식만 자라게 하면 오히려 기름진 밭이 될 수 있으니, 그 방법은 악심惡心을 뿌리째 뽑아버리고 선심善心만을 잘 길러 복과 혜가 쏟아져 나오게 하는 것이다. 무릇 악심은 이기심利己心에서 비롯되니, 이 이기심을 먼저 버리는 마음을 비롯하여 이타심利他心의 대공심大空心 대공심大公心을 가져야 한다. 세상에 무서운 죄를 짓고 극형을 받는 것을 보면 '세세생생 저러한 과보를 받지 않고 사는 것만으로도 큰 복이구나.' 하는 생각을 한다. 더욱 마음공부로 죄짓는 마음을 돌려 복을 짓는 마음을 가지게 되었으므로 우리는 얼마나 행복한가. 그러나 이러한 근본 원인이 한마음에 있음을 알아야 한다.

여섯째, 심전心田의 횡전橫田은 무엇인가. 이것은 원근친소에 끌리고 희로애락에 치우친 마음이니, 바르게 보고 바르게 판단하여 바르게 취사하지 못하고, 미운 것을 보면 미운 것에 끌리고 예쁜 것을 보면 예쁜 것에 끌려 도무지 무엇이 옳은지 그른지를 분간하지 못하는 마음이다. 이 심전의 횡전을 가꾸는 방법은 곧 일원상一圓相과 같은 원만구족圓滿具足하고 지공무사至公無私한 마음을 가지는 것이라, 어떠한 인연이나 어떤 경우에도 항상 마음이 반듯하고 편벽되지 않도록 하라. 횡전橫田은 경지 정리를 하여야 제대로 농사를 지을 수 있듯 우리의 마음 밭도 묵은 습관과 친불친에 끌리지 아니하고 항상 원만하게 쓸 수 있도록 다스려야 한다.

일곱째, 심전心田의 박전薄田이란 무엇인가. 마음에 의욕이 없고 죽어있는 경우이니, 성격이 우유부단하여 용단력이 부족하고 마음공부에 별 재미를 느끼지 못하는 상태가 박전의 마음이다. 이 마음을 가꾸는 방법은 향상심과 분발심이라, 비록 한때에 실수나 실패를 하여 그 마음을 살리기가 쉽지 않지만 이 박토를 가꾸기 위해서는 특별한 각오와 결심으로 분발심을 내어야 하며, 또 마음을 일으켰으면 끊임없는 정성심을 들이대어야 하니, 무슨 일이나 성공을 볼 수 있는 것은 정성심이다.

여덟째, 심전心田의 옥전沃田은 무엇인가. 이러한 사람은 과거 전생부터 현생에 이르기까지 잘 지었고, 잘 닦았으며, 잘 타고난 사람으로서 마음이 너그럽고, 원만하며, 착한 성품으로 복 짓기를 좋아하고, 틈나는 대로 마음공부에 적공하는 사람이니라. 법문을 들으면 듣는 대로, 경전을 보면 보는 대로 복과 혜를 장만하는 실천을 하며, 자신도 심락心樂이 넘쳐흐르지만 다른 사람의 마음에도 심락心樂을 얻게 해 주는 사람이다. 일찍이 대종사님께서 "이런 사람은 떡 반죽 잘 된 것과 같아서 마음대로 주물러 불보살 성현을 만들 수 있다."고 하셨으니, 근본적으로 사심 악심惡心 욕심이 적고, 신심 공심 자비심 관유심寬柔心을 가지고 있는 사람이다.

이 여덟 가지 토전土田의 예로써 수도인의 심전계발心田啓發에 대하여 말하였으니, 불보살 성현들은 세세생생 이 심전心田을 묵히지 않고 잘 계발하고 개척하여 심전心田에서 복과 혜가 무진無盡하게 쏟아져 나와 무량한 낙 생활을 얻고, 중생들은 이 심전을 삼독오욕三毒五慾으로 묵혀 황무지가 되게 하여 빈곤과 무지, 질병을 면하지 못하고 고해苦海에서 헤매고 있나니, 이왕 수도에 뜻을 두었으니 이 심전계발에 힘써 복과 혜가 구족한 불보살이 되도록 하여 더욱 심전계발에 정진할 것을 촉구한 내용이다.

5

마음 밭 계발 처음 시작하기

대산 종사는 "그동안 많은 혁명이 있었으나 불안은 여전히 계속되고 있으니 앞으로는 마음혁명이 일어나야 할 것이다. 부처님이나 성현들은 조용한 가운데 마음혁명을 일으키는 분들이라, 우리도 이 훈련을 통하여 마음 가운데 조용한 혁명이 일어나도록 정성을 다해야 하니 그러한 사람이 제일가는 효자요 보은자가 될 것이다. 그러므로 우리 교단은 공부하는 교단, 훈련하는 교단, 보은하는 교단을 기본 방침으로 삼아 마음 밭을 계발하고 마음혁명을 이뤄나가는 데 힘써야 한다."라고 하였다.

과거의 역사를 돌아보면 왕조의 역성혁명은 말할 것도 없고 갖가지 정치혁명 산업혁명

문화혁명 등 이 세상에 수많은 혁명이 있었다. 이는 대부분 형상 있는 사람이나 사물에 근거한 혁명이었으며 앞으로도 인지의 발달과 교통 통신의 발전에 따라 수많은 변화와 혁신이 이루어지겠지만 이제 마지막 혁명을 생각해 보아야 할 때이다. 필자는 그 마지막 혁명은 모양이나 형상이 없는 마음에서 일어나야 하는 마음혁명이라고 생각해 왔다. 각자 자신의 내부에서 조용히 일어나야 하고 이것은 각자의 마음공부에 의하여 완성되리라 생각하는데 이 마음혁명은 마음공부의 대표 프로그램인 마음 밭 계발하는 심전계발을 하는 것이다.

인류는 남녀노소 선악귀천을 막론하고 하루라는 시간과 지구라는 공간을 공유하고 있어 대부분의 인간은 해가 지는 저녁이 되고 밤이 되면 잠을 자고 다시 다음날 일어나는 것은 상식이다. 일반적으로 새벽에 기상하여 낮에는 활동하고 또 밤이면 잠을 자는 쳇바퀴 도는 일상생활을 하고 있으나 이러한 시간과 공간 안에서 마음공부하며 사는 우리에게 중요한 것은 마음공부하는 시간이나 장소가 따로 정해져 있을까 하는 문제이다. 과거 농업사회에는 조용한 시간에 조용한 장소에서 일 없을 때 수양을 하거나 독서 등을 하였다.

소태산 대종사는 "과거 도가道家에서 공부하는 것을 보면, 정靜할 때 공부에만 편중하여, 일을 하자면 공부를 못 하고 공부를 하자면 일을 못 한다 하여, 혹은 부모처자를 이별하고 산중에 가서 일생을 지내며 혹은 비가 와서 마당의 곡식이 떠내려가도 모르고 독서만 하였으니 이 어찌 원만한 공부법이라 하리오. 우리는 공부와 일을 둘로 보지 아니하고 공부를 잘하면 일이 잘되고 일을 잘하면 공부가 잘되어 동動과 정 두 사이에 계속 삼대력 얻는 법을 말하였나니 그대들은 이 동과 정에 간단없는 큰 공부에 힘쓰라." 하였다. 『정전』 '무시선법'에 보면 "'응하여도 주한 바 없이 그 마음을 내라.' 하였으니, 이는 곧 천만 경계 중에서 동하지 않는 행을 닦는 대법이라, 이 법이 심히 어려운 것 같으나 닦는 법만 자상히 알고 보면 괭이를 든 농부도 선을 할 수 있고, 마치를 든 공장工匠도 선을 할 수 있으며, 주판을 든 점원도 선을 할 수 있고, 정사를 잡은 관리도 선을 할 수 있으며, 내왕하면서도 선을 할 수 있고, 집에서도 선을 할 수 있나니 어찌 구차히 처소를 택하며 동정을 말하리오." 라고 하였다.

필자는 '무시선법'을 설명할 때 그 문장에 나오는 '선禪'이라는 단어를 '마음공부'로 바꾸어 보면 그 뜻이 더 쉽게 다가온다고 말한 바 있다. 이렇게 바꾸어 보면 '괭이를 든 농부도 마음공부를 할 수 있고, 마치를 든 공장工匠도 마음공부를 할 수 있으며, 주판을 든 점원도 마음공부를 할 수 있고, 정사를 잡은 관리도 마음공부를 할 수 있으며, 내왕하면서도 마음공부를 할 수 있고, 집에서도 마음공부를 할 수 있으니 어찌 구차히 처소를 택하며 동정을 말하겠는가?'로 바꾸어 볼 수 있다.

심전계발을 처음 시작하면서 우리가 먼저 마음 가운데 명심하여야 할 것은 마음공부는 정해진 시간과 장소가 따로 없이 언제 어디서나 할 수 있고 언제 어디서나 해야 한다는 것이다. 마음 밭 계발하기라고 하여 텃밭이나 주택 베란다 텃밭 등에서만 하는 것이 아니라는 점에 먼저 확고한 신념을 가져야 할 것이다. 초등학생과 대학생이 공부하는 과목이나 방법이 다르듯이 보통급과 법강항마위의 심전계발하는 과목이나 방법은 다르지만, 언제 어디서나 무시 무처로 마음공부한다는 점은 동일하고 정도와 표준이 다를 뿐이다. 마음은 우리가 숨 쉬는 공기와 같아서 한 때라도 마음을 떠나서 살 수 없고 마음이 없으면 우리의 몸은 살아있는 것이 아니다. 그러므로 마음공부도 본인이 하려고 하면 쉼 없이 지속해서 할 수 있고 마음공부 고수가 되면 한때도 쉬지 않고 할 수 있게 된다.

마음공부를 오래 하여 견성을 한 후의 공부인은 "사람이 만일 참다운 마음공부를 닦고자 할진대 먼저 마땅히 진공眞空으로 체를 삼고 묘유妙有로 용을 삼아 밖으로 천만 경계를 대하되 부동함은 태산과 같이하고, 안으로 마음을 지키되 청정함은 허공과 같이하여 동하여도 동하는 바가 없고 정하여도 정하는 바가 없이 그 마음을 작용한다. 이같이 한즉, 모든 분별이 항상 정을 여의지 아니하여 육근을 작용하는 바가 다 공적영지의 자성에 부합이 될 것이다. 이것이 이른바 대승선大乘禪이요 삼학을 병진하는 공부법"이 되어 실제로 마음공부한다고 할 수 있을 것이다. 그러나 처음 시작하는 초보자인 보통급 수준에서는 시간과 장소를 정해 놓고 정시에 정해진 장소에서 하는 공부부터 시작해야 할 것이다. 마음 소 길들이기에서 보았듯이 처음으로 마음공부하는 사람은 이제 태어난 지 얼마 되지 않은 송아지와 같아서 길이 잘든 어미 소가 되도록 키우고 길들여야 한다. 이에 대하여 대산 종사는 초보자가 지켜야 할 사항인 '수도인의 일과'와 '새 생활 일과'를 구체적으로 밝혀 주었으나 이 새 생활 일과는 초보자만 실행하는 것이 아니고 공부인이라면 평생을 이렇게 생활해야 할 것이다.

대산 종사는 "하루 생활을 통하여 정신의 자주력과 육신의 자활력과 경제의 자립력을 세워나가자."라고 하였고 "① 아침은 수양정진 시간으로 정하고 첫째, 마음의 때를 벗기는 선禪공부로 나날이 새 정신을 기를 것이며, 둘째, 도량을 맑히는 조기청소로 나날이 새 환경을 가꿀 것이며, 셋째, 아침 일찍 일어나 온 가족이 마음과 환경을 깨끗이 하는 동시에 하루 생활을 위한 계획을 세우고 정비할 것이다. ② 낮에는 보은봉공 시간으로 정하고 첫째, 부지런히 활동하고 감사 보은하여 나날이 정의情誼가 넘치는 세상을 개척할 것이며, 둘째, 각자가 생산적인 활동과 근검저축으로 나날이 여유 있는 생활을 개척할 것이며, 낭비는 빈곤을 낳고 생산은 부강을 낳으며 보은은 복덕의 문이 열리고 배은은 재앙의 문이 열린다. ③ 저녁은 참회반성 시간으로 정하고 첫째, 하루의 죄복을 점검하여 하루 동안 신身 구口 의意 삼업으로 남을 해친 일이 있는지 없는지 반성하여 죄업을 진심으로 참회하고 선업은 날로 더욱 힘쓰기로 서원할 것이며 둘째, 하루의 수지를 대조하여 빚지지 않고 넉넉한 자립 생활을 더욱 개척하기로 서원할 것이며 일과를 마치면 온 가족이 한자리에 모여 몸과 입과 마음으로 지은 모든 일을 반성 충고하고 깨끗이 청산한 후 잠자리에 들 것이다."라고 하였다.

처음으로 마음공부를 시작하는 공부인이 먼저 배워 실행해야 할 사항은 어떤 것이 있을까? 필자는 참회와 기도, 그리고 불공 등 세 가지 항목으로 설명한 바 있다. 이 참회와 기도와 불공은 종교 신자가 관심 두는 가장 기본적인 신행信行이지만 정기 훈련 11과목에 포함되어 있지 않은 이유는 정기 훈련 11과목처럼 종교의 구체적인 수행 방법에만 국한하지 않고 신앙과 수행을 아울러 포함하고 있기 때문이다. 누구든지 새 마음으로 새 생활을 하려 한다면 몸과 마음을 정결히 하는 것이 우선이다. 몸은 목욕하여 깨끗이 씻으면 되지만 마음을 깨끗하게 하는 방법은 여러 가지가 있을 수 있으나 초보자가 쉽게 할 수 있는 방법은 참회 반성이다.

참회하는 방법은 『정전』 '참회문'에 자세히 밝혀 주었으니 간추려 살펴보자면 "참회라 하는 것은 옛 생활을 버리고 새 생활을 개척하는 초보이며, 악도를 놓고 선도에 들어오는 초문이라, 사람이 과거의 잘못을 참회하여 날로 선도를 행한즉 구업舊業은 점점 사라지고 신업은 다시 짓지 아니하여 선도는 날로 가까워지고 악도는 스스로 멀어진다."라고 하였으며 "참회의 방법은 두 가지가 있으니, 하나는 사참事懺이요 하나는 이참理懺이라, 사참이라 함은 성심으로 삼보三寶 전에 죄과를 뉘우치며 날로 모든 선을 행함을 이름이요, 이참이라 함은 원래에 죄성罪性이 공한 자리를 깨쳐 안으로 모든 번뇌 망상을 제거해 감을 이름이니 사람이 영원히 죄악을 벗어나고자 할진대 마땅히 이를 쌍수하여 밖으로 모든 선업을 계속 수행하는 동시에 안으로 자신의 탐·진·치를 제거하라."고 하였다. 이렇게 하는 것은 "마치 큰 솥 가운데 끓는 물을 냉冷하게 만들고자 하는 사람이 위에다가 약간의 냉수만 갖다 붓고, 밑에서 타는 불을 그대로 둔즉 불의 힘은 강하고 냉수의 힘은 약하여 어느 때든지 그 물이 냉해지지 아니하나, 위에다가 냉수도 많이 붓고 밑에서 타는 불도 꺼버리면 바로 끓는 물이 식어 버림과 같아서 아무리 백천 겁에 쌓이고 쌓인 죄업일지라도 곧 청정해진다."라고 하였다.

처음 마음공부를 시작하는 공부인으로 먼저 배워 실행해야 할 두 번째 사항은 기도하는 일이다. 인류는 원시 사회에서 자연 현상에 대한 경외敬畏와 불안不安에서 시작하여 토템 신앙과 민속 신앙에 이르기까지, 또한 근래의 기복적인 기도를 통하여 타력에 의지하여 마음에 안정과 평화를 얻고 살아왔기 때문에 어려운 환경이나 극복해야 할 일을 당하면 자연스럽게 두 손을 모으고 기도하였다. 그래서 기도가 가장 쉬운 일이 되었으며 기도할 수 있는데 왜 절망하고 포기하는가 하는 말까지 있게 되었다. 소태산 대종사는 어려서 구도求道의 기도를 삼밭재에서 올렸으나 큰 깨달음을 얻은 후에는 우주 만물의 본원인 진리를 향하여 기도하였으며 일의 성공을 기원하는 기도보다는 일상의 생활 속에서 일상 기도를 올리도록 지도하였다.

『정전』 '심고와 기도'장에서 보면 "사람이 출세하여 세상을 살아가기로 하면 자력自力과 타력이 같이 필요하나니 자력은 타력의 근본이 되고 타력은 자력의 근본이 되므로, 자신할 만한 타력을 얻은 사람은 나무뿌리가 땅을 만남과 같다."라고 하였고 "우리는 자신할 만한 법신불法身佛 사은의 은혜와 위력을 알았으니, 이 원만한 사은으로써 신앙의 근원으로 삼고 즐거운 일을 당할 때는 감사를 올리며, 괴로운 일을 당할 때는 사죄를 올리고, 결정하기 어려운 일을 당할 때는 결정될 심고와 혹은 설명 기도를 올리며, 난경을 당할 때는 순경될 심고와 혹은 설명 기도를 올리고, 순경을 당할 때는 간사하고 망녕된 곳으로 가지 않도록 심고와 혹은 설명 기도를 하자는 것이니, 이 심고와 기도의 뜻을 잘 알아서 정성으로써 계속하면 지성이면 감천으로 자연히 사은의 위력을 얻어 원하는 바를 이룰 것이며 낙 있는 생활을 하게 될 것이니라."라고 하였다. 또 "심고와 기도하는 서원에 위반이 되고 보면 도리어 사은의 위력으로써 죄벌이 있나니, 여기에 명심하여 거짓된 심고와 기도를 아니 하는 것이 그 본의를 아는 사람이라고 할 것이니라. 심고와 기도를 올릴 때는 '천지 하감지위下鑑之位, 부모 하감지위, 동포 응감지위應鑑之位, 법률 응감지위, 피은자 아무는 법신불 사은 전에 고백하옵나이다.' 하고 앞에 말한 범위 안에서 각자의 소회를 따라 심고와 기도를 하되 상대처가 있는 경우에는 묵상 심고와 실지 기도와 설명 기도를 다 할 수 있고, 상대처가 없는 경우에는 묵상 심고와 설명 기도만 하는 것이니, 묵상 심고는 자기 심중으로만 하는 것이요, 실지 기도는 상대처를 따라 직접 당처에 하는 것이요, 설명 기도는 여러 사람이 잘 듣고 감동이 되어 각성이 생기도록 하는 것이니라."라고 하였다.

기도에는 일반 기도와 특별기도가 있다. "특별 기도라 함은, 보통으로 행하는 일반 기도 외에 특별한 정성으로 1일 내지 7·7일 등의 기간을 정하고, 계속 치재致齋하는 기도 의식을 이름이니, 혹 개인에 관한 기도도 있고, 교단에 관한 기도도 있고, 국가와 세계에 관한 기도도 있고, 이 모든 조건을 합한 기도도 있을 것인바, 이는 누구를 막론하고 그 처지와 시기와 발원에 의하여 행할 것이요, 미신 또는 타의에 의하거나 위탁에만 의존하는 기도는 행하지 말 것이니라."라고 하였다.

처음 마음공부를 시작하는 공부인으로 먼저 배워 실행해야 할 세 번째 사항은 불공佛供이다. 여기에서 말하는 불공은 사찰의 법당에 모셔져 있는 부처님에게 올리는 공양이 아니라 당하는 경계마다 만나는 곳곳에 있는 부처 곧 처처불상處處佛像에게 공양하는 것으로 물질적인 것뿐 아니라 정신과 육신으로 일의 성격에 따라 거기에 맞게 서비스를 제공하는 의미이다. 『정전』의 '불공하는 법'에 보면 "과거의 불공법과 같이 천지에 당한 죄복도 불상佛像에 빌고, 부모에게 당한 죄복도 불상에 빌고, 동포에게 당한 죄복도 불상에 빌고, 법률에 당한 죄복도 불상에만 빌 것이 아니라, 우주 만유는 곧 법신불의 응화신應化身이니, 당하는 곳마다 부처님[處處佛像]이요, 일일이 불공 법[事事佛供]이라, 천지에게 당한 죄복은 천지에, 부모에게 당한 죄복은 부모에게, 동포에게 당한 죄복은 동포에게, 법률에 당한 죄복은 법률에게 비는 것이 사실적인 동시에 반드시 성공하는 불공법이 될 것이니라."라고 하였다. "또는, 그 기한에서도 과거와 같이 막연히 한정 없이 할 것이 아니라 수만 세상 또는 수천 세상을 하여야 성공될 일도 있고, 수백 세상 또는 수십 세상을 하여야 성공될 일도 있고, 한두 세상 또는 수십 년을 하여야 성공될 일도 있고, 수월 수일 또는 한때만 하여도 성공될 일이 있을 것이니, 그 일의 성질을 따라 적당한 기한으로 불공을 하는 것이 또한 사실적인 동시에 반드시 성공하는 법이 될 것이니라."라고 하였다.

심전계발하기를 시작하며 마음공부를 처음하는 공부인이 구체적으로 배워 실행해야 할 사항은 새 생활 일과, 참회, 기도 그리고 불공이라 할 것이다. 마음 밭 농사짓기를 시작하려고 마음은 결정하였으나 무엇을 어떻게 해야 할 줄 모르는 공부인들에게 길잡이가 필요할 것이다.

6

시작하면서 배워야 할 것들

이 시대에 마음 밭을 계발하는 마음공부를 배우기 위하여 갖추면 좋을 여건 몇 가지를 생각해 보자. 이 시대에 대한 정의를 한마디로 하기는 쉽지 않으나 최근에 코로나19라는 전염병의 세계적 확산으로 사회적 거리두기와 비대면非對面이라는 새로운 사회 현상이 갑자기 우리에게 다가왔다. 세상은 스마트폰이나 인터넷 등 SNS가 점차 확산하기는 하였지만, 갑자기 찾아온 상황의 변화로 올봄 한국은 540만 명의 학생들이 인터넷으로 수업을 하고 학습을 하는 상황에 직면하게 되었다. 초기에는 익숙하지 않은 사회적 거리두기로 인하여 경제활동이 거의 중단되었으며 종교 활동의 핵심인 집회를 할 수 없게 되어 비대면 활동을 실감하게 되었다.

마음공부도 마찬가지여서 마음공부 이론을 학습할 수 있는 온라인 활동도 확대될 것이다. 필자는 미래사회가 이러한 방향으로 변해갈 것을 생각하지 않은 것은 아니지만 이 시대에 발 빠르게 적응한다는 것은 쉽지 않아 보인다. 온라인으로 인터넷이나 SNS 등을 통하여 이론은 학습할 수 있겠지만, 이렇게 학습한 내용을 체험할 수 있는 공간이 오프라인에서 필요할 것이다. '마음공부하는 집'으로 이름 지어진 공간에서 조직적이며 체계적으로 체험할 수도 있다. 그러나 마음공부는 언제 어디서나 할 수 있으므로 각자의 처지에 맞게 마련된 장소에서 혼자서도 할 수 있어야 한다.

앞에서 수도인의 새 생활 일과를 소개한 바와 같이 마음공부를 시작한 공부인이 마음 밭 계발하는 첫째 매뉴얼은 새 생활 일과에 따라 하루하루 생활하는 것이다. 공부인이 새벽이나 아침에 잠자리에서 일어나는 기침起寢 후와 저녁이나 밤에 잠자리에 드는 취침就寢 전에 해야 할 일이 있다. 이것은 신혼경례晨昏敬禮라 하여 아침저녁으로 내가 마음 가운데 모시고 생활하는 믿음의 대상과 스승님 그리고 함께 생활하거나 하지 않거나 관계없이 부모님께 마음속으로 인사를 올리는 것이다. 장소와 관계없이 두 손을 모으고 평소 마음 가운데 품고 지내는 소망이나 결심 등을 점검하거나 다짐하는 시간을 잠깐 갖고 법신불 사은님과 스승님과 부모님께 두 번 절을 한다.

정산 종사는 "법신불 사은이시여! 우리 모든 중생에게 대자대비하옵신 광명과 힘을 내리시와, 저희들로 하여금 바로 도덕에 회향하고 정법에 귀의하여 우치한 마음을 돌려 지혜의 마음을 얻게 하옵시고 사납고 악한 마음을 돌려 자비의 마음을 얻게 하옵시며, 삿되고 거짓된 마음을 돌려 바르고 참된 마음을 얻게 하옵시고 시기하고 원망하는 마음을 돌려 사랑하고 감사하는 마음을 얻게 하옵시며, 탐내고 욕심내는 마음을 돌려 청렴하고 공정한 마음을 얻게 하옵시고 서로 싸우고 해하는 마음을 돌려 서로 화하고 두호하는 마음을 얻게 하옵시와, 죄업의 근성이 청정하여지옵고 혜복의 문로가 열리게 되오며, 세계정세가 날로 호전되어 이 나라의 복조가 한이 없게 하옵시고 이 세상의 평화가 영원하게 하옵시와, 일체 대중의 앞길에 오직 광명과 평탄과 행복뿐으로써 길이 부처님의 성지에 살게 하여 주시옵소서. 일심으로 비옵나이다."라고 하며 일상적으로 심고 올린다고 하였다.

이렇게 마음으로 고하는 심고心告를 올린 후에 새벽에는 시간이 허락하는 대로 조용히 좌복을 펴고 앉아 좌선을 한다. 좌선하는 순서는 자리에 앉아 몸풀기를 가볍게 한 후 앉은 자세를 바르게 하고 자리에 편안하게 앉는다. 그리고 먼저 일상 수행의 요법을 외운다. 그 후에 배꼽 아래 단전에 마음과 기운을 주하고 호흡을 고르게 하고, 눈은 뜨는 것이 좋으나 잠이 오지 않으면 감아도 괜찮으므로 이 상태로 입정入定에 든다. 입정하는 방법은 좌선을 훈련한 정도에 따라 사람마다 다르므로 좌선을 시작한 후 좌선을 꾸준히 하는 지도인에게 배우도록 하는 것이 바람직할 것이다. 정한 시간이 지나면 출정出定을 한 후 의두 연마하는 시간을 잠깐 갖는다. 이는 좌선 후 정신이 상쾌한 때에 그동안 의문이 걸린 교리나 의두 요목 가운데 의심나는 사항을 연마하는 시간이다. 다음에는 독경하는 데 일원상 서원문과 『반야바라밀다심경』과 『휴휴암 좌선문』을 외운 후 아침 기도의 노래를 부르고 마친다. 시간의 길고 짧음은 각자 개인이 형편에 맞게 정하면 되므로 상황에 따라 순서와 시간의 장단을 조정하여 시행할 수 있다.

이때 외우지 못하면 보고 읽어야 하므로 보고 읽는 불편함도 덜고 경문의 뜻을 이해하기 위하여 독경하는 경문은 외우면 좋다. 먼저 '일상 수행의 요법은 9조'를 암송한다. 이는 원불교의 기본 교리인 공부의 요도 삼학팔조와 인생의 요도 사은사요를 교리마다 한 문장으로 정의定義하여 만든 교강 즉 '교리의 강령 9조'라고도 한다. 다음으로 외워야 하는 경문은 '일원상 서원문'으로 일원상 서원문은 소태산 대종사께서 친히 지으신 것으로 처음 제목인 '심불 일원상 내역 급 서원문'에서 그 의미를 쉽게 이해할 수 있다. 진리를 상징한 둥근 원으로, 이름이 일원상에 대한 한마디 설명이 심불心佛이며 이 심불은 등상불에 반하는 의미로 진리를 깨달으신 부처님의 마음 또는 마음 부처라는 의미이다. 부처님의 마음을 나타내는 진리의 설명이 곧 내역이다. 그 심불을 설명하고 심불과 우주 만물과의 관계를 해석한 후 심불이면서 법신불을 상징하는 일원상을 체받아서 이루고자 하는 일원의 위력을 얻고 일원의 체성에 합하는 것을 서원하는 글이 '일원상 서원문'이다.

『반야바라밀다심경』은 불경 가운데 짧고 매우 유명하여 행사에서 자주 사용되는 불경으로 『반야심경』이라고도 하는데 엄밀히 말하자면 반야심경은 대장경 가운데 6백여 편의 경문을 모아놓은 경의 이름이므로 『반야바라밀다심경』이라 하는 것이 바른 표현일 것이다. 정산 종사는 "반야심경은 조견오온개공照見五蘊皆空이라는 조견 법문에서 그 공부의 강령이 다 드러났다 할 것이니, 조견이란 사량 분별이 아닌 자성의 광명으로 반조하는 것이요, 어느 상에도 주착함이 없이 원만구족하고 지공무사하게 직관함이다."라고 하였다. 또 "이 조견 공부의 순서를 부연 설명하자면 첫째는 관觀하는 공부니, 어느 상에도 주함이 없이 우주와 인생의 실상을 똑바로 보고 옳게 판단하는 것이요, 둘째는 각覺하는 공부니, 바르게 보고 옳게 판단하는 동시에 자성 본원의 진공한 영지를 걸림 없이 단련하여 크게 깨침을 얻는 것이요, 셋째는 행行하는 공부니, 걸림이 없이 깨치는 동시에 그 깨친 대로 모든 행동을 단련하여 해탈과 만능을 갖추는 것이라, 관하고 각하고 행하는 공부를 잘 조화하여 익숙해지면 조견 공부를 마쳐 일체의 고액을 건너게 된다."라고 하였다. 처음으로 마음공부를 시작한 사람은 이 『반야바라밀다심경』까지 외우기가 힘들면 '마음병 치료하기' 과정을 공부하면서 그때 외워도 된다.

또 『휴휴암 좌선문』을 외워야 하는데 그 원문은 다음과 같다.

부좌선자는 수달호지선하야 당자성성이니 절단사상호대 불낙혼침을 위지좌요 재욕무욕하고 거진출진을 위지선이며, 외불방입하고 내불방출을 위지좌요 무착무의하야 상광현전을 위지선이며, 외감부동하고 중적불요를 위지좌요 회광반조하야 철법근원을 위지선이며, 불위역순뇌하고 무위성색전을 위지좌요 촉유즉명유일월하고 화물즉덕승건곤을 위지선이며, 어유차별경에 입무차별정을 위지좌요 어무차별경에 시유차별지를 위지선이니 합이언지컨댄 치연작용이나 정체여여를 위지좌요 종횡득묘하야 사사무애를 위지선이니 약언여시나 상거인댄 비지묵능궁이라 나가대정은 무정무동하고 진여묘체는 불생불멸이라 시지불견하고 청지불문하며 공이불공하고 유이비유라 대포무외하고 세입무내하며 신통지혜와 광명수량과 대기대용이 무진무궁하나니 유지지사는 의선참구하야 이대오위칙하면 하지일성후에 허다영묘개자구족하리니 기동사마외도 이전수로 위사좌하고 이유소득으로 위구경자재아.

소태산 대종사는 『휴휴암 좌선문』을 종합하여 "청정 무애한 본성 자리를 회복시켜서 성품 그대로 천만 사념 망상이 일어나지 못하게 주저앉히는 것이 좌坐 공부요, 청정 무애한 본성과 같이 천만 경계를 응용할 때에 끌리지 아니하고 부동행을 하는 것이 선禪 공부인 것이다."라고 하였다. 처음으로 마음공부를 시작한 사람은 이 『휴휴암 좌선문』까지 외우기가 쉽지 않으면 '마음 난리 평정하기' 공부를 하면서 그때 외워도 좋을 것이다.

좌선 시간을 마치기 전에 성가 92장 '아침기도의 노래'를 부른다. "1절 거룩하신 법신불 사은이시여 은혜 속에 또 하루를 맞이합니다. 오늘도 건강한 몸 맑은 맘으로 부지런히 부처님 일 낡게 하소서. 2절 거룩하신 법신불 사은이시여 은혜 속에 또 하루를 맞이합니다. 오늘도 고마운 맘 고운 말씨로 인연마다 화한 꽃이 피게 하소서. 3절 거룩하신 법신불 사은이시여 은혜 속에 또 하루를 맞이합니다. 오늘도 좋은 세상 이루기 위해 모두 함께 보람찬 일 하게 하소서." 가슴에 두 손을 합장하고 기도하듯이 아침 기도의 노래를 부르고 시간의 여유가 있으면 『정전』이나 『세전』 또는 『예전』을 봉독하면 더 좋다.

앞에서 심전계발하기를 처음 시작하는 공부인은 참회와 기도와 불공에 대하여 배워 실행하자 하였는데, 참회를 어떻게 할 것인지 잘 모르므로 하기가 쉽지 않다. 이를 위하여 수도인의 새 생활 일과 가운데 저녁에 하는 참회 반성 시간에 하루를 돌아보기도 하고 이제까지 마음공부하기 전 지난 시간을 돌아보고 참회하는 시간을 가지면 좋을 것이다. 이를 실천하는 좋은 방법으로 참회의 특별기도 하기를 권장한다. "특별기도라 함은, 보통으로 행하는 일반 기도 외에 특별한 정성으로 1일 내지 7·7일 등의 기간을 정하고, 계속 치재致齋하는 기도 의식을 이름이다."라고 하였으니 적당한 기간을 정하고 시작하면 된다.

특별기도식의 진행은 "1. 주로 야간이나 새벽에 행하되 도량의 청소와 심신의 재계에 특별 주의하며, 기도 기간 중에는 어느 때를 막론하고 기도하는 심경을 지속하며, 될 수 있는 대로 송주誦呪와 선정禪定에 주력할 것이다. 2. 기도 기간 중 독송하는 주문呪文은 열반인을 위한 기도에는 성주를, 생존인의 소원 성취를 위한 기도에는 영주를, 특별히 재액이나 원진冤瞋의 소멸을 위한 기도에는 청정주를 주로 독송할 것이다. 3. 특별 기도식은 ① 개식 ② 입정 ③ 송주 3·7송誦 ④ 기원문 ⑤ 심고 ⑥ 독경-서원문·심경 ⑦ 폐식의 순으로 거행할 것이다. 4. 특별 기도식의 기도문은 그 기도 내용에 따라 일반 축원문이나 고유문 등의 예에 준하여 적의하게 제작 사용하되, 그 내용은 진리와 사실에 부합하는 정당한 발원으로 할 것이며, 심고는 각자의 소회를 따라 할 것이니라."라고 하였다.

열반인을 위한 의식儀式에서 외우는 주문은 성주聖呪다. 성주는 "영천영지영보장생永天永地永保長生 만세멸도상독로萬世滅度常獨露 거래각도무궁화去來覺道無窮花 보보일체대성경步步一切大聖經"이다. 생존인의 소원 성취를 위한 기도에서 외우는 주문은 영주靈呪다. 영주는 "천지영기아심정天地靈氣我心定 만사여의아심통萬事如意我心通 천지여아동일체天地與我同一體 아여천지동심정我與天地同心正"이다. 특별히 재액이나 원진冤瞋의 소멸을 위한 기도에서 외우는 주문은 청정주淸淨呪이다. 청정주는 "법신청정본무애法身淸淨本無碍 아득회광역부여我得廻光亦復如 태화원기성일단太和元氣成一團 사마악취자소멸邪魔惡趣自消滅"이다. 이는 21회를 외우기도 하고, 때에 따라 7회를 외우기도 하나 주문은 일반적으로 해석하거나 설명하지 않는다.

또한, 참회 기도를 하는 동안에 『정전』의 '참회문'을 봉독하거나 '참회게'를 외우는 것을 권장한다. 참회게는 "아석소조제악업我昔所造諸惡業 개유무시탐진치皆由無始貪瞋痴 종신구의지소생從身口意之所生 일체아금개참회一切我今皆懺悔 죄무자성종심기罪無自性從心起 심약멸시죄역망心若滅時罪亦亡 죄망심멸양구공罪亡心滅兩俱空 시즉명위진참회是卽名謂眞懺悔"이다.

기도 식순에서 사용하는 기도문은 기도인 본인이 작성하는 것이 좋다. 정산 종사는 "어떠한 소원을 위하여 축원하는 기도를 드리는 것도 좋으나, 자기의 수행을 위하여 서원하는 기도를 정성스럽게 드리면 부지중 전날의 습관이 녹고 공부가 점차 향상되어 만사를 뜻대로 성공할 수 있다."라고 하였다. 저녁에 올리는 기도식의 식순에 독경 다음에 '저녁기도의 노래'를 부르는 것도 좋은데 그 가사는 "1절 은혜로운 법신불 사은이시여 은혜 속에 이 하루를 보냈나이다. 오늘도 부지런히 부처님의 길 닦아가게 하신 은혜 감사합니다. 2절 은혜로운 법신불 사은이시여 은혜 속에 이 하루를 보냈나이다. 오늘도 인연마다 두루 화한 꽃 피어나게 하신 은혜 감사합니다. 3절 은혜로운 법신불 사은이시여 은혜 속에 이 하루를 보냈나이다. 오늘도 모두 함께 더 좋은 세상 이뤄가게 하신 은혜 감사합니다."이다.

공부인은 새 생활 일과 가운데 참회 반성의 저녁 시간에는 하루를 돌아보며 '상시 일기'를 기재하도록 한다. '상시 일기'는 각자의 법위에 따라 양식이 다르므로 처음 시작하는 사람은 보통급 상시 일기를 하도록 할 것이나 이에 대한 자세한 사항은 마음 소 길들이기에서 설명한 바 있고 상시 일기 양식을 이 책의 말미에 다운로드받아 사용할 수 있는 웹주소를 첨부하여 놓았다.

우리가 마음공부를 오프라인에서 정기적으로 배우는 곳이 교당 법회이다. 교당에는 마음공부하는 지도인이 있어서 '문감해問感解' 즉 교당내왕 시 주의사항에 있는 문답, 감정, 해오로 의문나는 사항에 대하여 질문하고 대답하며 공부인이 느낌이나 크고 작은 깨우침에 대하여 옳고 그름을 감정받고 궁극적 실재에 대한 의문을 깨닫게 하는 해오가 이루어져야 할 것이다. 정산 종사는 '종교를 신앙하는 이유'라는 법문에서 "우리의 종교생활에서 느껴지는 행복감이란 무엇인가. 우리에게 믿음은 안식처安息處요 위안처慰安處이며 소방서消防署요 병원病院이며 세탁소洗濯所요 배급소配給所라 할 것이다."라고 한 후 이 여섯 가지에 대하여 설명하고 있다. 이는 마음공부하는 집인 교당과 공부인이 오프라인에서 기대할 수 있는 선물이라 할 수 있을 것이다.

처음 시작하는 사람은 그동안 통제하지 않고 자유롭게 지내다가 여러 가지를 배워 실행하려 하면 불편하고 괴로울 수 있으나 이렇게 마음공부하는 방법을 구체적으로 배울 수 있는 기회는 맹구우목盲龜遇木이요 섬개투침纖芥投針이라 생각하면 우리는 공부하는 데 게으름을 부리지 않을 것이다.

7

학력고시편과 심전계발의 밑그림

소태산 대종사는 불법연구회 최초의 교서인 『수양연구요론』을 교과서라 호칭하였고 『보경 육대요령』부터 경전이라 불렀다. 우리가 학교에 다니면 학생 수준에 맞게 짜인 교육과정이 있음을 볼 수 있다. 정해진 이 교육과정에 맞게 학사 일정이 진행되며 한 학기가 지나면 다음 학기로 또 다음 학년으로 진급하고 또 상급 학교로 진학하게 된다. 소태산 대종사는 마음공부하는 공부인들에게 학교에서의 교육과정과 흡사하게 그 공부 과정을 설정하신 것을 볼 수 있다.

우리가 함께 공부하고 있는 마음공부는 원불교의 가르침에 근원 하여 전개하여 왔는데 100여 년 전에 원불교는 없었다. 소태산 대종사의 탄생과 구도 그리고 큰 깨달음에 의하여 시작되었고 아무것도 없었던 무無에서 오늘날의 원불교가 있게 된 것이다. 소태산 대종사의 깨달음을 온 세상에 구현해 가는 방법으로 사람을 만나야 했고 사람을 만나니 그들을 가르치기 위하여 교의教義를 정립하였으며 그리고 교재인 교과서를 만들기 시작하였다.

소태산 대종사가 짓고 1927년 발행한 원불교 최초의 교과서인 『수양연구요론』 서문에 "인생의 요도는 수양에 있고 수양의 목적은 연구에 있고 연구의 목적은 혜복을 구함에 있다. 그러나 모든 교법이 세상에 유행하여 사람마다 혜복을 구한다 하나 실상 그 근원을 알지 못함으로 학설만 익번益煩하고 고해가 점증하도다. 본서는 가장 간명히 수양의 본원을 알리기 위하여 정정요론을 말하고 연구의 방편을 밝히기 위하여 삼강령 팔조목과 각 문목 순서 등을 설명하였으니 본회 제씨는 수양의 빠른 힘을 얻어 연구의 사항을 밝혀내어 암매한 인간의 선도자가 되시기를 절망하는 바라."라고 밝히고 있다.

『수양연구요론』의 목차를 보면 "1. 정정요론 상 2. 정정요론 하 3. 연구의 강령 4. 연구의 진행 조건 5. 연구의 사연 조건 6. 각항 연구 문목 7. 공부의 진행 순서"이다. 먼저 정정요론에서는 정定하고 고요해지는 요긴한 방법을 설명하고 연구의 강령에는 정신수양 사리연구 작업취사의 삼학을 설명하고 있으며 연구의 진행 조건과 사연 조건에는 팔조에 해당하는 신 분 의 성 불신 탐욕 나태 우치에 대하여 설명하고 있다. 각항 연구 문목에는 137가지 주제를 제시하였는데 일상의 자연현상에서부터 인과와 우주 자연의 원리까지 포함되어 있으며 연구 진행 순서에는 일곱 가지 단계를 설정하고 있다.

소태산 대종사가 1932년에 두 번째로 발행한 교과서는 『보경 육대요령』으로 표지에 '물질이 개벽되니 정신을 개벽하자'하고 서문은 다음과 같다. "현하 과학의 문명이여! 물질을 사용하는 사람의 정신은 점점 쇠약하고 사람이 사용하는 물질의 세력은 날로 융성하여 쇠약한 사람의 정신을 항복 받아 물질의 노예 생활을 하게 함으로 모든 사람의 생활해 가는 것이 무지한 노복에게 치산의 권리를 상실한 사람같이 되었으니 어찌 그 생활하는 데 파란 고해가 없으리오. 이 파란 고해를 벗어나서 광대 무량한 낙원의 생활을 건설하기로 하면 좌기左記 공부의 요도 삼강령 팔조목과 각항 훈련의 요지로써 물질을 사용하는 정신의 세력을 확장하여 날로 융성하는 물질의 세력을 항복 받아 인생의 요도 사은사요를 지내나서 파란 고해의 노예 생활하는 일체생령을 광대 무량한 낙원으로 인도하기를 바라는 바이다."라고 하였다.

목차를 보면 "1장 인생의 요도 사은사요, 2장 공부의 요도 삼강령 팔조목, 3장 훈련편으로 공부의 요도 정기 훈련 과목과 해설, 공부의 요도 상시 훈련의 과목과 해설, 최초법어, 공부인 고락의 설명, 낙을 버리고 고로 들어가는 원인, 솔성요론, 삼심계문이 있으며, 4장 학력고시편으로 연구과 삼부, 수양과, 취사과, 제5장 학위등급편으로 보통부, 특신부, 법마상전부, 법강항마부, 출가부, 대각여래부, 제6장 사업고시부로 본회창립 한도, 전곡錢穀에 대한 등급"으로 편성되어 있다.

『육대요령』을 살펴보면 다음에 발간되는 『불교정전』에서 다루고 있는 교의教義를 대부분 찾아볼 수 있으나 『불교정전』에는 없어진 항목으로 '학력고시편'과 '사업고시편'이 있다. 여기서 주목해야 할 사항은 고시考試라는 단어를 사용하고 있다는 점이다. 일반적으로 고시는 공무원들의 임용자격을 결정하는 시험을 의미하는데 신행단체인 불법연구회에서 회원들의 학력과 사업에 대하여 평가를 하는 시험을 시행하려 하였다는 것이다.

여기에서는 사업에 관한 사항인 '사업고시편'은 제외하고 '학력고시편'에 관한 사항을 살펴보도록 하겠다. 제4장 학력고시편에는 '학력고시도'라는 도표가 있는데 여기에는 수양과 연구과 취사과가 있고 연구과에는 최고부 정기 전문부 일기부가 있으며 전체 삼과를 갑반 을반 병반 정반 무반으로 단계를 거쳐 올라가도록 그려 놓았음을 볼 때 학력고시의 전체적인 윤곽을 이해할 수 있다.

연구과에는 연구과 일기부가 처음에 있는데 그 내용은 "제1과 일기표내 상시응용주의사항 6조를 통강通講하고 그 의지를 해석하며 기재방식에 능한 자. 제2과 일기표내 공부인이 교무부에 와서 하는 책임 6조를 통강通講하고 그 의지를 해석하며 기재방식에 능한 자. 제3과 일기표내 사업성적과 의견 제출과 혜수 혜시 상황을 통강通講하고 그 의지를 해석하며 기재방식에 능한 자. 제4과 일기표내 삼십 계문을 통강通講하고 그 의지를 해석하며 기재방식에 능한 자. 제5과 단규 원세칙의 의지를 해석하며 기재방식에 능한 자."로 되어 있다.

연구과 정기 전문부에는 "제1과 유래와 취지와 인생의 요도와 공부의 요도를 통강通講하고 그 의지를 해석한 자. 제2과 본회 규약 원세칙과 훈련편을 통강通講하고 그 의지를 해석한 자. 제3과 학력고시편을 통강通講하고 그 의지를 해석한 자. 제4과 학위등급편을 통강通講하고 그 의지를 해석한 자. 제5과 사업고시편을 통강通講하고 그 의지를 해석한 자."로 되어 있다.

연구과 최고부는 "일기부 갑반과 전문부 갑반의 허가를 얻는 사람이 『수양연구요론』 전권의 자음字音을 통강通講하고 그 의지를 해석한 자. 단, 우 최고부의 승인을 득한 후 모든 교회의 교리와 경전이며 제도와 규칙을 참고하고 대소유무와 시비이해를 분석하여 종법원의 허가를 득한 자는 사리에 연구력을 얻었다 하며 수양과 취사의 길을 알았다 함."으로 되어 있다.

여기에서 살펴보면 연구과의 학력을 점검하는 데는 일기부와 정기 전문부와 최고부로 나누고 일기부와 정기 전문부는 각 5단계로 나누어 그 과정을 이수한 기준을 설정하였으며 각과를 이수하기 위한 학업을 갑, 을, 병, 정, 무반으로 나누어 평가하였으며 최고부는 일기부 갑반과 전문부 갑반의 평가를 받은 사람에게만 별도로 자격을 주어 고시에 응하도록 한 것을 볼 수 있다.

『보경 육대요령』이 발행된 후 교단에서 연구과의 학력고시를 이와 같은 방법으로 실시하였는지 여부는 확인할 수 없으나 회원들에게 이렇게 구체적으로 교과과정을 정하고 이를 학습 이수한 후 학력고시라는 검정 시험을 통하여 평가하였다는 것은 마치 현대의 학교 교육에서 학생들에게 교육 받아야 할 과목을 설정하고 각 과목마다 이수 과정과 수준을 정하여 학습하게 한 후 평가하는 제도를 통하여 학력을 인정해 주는 것을 연상하게 한다고 할 것이다.

수양과를 살펴보면 "제1과 매일 염불이나 좌선이나 경전 연습이나 간에 세 시간씩 계속하고 10계문을 수행한 자. 제2과 우1과와 같이 하고 20계문을 수행한 자. 제3과 우1과와 같이 하고 30계문을 수행한 자. 제4과 우1과와 같이 하고 무관사에 동치 않는 자. 제5과 우1과와 같이 하고 심신의 동정 간에 자유를 득한 자."로 되어 있다. 여기에서 우1은 매일 염불이나 좌선이나 경전 연습이나 간에 세 시간씩 계속한다는 사항은 공통으로 적용하고 매우 중요시하였음을 볼 수 있다.

취사과를 살펴보면 "제1과 인생의 요도 사은사요와 공부의 요도 삼강령 팔조목의 의지를 해석하고 보통부 10계를 범치 않는 자. 제2과 인생의 요도 사은사요와 공부의 요도 삼강령 팔조목으로 약 매일 열 가지 일을 응용할 때 3, 4가지 일을 취사하여 실행하고 20계를 수행하는 자. 제3과 인생의 요도 사은사요와 공부의 요도 삼강령 팔조목으로 약 매일 열 가지 일을 응용할 때 5, 6가지 일을 취사하여 실행하고 30계를 수행하는 자. 제4과 인생의 요도 사은사요와 공부의 요도 삼강령 팔조목으로 약 매일 열 가지 일을 응용할 때 7, 8가지 일을 취사하여 이행하는 자. 제5과 인생의 요도 사은사요와 공부의 요도 삼강령 팔조목으로 약 매일 열 가지 일을 응용할 때 열 가지 일을 취사하여 이행하는 자."라 하고 있다.

각과 반별은 "제1과에 능한 자는 무반戊班이라 함. 제2과에 능한 자는 정반丁班이라 함. 제3과에 능한 자는 병반丙班이라 함. 제4과에 능한 자는 을반乙班이라 함. 제5과에 능한 자는 갑반甲班이라 함."이라 하고 있다.

이상에서 『보경 육대요령』의 제4장 학력고시편을 원문대로 소개하였는데 필자는 여기에서 소태산 대종사의 모든 사람을 이 법대로 단계적으로 교화하여 진급시키고자 하는 경륜과 포부를 읽을 수 있다. 국한문 혼용으로 된 『보경 육대요령』을 1932년 3월에 발행한 후 한 달 뒤인 4월에는 한글로 된 『한글판 보경 육대요령』을 그대로 발행하였으며 1934년 12월에 한문에 한글 음을 달아 『보경 삼대요령』을 발행하였다. 『육대요령』이 6장까지 있었다면 『삼대요령』은 『육대요령』에서 4장부터 6장까지인 학력고시편과 학위등급편 그리고 사업고시편을 제외한 제1장 인생의 요도 사은사요 제2장 공부의 요도 삼강령 팔조목 제3장 훈련편으로 절반에 해당하는 부분을 제거하였으나 교리에 해당하는 줄거리는 유지하고 있음을 볼 수 있다.

『육대요령』의 ‘학력고시편’과 ‘학위등급편’과 ‘사업고시편’을 제외한 『삼대요령』의 발행은 큰 변화로 볼 수 있다. 제외된 세 가지 제목은 구체적으로 학습하도록 한 사항을 경전에서는 제외하고 시행하는 과정에서 정립하려 하였을 것으로 추측되지만 소태산 대종사가 마지막으로 발행한 『불교정전』에는 세 가지 가운데 ‘법위등급과 그 해의’라는 제목으로 제6장 학위등급편은 다시 등재됨을 찾아볼 수 있다.

소태산 대종사의 대각으로부터 시작하여 무無에서 유有를 창조하는 과정과 소태산 대종사 대각에서 열반까지 28년 동안 교의教義와 제도를 창작하여 개선 발전시키어 『불교정전』으로 통합되었다. 소태산 대종사 열반 후 20년이 되던 1962년에 『원불교 교전』을 『정전』과 『대종경』으로 발행하는 가운데 『정전』으로 다시 태어난다. 정산 종사는 “과거 교법과 우리 법과의 관계는 어떠합니까?” 하고 묻는 시자에게 “주로 창조하시고, 혹 혁신, 혹 인용因用 하셨다.”라고 하였다. 아무것도 없는 상태에서 초안을 창안하고 실행해 가면서 개선해 온 결과가 오늘날 원불교가 되었으리라 믿는다.

필자는 소태산 대종사가 『육대요령』에서 ‘학력고시편’을 발표하여 각종 학교에서 시행하는 교과과정처럼 삼학을 공부하는 과정을 시행하려 한 점에 근거하여 삼학과 법위등급을 연계하여 마음공부의 로드맵을 정리하려고 한다. 과거 불법연구회 당시의 교서가 개선 발전하여 현재의 『정전』이 되었으므로 이 『정전』에 바탕 하여 각 법위마다 도달하거나 이수해야 할 과정을 정리하면 심전계발의 로드맵이 되리라 생각하고 보통급을 초등학교 과정, 특신급을 중학교 과정, 법마상전급을 고등학교 과정, 법강항마위를 대학교 과정, 출가위를 대학원 석사 과정, 대각여래위를 대학원 박사 과정으로 비유하고자 한다. 『정전』 법위등급과 그 해의解義에 바탕을 두어 『정전』의 총서편과 교의편과 수행편의 각종 교의를 수준에 맞게 정리하여야 한다.

자세히 살펴보면, 법위등급마다 수양과 연구과 취사과로 나누고 정기 훈련 11과목을 각 과에 해당하는 과목으로 정하며 실제 훈련에 있어서는 제1과부터 제5과의 기준을 만들고 여기에 도달하도록 하며 ‘상시응용 주의사항 6조’와 ‘교당내왕 시 주의사항 6조’의 실행 정도와 일기법의 이행 정도를 살펴야 할 것이다. 또한 제1과는 보통급, 제2과는 특신급, 제3과는 법마상전급, 제4과는 법강항마위, 제5과는 출가위와 연결해서 이수하는 과정을 정리하도록 노력할 예정이다.

『육대요령』의 ‘학위등급편’에 보면 ‘학위등급도’가 있고 『불교정전』의 법위등급과 그 해의에 보면 ‘법위등급도’라는 그림이 있다. 특이한 것은 본문에는 예비 과정이 없으나 그림에는 예비 특신급, 예비 법마상전급, 예비 법강항마위, 예비 출가위, 예비 대각여래위가 있어서 실제로 법위등급이 6단계가 아닌 11단계로 되어 있다는 것이다. 실제 교단에서 법위를 사정할 때에는 예비 등급을 사정하고 있으므로 이수해야 할 교과과정을 정리하면서 이에 대한 입장의 정리가 사전에 필요할 것이다.

이에 대하여 필자가 교화 현장인 교당에 재직할 때 법위사정에서 예비는 승급을 위한 일정 기간 준비교육 내지는 기초교육을 받는 것으로 하여 선행학습 정도로 가볍게 하자는 의견을 낸 적이 있다. 이 선행학습은 안내 또는 준비 과정으로 이를 이수하면 바로 해당 법위에 승급하여 본 법위에서 도달하고 이수해야 할 과정을 공부하도록 하자는 것이었다.

어떤 일에 대한 로드맵을 정리한다는 것은 그 일을 성취한 후에 가능한 일이라 생각하여 두렵기도 하지만 처음 시작하여 가는 길이 조금 어설프고 부족하고 잘 못 되었더라도 과거의 역사와 자료에 근거하여 뒤에 오는 사람을 위하여 새 길을 닦아 놓으면 거기에서부터 출발할 것이며 또 발상을 전환하여 전혀 다른 새 길을 개척할 것이다.

8

마음공부 로드맵

부처님은 『화엄경』에 보살이 수행하는 단계로 52위를 설하고 있다. 먼저 부처님의 법을 믿어 의심이 없는 십신十信의 단계가 있고 이 10신위信位를 지나서 다음에는 마음이 진리에 안주安住하는 위치에 이르렀다는 뜻으로 주住라 하는 십주十住가 있다. 다음에는 10주위住位에서 불자佛子의 인가를 얻은 뒤에 다시 나아가 이타利他의 수행을 완수하기 위하여 보살이 중생제도에 노력하는 지위로 십행十行이 있다. 이어 10행위行位를 마치고 다시 지금까지 닦은 자리이타自利利他의 여러 가지 행을 일체중생을 위하여 돌려주는 동시에, 이 공덕으로 불과佛果를 향해 나아가 깨달음의 경지에 도달하려는 지위로 십회향十廻向이 있다. 마지막으로 불지佛智를 생성生成하고, 능히 주지住智하여 움직이지 아니하며, 온갖 중생을 짊어지고 교화 이익 하는 것이, 마치 대지大地가 만물을 싣고 이를 윤익潤益함과 같으므로 지地라 이름하는 십지十地로 50위에 이르게 된다.

십지를 자세히 살펴보면 1. 환희지歡喜地: 처음으로 참다운 중도지中道智를 내어 불성佛性의 이치를 보고, 견혹見惑을 끊으며 능히 자리이타自利利他하여 진실한 희열喜悅에 가득 찬 지위. 2. 이구지離垢地: 수혹修惑을 끊고 범계犯戒의 더러움을 제하여 몸을 깨끗하게 하는 지위. 3. 발광지發光地: 수혹을 끊어 지혜의 광명이 나타나는 지위. 4. 염혜지焰慧地: 수혹을 끊어 지혜가 더욱 치성하는 지위. 5. 난승지難勝地: 수혹을 끊고 진지眞智 속지俗智를 조화하는 지위. 6. 현전지現前地: 수혹을 끊고 최승지最勝智를 내어 무위진여無爲眞如의 모양이 나타나는 지위. 7. 원행지遠行地: 수혹을 끊고 대비심을 일으켜, 2승의 오悟를 초월하여 광대무변한 진리 세계에 이르는 지위. 8. 부동지不動地: 수혹을 끊고 이미 전진여全眞如를 얻었으므로, 다시 동요 되지 않는 지위. 9. 선혜지善慧地: 수혹을 끊어 부처님의 10력力을 얻고, 기류機類에 대하여 교화의 가부可否를 알아 공교하게 설법하는 지위. 10. 법운지法雲地: 수혹을 끊고 끝없는 공덕을 구비하고서 사람에 대하여 이익되는 일을 행하여 대자운大慈雲이 되는 지위라 하였으나 이 십지 다음에도 마지막 두 과정이 남아 있으니 등각과 묘각이다.

등각等覺은 보살이 수행하는 지위 중에서 제51위位로 이는 보살의 극위極位로서 그 지혜가 만덕萬德 원만한 부처님과 대개 같다는 뜻으로, 이 보살의 각覺은 부처님의 묘각妙覺까지 1등급이 있으므로 등각等覺이라 하고 보살 수행의 마지막 지위인 52위인 묘각妙覺이 남아 있으며 이는 불과佛果를 말한다고 하였다.

부처님께서 보살의 수행 단계를 위位로서 표시하고 있듯이 소태산 대종사는 법위法位라는 개념으로 수행의 정도를 나타내는 등급을 정하였다. '법위등급'을 자세히 살펴보면 처음 『육대요령』에는 부簿를 써서 해당 법위의 장부에 등재하는 것을 의미하였으나 『불교정전』에는 삼급三級 삼위三位로 구분하여 화엄경의 52위가 보살이 수행하는 단계를 위로 표현하였다. 삼급은 항마 이전의 공부 단계를 말한다면 삼위는 항마 후 불보살이 되는 수행 단계를 의미한다고 할 것이다.

삼급 삼위로 구성된 법위등급은 여섯 단계로 되어 있으나 실제 수행 과정에서는 예비 과정이 있어서 열한 단계이며, 보통급은 예비가 없다. 체계적으로 예비자 교리 과정이 잘 갖추어져 있는 천주교에서는 세례를 받기 전에 일반적으로 16주 과정의 예비 학습 과정이 있어서 이를 이수하게 되어 있으나, 소태산 대종사는 불법연구회에 입회하기 전의 예비 과정은 두지 않고 바로 보통부에 등재하는 회원이 되었으며 예비 특신급에서부터 학습을 하도록 하는 학력고시 과정을 두었다.

마음공부의 로드맵인 법위등급 처음은 보통급이다. 『정전』 '법위등급'에 보면 "보통급은 유무식 남녀노소 선악귀천을 막론하고 처음으로 불문에 귀의하여 보통급 십계를 받은 사람의 급이요."라고 하였다. 이는 누구를 막론하고 마음에 부처님을 모시고 부처님 품 안에서 편안함과 안정을 얻으려 한다는 것으로 귀의歸依는 부처님과 그 가르침과 교단에 돌아가 믿고 의지하는 것을 의미하므로 한 울안에서 한 가족이 되고 함께 수행하며 보통급 십계를 수계하여야 할 것이다.

마음공부하는 곳인 교당에 나가 입교를 한 후 득도식得度式을 하는데 이때 일상 수행의 요법에 대하여 설명을 듣고 보통급 십계를 수계한다. 『예전』에 보면 "득도라 함은, 세상에서 보통 생활하다가 법문에 귀의하여 부처님의 제도를 얻게 된다는 뜻으로, 입교와 출가의 두 가지가 있는바, 입교는 처음으로 불문에 들어와 교도가 되는 것이요, 출가는 한 걸음 더 나아가 전무출신을 서원하는 것이니, 득도의 의식은 곧 당인의 발원과 서원을 더욱 굳게 하며 그 실행을 촉구하는 의식이다."라고 하였다. 마음공부를 시작하는 공부인은 발원과 서원을 더욱 굳게 하며 그 실행을 촉구하는 의식인 득도식의 기회에 함께 하여야 할 것이다.

득도식 가운데 입교식은 교당 또는 자택에서 예회일이나 기타 적당한 날에 거행하되, 1. 개식 2. 입정 3. 교가-성가 2장 4. 심고 예문 46 5. 교도증 수여 6. 교강 설명-일상 수행의 요법 7. 계문 수여-보통급 십계문 8. 발원문 예문 45 9. 득도의 노래-성가 48장 10. 폐식의 순으로 진행한다. 특히 심고는 "법신불 사은이시여! 오늘 이 법문에 들게 된 새 교우 ○○에게 특별한 광명과 힘을 나리시와, 그로 하여금 영원한 세상에 신심이 길이 물러나지 아니하옵고, 공부와 사업에 길이 정진하여 필경 성불 제중의 대과를 원만히 성취하게 하여 주시옵소서. 일심으로 비옵나이다."라고 하였으며 발원문은 "오늘 법신불 사은의 은덕으로 대도에 발심하와 거룩하온 이 회상에 들게 되었나이다. 길이 부처님의 공부와 사업에 힘쓰기로 맹세하오니, 늘 거룩하신 은혜로써 보호하여 주시옵소서."라고 하였다. 성가 2장인 '원불교 교가'와 48장인 '득도의 노래'는 시간 나는 대로 익혀두면 좋을 것이다. 득도의 의식을 하는 것은 세상에서 평범한 일상적인 보통 생활을 하다가 이제 원불교 교도가 되었다는 형식을 밟는 것이며, 이제 마음공부를 시작하여 개인의 자유와 가정의 행복과 세상의 평화를 맞이하겠다는 원을 세우고 마음공부를 시작하는 의식이며 부처의 경지인 대각여래위에 이르겠다는 서원을 세우고 출발하는 시작이다. 이러한 발원과 서원을 세우고 처음 마음공부를 시작하는 공부인은 계문을 받는 것이 매우 중요하다. 마음공부하는 공동체에 입문하여 세상의 일상적인 보통 생활과 경계선을 두고 과거의 평범한 사람 즉 범부凡夫의 세상에서 불보살의 세계로 이사한 것이다. 이 경계선을 토지의 경계로 구분하는 것이 아니라 계문으로 구분하기 때문에 보통급 십계를 지키는 사람은 교도이고 지키지 않을 때는 이름만 교도가 되는 것이다.

또 마음공부하는 표준은 일상 수행의 요법 아홉 가지 조목이다. 경계를 당할 때마다 심지心地에 요란함이 있었는가 없었는가, 심지에 어리석음이 있었는가 없었는가, 심지에 그름이 있었는가 없었는가, 신·분·의·성의 추진이 있었는가 없었는가, 감사 생활을 하였는가 못 하였는가, 자력 생활을 하였는가 못 하였는가, 성심으로 배웠는가 못 배웠는가, 성심으로 가르쳤는가 못 가르쳤는가, 남에게 유익을 주었는가 못 주었는가를 대조하고 또 챙기는 일이 마음 사용하는 공부의 출발이다. 이를 보통급에서 다 완벽하게 지키라는 것은 아니다.

앞에서 여러 차례 언급하였듯이 보통급에서 마음공부하는 프로그램은 '마음 소 길들이기'이다. 마음 소 길들이기는 마음 소를 발견하고 그 소의 나쁜 버릇은 고치고 좋은 습관을 길들이는 것이 주목적이다. 이에 대하여 20여 회에 걸쳐 설명하며 '나를 변화시키기' 위하여 먼저 나 자신을 아는 데에서 출발하여 마음공부로 나를 변화시켜야 함을 강조하였다. 특히 『목우십도송』을 공부하고 『세븐 해빗』을 소개하였으며 상시 일기 기재와 마음공부의 시작이면서 끝인 유무념 대조 공부에 대하여 설명하였다. 그리고 정산 종사의 외정정과 내정정, 외수양과 내수양 공부 법문을 소개하였다.

특신급에서 마음공부하는 프로그램은 '마음병 치료하기'이다. 『대종경』 수행품 56~57장 마음병 치료하기는 내 마음의 병을 발견하고 그 병을 치료하기 위하여 의술과 약재를 배워 나의 마음병을 치료하는 동시에 마음에 병이 들어 고통 받는 이들을 위하여 치료하는 곳으로 인도하거나 그들을 직접 치료할 수 있게 될 것이다. 마음병 치료하기도 25여 회에 걸쳐 설명하며 삼학 공부에 대한 이해를 자세하게 하도록 하였다. 마음병 치료의 의술과 약재인 공부의 요도와 인생의 요도에 대하여 교리를 전체적으로 이해하고 섭렵하도록 하였다.

법마상전급에서 마음공부하는 프로그램은 '마음 난리 평정하기'이다. 『대종경』 수행품 58장 마음 난리 평정하기의 핵심은 정과 혜를 부지런히 닦고 계율을 죽기로써 지키는 것으로 마음나라는 원래 온전하고 평안하며 밝고 깨끗한 것이라는 데에서 출발하게 되므로 이 원래 자리를 아는 견성은 빌려서라도 하여야 할 정도로 꼭 필요하다고 강조하였다. 그렇게 하기 위하여 『수심결』을 공부하고 삼학을 병진하는 수행을 하는 가운데 계율을 죽기를 각오하고 지켜야 할 것이며 법신불 일원상을 체받아서 심신을 원만하게 수호하는 공부를 하며 사리를 원만하게 아는 공부를 하며 심신을 원만하게 사용하는 공부를 지극 정성으로 하여야 할 것이다.

다음은 현재 진행하는 '마음 밭 계발하기' 프로그램으로 이를 법위등급과 관련 지어 보통급에서 대각여래위까지 불문에 들어온 모든 불제자 곧 마음공부하는 공부인이면 누구나 해당할 것이다. 마음 밭 계발하기 프로그램은 수양은 정이요 양성이며 연구는 혜며 견성이요 취사는 계며 솔성이라는 삼학의 기본 관계를 바탕으로 하므로 마음 소 길들이기와 마음병 치료하기와 마음 난리 평정하기를 총섭하고 법신불 일원상을 체받아서 일원의 위력을 얻고 일원의 체성에 합하도록까지 나아 가야 하는 발원과 성불하고 제중하며 제생의세 하려는 서원이 이루어지도록 하여야 할 것이다.

『정전』 '법위등급'의 원문에는 없으나 법위등급을 그림으로 그린 '법위등급도'에 나타나 있는 예비 과정에 대하여 언급한 바 있다. 소태산 대종사는 왜 특신급에서부터 대각여래위까지 예비 과정을 두었을까? 예비 과정에서 수계하는 절차를 이행하며 수계를 하면 정식 과정에 들어섰다고 해석할 수도 있을 것이다. 화엄경에서는 보살이 수행하는 단계를 52위로 두었는데 법위등급은 6단계로 되어 있어 이해하고 수행하기에는 쉬워 보이나 실제 마음공부를 하고 보면 6과정은 너무 간단하다고 생각할 수 있으므로 사이에 예비단계를 두어 안내하고 소개하며 준비하는 과정을 두고자 하였을 수도 있다. 또한 법위등급에서 보살의 정도에 이른 것은 3위에 해당할 터인데 화엄경의 52단계와 너무 차이가 있으므로 위에 해당하는 세 단계를 6단계로 두 배 더 자세하게 하기 위해서일지 모른다. 각 법위의 예비 단계에 대하여 앞으로 더 많은 연구가 있어야 할 것이지만 여기에서는 본 과정을 위한 준비단계로 이해하기로 하겠다.

마음공부하는 공부인은 마음에 대한 이해와 마음공부의 원리와 방법 등에 대하여 학습한 후 법위등급에 따라 보통급에서 '마음 소 길들이기'를 특신급에서 '마음병 치료하기'를 법마상전급에서 '마음 난리 평정하기'를 그리고 보통급에서 대각여래위까지 공통으로 '마음 밭 계발하기' 로드맵에 바탕을 두어 공부해 간다면 공부인의 목표인 불지佛地에 도달하게 될 것이다. 소태산 대종사가 공부인을 인도하고자 하는 목표는 광대 무량한 낙원으로 인도하고 이미 인류는 광대 무량한 낙원에서 살고 있으면서도 그것을 알지 못하는 큰 어리석음을 깨우쳐 주고자 한 것이다.

마음공부하는 공부인이 심전계발하는 로드맵을 이해하고 이에 대한 확신을 한다면 공부길을 알았다 할 것이다. 공부길을 아는 것은 마음의 원리와 마음공부의 방법과 프로그램을 아는 것이다. 마음공부하는 사람을 공부인이라 한다면 공부인은 일상 생활하면서 일이 있을 때나 없을 때나 한결같이 취사하는 주의심 즉 챙기는 마음을 놓지 않아야 한다. 처음 마음공부하는 사람은 경계를 대할 때마다 공부할 때가 돌아온 것을 염두念頭에 잊지 말고 끌리고 안 끌리는 대중을 잡아야 한다. 또 일이 없는 때는 정신을 수양하고 사리를 연구해야 한다. 이러한 마음공부하는 방법이 공부법이며 이 공부법을 단계에 따라 알맞는 공부 프로그램으로 하는 것이 공부길이다.

공부인이 낙원 가는 길을 알지 못했다면 고해苦海에서 헤매고 있을 수 있으나 이미 공부길을 잡았다면 이는 시일의 장단이 있을 뿐, 언젠가는 광대 무량한 낙원에 인도되어 낙원에서 생활을 할 수 있을 것이다. 바로 공부인이 공부심이 있고 공부법으로 공부길 따라가는 길이 바로 낙원 가는 길이며 일상생활에서 낙도樂道하며 살아갈 것이며 여기가 바로 광대 무량한 낙원이며 천상락을 수용하는 생활이며 극락이 따로 없음을 알 것이다.

우리는 아무도 가보지 않은 길을 가보려 하고 있다. 학생이 학교에서 배워야 할 과목을 정하고 거기에 맞는 교과과정을 마련한 것처럼 마음공부를 하는 데 있어서 달성해야 할 수준이나 이수해야 할 과정을 정리하려고 하고 있기 때문이다. 이 길은 전혀 새로운 길이 되어 다른 의견이나 반대하는 의견, 비난하는 의견까지 다양하게 나올 수 있지만 모든 것을 감수하고 필자의 개인적인 견해로 필자가 보는 관점에서 정리해 나가고자 한다.

9

보통급이 달성해야 할 수준

마음공부의 로드맵을 법위등급에 기반하여 만들어가야 한다고 생각하고 이 마음공부 로드맵의 시작인 보통급이 달성해야 할 수준과 이수해야 할 과정을 여기서부터 한 단계씩 정리해보고자 한다. 이 두 가지 개념은 비슷하나 어떤 입장에서 생각하는가에 따라 차이가 있으므로 여기에서는 달성해야 할 수준과 이수해야 할 과정을 동일한 내용으로 사용하고자 한다. 조금 더 세밀하게 생각해 보면 이수해야 할 과정은 예비 과정에 등재될 때 법위등급 안내와 과정 설명과 계율을 수계하는데 해당하는 사항을 정리하고자 한다. 또한 달성해야 할 수준은 자기 스스로 과정을 이수하고 계문도 일일이 지키는 수준에 이르면 법위승급을 자원하여 법위사정 기관에 승급 사정을 신청할 수 있도록 하는 수준을 구상하고자 한다. 법위사정 기관에서 심사하는 기준이라고 할 수 있으나 이 두 가지 과정과 수준은 동일해야 한다. 그러나 법위사정을 하려는 기관에서는 평가 문항을 작성하여 일정 수준에 도달하여야 승인을 할 수 있다.

소태산 대종사는 『육대요령』의 '학력고시편'에서 수양과 연구과 취사과로 나눈 삼학의 과목에 대하여 1과에서 5과까지 과정을 밝히고 있으며 각 과는 여기에 도달한 사람으로 구분하고 있음을 찾아볼 수 있다. 다시 각 과를 갑반에서 무반까지 수준을 구분하여 밝혔으나 현 시대 상황에 그대로 적용하기는 쉽지 않다고 생각한다. 그러나 원기16년(1931) 소태산 대종사 당시에 현재 학교 교육의 학사일정 가운데 교과과정이나 성취하여야 할 학습 수준을 구체적으로 정리하였다는 점에 착안하여 필자는 마음공부하는 공부인이 법위등급의 각 등급에서 달성해야 할 수준에 대하여 정리해 보아야 한다고 생각한다.

법위등급에 따라 삼급 삼위에 해당하는 공부인이 달성해야 할 수준을 이수해야 할 과정이라고 이해할 수도 있는데 어느 급이나 어느 위에 있더라도 새 세상 산 종교에 대한 이해를 표어 중심으로 하여야 할 것이다. 『원불교 교전』의 처음에 나오는 개교 표어인 "물질이 개벽되니 정신을 개벽하자."와 신앙생활의 표어인 "처처불상 사사불공"과 수행 표어인 "무시선 무처선" 일상 종교생활 표어인 "영육쌍전 동정일여 불법시생활 생활시불법"이 있는데 여기에 대하여 그 의지를 대강 이해하고 해석하여야 한다.

법위등급의 첫째 단계이면서 법위등급의 시작인 보통급普通級은 유무식·남녀·노소·선악·귀천을 막론하고 처음으로 불문에 귀의하여 보통급 십계를 받은 사람의 급이다. 불문에 귀의한 목적은 새 마음 새 생활을 하여 평안平安하기 위함으로 처음으로 마음공부를 만났기 때문에 오리엔테이션 과정이 있어야 한다. 마음공부의 소개에서 처음으로 만나야 할 것은 일상 수행의 요법이며 이 일상 수행의 요법이 새 마음 새 생활의 행동 기준이 되어야 한다.

원불교에서는 마치 국민이 국가에 대한 사대의무가 있는 것처럼 교도의 사종의무라 하는 사항을 제정하였다. 필자는 생각하는 관점을 조금만 바꾸어 보려고 한다. 네 가지 의무라고 생각하던 시대와 지금은 세상이 많이 변하였다. 농업사회 내지 산업사회에서는 갑과 을을 조직적 하향 구조로 생각하기 쉬워 지시방식인 의무라 하였을 것이나 민주화가 거의 완성단계에 이른 지식 정보사회에서는 상향식 구조로 갑과 을이 바뀌게 되므로 자발적인 보람이라고 여긴다. 네 가지 항목은 바뀌지 않더라도 국민이 국가에 하는 사대의무도 사대보람이 되어야 한다. 교도의 사종의무도 네 가지 보람이라 바꾸어 자발적으로 참여하는 의식에 변화가 일어나야 할 것이다.

네 가지 보람은 첫째, 조석 심고 올리는 보람으로 이에 대한 설명은 앞에서 자세히 하였다. 둘째, 법회 출석하는 보람으로 마음공부하라는 것이다. 이는 교당내왕 시 주의사항 5조와 6조를 한마디로 정리하였다 할 수 있을 것이며 5조 "매 예회例會날에는 모든 일을 미리 처결하여 놓고 그날은 교당에 와서 공부에만 전심하기를 주의할 것이요"와 6조 "교당에 다녀갈 때는 어떠한 감각이 되었는지 어떠한 의심이 밝아졌는지 소득 유무를 반조返照하여 본 후에 반드시 실생활에 활용하기를 주의할 것이니라."라고 하였다. 셋째, 보은 헌공하는 보람으로 이는 단체에 소속된 일원으로 그 단체를 유지 발전시키는 보람이며 특히 우리가 없어서는 살 수 없는 관계가 있는 사은에 대한 보은 감사의 표현이다. 넷째는 연원을 지도하는 보람으로 단체와 조직의 성장 발전을 위하여 구성원을 증가시키는 것이다.

우리는 나를 인도해준 나의 연원에게 감사하듯이 나도 내가 연원을 인도하여 단團을 조직하여 그들을 교화하여야 하며 단 활동은 내가 나를 가장 잘 교육하고 훈련하는 방법이라 할 것이다.

법위등급의 보통급은 먼저 불문에 귀의하여 법명을 받아 거듭나는 생활을 시작하는 데 의의가 있다. 앞에서도 누차 말씀드렸듯이 마음공부를 시작한 공부인은 보통급 계문을 수계하여야 하며 마음공부를 하는 사람과 하지 않는 사람의 경계이기 때문에 이를 지켜야 하며 죄복을 인과적으로 보거나 윤리적으로 볼 때 계율을 수계하여야 한다. 이 보통급 십계를 수계하여 지키지 않는다면, 발은 마음공부하는 사람들의 경계선 안에 들여놓았으나 마음은 아직 문밖에 있다 할 것이다.

열 가지 계문 가운데 연고 없이 살생을 말며, 연고 없이 술을 마시지 말며, 연고 없이 쟁투爭鬪를 말며, 연고 없이 심교 간心交間 금전을 여수與受하지 말며, 연고 없이 담배를 피우지 말라는 다섯 가지 계문은 앞에 연고라는 단어가 첨가되어 있다. 이는 일상 생활하면서 약용으로 사용하거나 원만한 인간관계를 위하여 정당하거나 특별한 이유가 있을 때는 그 일을 행할 수 있도록 여유를 두었다. 그러나 도둑질을 말며, 간음姦淫을 말며, 잡기雜技를 말며, 악한 말을 말며, 공금公金을 범하여 쓰지 말며 등 다섯 가지 계문은 연고를 인정하지 않고 무조건 금지하였음을 알 수 있다.

소태산 대종사는 계문이 일반 사람의 종교를 기피하는 이유가 될 수 있다는 목사의 말에 "우리는 계율을 주는 방법에 있어서 사람의 정도를 따라 계단적으로 주는데, 누구나 처음 입교하면 저 세상에서 젖은 습관이 쉽게 떨어지지 않을 것이므로 그들에게 능히 지킬 만한 정도로 먼저 십계를 주고 마음공부를 지속하여 부당한 일과 당연한 일을 미리 알아 행하는 사람에게는 더 계문을 수지 않아 사각 있는 공부인과 초학자 다스리는 방식을 달리한다."라고 하였다.

보통급 과정에서 하는 마음공부 프로그램은 '마음 소 길들이기'이며 마음 소 길들이기의 핵심 주제는 나쁜 버릇은 버리고 좋은 습관 길들여 나를 변화시키는 것이라 하였다. 마음을 길들이는 첩경은 계문을 잘 지키는 것이며 상시 일기를 잘 기재하여 하기로 한 일과 하지 않기로 한 일을 실행하는 데 있다. 보통급 상시 일기의 내용은 유무념 대조와 학습상황과 계문 범과 유무를 기재하는 것으로 보통급에서 특신급 법마상전급까지 상시 일기의 항목은 동일하나 그 수준은 다르다.

먼저 유무념 대조는 하기로 한 일과 하지 않기로 한 일을, 일을 당할 때마다 마음을 챙겨서 하기로 한 일이면 행하고 하지 않기로 한 일이면 행하지 않은 번수를 기재하는 것이다. 이는 먼저 하기로 한 일과 하지 않기로 한 일을 정하는 데에서부터 시작하게 되는데 보통급에서는 한 가지씩만 정하기를 권한다. 자기 자신을 돌아보면 버려야 할 좋지 않은 버릇이나 길들여야 할 좋은 습관이 많을 것이나 이를 한 번에 여러 가지를 하고자 하는 것은 욕속부달欲速不達이라 하며 욕심이 많아 속히 행하고자 하면 목적지에 이르지 못함을 걱정하였다.

또한 유무념 대조 공부를 매우 중요하게 생각하고 마음공부를 시작하는 처음부터 하도록 한 것은 이를 통하여 챙기는 마음을 연습하도록 하기 위함이다. 우리의 마음은 미묘하여 잡으면 있어지고 놓으면 없어지는데 이 챙기는 마음을 떠나서는 마음공부를 할 수가 없기 때문이다. 이 챙기는 마음을 연습하여 길들이는 것으로 챙기는 마음을 놓지 아니하고 경계를 당할 때마다 경계를 알아차리는 일은 매우 중요하며 이것을 떠나서는 마음공부를 할 수 없으며 이를 다른 표현으로는 '깨어있다' 하고 '정신 차린다'고 한다.

학습 상황에 대한 구체적인 사항은 삼학에 대한 학습으로 이 가운데 정신수양과 사리연구에 대하여 공부한 시간 수를 기재하는 것이다. 『육대요령』에서는 수양과 각 과정에 동일하게 "매일 염불이나 좌선이나 경전 연습이나 간에 세 시간씩 계속하라." 하고 있어 노동이 중요한 경제적 수단이었던 농경사회에서도 하루에 세 시간을 기본으로 하고 있음을 볼 수 있다.

보통급에서 이수해야 할 중요한 과정 가운데 하나는 '교당내왕 시 주의사항'을 외우고 실천하는 것이다. 소태산 대종사 재세 시에는 이를 '공부인이 교무부에 와서 하는 책임'이라 하여 각처에 교당이 많지 않고 교도 수도 직접 총부에서 관리 가능한 수준이었을 때의 표현이다. 교당내왕 시 주의사항의 1조, 2조, 3조는 공부인이 상시응용 주의사항으로 공부한 내용을 일일이 문답하고 감각된 일을 감정을 받고 의심나는 일은 해오 얻기를 주의하라는 문답 감정 해오를 체질화 하자는 것이다.

4조는 매년 3개월이나 2개월 동안 전문 공부하는 선기禪期는 지금의 훈련으로 선비禪費를 미리 준비하여서 선원에 입선하여 전문 공부하기를 주의하라는 것이요, 5조는 매 예회

例會 날에는 모든 일을 미리 처결하여 놓고 그날은 교당에 와서 공부에만 전심하기를 주의하라는 것으로 마음공부 할 것을 강제하고 있다. 6조는 교당에 다녀갈 때는 어떠한 감각이 되었는지 어떠한 의심이 밝아졌는지 소득 유무를 반조返照하여 본 후에 반드시 실생활에 활용하기를 주의하여 실생활에 도움이 되고 이익이 되게 하라는 것으로 공부인이 처음으로 종교 생활을 시작할 때의 마음가짐을 엿볼 수 있을 것이다.

교당내왕 시 주의사항의 전제가 되는 것이 있는데 그것은 바로 상시응용 주의사항이다. 상시응용 주의사항은 삼학을 일상 생활하는 가운데 공부하고 연습하고 훈련하도록 마련되었다. 1조는 작업취사 공부를, 2조, 3조, 4조는 사리연구 공부를, 5조는 정신수양 공부를, 6조는 삼학 공부를 실행하고 아니한 것을 대조하는 길이라 하였다. 삼학 공부는 바로 마음공부이므로 상시응용 주의사항은 마음공부의 매뉴얼이라 할 것이다.

또 상시응용 주의사항에서는 "노는 시간이 있고 보면 경전 법규 연습하라."라고 하였다. 보통급에서 『정전』과 『대종경』을 주로 공부하여야 할 것이나 이들을 어디까지 공부할 것인가를 밝히고 있지 않아서 이 수준을 정하기는 쉽지 않다. 『육대요령』에 보면 '연구과 전문부'에 "유래와 취지와 인생의 요도와 공부의 요도를 통강하고 그 의지를 해석한 자, 본회 규약 원세칙과 훈련편을 통강하고 그 의지를 해석한 자, 학력고시편을 통강하고 그 의지를 해석한 자, 학위등급편을 통강하고 그 의지를 해석한 자, 사업고시편을 통강하고 그 의지를 해석한 자" 등으로 과정을 정하고 있음을 찾아볼 수 있는데 처음 1과와 2과는 『불법연구회 규약』에 있는 내용이다.

이를 현재에 비추어 생각해 보면 필자가 '처음 입문한 사람이 쉽게 『정전』을 읽어가는 순서'라 하여 『정전』의 순서를 바꿔 '정신개벽의 노래'라는 제목으로 편집한 내용 1과정에 해당하는 부분을 주로 연습하는 것이 좋으리라 생각한다. 1과정의 소제목은 '낙원으로의 초대'로 개교의 동기, 고락에 대한 법문, 병든 사회와 그 치료법, 최초법어, 영육쌍전법으로 교리에 대한 전문적인 표현은 별로 없어 처음에 거부감 없이 읽을 수 있을 것이다.

『대종경』에서는 서품 15장부터 19장으로 여기에 수록된 부분은 소태산 대종사가 친히 저술하여 과거 교과서로 사용하였던 『조선불교혁신론』에 게재된 내용이므로 처음에 읽도록 하자. 소제목은 과거 조선사회의 불법에 대한 견해, 조선 승려의 실생활, 세존의 지혜와 능력, 외방의 불교를 조선의 불교로, 소수인의 불교를 대중의 불교로, 분열된 교화과목을 통일하기로, 등상불 숭배를 불성 일원상으로 여섯 가지 주제를 15장에서 19장까지 편집하여 수록하고 있어서 원불교와 불교의 관계를 다소 이해할 수 있으며 소태산 대종사의 경륜과 포부를 알 수 있을 것이다.

보통급이 되어 각종 행사에 함께 참석하려면 기초가 되는 몇 가지 예문을 외우도록 하여야 한다. '일원상 서원문', '영주', '성주', '청정주', '참회게' 등이다. 또한, 매월 교화단에 참석하게 되는 데 이때 부르는 성가 가운데 '교화단의 노래'는 교화단의 의미를 잘 나타내고 있어서 알고 있어야 한다.

우리는 앞에서 마음 소 길들이기를 진행하면서 이를 쉽게 이해할 수 있도록 『목우십도송』을 공부하였다. 소태산 대종사는 그림이 있는 보명 선사의 『목우십도송』을 『불교정전』 〈권3〉에 편입하여 공부하도록 하였다. 지금의 『불조요경』에는 그림이 없이 글만 게재되어 있어 인쇄문화가 훨씬 발달한 작금의 현실에 비추어볼 때 아쉬움을 금치 못하겠으나 이도 공부하여야 할 과정이다.

이상으로 보통급이 달성해야 할 수준이며 이수해야 할 과정에 대하여 정리하였다. 종합하여 보면 1과는 교리의 함축이며 행동을 촉구하는 표어에 대하여 대강 이해하고 해석하여야 할 것이다. 2과는 일상 수행의 요법에 대하여 대강 이해하고 해석하여야 할 것이다. 3과는 공부인의 네 가지 보람을 이해하고 해석하여야 할 것이다. 4과는 보통급 십계를 수계하고 이 계문을 이해하고 철저히 수행하여야 할 것이다. 5과는 보통급 상시 일기를 기재하는 것이다. 6과는 교당내왕 시 주의사항을 이해하고 해석하여야 할 것이다. 7과는 상시응용 주의사항을 대강 이해하고 해석하여야 할 것이다. 8과는 '정신개벽의 노래', '낙원으로의 초대'에 대하여 대강 이해하고 해석하여야 할 것이다. 9과는 『대종경』 서품 15장에서 19장을 대강 이해하고 해석하여야 할 것이다. 10과는 '일원상 서원문'과 네 가지 주문을 대강 이해하고 외워야 할 것이다. 11과는 『목우십도송』을 대강 이해하고 해석하여야 할 것이다. 12과는 '마음 소 길들이기' 프로그램을 계속 진행하여야 할 것이다. 이를 다시 각 과마다 갑은 95% 이상으로 아주 완벽히 잘함, 을은 80~94%로 잘함, 병은 60~79%로 보통, 정은 30~59%로 잘못함, 무는 1~29%로 아주 잘못함으로 그 수준을 평가할 수 있을 것이다.

참고할 사항으로 원음방송 라디오와 TV에서 원불교 관련 교리와 정보를 방송하고 있고 주간지로 '원불교신문', 월간지로 '월간 원광'을 발행하고 있다. 이 가운데 교리와 교단의 역사 부문에 대한 시청과 읽기를 통하여 원불교에 대한 이해를 얻을 수 있으며 마음공부에 도움이 될 것이다.

10

특신급이 달성해야 할 수준

보통급의 핵심은 "불문에 처음으로 귀의하여 보통급 십계를 받은 사람"이라는 것이다. 우리는 보통급에서 이수해야 할 과정을 12과로 정리해 보았고 이를 다시 갑반에서 무반으로 평가하는 것까지 정리하였다. 그런데 어느 자료에 보니 '불不'이라는 등급도 있었다. 이는 원불교에 입교원서를 제출하여 교도 명부에 등재는 하였으나 마음공부는 시작하지 않은 사람을 말하는 것이다. 이 12가지 과목을 평가하는 데 갑甲에서 무戊까지로 등급을 나눌 수 있으며 이를 백분율로 구분하면 갑은 95% 이상으로 아주 잘함, 을은 80~94%로 잘함, 병은 60~79%로 보통, 정은 30~59%로 잘못함, 무는 1~29%로 아주 잘못함으로 그 수준을 평가한다. 한 가지 짚고 넘어가야 할 사항은 여기에서 %는 구성비의 백분율이 아니라 성취도의 백분율이라는 것이다.

마음공부를 처음 시작한 공부인의 정도가 본인 자신의 평가에 의하여 이수해야 할 과정의 일정한 수준에 도달하였다 생각되면 본인 스스로 보통급 법위사정을 신청하는데 법위사정을 신청할 때 단장과 해당 교당 주임교무 또는 교당에 적을 두지 않는 사람은 지도인의 확인을 받아야 할 것이다. 이렇게 하여 법위사정 기관으로부터 보통급에 도달하였다는 수준을 인정받으면 예비 특신급에 승급하게 된다. 예비 특신급에 승급하면 교단에서는 1년에 2회 6월과 12월에 승급식을 거행하여 특신급 계문을 수여하고 특신급에서 이수해야 할 과정에 대하여 설명하는 절차를 거치면 예비 특신급이 되어 특신급이 달성해야 할 수준과 이수해야 할 과정에 따라 온라인과 오프라인을 통하여 교육과 훈련을 하게 될 것이다.

보통급에서 본인 스스로 평가할 때 12가지의 과목에 대하여 병丙 수준 이상의 실천이 있어야 할 것이며, 특히 계문은 갑甲 수준의 실천이 있어야 신청할 수 있도록 하여야 할 것이다. 이수해야 할 과정 12가지 가운데 가장 핵심적인 사항은 계문을 지키는 것이다. "특신급은 보통급 십계를 일일이 실행하여야 한다고 하였는데" 여기에서 '일일이'는 열 가지 계문 하나하나를 별항으로 하여 열 가지를 각각 실행하여야 하며 그 실행의 정도도 95% 이상 실천해야 함을 의미한다.

『정전』 '법위등급'에 보면 "특신급特信級은 보통급 십계를 일일이 실행하고, 예비 특신급에 승급하여 특신급 십계를 받아 지키며, 우리의 교리와 법규를 대강 이해하며, 모든 사업이나 생각이나 신앙이나 정성이 다른 세상에 흐르지 않는 사람의 급이요"라고 하였다. 특신급에서 특히 중요한 사항은 보통급 십계를 일일이 실행하는 것과 모든 사업이나 생각이나 신앙이나 정성이 다른 세상에 흐르지 않는다는 것이다. '다른 세상에 흐르지 않는다'는 의미는 본인의 직업이나 전문적인 전공 외에는 인간 세상의 수많은 일에서 거기에 빠지거나 몰두하지 않는다는 의미일 것이다. 세상의 일에 빠지게 되면 다른 일은 관심이 없어지고 일상생활도 원만하지 못하게 되어 마음공부도 등한시하게 될 것이기 때문이다.

특신급에서 달성해야 할 수준이나 이수해야 할 과정으로는 첫째가 특신급 십계를 받아 지키는 일이다. 특신급 십계문은 "1. 공중사公衆事를 단독히 처리하지 말며, 2. 다른 사람의 과실過失을 말하지 말며, 3. 금은보패 구하는 데 정신을 뺏기지 말며, 4. 의복을 빛나게 꾸미지 말며, 5. 정당하지 못한 벗을 좇아 놀지 말며, 6. 두 사람이 아울러 말하지 말며, 7. 신용 없지 말며, 8. 비단 같이 꾸미는 말을 하지 말며, 9. 연고 없이 때아닌 때 잠자지 말며, 10. 예 아닌 노래 부르고 춤추는 자리에 좇아 놀지 말라."로 이 열 가지 특신급 계문을 지킴으로써 마음공부하는 단체에 발을 들여놓은 사람으로 공부인 상호 간의 인간관계의 기준을 설정하였다. 이를 지킴으로써 공부인의 기본자세를 확립하게 될 것이며 마음공부하는데 서로서로 도움이 될 것이다.

두 번째는 "우리의 교리와 법규를 대강 이해하라"는 것인데 대강 이해한다는 기준을 어떻게 설정할 것인지 참으로 어렵다. 또 우리의 교리와 법규는 어디까지 범위를 정해야 할 것인지도 규정해야 할 것이다. 특신特信은 특별한 믿음으로 마음공부를 하는 데 있어서 무엇으로도 바꾸지 아니할 정도의 재미와 즐거움과 좋아함이 있어야 할 것으로 '아는 만큼 보이고 보이는 만큼 느낀다.'라는 말도 있듯이 알아야 재미도 즐거움도 좋아함도 생길 것이며 알지 못하고 느끼는 재미와 즐거움과 좋아하는 것은 맹목적인 것이 되어 바뀌고 변해버릴 위험을 항시 도태하고 있을 것이다.

'원불교의 교리가 무엇인가?' 하는 질문에 대하여 『정전』과 『대종경』이 함께 포함된 『원불교 교전』에 한정할 수도 있고 『정전』만을 교리라 할 수도 있고 『정전』 가운데에서도 제2 교의편으로 한정할 수도 있을 것이라는 등 여러 가지 답이 있을 수 있다. 여기에서는 『정전』 제2 교의편에 한정하여 '우리의 교리'라고 해석할 것이다. 소태산 대종사가 『보경 육대요령』에서 사은사요와 삼학팔조 앞에는 인생의 요도와 공부의 요도라는 단어를 붙여 사용하는 것을 볼 수 있다. 이는 앞에서도 말씀드렸듯이 내 법의 주체는 인도상 요법이라고 한 것과 연장선상에서 이해할 수 있으리라 생각된다.

『육대요령』의 학력고시편의 '취사과'에 보통급에서는 "인생의 요도 사은사요와 공부의 요도 삼학팔조의 의지를 해석하고"라고 되어 있어 대강 이해하는 범위로 받아들일 수 있다. 『정전』 교의편에는 일원상, 사은, 사요, 삼학, 팔조, 인생의 요도와 공부의 요도, 사대강령이 있으며 『불교정전』에 보면 교의편의 순서가 지금의 『정전』과 다름을 볼 수 있다. 『정전』에서는 '사대강령'이 교의편의 맨 끝에 위치하지만 『불교정전』에는 교의편의 맨 앞에 '사대강령'이 자리하고 있는데 필자가 들은 바로는 여기에 대한 설명이 일제의 탄압과 관련된다는 주장이 있었으나 필자는 소태산 대종사의 가르침이 교리의 대강을 잘 알지 못해도 '사대강령'을 실천하라는 의미가 아닌가 하고 생각한다.

특신급에서는 또한 "법규도 대강 이해하여야 한다."라고 하였는데 법규는 어디까지 포함하여야 할 것인가 하는 문제이다. 『육대요령』 학력고시편의 '연구과 정기 전문부'에 "유래와 취지와 인생의 요도와 공부의 요도를 통강하고 그 의지를 해석한 자"와 "본회의 규약 원세칙과 훈련편을 통강하고 그 의지를 해석한 자"와 '학력고시편'과 '학위등급편'과 '사업고시편'을 통강하고 그 의지를 해석한 자로 되어 있어 소태산 대종사 재세 시 『육대요령』이 발간되었을 당시에는 회원들에게 『본회의 취지 규약서』와 『불법연구회 규약』과 『불법연구회 통치조단규약』 등을 공부하게 하여 법규를 대강 이해하게 하였을 것이라 미루어 짐작한다. 현재는 '원불교 교헌'과 '교화단 규정' 등을 공부하는 것을 법규를 대강 이해하는 것으로 해석해야 할 것으로 생각한다.

또 '교리도'에 대하여 대강 이해하고 해석하여야 할 것이다. 소태산 대종사는 우리의 교리를 그림으로 그려 발표하고 "참 좋다. 꼭 거북이 같이 생겼다. 오래오래 전해 갈 만고의 대법이다. 내 법의 진수가 모두 여기에 다 들어 있다. 이대로만 수행한다면 빈부귀천 유무식 남녀노소를 막론하고 성불 못 할 사람이 없을 것이다."라고 좋아하였으며 "내 교법의 진수가 모두 여기에 들어 있건마는 나의 참뜻을 아는 사람이 몇이나 될꼬." 하였는데 특신급에서는 '교리도'에서 교리를 전체적으로 이해하도록 하여야 할 것이며 '교리도'를 공부하면서 '일상 수행의 요법'도 함께 더욱 깊이 이해하여야 할 것이다.

세 번째는 사업이나 생각이나 신앙이나 정성이 다른 세상에 흐르지 않아야 하는 것으로 『육대요령』에는 '학력고시편'과 '사업고시편'이 있는데 여기와 연관 지어 살펴보아야 할 것이다. 원불교에서 교도의 평가는 공부와 사업 두 방면으로 하는데 필자의 개인적인 생각으로 공부는 마음공부요 사업은 구체적으로 본회 창립 요론으로 압축할 수 있으리라 생각한다. 이 가운데 공부를 하는 데에는 신성信誠이 으뜸이 되고 사업을 하는 데는 공심公心이 기초가 될 것이다. 세상의 사업은 정신과 육신과 물질 삼 방면으로 평가할 수 있을 것이므로 '본회 창립 요론'의 구체적인 항목을 살펴보면 ① 정신과 육신을 전무출신한 자, ② 전곡을 많이 혜시한 자, ③ 입회 후로 시종이 여일한 자, ④ 경전 주해와 법설 기록을 많이 한 자, ⑤ 규약과 계문을 잘 지킨 자, ⑥ 무슨 방면으로든지 회원의 마음을 즐겁게 하여 공부와 사업에 진전이 있게 한 자, ⑦ 무슨 방면으로든지 본회를 창립하기로만 위주한 자, ⑧ 공익심을 주장하는 자, ⑨ 응용에 무념한 자, ⑩ 악한 일로 유명한 사람이 입회한 후로 개과하여 모든 사람의 모범이 되게 하며 부지중 여러 사람을 경계하여 권면케 하는 자, ⑪ 무슨 방면으로든지 세상에 이름이 있는 사람이 입회하여 부지중 모든 사람을 권면시키며 본회의 위치가 드러나게 하는 자로 열한 가지이다.

또 다른 세상에 흐르지 않으려면 네 가지 특별한 신심에 대하여 대강 이해하고 해석하여야 할 것이다. 특별하고 완전한 믿음은 믿는 대상과 믿는 이가 하나가 되는 것으로 진리와 스승과 법과 회상과 내가 둘이 아닌 하나가 되는 믿음이다. 이는 불佛 법法 승僧 삼보三寶에 진리眞理가 더해진 것으로 종교의 믿음에 있어서 극치를 이룰 것이며 진리를 깨닫지 못하고는 이룰 수 없을 것이다.

네 번째는 삼학 공부 가운데 정기 훈련 11과목에 대하여 대강 이해하고 해석하여야 할 것이다. 정기 훈련 11과목 가운데 염불과 좌선은 정신수양 훈련 과목이며, 경전, 강연, 회화, 의두, 성리, 정기 일기는 사리연구 훈련 과목이며, 상시 일기, 주의, 조행은 작업취사 훈련 과목이다. 이렇게 정기 훈련 11과목은 삼학 공부의 구체적인 과목이고 마음공부는 삼학 공부이기에 각 과목에 대하여 대강 이해하고 해석하며 수행 방법 등을 배우고 익혀야 할 것이다.

다섯 번째는 마음공부에 대해 이해를 해야 한다. 마음공부는 삼학 공부이며 삼대력을 쌓아가는 공부로 이해하고 이를 일상 수행의 요법과 연계하여야 한다. 마음공부의 원리는 바로 삼학이며 삼학 공부의 실행 방법은 상시응용 주의사항과 교당내왕 시 주의사항이며 마음공부 프로그램은 마음 밭 계발하기와 연계하여 실제로 마음공부를 시작하는 일이다. 여기에서 마음공부를 몇 마디로 다 설명하기는 쉽지 않으므로 이 정도에서 정리한다.

여섯 번째는 특신급 상시 일기를 하여야 한다. 특신급에서는 유무념 대조 공부 가운데 하자는 조목 두 가지와 말자는 조목 두 가지로 보통급보다 한 가지씩 늘려서 대조한다. 학습상황의 기재는 수양과와 연구과로 구분하는데 수양과 연구과를 합하여 하루에 세 시간 정도를 하도록 할 것이다.

일곱 번째는 『정전』 전체와 『대종경』 가운데 서품, 교의품, 수행품, 인과품, 신성품, 교단품을 봉독하도록 한다. 이는 『정전』을 통하여 원불교 교리를 대강 이해하며 『대종경』의 여섯 가지 품 정도의 공부를 통하여 특신급에서 도달해야 할 수준에 보조적으로 보탬이 되도록 진행할 수 있을 것이다.

여덟 번째는 원불교 『예전』과 『세전』을 대강 이해하고 해석하여야 할 것이다. 요사이 사람들은 인간관계를 어떻게 하여야 할 것인지 배울 기회가 많지 않으므로 새로운 인류의 생활 규범으로써 『예전』의 '통례편'과 '가례편'을 읽고 대강 이해하여야 할 것이다. 또한 『세전』에는 인류 가운데 한 개인으로서 마땅히 행하여야 할 길을 스무 가지로 밝히고 있어 이를 이해하고 실천하도록 하여야 할 것이다.

아홉 번째는 『불조요경』에 있는 『반야바라밀다심경』과 『업보차별경』 그리고 『사십이장경』을 대강 이해하고 해석하여야 할 것이다. 『반야바라밀다심경』은 진리의 실상으로 공空을 설명한 후에 일체의 모든 괴로움에서 해탈하도록 인도하고 있고 『업보차별경』은 인과의 이치를 구체적으로 설명하여 죄와 복을 알아 행하게 하며 『사십이장경』은 수행자가 밟아야 할 길을 안내하고 있다 할 것이다.

열 번째는 마음병 치료하기 프로그램을 계속하여 진행하여 나 자신의 마음병을 치료하고 다른 사람의 마음병도 치료할 수 있도록 안내하거나 나 스스로 마음병 치료의 의술과 약재를 배워 다른 사람의 마음병을 치료할 수 있어야 할 것이다.

이상으로 특신급이 달성해야 할 수준과 이수해야 할 과정에 대하여 정리하였다. 다시 종합하여 보면, 1과는 특신급 계문을 수계하고 이 계문을 이해하고 철저히 수행하여야 할 것이다. 2과는 원불교 교리와 법규를 대강 이해하고 해석하는 것과 아울러 교리도를 대강 이해하고 설명할 수 있어야 할 것이다. 3과는 사업 생각 신앙 정성이 다른 데로 흐르지 않아야 하며 사대 불이신심에 대하여 이해하고 해석하여야 할 것이다. 4과는 정기 훈련 11과목을 대강 이해하고 해석하여야 하며 각 과목에 대하여 수행 방법 등을 배우고 익혀야 할 것이다. 5과는 마음공부에 대하여 대강 이해하고 이를 프로그램과 함께 시작하여야 할 것이다. 6과는 특신급 상시 일기 쓰는 법을 대강 이해하고 상시 일기 기재를 실천해야 할 것이다. 7과는 『정전』 전체를 봉독하여야 하며 『대종경』 가운데 서품, 교의품, 수행품, 인과품, 신성품, 교단품을 읽고 대강 이해하여야 할 것이다. 8과는 『예전』과 『세전』을 읽고 대강 이해한 후 실천하여야 할 것이다. 9과는 『불조요경』 가운데 『반야바라밀다심경』은 외우고 『업보차별경』과 『사십이장경』은 대강 이해하고 해석하여야 할 것이다. 10과는 마음병 치료하기 과정 프로그램을 진행하여야 할 것이다.

이상 특신급에서 이수해야 할 과정 열 과목 가운데 중요하지 않은 과목은 없다. 보통급 과정의 두 번째 과목은 일상 수행의 요법이었는데, 아직 교리에 대한 이해의 정도가 깊지 않아 일상 수행의 요법에 대한 중요도를 잘 이해하지 못할 것이나 일상 수행의 요법은 보통급에서 끝나지 아니하고 대각여래위도 행해야 하는 과목이다. 또 보통급 과정에 포함된 상시응용 주의사항과 교당내왕 시 주의사항도 보통급에서 끝나지 아니하고 대각여래위도 그대로 행하여야 하는 과목이므로 특신급에서도 빠짐없이 실천하여야 할 것이다. 이 세 가지를 실천하고 점검하도록 특신급 상시 일기를 하는 것이다.

삼학 공부의 정기 훈련법 열한 가지 과목 모두 다 쉽게 공력을 이룰 수 없으나 특히 초급과정에서 마음공부의 바탕이 되는 과목은 정신수양 과목이다. 이 가운데 좌선과 염불은 선진자에게 자세하게 묻고 배워서 보통급에서 시작하여 특신급에서도 더욱 관심을 두고 몸에 습관을 길들여야 할 것이다.

11

법마상전급이 달성하여야 할 수준

특신급의 핵심 사항은 "우리의 교리와 법규를 대강 이해하며, 모든 사업이나 생각이나 신앙이나 정성이 다른 세상에 흐르지 않는 사람의 급"이라는 것이다. 우리는 앞에서 특신급에서 이수해야 할 과정을 10과로 정리해 보았고 이 공부 정도를 다시 갑반에서 무반으로 평가하였다. 보통급에서 특신급에 승급할 때와 마찬가지로 특신급에서 법마상전급에 승급하고자 하는 공부인은 먼저 본인 자신을 평가하여 특신급에서 이수해야 할 과정을 모두 마쳐 예비 법마상전급에 승급할 수 있는 일정 수준에 도달하였다고 생각되면 특신급 법위사정을 신청하여야 할 것이다.

이렇게 하여 법위사정 기관으로부터 특신급이 달성해야 할 수준에 이르렀다는 인정을 받으면 정식 특신급에 승급하게 된다. 정식 특신급에 승급하면 교단에서 시행하는 승급식에서 법마상전급 십계문을 수계하고 예비 법마상전급에서 공부해야 할 과정에 대하여 설명 듣는 절차를 거치면 예비 법마상전급이 되어 온 오프라인을 통하여 정식 법마상전급이 이수해야 할 과정의 교육과 훈련을 받게 될 것이다.

예비 특신급에서 정식 특신급에 승급하려면, 스스로 평가할 때 정식 특신급에서 달성해야 할 수준 10가지의 과목에 대하여 60% 이상인 병丙 수준의 실천이 있어야 할 것이다. 그러나 계율은 『정전』의 '법위등급'에서 "특신급은 보통급 십계를 일일이 실행하고, 예비 특신급에 승급하여 특신급 십계를 받아 지키며"라고 하였으니 보통급 십계와 특신급의 열가지 계문을 각각 실행하여야 하며 그 실행의 정도도 95% 갑 이상이어야 한다는 것이다.

『정전』 '법위등급'에 보면 "법마상전급은 보통급 십계와 특신급 십계를 일일이 실행하고 예비 법마상전급에 승급하여 법마상전급 십계를 받아 지키며, 법과 마를 일일이 분석하고 우리의 경전 해석에 과히 착오가 없으며, 천만 경계 중에서 사심을 제거하는 데 재미를 붙이고 무관사無關事에 동하지 않으며, 법마상전의 뜻을 알아 법마상전을 하되 인생의 요도와 공부의 요도에 대기사大忌事는 아니하고, 세밀한 일이라도 반수 이상 법의 승勝을 얻는 사람의 급이요."라고 하였다.

법위등급의 해설에서 가장 항목이 많은 것이 법마상전급으로 그 수가 일곱 가지나 된다. 먼저 이 일곱 가지가 정식 법마상전급이 도달해야 할 수준이며 여기에 몇 가지를 더 포함해야 할 것이다. 예비 법마상전급이 이수해야 할 과정 가운데 첫 번째는 법마상전급 십계문을 수계한 후 이를 지켜야 한다. 법마상전급 십계문은 "1. 아만심我慢心을 내지 말며, 2. 두 아내를 거느리지 말며, 3. 연고 없이 사육四肉을 먹지 말며, 4. 나태懶怠하지 말며, 5. 한 입으로 두 말 하지 말며, 6. 망녕된 말을 하지 말며, 7. 시기심猜忌心을 내지 말며, 8. 탐심貪心을 내지 말며, 9. 진심瞋心을 내지 말며, 10. 치심痴心을 내지 말라."로 아만심, 시기심, 탐심, 진심, 치심 다섯 가지가 마음에 관한 내용이며 나머지 가운데 세 가지는 마음공부하는데 식과 색[食色]을 조심하며 안일에 빠지지 않도록 챙기는 항목이며 나머지 두 가지는 말을 함부로 하지 말라는 내용으로 구분할 수 있다.

계문에 두 아내를 거느리지 말라는 사항과 사육을 먹지 말라는 사항과 나태하지 말라는 사항을 왜 법마상전급 계문에 두었을까 하는 의문을 품게 되었다. 필자는 이것은 정定 공부를 하는데 몸에 쌓인 기운을 흩어버리는 해로운 일이 되기 때문일 것으로 생각해 보았다. 마음에 관한 내용이 반이나 되는 것은 법마상전급의 공부를 속 깊은 마음공부라고 말하는데 밖으로 외경을 다스리는 일과 함께 모든 일이 마음으로부터 일어나는 것임을 알아서 안으로 그 근본인 마음을 다스리도록 하는 일을 계문으로 정하였다고 생각할 수 있다.

두 번째는 "법과 마를 일일이 분석하여 실천"하는 일이다. 법法은 착함善과 바름是으로 정당한 일 곧 정의이며, 마魔는 악함[惡]과 아님[非]으로 부당한 일 곧 불의不義이다. 정의와 불의를 한 마디로 정의定義하기는 어렵지만 불의가 의리 도의 정의正義 따위에 어긋남이며 사실이 아닌 허위인 그른 일이라면 정의正義는 진리에 맞는 올바른 도리이며 허위가 아닌 사실事實인 옳은 일이다. 세상은 다단한 많은 일 가운데 인간의 시비이해是非利害로써 운전해 가는데, 사실과 허위를 분간하여 실생활에서 밝게 분석하고 빠르게 판단하여 정의는 취하고 불의는 버리는 공부를 하자는 것이다.

세 번째는 "우리의 경전 해석에 과히 착오"가 없어야 한다. "경전은 우리의 지정 교서와 참고 경전 등을 이름이니, 이는 공부인으로 하여금 그 공부하는 방향로를 알게 하기 위함"이라 하였다. 우리의 지정 교서와 참고 경전을 합하여 『원불교 전서』로 발행하였는데 이 전서에는 『원불교 교전』으로 『정전』과 『대종경』을 포함하고 있으며 『불조요경』과 『예전』, 『정산종사법어』는 『세전』과 『법어』를 포함하고 있고 『원불교 교사』, 『원불교 성가』 6권을 한 책으로 합본하였다.

특신급에서 교리 공부하는 수준은 "우리의 교리와 법규를 대강 이해"하는 수준이었다면 법마상전급에서는 "우리의 경전 해석에 과히 착오"가 없는 수준으로 한 단계 높아졌다. 이는 특신급에서 시작한 교리 공부가 어느 정도 깊이와 폭을 더하여 전체 경전을 학습하고 익혀야 하는 정도에 이르러야 할 것이다. 그러므로 『원불교 교전』, 『불조요경』, 『예전』, 『정산종사법어』 가운데 『세전』, 『교사』, 『성가』를 빠짐없이 배우고 익혀서 그 해석이 과하게 틀리지 않아야 할 것이며 더 나아가 법강항마위에서 "우리 경전의 뜻을 일일이 해석"하는 수준에 이르러야 함을 준비하여야 할 것이다.

네 번째는 "천만 경계 중에서 사심을 제거하는 데 재미를 붙이고 무관사無關事에 동하지 않는 것"이다. 이는 두 가지로 나누어 볼 수 있겠지만 사심을 제거하지 않으면 무관사에 동하므로 여기에서 사심 제거와 무관사 부동不動을 한 가지 일로 보기로 하자. 『육대요령』의 '학력고시편' 수양과 4과에 보면 "매일 염불이나 좌선이나 경전 연습을 세 시간씩 계속하고 무관사에 동치 않는 자"라는 구절이 있음을 볼 때 무관사에 동하지 않는 조항은 매우 중요시 되었음을 볼 수 있다. '솔성요론' 15조에 "다른 사람의 원 없는 데에는 무슨 일이든지 권하지 말고 자기 할 일만 할 것이요."라고 하였다. 우리 공부인은 내가 좋아하거나 옳다고 생각한 일을 타인에게 무리하게 권하는 것이 사심이 될 수 있으며 무관사에 동하는 것이 아닌가 살펴보아야 할 것이다. 이 사항은 법마상전급 공부의 중요한 포인트가 될 것이다.

다섯 번째는 "법마상전의 뜻을 알아 법마상전"을 하는 일이다. 우리는 앞에서 법과 마를 일일이 분석하는 개념을 정립하였고 이를 정의와 불의로 크게 개념 정리하였다. 그런데 일에 따라 법과 마를 분석하는 데에서 그치는 것이 아니라 "인생의 요도와 공부의 요도에 대기사大忌事는 아니하고, 세밀한 일이라도 반수 이상 법의 승勝"을 얻어야 한다. 인생의 요도에서 크게 피해야 할 일은 인생의 요도는 사은 사요이므로 사은에 대해 배은을 하거나 타력 생활하거나, 배울 줄 모르거나, 가르칠 줄 모르거나, 공익심이 없는 것이다. 공부의 요도는 삼학 팔조이므로 공부의 요도의 대기사는 삼학을 편수하는 일이며 버려야 할 네 가지인 불신 탐욕 나태 우치에 빠져 진행 사조인 신 분 의 성의 추진이 없는 것이다.

여섯 번째는 상시 훈련에 더욱 관심을 두고 정성을 기울이는 일이다. 『육대요령』에는 '상시응용 주의사항' 각조의 해석과 '교당내왕 시 주의사항' 각조의 해석이 있는데 기회 있는 대로 이를 이해하여 이 공부의 필요성을 이해하여야 할 것이다. 또한 "상시응용 주의사항과 교당내왕 시 주의사항의 관계는 어떠합니까?" 하고 묻는 제자에게 소태산 대종사는 "상시응용 주의사항은 유·무식 남녀노소 선악귀천을 막론하고 인간 생활을 하여 가면서도 상시로 공부할 수 있는 빠른 법이 되고, 교당내왕 시 주의사항은 상시응용 주의사항의 길을 도와주고 알려 주는 법이 된다."라고 하였으므로 우리 공부인은 '상시응용 주의사항'과 '교당내왕 시 주의사항'으로 상시 마음공부에 정성을 들여야 할 것이다.

일곱 번째는 법마상전급 상시 일기를 기재하여야 한다. 유무념 대조 공부는 하자는 조목과 말자는 조목을 세 가지씩으로 확장하고 실행하여 좋은 습관을 들이고 나쁜 습관은 제거해야 하며 특히 무관사에 동하지 않는 사항을 유념 조목에 넣어 공부하여야 할 것이다. 나아가 일원상 진리에 대한 이해가 깊어져 법신불 일원상을 체받는 공부를 시작하면 그때부터는 '일상 수행의 요법' 1, 2, 3조를 유·무념 조목으로 하여야 한다. 유·무념 대조 공부가 얼마나 중요하면 문자와 서식에 능하지 못한 사람은 태조사라 하여 흰콩과 검은콩으로 취사하는 주의심이 있는 유념과 없는 무념으로 공부하도록 하였겠는가. 또한 학습상황을 기재하는 데 좌선 시간도 소태산 대종사 당시 동 하선에서 실시한 것처럼 1회에 두 시간을 하는 것으로 표준을 잡아야 할 것이다.

여덟 번째는 속 깊은 마음공부를 하여야 한다. 이제까지 말씀드린 법과 마를 분석하고 법마상전을 하고 사심을 제거하고 무관사에 부동하는 등이 모두 속 깊은 마음공부에 속한다 할 수 있다. 보통 사람들은 마음공부한다고 하면 경전을 읽고 해석하며 외우고 염불과 좌선 주송을 하는 것으로 마음공부를 다 하는 줄로 알고 있다. 이는 일 없을 때 하는 마음공부이고 일 있을 때 하는 마음공부는 일어나는 내 마음을 알아차려, 보고 대중잡고 대조하며 돌리고 세우는 공부를 하는 것으로 이것이 속 깊은 마음공부이다. 이렇게 속 깊은 마음공부를 하기 위하여 먼저 할 일은 마음을 챙기는 것으로 마치 전기제품이 전기 플러그가 꽂혀 있어야 바로 작동하는 것처럼 '나는 마음공부하는 사람'이라는 공부심을 지속해서 챙겨야 경계를 만나면 바로 알아차리게 된다. 알아차리면 공부할 때가 돌아온 것을 염두에 두고 잊지 말고 끌렸는가 안 끌렸는가 대중을 잡아야 한다. 끌렸으면 일상 수행의 요법에 대조하고 안 끌렸으면 처음 챙기는 마음으로 돌아가 활동을 지속한다. 끌려서 일상 수행의 요법에 대조하였으면 감사 생활로 자력 생활로 배우는 사람으로 가르치는 사람으로 공익심 있는 사람으로 돌리고 불신 탐욕 나태 우치에 끌렸으면 신 분 의 성으로 제거하고 마지막에 법신불 일원상을 체받아서 자성의 정 혜 계를 세운다. 일련의 이와 같은 과정을 계속하는 것이 속 깊은 마음공부로 일이 없이 경전 공부와 의두 연마 그리고 염불 좌선을 하는 때에도 마음이 나가고 들어오는 마음을 알아차리고 돌리고 제거하고 세워 일심으로 하여 깊은 경지에 들어야 할 것이다.

아홉 번째는 견성을 하는 데 공을 들여야 한다. 제자 김기천이 "견성을 못 한 사람으로서 정식 법강항마위에 승급할 수 있습니까?"라고 물으니 소태산 대종사는 "승급할 수 없다."라고 하였다. 마음공부하는 공부인으로 1단계 목표인 법강항마위에 승급하여 바른 스승이 되기 위하여 견성은 필수 조건이다. 견성이라 함은 의두 연마를 꾸준히 하여 우주 만물의 본래 이치와 우리의 자성의 원리를 해결하여 아는 사리연구의 결과이므로 『정전』에 밝혀 준 '의두 요목' 스무 가지 가운데 의심나는 조목을 집중적으로 연구하고 나머지도 순서 있게 연마하여 해득하여야 할 것이다.

열 번째는 한글 『수심결』을 읽어 이해하고 이를 해석할 수 있어야 한다. 필자는 『한글 수심결』 백번 읽기를 권하는데 이는 성품에 대하여 이해할 수 있으며 삼학을 병진하는 공부길인 정혜쌍수를 학습할 수 있기 때문이다. 또한 『휴휴암 좌선문』을 외우고 이를 해석할 수 있어야 하는데 좌선과 무시선 공부하는 데 좌표가 되기 때문이다.

열한 번째는 '마음 난리 평정하기' 프로그램을 계속 진행하여 나 자신의 마음 난리를 평정하기까지 정과 혜를 부지런히 닦고 계율을 죽기로써 지켜야 세상 사람의 마음 난리도 평정할 수 있고 지도하는 도원수가 될 것이므로 마음 난리 평정하는 프로그램을 진행하여야 할 것이다.

열두 번째는 교단에서 시행하는 시험을 통과하여야 할 것이다. 『육대요령』 '학위등급편'의 '법마상전부'에는 "단, 수양과 취사과에 한하여는 본부의 시험을 보지 아니함"이라는 조목이 있으며 『불교정전』 권1 제3편 '수행'의 제15장 '법위등급과 그 해의' 3. '법마상전급'에 보면 "단, 노혼자와 문자를 해득치 못한 자에 한하여는 문자에 관한 시험은 보지 아니함"이라 되어 있는 것을 보면 소태산 대종사는 법마상전급에서는 시험을 보는 것으로 방향을 정하였다고 볼 수 있다. 시험의 수준과 과목에 대한 것은 앞으로 교단에서 방향을 정하겠지만 우리 공부인은 연구과의 시험을 준비하여야 할 것이다.

이상으로 법마상전급이 달성하여야 할 수준이며 이수해야 할 과정에 대하여 정리하였다. 다시 종합하여 보면 다음과 같다. 1과는 법마상전급 계문을 수계하고 이 계문을 이해하고 철저히 수행하여야 할 것이다. 2과는 법과 마를 일일이 분석하여 실천하여야 할 것이다. 3과는 우리의 경전 해석에 과히 착오가 없어야 할 것이다. 4과는 천만 경계 중에서 사심을 제거하는 데 재미를 붙이고 무관사無關事에 동하지 않아야 할 것이다. 5과는 법마상전의 뜻을 알아 법마상전을 하여 반수 이상 법의 승을 얻어야 할 것이다. 6과는 상시 훈련에 더욱 관심을 두고 정성을 기울여야 할 것이다. 7과는 법마상전급 상시 일기를 기재하여야 할 것이다. 8과는 속 깊은 마음공부를 하여야 할 것이다. 9과는 견성을 하는 데 공을 들여야 할 것이다. 10과는 한글 『수심결』과 『휴휴암 좌선문』을 이해하고 이를 해석할 수 있어야 할 것이다. 11과는 마음 난리 평정하기 프로그램을 계속하여 진행하여야 할 것이다. 12과는 교단에서 시행하는 연구과의 시험을 통과하여야 할 것이다.

이제 마음공부하는데 한고비를 넘는 법강항마위에 오를 준비를 하고 있다. 마음공부는 삼학 공부이므로 이를 일상생활에서 꾸준히 진행하는 방법은 상시 훈련법이며 상시 훈련법은 동정 간 무시선 공부를 잘 할 수 있는 방법이다. 등산하다 보면 정상에 오르기 위하여 계곡을 따라 오르다 능선에 올라서기 위해서는 마지막 경사가 급한 구간을 만나듯이 마음공부하는 데에도 법마상전급에서 법강항마위에 오르는 급경사를 만났다. 그러나 공부길을 잡은 사람은 묵묵히 가는 길을 가다 보면 어느 사이 코 풀기보다 더 쉬운 마음 공부길에 도달하리라 믿으니 정진 적공하는 데 열과 성을 다하여야 할 것이다.

12

법강항마위가 달성해야 할 수준

법마상전급의 핵심 사항은 "천만 경계 중에서 사심을 제거하는 데 재미를 붙이고 무관사無關事에 동하지 않으며, 법과 마를 일일이 분석하고, 법마상전을 하되 세밀한 일이라도 반수 이상 법의 승勝을 얻는 사람"이라고 생각한다. 우리는 앞에서 예비 법마상전급에서 이수해야 할 과정을 12과로 정리하였다. 정식 특신급에서 예비 법마상전급에 승급할 때와 마찬가지로 정식 법마상전급에서 예비 법강항마위에 승급하고자 하는 공부인은 본인 자신을 평가해 보고 정식 법마상전급이 달성해야 할 일정한 수준에 이르렀다 생각되면 자발적으로 법마상전급 법위사정을 신청하여야 할 것이다.

이렇게 하여 법위사정 기관으로부터 정식 법마상전급에 도달하였다는 인정을 받으면 정식 법마상전급에 승급하게 된다. 정식 법마상전급에 승급하면 교단에서 시행하는 승급식에 참석하여 법강항마위의 심계心戒를 받고 예비 법강항마위에서 공부해야 할 과정에 대하여 설명을 듣는 절차를 거치면 예비 법강항마위가 되어 정식 법강항마위가 도달해야 할 수준과 예비 법강항마위가 이수해야 할 과정에 따라서 온 오프라인을 통하여 교육과 훈련을 받게 될 것이다.

정식 법마상전급에 승급하려면 본인 스스로 평가할 때 정식 법마상전급이 달성하여야 할 수준 12가지의 과목에 대하여 60% 이상 병丙 수준의 실천을 해야 한다. 특히 계문은 95% 이상인 갑甲 수준의 실천이 있어야 신청할 수 있도록 하여야 할 것이다. "법마상전급은 보통급 십계와 특신급 십계를 일일이 실행하고 예비 법마상전급에 승급하여 법마상전급 십계를 받아 지키며"라고 하였으니 보통급 십계와 특신급 십계와 법마상전급 10가지 계문 하나하나를 별항으로 하여 30가지 조목을 각각 실행하여야 하며 그 실행의 정도도 95%인 갑 이상의 실천이 있어야 함을 의미한다.

『정전』 '법위등급'에 보면 "법강항마위는 법마상전급 승급 조항을 일일이 실행하고 예비 법강항마위에 승급하여, 육근을 응용하여 법마상전을 하되 법이 백전백승하며, 우리 경전의 뜻을 일일이 해석하고 대·소·유·무의 이치에 걸림이 없으며, 생·노·병·사에 해탈을 얻은 사람의 위"라고 하였다.

앞의 '법위등급' 해설에서 정식 법강항마위가 달성해야 할 수준은 세 가지이나 여기에 몇 가지를 더 포함해야 할 것이다. 예비 법강항마위가 이수해야 할 과정 가운데 첫 번째는 법강항마위의 심계를 받아 지키는 것이다. 『대종경』 수행품에 보면 "법강항마위부터는 계문이 없사오니 취사 공부는 다 된 것입니까?"라고 묻는 김대거金大擧에게 소태산 대종사는

"법강항마위부터는 첫 성위聖位에 오르는지라, 법에 얽매이고 계문에 붙잡히는 공부는 아니 하나, 안으로는 또한 심계心戒가 있으니, 그 하나는 자신의 수도와 안일만 취하여 소승에 흐를까 조심함이요, 둘은 부귀 향락에 빠져서 본원이 매각될까 조심함이요, 셋은 혹 신통이 나타나 함부로 중생의 눈에 띄어 정법에 방해될까 조심함이라. 이 밖에도 수양·연구·취사의 삼학을 공부하여, 위로 불지를 더 갖추고 아래로 자비를 더 길러서 중생을 제도하는 것으로 공을 쌓아야 한다."라고 하였다.

두 번째는 육근을 응용하여 법마상전을 하되 법이 백전백승하여야 한다. 법마상전급에서는 법과 마를 일일이 분석하고 법마상전의 뜻을 알아 법마상전을 하되 반수 이상 법의 승을 얻어야 하였으나 법강항마위는 백전백승이어야 한다. 특히 30계문 가운데 한 가지 계문이라도 걸리면 백전백승이 되지 않으므로 법력이 뛰어나서 삿된 마군이 마음 어디에도 숨어서는 안 된다. 그러므로 보통급 계문과 특신급 계문과 법마상전급 계문을 한 가지도 범하지 않아야 할 것이다.

세 번째는 우리 경전의 뜻을 일일이 해석하고 대소유무의 이치에 걸림이 없어야 한다. 우리 경전을 일일이 해석하는 데는 대소유무에 걸림이 없어야 하고 대소유무에 걸림이 없어야 경전을 일일이 해석할 수 있을 것이다. 이는 법신불 일원상의 진리를 깨쳐 진공과 묘유와 인과의 이치를 확실하고 철저하게 알아야 할 것이다. 법강항마위는 첫 성위聖位라 하여 법강항마위에 오르는 공부인이 나오면 법계에서는 성성식成聖式을 한다는 정도로 매우 귀한 법위이며 마음공부하는 공부인의 첫 단계 목표이기도 하다. 그러므로 대소유무에 걸림이 없는 견성을 하지 못하면 법강항마위에 오를 수 없다고 하였다.

법강항마위가 달성하여야 할 수준 네 번째는 견성을 하는 것이다. 견성을 하는 것은 세 번째 조목인 "우리 경전의 뜻을 일일이 해석하고 대소유무의 이치에 걸림"이 없어야 한다는 점과 통하나 이 항목이 매우 중요하므로 강조하는 의미에서 다시 언급하였다. 견성은 일원의 원리를 깨닫는 것으로 일원상의 진리를 깨달아 천지 만물의 시종 본말과 인간의 생로병사와 인과보응의 이치를 걸림 없이 아는 것이며, 일원의 진리가 철저하여 언어의 도가 끊어지고 심행처가 없는 자리를 아는 것이며, 지량知量이 광대하여 막힘이 없는 것이며, 아는 것이 적실하여 모든 사물을 바르게 보고 바르게 판단하는 것으로 성품의 본래 자리를 알고 나아가 삼라만상 형형색색으로 나타나 있는 만물의 실상을 있는 그대로 보는 것이다.

정산 종사는 "견성에 다섯 계단이 있나니, 첫째는 만법 귀일의 실체를 증거 하는 것이요, 둘째는 진공의 소식을 아는 것이요, 셋째는 묘유의 진리를 보는 것이요, 넷째는 보림하는 공부를 하는 것이요, 다섯째는 대기 대용으로 이를 활용함이다."라고 하였다. 또한, 대산 종사는 "견성에는 세 단계가 있으니, 첫째는 초견성初見性으로 불생불멸의 본체 자리와 일체중생의 본성 자리인 대의 자리를 아는 것이요, 둘째는 중견성中見性으로 대가 변하여 소가 되고 소가 변하여 대가 되는 대와 소의 자리를 아는 것이요, 셋째는 상견성上見性으로 대가 소가 되고 소가 대가 되며 유가 무로 되고 무가 유로 변하는 대소유무의 자리를 아는 것이다. 이 세 단계를 거쳐야 견성에 토를 뗀 사람이다."라고 하였다. 또 "견성은 청정법신불을 보는 것으로 우주 만유 삼라만상이 모두 부처임을 아는 것이라 하고 견성을 하면 모두가 다 부처로 보이므로 변함없는 불공심이 나오지만 견성에 토가 떨어지지 아니하면 부처로 보이지 않으므로 불공할 마음이 나지 않는다."라고 하였다.

다섯 번째는 생·노·병·사에 해탈을 얻어야 한다. 모든 생물은 생로병사의 과정을 거치게 되나 그 기간의 장단이 다를 뿐이다. 그 가운데 우리 인류는 수명이 점점 늘어나기는 하나 생로병사를 줄여 말하면 생사이다. 그러나 인간은 이미 태어났으므로 문제는 미래에 맞이할 죽음이다. 이를 맞이하는 태도가 집착과 초월과 해탈과 자유로 구분해 볼 수 있을 것이다. '나 죽으면 어떡해, 나 죽기 싫어.' 하는 사람은 생사에 집착하는 사람이요, '죽어도 좋아!' 하고 죽음 앞에서 매우 적극적으로 맞이하는 사람은 생사를 초월하였다고 할 수 있다. 생사가 원래 없음을 알아서 살고 죽는 것은 진리에 맡겨놓은 사람은 생사를 해탈하였다고 말한다. 또한, 일점 영식은 없어지지 않고 인연을 따라 몸을 받은 줄로 안다. 따라서 생사가 변화인 줄 확실히 알고 태어나려고 결정보를 세우거나 임종의 시기를 마음대로 하는 사람은 생사의 자유를 얻었다고 할 것이다.

여섯 번째는 법신불 일원상을 체받아서 삼학 수행을 하여야 한다. 법강항마위의 심계 가운데 "이 밖에도 수양·연구·취사의 삼학을 공부하여, 위로 불지를 더 갖추고 아래로 자비를 더 길러서 중생을 제도하는 것으로 공을 쌓아야 한다."라고 하였다. 일원상 서원문을 외울 때마다 "우리 어리석은 중생은 이 법신불 일원상을 체받아서 심신을 원만하게 수호하는 공부를 하며, 또는 사리를 원만하게 아는 공부를 하며, 또는 심신을 원만하게 사용하는 공부를 지성으로 하여"를 우리는 모두 서원한다. 이 내용은 법신불 일원상을 체받아서 삼학 수행을 하여 일원의 위력을 얻고 일원의 체성에 합하겠다는 서원이다. 따라서 견성을 한 공부인이 일원의 진리를 체받는 삼학 공부가 바로 일상 수행의 요법 1, 2, 3조이다.

일곱 번째는 불리자성하는 공부를 하여야 한다. 불법연구회 회규인『불법연구회 규약』권두卷頭에는 "불리자성왈공不離自性曰工 응용무념왈덕應用無念曰德"이라는 문구가 있다. 불리자성의 뜻은 항상 마음이 두렷하고 고요하여 자성을 떠나지 않는다는 의미로 사람이 육근을 작용하여 일을 할 때[動]나, 일이 없이 육근이 쉬고 있을 때[靜]나 항상 마음이 한가하고 넉넉하여 자성을 떠나지 않는 일심이 지속한다는 것이다. 이 의미를 쉽게 이해하자면 항시 마음에 진리眞理를 품고 살아 말과 행동에 성리性理가 묻어나오며 마음이 온전하고 평온하며 모든 일에 마음을 다하나 착심이 없이 신령하게 알고 바르게 행하는 것으로 높은 수준의 마음 챙김이 지속하는 것이다.

여덟 번째는 동정일여의 무시선 공부를 하여야 한다. 마음공부를 정의할 때 간단히 삼학을 병진하는 동정일여의 무시선 공부라고 정의해 왔는데 소태산 대종사는 "큰 공부는 먼저 자성自性의 원리를 연구하여 원래 착着이 없는 그 자리를 알고 실생활에 나아가서는 착이 없는 행行을 하는 것이니, 공부하는 사람이 처지 처지를 따라 이 일을 할 때 저 일에 끌리지 아니하고, 저 일을 할 때 이 일에 끌리지 아니하고, 이 일을 할 때 알음알이를 구하여 순서 있게 하고, 저 일을 할 때 알음알이를 구하여 순서 있게 하며, 이 일을 할 때 불의에 끌리는 바가 없고, 저 일을 할 때 불의에 끌리는 바가 없게 한다. 한가한 때에는 염불과 좌선으로 일심에 전공도 하고 경전 연습으로 연구에 전공도 하여, 일이 있는 때나 일이 없는 때를 오직 간단없이 공부로 계속한다면 저절로 정신에는 수양력이 쌓이고 사리에는 연구력이 얻어지고 작업에는 취사력이 생겨난다."라고 하였다. 이렇게 하는 것이 바로 동정일여의 무시선 공부라 할 것이다.

아홉 번째는 삼대력을 양성해야 한다. 소태산 대종사는 "공부인이 동動하고 정靜하는 두 사이에 수양력修養力 얻는 빠른 방법은, 첫째는 모든 일을 작용할 때 나의 정신을 시끄럽게 하고 정신을 빼앗아 갈 일을 짓지 말며 또는 그와 같은 경계를 멀리할 것이요, 둘째는 모든 사물을 접응할 때 애착 탐착을 두지 말며 항상 담담한 맛을 길들일 것이요, 셋째는 이 일을 할 때 저 일에 끌리지 말고 저 일을 할 때 이 일에 끌리지 말아서 오직 그일 그 일에 일심만 얻도록 할 것이요, 넷째는 여가 있는 대로 염불과 좌선하기를 주의할 것이니라."라고 하였다. "또는 연구력 얻는 빠른 방법은, 첫째는 인간 만사를 작용할 때 그일 그 일에 알음알이를 얻도록 힘쓸 것이요, 둘째는 스승이나 동지로 더불어 의견 교환하기를 힘쓸 것이요, 셋째는 보고 듣고 생각하는 중에 의심나는 곳이 생기면 연구하는 순서를 따라 그 의심을 해결하도록 힘쓸 것이요, 넷째는 우리의 경전 연습하기를 힘쓸 것이요, 다섯째는 우리의 경전 연습을 다 마친 뒤에는 과거 모든 도학가道學家의 경전을 참고하여 지견을 넓힐 것이니라."라고 하였으며 "또는 취사력 얻는 빠른 방법은, 첫째는 정의인 줄 알거든 크고 작은 일을 막론하고 죽기로써 실행할 것이요, 둘째는 불의인 줄 알거든 크고 작은 일을 막론하고 죽기로써 하지 않을 것이요, 셋째는 모든 일을 작용할 때에 즉시 실행이 되지 않는다고 낙망하지 말고 정성을 계속하여 끊임없는 공을 쌓을 것이니라."라고 하여 동정 간에 삼대력을 빨리 얻도록 지도하였으니 일상 생활하는 가운데 삼대력을 얻어야 할 것이다.

열 번째는 심전계발 프로그램을 진행하는 것이다. 앞에서 말한 법신불 일원상을 체받는 공부나 불리자성의 공부 그리고 동정일여의 무시선 공부나 동정 간 삼대력을 쌓는 공부가 모두 심전계발하는 높은 수준의 삼학 공부이나 단계를 따라 순서에 맞게 마음공부를 해야 할 것이다.

열한 번째는 지도자가 되어 배우고 가르치는 일에 모범을 보여야 한다. 마음에 병든 이를 치료하고 세상이 평하를 위하여 마음 난리를 평정하며 위로 불지를 더 갖추고 아래로 자비를 더 길러서 중생을 제도하는 것으로 공을 쌓아야 할 것이다. 『정전』에 밝혀준 '지도인으로서 준비할 요법'에 "지도받는 사람 이상의 지식을 가질 것이며 지도받는 사람에게 신용을 잃지 말 것이며 지도받는 사람에게 사리私利를 취하지 말 것이며 일을 당할 때마다 지행을 대조할 것이다."라고 하였으니 이를 적극적으로 실천하여 지도인이 되어야 할 것이다.

이상으로 '법위등급'에서 초성위인 정식 법강항마위가 달성해야 할 수준이며 예비 법강항마위가 이수해야 할 과정에 대하여 정리하였다. 다시 종합하여 보면 1과는 심계를 수계하고 이 계문을 이해하고 철저히 수행하여야 할 것이다. 2과는 육근을 응용하여 법마상전을 하되 법이 백전백승하여야 한다. 30계문을 한 조목이라도 범과해서는 안 될 것이다. 3과는 우리 경전의 뜻을 일일이 해석하고 대소유무의 이치에 걸림이 없어야 한다. 4과는 견성을 하는 것이다. 5과는 '생·노·병·사에 해탈을 얻어야 한다. 6과는 법신불 일원상을 체받아서 삼학의 수행을 하여야 한다. 7과는 불리자성하는 공부를 하여야 한다. 8과는 동정일여의 무시선 공부를 하여야 한다. 9과는 삼대력을 양성해야 한다. 10과는 심전계발하기 프로그램을 단계적으로 진행하여야 할 것이다. 11과는 지도자가 되어 배우고 가르치는 일에 모범을 보여야 한다.

이상 예비 법강항마위에서 이수하여야 할 11과목을 정리하였는데 이 가운데 견성을 인가하고 항마를 검증하는 방법을 계발하여야 하는 일이 매우 중요하다. 필자는 개인적으로 견성見性 콘테스트를 열어 누구나 견성을 하였다고 생각되는 사람은 여기에 스스로 신청 참가하여 대중 앞에서 설명한 후 위원회의 견성 인가를 받을 수 있도록 하여야 한다고 생각한다. 또 항마降魔 테스트는 과거 3년 동안의 말과 행적에 대한 청문회를 열어 검증을 받아야 할 것이다. 이렇게 하여 견성 인가를 받고 항마 검증을 통과하여야 명실상부한 법강항마위가 될 수 있을 것이다.

법강항마위 이상의 법위사정은 원하는 사람만 받게 하고 원하지 않는 사람은 받지 않고 숨어서 공부하여도 좋을 것이다. 그러나 교단의 중요 보직을 얻어 경륜을 펼치고자 하는 사람은 법강항마위에 승급하여야 가능하도록 해야 할 것이니 이렇게 종교의 생명과 같은 정식 법강항마위 법위가 문란하지 않아야 종교의 정맥이 살아있다 할 것이다.

13

불지에 이르는 길

공부인이 출가위와 대각여래위에 오르는 불지佛地에 이르는 길에 대하여 소태산 대종사와 정산 종사와 대산 종사 세 분 스승님의 법문을 중심으로 찾아보고자 한다. 출가위와 대각여래위를 함께 부처님께서 머무시는 땅이라는 의미로 불지라고 할 때 필자의 공부가 부족하여 불지에 도달해야 할 수준이면서 이수해야 할 과정을 정리할 수 있는 정도에 미치지 못하여 법문을 소개하는 것으로 정리하겠다.

법강항마위의 '심계'에 보면 "이 밖에도 수양·연구·취사의 삼학을 공부하여, 위로 불지를 더 갖추고 아래로 자비를 더 길러서 중생을 제도하는 것으로 공을 쌓아야 한다."라고 하였다. 이 말씀에 근거하여 삼학 공부에 더욱 정진하여 삼대력을 길러 불지를 더욱 갖추어야 하고 사은에 보은하고 세상에 헌신하여 물질의 노예 생활로 인하여 파란 고해에서 헤매는 일체생령을 광대 무량한 낙원으로 인도하는 제중濟衆의 실적을 쌓아야 할 것이다.

『정전』 '법위등급'에 보면 "출가위는 법강항마위 승급 조항을 일일이 실행하고 예비 출가위에 승급하여, 대소유무의 이치를 따라 인간의 시비이해를 건설하며, 현재 모든 종교의 교리를 정통하며, 원근친소와 자타의 국한을 벗어나서 일체 생령을 위하여 천신만고와 함지사지를 당하여도 여한이 없는 사람의 위"라고 하였다. 출가위는 불교에서 말하는 보살의 경지라 할 수 있을 것으로 소태산 대종사는 "음식과 의복을 잘 만드는 사람은 그 재료만 있으면 마음대로 그것을 만들어내기도 하고 잘못되었으면 뜯어고치기도 하는 것같이, 모든 법에 통달하신 큰 도인은 능히 만법을 주물러서 새 법을 만들어 내기도 하고 묵은 법을 뜯어고치기도 하시나, 그렇지 못한 도인은 만들어 놓은 법을 쓰기나 하고 전달하기는 할지언정 창작하거나 고치는 재주는 없다."라고 하였다. 한 제자가 "어느 위位에나 올라야 그러한 능력이 생깁니까?" 하고 물으니 "출가위出家位 이상 되는 도인이라야 하나니, 그런 도인들은 육근六根을 동작하는 바가 다 법으로 화하여 만대의 사표가 된다."라고 하였다.

대산 종사는 출가위 승급 조항인 "'대소유무의 이치를 따라 인간의 시비이해를 건설한다.'는 것은 일원의 진리를 깨달아 삼학팔조와 사은사요로 생활하고 천리를 보아다기 인사의 법을 마련함을 이름이다."라고 하였고 또 "'모든 종교의 교리를 정통한다.'는 것은 모든 성자가 하나의 진리를 깨달아 하나의 일을 하셨음을 아는 것이요, 모든 종교의 교서를 탐독함이 아니라 삼학 수행의 중도, 사은 신앙의 중도, 사요 실천의 중도로써 원만구족하고 지공무사한 진리를 그대로 옮겨 쓰자는 것이며, 모든 이웃 종교의 교리에 걸리고 막힘이 없도록 하자는 것이다."라고 하였다.

또 "'원근친소와 자타의 국한을 벗어나서 일체생령을 위하여 천신만고와 함지사지를 당하여도 여한이 없다.'는 것은 심화·기화·인화가 되고 하늘도 원망하지 않고 다른 사람도 탓하지 않는 순일한 도심·공심·희열심으로 사생일신 시방일가의 큰살림을 개척함이니, 특히 법을 위하여서는 몸을 잊고 공을 위하여서는 사를 버려 교단을 내 집 내 살림 삼고 동지를 내 몸 내 형제 삼는다는 뜻이다."라고 하였으며 "또한 아집·법집·소국집·능집을 뛰어넘어 일체의 상을 떠나야 부처님의 대열에 들고 중생을 제도한 실적이 있어야 출가위에 오를 수 있으니, 주산 종사가 대종사께 '마음은 스승님께 드리고 몸은 세계에 바쳐 일원의 법륜을 힘껏 굴리며 영겁토록 쉬지 않겠나이다[獻心靈父 許身世界 常隨法輪 永轉不休].' 하신 출가시出家詩가 바로 출가위의 심법이다."라고 하였다.

대산 종사는 "출가위는 곧 큰 법기라, 이 회상의 천하 농판이 되고 사랑방의 목침과도 같이 되어야 하니, 회상에 법기가 한둘만 있어도 선성 도인들이 떠나지 못한다. 그러므로 이 회상에 수많은 도인이 출현하는 것도 결코 우연한 일이 아니니, 대종사와 정산 종사께서는 우리 회상에 큰 법기들이 모이도록 수천 년을 통하여 공을 들이셨고, 회상을 펴신 후에도 동서남북을 두루 다니시며 일꾼들을 모아 법을 크게 일으키시고 사업을 크게 후원하셨다."라고 하였다.

또 "출가위는 국량이 트인 사람이요 남녀의 상이 떨어진 사람이요 시방을 한 집안 삼는 사람이므로 자신과 부모와 스승과 교단과 일체생령을 위하여 큰 적공을 해야 한다. 공부만 잘하고 사업을 하지 않으면 빈 마음은 되었으나 공변되지 못하므로 빈자리에 떨어지기 쉽고, 사업만 잘하고 공부를 등한시하면 공변되기는 하나 빈 마음이 되지 못하므로 공변됨에 얽매이기 쉬우니, 그러므로 공부와 사업을 같이하여 빈 마음과 공변된 마음이 어우러져야 출가위의 큰 도인이 될 수 있다."라고 하였다.

소태산 대종사에게 한 제자가 "어느 위에나 오르면 불퇴전不退轉이 됩니까?" 하고 물으니 "출가위 이상이라야 된다. 그러나 불퇴전에만 오르면 공부심을 놓아도 퇴전하지 않는 것이 아니니, 천하의 진리가 어느 것 하나라도 그대로 머물러 있는 것이 없는지라 불퇴전위에 오르신 부처님께서도 공부심은 여전히 계속되어야 어떠한 순역 경계와 천마외도라도 그 마음을 물러나게 하지 못할지니 이것이 이른바 불퇴전이다."라고 하였고 또 한 제자가 "출가위 이상에 오른 도인들도 마음에 욕심이 납니까?" 하고 소태산 대종사에게 물으니 "저 땅에 풀이 나는 것과 같나니 농사 잘 짓는 농부는 매년 농사에 언제나 부지런히 좋은 곡식 싹은 남겨 놓고 못 쓸 풀은 뽑아내는 것이다. 세세생생 마음공부도 이러하면 곧 불퇴전인 것이다."라고 하였다.

정산 종사는 학인이 "법강항마위 승급 조항에 '생로병사에 해탈을 얻은 사람의 위'라는 말씀이 있으니, 항마위만 되면 육도를 자유 자재할 수 있습니까?" 하고 물으니 "항마위에서는 생로병사에 끌리지만 않는 정도요, 출가위에 가야 자유자재 할 수 있다."라고 하였다.

『정전』 '법위등급'에 보면 "대각여래위는 출가위 승급 조항을 일일이 실행하고 예비 대각여래위에 승급하여, 대자대비로 일체 생령을 제도하되 만능萬能이 겸비하며, 천만 방편으로 수기응변隨機應變하여 교화하되 대의에 어긋남이 없고 교화 받는 사람으로서 그 방편을 알지 못하게 하며, 동하여도 분별에 착이 없고 정하여도 분별이 절도에 맞는 사람의 위니라."라고 하였다.

대각여래위는 부처의 경지라 할 수 있을 것이다. 소태산 대종사는 "불보살들은 행·주·좌·와·어·묵·동·정 간에 무애 자재無礙自在하는 도가 있으므로 능히 정할 때 정하고 동할 때 동하며, 능히 클 때 크고 작을 때 작으며, 능히 밝을 때 밝고 어두울 때 어두우며, 능히 살 때 살고 죽을 때 죽어서, 오직 모든 사물과 모든 처소에 조금도 법도에 어그러지는 바가 없느니라."라고 하였고 또 "중생들은 그릇이 작은지라, 없던 것이 있어진다든지 모르던 것이 알게 되고 보면 곧 넘치기가 쉽고 또는 가벼이 흔들려서 목숨까지 위태롭게도 하나, 불보살들은 그 그릇이 국한이 없는지라, 있어도 더한 바가 없고 없어도 덜한 바가 없어서 그 살림의 유무를 가히 엿보지 못하므로 그 있는 바를 온전히 지키고 그 명命을 편안히 보존한다."라고 하였다.

대산 종사는 대각여래위 승급 조항에 대해 "'대자대비로 일체 생령을 제도하되 만능이 겸비한다.'는 것은 만능·만지·만덕이 되어 한 중생도 스스로 버릴 수 없는 대자대비로 누가 미워하고 싫어하고 멀리한다고 할지라도 조금도 거기에 끌리지 않고 죽이고 살리고를 자유자재하는 큰 능력으로 제도함을 이름이다. 또 '천만 방편으로 수기응변하여 교화하되 대의에 어긋남이 없다.'는 것은 어떠한 경우에 처할지라도 회상의 법통을 어기지 아니하고 자리이타로 하다가 안 될 때는 내가 해害를 차지하는 심법을 가진다는 뜻이요, '교화받는 사람으로서 그 방편을 알지 못한다.'는 것은 생각으로 헤아려 알 수도 없고 흔적을 찾을 수도 없는 경지를 이름이다."라고 하였다.

한 제자 "과거 부처님 말씀에 공부가 순숙되면 삼명 육통三明六通을 얻는다 하였사오니, 어느 법위에나 오르면 삼명 육통을 얻게 됩니까?" 하고 물으니 소태산 대종사는 "삼명 가운데 숙명宿明·천안天眼의 이명과 육통 가운데 천안天眼·천이天耳·타심他心·숙명·신족神足의 오통은 정식 법강항마위가 되지 못한 사람도 부분적으로 혹 얻을 수가 있으나 정식 법강항마위 이상 도인도 얻지 못하는 수가 있으며, 누진명漏盡明과 누진통은 대원정각을 한 불보살이라야 능히 얻게 된다."라고 하였다.

소태산 대종사는 "불보살들은 이 천지를 편안히 살고 가는 안주처로 삼기도 하고, 일을 하고 가는 사업장으로 삼기도 하며, 유유 자재하게 놀고 가는 유희장으로 삼기도 한다."라고 하였다. 이에 대하여 한 제자 정산 종사에게 "『대종경』 불지품 23장에 불보살들은 이 천지를 안주처나 사업장이나 유희장으로 삼는다고 하셨는데 안주처와 사업장과 유희장은 무엇이며, 쉬거나 놀고만 가신 도인은 어찌하여 그러한 것입니까?" 하고 물으니 "안주처로 삼는다는 것은 왕궁가에 태어나 편히 쉬는 것이고, 사업장으로 삼는다는 것은 대종사와 같이 제도 사업을 하신 것이며, 유희장으로 삼는다는 것은 진묵 스님처럼 놀고 가신 것이다. 그리고 도인들이 안주처와 유희장으로 삼는 것은 때가 오지 아니하였거나 또는 한 때 쉬기 위한 것이다. 그러나 쉬는 것은 일할 수 있는 밑천을 장만하기 위한 것이지 의미 없이 쉬는 것이 아니다."라고 하였으며 또 "쉬려면 영단만으로 허공에 주하여 쉬지 않고 어찌하여 인간 세상에 내려와서 쉬게 됩니까?" 하고 물으니 "그럴 수도 있고, 저럴 수도 있다."라고 하였다.

정산 종사는 "불보살이나 범부나 좋은 것을 좋아하고 낮은 것을 싫어함은 같으나, 불보살은 아무리 좋아도 의리에 부당하면 취하지 않으시고 범부는 의리에 부당하여도 취하는 점이 다르며, 불보살은 희로애락의 경계를 당하여도 증애에 착심이 없으시나, 범부는 좋고 낮은 데 집착하는 점이 다르며, 이 세상에 살 때 위를 얻어야 각자의 이상 포부를 실현함은 같으나, 범부는 지위 권리 재물을 모두 죄짓는 도구로 사용하는 수가 많고, 불보살은 이것으로 세상 사람들에게 이익을 주어, 복을 수용하시면 할수록 세상 만인에게 복록을 끼치게 되는 점이 다르시나니, 그러므로 불보살들은 복록이 항상 유여하시므로 따라서 불보살께 바치는 모든 수용품도 세상을 이익 주는 거룩한 물건으로 화하게 된다."라고 하였다.

불지에 오르는 출가위나 대각여래위는 공부하지 않아도 되는 것은 아니다. 여기에 이르면 안으로 숨은 공을 쉬지 않고 쌓았으나 다른 사람 눈에 띄지 않는 것일 뿐이다. 저절로 되는 경지에 올랐으나 스스로 더욱더 철저하게 할 뿐이며 공부심을 놓지 않는 것이 일상이 되었고 생활이 되어 둘이 아닌 하나가 된 것이다.

그렇다면 무슨 공부를 그저 그렇게 표가 나지 않게 할까? 먼저 일상 수행의 요법이 일상생활의 요긴한 법이 되어 저절로 생활이 되고 그것이 만사 행동의 표준이 된다. 둘째는 상시 훈련이 생활화 되고 일상이 되어 상시응용 주의사항 6조와 교당내왕 시 주의사항 6조가 그대로 생활 가운데 녹아나 일과가 된다. 셋째는 동정 간 불리선動靜間 不離禪이 되어 생활이 불리자성不離自性 응용무념應用無念이며 동정 간 삼대력 얻는 빠른 방법이 생활이 되었다. 넷째는 지도인이 되어 창생을 제도하고 세상을 위하여 헌신하고 사은에 보은한다. 다섯째는 활불의 모습인 정각정행 지은보은 불법활용 무아봉공하는 생활이다. 여섯째는 수도와 생활이 둘이 아니고 생활과 중생제도 사업이 둘이 아니며 시간과 장소에 구애받지 아니하고 일체 처 일체 시에 그대로 할뿐 관념觀念과 상相을 떠나 천지행을 하고 있다.

소태산 대종사는 선원 대중에게 "누가 이 가운데 허공 법계를 완전히 자기 소유로 이전 증명 낸 사람이 있느냐?" 하고 물었으나 대중이 묵연하여 답이 없는지라, 소태산 대종사는 다시 "삼세의 모든 불보살은 형상도 없고 보이지도 않는 허공 법계를 다 자기 소유로 내는 데에 공을 들였으므로 형상 있는 천지 만물도 자기의 소유로 수용하나, 범부와 중생들은 형상 있는 것만을 자기 소유로 내려고 탐착하므로 그것이 영구히 제 소유가 되지도 못할 뿐 아니라 아까운 세월만 허송하고 마나니, 이 어찌 허망한 일이 아니리오. 그러므로 그대들은 형상 있는 물건만 소유하려고 허덕이지 말고 형상 없는 허공 법계를 소유하는 데에 더욱 공을 들이라. 큰 도에 발원한 사람은 짧은 시일에 속히 이루기를 바라지 말라. 잦은걸음으로는 먼 길을 걷지 못하고, 조급한 마음으로는 큰 도를 이루기 어렵나니, 저 큰 나무도 작은 싹이 썩지 않고 여러 해 큰 결과요, 불보살도 처음 발원을 퇴전退轉하지 않고 오래오래 공을 쌓은 결과이다."라고 하였다.

정산 종사는 "그대들은 허공이 돼라. 허공은 비었으므로 일체 만물을 소유하나니 우리도 대인이 되려면 그 마음이 허공같이 되어야 하느니라. 자신을 다스리되 빈 마음으로써 하고, 가정을 다스리되 빈 마음으로써 하고, 나라를 다스리되 빈 마음으로써 하며, 모든 동지와 모든 동포를 대할 때에도 또한 빈 마음으로써 화하여, 매사에 상이 없고 원근이 없으며 증애가 끊어지면 불보살이다."라고 하였다.

대산 종사는 "바다에 가면 크고 작은 파도들이 쉬지 않고 밀려드는 것을 볼 수 있듯이 공부인에게는 넘어서야 할 크고 작은 경계의 파도들이 많이 있나니 정법 회상 만났을 때 무서워하지 말고 헤쳐나가야 마침내 불보살의 대열에 오를 수 있다. 진리는 불보살을 만들기 위해 온 세상 마군을 다 동원하여 여러 가지로 시험을 하니 서원이 크고 신심이 있는 사람은 역경보다 순경을 더 무섭게 알고 대처하고, 성현들께서는 생사의 위험과 천만 경계를 당할지라도 서원과 신심과 공부심이 일관한다."라고 하였다.

소태산 대종사는 선원 대중에게 "범부들은 인간락에만 탐착하므로 그 낙이 오래가지 못하지마는 불보살들은 형상 없는 천상락을 수용하시므로 인간락도 아울러 받을 수 있다."라고 하였으니 우리 모든 공부인은 이때를 당하여 한 번 더 분발하여 출가위를 지나 대각여래위에 이를 수 있도록 더욱더 마음공부에 매진하여야 할 것이다.

14

법신불 일원상을 체体받으라

마음공부 로드맵의 완결편으로 마음공부하는 공부인은 어느 법위에 있든지 누구나 법신불 일원상을 체받아서 삼학 공부 즉 마음공부를 할 것임으로 최후의 최상의 최고의 법문인 일원상 법문을 정리하면 수행에 많은 도움이 될 것이다. 일원상은 마음공부하는 공부인들이 거주해야 할 집이며 먹어야 할 밥이며 입어야 할 옷이다. 아니 지금 세 들어 사는 주택이며 먹고 있는 음식이며 입고 다니는 의류이기도 하며 모든 이들의 삶의 터전이고 생활하는 방식이다. 소태산 대종사는 이 일원상을 "신앙의 대상이요 수행의 표본"이라 하고 "체받아서 실행하라."라고 하였으며 정산 종사는 "일원상을 모본하라."라고 하였다. 우리 공부인은 일원상을 등기 이전 내야하고 일원상을 요리해야 하며 일원상을 활용하면 불지에 오르는 데 멀리 돌아가지 않고 바로 직행할 수 있을 것이다.

마음공부하는 단계를 크게 두 단계로 나누어 본다면 법위등급을 3급 과정과 3위 과정으로 구분해 볼 수 있다. 이는 견성하기 전 마음공부와 견성 한 후 마음공부로 나눌 수 있다는 것이다. 삼급은 보통급 특신급 법마상전급의 단계로 견성을 하기 전 즉 일원상의 진리에 대한 깨달음이 있기 전의 단계로 이 단계의 프로그램은 나무를 키울 때 전지하는 것처럼 나쁜 버릇은 버리고 좋은 습관은 길들이는 '마음 소 길들이기' 과정과 나와 다른 사람의 마음병을 치료해 줄 수 있는 '마음병 치료하기' 과정과 정과 혜를 부지런히 닦고 계율을 죽기로써 지키는 '마음 난리 평정하기' 위한 과정이다.

삼위의 과정은 법강항마위 출가위 대각여래위의 단계로 견성을 하여 나의 본래 성품에 반조하고 정신의 힘을 기르며 죄복을 판단하여 선업을 쌓아가는 견성 이후 즉 일원상의 진리를 떠나지 않고 일원의 진리에 회광반조하며 일원의 진리를 활용하는 단계이다. 이 단계의 프로그램은 마음 밭을 발견하여 마음 밭을 깨끗이 다스리고 농사짓는 방식을 알고 농작물과 풀을 구분하며 아는 그대로 실행하여 폐농하지 않는 수양과 연구와 취사공부를 하는 '마음 밭 계발하기' 위한 과정이다.

일원상 앞에 함께 붙어 다니는 단어가 '법신불'로 우리는 '법신불 일원상'이라 한다. '교리도'에 보면 "일원은 법신불이니 우주만유의 본원이요 제불제성의 심인이며 일체중생의 본성이다."라고 설명하였다. 일원은 소태산 대종사가 진리를 부르는 호칭으로 일원상은 그 일원을 도형으로 나타낸 둥근 원의 이름이며 일원상을 달을 가리키는 손가락에 비유하여 손가락이 달이 아님을 설명하였다. 『불교정전』 '교리도'에는 원공圓空이라는 단어를 사용하고 다섯 가지로 설명하였으나 『원불교 교전』 '교리도'에는 "일원一圓은 법신불이니" 하고 원공을 일원으로 바꾸고 있다. 법신불의 의미는 만유의 근원인 궁극적 진리 그 자체로서의 불佛로 이해할 수 있으며 원불교와 불교를 한마디로 연결하고 있으나 처음 '일원상 서원문'을 발표할 때에는 심불心佛 일원상이라고 표현하였다. 정산 종사는 "법신불이라 함은 곧 만법의 근원인 진리불을 이름"이라 하였다. 『정전』의 일원상장에 보면 일원상의 진리, 신앙, 수행, 서원문, 법어, 그리고 게송이 있다. 지금부터 여기에 대하여 차례차례 공부해 보기로 하자.

첫째 '일원상의 진리'이다. 일원상의 진리는 "일원一圓은 우주 만유의 본원이며, 제불 제성의 심인이며, 일체중생의 본성이며, 대소유무大小有無에 분별이 없는 자리며, 생멸 거래에 변함이 없는 자리며, 선악 업보가 끊어진 자리며, 언어 명상言語名相이 돈공頓空한 자리로서 공적영지空寂靈知의 광명을 따라 대소유무에 분별이 나타나서 선악 업보에 차별이 생겨나며, 언어 명상이 완연하여 시방삼계十方三界가 장중掌中에 한 구슬같이 드러나고, 진공묘유의 조화는 우주 만유를 통하여 무시광겁無始曠劫에 은현자재隱顯自在하는 것이 곧 일원상의 진리니라."라고 하였다.

처음 대하면 생소하나 자주 읽어 외우면 각각 한 문장 한 문장이 진리를 설명하는 개념들인 것을 알 수 있다. 일원은 소태산 대종사께서 깨달은 진리의 호칭이요 일원상은 그 일원을 도형으로 나타낸 둥근 원의 이름이므로 일원의 진리나 일원상의 진리는 같은 뜻이나 이를 모두 이해할 수 있도록 그리고 신앙의 대상과 수행의 표본으로 체받을 수 있도록 두 가지 단어를 사용하고 있다고 생각한다. 다음 법문에서 우리는 이를 확실히 이해할 수 있다.

광전光田이 "일원상과 인간과의 관계가 어떠하오니까?" 하고 여쭈니 소태산 대종사는 "네가 큰 진리를 물었도다. 우리 회상에서 일원상을 모시는 것은 과거 불가에서 불상을 모시는 것과 같으나, 불상은 부처님의 형체形體를 나타낸 것이요, 일원상은 부처님의 심체心體를 나타낸 것이므로, 형체라 하는 것은 한 인형에 불과한 것이요, 심체라 하는 것은 광대무량하여 능히 유와 무를 총섭하고 삼세를 관통하였나니, 곧 천지 만물의 본원이며 언어도단의 입정처入定處라, 유가에서는 이를 일러 태극太極 혹은 무극無極이라 하고, 선가에서는 이를 일러 자연 혹은 도라 하고, 불가에서는 이를 일러 청정 법신불이라 하였으나, 원리에서는 모두 같은 바로서 비록 어떠한 방면 어떠한 길을 통한다고 할지라도 최후 구경에 들어가서는 다 이 일원의 진리에 돌아가나니, 만일 종교라 이름하여 이러한 진리에 근원을 세운 바가 없다면 그것은 곧 사도邪道라, 그러므로 우리 회상에서는 이 일원상의 진리로써 우리의 현실 생활과 연락시키는 표준으로 삼았으며, 또는 신앙과 수행의 두 문을 밝히었느니라."라고 하였다.

정산 종사는 "일원상의 원리는 모든 상대가 끊어져서 말로써 가히 이르지 못하며 사량으로써 가히 계교하지 못하며 명상으로써 가히 형용하지 못 할지라 이는 곧 일원의 진공체眞空體요, 그 진공한 중에 또한 영지 불매하여 광명이 시방을 포함하고 조화가 만상을 통하여 자재하나니 이는 곧 일원의 묘유요, 진공과 묘유 그 가운데 또한 만법이 운행하여 생멸 거래와 선악 과보가 달라져서 드디어 육도 사생으로 승급 강급 하나니 이는 곧 일원의 인과인 바, 진공과 묘유와 인과가 서로 떠나지 아니하여 한 가지 일원의 진리가 된다."라고 하였으며 "대종사께서 이 일원상으로써 교리의 근원으로 삼아 모든 공부인으로 하여금 이를 신앙케 하고 이를 연구케 하며 이를 수행케 하신 것은 곧 계단을 초월하여 쉽게 대도에 들게 하고 깊은 이치를 드러내어 바로 사물에 활용케 하심이니, 그러므로, 진리를 구하는 이가 이 외에 다시 구할 곳이 없고 도를 찾는 이가 이외에 다시 찾을 길이 없으며 그밖에 일체 만법이 이외에는 다시 한 법도 없다."라고 하였다.

둘째 '일원상의 신앙'이다. 일원상의 신앙은 "일원상의 진리를 우주 만유의 본원으로 믿으며, 제불 제성의 심인으로 믿으며, 일체중생의 본성으로 믿으며, 대소유무에 분별이 없는 자리로 믿으며, 생멸 거래에 변함이 없는 자리로 믿으며, 선악 업보가 끊어진 자리로 믿으며, 언어 명상이 돈공한 자리로 믿으며, 그 없는 자리에서 공적영지의 광명을 따라 대소유무에 분별이 나타나는 것을 믿으며, 선악 업보에 차별이 생겨나는 것을 믿으며, 언어 명상이 완연하여 시방 삼계가 장중에 한 구슬같이 드러나는 것을 믿으며, 진공 묘유의 조화는 우주 만유를 통하여 무시광겁에 은현자재하는 것을 믿는 것이 곧 일원상의 신앙이니라."라고 하였는데 일원상의 진리 한 조목 한 조목을 믿는 것이 바로 일원상의 신앙이라는 것이다.

또 "일원상의 신앙은 어떻게 하나이까?" 하고 여쭈니 소태산 대종사는 "일원상을 신앙의 대상으로 하고 그 진리를 믿어 복락을 구하니, 일원상의 내역을 말하자면 곧 사은이요, 사은의 내역을 말하자면 곧 우주 만유로서 천지 만물 허공 법계가 다 부처 아님이 없나니, 우리는 어느 때 어느 곳이든지 항상 경외심을 놓지 말고 존엄하신 부처님을 대하는 청정한 마음과 경건한 태도로 천만 사물에 응할 것이며, 천만 사물의 당처에 직접 불공하기를 힘써서 현실적으로 복락을 장만할지니, 이를 몰아 말하자면 편협한 신앙을 돌려 원만한 신앙을 만들며, 미신적 신앙을 돌려 사실적 신앙을 하게 한 것이다."라고 하였다.

정산 종사는 교당 봉불식에서 "법신불의 근본을 말하자면 언어와 명상이 끊어진 자리며 그 실체를 말하자면 우주 만유가 모두 법신불 아님이 없으므로, 따로 일원상을 봉안하지 아니하여도 법신불의 진리는 항상 여여히 있으나, 우리 일반 대중에 있어서는 신앙의 대상을 보이지 아니하면 마음의 귀의처와 수행의 표준을 알기가 어려우며, 설령 안다고 할지라도 마음 대조에 때때로 그 표준을 잃기가 쉬우므로, 대종사께서 교당이나 가정을 막론하고 법신불의 상징인 이 일원상을 봉안하여 행주좌와 어묵동정 간에 신앙의 대상과 수행의 표본으로 받들게 하신 것이니, 우리는 마땅히 저 표준의 일원상을 봉안하고 신앙함으로 인하여 참 일원상을 발견하여야 할 것이며, 일원의 참된 성품을 지키고 일원의 원만한 마음을 실행하여, 일원상의 진리와 우리의 생활이 완전히 합치함으로써 다 같이 한량없는 복락과 한량없는 지혜의 주인공이 되어야 할 것이다."라고 하였다.

셋째 '일원상의 수행'이다. 일원상의 수행은 "일원상의 진리를 신앙하는 동시에 수행의 표본으로 삼아서 일원상과 같이 원만구족圓滿具足하고 지공무사至公無私한 각자의 마음을 알자는 것이며, 또는 일원상과 같이 원만구족하고 지공무사한 각자의 마음을 양성하자는 것이며, 또는 일원상과 같이 원만구족하고 지공무사한 각자의 마음을 사용하자는 것이 곧 일원상의 수행이니라."라고 하였다.

또 "일원상의 수행은 어떻게 하나이까?" 하고 여쭈니 소태산 대종사는 "일원상을 수행의 표본으로 하고 그 진리를 체받아서 자기의 인격을 양성하나니 일원상의 진리를 깨달아 천지 만물의 시종 본말과 인간의 생로병사와 인과보응의 이치를 걸림 없이 알자는 것이며, 또는 일원과 같이 마음 가운데에 아무 사심私心이 없고 애욕과 탐착에 기울고 굽히는 바가 없이 항상 두렷한 성품 자리를 양성하자는 것이며, 또는 일원과 같이 모든 경계를 대하여 마음을 쓸 때 희로애락과 원근친소에 끌리지 아니하고 모든 일을 오직 바르고 공변되게 처리하자는 것이니, 일원의 원리를 깨닫는 것은 견성見性이요, 일원의 체성을 지키는 것은 양성養性이요, 일원과 같이 원만한 실행을 하는 것은 솔성率性인 바, 우리 공부의 요도인 정신수양·사리연구·작업취사도 이것이요, 옛날 부처님이 말씀하신 계정혜戒定慧 삼학도 이것으로써, 수양은 정이며 양성이요, 연구는 혜며 견성이요, 취사는 계며 솔성이라. 이 공부를 지성으로 하면 학식 있고 없는 데에도 관계가 없으며 총명 있고 없는 데에도 관계가 없으며 남녀노소를 막론하고 다 성불함을 얻으리라."라고 하였다.

정산 종사는 "일원의 수행은 일원의 진리를 그대로 수행하자는 것이니, 그 방법은 먼저 일과 이치를 아는 공부를 하되 그 지엽에만 그치지 말고 바로 우리 자성의 근본 원리와 일원대도의 전모를 원만히 증명하자는 것이요, 다만 아는 데에만 그칠 것이 아니라 또한 회광 반조하여 그 본래 성품을 잘 수호하자는 것이요, 다만 정定에만 그칠 것이 아니라 천만 사물을 접응할 때에 또한 일원의 도를 잘 운용하자는 것이니, 이 세 가지 공부는 곧 일원의 체와 용을 아울러 닦는 법이라 할 것이다."라고 하였다.

또 "그러하면 도형圖形으로 그려진 저 일원상 자체에 그러한 진리와 위력과 공부법이 그대로 갊아 있다는 것이오니까?" 하고 여쭈니 소태산 대종사는 "저 원상은 참 일원을 알리기 위한 한 표본이라, 비하건대 손가락으로 달을 가리킴에 손가락이 참 달은 아닌 것과 같다. 그런즉 공부하는 사람은 마땅히 저 표본의 일원상으로 인하여 참 일원을 발견하여야 할 것이며, 일원의 참된 성품을 지키고, 일원의 원만한 마음을 실행하여야 일원상의 진리와 우리의 생활이 완전히 합치되리라."라고 하였다.

넷째는 '일원상 서원문'이다. 일원상 서원문은 "일원은 언어도단言語道斷의 입정처入定處이요, 유무 초월의 생사문生死門인 바, 천지·부모·동포·법률의 본원이요, 제불·조사·범부·중생의 성품으로 능이성 유상能以成有常하고 능이성 무상無常하여 유상으로 보면 상주불멸로 여여 자연如如自然하여 무량세계를 전개하였고, 무상으로 보면 우주의 성·주·괴·공成住壞空과 만물의 생·노·병·사生老病死와 사생四生의 심신 작용을 따라 육도六途로 변화를 시켜 혹은 진급으로 혹은 강급으로 혹은 은생어해恩生於害로 혹은 해생어은害生於恩으로 이와 같이 무량세계를 전개하였나니, 우리 어리석은 중생은 이 법신불 일원상을 체받아서 심신을 원만하게 수호하는 공부를 하며, 또는 사리를 원만하게 아는 공부를 하며, 또는 심신을 원만하게 사용하는 공부를 지성으로 하여 진급이 되고 은혜는 입을지언정, 강급이 되고 해독은 입지 아니하기로써 일원의 위력을 얻도록까지 서원하고 일원의 체성體性에 합하도록까지 서원함."이다.

대산 종사는 "일원상 서원문은 심불心佛 전에 불과佛果를 얻으려는 간절하고도 지극한 원을 세우고 법계에 그 서약을 올리는 경문이라, 그 지극한 원력이 시방에 충만하면 큰 불과를 얻게 되어 결국 천시 같은 무궁한 도덕을 갊이서 한량없는 광명과 수명과 덕행을 갖추게 된다."라고 하였다.

다섯째는 '일원상 법어'이다. 일원상 법어는 "이 원상圓相의 진리를 각覺하면 시방 삼계가 다 오가吾家의 소유인 줄을 알며, 또는 우주 만물이 이름은 각각 다르나 둘이 아닌 줄을 알며, 또는 제불·조사와 범부·중생의 성품인 줄을 알며, 또는 생·노·병·사의 이치가 춘·하·추·동과 같이 되는 줄을 알며, 인과보응의 이치가 음양상승陰陽相勝과 같이 되는 줄을 알며, 또는 원만구족한 것이며 지공무사한 것인 줄을 알리로다.

이 원상은 눈을 사용할 때에 쓰는 것이니 원만구족한 것이며 지공무사한 것이로다. 이 원상은 귀를 사용할 때에 쓰는 것이니 원만구족한 것이며 지공무사한 것이로다. 이 원상은 코를 사용할 때에 쓰는 것이니 원만구족한 것이며 지공무사한 것이로다. 이 원상은 입을 사용할 때에 쓰는 것이니 원만구족한 것이며 지공무사한 것이로다. 이 원상은 몸을 사용할 때에 쓰는 것이니 원만구족한 것이며 지공무사한 것이로다. 이 원상은 마음을 사용할 때에 쓰는 것이니 원만구족한 것이며 지공무사한 것이로다."인데 이 일원상 법어는 일원상의 진리를 깨닫는 구체적인 내용이며 이를 그대로 생활하는 방법이다. 거꾸로 이러한 것을 알면 원상의 진리를 깨달은 것이라는 의미를 내포하고 있다.

여섯째는 게송이다. 소태산 대종사의 전법 게송은 "유有는 무無로 무는 유로, 돌고 돌아 지극至極하면, 유와 무가 구공俱空이나, 구공 역시 구족具足이라."라고 하였다. 게송은 일반적으로 해석하지 않으므로 필자도 설명하지 않겠다.

소태산 대종사는 "일원의 진리를 요약하여 말하자면 곧 공空과 원圓과 정正이니, 양성에 있어서는 유무 초월한 자리를 관하는 것이 공이요, 마음의 거래 없는 것이 원이요, 마음이 기울어지지 않는 것이 정이며, 견성에 있어서는 일원의 진리가 철저하여 언어의 도가 끊어지고 심행처가 없는 자리를 아는 것이 공이요, 지량知量이 광대하여 막힘이 없는 것이 원이요, 아는 것이 적실하여 모든 사물을 바르게 보고 바르게 판단하는 것이 정이며, 솔성에 있어서는 모든 일에 무념행을 하는 것이 공이요, 모든 일에 무착행을 하는 것이 원이요, 모든 일에 중도행을 하는 것이 정이니라."라고 하였다

또 소태산 대종사는 "공부하는 사람들이 현묘한 진리를 깨치려 하는 것은 그 진리를 실생활에 활용하고자 함이니 만일 활용하지 못하고 그대로 둔다면 이는 쓸데없는 일이라, 이제 법신불 일원상을 실생활에 부합시켜 말해 주리라. 첫째는 일원상을 대할 때마다 견성성불하는 화두話頭를 삼을 것이요, 둘째는 일상생활에 일원상과 같이 원만하게 수행하여 나아가는 표본으로 삼을 것이며, 셋째는 이 우주 만유 전체가 죄복을 직접 내려주는 사실적 권능이 있는 것을 알아서 진리적으로 믿어 나아가는 대상으로 삼을 것이니, 이러한 진리를 아는 사람은 일원상을 대할 때마다 마치 부모의 사진 같이 숭배될 것이니라."라고 하였다.

누구에게나 처음 만나 익숙하지 않거나 내용과 그 뜻을 모르면 아무것도 머리에 들어오

지 않으며 마치 모래를 씹는 것과 같을 것이다. 그러나 자주 읽고 봉독하고 외우다 보면 조금씩 알아가게 된다. 일원상에 대하여도 이와 같아서 가끔 읽다가 자주 봉독하다가 외우고 그 뜻을 알아 가면 아하! 그렇다고 하는 단계를 만나게 된다. 그렇게 되면 그때부터 재미도 생기고 씹으면 씹을수록 즐거움과 기쁨이 생긴다. 그 이후에 체받는 공부가 저절로 되는 것을 알 수 있다.

정산 종사는 "대종사께서 이 일원상으로써 교리의 근원으로 삼아 모든 공부인으로 하여금 이를 신앙케 하고 이를 연구케 하며 이를 수행케 하신 것은 곧 계단을 초월하여 쉽게 대도에 들게 하고 깊은 이치를 드러내어 바로 사물에 활용케 하심이니, 그러므로 진리를 구하는 이가 이외에 다시 구할 곳이 없고 도를 찾는 이가 이외에 다시 찾을 길이 없으며 그 밖에 일체 만법이 이외에는 다시 한 법도 없다."라고 하였다.

대산 종사는 "신앙의 대상이요 수행의 표본인 법신불 일원상은 각 종교의 진리를 통섭한 것이라, 이 자리는 진여眞如요 무극無極이요 심불心佛이요 만물의 고향으로, 그 안에는 무궁한 묘리와 무궁한 보물과 무궁한 조화가 가득 갊아 있어 삼라만상을 드러냈다 감추었다 한다. 하지만 이는 깨친 사람의 보물이요 지키고 잘 쓰는 사람의 물건이라, 끝까지 구하면 얻어지고 진심으로 원하면 이루어지고 정성껏 노력하면 반드시 되니, 하려고 하는 사람에게는 진리도 양보하고 맡긴다."라고 하였다.

소태산 대종사의 가르침을 받들어 마음공부를 하는 공부인인 우리는 최상의 최선의 최고의 마음공부 방법은 법신불 일원상을 체받는 공부일 것이다. 견성을 하지 못하였더라도 일원상 서원문을 암송하는 공부인이라면 바로 일원상을 체받는 공부를 시작하여야 하는데 이 방법은 신성으로 공부하는 길인 것이다. 일상 수행의 요법 1조에서 3조까지에 있는 "없게 하는 것으로"의 방법이 바로 법신불 일원상을 체받는 방법인데 바로 가시 못하고 놓치고 헤맸다는 아쉬움이 절로 나온다. 우리는 모두 법신불 일원상을 체받아서 일원상의 진리와 우리의 생활이 완전히 합치하여 다 같이 한량없는 복락과 한량없는 지혜의 주인공이 되어야 할 것이다.

소태산 대종사는 "도가에 세 가지 어려운 일이 있으니, 하나는 일원의 절대 자리를 알기가 어렵고, 둘은 일원의 진리를 실행에 부합시켜서 동과 정이 한결같은 수행을 하기가 어렵고, 셋은 일원의 진리를 일반 대중에게 간명하게 깨우쳐 알려 주기가 어렵다. 그러나 수도인이 마음을 굳게 세우고 한번 이루어 보기로 정성을 다하면 아무리 어려운 일이라도 쉬운 일이 될 것이요, 아무리 쉬운 일이라도 안 하려는 사람과 하다가 중단하는 사람에게는 다 어려운 일이 된다."라고 하였다.

15

심농心農은 영생의 근본

마음을 마음대로 사용하고자 하였던 초심에서 더 나아가 마음공부가 세상의 희망이고 교화 방법의 대안이라고 생각하고 마음공부에 대하여 정리해 보자는 생각을 한 후 부족하지만 여기까지 오게 되었다. 어렸을 때 농악을 울리는 농악단을 따라 동네를 돌며 보았던 긴 장대에 매달아 놓은 깃발에 적힌 농자천하지대본農者天下之大本이라는 글귀가 마음공부하면서 생각났다. 이를 마음공부와 연관 지어 심농자천하지대본이라 하여 맨 앞에 마음 심心자를 넣으면 되겠다고 생각하였다. 정산 종사는 이를 심농자心農者 영생지대본永生之大本이라 하였다. 그렇다. 마음 농사 짓는 심농心農은 물질이 개벽되는 이 세상에 천하의 근본이기도 하지만, 돌아오는 세상에도 영원히 필요한 영생의 근본이라는 말씀이 더욱 간절한 뜻임을 알 수 있었다.

소태산 대종사는 구원겁래久遠劫來의 큰 서원으로 파란 고해의 일체생령을 광대 무량한 낙원으로 인도하기 위하여 큰 깨달음을 얻으신 후 교법을 짜고 회상을 열었다. 대각 후 물질이 개벽되니 정신을 개벽하자 하였는데 요사이는 코로나19라는 전염병의 확산과 3, 4차 산업혁명의 물결이 밀려와 세상의 변화가 너무 빨라 미래를 예측하기 어려운 세상이 되었다. 그러나 시대의 변화가 극심하고 빠를수록 정신을 개벽하자는 가르침이 절실히 요구되고 있다. 필자는 그 가르침의 다른 이름이 마음공부라 이해하고 이 마음공부의 원리와 방법과 프로그램을 정리해 왔다.

소태산 대종사는 "참으로 영원한 나의 소유는 정법에 대한 서원과 그것을 수행한 마음의 힘이니, 서원과 마음공부에 끊임없는 공을 쌓아야 한없는 세상에 혜복의 주인공이 된다."라고 하였다. 정산 종사는 "과수를 기르는 데에도 뿌리에 거름을 주어야 그 과수가 잘 자라고 훌륭한 결실을 보게 되는 것같이, 사람의 뿌리는 마음이라 무엇보다 먼저 마음공부에 힘써야 훌륭한 인격을 이루나니, 이 마음공부를 여의고 어찌 혜복의 결실을 바라리오." 라고 하였다. 마음공부를 하는 목적은 인류가 혜복慧福의 주인공이 되고 혜복慧福의 결실을 얻자는 데 있다고 할 것이다.

막연하게 혜복을 말하는 것에서 혜와 복을 더욱 구체적으로 살펴본다면, 소태산 대종사는 "마음을 알아서 마음의 자유를 얻자는 것이며, 생사의 원리를 알아서 생사를 초월하자는 것이며, 죄복의 이치를 알아서 죄복을 임의로 하자는 것"이 수도인이 구하는 바라 하였다. 필자 자신 마음공부를 통하여 개인은 정신 육신 물질 삼방면의 자유를 원하며 가정은 온 가족이 화목한 가운데 행복한 가정, 안락한 가정, 진화하는 가정이 되기를 원하며 세상은 개인 가정 사회 국가 세계를 막론하고 평화를 원할 것이다. 필자는 나름대로 개인의 자유와 가정의 행복과 세상의 평화를 위하여 마음공부를 해야 한다고 정리해 왔다.

마음공부의 원리는 정산 종사가 "우주만유가 영靈과 기氣와 질質로써 구성이 되어 있나니, 영은 만유의 본체로서 영원불멸한 성품이며, 기는 만유의 생기로서 그 개체를 생동케 하는 힘이며, 질은 만유의 바탕으로서 그 형체를 이름이다."라고 하였고 성품과 정신과 마음과 뜻을 분석하여 "성품은 본연의 체요, 성품에서 정신이 나타나나니, 정신은 성품과 대동하나 영령한 감이 있는 것이며, 정신에서 분별이 나타날 때가 마음이요, 마음에서 뜻이 나타나나니, 뜻은 곧 마음이 동하여 가는 곳이다."라고 하였다. 여기에서 필자는 마음공부의 원리는 정신수양 사리연구 작업취사 삼학이라 할 수 있으리라 생각하였다.

우주 만물은 영과 기와 질로써 구성되었다는 것을 사람에게 비유해 보면 영은 영혼을 기는 정신을 질은 육체를 의미한다고 할 것이며 또한 성품과 정신과 마음을 나에게서 찾아보면 성품은 본래의 나요 정신은 참 나이며 마음과 뜻은 현재의 나이다. 이렇게 영 기 질과 성품 정신 마음을 삼학으로 연관 지어 보면 영은 성품이며 원래의 나인데 이를 위한 공부는 혜며 견성이요 사리연구이다. 기는 정신이며 참 나인데 이를 위한 공부는 정이며 양성이요 정신수양이다. 질은 육체이며 현재의 나인데 이를 위한 공부는 계이며 솔성이며 작업취사로 연결할 수 있을 것이다.

마음공부를 한마디로 정의한다면 협의의 마음공부는 삼학을 병진하는 동정일여의 무시선 공부로 개념 지을 수 있을 것이다. 이때 삼학 공부하는 방법 즉 마음공부법은 훈련을 통하여 할 수 있으며 훈련에는 정기 훈련법과 상시 훈련법이 있다. 정기 훈련의 과목은 11과목이 있으며 상시 훈련에는 상시응용 주의사항 6조와 교당내왕 시 주의사항 6조가 있으며 이 상시응용 주의사항과 교당내왕 시 주의사항을 추진하기 위하여 일기법을 두어 물샐틈없이 그 공부 방법을 지도하였다. 이렇게 구체적이고 자세하게 서로 연결하여 그물망처럼 짜 놓은 것을 보면 소태산 대종사님께 대한 진한 감동을 느낌과 동시에 그 은혜가 한량없음을 생각한다. 그래서 성가에서도 최고의 존경과 감탄인 "거룩하셔라 우리 대종사"라고 칭송하였을 것이다.

마음공부를 실제로 진행할 수 있는 프로그램은 마음 소 길들이기와 마음병 치료하기, 마음 난리 평정하기 그리고 마음 밭 계발하기로 밝혀 주었다. 이 프로그램을 법위등급과 연결 지으면 마음 소 길들이기는 보통급, 마음병 치료하기는 특신급, 마음 난리 평정하기는 법마상전급, 마음 밭 계발하기는 보통급에서 대각여래위까지이다. 또 법위등급과 현재 우리나라의 학교 학제와 연결 지으면 보통급은 초등학교 과정이요 특신급은 중학교 과정이며 법마상전급은 고등학교 과정이며 법강항마위는 대학교 과정이며 출가위는 대학원 과정이라 할 수 있다.

모든 법위에 해당하면서 마음공부의 대표 프로그램인 마음 밭 계발하기 프로그램에서 수행해야 할 공부는 삼학 공부이다. 소태산 대종사는 "예로부터 도가道家에서는 심전을 발견한 것을 견성見性이라 하고 심전을 계발하는 것을 양성養性과 솔성率性이라 하나니, 이 심전의 공부는 모든 부처와 모든 성인이 다 같이 천직天職으로 삼으신 것이요, 이 세상을 선도善導하는 데에도 또한 그 근본이 되는 것이다."라고 하였다.

또 "지금 세상은 과학 문명의 발달을 따라 사람의 욕심이 날로 치성하므로 심전계발의 공부가 아니면 이 욕심을 항복 받을 수 없고 욕심을 항복 받지 못하면 세상은 평화를 보기 어려울지라, 그러므로 이 앞으로는 천하의 인심이 자연히 심전계발을 원하게 될 것이요, 심전계발을 원할 때는 그 전문가인 참다운 종교를 찾게 될 것이며, 그 중에 수행이 원숙圓熟한 사람은 더욱 한량없는 존대를 받을 것이니, 그대들은 이때 한 번 더 결심하여 이 심전 농사에 크게 성공하는 모범적 농부가 돼라."라고 하였다.

마음공부를 정리하면서 실제로 각 법위등급을 한마디로 요약하여 주신 법문으로 대산 종사는 법위의 표준을 강령 잡아 주었다. "보통급은 불문 초입佛門初入이요, 특신급은 심신 귀의心身歸依요, 법마상전급은 심신 교전心身交戰이요, 법강항마위는 심신 조복心身調伏이요, 출가위는 심신 출가心身出家요, 대각여래위는 심신 자유心身自由이다."라고 하였고 또 "보통급은 초심 입문初心入門으로 처음 출발해서 마음공부를 시작하는 단계요, 특신급은 발심 입지發心立志로 마음공부에 재미를 느끼고 분발해 나가는 단계요, 법마상전급은 대체 고전大體苦戰으로 자신을 위해 힘써 노력하는 단계이다. 또 법강항마위는 세밀細密로서 일체생령을 내 자식같이 아끼고 보살펴 주는 자리요, 출가위는 합덕合德으로 전 생령과 일심동체가 되어 일을 하는 자리요, 대각여래위는 전 생령을 제도할 수 있는 부처님의 만능萬能을 얻은 자리이다."라고 하였다.

마음공부의 꽃인 견성 이후의 공부 단계인 법강항마위와 출가위 그리고 대각여래위를 간단히 비교 정리한 것을 보면 법강항마위의 핵심은 "육근을 응용하여 법마상전을 하되 법이 백전백승"한다는 것이다. "법강항마위는 몸과 마음을 조복 받은 자리로서 재색 명리와 시기 질투와 모든 명상名相이 공한 자리에 오른 위요 생활이 법도에 맞고 공부도 진리의 챗줄을 잡은 위이다. 출가위는 심신을 출가한 자리로써 시방을 한 집안 삼고 사생을 내 몸으로 알며 교단을 내 집 삼고 교단 일을 내 일삼아 사사로운 마음이나 삿된 마음을 내지 않는 위니, 아집我執·법집法執·소국집小局執·능집能執을 지어 그 속에 머무르면 출가위는 될 수 없다. 대각여래위는 심신을 자유하고 만능 만화를 자유자재로 나타내며 여의보주를 얻어 칠정七情에 부동하고 자유 하는 위이다."라고 하였다.

또 "법강항마위는 견성을 해야 오르는 자리니 그러기로 하면 성리를 보고 말하고 은혜를 보고 말하는 공부를 해야 한다. 하지만 법강항마위가 조심해야 할 점은 복주머니를 가지면 놓을 줄 모르거나 부유한 데 처하면 수도할 줄 모르는 것이니 그게 경계해야 할 바이다. 또 출가위는 덕을 합할 줄 알아야 오르는 자리니 이는 모든 사람에게 자비를 베풀지만 그 은혜를 입은 사람이 마치 자신만 위해 주는 것처럼 여길 정도로 덕이 널리 미쳐야 한다. 대각여래위는 마음공부에 토가 떨어지고 만능을 얻어 입정과 출정을 자유자재하는 위로, 제일 부지런하고 무등등한 대각의 자리이다."라고 하였다.

또 대산 종사는 "법강항마위는 정사正師로서 생활이 법도에 맞고 법과 공을 위하여 전심전력을 다 하므로 나와 남을 제도할 능력이 생기고 위기를 당하여 법의 등대가 되는 위이다. 그러나 정사는 천하를 다 가르칠 수는 없는바, 항상 자기의 등불을 끄고 큰 빛을 보아야 스승을 만날 수 있으니 스승을 만나지 못하고 평생 또는 몇 생을 정사로 지내는 근기도 있다. 또 출가위는 원정사로서 시방이 한 집안이요 사생이 한 몸임을 알아서 순일한 봉공의 생활, 보은의 생활, 진경의 생활을 하는 위요, 대각여래위는 대원정사로서 삼계의 대도사요 사생의 자비 부모가 되어 소리도 냄새도 흔적도 없는 삶을 사는 위이다."라고 하였다.

그리고 "법강항마위는 재색 명리를 조복은 하였으나 출가위나 대각여래위처럼 마음대로 부려 쓰지는 못하나니 항마위나 출가위나 여래위에도 천층만층의 차이가 있다. 그러므로 크게 공부하는 사람은 큰 스승들의 언행과 심법을 배우고 닮아 가장 능한 점은 감춰서 능한 것 같기도 하고 능하지 못한 것 같기도 하며 아는 것 같기도 하고 모르는 것 같기도 하여 도무지 어림잡을 수 없게 공부를 한다."라고 하였다.

정산 종사는 "참 공부는 언어와 문자에 있는 것이 아니라, 오직 정신이 자유의 힘을 얻어서 육도 사생을 임의로 할 만한 능력을 갖추며, 사리의 근원을 깨달아서 허실 사정에 의혹이 없을 만한 능력을 갖추며, 모든 취사가 법도에 맞아서 일체 계율이 저절로 지켜질 만한 능력을 갖춰야 부처가 되었다고 이름하나니, 그러므로 도가에서는 아무리 무식하고 천하고 언변이 부족한 이라도 법에 신근이 있고 마음에 공부가 있으면 그를 조금도 가벼이 알지 아니하고 장래의 큰 법기法器로 기대한다."라고 하였다.

마음공부를 하여 삼대력을 얻게 되는 최상의 표준은 일원의 체성에 합하는 것이다. 이는 일원상의 진리와 하나가 되는 것으로 생각할 때 소태산 대종사 일원의 진리는 공과 원과 정이라 하였으니 여기에 이르는 것으로 생각한다. "일원의 진리를 요약하여 말하자면 곧 공空과 원圓과 정正이니, 양성에 있어서는 유무 초월한 자리를 관하는 것이 공이요, 마음의 거래 없는 것이 원이요, 마음이 기울어지지 않는 것이 정이며, 견성에 있어서는 일원의 진리가 철저하여 언어의 도가 끊어지고 심행처가 없는 자리를 아는 것이 공이요, 지량知量이 광대하여 막힘이 없는 것이 원이요, 아는 것이 적실하여 모든 사물을 바르게 보고 바르게 판단하는 것이 정이며, 솔성에 있어서는 모든 일에 무념행을 하는 것이 공이요, 모든 일에 무착행을 하는 것이 원이요, 모든 일에 중도행을 하는 것이 정이다."라고 하였다.

그러므로 수양력 사리력 취사력을 얻는 데 공 원 정의 기준을 자세히 설명해 주어 공부인의 마지막 목표가 삼대력을 갖추어 수양 방면에서 유무초월한 자리를 관할 힘과 언어의 도가 끊어지고 심행처가 멸한 자리를 아는 밝음과 모든 일에 무념행을 하는 실천을 얻어야 할 것이요, 연구 방면에서 마음의 거래 없는 힘과 지량이 광대하여 막힘없이 아는 밝음과 모든 일에 무착행을 하는 실천을 얻어야 할 것이요, 취사 방면에서 마음이 기울어지지 않는 힘과 아는 것이 적실하여 바르게 보고 바르게 판단하는 밝음과 모든 일에 중도행을 하는 실천을 얻어 갖출 때 비로소 공 원 정의 실력을 얻었다 할 것으로 생각할 수 있을 것이다. 마음공부는 이 시대 확실한 삶의 매뉴얼로 물질을 선용하고 실지 불공하며 생활 속에 불법을 활용하는 실천 여부를 점검하는 기준이기도 하다. 부자유한 성공이 아닌 자유로운 성공을 위하여 누구나 가야 할 길이다.

부처님 당시에 삼법인을 믿으면 부처님 제자요 삼법인을 인정하지 않으면 외도라 하였다는 말이 있다. 마음공부하는 공부인 인지 아닌지, 아니면 이름만 공부인 인지 실제로 마음공부하여 본인의 생활에 활용하여 이익을 보는지 아닌지는 상시 일기를 하고 있는지 아니면 가끔 해야겠다는 생각을 하는 지로 판가름할 수 있을 것이다. 상시 일기를 기재하고 하지 않고는 매우 중요한 갈림길로 상시 일기는 마음공부의 워크북이기 때문이다. 그러므로 각자 자기의 공부 수준에 맞는 상시 일기를 기재하여야 한다. 그래서 마음공부를 실생활에 활용하여 각자의 생활에 이익이 되도록 하고 주위에서 사람이 달라졌다는 이야기를 듣도록 하여야 할 것이다. 이것이 마음공부하여 실력을 갖춘 증표이며 최후 승리는 마음공부하여 갖춘 삼대력의 실력이 첫째라고 하신 이유일 것이다.

소태산 대종사 겨울철에는 매양 해수咳嗽로 괴로움이 되어 법설을 하실 때마다 기침이 아울러 일어나 괴로워하였다. 이때 대중에게 "나의 자라난 길룡리는 그대들이 아는 바와 같이 생활의 빈궁함과 인지의 미개함이 세상에 드문 곳이라, 내가 다행히 전세의 습관으로 어릴 때 발심하여 성심으로 도는 구하였으나 가히 물을 곳이 없고 가히 지도받을 곳이 없으므로, 홀로 생각을 일어내어 난행難行 고행苦行을 하지 아니함이 없었으니, 혹은 산에 들어가서 밤을 지내기도 하고, 혹은 길에 앉아서 날을 보내기도 하며, 혹은 방에 앉아 뜬눈으로 밤을 새우기도 하고, 혹은 얼음물에 목욕도 하며, 혹은 절식絕食도 하고, 혹은 찬 방에 거처도 하여, 필경 의식意識을 다 잊는 경계에까지 들었다가 마침내 그 의심한 바는 풀리었으나, 몸에 병근病根은 이미 깊어져서 기혈이 쇠함을 따라 병고는 점점 더해간다."라고 하였다. 이어서 "나는 당시에 길을 몰랐는지라 어찌할 수 없었지마는, 그대들은 다행히 나의 경력을 힘입어서 난행 고행을 겪지 아니하고도 바로 대승 수행의 원만한 법을 알게 되었으니 이것이 그대들의 큰 복이다. 무릇, 무시선 무처선의 공부는 다 대승 수행의 빠른 길이라 사람이 이대로 닦는다면 사반공배事半功倍가 될 것이요, 병들지 아니하고 성공하리니 그대들은 삼가 나의 길 얻지 못할 때의 헛된 고행을 증거 하여 몸을 상하는 폐단에 들지 않기를 간절히 부탁한다."라고 하였다.

16

기회는 공평하나 문제는 심법心法이다

사람은 누구나 행복하게 살기를 원한다. 그러나 세상 사람들이 사는 것을 보면 괴로운 고苦가 많은 사람도 있고 즐거운 낙樂이 많은 사람도 있어 고락의 비율은 사람마다 각기 달랐다. 평소 개인은 자유, 가정은 행복, 세상은 평화를 바라며 그것을 추구한다고 생각해 왔는데 개인은 정신 육신 물질의 자유를 원하며, 가정은 행복한 가정 안락한 가정 진화하는 가정을 목표로 하며, 세상은 빈곤과 무지와 질병이 없는 낙원 세상에 살기를 바란다. 그 바탕은 갈등과 투쟁과 전쟁이 없이 평화로운 가운데 이루어지기를 원한다.

인류의 역사를 발전적인 면으로 볼 때 이러한 기회는 우리 앞에 점점 다가오고 있음을 느낄 수 있다. 소태산 대종사는 이러한 상황을 내다보고 "물질이 개벽되니 정신을 개벽하자"는 표어 아래 물질문명과 정신문명이 아울러 발전하는 참 문명 세계를 건설하자고 하였다. "안으로 정신문명을 촉진하여 도학을 발전시키고 밖으로 물질문명을 촉진하여 과학을 발전시켜야 영육이 쌍전하고 내외가 겸전하여 결함 없는 세상이 될 것이다. 그러나 만일 현대와 같이 물질문명에만 치우치고 정신문명을 등한시하면 마치 철모르는 아이에게 칼을 들려준 것과 같아서 어느 날 어느 때에 무슨 화를 당할지 모를 것이니, 이는 육신은 완전하나 정신에 병든 불구자와 같고, 정신문명만 되고 물질문명이 없는 세상은 정신은 완전하나 육신에 병든 불구자와 같으니, 그 하나가 충실하지 못하고 어찌 완전한 세상이라 할 수 있으리오. 그러므로 내외 문명이 병진되는 시대라야 비로소 결함 없는 평화 안락한 세계가 될 것이다."라고 하였다.

또 "천하에 벌여진 모든 바깥 문명이 비록 찬란하다 하나 오직 마음 사용하는 법의 조종 여하에 따라 이 세상을 좋게도 하고 낮게도 하나니, 마음을 바르게 사용하면 모든 문명이 다 낙원을 건설하는데 보조하는 기관이 되는 것이요, 마음을 바르지 못하게 사용하면 모든 문명이 도리어 도둑에게 무기를 주는 것과 같이 된다. 그러므로 그대들은 새로이 각성하여 이 모든 법의 주인이 되는 용심법用心法을 부지런히 배워서 천만 경계에 항상 자리이타로 모든 것을 선용善用하는 마음의 조종사가 되며, 따라서 그 조종 방법을 여러 사람에게 교화하여 물심양면으로 한 가지 참 문명 세계를 건설하는 데에 노력하라."라고 하였다.

이 세상의 모든 문제는 마음에서 일어났고 더 들어가면 마음을 사용하는 심법心法에 따라 좌우되었다. 이 심법을 바르게 쓰면 개인의 인격은 높아지고 일은 잘되지만 심법을 바르게 쓰지 못하면 개인도 사회도 모두 어렵게 되고 고통 받게 될 것이다. 이 심법을 바르게 사용하는 법을 배우기 위하여 2년여에 걸쳐 마음공부하는 방법을 정리하였다. 지금까지 정리하는 방향은 물질이 개벽된 시대의 마음 사용하는 지침인 『정전』을 바탕으로 하고 『대종경』과 『정산종사법어』와 『대산종사법어』를 해설서 삼아 정리하여 왔다.

자기 마음도 마음대로 사용하지 못하면서 다른 사람의 마음을 자기 마음대로 하려는 사람이 어리석다는 법문에 걸려 필자는 고등학교를 졸업하고 전무출신을 지원하였고 교당 학생회에 다닐 때부터 나도 모르는 사이에 마음공부에 관심을 두고 지내온 지 50여 년이 지났다. 교당에 교무로 재직하면서는 마음공부를 가르쳐온 공부인이었으나 이제 퇴직하여 몸도 마음도 한가하게 지내게 되었으니 마음공부에 대하여 정리해 보자 생각한 후 처음 시작할 때는 참 막연하였다.

그러나 머릿속에 그렸던 생각들을 끄집어내어 제1부에서는 마음공부의 기초라고 생각되는 마음과 마음공부에 대하여 정리하였다. 이 부분을 정리할 때는 원광대 평생교육원에서 불교의 재가법사이며 '상좌불교 한국명상원'을 이끌고 계시는 묘원 법사 곽준 원장의 '위파사나 강의와 실습'을 한 학기 동안 수강한 내용에서 많은 도움을 받았다. 마음공부의 개념과 마음공부의 원리와 방법에 대하여는 『정전』 교의편과 수행편 '훈련법'을 중심으로 정리하였으며 마음공부 프로그램은 『대종경』 수행품에서 주로 찾았다.

먼저 마음공부의 원리와 방법을 소태산 대종사의 가르침대로 정리한 후 프로그램을 구체화하기로 하고 프로그램별로 나누어 구성하였다. 제2부 마음 소 길들이기에서는 법위등급의 보통급에 해당한다고 생각하고 나를 변화시키는 것을 주제로 삼고 유무념 대조 공부를 강조하였다. 나쁜 버릇을 버리고 좋은 습관을 길들이며 습관과 『목우십도송』에 대하여 공부하였다.

제3부 마음병 치료하는 지도하기에서는 법위등급의 특신급에 해당한다고 생각하고 마음병 치료하는 의술인 삼학팔조의 교리와 약재인 사은사요 교리에 관하여 공부하였으며 마음병 치료 처방전을 만들어 보기도 하였다.

제4부 마음 난리 평정하기에서는 법위등급의 법마상전급에 해당한다고 생각하고 삼학공부를 병진하며 정과 혜를 부지런히 닦고 계율을 죽기로써 지키라는 가르침을 실천하기에 노력하였으며 『수심결』을 공부하며 견성을 할 수 있도록 인도하며 정리하였다.

제5부 마음 밭 계발하기에서는 법위등급의 보통급에서 대각여래위까지 해당한다고 생각하고 심전계발과 관련하여 정리하였으며 불법연구회 시절의 교과서였던 『육대요령』에서 학교 교과과정에 해당한다고 생각하는 부분을 찾아내어 법위등급의 각 법위에서 달성해야 할 수준을 정리하였다. 마지막은 신성으로 마음공부하는 법신불 일원상을 체받아서 법신불의 위력을 얻고 체성에 합하도록까지 공부하는 길을 모색하였다.

정산 종사는 "사은이 모두 우리의 복전이로되, 불보살들은 국한 없는 세계의 공변된 밭에 세세생생 교화의 종자를 심으시어 사생의 자부요 삼계의 도사가 되시나, 범부들은 국한 있는 사사로운 밭에 이욕의 종자를 심어 평생 골몰하되 마침내 별 공효가 남지 않으며, 불보살들은 형상 없는 마음 밭농사에 세세생생 공을 들이시어 미래 세상 영원히 무루의 복과 무량한 혜를 얻으시나, 범부들은 재색명리 등 형상 있는 일에만 공을 들이므로 공을 들일 때에는 실효가 있는듯하나 떠날 때는 허망하다."라고 하였다.

대산 종사는 "뿌리가 깊지 못한 나무는 무성할 수 없고 기초가 튼튼하지 못한 건물은 수명이 길지 못하나니, 만물의 생장은 먼저 그 뿌리를 깊고 튼튼하게 하는 것이 근본이 되고 만사의 경륜은 반드시 그 기초를 견고히 하는 것이 주가 된다. 우리가 목적하는 제생의세의 대도 정법도 먼저 그 뿌리를 찾아 더욱 깊고 튼튼하게 가꾸어야 할 것인바, 세상의 뿌리는 도덕이요 도덕의 뿌리는 회상이며, 회상의 뿌리는 불보살이요 불보살의 뿌리는 마음공부임을 알아서, 이 마음공부로 도덕을 살리고 세상을 구원하는 근본으로 삼아야 할 것이다.”라고 하였다.

요즘 세상에 마음공부하기를 권장하는 말씀은 여기저기 차고도 넘치나 실천하는 사람은 귀하여 마음공부에 대하여 간절한 부촉의 말씀으로 마지막을 마무리하려고 한다. 정산 종사는 “하루살이는 하루만 보고 버마재비는 한 달만 보므로 하루살이는 한 달을 모르고 버마재비는 일 년을 모르며, 범부는 일생만 보므로 영생을 모르나, 불보살들은 능히 영생을 보시므로 가장 긴 계획을 세우시고 가장 근본 되는 일에 힘쓴다.”라고 하였으며 또 “중생들은 무상 변천하는 세간락에 마음을 붙이어 마침내 복이 다하면 타락하고, 불보살 성현들은 무형 불변하는 출세간락에 마음을 길들여 극락을 수용하니, 그대들은 일시적 향락과 영화에 집착하지 말고 불변 담박하고 영원한 도덕의 복락과 영화를 수용하라.”라고 하였다.

『수심결』에서 보조 국사는 “삼계의 뜨거운 번뇌가 마치 화택과 같거늘 거기에 참아 오래 머물러 긴 고통을 달게 받으랴.”라고 하였고 “슬프다. 이 세상 사람들이여, 미하여 온지가 오랜 지라 자기의 마음이 이 참 부처인 줄을 알지 못하고 자기의 성품이 이 참 법인 줄을 알지 못하여 법을 구하고자 하되 멀리 모든 성현에게서 찾으며 부처를 구하고자 하되 자기의 마음을 관觀하지 아니한다.”라고 하였으며 “원컨대 모든 수도하는 이는 간절히 마음 밖을 향하여 구하지 말지어다. 심성이 물듦이 없어서 본래에 스스로 두렷이 이루었나니, 다만 망연만 여의면 곧 여여한 부처니라.” 하였다. 또 “무상이 신속하여 몸은 아침 이슬과 같고 목숨은 서산에 걸린 해와 같은지라 금일에는 비록 있으나 명일을 또한 안보하기 어렵나니 간절히 뜻에 두며 간절히 뜻에 둘지어다.”라고 하였으며 “슬프다. 지금 사람들이 주림에 좋은 음식을 만나되 먹을 줄을 알지 못하며 중병에 명의를 만나되 약 먹을 줄을 알지 못하나니, ‘어찌할꼬 어찌할꼬 하시 않는 이는 나도 이찌할 도리가 없을 뿐’이로다.”라고 하였다.

마지막으로 “원컨대 모든 도를 구하는 사람은 겁약한 마음을 내지 말고 마땅히 용맹심을 발하라. 숙겁의 선인을 가히 알지 못할지니라. 만일 자기의 수승한 것을 믿지 아니하고 하열한 것을 달게 여겨 어렵고 막힌 생각을 내어 지금에 닦지 아니한즉 비록 숙세의 선근이 있다할지라도 지금에 끊어버리는 고로 더욱 그 어려운 데에 처하여 갈수록 멀어지리라. 이제 이미 보소에 왔을진대 가히 빈손으로 돌아가지 말 것이니 한 번 사람의 몸을 잃어버리면 만겁에 회복하기 어려울지라 청컨대 마땅히 삼가지이다. 어찌 지혜 있는 이가 그 보소를 알고 도리어 구하지 아니하고 길게 외롭고 빈한함을 원망하리오. 만일 보배를 얻고자 할진대 가죽 주머니를 놓아 버릴지니라."라고 간곡히 당부하였다.

소태산 대종사는 "수도인이 마음을 굳게 세우고 한 번 이루어 보기로 정성을 다하면 아무리 어려운 일이라도 쉬운 일이 될 것이요, 아무리 쉬운 일이라도 안 하려는 사람과 하다가 중단하는 사람에게는 다 어려운 일이 된다."라고 하였다.

정산 종사는 "대종사께서 이 일원상으로써 교리의 근원으로 삼아 모든 공부인으로 하여금 이를 신앙케 하고 이를 연구케 하며 이를 수행케 하신 것은 곧 계단을 초월하여 쉽게 대도에 들게 하고 깊은 이치를 드러내어 바로 사물에 활용케 하심이니, 그러므로 진리를 구하는 이가 이외에 다시 구할 곳이 없고 도를 찾는 이가 이외에 다시 찾을 길이 없으며 그 밖에 일체 만법이 이외에는 다시 한 법도 없다."라고 하였다.

대산 종사는 "신앙의 대상이요 수행의 표본인 법신불 일원상은 각 종교의 진리를 통섭한 것이라, 이 자리는 진여眞如요 무극無極이요 심불心佛이요 만물의 고향으로, 그 안에는 무궁한 묘리와 무궁한 보물과 무궁한 조화가 가득 갊아 있어 삼라만상을 드러냈다 감추었다 한다. 하지만 이는 깨친 사람의 보물이요 지키고 잘 쓰는 사람의 물건이라, 끝까지 구하면 얻어지고 진심으로 원하면 이루어지고 정성껏 노력하면 반드시 되니, 하려고 하는 사람에게는 진리도 양보하고 맡긴다."라고 하였다.

소태산 대종사는 "우리는 이 모든 교리를 통합하여 수양·연구·취사의 일원화一圓化와 또는 영육쌍전靈肉雙全·이사병행理事竝行 등 방법으로 모든 과정을 정하였으니, 누구든지 이대로 잘 공부한다면 다만 삼교의 종지를 일관할 뿐 아니라 세계 모든 종교의 교리며 천하의 모든 법이 다 한 마음에 돌아와서 능히 사통오달의 큰 도를 얻게 되리라."라고 하였다. 또 "그대들은 이 법대로 부지런히 공부하여 하루 속히 초범超凡 입성入聖의 큰일을 성취할지어다."라고 하였으며 "그대들은 이런 기회에 세월을 허송하지 말고 부지런히 공부하여 길 잘든 마음 소로 너른 세상에 봉사하여 제생의세濟生醫世의 거룩한 사도가 되어주기 바라노라."라고 하였다. 이어 "그대들은 이때 한 번 더 결심하여 이 심전 농사에 크게 성공하는 모범적 농부가 되어볼지어다."라며 "이 공부를 지성으로 하면 학식 있고 없는 데에도 관계가 없으며 총명하고 없는 데에도 관계가 없으며 남녀노소를 막론하고 다 성불함을 얻으리라."라고 하였다. 그리고 "생사가 일이 크고 무상은 신속하니 가히 범연하지 못할 바이니라."라고 부촉하였다.

소태산 대종사는 "내가 오랫동안 그대들을 가르쳐 왔으나 마음에 유감 되는바 셋이 있으니, 그 하나는 입으로는 현묘한 진리를 말하나 그 행실과 증득한 것이 진경에 이른 사람이 귀함이요, 둘은 육안으로는 보나 심안心眼으로 보는 사람이 귀함이며, 셋은 화신불은 보았으나 법신불을 확실히 본 사람이 귀함이다."라고 하였으며 "큰 도에 발원한 사람은 짧은 시일에 속히 이루기를 바라지 말라. 잦은걸음으로는 먼 길을 걷지 못하고, 조급한 마음으로는 큰 도를 이루기 어렵나니, 저 큰 나무도 작은 싹이 썩지 않고 여러 해 큰 결과요, 불보살도 처음 발원을 퇴전退轉하지 않고 오래오래 공을 쌓은 결과이다."라고 하였다.

우리 공부인 뿐 아니라 세상의 모든 사람에게 마음공부 할 수 있는 기회는 공평하다. 세상을 잘 만나 교통 통신이 발달하였고 원하기만 하면 지식을 구할 수 있는 좋은 세상이 되어 누구에게나 마음공부의 기회는 열려 있다. 그러나 마음공부를 하고 하지 않고는 각자 개인에게 달린 것이 마치 소가 물을 마시는 것은 소가 목이 마르거나 물을 마시고 싶을 때 마시는 것이지 물이 있거나 주인이 먹으라 한다고 무조건 먹지 않는 것과 같다. 소에게 물을 먹이고 싶으면 소에게 일을 시키든지 그렇지 않으면 소에게 소금을 먹이면 될 것이다.

세상의 분위기는 아직 보이지 않는 마음이 인간의 참주인인 줄을 알지 못한다. 마음을 찾아 기르고 마음을 잘 사용하는 마음공부에 관심을 두는 사람이 많지 않고 감각적인 즐거움을 좇고 있는 분위기이다. 잠을 실컷 자고 나면 일어나 일을 해야겠다는 생각이 나듯이 마음공부도 무조건 권한다고 또 하라고 시킨다고 하지 않을 것이다. 마음공부하는 방법은 쉽고 간명하게 개발하여 정리해 두고 마음공부를 하고 하지 않고는 각자 스스로 알아서 할 일이다. 소태산 대종사는 "다른 사람의 원 없는 데에는 무슨 일이든지 권하지 말고 자기 할 일만 할 것"이라 하였다. 문제는 마음이고 여기에 대한 정답은 정해져 있지 아니하나 해답은 있을 것이다. 마음 사용하는 공부를 하여 심법을 잘 써야 할 것이다.

○

도가에 세 가지 어려운 일이 있으니,
하나는 일원의 절대 자리를 알기가 어렵고,
둘은 일원의 진리를 실행에 부합시켜서 동과 정이
한결같은 수행을 하기가 어렵고,
셋은 일원의 진리를 일반 대중에게
간명하게 깨우쳐 알려 주기가 어려우니라.
그러나 수도인이 마음을 굳게 세우고 한번 이루어 보기로
정성을 다하면 아무리 어려운 일이라도 쉬운 일이 되어질 것이요,
아무리 쉬운 일이라도 하지 않으려는 사람과
하다가 중단하는 사람에게는 다 어려운 일이 되느니라.

– 『대종경』 부촉품 12장에서

제6부

\-

불퇴전하기

1

최선의 마음공부하기

사람들은 세상을 살면서 많은 갈림길에 서게 된다. 마음공부를 하면서 갈림길에 서 있는지도 모르고 먼저 앞서간 공부인들의 자취를 따라서 가게 되는데 위대한 발자취 가운데 위대한 선지식 한 분이 보조 지눌이다. 그가 쓴 『수심결』에는 '오렴수'와 '여석압초'에 대한 이야기가 나온다. 견성하지 못하고 닦는 것은 오렴수이고 마치 돌로 풀을 누르는 것과 같은 것은 여석압초라 하였다. 또 만날 수 있는 위대한 스승은 소태산 대종사로 그가 지은 '일원상 서원문'에는 법신불 일원상을 체받아서 심신을 원만하게 수호하는 공부를 하며, 또는 사리를 원만하게 아는 공부를 하며, 또는 심신을 원만하게 사용하는 공부를 지성으로 한다는 내용이 있다.

처음으로 마음공부를 시작하여 견성하지 못하고 하는 마음공부는, 마음 소를 길들이는 목동이 되고 마음병을 치료하는 환자가 되며 마음 난리를 평정하는 도원수가 되어 계율을 잘 지키고 정과 계를 부지런히 닦아야 한다. 그렇게 정기 훈련과 상시 훈련을 꾸준히 하다 보면 성품에 대하여 말귀가 터지고 결국에는 견성을 하게 될 것이다.

견성한 사람은 자성문 정혜와 수상문 정혜를 기회에 따라 공부하는 것이며 일상 수행의 요법 1조, 2조, 3조를 바로 회광반조와 자성 반조하는 공부를 하는 것이다. 자성문 정혜는 "본래 고요하고 본래 아는 것을 임의로 운전하여 원래에 스스로 함이 없어서 한 티끌도 상대되는 것이 없거니 어찌 방탕한 생각을 보내려고 하는 공력을 수고로이 하며 일념의 정욕도 내지 아니하는지라 망녕된 인연을 잊으려 할 것이 없다. 이것이 돈오문 가운데 자성을 떠나지 아니하고 정과 혜를 평등하게 가지는 것이라. 수상문 정혜는 자성에 맞추어 흩어진 마음을 거두며 법을 택하고 공을 관하되 혼침과 산란을 고르게 골라 써 함이 없는 데에 들어간다. 이것이 점수문 가운데 하열한 근기의 행하는 바라."라고 하였다.

소태산 대종사의 제자인 정산 종사는 이 법신불 일원상을 체받아서 하는 공부는 견성을 하지 못해도 할 수 있다고 하였다. 견성을 하지 못한 공부인도 일원상을 체받는 법은 그 마음 가운데에 항상 일원상을 깊이 인상하여 잠깐도 잊어버리지 아니하여야 할지니 혹 어느 기회에 탐심이 동하거든 즉시 발견하여 '아, 내가 일원상을 망각하였구나' 하고 급히 그 마음 돌리기에 힘쓰며 또, 어느 기회에 진심이 동하거나 치심이 동하거나 기타 무슨 망상이 동할 때도 또한 그와 같이 힘써서 동정 간에 오직 자주 생각하고 자주 대조하여 낮과 밤에 일원상에 반조하는 그 마음 대중을 놓지 아니하는 것으로 이것은 일상 수행의 요법 1조, 2조, 3조의 '심지는 원래 요란함이, 어리석음이, 그름이 없건마는'을 잊어버리지 아니하고 경계를 당하여 요란함과 어리석음과 그름을 없게 하는 것이다.

소태산 대종사는 "일체유심조一切唯心造 되는 이치를 알고 보면 불생불멸의 이치와 인과보응의 이치를 알게 되는데 안 후에는 어떻게 공부를 합니까?"라고 묻는 제자에게 "마음이 경계에 대하여 요란하지도 않고 어리석지도 않고 그르지도 않게 한다."라고 하였다. 불생불멸의 이치와 인과보응의 이치를 알았다는 것은 견성을 하였다는 것이요, 이때 경계에 대하여 요란하지도 어리석지도 그르지도 않게 한다는 것은 바로 일원상을 체받아 공부한다는 것이다.

이러한 정도의 공부는 견성 이후 성태를 장양하는 공부이기도 하다. 그런데 이러한 정도의 공부에 이르면 공부의 정도가 물러나지 않는 불퇴전의 공부에 이른 것인가 하고 생각해 볼 수 있는데 이러한 정도의 공부는 법강항마위에 합당하는 수준이라 할 것이다. 소태산 대종사는 출가위에 오른 공부인이라도 공부를 놓고 아니하며 방심하면 물러설 수 있다 하였다. 이는 응용무념하고 불리자성하는 공부를 지속해서 하여야 불퇴전이 되는 것이지 무념하고 방심하여도 불퇴전이 되지는 않는다는 의미이다. 출가위가 되는 정도는 그 서원이 개인과 가족을 떠나 일체생령을 광대 무량한 낙원으로 인도하려는 것이나 법강항마위에서는 개인의 부귀와 명예에 떨어질 수도 있으므로 결정보를 받는데 가난한 집에 태어나기를 바란다고 하였다.

마음공부를 하다 보면 한가하고 넉넉한 심경을 맛보게 된다. 이 의미는 고요하고 두렷하다는 뜻으로 요란함도 어리석음도 그름도 없어 자성의 정과 혜와 계가 세워졌다는 것이며 나아가 불리자성하고 응용무념하는 공부를 손 놓지 않고 꾸준히 일념만년一念萬年 우만년又萬年의 심경으로 지낼 뿐이다. 그러므로 최후의 마음공부는 법신불 일원상을 체받는 공부로서 일상 수행의 요법이 되는 것이다.

삼학 공부를 하는 데에도 세 가지가 있음을 알아야 할 것이다. 소태산 대종사는 원불교의 수행을 말할 때는 불교의 삼학인 계 정 혜와 원불교의 삼학인 정신수양 사리연구 작업취사와 유불선의 삼학인 견성 양성 솔성을 함께 언급하고 있다. 필자는 불교의 삼학과 원불교의 삼학과 유불선의 삼학을 단계적으로 마음공부하기를 권한다.

불교의 삼학은 계는 계문을 주고 개인의 지계에 치중하였으며 혜는 자성에서 발하는 혜에 치중하며 정도 선정에 치중하였다. 원불교의 수양은 동정 간에 자성을 떠나지 아니하는 일심 공부이며 연구는 모든 일 모든 이치에 두루 알음알이를 얻는 공부며, 취사는 수신제가 치국평천하의 모든 작업에 빠짐없이 취사케 하는 요긴한 공부로 만사의 성공에 이 삼학을 벗어나지 못하는 것으로 정신의 삼강령이라 하였다. 또 유불선의 삼학은 양성에서는 유무 초월한 자리를 관하는 것이요, 마음의 거래 없는 것이요, 마음이 기울어지지 않는 것이며, 견성에 있어서는 일원의 진리가 철저하여 언어의 도가 끊어지고 심행처가 없는 자리를 아는 것이요, 지량知量이 광대하여 막힘이 없는 것이요, 아는 것이 적실하여 모든 사물을 바르게 보고 바르게 판단하는 것이며, 솔성에 있어서는 모든 일에 무념행을 하는 것이요, 모든 일에 무착행을 하는 것이요, 모든 일에 중도행을 하는 것이다. 삼학 공부는 마음공부이므로 불교, 원불교, 유불선의 삼학에 대하여 이해하고 이를 원만히 수행하여야 할 것이다.

2

코로나 시대 이후의 마음공부 방향

"과수를 기르는 데에도 뿌리에 거름을 주어야 그 과수가 잘 자라고 훌륭한 결실을 보게 되는 것같이, 사람의 뿌리는 마음이라 무엇보다 먼저 마음공부에 힘써야 훌륭한 인격을 이루나니, 이 마음공부를 여의고 어찌 혜복의 결실을 바라리오."

이 말씀은 『정산종사법어』 무본편 9장 법문으로 요사이 코로나19 감염증과 4차 산업혁명으로 변화가 너무 심하여 불안한 세상을 향하여 우리가 마땅히 권장해야 할 일이다. 코로나19 감염증으로 세상이 불안한 가운데 변화를 불러와 비대면 사회가 되고 여기에 3차 산업혁명과 4차 산업혁명이 단기간에 변화의 물결로 밀려오면서 세상이 혁명적으로 바뀌고 있다. 이러한 시기에 앞으로의 마음공부 방향에 대하여 살펴보고자 한다.

내가 교당에 근무할 때 제일 부러운 곳이 고속도로 톨게이트였다. 그래서 우리도 교화 고속도로를 내었으면 좋겠다고 생각하고 그 고속도로 이름을 '낙원 가는 길'이라고 붙였다. 퇴임하기 전 교당에 근무할 때 '앞으로 교화를 어떻게 해야 하나?' 하는 생각이 떠나지 않았다. 그때 잠정적으로 내린 결론은 마음공부와 마음공부하는 교화단이라고 정리하였다.

마음공부의 정의는 삼학을 병진하는 동정일여의 무시선 공부라고 정리하였다. 이는 협의의 마음공부를 정의한 것이고 광의의 마음공부는 원불교 교리 나아가 교단 전체라고 생각한다. 사실 '왜 삼학인가' 하는 의문을 이제까지 가지고 지냈는데 이를 정산 종사 영기질 법문과 성품 정신 마음 뜻의 법문에서 삼학이라고 생각하였다. 마음공부 방법은 일상 수행의 요법에 기초하여 상시응용 주의사항 6조와 교당내왕 시 주의사항 6조와 일기법이라고 생각하고 있으며 여기에 동정 간 삼대력 얻는 빠른 방법이 함께 하여야 할 것이다. 마음공부 프로그램은 수행품 54~60장이며 이를 법위등급과 연계하였다.

이를 그림으로 그려 마음공부 개념도를 만들어 보았습니다. 6쪽에 있는 그림 왼쪽은 상시 훈련으로 상시응용 주의사항 6조와 교당내왕 시 주의사항 6조이다. 오른쪽은 정기 훈련 11과목이다. 이 마음공부의 기초에는 일상 수행의 요법이 있고 그 아래에는 동정 간 삼대력 얻는 빠른 방법이 있다. 그리고 일기법과 마음공부 프로그램이 밑받침하고 있다. 가운데에 있는 과정은 마음작용의 과정을 나타낸 것으로 실제 마음공부하는 과정에서 마음이 작동하는 순서를 정리하였다. 마음 챙김은 공부심이 지속되는 것으로 정신 차리거나 긴장을 하거나 깨어 있어야 경계를 당했을 때 알아차림이 된다. 마음 챙김과 알아차림은 한데 묶여 있어 경계를 대할 때마다 공부할 때가 돌아온 것을 잊지 않는 것이다. 그리고 경계를 알아차렸으면 끌리고 안 끌리는 대중을 잡아야 하고 여기에서 끌렸을 때와 끌리지 않았을 때로 나눈다. 안 끌렸으면 마음 챙김으로 돌아간다. 끌렸으면 마음을 대조하는 데 일상 수행의 요법에 대조한다. 취사하는 대중을 무엇으로 잡을 것인지 대종사께 여쭈었을 때, 스승의 가르치는 본의를 생각하는 법문이 있다. 『대종경』수행품 33장 문정규文正奎 여쭙기를 "경계를 당할 때 무엇으로 취사하는 대중으로 삼으오리까?" 대종사 말씀하시기를 "세 가지 생각으로 취사하는 대중으로 삼나니, 첫째는 자기의 본래 서원誓願을 생각하는 것이요, 둘째는 스승이 가르치는 본의를 생각하는 것이요, 셋째는 당시의 형편을 살펴서 한편에 치우침이 없는가를 생각하는 것이라, 이 세 가지로 대중을 삼은즉 공부가 항상 매昧하지 아니하고 모든 처사가 자연 골라지느니라."라고 하였다.

경계에 끌렸으면 일상 수행의 요법에 대조하여 마음과 생활과 사람을 돌리고 자성의 정혜계를 세우면 된다. 이때 법신불 일원상을 체받는 공부를 하여 회광반조하면 불리자성하게 되고 이것은 온전한 생각으로 취사하는 것이 되며 응하여도 주한 바 없이 그 마음을 내는 것이 된다. 그리고 이것은 마음 챙김으로 이어진다.

일 있을 때와 일 없을 때 동정일여의 무시선 공부를 나무에 비유하여 그려 보았다. 흙 속에 있을 때는 일 없을 때 공부로 정기 훈련 11과목을 공부하고, 일 있을 때는 유무념 대조 공부와 상시 6조와 교당 6조와 일기법으로 공부한다.

마음공부 프로그램은 마음 소 길들이기, 마음병 치료하기, 마음 난리 평정하기, 마음 밭 계발하기로 모두 『대종경』 수행품 54~60장에 있다. 사실 마음공부의 구체적인 원리 방법 프로그램은 모두 우리의 경전에 있다. 이 프로그램을 법위등급과 연결하여 실행하는 데 마음 소 길들이기는 보통급, 마음병 치료하기는 특신급, 마음 난리 평정하기는 상전급, 마음 밭 계발하기는 보통급에서 대각여래위까지이다. 이를 다시 학교 과정에 비유하면 보통급은 초등학교, 특신급은 중학교, 상전급은 고등학교, 항마위는 대학교, 출가위 이상은 대학원에 비유할 수 있다.

지금부터 하는 내용은 퍽 중요하다. 과거 불법연구회의 교과서였던 『보경 육대요령』에 주목할 필요가 있다. 대종사께서는 얼마나 귀중하면 『육대요령』 앞에 보물 경전이라는 의미의 '보경'이라는 말을 붙이셨다. 『육대요령』의 육대에 해당하는 여섯 가지는 인생의 요도 사은사요, 공부의 요도 삼학팔조, 훈련편, 학력고시편, 학위등급편, 사업고시편으로 여기에서 인생의 요도, 공부의 요도, 훈련편, 학위등급편은 『불교정전』에서 재편되었으나 학력고시편과 사업고시편은 그 후 경전에는 올라가지 못하였다.

지금 『원불교 교전』에서는 찾아볼 수 없지만, 마음공부와 관련하여 눈여겨보아야 할 것이 학력고시편이다. 학력고시라는 의미는 학력을 평가하는 시험이라는 의미이다. 학력고시편에는 '학력고시도'라는 그림이 있다. 여기서 학력의 과목은 연구과와 수양과와 취사과로 나뉘고 연구과에는 일기부, 정기 전문부, 최고부 등 세 부가 있다. 일기부와 정기 전문부는 다시 1과부터 5과까지 수준에 따라 나누고 그 평가 정도를 1과 무반에서부터 5과 갑반으로 구분하였다. 최고부는 일기부 갑반과 전문부 갑반의 허가를 얻은 사람은 『수양연구요론』을 공부하도록 하였다.

수양과와 취사과도 1과에서 5과까지 나누고 다시 무반에서 갑반까지 두었다. 이렇게 볼 때 연구 수양 취사과는 과목에 해당하고 1과에서 5과는 교과과정이며 무반에서 갑반은 성취도 평가로 구분하였다. 여기에서 발견할 수 있는 핵심 사항은 마치 현대식 학교의 교과과정을 이미 원기10년(1925) 발표하였다는 것을 교사에서 찾아볼 수 있다. 시행 여부는 그동안 선진님들께 들어본 적이 없으므로 알 수 없으나 이러한 시도를 현재의 마음공부에 도입해 보자는 것이다.

『육대요령』에는 학위등급편이 있는데 여기에 학위등급도가 있다. 이때는 법위등급을 급과 위로 구분하지 않고 장부에 올린다는 개념으로 모두 보통부 특신부 법강항마부 출가부 등이었다. 이것이 『불교정전』에 가면 법위등급도가 되고 삼급 삼위가 되었는데 여기에서 중요한 사항은 예비 등급이 있다는 것이다.

그동안 현직에 있을 때 법위사정을 하면 법위등급이 6등급이 아니라 11등급인 것을 누구나 잘 안다. 앞으로도 이와 같이 예비 등급도 정식 등급과 같이 동일한 과정을 지내야 함은 개선되어야 할 것이다.

나는 마음공부와 법위등급을 연관 지어 프로그램을 연결하였다. 이러한 면에서 앞으로의 마음공부 방향은 법위사정과 밀접한 관련이 있다. 이는 법위사정을 어떻게 할 것인가 하는 것이 마음공부를 어떻게 지도해갈 것인가 하는 방향과 밀접하다. 마음공부 방향으로 자발적으로 하는 마음공부를 주장한다. 모든 일은 자발적인 동기 부여가 중요하므로 자력을 양성해 가도록 제도를 만들어 가자는 것이다. 특히 코로나 시대와 3, 4차 산업혁명이 맞물려 세상이 기술이 혁신적으로 변화하는 이 시대를 볼 때 꼭 그렇게 되어야 할 것이다.

마음공부에서 제안하고자 하는 첫째는 법위사정에서 이수해야 할 과정과 도달해야 할 수준을 설정하여 스스로 마음공부를 하는 동기를 부여하여 일정 수준에 도달하면 법위사정을 본인이 신청하자는 것이다. 물론 주임교무와 단장의 추천을 받아야 할 것이다. 이수해야 할 과정과 도달해야 할 수준은 동일하다. 다만 도달해야 할 수준은 평가 기준이 마련되어야 할 것이다. 이수해야 할 과정을 이수하면 본인 자신이 법위사정을 신청하자는 것이다.

마음공부 방향 둘째는 법위등급에는 예비 과정이 있는데 예비 등급은 승급을 준비하게 하였다는 교사의 설명이 있는 것처럼 정식 법위에 오르면 승급식을 하고 이때 다음 법위의 계문을 수계하고 이수해야 할 과정을 설명 듣게 하는 과정을 거치면 예비 등급이 되는 것이다. 따로 예비 등급이 되기 위하여 공부하지 말자는 것이다. 모든 법위에서 예비 등급은 정식 등급이 되면 자동으로 다음 급으로 올라가 준비하자는 것이다.

예를 들어 보면, 입교하면 바로 보통급이 되는 것이 아니라 보통급에서 보통급 10계를 수계하고 이수해야 할 과정을 설명 듣고 이를 수행하여 도달하여야 할 수준이 되면 법위를 사정하여 보통급 승급식을 한다. 이때 특신급의 10계를 수계하고 특신급이 이수해야 할 과정을 설명 듣는다. 이 과정을 밟으면 자동으로 예비 특신급이 되어 특신급이 이수해야 할 과정을 밟아 간다. 정식 등급은 정식이라는 단어를 사용하지 않고 예비 과정만 예비라는 단어를 사용하는 데 예비 등급의 공식 법위는 한 단계 아래 등급의 정식이 된다.

마음공부 방향 셋째는 법위사정을 하는 데 먼저 도달해야 할 수준의 평가는 상시 일기를 활용하도록 하자는 것이다. 이는 이제까지 관념적인 법위사정 방법을 개선하는 것이다. 이를 60%인 병 이상의 실천이 있어야 하나 계문은 95%인 갑 이상의 실천을 해야 한다. 이를 빅데이터에 입력하여 빅데이터를 구축하자는 것이다.

마음공부 방향 넷째는 법마상전급의 평가에서는 연구과의 시험을 보자. 『육대요령』과 『불교정전』의 법마상전급 조항에 단서를 보면 알 수 있다. 이는 따로 교단의 고시위원회에서 진행하여야 할 것이다. 『육대요령』 학위등급편의 '법마상전부'에는 "단, 수양과 취사과에 한하여는 본부의 시험을 보지 아니함"이라는 조목이 있으며 법강항마부에는 "단, 수양과 취사과에 갑반의 허가를 득한 자는 본부 제3조의 시험을 보지 아니하고 본부에 승급함을 득함"이라 하였고, 『불교정전』 '법위등급과 그 해의' 3. 법마상전급에 보면 "단, 노혼자와 문자를 해득치 못한 자에 한하여는 문자에 관한 시험은 보이지 아니함"이라 되어 있는 것을 보면 소태산 대종사는 법마상전급에서는 연구과의 시험을 보아야 하는 것으로 방향을 정하였다고 볼 수 있다. 그런데 이러한 사항은 시행령으로 옮기려고 경전에서는 제외되었으나 그 후에 시행이 되지 않고 있다. 시험의 수준과 과목에 대한 것은 앞으로 교단에서 방향을 정하겠지만 우리 공부인은 연구과의 시험에 통과하여야 할 것이다.

마음공부 방향 다섯째는 법강항마위의 사정에는 견성과 항마의 인준 절차를 따로 두자는 것이다. 개인적으로 '견성見性 콘테스트'를 열어 누구나 견성을 하였다고 생각되는 사람은 여기에 스스로 신청 참가하여 대중 앞에서 설명한 후 위원회의 견성 인가를 받을 수 있도록 하여야 한다고 생각한다. 이것은 흡사 음악계에서 피아노 콩쿠르를 개최하는 것과 흡사하다. 또 항마降魔 테스트는 과거 3년 동안의 말과 행적에 대한 청문회를 열어 검증을 받아야 할 것이다. 정부에서 중요 인사는 청문회를 거치는 것과 같다. 이렇게 하여 견성 인가를 받고 항마 검증을 통과하여야 법강항마위가 될 수 있을 것이다.

마음공부하는 여섯째는 법강항마위 이상의 법위사정은 원하는 사람만 받게 하고 원하지 않는 사람은 받지 않고 숨어서 공부하고 사후에 법위를 사정하여도 좋다. 그러나 교단의 중요 보직을 얻어 일을 하고자 하는 사람은 법강항마위에 승급하여야 가능하도록 해야 할 것이다. 이렇게 종교의 생명과 같은 법위가 문란하지 않아야 종교의 신맥이 살아있다 할 것이다.

코로나19 감염증으로 인하여 비대면이라는 새로운 상황이 계기가 되고 3, 4차 산업혁명의 물결이 밀려오는 이때 마음공부하는 방법도 새롭게 개발 발전되어야 할 것으로 본다. 코로나 시대 이후의 마음공부 방향은 그 시대에 맞는 방법을 찾아 개발하여야 한다.

마음공부의 새로운 방향을 정리하다 보니 법위사정에 관한 의견을 나열한 것이 되었다. 마음공부의 구체적이고 전체적인 로드맵을 만들다 보면 우리의 법위등급에 따르게 되고 자연 이 시대에 맞는 마음공부를 생각하다 보니 법위사정의 개선 방향이 주가 되었다. 그러나 여기에는 많은 문제점도 있다고 생각되어 교단적으로 더 많은 연구가 필요할 것이다.

우리는 더욱 세상을 위하여 마음공부하는 동기를 부여할 수 있는 방법을 찾아야 할 것이다. 세상에는 다양한 마음공부가 있다. 마음사용 면허를 발행하는 방법을 우리가 먼저 시작하는 것도 한 방법일 것이다. 마음공부 로드맵을 만들어 낙원 가는 교화의 고속도로를 건설하여 모든 사람을 광대 무량한 낙원으로 인도하였으면 좋겠다. 물질이 개벽되는 미래 세상을 볼 때 "마음공부 잘하여서 새 세상의 주인 되자" 하신 말씀은 아무리 강조하여도 지나치지 않다.

※ 본 내용은 원기105년(2020) 8월 12일 중앙총부 일요법회에서 설교한 것이다.

맺는 말 ●●

마음공부하는 동반자이며 도반이고 여러분의 벗인, 공부인 최경도입니다. 바야흐로 이제 '마음공부TV'에서 마음공부에 관한 제 이야기를 마칠 때가 되었습니다. 돌아보면 2년여 동안 1년에 50회 매주 한 꼭지씩 원고를 작성해가며 녹화 편집하고 업로드 해온 시간이 어떻게 지났는지 모르겠습니다.

처음부터 이제까지 마음공부를 제 생각대로 간단히 정리하여 왔으나 부족한 점이 많고 아쉬움만 남습니다. 실제 견성 인가를 받은 바가 없는 저로서 견성 후의 공부길인 법강항마위와 불지에 이르는 길을 정리한다는 것도 그렇고 경계를 해석할 때 유식론唯識論의 입장을 견지하고 있는 성품 정신 마음 뜻에 대한 설명도 많이 부족합니다. 더 나아가 표층 마음과 심층 성품을 마음공부의 방법과 연계한 설명 등이 빠져있어 수박 겉핥기식의 마음공부가 되지 않았나 부끄럽습니다. 그리고 영상으로 설명한 원고이다 보니 중복되는 부분이 많아졌습니다. 그러나 여기에서 끝나는 것이 아니고 저의 마음공부는 계속하여 이어질 것이기에 크게 잘못된 사항을 발견하거나 새로운 생각이 정리되면 지속해서 발표할 기회를 만들도록 하겠습니다.

뒤돌아보면 어찌 다행 남 먼저 이 법을 만나 위대한 스승님 문하에서 진리를 깨닫는 일과 마음공부에 정진할 수 있었는지 법신불 사은님과 스승님께 감사드리며 마음공부 잘하여서 새 세상의 주인이 되겠다고 다짐합니다.

지금까지 '마음공부TV' 원고를 바탕으로 정리하여 이제 한 권의 책 『마음공부를 디자인하다』로 내놓게 되었습니다. 원불교 마음공부 교재를 준비한다는 생각으로 엮은 이 책이 앞으로 마음공부를 하는 공부인에게 실제로 도움이 되기를 바랍니다. 또한 마음공부 가이드북인 『마음공부를 하며 놀다』와 마음공부 법문을 모아놓은 『마음공부를 요리하다』를 함께 발간합니다. 주마가편走馬加鞭이라고 달리는 말에도 채찍질을 한다고 하였으니, 마음공부하는 선배 동지들의 많은 고견을 부탁드립니다. 부족한 점은 앞으로 보완하겠습니다. 감사합니다.

무릇 원만한 공부법은
동정 간에 공부를 여의지 아니하여
동할 때는 모든 경계를 보아
취사하는 주의심을 주로하여 삼대력을 아울러 얻어 나가고,
정할 때는 수양과 연구를 주로하여
삼대력을 아울러 얻어 나가는 것이니,
이 길을 알아 행하는 사람은 공부에 별 괴로움을 느끼지 아니하고
바람 없는 큰 바다의 물과 같이 한가롭고 넉넉할 것이다.

-『대종경』 수행품 40장에서

첨부 자료

1. 보통급 상시 일기

[보통급 상시 일기 표지 B5 – 미색 용지]

원기　　년　　월

보통급 상시일기

새 마음 새 몸 새 생활로 새 사람이 되어
새 가정 새 나라 새 세계 새 회상 이룩하자

원불교 ＿＿＿＿＿＿ 교당

법 명		휴대폰	
단 번		메 일	

보통급 상시 일기 양식 파일 다운로드 주소

http://cafe.daum.net/magong-agit/jxfX/8 

2. 보통급 상시 일기 표지

원기 년 월

보통급 상시일기

새 마음 새 몸 새 생활로 새 사람이 되어
새 가정 새 나라 새 세계 새 세상 이룩하자

원불교______교당

법 명		휴대폰	
단 번		메 일	

3. 특신급 상시 일기 표지

원기 년 월

특신급 상시일기

새 마음 새 몸 새 생활로 새 사람이 되어
새 가정 새 나라 새 세계 새 세상 이룩하자

원불교______교당

법 명		휴대폰	
단 번		메 일	

특신급 상시 일기 파일 다운로드 주소

http://cafe.daum.net/magong-agit/jxfX/9 

4. 특신급 상시 일기

[특신급 상시 일기 표지 A4 – 초록색 용지]

원기　　년　　월

특신급 상시 일기

새 마음 새 몸 새 생활로 새 사람이 되어
새 가정 새 나라 새 세계 새 회상 이룩하자

원불교 ____________ 교당

법명		전화	
단번		메일	

5. 법마상전급 상시 일기

[법마상전급 상시 일기 표지 A3 – 하늘색 용지]

원기 10년 월

법마상전급 상시 일기

새 마음 새 몸 새 생활로 새 사람이 되어

새 가정 새 나라 새 세계 새 회상 이룩하자

원 불 교 ______________ 교 당

법명		전화	
단번		메일	

○ 법마상전급 상시 일기 파일 다운로드 주소

http://cafe.daum.net/magong-agit/jxfX/10

6. 법마상전급 상시 일기 내용

원기 96 년 6 월 (새 마 음

표제				1	2	3	4	5	6	7	8	9	10	1
유·무념 대조	하자는 조목	1. 감사생활하자	유념	0	0	0	0	0	0	0	0	0	0	
			무념	、	、	、	、	、	、	、	、	、	、	
		2. 긍정적으로 살자	유념	0	0	0	0	0	0	0	0	0	0	
			무념	、	、	、	、	、	、	、	、	、	、	
		3. 남에게 좋은 말만 하자	유념	0	0	0	0	0	0	0	X	0	0	
			무념	、	、	、	、	、	、	、	、	、	、	
	말자는 조목	1. 원망생활을 말자	유념	0	0	0	0	0	0	0	0	0	0	
			무념	、	、	、	、	、	、	、	、	、	、	
		2. 진심을 내지 말자	유념	0	0	X	0	0	0	0	0	0	0	
			무념	、	、	、	、	、	、	、	、	、	、	
		3. 나태하지 말자	유념	0	0	0	0	0	0	0	0	0	0	
			무념	、	、	、	、	、	、	、	、	、	、	
상시응용 6조	1	응용하는 데 온전 취사		0	0	0	0	0	0	0	0	0	0	
	2	응용의 형세를 보아 미리 연마		0	0	0	0	0	0	0	0	0	0	
	3	노는 시간에 경전법규 연습 (분)		40	×	10	×	30	10	20	20	10	30	
	4	의두 성리 연마 (분)		10	×	5	5	10	5	5	10	10	5	
	5	저녁이나 새벽에 염불 좌선 (분)		10	5	20	10	10	10	10	10	20	20	
	6	조목에 실행 여부 반조												
보통급	1													
	2													
특신급	1													
	2													
	3													
	4													
법마상전급 십계문	1	아만심을 내지 말며		0	0	0	0	0	0	0	0	0	0	
	2	두 아내를 거느리지 말며		0	0	0	0	0	0	0	0	0	0	
	3	연고없이 사육을 먹지 말며		0	0	0	0	0	0	0	0	0	0	
	4	나태하지 말며		0	0	0	0	0	0	0	0	0	0	
	5	한입으로 두 말 하지 말며		0	0	0	0	0	0	0	0	0	0	
	6	망녕된 말을 하지 말며		0	0	0	0	0	0	0	X	0	0	
	7	시기심을 내지 말며		0	0	0	0	0	0	0	0	0	0	
	8	탐심 (貪心)을 내지 말며		0	0	0	0	0	0	0	0	0	0	
	9	진심 (嗔心)을 내지 말며		0	0	×	0	0	0	0	0	0	0	
	10	치심 (痴心)을 내지 말라		0	0	0	0	0	0	0	0	0	0	

7. 로터스 다이어리

[로터스 다이어리 표지 B5 – 백색 용지]

감각과 감상

교 무		단 장	

메 모

이 하루 이 하루가 쌓여서 일생이라
한 때라 헛 보내며 뜻 없이 지낼 손가

로터스 다이어리

원기 9　　년　　월

새 마음 새 몸 새 생활로 새 사람이 되어
새 가정 새 나라 새 세계 새 회상 이룩하자

원불교　　　교당

법명		전화	
단번		메일	

로터스 다이어리 파일 다운로드 주소

http://cafe.daum.net/magong-agit/jxfX/11 

8. 로터스 다이어리 속지

원기 9 년 월

《새 마음 새 생활》

항마위=마음조복

표제			1	2	3	4	5	6	7	8	9	10	11	12	13	14	15	16	17	18	19	20	21	22	23	24	25	26	27	28	29	30	31	계
유·무념	불리자성(不離自性)	유념																																
		무념																																
	응용무념(應用無念)	유념																																
		무념																																
학습상황	1	상시응용주의사항 3조(경전)																																
	2	상시응용주의사항 4조(의두)																																
	3	상시응용주의사항 5조(수양)																																
	4	상시응용주의사항 6조(반성)																																
일상수행의 요법	1	심지에 요란함이 있었는가																																
	2	심지에 어리석음이 있었는가																																
	3	심지에 그름이 있었는가																																
	4	신분의성의 추진이 있었는가																																
	5	감사생활을 하였는가																																
	6	자력생활을 하였는가																																
	7	성심으로 배웠는가																																
	8	성심으로 가르쳤는가																																
	9	남에게 유익을 주었는가																																
심계	1	자신 성업봉찬 하기																																
	2	교화 대불공 하기																																
	3	미리 연마하기/상시주의 2조																																
	4	운동하기(걷기)																																

원불교 교무가 전하는 마음공부 定石

마음공부를 디자인하다

2020년 12월 1일 초판 1쇄 인쇄
2020년 12월 10일 초판 1쇄 발행

편저 최경도
일러스트 원불교 자료실, 안세명

펴낸곳 원불교출판사
펴낸이 주영삼
출판등록 1980년 4월 25일(제1980-000001호)
주소 54536 전라북도 익산시 익산대로 501
전화 063)854-0784
팩스 063)852-0784
홈페이지 www.wonbook.co.kr
인쇄 문덕인쇄

ISBN 978-89-8076-361-0(03200)
값 17,000원